AF737898

Der privatrechtsgestaltende Verwaltungsakt im Regulierungsrecht

Kölner Schriften zu Recht und Staat

Herausgegeben von
Prof. Dr. Hartmut Schiedermair und
Prof. Dr. Bernhard Kempen

Band 53

PETER LANG
EDITION

Vincent Brenner

Der privatrechtsgestaltende Verwaltungsakt im Regulierungsrecht

Zu den Möglichkeiten und Grenzen der Privatrechtsgestaltung mittels Verwaltungsakt am Beispiel des Eisenbahn- und Telekommunikationszugangsrechts

PETER LANG
EDITION

Bibliografische Information der Deutschen Nationalbibliothek
Die Deutsche Nationalbibliothek verzeichnet diese Publikation in der Deutschen Nationalbibliografie; detaillierte bibliografische Daten sind im Internet über http://dnb.d-nb.de abrufbar.

Zugl.: Köln, Univ., Diss., 2013

Abbildung auf dem Umschlag:
Historisches Universitätssiegel
der Universität zu Köln.

D 38
ISSN 1433-0253
ISBN 978-3-631-64660-1 (Print)
E-ISBN 978-3-653-04142-2 (E-Book)
DOI 10.3726/978-3-653-04142-2

© Peter Lang GmbH
Internationaler Verlag der Wissenschaften
Frankfurt am Main 2014
Alle Rechte vorbehalten.
PL Academic Research ist ein Imprint der Peter Lang GmbH.

Peter Lang – Frankfurt am Main · Bern · Bruxelles · New York ·
Oxford · Warszawa · Wien

Das Werk einschließlich aller seiner Teile ist urheberrechtlich geschützt. Jede Verwertung außerhalb der engen Grenzen des Urheberrechtsgesetzes ist ohne Zustimmung des Verlages unzulässig und strafbar. Das gilt insbesondere für Vervielfältigungen, Übersetzungen, Mikroverfilmungen und die Einspeicherung und Verarbeitung in elektronischen Systemen.

Dieses Buch erscheint in einer Herausgeberreihe bei PL Academic Research und wurde vor dem Erscheinen peer reviewed.

www.peterlang.com

Für Anna

Vorwort

Die vorliegende Arbeit wurde im Sommersemester 2013 von der Rechtswissenschaftlichen Fakultät der Universität zu Köln als Dissertation angenommen. Rechtsprechung und Literatur wurden bis Frühjahr 2013 berücksichtigt.

Mein Dank gebührt meinem Doktorvater Professor Dr. Bernhard Kempen, welcher mir stets mit Rat zur Seite stand. Er eröffnete mir nicht nur die Möglichkeit zur wissenschaftlichen Forschung, sondern gab mir darüber hinaus auch die Gelegenheit, an seinem Institut mitzuarbeiten. Eine lehrreiche Zeit, die ich stets in bester Erinnerung behalten werde. Ich danke ihm außerdem für die Aufnahme in diese Schriftenreihe. Ferner danke ich auch Prof. Dr. Burkhard Schöbener für die zügige Erstellung des Zweitgutachtens und seine hilfreichen Denkanstöße in zahlreichen Diskussionen.

Darüber hinaus bedanke ich mich ganz herzlich bei meinen Eltern, meinem Großvater und meinem Bruder, die mich mein Studium hindurch und während dieser Arbeit immer unterstützt haben. Ohne sie wäre diese Arbeit nicht möglich gewesen.

Danken möchte ich auch meinen Freunden, insbesondere meinen „Promotionsweggefährten" Dr. Michael Rafii, Dr. David Kruchen und Dr. Christoph Czaplik, die mit ihren kritischen Anmerkungen und Fragen zum Gelingen dieser Arbeit beigetragen haben.

Schließlich gilt mein Dank meinen Kolleginnen und Kollegen des Instituts für Völkerrecht und ausländisches Öffentliches Recht sowie den Mitarbeiterinnen der Europäischen Rechtslinguistik für die stets angenehme Arbeitsatmosphäre. Sie hatten immer ein offenes Ohr für meine Fragen.

Köln, im Herbst 2013 Vincent Brenner

Inhaltsverzeichnis

Abkürzungsverzeichnis

a.A.	andere Ansicht
ABl.	Amtsblatt
Abs.	Absatz
AEG	Allgemeines Eisenbahngesetz
AEUV	Vertrag über die Arbeitsweise der Europäischen Union
AGB	Allgemeine Geschäftsbedingung
a.M.	andere Meinung
Art.	Artikel
BAG	Bundesarbeitsgericht
BauGB	Baugesetzbuch
Bd.	Band
BdS	Betreiber der Schienenwege
BEVVG	Bundeseisenbahnverkehrsverwaltungsgesetz
BGBl.	Bundesgesetzblatt
BGH	Bundesgerichtshof
BMWi	Bundesministeriums für Wirtschaft und Technologie
BMVBS	Bundesministerium für Verkehr, Bau und Stadtentwicklung
BNetzAG	Gesetz über die Bundesnetzagentur für Elektrizität, Gas, Telekommunikation, Post und Eisenbahnen
BR-Drs.	Bundesrats-Drucksache
BT-Drs.	Bundestags-Drucksache
BVerfG	Bundesverfassungsgericht
BVerwG	Bundesverwaltungsgericht
BvS	Betreiber von Serviceeinrichtungen
bzw.	beziehungsweise
DB AG	Deutsche Bahn Aktiengesellschaft
ders.	derselbe
d.h.	das heißt
dies.	dieselben
DT AG	Deutsche Telekom Aktiengesellschaft
EBA	Eisenbahnbundesamt
EBO	Eisenbahn-Bau- und Betriebsordnung

EIBV	Eisenbahninfrastrukturbenutzungsverordnung
EIU	Eisenbahninfrastrukturunternehmen
EG	Europäische Gemeinschaft
EGBGB	Einführungsgesetzbuch zum Bürgerlichen Gesetzbuch
EnWG	Energiewirtschaftsgesetz
ERA	European Rail Authority
ERegG-E	Entwurf für den Erlass eines Eisenbahnregulierungsgesetzes
EU	Europäische Union
EuGH	Europäischer Gerichtshof
EWG	Europäische Wirtschaftsgemeinschaft
EVU	Eisenbahnverkehrsunternehmen
Fn.	Fußnote
FS	Festschrift
GEREK	Gremium Europäischer Regulierungsstellen für elektronische Kommunikation
GG	Grundgesetz
ggf.	gegebenenfalls
GO BNetzAg	Geschäftsordnung der Bundesnetzagentur
GS	Gedächtnisschrift
GVG	Gerichtsverfassungsgesetz
GWB	Gesetz gegen Wettbewerbsbeschränkungen
h.M.	herrschende Meinung
HessVGH	Hessischer Verwaltungsgerichtshof
i.d.F.	in der Fassung
i.S.	im Sinne
insb.	insbesondere
KeL	Kosten effizienter Leistungsbereitstellung
KG	Kammergericht
KultgSchG	Kulturgüterschutzgesetz
LG	Landgericht
m.w.N.	mit weiteren Nachweisen
NBfS	Nutzungsbedingungen für Serviceeinrichtungen
NJOZ	Neue Juristische - Online Zeitschrift
Nr.	Nummer

OLG	Oberlandesgericht
OVG	Oberverwaltungsgericht
REG TP	Regulierungsbehörde für Telekommunikation und Post
RL	Richtlinie
Rn.	Randnummer
Rspr.	Rechtsprechung
S.	Seite
SGB	Sozialgesetzbuch
Slg.	Amtliche Sammlung des Europäischen Gerichtshofes
SMP	significant market power (beträchtliche Marktmacht)
SNB	Schienennetz-Nutzungsbedingungen
sog.	so genannte/r/s
TKG	Telekommunikationsgesetz
VG	Verwaltungsgericht
vgl.	vergleiche
VO	Verordnung
VwGO	Verwaltungsgerichtsordnung
VwVfG	Verwaltungsverfahrensgesetz
VwVG	Verwaltungsvollstreckungsgesetz
WoBindG	Wohnungsbindungsgesetz
z.T.	zum Teil

Einleitung

Die Privatrechtsgestaltung durch Verwaltungsakte ist ein häufiges Phänomen im Regulierungsrecht. Diese Arbeit will die Möglichkeiten und Grenzen der Gestaltung privater Rechtsverhältnisse durch Verwaltungsakte herausarbeiten. Zentraler Untersuchungsgegenstand ist das Eisenbahnrecht, welches unter dieser Prämisse noch nicht untersucht wurde, obwohl sich hier viele Befugnisnormen zur Privatrechtsgestaltung durch die Regulierungsbehörde finden. Bereits 1953 war der privatrechtsgestaltende Verwaltungsakt als ein „typisches Mittel der modernen Wirtschaftsverwaltung" identifiziert worden.[1] Bestätigt wird dieser Befund über ein halbes Jahrhundert später durch die Entwicklungen im Recht der Netzwirtschaften, namentlich der Energie, Telekommunikation, Post und Eisenbahn. In allen diesen Sektoren ist der Verwaltungsakt das zentrale Handlungsinstrument der Regulierungsverwaltung.[2] Das Regulierungsrecht ist dadurch geprägt, dass die Rechtsbeziehungen, die aus ihm resultieren, regelmäßig nicht nur das Rechtsverhältnis Staat-Bürger, sondern auch das Verhältnis Bürger-Bürger bzw. Unternehmen-Unternehmen betreffen. Die Zuteilung von Netzkapazitäten durch den Staat ist immer Privatrechtsgestaltung und erfolgt in der Regel durch Verwaltungsakt. So werden Studierende des Telekommunikationsrechts bereits in den ersten Vorlesungsstunden mit der formelhaften Einordnung der Entgeltgenehmigung nach §§ 31, 35 TKG als „privatrechtsgestaltender Verwaltungsakt" konfrontiert.[3] In der Betonung der Formelhaftigkeit schwingt die berechtigte Kritik mit, dass sich der Erkenntniswert der Feststellung, einen privatrechtsgestaltenden Verwaltungsakt „vor sich" zu haben, hierin auch schon erschöpft. Die Frage, welche rechtlichen oder rechtsdogmatischen Konsequenzen diese Figur hat, wird hingegen meist nicht weiter thematisiert. Dies ist eine der zentralen Fragen, denen die vorliegende Arbeit am Beispiel des Regulierungsrechts nachgehen will.

---

1 HUBER, Wirtschaftsverwaltungsrecht, Bd. I, S. 77.

2 So auch U. STELKENS, in: STELKENS/BONK/SACHS, VwVfG Kommentar, § 35, Rn. 8. Zum Verwaltungsakt als Instrument der Regulierungsverwaltung siehe auch WALLERATH, Allg. VwltgsR, § 10, Rn. 138.

3 So die Beobachtung von GEPPERT/HELMES, MMR 2007, 564. Übereinstimmend mit der Bestimmung der Rechtsnatur SCHUSTER/RUHLE, in: GEPPERT /PIEPENBROCK /SCHÜTZ/SCHUSTER, BECK´scher TKG-Kommentar, § 35, Rn. 11.

Der privatrechtsgestaltende Verwaltungsakt wirft zudem auch rechtspraktische Probleme auf, die nicht zuletzt der engen Verwobenheit öffentlich-rechtlicher und privatrechtlicher Vorschriften geschuldet sind, durch die sich moderne Wirtschaftsgesetze auszeichnen.[4] Diese zeigen sich z.B. darin, dass unklar ist, welchen Kontrollmaßstäben die durch die Bundesnetzagentur regulierten Unternehmen unterliegen. Für die Regulierungsbehörde besteht die Unsicherheit, dass sie nicht weiß, welche Maßnahmen sie im Einzelnen ergreifen kann, um Privatrecht zu gestalten und inwieweit sie sich dabei von privatrechtlichen Prinzipien leiten lassen darf.[5]

Ein „klassisches“ Beispiel für die praktische Relevanz der Unterscheidung von Öffentlichem und privatem Recht, ist die Frage nach dem zu beschreitenden Gerichtsweg.[6] Die deutsche Rechtsordnung sieht in § 13 GVG vor, dass die „bürgerlichen Rechtsstreitigkeiten“ vor die ordentlichen Gerichte gehören. § 40 Abs. 1 S. 1 VwGO bestimmt, dass die Verwaltungsgerichte für die „öffentlich-rechtlichen“ Streitigkeiten zuständig sind.[7] Die Rechtsordnung knüpft die prozessuale Behandlung einer Rechtssache an das jeweils anzuwendende materielle Recht.[8] Dies soll die Effektivität des Rechtsschutzes steigern, indem es die unterschiedlichen Rechtssachen den jeweiligen Fachgerichtsbarkeiten zuordnet.[9] Dieses für die deutsche Rechtsordnung charakteristische Phänomen erfährt durch die Ausgestaltung des Rechtsschutzes im Regulierungsrecht eine besondere Wendung. Ein einheitliches Rechtsschutzsystem bzw. eine klare Abgrenzung der Gerichtszuständigkeiten gibt es hier nicht, insbesondere nicht im Bereich der Zugangsregulierung. Im AEG liegt die Wahl über den Weg des Rechtsschutzes grundsätzlich in der Hand des Netzzugangspetenten. Dieser kann wählen, ob er direkt gegen das (vermeintlich) zugangsverpflichtete Unternehmen

---

4 SÄCKER, in: SÄCKER/RIXECKER, Münchener Kommentar zum BGB, Bd. I, Einl., Rn. 4 spricht von „öffentlich-privatrechtlichen Mischgesetzen”.

5 Diese Unsicherheit wurde durch eine Entscheidung des BVerwG von 2011 noch verschärft. BVerwG NVwZ 2012, 307 ff. Dieses Urteil sowie die in diesem Kontext ergangene Rechtsprechung des BGH werden in dieser Arbeit umfassend gewürdigt.

6 SCHMIDT, Die Unterscheidung von privatem und öffentlichem Recht, S. 52. Die Unterscheidung entscheidet heute nicht mehr - wie im 19 Jhd. - über den Rechtsschutz überhaupt, sondern vielmehr über die Gerichtszuständigkeit.

7 Für die anderen Fachgerichtsbarkeiten vgl. § 2 ArbGG, § 51 SGG und § 33 FGO.

8 SCHMIDT, Die Unterscheidung von privatem und öffentlichem Recht, S. 49.

9 SCHNEIDER, in: FEHLING/RUFFERT, Regulierungsrecht, § 22, Rn. 5 ff., welcher auch für eine einheitliche Rechtswegzuordnung plädiert.

zivilrechtlich vorgeht oder erst die Behörde vorschaltet, ggf. sogar vorschalten muss.[10] Es gilt daher auch zu untersuchen, wie sich der privatrechtsgestaltende Verwaltungsakt in das Rechtsschutzsystem einfügt und ob er ggf. ein zivilrechtliches Vorgehen sperrt.

Das Regulierungsrecht wird in der neueren Literatur als „ein Musterbeispiel für die Neujustierung des Verhältnisses zwischen öffentlichem und Privatrecht“[11] verstanden. Durch RADBRUCH ist schon lange bekannt, dass „das Wert- und Rangverhältnis öffentlichen und privaten Rechts [...] der geschichtlichen Wandlung, der weltanschaulichen Wertung unterworfen“ ist.[12] Als gesicherte Erkenntnis dürfte gelten, dass die Unterscheidung zwischen Privatrecht und Öffentlichem Recht nichts der Rechtsordnung wesenhaft Vorgegebenes, nichts Apriorisches, ist.[13] Dennoch bemerkt RADBRUCH, dass der Charakter der Gesamtrechtsordnung durch nichts so gut zum Ausdruck komme, „wie durch das Verhältnis, in das sie öffentliches und privates Recht zueinander stellt, und durch diese Weise, wie sie die Rechtsverhältnisse

---

10 Im Rahmen der Entgelt- und Konditionenkontrolle im AEG ist unklar, ob nicht ein Vorrang des zivilrechtlichen Rechtsschutzes besteht. Ablehnend SÄCKER, in: RONELLENFITSCH/SCHWEINSBERG/HENSELER-UNGER, Aktuelle Probleme des Eisenbahnrechts XIV, 159 (163). Für eine zurückhaltende Position gegenüber der Kontrolle zivilrechtlicher Wertungen OVG NRW, N & R 2008, 94 (96).

11 RÖHL/RÖHL, Allgemeine Rechtslehre, S. 426.

12 RADBRUCH, in: KAUFMANN, Rechtsphilosophie II, S. [122/123], 359. Siehe ausführlich zur Geschichte der Unterscheidung BULLINGER, in: LÖWISCH/SCHMIDT-LEIHOFF/SCHMIEDEL, FS für RITTNER, S. 69 ff.

13 So bereits KELSEN, AöR 31 (1913), 190 (218, 221); DE WALL, Die Anwendbarkeit privatrechtlicher Vorschriften im Verwaltungsrecht, S. 6. Anders RADBRUCH, in: KAUFMANN, GUSTAV RADBRUCH Gesamtausgabe Bd. 2, Rechtsphilosophie II, S.359, jedoch mit der Maßgabe, dass apriorisch nur die für den einzelnen Rechtssatz sinnvolle Frage ist, ob er dem öffentlichen oder dem privaten Recht zuzuordnen sei. Dies bedeutet freilich nicht, dass die Unterscheidung damit gegenstandlos oder belanglos wird. Kritisch gegenüber der „normologischen Theorie” SÄCKER, in: SÄCKER/RIXECKER, Münchener Kommentar zum BGB, Bd. I, Einl., Rn. 2; JESTAEDT, in: JESTAEDT (Hrsg.), HANS KELSEN – Reine Rechtslehre, XLI; BYDLINSKI, AcP 194 (1994), 319 (323). Dazu passt auch ein *Bonmot* OTTO V. GIERKES: „Privatrecht und öffentliches Recht sind eben Kinder Einer Mutter, die zwar ein jedes einen eignen Beruf verfolgen, aber eben nicht wie feindliche Brüder auseinanderstreben, sondern zuletzt immer wieder sich in der Arbeit am gemeinsamen Werk zusammenfinden.“ V. GIERKE, Die Soziale Aufgabe des Privatrechts, S. 34.

zwischen Privatrecht und öffentlichem Recht aufteilt."[14] Das Regulierungsrecht als modernes Wirtschaftsrecht ist eine „Mischung aus Öffentlichem und Privatrecht"[15] und ist durchzogen vom Verhältnis und der Abgrenzung von Öffentlichem Recht und Privatrecht. Dies kommt im privatrechtsgestaltenden Verwaltungsakt zum Ausdruck. Die folgende Untersuchung will sich seinem Wesen und seinen Funktionsbedingungen annähern sowie die Grenzen seiner Steuerungskraft aufzeigen.

14 RADBRUCH, in: KAUFMANN, Rechtsphilosophie II, S. [125/126], 362.
15 RÖHL/RÖHL, Allgemeine Rechtslehre, S. 426.

Gang der Untersuchung

Bevor die sektorspezifische Analyse der Grundlagen der Privatrechtsgestaltung durch Verwaltungsakt erfolgt, soll der Gegenstand des Regulierungsrechts als Recht der Netzwirtschaften mit seinen Charakteristika dargestellt werden. Es werden insbesondere die europarechtlichen Grundlagen im Überblick vorgestellt, die dieses Rechtsgebiet maßgeblich geprägt haben. Zudem wird in diesem Teil die Figur des privatrechtsgestaltenden Verwaltungsakts näher bestimmt. Eine allgemein anerkannte Definition des privatrechtsgestaltenden Verwaltungsakts gibt es bisher noch nicht. Dies ist auch dem Umstand geschuldet, dass zwischen „privatrechtsgestaltenden Staatsakten" und „privatrechtsgestaltenden Verwaltungsakten" nicht deutlich genug unterschieden wird. Daher soll an dieser Stelle eine präzise Bestimmung dieser Rechtsfigur, gestützt auf die bisherige Literatur und Rechtsprechung, vorgenommen werden, die es erlaubt, ihre dogmatischen Besonderheiten zu analysieren (Teil 1).

Für den Bereich der Telekommunikation wurde teilweise schon der Versuch unternommen, den privatrechtsgestaltenden Verwaltungsakt im Regulierungsrecht an die wissenschaftlichen Ergebnisse zur Figur des „privatrechtsgestaltenden Verwaltungsakts" als allgemeine verwaltungsrechtliche Erscheinung rückanzukoppeln. So wird z.B. bei der Entgeltgenehmigung zwischen privatrechtsalleingestaltenden und privatrechtsmitgestaltenden Verwaltungsakten unterschieden.[16] Für den Sektor der Eisenbahnwirtschaft ist eine solche Systematisierung der Befugnisnormen noch nicht vorgenommen worden. Die privatrechtsgestaltende Wirkung ist in der Literatur an einzelnen Stellen der Gesetzeskommentierung zwar bemerkt, jedoch noch nicht eingehender analysiert worden.[17] Dabei enthält gerade das Eisenbahnzugangsrecht eine Fülle von verschiedenen Möglichkeiten, privatrechtsgestaltende Verwaltungsakte zu erlassen, die in dieser Arbeit heraus-

16 SCHUSTER/RUHLE, in: GEPPERT/PIEPENBROCK/SCHÜTZ/SCHUSTER, BECK´scher TKG-Kommentar, § 35, Rn. 11 m.w.N. Mit Schwerpunkt auf die Rückwirkung einer Entgeltgenehmigung nach TKG KIEBS, Regulierung durch Privatrechtsgestaltung, S. 218 ff. Ausführlich - allerdings noch zum TKG 1996 - STAMM, Die Entgeltregulierung im Telekommunikationsgesetz, S. 74 ff.

17 So z.B. KRAMER, in: KUNZ (Hrsg.), Eisenbahnrecht Bd. I, § 13 AEG, Rn. 10 bei der Anordnung des physischen Anschlusses nach § 13 AEG oder GERSTNER, in: HERMES/SELLNER, AEG-Kommentar, § 14f, Rn. 49 bei der nachträglichen Prüfung durch die Regulierungsbehörde nach § 14f AEG.

gearbeitet werden sollen. Das Fehlen einer klaren Konzeption des privatrechtsgestaltenden Verwaltungsakts führt dazu, dass es bei der Bestimmung privatrechtsgestaltender Maßnahmen zu Widersprüchen oder zumindest Inkonsistenzen kommt. Damit die privatrechtsgestaltenden Befugnisse herausgearbeitet werden können, ist es jedoch zunächst notwendig, sich mit den Grundlagen des Eisenbahnzugangsrechts vertraut zu machen (Teil 2). Es werden auch die aktuellen Entwicklungen im Eisenbahnregulierungsrecht, namentlich der jüngst vorgelegte Entwurf für den Erlass eines Eisenbahnregulierungsgesetzes (ERegG-E), besonders berücksichtigt.[18]

Nachdem die eisenbahnrechtlichen Grundlagen gelegt worden sind, sollen die privatrechtsgestaltenden Befugnisse im Eisenbahnzugangsrecht herausgearbeitet und einer dogmatischen Analyse unterzogen werden. Die Analyse soll sich an konkreten, problembezogenen Einzelfragen orientieren. Es sollen die dogmatischen Bedingungen für die Privatrechtsgestaltung im Eisenbahnrecht herausgearbeitet werden, immer im Hinblick auf ihr dogmatisches „Vehikel", den Verwaltungsakt (Teil 3). Die Untersuchung widmet sich den zahlreichen dogmatischen Problemlagen, die der privatrechtsgestaltende Verwaltungsakt im Eisenbahnrecht aufwirft. Es stellt sich z.B. die Frage, welche Anforderungen an die Aufhebbarkeit einer Netzzugangsanordnung zu stellen sind. Es muss zudem die Wirkung des Unionsrechts auf die Aufhebbarkeit von Verwaltungsakten berücksichtigt werden, welche die Gewichtung von Vertrauensschutzgesichtspunkten möglicherweise zugunsten der unionsrechtlichen Grundsätze der „Äquivalenz" und „Effektivität" einschränkt.[19] Im Hinblick auf das Ermessen der Bundesnetzagentur, die anwendbaren Vorschriften für die privatrechtsgestaltende Regulierungsaufsicht, das Zusammenwirken von Verwaltungsakt und Privatrecht sowie den Rechtsschutz wirft der privatrechtsgestaltende Verwaltungsakt weitere Fragen auf, die näher untersucht werden müssen.

---

18 Zugrunde gelegt wird aus Gründen der Nachvollziehbarkeit die Fassung des ERegG-E, wie sie Niederschlag in der BR-Drs. 552/12, S. 1 ff. gefunden hat. Dank gebührt dem Bundesverkehrsministerium, das seinen Entwurf auf Anfrage zur Verfügung stellte. Daneben wurde auch ein umfassender Reformvorschlag vom Netzwerk der Privatbahnen e.V. vorgelegt. Erarbeitet von und abgedruckt in GRÜN/BERSCHIN, N & R Beilage 1/2011, 2 (5 ff.).

19 Zu diesen Grundsätzen in der Rechtsprechung des EuGH siehe LUDWIGS, DVBl. 2008, 1164 (1172).

Die dogmatische Bearbeitung soll in einen größeren regulierungsrechtlichen Zusammenhang gestellt werden. Eine der am intensivsten geführten Debatten im Regulierungsrecht ist die Frage nach der Möglichkeit und auch Sinnhaftigkeit eines „Allgemeinen Regulierungsrechts“. Der Grundkonflikt, der sich in besonderer Deutlichkeit an der Frage einer einheitlichen Regulierungskodifikation [20] entzündet, besteht darin, ob die Regulierung der Netzwirtschaften überhaupt einer positivierbaren Verallgemeinerung fähig ist. Dagegen wird eingewandt, dass mit Generalisierungen die Gefahr eines rechtsstaatlich bedenklichen Maßes an Unbestimmtheit einhergehe, wodurch ein „Interpretationswettstreit der Rechtsanwender“ verstärkt werde.[21] Letztlich steht dahinter die Frage, ob die unbestritten bestehenden sektorspezifischen Besonderheiten eine sinnvolle Verallgemeinerung regulierungsverwaltungsrechtlicher Prinzipien überhaupt erlauben. Die Antwort auf diese Frage kann nur durch einen sektorübergreifenden Rechtsvergleich beantwortet werden. Ein Ziel der vorliegenden Arbeit ist es, ein sektorübergreifendes Phänomen aufzunehmen und dessen Anwendung, Ausgestaltung und Wirkung in den untersuchten Rechtsgebieten in Beziehung zu setzen. Es gilt die Frage zu beantworten, ob der privatrechtsgestaltende Verwaltungsakt Teil eines allgemeinen Regulierungsverwaltungsrechts sein kann. Daher wird im Anschluss an die dogmatische Betrachtung des Eisenbahnzugangsrechts die Perspektive sektoral erweitert. Es werden die privatrechtsgestaltenden Verwaltungsakte aus dem Bereich des Telekommunikationsrechts dargestellt und ebenfalls einer dogmatischen Untersuchung zugeführt (Teil 4).

Der Sektor der Telekommunikation als Referenzmaterie wird bewusst gewählt, weil der Markt und der Regulierungsgegenstand im Vergleich zum Eisenbahnwesen sehr große Unterschiede aufweisen. [22] So ist der Eisenbahnmarkt geprägt von der Abhängigkeit von faktisch nicht duplizierbaren Schienennetzen[23], wohingegen im Telekommunikationssektor eine

20 Ein solche verlangt MASING, Verhandlungen des 66. Deutschen Juristentages, Bd. I, Gutachten, Teil D, S. 192 im Hinblick auf die Regulierungsaufgaben der Bundesnetzagentur.

21 So skeptisch BURGI, NJW 2006, 2439 (2443). Ablehnend BREDT, DÖV 2010, 430. Zum Meinungsstand siehe KNAUFF, VerwArch 2007, 382 (385), Fn. 38 f.

22 RÖHL, JZ 2006, 831 (836).

23 Für den EuGH ist der Fahrweg sogar ein „natürliches Monopol". EuGH, Rs. C-556/10, Rn. 106 (BECK-online).

Verschiebung des Wettbewerbs von einem rein dienstebasierten zu einem infrastrukturbasierten Wettbewerb zu beobachten ist, welche zum Beispiel auf die Möglichkeit der Schaffung flächendeckender konkurrierender Breitbandnetze zurückzuführen ist.[24] Gerade die Verschiedenheit der unterschiedlichen Märkte soll die Belastbarkeit abstraktionsfähiger regulierungsrechtlicher Erwägungen unterstreichen.

Im letzten Teil werden die zentralen Ergebnisse der Arbeit aufgegriffen und Überlegungen angestellt, wie z.B. das bestehende Regulierungsrecht an die Besonderheiten der Privatrechtsgestaltung durch Verwaltungsakt angepasst werden kann und ob dieser Verwaltungsakt zum „Baustein"[25] eines Regulierungsverwaltungsrechts taugt. Zudem werden die Rolle des privatrechtsgestaltenden Verwaltungsakts und der Umgang mit ihm zum Anlass genommen, das Verhältnis von Öffentlichem Recht und Privatrecht in der aktuellen Rechtsordnung zu reflektieren (Teil 5).

---

24 SCHERER, NVwZ 2010, 1321 (1327).

25 Formulierung nach KÜHLING, JZ 2012, 341, welcher diesen Term für die neue Regelung zu den „Regulierungskonzepten" des § 15a TKG verwendet.

Teil 1. Regulierungsrecht und privatrechtsgestaltender Verwaltungsakt

Der Gegenstand der vorliegenden Untersuchung wird durch zwei Begriffe geprägt. Zum einen durch den Begriff der „Regulierung“, zum anderen durch den Begriff des „privatrechtsgestaltenden Verwaltungsakts“. Beide Begriffe müssen näher erläutert werden, denn beide sind als solche sehr weit und bedürfen der Eingrenzung. Die nachfolgende Darstellung dieser Begriffe verfolgt für die Untersuchung unterschiedliche Ziele: Während die Ausführungen zum Regulierungsrecht das grundlegende Verständnis für dieses noch verhältnismäßig junge und unbekannte Rechtsgebiet fördern sollen (A.), bilden die Ausführungen zum „privatrechtsgestaltenden Verwaltungsakt“ das Fundament für die Untersuchung der Privatrechtsgestaltung im sektorspezifischen Recht. Es wird hier die Figur des „privatrechtsgestaltenden Verwaltungsakts“ bestimmt und von den Verwaltungsakten, die sich in irgendeiner Weise auf das Privatrecht auswirken, d.h. nur privatrechtsrelevant [26] sind, unterschieden (B). Denn nur eine sorgfältig Bestimmung dessen, was eigentlich unter einem „privatrechtsgestaltenden Verwaltungsakt“ zu verstehen ist, erlaubt es, zu untersuchen, wo sich im Bereich der sektorspezifischen Regulierung solche Verwaltungsakte befinden und wie sie dogmatisch behandelt werden müssen.

A. Regulierungsrecht

I. Zum Begriff „Regulierung“

Der Begriff der Regulierung entzieht sich einer einheitlichen Definition.[27] Gesicherte Erkenntnis ist lediglich, dass die Regulierung eine bestimmte Erscheinungsform staatlicher Wirtschaftslenkung ist.[28] Diese Beschreibung ist sehr vage. Für die vorliegende Arbeit kann der Begriff schon dahingehend eingegrenzt werden, dass „Regulierung“ allein die Regulierung der Netzwirtschaften meint, mithin die netzgebundene Regulierung.[29]

---

26 Zur „Privatrechtsrelevanz” siehe MANSSEN, Privatrechtsgestaltung durch Hoheitsakt, S. 22 ff.

27 Über den Begriff besteht allenfalls ein „diffuses Vorverständnis“. RUFFERT, in: EHLERS/FEHLING/PÜNDER, Bes. VwltgsRt, Bd. I, § 21, Rn. 2.

28 V. DANWITZ, DÖV 2004, 977; OSTER, Normative Ermächtigungen im Regulierungsrecht, S. 105.

29 Regulierung im Bereich des Hochschulwesens, der Medien, der Abfallwirtschaft oder des Finanzmarkts sind somit nicht Gegenstand der Untersuchung, auch wenn

Im Bemühen um Präzisierung definierte der Gesetzgeber in § 3 Nr. 13 TKG (1996) „Regulierung" als „Maßnahmen, die zur Erreichung der in § 2 Abs. 2 genannten Ziele ergriffen werden und durch die das Verhalten von Telekommunikationsunternehmen beim Angebot von Telekommunikationsdienstleistungen, von Endeinrichtungen oder von Funkanlagen geregelt wird sowie die Maßnahmen, die zur Sicherstellung einer effizienten und störungsfreien Nutzung von Frequenzen ergriffen werden." Diese - als katalogartig gescholtene [30] - gesetzliche Definition moderner Gesetzgebung liefert wenig mehr als die bereits angesprochene Erkenntnis und ist konsequenterweise vom Gesetzgeber in der Neufassung des TKG im Jahre 2004 gestrichen worden. [31] Angesichts der Schwierigkeiten, die eine solche Begriffsdefinition mit sich bringt, hat der Gesetzgeber in den Sektoren der Energie- und Eisenbahnwirtschaft darauf verzichtet. Jedoch ist der Begriff der „Regulierung" damit nicht aus den Gesetzen verschwunden. Vielmehr ist er in allen Gesetzeswerken der vier großen Netzwirtschaften (Energie, Post, Telekommunikation, Eisenbahn) vorhanden, sei es als amtliche Überschrift[32], sei es als Terminus innerhalb einer Norm[33] oder sei es bloß zur Konkretisierung der zuständigen Behörde. [34] In allen Sektoren hat der Begriff Eingang in die jeweiligen Gesetze gefunden und wird von ihnen vorausgesetzt. [35] Daraus folgt allerdings nicht, dass diesen Gesetzen zwingend derselbe Regulierungsbegriff zu

---

sie als Sektoren der Regulierung anerkannt sind, siehe FEHLING/RUFFERT, Regulierungsrecht, § 12, § 13, § 17 und § 18.

30 V. DANWITZ, DÖV 2004, 977.

31 V. DANWITZ, DÖV 2004, 977, welcher die Tatsache der Streichung der Definition in der neuen Fassung im Hinblick auf ihre Leistungsfähigkeit für aussagekräftiger hält „als jedes Räsonnement."

32 So in § 2 PostG und § 2 TKG. Auch im Entwurf zum Erlass eines Eisenbahnregulierungsgesetzes wird die „Regulierung" als Begriff vorausgesetzt, ohne definiert zu werden. BR-Drs. 559/12, S. 1 ff. Der Term ist sogar Teil des Namens des Gesetzes.

33 Vgl. § 1 Abs. 2 EnWG.

34 § 14 Abs. 3 S. 3 Nr. 2 AEG mit einer Legaldefinition der „Regulierungsbehörde".

35 Interessant ist, in welch unterschiedlichen Maße die einzelnen Sektoren den Begriff eingebunden haben. § 2 PostG und § 2 TKG a.F. konkretisieren die Ziele der Regulierung bei nahezu identischer sprachlicher Struktur. § 2 Abs. 3 TKG definiert seit der Gesetzesnovelle von 2012 nun zudem Regulierungsgrundsätze. Eine Übersicht über die TKG-Novelle 2012 findet sich bei SCHERER/HEINICKEL, NVwZ 2012, 585 ff. Noch zum Referentenentwurf KAFKA/KÖNIG, IR 2011, 7 ff.

Grunde liegt. Es liegt jedoch die Vermutung nahe, dass dieser Begriff einen sektorenübergreifenden Gehalt hat. In der Rechtswissenschaft wird „Regulierung" definiert als hoheitliche Regelung der Voraussetzungen der Wirtschaftstätigkeit in den Sektoren der Daseinsvorsorge, die durch ein besonderes öffentliches Interesse an ausreichender Versorgung der Bevölkerung mit bestimmten Dienstleistungen gekennzeichnet ist.[36]

Diese Definition sowie das Regulierungsrecht insgesamt sind jedoch Ergebnisse verschiedener geschichtlicher Prozesse und Entwicklungen, deren Kenntnis Schlüssel zum Verständnis der Eigenheiten dieser Materie ist. Neben der geschichtlichen Entwicklung (II.) sind vor allem die Schnittmengen zu anderen Rechtsgebieten sowie die Beeinflussung durch andere Rechtsgebiete von zentraler Bedeutung (III. - IV). Für die Zielsetzung des Regulierungsrechts ist auch der Einfluss der volkswirtschaftswissenschaftlichen Theorien prägend (V.). Schließlich sind der Vorbehalt einer ausreichenden Gewährleistung mit daseinsrelevanten Leistungen und der Vorbehalt der Sektor-Spezifität sowie das sich daraus ergebende Problem der Zielpluralität zu beachten (VI.).

II. Entstehung des Regulierungsrechts

Die Regulierungsverwaltung hatte ihren Ursprung im US-amerikanischen Eisenbahnrecht. Dort kam es im letzten Drittel des 19. Jahrhunderts zwischen privatwirtschaftlich organisierten Eisenbahnunternehmen zu einem „erbitterten"[37] Wettbewerb. Die Bahngesellschaften machten sich mit Parallelverkehr Konkurrenz und unterboten sich dabei gegenseitig.[38] Kompensiert wurden dadurch entstehende Verluste unter anderem durch erhöhte Tarife auf monopolisierten Strecken, worunter vor allem lokale Wirtschaftsinteressen litten.[39] Diese Probleme konnten aufgrund ihres grenzüberscheitenden Moments und der ausschließlichen Kompetenz des Bundes in Handelsfragen von den bereits

---

36 v. DANWITZ, DÖV 2004, 977 (984). Ähnlich RUFFERT, in: FEHLING/RUFFERT, Regulierungsrecht, § 7, Rn. 58 f. dessen Definition etwas offener ist, jedoch auch die Elemente des Wettbewerbsbedingungen und der Versorgungssicherheit betont. Für diesen ist Regulierung ein Mechanismus zur Sicherstellung der Erfüllung öffentlicher Aufgaben im Gewährleistungsstaat. Zum „Regulierungsbegriff" siehe auch RÖHL, JZ 2006, 831 (831 ff.).

37 So LEPSIUS, in: FEHLING/RUFFERT, Regulierungsrecht, § 1, Rn. 5.

38 LEPSIUS, in: FEHLING/RUFFERT, Regulierungsrecht, § 1, Rn. 5.

39 LEPSIUS, in: FEHLING/RUFFERT, Regulierungsrecht, § 1, Rn. 5.

existierenden einzelstaatlichen Behörden nicht gelöst werden.[40] Nachdem sich die Probleme verschärft hatten,[41] erließ der Kongress 1887 den INTERSTATE COMMERCE ACT, mit dem eine neue Behörde und mit ihr ein „neuer Behördentypus“ [42] geschaffen wurde, die independent regulatory commission. Die Behörde hatte darüber zu wachen, dass „vernünftige und gerechte“ [43] Tarife erhoben wurden. Ihre Kommissare waren unabhängig und konnten nur bei Amtsmissbrauch abgesetzt werden.[44] Sie konnte wirtschaftliche Geschehnisse nachträglich untersuchen, Sachverhalte aufklären und sogar Bußgeldbescheide in einem förmlichen Verfahren erlassen.[45] Diese konnte sie jedoch nur in einem kontradiktorischen Gerichtsverfahren durchsetzen und nicht selbst vollstrecken.[46]

Mit dem NEW DEAL erfuhr das Modell der „Regulierung“ einen Bedeutungszuwachs.[47] Das Modell der „unabhängigen, branchenspezifischen Regulierungsbehörde wurde sektoral multipliziert“ [48] und zum Grundmodell des dortigen Wirtschaftsrechts. In Anschluss daran wurde aus dem Prinzip der Regulierung einzelner Branchen die allgemeine Regulierung sozialer, ökologischer und im öffentlichen Interesse stehender Gegenstände.[49] Dieses Grundmodell hat über Großbritannien Eingang in das Europarecht gefunden und auf diesem Weg schließlich auch Eingang in die deutsche Rechtsordnung.[50]

---

40 SCHORKOPF, JZ 2008, 20 (22).

41 Zu den Tarifkriegen und dem ruinösen Wettbewerb waren auf anderen Strecken Preisabsprachen und Monopole sowie Diskriminierungen einzelner Unternehmer, Strecken und Orte hinzugekommen. LEPSIUS, in: FEHLING/RUFFERT, Regulierungsrecht, § 1, Rn. 18.

42 LEPSIUS, in: FEHLING/RUFFERT, Regulierungsrecht, § 1, Rn. 18. Dieser sieht im INTERSTATE COMMERCE ACT die Geburtsstunde des Regulierungsrechts.

43 Engl.: „reasonable and just”. LEPSIUS, in: FEHLING/RUFFERT, Regulierungsrecht, § 1, Rn. 20.

44 LEPSIUS, in: FEHLING/RUFFERT, Regulierungsrecht, § 1, Rn. 19.

45 SCHORKOPF, JZ 2008, 20 (23).

46 SCHORKOPF, JZ 2008, 20 (23); LEPSIUS, in: FEHLING/RUFFERT, Regulierungsrecht, § 1, Rn. 20. Es gab und gibt in den USA keine Selbsttitulierung der Verwaltung.

47 SCHORKOPF, JZ 2008, 20 (23).

48 LEPSIUS, in: FEHLING/RUFFERT, Regulierungsrecht, § 1, Rn. 60.

49 LEPSIUS, in: FEHLING/RUFFERT, Regulierungsrecht, § 1, Rn. 118 f.; RUFFERT, in: EHLERS/FEHLING/PÜNDER, Bes. VwltgsRt, Bd. I, § 21, Rn. 5.

50 RUFFERT, in: FEHLING/RUFFERT, Regulierungsrecht, § 2, Rn. 1, wobei die Rezeption nicht einseitig von einer Rechtsordnung in die andere erfolgte, sondern

III. Europarecht: Motor und Triebfeder der Regulierung[51]

Nachdem das Konzept der Regulierung im Zuge der Privatisierung in Großbritannien seit Ende der 1970er Jahre in zunehmendem Maße an Bedeutung für die Wirtschaftsaufsicht in den Netzwirtschaften gewann, [52] hat das Europarecht für die zunehmende Bedeutung der Regulierung in Deutschland gesorgt.[53]

1. Entwicklung im Telekommunikationssektor

Im Telekommunikationssektor bildete das Grünbuch zur Telekommunikation[54] der Europäischen Kommission vom Juni 1987 die Grundlage für die Liberalisierung des Marktes und damit der Regulierung.[55] Darin beschloss man zum einen die völlige Marktöffnung, zum anderen machte man den Netzzugang als wesentliches Element zur Harmonisierung des Binnenmarktes aus.[56] Eine der frühesten und bedeutendsten Versuche, diese Ziele umzusetzen, erfolgte mit der Richtlinie zur Einführung des offenen Netzzugangs (Open Network Provision – ONP). [57] Die allgemeine ONP-Rahmenrichtlinie wurde später durch die Richtlinie im Mietleitungsbereich[58] ergänzt. Dies ist deswegen bemerkenswert,

---

reziprok stattgefunden hat bzw. stattfindet, so dass eine „Transferbewegung über das Europarecht" entstehen kann.

51 So RUGE, AöR 131 (2006), 1 (7) für die Liberalisierung des Eisenbahnmarkts. Allgemein BURGI, NJW 2006, 2439 (2441); ähnlich GERSDORF, JZ 2008, 831 (836), der jedoch von „Umsetzungsdruck" spricht.

52 Paradigmatisch für die frühe Entwicklung des Regulierungsrechts in Großbritannien ist der bereits seit 1984 voll privatisierte Telekommunikationssektor. RUFFERT, in: FEHLING/RUFFERT, Regulierungsrecht, § 2, Rn. 4, 8, 18.

53 RUFFERT, in: FEHLING/RUFFERT, Regulierungsrecht, § 3, Rn. 40, „Ohne Europarecht keine Regulierung". Zum europäischen Regulierungskonzept siehe RÖHL, JZ 2006, 831 (835 f.).

54 KOM (87) 290, Juni 1987.

55 KÜHLING/ELBRACHT, Telekommunikationsrecht, Rn. 5.

56 KÜHLING/ELBRACHT, Telekommunikationsrecht, Rn. 5.

57 Richtlinie 90/387/EWG des Rates vom 28.06.1990 zur Verwirklichung des Binnenmarktes für Telekommunikation durch Einführung des eines offenen Netzzugangs (Open Network Provision – ONP), Abl. 1990 Nr. L 192/1.

58 Richtlinie 92/44/EWG des Rates vom 05.06.1992 zur Einführung des offenen Netzzugangs bei Mietleitungen, Abl. 1992 Nr. L 1666/27.

weil Art. 8 dieser Richtlinie erstmals vorsah, dass die Mitgliedstaaten nationale Regulierungsbehörden zur Einhaltung des Richtlinienrechts errichten sollten.[59]

Der Telekommunikationssektor wurde dann in den Jahren 1997 - 1999 durch weitere Richtlinien harmonisiert und die Integration vertieft.[60] Hier sind z.B. die Genehmigungsrichtlinie für allgemeine Genehmigungen und Entgeltgenehmigungen im Telekommunikationssektor [61] sowie die Zusammenschaltungsrichtlinie zu nennen.[62] Vor allem Letztere hat wesentlich zur Weiterentwicklung des Wettbewerbs beigetragen, da in ihr „weitgehende Zugangs- und Zusammenschaltungsverpflichtungen der Netzbetreiber normiert worden sind".[63] Schließlich wurde das europäische Telekommunikationsrecht 2002 durch ein Richtlinienpaket (Rahmen-, Zugangs, Genehmigungs-, Universaldienst- und Datenschutzrichtlinie) umfassend reformiert und neu strukturiert.[64] 2009 kam es zum vorläufigen Schlusspunkt mit der neuen Richtlinie zum Telekommunikationsrechtsrahmen[65], mit der eine Reihe neuer Vorgaben für den Netzzugang und die Entgeltregulierung einhergehen.[66]

---

59 Dies auch hervorhebend KÜHLING/ELBRACHT, Telekommunikationsrecht, Rn. 5. Eine ihrer Aufgaben war die Überwachung des Grundsatzes der Nichtdiskriminierung, Art. 8 Abs. 2 der Richtlinie.

60 KÜHLING/ELBRACHT, Telekommunikationsrecht, Rn. 6.

61 Richtlinie 97/13/EG des Europäischen Parlaments und des Rates vom 10.04.1997 über einen gemeinsamen Rahmen für Allgemein- und Einzelgenehmigungen für Telekommunikationsdienste, ABl. 1997 Nr. L 117/15.

62 Richtlinie 97/33/EG des Europäischen Parlaments und des Rates vom 30.06.1997 über die Zusammenschaltung in der Telekommunikation im Hinblick auf die Sicherstellung eines Universaldienstes und der Interoperabilität durch Anwendung der Grundsätze für einen offenen Netzzugang (ONP), ABl. 1997 Nr. L 199/32.

63 KÜHLING/ELBRACHT, Telekommunikationsrecht, Rn. 6.

64 RUFFERT, in: FEHLING/RUFFERT, Regulierungsrecht, § 3, Rn. 41.

65 Richtlinie 2009/140/EG des Europäischen Parlaments und des Rates vom 25. November 2009 über einen gemeinsamen Rechtsrahmen für elektronische Kommunikationsnetze und -dienste, der Richtlinie 2002/19/EG über den Zugang zu elektronischen Kommunikationsnetzen und zugehörigen Einrichtungen sowie deren Zusammenschaltung und der Richtlinie 2002/20/EG über die Genehmigung elektronischer Kommunikationsnetze und -dienste, ABl. 2009 Nr. L 337/37.

66 Dazu SCHERER, NVwZ 2010, 1321 (1327).

2. Entwicklung im Eisenbahnsektor

Auch im Eisenbahnsektor war es die Europäische Union, die seit Anfang der 1990er Jahre die Liberalisierung vorantrieb und „auf die Schaffung eines integrierten europäischen Eisenbahnmarktes als wesentliches Element eines gemeinschaftsweiten Verkehrsmarktes“ drängte.[67] Der erste Rechtsakt, der zur Erreichung dieser Ziele ergangen ist, ist die Richtlinie 91/440/EWG.[68] Diese Richtlinie setzte dafür bei der Unabhängigkeit der Eisenbahnunternehmen vom Staat an. So verlangte Art. 4 dieser Richtlinie, dass die Mitgliedstaaten die erforderlichen Maßnahmen ergreifen, „damit die Eisenbahnunternehmen in Bezug auf ihre Leitung, Geschäftsführung und Verwaltung [...] einen Unabhängigkeitsstatus besitzen, nach welchem sie [...] über ein Vermögen [...] und eine Rechnungsführung verfügen, die von denen des Staates getrennt sind.“ Art. 5 der Richtlinie verlangte zudem, dass solche Unternehmen grundsätzlich wirtschaftlich arbeiten sollten. Zudem bestimmte Art. 6 der Richtlinie, dass die Bereiche der Eisenbahninfrastruktur und der Erbringung von Eisenbahnverkehrsleistungen getrennt werden sollten, so dass einzelne Gesellschaften nicht gleichzeitig beide Arten von Leistungen anbieten könnten. Mit diesen Vorschriften wurden die Grundsteine des europäischen Liberalisierungskonzepts gelegt.

2001 wurde mit dem sog. ersten Eisenbahnpaket ein „Maßnahmenbündel“ erlassen. [69] Es dehnte z.B. die Betriebsgenehmigungspflicht im Interesse zuverlässiger und angemessener Verkehrsdienste auf alle Eisenbahnverkehrsunternehmen (EVU) aus.[70] Für den Bereich des Netzzugangs steht vor allem die Richtlinie 2001/14/EG im Mittelpunkt, die Vorgaben hinsichtlich der Aufstellung von Schienennetznutzungsbedingungen (SNB) trifft und ein Mindestleistungspaket für Leistungen von Eisenbahninfrastrukturunternehmen (EIU) festlegt. [71] Dies stärkte den gerechten und diskriminierungsfreien Zugang

---

67 WINDTHORST, in: SACHS, GG-Kommentar, Art. 87e GG, Rn. 3. Eine Übersicht über die Richtlinientätigkeit der EU in diesem Sektor findet sich bei BRANDENBERG, EuZW 2009, 359.

68 WINDTHORST, in: SACHS, GG-Kommentar, Art. 87e GG, Rn. 3.

69 WINDTHORST, in: SACHS, GG-Kommentar, Art. 87e GG, Rn. 4. Dieses Paket umfasste die Richtlinien 2001/12/EG, 2001/13/EG sowie die Richtlinie 2001/14/EG.

70 WINDTHORST, in: SACHS, GG-Kommentar, Art. 87e GG, Rn. 4.

71 RUGE, AöR 131 (2006), 1 (8).

der Verkehrsunternehmen zur Infrastruktur.[72] Die europäische Liberalisierung des Eisenbahnmarktes wurde durch das zweite Eisenbahnpaket[73] der EU aus dem Jahr 2004 weiter vorangetrieben. Dieses erweiterte das „Prinzip eines offenen und fairen Wettbewerbs“[74], indem das Recht auf verhandelten Zugang auf alle Arten von Frachtdiensten ausweitet wurde. Zudem wurde die Europäische Eisenbahnagentur „ERA“ (European Rail Authority) geschaffen und als europäische Koordinierungsbehörde installiert.[75]

Im dritten Eisenbahnpaket[76] von 2007 wurde für alle EVU mit Sitz in der EU ein Recht auf Zugang zur Infrastruktur in allen Mitgliedsstaaten festgeschrieben.[77] Es enthält zudem eine Stärkung der Fahrgastrechte. Besonders interessant ist hier die Verordnung Nr. 1370/2007. Diese enthält eine Verpflichtung der Mitgliedsstaaten, die Bereitstellung angemessener Personenlandverkehrsdienste sicherzustellen, welche im allgemeinen wirtschaftlichen Interesse notwendig sind, jedoch nicht kommerziell betrieben werden können.[78] Dies ist bemerkenswert, weil neben der Schaffung eines einheitlichen Binnenmarkts und eines effektiven Wettbewerbs als leitende Ideen der Sekundärrechtssetzung nun auch ein Element der Daseinsvorsorge Einzug in die Zielbestimmungen des europäischen Normgebers erhält. Zudem ist damit zu rechnen, dass der europäische Gesetzgeber das bisherige Richtlinienrecht nochmals in einem 4. Eisenbahnpaket reformieren wird.[79] In einem 2010 von der

---

72 WINDTHORST, in: SACHS, GG-Kommentar, Art. 87e GG, Rn. 4 f.; RUGE, AöR 131 (2006), 1 (8).

73 Dazu gehören die am 29.04.2004 erlassenen Richtlinien 2004/49/EG, 2004/50/EG und 2004/51/EG.

74 WINDTHORST, in: SACHS, GG-Kommentar, Art. 87e GG, Rn. 7.

75 Verordnung (EG) Nr. 844/2004. Zu den Befugnissen und Aufgaben dieser Agentur siehe RUGE, AöR 131 (2006), 1 (9).

76 Dieses Paket vom 23.10.2007 enthielt die Richtlinien 2007/58/EG und 2007/59/EG sowie die Verordnungen (EG) Nr. 1370/2007 und 1371/2007.

77 WINDTHORST, in: SACHS, GG-Kommentar, Art. 87e GG, Rn. 8.

78 Erwägungsgrund (5) der Verordnung (EG) Nr. 1370/2007. Zudem bestimmt die Verordnung das Verfahren der nationalen Behörden für die Vergabe von Aufträgen oder für die Auferlegung von gemeinwirtschaftlichen Pflichten, vgl. Artt. 5 – 7 der Verordnung.

79 Siehe: http://ec.europa.eu/commission_2010-2014/kallas/headlines/news/2013/01/fourth-railway-package_de.htm (Abrufdatum: 21.05.2013).

Europäischen Kommission vorgelegten Richtlinienentwurf, dem sog. Recast[80], plante die Kommission, die bisherigen europäischen Bestimmungen und Maßnahmen zu ergänzen und zu stärken, um einen „echten Binnenmarkt" mit hoher Wettbewerbsfähigkeit zu schaffen.[81] Dieser Recast hatte für den Bereich des Eisenbahnwettbewerbsrecht zum Ziel, die Interessenkonflikte bei schienenverkehrsbezogenen Leistungen zu vermeiden, den Zugang zu diesen Leistungen für neue Marktteilnehmer zu erleichtern sowie durch größere Markttransparenz einen wirksameren Wettbewerb zu schaffen.[82] Dies sollte beispielsweise durch eine Stärkung der Unabhängigkeit der nationalen Regulierungsbehörden erfolgen.[83] Mit dem Erlass der Richtlinie 2012/34/EU vom 21. November 2012 zur Schaffung eines einheitlichen Eisenbahnraums wurde der „Recast" umgesetzt.[84] Die Richtlinien 91/440/EWG, 95/18/EG und 2001/14/EG wurden mit Wirkung vom 15. Dezember 2012 aufgehoben (Art. 65 RL 2012/34/EU) und in einem einheitlichen Rechtsakt verschmolzen.[85] Es ist somit auch heute noch das Unionsrecht, welches „das ‚Liberalisierungstempo' weiter verschärft."[86]

IV. Allgemeines Wettbewerbsrecht und Regulierungsrecht

Die sektorenspezifische Regulierung wurde und wird vervollständigt durch die Vorschriften des allgemeinen Wettbewerbsrechts. Die Kommission hat 1998 die allgemeinen Wettbewerbsregeln, insbesondere die aus dem allgemeinen (US-amerikanischen) Kartellrecht stammende „essential-facilities-doctrine"[87], aus-

---

80 Vorschlag für eine Richtlinie der Europäischen Parlaments und des Rates zur Schaffung eines einheitlichen europäischen Eisenbahnraums (Neu). Mitteilung der Kommission vom 17.09.2010. KOM (2010) 475.

81 Mitteilung der Kommission vom 17.09.2010, KOM (2010) 475. Ebenfalls veröffentlicht vom Bundesrat in BR-Drs. 564/10, S. 4.

82 Siehe BONHAGE/ROBERTS, KSzW 2012, 180 ff.

83 So wird zumindest die Vize-Präsidentin der Bundesnetzagentur zitiert in HELLRIEGEL/TEICHMANN, NVwZ 2012, 413 (414).

84 Richtlinie 2012/34/EU des Europäischen Parlaments und des Rates vom 21. November 2012 zur Schaffung eines einheitlichen Eisenbahnraums, Abl. 2012 Nr. L 343/32.

85 Erwägungsgrund (1) der RL 2012/34/EU.

86 EHRICKE, N & R 2011, 184 (190).

87 LETTL, Kartellrecht, § 9, Rn. 559. Ausführlich zu dieser Doktrin siehe die Schlussanträge des Generalanwalts JACOBS zu EuGH, Rs. C-7/97 (BRONNER), Slg. 1998, I-7794 (7807 f.), Rn. 45 ff.

drücklich für Zugangsvereinbarungen im Telekommunikationsbereich für anwendbar erklärt.[88] Der Grundgedanke der „essential-facilities-doctrine“ ist, dass marktbeherrschende Unternehmen oder die Inhaber einer Einrichtung, die für den Eintritt in den Markt wesentlich ist, verpflichtet sind, einem anderen Unternehmen ihre Einrichtung gegen Geld zur Verfügung zu stellen.[89] Der Betreiber einer solchen Einrichtung verfolgt in der Regel das Ziel, die unternehmerische Nutzung der Einrichtung durch Dritte, die Leistungen anbieten, die auch der Betreiber anbietet, zu verhindern, da er mit diesen im Wettbewerb steht.[90] Wesentliche Einrichtungen in diesem Sinne können insbesondere Netzstrukturen sein.[91] Diese Doktrin ist im nationalen Recht durch § 19 Abs. 4 Nr. 4 GWB explizit kodifiziert worden.[92]

Dies wirft die Frage auf, wie sich die Zugangskontrolle nach allgemeinem Wettbewerbsrecht und die Zugangskontrolle nach sektorspezifischen Regelungen zueinander verhalten. Im Grundsatz besteht Einigkeit darin, dass die Regelungen der Sektoren spezieller sind. Jedoch besteht zum einen Streit darüber, inwiefern die sektorspezifischen Regelungen als Ausfluss dieser Doktrin gesehen werden können.[93] Zum anderen besteht Streit darüber, ob die spezifischen Vorschriften die allgemeine Regelung vollständig verdrängen oder ob sie neben diesen anwendbar bleibt.[94] Unabhängig von diesen Streitpunkten

---

88 GRUSSMAN, in: GEPPERT/PIEPENBROCK/SCHÜTZ/SCHUSTER, BECK´scher TKG-Kommentar, Einl. B, Rn. 55.

89 Ausführlich zu dieser Doktrin auch LÜBBIG, in: LOEWENHEIM /MEESSEN/ RIESENKAMPFF, Kartellrecht, Art. 82 EG, Rn. 210 ff.; BECHTOLD, in: BECHTOLD, Kartellgesetz, § 19 GWB, Rn. 85 ff.

90 LETTL, Kartellrecht, § 3, Rn. 285. Ein „Anwendungsfall” dieser Doktrin im Eisenbahnrecht findet sich bei ERNERT/LERCHE, N & R 2009, 166 ff.

91 LETTL, Kartellrecht, § 3, Rn. 287.

92 LETTL, Kartellrecht, § 9, Rn. 559; RUGE, AöR 131 (2006), 1 (14).

93 Bejahend: PAPE, in: GEPPERT/PIEPENBROCK/SCHÜTZ/SCHUSTER, BECK´scher TKG-Kommentar, Vor § 9, Rn. 1, der in der Zusammenschaltungsanordnung als Unterfall der Zugangsanordnung einen solchen Zusammenhang sieht. (Wohl) ablehnend, aber offen gelassen durch BVerwG NVwZ 2004, 878 (881) zum alten TKG 1996. Ablehnend für das neue TKG 2004 ATTENDORN, Die Regulierungsbehörde als freier Marktgestalter und Normsetzer?, S. 56. Nach der Entwurfsbegründung sollten die sektorspezifischen Regelungen als „Ergänzung zum allgemeinen Wettbewerbsrecht“ dienen. So BT-Drs. 13/3609, S. 33 und GERSDORF, JZ 2008, 831 (837).

94 Für das TKG: BECHTOLD, in: BECHTOLD, Kartellgesetz, § 19 GWB, Rn. 100; MÖSCHEL, in: IMMENGA/MESTMÄCKER, GWB Kommentar, Bd. 2, § 19 GWB, Rn.

besteht jedoch in zweifacher Hinsicht Einigkeit. Zum einen müssen besondere Wertungen der Spezialgesetze bei der Abwägung nach der „essential-facilities-doctrine“ berücksichtigt werden.[95] Zum anderen stellt das Netzzugangsrecht „sektorales Wettbewerbsrecht“[96] dar und damit teilweise auch eine Ausformung des allgemeinen Kartellrechts. Daher sind bei der Auslegung unbestimmter Rechtsbegriffe in diesem Bereich die grundlegenden Prinzipien des Wettbewerbsrechts zu berücksichtigen.[97] Angesichts dieser Nähe von allgemeinen Kartellrecht und Regulierungsrecht spricht SÄCKER davon, dass das Kartellrecht die „Zwillingsschwester“ des Regulierungsrechts sei.[98]

V. Ökonomische Theorie und Regulierungsrecht

Die Feststellung, dass Regulierungsrecht auch sektorales Wettbewerbsrecht ist, zeigt, dass die wettbewerbstheoretischen bzw. volkswirtschaftlichen Hintergründe bei einer Beschreibung des Regulierungsrechts mitberücksichtigt werden müssen. Dies gilt umso mehr als die Privatisierungsbestrebungen und damit auch ihre rechtliche Umsetzung in TKG und AEG auf ökonomischen Überzeugungen basieren.[99] In der Liberalisierung der Netzwirtschaften lag zunächst eine Abkehr von der Vorstellung eines natürlichen Monopols i.S.d. ökonomischen Monopoltheorie vor. Ein natürliches Monopol liegt danach vor, wenn „die im Markt nachgefragte Menge eines Gutes oder einer Dienstleistung von einem einzigen [...] Anbieter zu niedrigeren Kosten produziert werden kann als von jeder

---

223. Siehe hierzu ATTENDORN, Die Regulierungsbehörde als freier Marktgestalter und Normsetzer?, S. 54. Für das AEG von paralleler Anwendbarkeit ausgehend: BECHTOLD, in: BECHTOLD, Kartellgesetz, § 19 GWB, Rn. 100; MÖSCHEL, in: IMMENGA/MESTMÄCKER, GWB Kommentar, Bd. 2, § 19 GWB, Rn. 222. A.A. RUGE, AöR 131 (2006), 1 (32).

95 Dies ergibt sich daraus, dass Zulassungsansprüche, die auch nach spezialgesetzlichen Regelungen nicht bestehen, nicht kartellrechtlich begründet werden können. Siehe BECHTOLD, in: BECHTOLD, Kartellgesetz, § 19 GWB, Rn. 100.

96 RUGE, AöR 131 (2006), 1 (31).

97 So für das Eisenbahnrecht: RUGE, AöR 131 (2006), 1 (32 f.).

98 SÄCKER, AöR 130 (2005), 180 (189). Dies nochmals bestätigend ders., in: RONELLENFITSCH/SCHWEINSBERG, Aktuelle Probleme des Eisenbahnrechts XIV, 159 (166).

99 Zu den Gründen der Regulierung siehe RUGE AöR 131 (2006), 1 (25 ff.).

größeren Anzahl von Unternehmen."[100] Die Stärke einer solchen Marktstruktur besteht in als „economies of scale“ bezeichneten Größenvorteilen, die sich z.B. aus einem umfassenden und flächendeckenden Netz ergeben. Denn dann kann ein einzelner (neuer) Kunde mit minimalem Aufwand an ein Gesamtnetz angeschlossen werden.[101] Darüber hinaus ergeben sich sog. „economies of scope“, d.h. Verbundvorteile, wenn die Herstellung mehrerer Güter durch ein Mehrproduktunternehmen günstiger ist als deren getrennte Herstellung.[102]

Nachdem die Netzwirtschaften lange Zeit als solche natürlichen Monopole angesehen wurden, hat man infolge der durch die „Liberalisierungsbemühungen der USA und Großbritannien [offengelegten] Wettbewerbspotentiale“ auch in Deutschland den Wettbewerb in diesen Märkten zugelassen.[103] Die Besonderheit des netzgebundenen Marktes gegenüber anderen Märkten besteht allerdings darin, dass der Zugang zu diesem und vor allem zu ihm nachgelagerten Märkten[104] nur über sog. BOTTLENECKS möglich ist. Die Netze sind im Bereich der Telekommunikation und des Schienenverkehrs die bottleneck-Einrichtungen, weil diese Netze (wirtschaftlich rentabel) nicht duplizierbar sind.[105] Das Aufbauen einer solchen neuen zweiten Infrastruktur ist dadurch geprägt, dass die Kosten oftmals irreversibel sind (sog. SUNK COSTS), wodurch sich potentielle Marktteilnehmer unüberwindbaren Marktzutrittsschranken gegenübersehen.[106] Mithin muss Zugang zu monopolistischen bottleneck-Einrichtungen für alle potentiellen Netzleistungsanbieter gewährleistet werden, um die Entfaltung von

---

100 HOLZNAGEL/ENAUX/NIENHAUS, Telekommunikationsrecht, Rn. 6. Ähnlich SÄCKER, in: RONELLENFITSCH/SCHWEINSBERG, Aktuelle Probleme des Eisenbahnrechts XIV, 159 (164).

101 HOLZNAGEL/ENAUX/NIENHAUS, Telekommunikationsrecht, Rn. 6.

102 HOLZNAGEL/ENAUX/NIENHAUS, Telekommunikationsrecht, Rn. 7.

103 KNIEPS, in: KNIEPS/BRUNEKREEFT, Zwischen Regulierung und Wettbewerb, S. 9. An diese Entwicklung gekoppelt war die „Grunderfahrung eines nicht funktionierenden Wettbewerbs“, welcher das Konzept des Marktversagens zugrunde liegt. LEPSIUS, in: FEHLING/RUFFERT, Regulierungsrecht, § 19, Rn. 57 m.w.N.

104 Im Bereich der Eisenbahn z.B. der Gütertransport- und Personentransportmarkt.

105 SÄCKER, in: RONELLENFITSCH/SCHWEINSBERG, Aktuelle Probleme des Eisenbahnrechts XIV, 159 (164). Dies gilt vor allem für den Schienenverkehr, im Bereich der Telekommunikation für Festnetztelefonie und Fernsehkabelnetze.

106 HOLZNAGEL/ENAUX/NIENHAUS, Telekommunikationsrecht, Rn. 10.

Wettbewerb umfassend zu ermöglichen.[107] Diesem Ziel ist das Regulierungsrecht verpflichtet.[108]

VI. Der doppelte Vorbehalt im Regulierungsrecht und Zielpluralität

1. Regulierung als Vorbehalt des Gewährleistungsstaates

Regulierungsrecht ist zu einem großen Teil auch staatliches Gewährleistungsrecht.[109] Letzteres ist gekennzeichnet vom Wandel der staatlichen Aufgabenerfüllung der Daseinsvorsorge[110]: Vom Wandel der Erfüllungsverantwortung des Staates hin zur Gewährleistungsverantwortung.[111] Dieser Wandel hat sowohl für die Telekommunikation (Art. 87f Abs. 1 GG) als auch für die Eisenbahn (Art. 87e Abs. 4 S. 1 GG) seinen Ausdruck unmittelbar in der Verfassung in Form einer auf Dauer angelegten[112] Staatszielbestimmung[113] gefunden.[114] Das Regulierungsrecht mediatisiert diese dem Gesetzgeber obliegende Gewährleistungsverantwortung. Die Funktion der Gewährleistungsverantwortung ist es, zu verhindern, dass es in liberalisierten Märkten zu einer Unterversorgung kommt, weil der Wettbewerb nicht funktioniert oder sich nur auf lukrative

---

107 KNIEPS, in: KNIEPS/BRUNEKREEFT, Zwischen Regulierung und Wettbewerb, S. 22.

108 Zu den Einflüssen und Ansatzpunkten normativer und positiver Regulierungstheorie siehe RUGE AöR 131, 1 (25 ff.) sowie aus wirtschaftswissenschaftlicher Sicht LESCHKE, in: FEHLING/RUFFERT, Regulierungsrecht, § 6, Rn. 6 ff.

109 So übereinstimmend: SCHOCH, NVwZ 2008, 241 (245); GERSDORF, JZ 2008, 831.

110 Kritisch zum Begriff der „Daseinsvorsorge FORSTHOFF‘ scher“ Prägung MASING, in: ISENSEE/KIRCHHOF, Handbuch des Staatsrechts Bd. IV, § 90, Rn. 12.

111 Erfüllungs- und Gewährleistungsverantwortung stehen nicht in einem strengen Ausschließlichkeitsverhältnis. Vielmehr ist es durchaus denkbar, dass der Staat auch durch notwendige, partielle und subsidiäre Erfüllung die ausreichende Versorgung gewährleistet. MÖSTL, in: MAUNZ/DÜRIG, Grundgesetz, Art. 87f, Rn. 74; a.A. GERSDORF, in: V. MANGOLDT/KLEIN/STARCK, GG Kommentar Bd. 3, Art. 87f, Rn. 32.

112 MÖSTL, in: MAUNZ/DÜRIG, Grundgesetz, Art. 87f, Rn. 45, 63, 75.

113 Zum verfassungsrechtlich „schwierigen Terrain“ von Staatszielbestimmungen siehe LEPSIUS, in: FEHLING/RUFFERT, Regulierungsrecht, § 4, Rn. 96 ff.

114 Für die Eisenbahn: WINDTHORST, in: SACHS, GG-Kommentar, Art. 87e GG, Rn.62; MÖSTL, in: MAUNZ/DÜRIG, Grundgesetz, Art. 87e, Rn. 182. Für die Telekommunikation: WINDTHORST, in: SACHS, GG-Kommentar, Art. 87f GG, Rn.14.

Marktsegmente beschränkt.[115] Sie sichert die Grundversorgung in den jeweiligen Bereichen auf verfassungsrechtlicher Ebene ab.[116] Das BVerfG führt hierzu aus, dass die Leistungserbringung damit immer unter dem Vorbehalt des Gewährleistungsauftrags steht. Es gibt folglich keine völlige Freigabe der Dienstleistungen an den marktwirtschaftlichen Wettbewerb, sondern nur eine Freigabe im Rahmen der Einbettung dieses Wettbewerbs in das Gewährleistungsregime.[117] Dies unterstreicht die Bedeutung der Gewährleistung für die Regulierung,[118] insbesondere angesichts der Tatsache, dass das Wettbewerbsprinzip erstmals von Verfassungs wegen verbindlich erklärt wird.[119] Der Vorbehalt zugunsten der Gewährleistung zeigt den in der Verfassung angelegten Konflikt der beiden Grundprinzipien der Marktwirtschaftlichkeit und der zu gewährleistenden Versorgungssicherheit, welcher zugunsten letzterer entschieden scheint.[120] Jedoch ergeben sich aus den Gewährleistungsklauseln keine subjektiven, grundrechtsähnlichen und damit einklagbaren Rechte.[121] Vielmehr besitzt der Gesetzgeber einen weiten Gestaltungsspielraum mit erheblicher Einschätzungsprärogative bei der Umsetzung dieses Staatsziels.[122] Strukturell inhaltliche Vorgaben treffen die Art. 87e Abs. 4 GG und Art. 87f Abs. 1 GG in nur geringem Maße, z.B. wenn sie das „Wohl der Allgemeinheit", insbesondere die „Verkehrsbedürfnisse" bzw. im Fall des Art. 87 f Abs. 1 GG die „angemessene und ausreichende Versorgung" als Anknüpfungspunkt für die

---

115 WINDTHORST, in: SACHS, GG-Kommentar, Art. 87f GG, Rn. 8. In der Literatur hat sich hierfür der Begriff des Problems des „Rosinenpickens" entwickelt. POTACS, VVDStRL 69, 255 (272).

116 WINDTHORST, in: SACHS, GG-Kommentar, Art. 87f GG, Rn. 8.

117 So BVerfG NVwZ 2004, 329 (331) in Bezug auf Postdienstleistungen. Diese Grundsätze sind gleichermaßen auf Telekommunikation und Eisenbahn übertragbar. So auch MÖSTL, in: MAUNZ/DÜRIG, Grundgesetz, Art. 87e, Rn. 91.

118 MÖSTL, in: MAUNZ/DÜRIG, Grundgesetz, Art. 87f, Rn. 2.

119 Dies stellt die bis dahin geltende wirtschaftspolitische Neutralität des GG in Frage. MASING, in: ISENSEE/KIRCHHOF, Handbuch des Staatsrechts Bd. IV, § 90, Rn. 29.

120 Abweichend WINDTHORST, in: SACHS, GG-Kommentar, Art. 87f GG, Rn.10; ders., in: SACHS, GG-Kommentar, Art. 87e GG, Rn. 63. Dieser sieht zwar ein besonderes Gewicht, aber keinen automatischen Vorrang der Gewährleistungsverantwortung.

121 GERSDORF, in: V. MANGOLDT/KLEIN/STARCK, GG Kommentar, Bd. 3, Art. 87e, Rn. 69; GERSDORF, in: V. MANGOLDT/KLEIN/STARCK, GG Kommentar Bd. 3, Art. 87f, Rn.30.

122 LEPSIUS, in: FEHLING/RUFFERT, Regulierungsrecht, § 4, Rn. 95; WINDTHORST, in: SACHS, GG-Kommentar, Art. 87e GG, Rn.63.

Gewährleistung der Grundversorgung festlegen.[123] Diese Begriffe unterliegen der legislativen Interpretation, so dass die Kontrolle der Umsetzung und Beachtung dieses Vorbehalts durch die Rechtsprechung nur in engen Grenzen möglich ist.[124]

2. Vorbehalt der Sektorspezialität

Ein weiteres Faktum, welches die Definition und Umgrenzung eines (sektorübergreifenden) Regulierungsrechts erheblich erschwert, ist, dass zunächst alle verallgemeinernden rechtlichen Aussagen unter dem Vorbehalt der Spezialität des jeweiligen Sektors stehen. Dies ist eines der zentralen Argumente, die gegen ein sektorübergreifendes „einheitliches Regulierungsgesetzbuch" vorgebracht werden.[125] Ein Einwand, der seine Berechtigung hat und für jede abstrahierende regulierungsrechtliche Aussage gesondert geprüft werden muss. Die Berechtigung dieses Einwandes ergibt sich aus verschiedenen Gründen: Zum einen sind die jeweiligen Marktstrukturen in den einzelnen Sektoren und damit auch die Ansätze der Regulierungskonzepte unterschiedlich. Zum anderen gibt es große technische Unterschiede, die zwischen den unterschiedlichen Sektoren bestehen.[126]

3. Zielpluralität und Zieldivergenz

Das Regulierungsrecht ist schließlich von gegensätzlichen Zielen geprägt, deren Vereinbarkeit in ihrer Gesamtheit z.T. kaum möglich ist. Ein Beispiel ist der in der Verfassung angelegte Zielkonflikt von Marktwirtschaftlichkeit und Grundversorgung. In ihm treffen individuelle Vorteile der Marktteilnehmer (z.B. Profite, ausreichende Kapitalverzinsung) und kollektive Interessen (z.B. günstige

---

123 GERSDORF, in: V. MANGOLDT/KLEIN/STARCK, GG Kommentar, Bd. 3, Art. 87f, Rn. 32.

124 Zu diesen Grenzen siehe GERSDORF, in: V. MANGOLDT/KLEIN/STARCK, GG Kommentar, Bd. 3, Art. 87f, Rn. 32 ff. Zur damit einhergehenden politischen Prägung des Gewährleistungsauftrags siehe LEPSIUS, in: FEHLING/RUFFERT, Regulierungsrecht, § 4, Rn. 87 ff.

125 RÖHL, JZ 2006 831 (836).

126 BURGI, NJW 2006, 2439. Zu den unterschiedlichen sachlichen Herausforderungen der Sektoren siehe MASING, Verhandlungen des 66. Deutschen Juristentages, Bd. I, Gutachten, Teil D, S. 17 ff.

Preise, flächendeckende Versorgung) aufeinander.[127] Jedoch sind auch innerhalb der wettbewerblichen Ziele[128] Konflikte möglich, wenn z.B. niedrige Preise und hohes Leistungsniveau mit Investitionsbereitschaft und hohen Sicherheitsstandards in Einklang gebracht werden sollen.[129] Ein anderes Beispiel für einen Zielkonflikt ist das volkswirtschaftlich wünschenswerte Ziel der effizienten Leistungserbringung einerseits und der Einhaltung von Umweltstandards andererseits.[130] Angesichts dieser Stellung des Regulierungsrechts zwischen den Polen Wettbewerb und Gemeinwohl kommt es zu einem „sozial, ökologisch, ökonomisch, technisch und territorial konditionierten Wettbewerb.“[131] In ihren Regulierungsentscheidungen muss die Behörde die gegenläufigen Interessen der verschiedenen Marktteilnehmer berücksichtigen, was eine Zielkomplexität bedingt, die die Regulierungsverwaltung an die Grenze ihrer Leistungsfähigkeit führen kann. [132] Diese divergierende Ziel- und Interessenvielfalt ist ein Charakteristikum des Regulierungsrechts.[133]

VII. Fazit

Die Ausführungen zu den zentralen Einflüssen des Regulierungsrechts haben die Komplexität des Gegenstandes dieses Rechtsgebiets aufgezeigt und verdeutlichen, dass eine Definition dessen, was Regulierungsrecht „eigentlich“ ausmacht, immer nur approximativ möglich ist. „Regulierung“ ist kein einheitlicher wissenschaftlicher Begriff. Vielmehr wird ihm kontext- und

---

127 LEPSIUS, in: FEHLING/RUFFERT, Regulierungsrecht, § 19, Rn. 54. Der von „Antagonismen“ im Regulierungsrecht spricht.

128 Wettbewerb hat eine Doppelfunktion. Er ist zum einen ein eigenes Ziel, zum anderen aber auch Mittel zur Erreichung der Gemeinwohlziele. LEPSIUS, in: FEHLING/RUFFERT, Regulierungsrecht, § 19, Rn. 32; KERSTEN, VVDStRL 69, 289 (319). Zum instrumentellen Charakter des Wettbewerbs siehe EIFERT, in: HOFFMANN-RIEM/SCHMIDT-AßMANN/VOßKUHLE, Grundlagen des Verwaltungsrechts, Bd. I, § 19, Rn. 125 ff.

129 LEPSIUS, in: FEHLING/RUFFERT, Regulierungsrecht, § 19, Rn. 56.

130 LEPSIUS, in: FEHLING/RUFFERT, Regulierungsrecht, § 19, Rn. 54.

131 KERSTEN, VVDStRL 69, 289 (318).

132 Deutlicher GÄRDITZ, AöR 135 (2010), 251 (259) vor allem in Bezug auf die europarechtlichen Zielvorgaben. Dieser spricht von der „Überforderung des Regulierungsverfahrens." Ders., N & R Beilage 2/2011, 1 (8) zum „deutschen Sonderweg” einer hohen gerichtlichen Kontrolldichte und den Schwierigkeiten diese im europäischen Verwaltungsverbund aufrechtzuerhalten.

133 KERSTEN, VVDStRL 69, 289 (322).

disziplinabhängig immer ein besonderer schwerpunktmäßiger Wesenszug zugeschrieben. So muss auch die vorliegende Arbeit ein Begriffsverständnis wählen, das seiner Zielsetzung, nämlich der Untersuchung des privatrechtsgestaltenden Verwaltungsakts im modernen Wirtschaftsrecht, am besten entspricht.

Eine solche Definition erfolgt hier in Anlehnung an einen Beschluss des BVerfG zum Schutz von Betriebsgeheimnissen im gerichtlichen Verfahren im Rahmen einer Entgeltgenehmigung im Telekommunikationssektor.[134] Im (Zugangs-)Regulierungsrecht sind danach typischerweise „Konfliktlagen in mehrpoligen Rechtsverhältnissen zu bewältigen."[135] An dieser Konfliktlage sind der Staat in der Gestalt der (eingreifenden) Aufsichtsbehörde, die Wettbewerber als potentiell zur Entgeltzahlung Verpflichtete mit ihren grundrechtlich geschützten Rechten sowie das regulierte Unternehmen als Entgeltberechtigter, seinerseits als Grundrechtsträger, beteiligt.[136] Angesichts dieser Grundkonstellation, in der das Verhalten der Marktteilnehmer das Handeln des Staates beeinflusst, welches wiederum rückwirkt auf die Verhältnisse zwischen den Privaten, wird Regulierungsrecht als „tripolares" Recht bezeichnet.[137]

Ein solch personales, durch die Akteure und ihre Rechtsverhältnisse gekennzeichnetes Verständnis des Regulierungsrechts scheint besonders geeignet zu sein für eine Untersuchung, die sowohl die Möglichkeiten als auch die Grenzen der Privatrechtsgestaltung durch Verwaltungsakt untersucht, da ein privatrechtsgestaltender Verwaltungsakt im Regulierungsrecht nahezu ausschließlich in einem mehrseitigen Verhältnis ergeht.

B. Der privatrechtsgestaltende Verwaltungsakt

I. Einleitende Bemerkungen

Die Auseinandersetzung mit der Figur des privatrechtsgestaltenden Verwaltungsakts hat eine lange Tradition. Dieser war und ist immer wieder Gegenstand wissenschaftlicher Arbeiten. „Entdeckt" und als eigene Figur in

134 BVerfG DVBl. 2006, 694 ff.

135 BVerfG DVBl. 2006, 694 (696).

136 Zur in der Literatur stark umstrittenen Frage der Grundrechtsfähigkeit der DB AG und DT AG siehe für die DT AG WINDTHORST, VerwArch 2004, 377 (386). Zum Streitstand für die DB AG siehe MÖSTL, in: MAUNZ/DÜRIG, Grundgesetz, Art. 87e, Rn. 100. Zu dieser Frage in dieser Arbeit siehe Teil 3. B. III. 2.

137 KÜHLING/ELBRACHT, Telekommunikationsrecht, Rn. 87.

die Rechtswissenschaft eingeführt wurde er im Rahmen des Arbeits- und Wohnungsnotrechts[138], noch unter dem Begriff des „privatrechtsgestaltenden Staatsakts“, von ERWIN JACOBI im Jahre 1927. Dieser verstand ihn als Unterfall des „Staatsakts mit privatrechtlichen Wirkungen“.[139] Der privatrechtsgestaltende Verwaltungsakt ist in der Nachkriegszeit nicht nur als idiomatische Wendung ein fester Bestandteil der Verwaltungsrechtswissenschaft geworden. Es wurde auch wiederholt der Versuch unternommen, ihn als eigene dogmatische Kategorie fruchtbar zu machen.

Auch in den folgenden Jahrzehnten war der privatrechtsgestaltende Verwaltungsakt immer wieder Gegenstand wissenschaftlicher Erörterungen, sei es bei der Frage nach der Notwendigkeit seiner „Sonderbehandlung“[140] oder bei der Frage, ob er tatsächlich ein geeignetes Mittel des privaten und öffentlichen Interessenausgleichs sein kann.[141] Die Besonderheit des privatrechtsgestaltenden Verwaltungsakts besteht darin, dass trotz der zahlreichen Bemühungen, diese Figur sowohl verwaltungsrechtlich[142] als auch zivilrechtlich[143] für die Rechtsordnung zu erschließen, er sich einer festen dogmatischen Kategorisierung bis heute immer wieder entzieht.[144] Gesicherte dogmatische Erkenntnisse gibt es für diesen Typus des Verwaltungsakts kaum, gerade wenn man diesen mit anderen Arten des Verwaltungsakts vergleicht. Davon zeugen schon die zahlreichen Definitionsversuche, die immer noch kein allgemein konsensfähiges Ergebnis hervorgebracht haben.[145]

---

138 WERTENBRUCH, in: SEIDL, Aktuelle Fragen aus modernem Recht und Rechtsgeschichte, 89 (90).

139 BÜRCKNER, Der privatrechtsgestaltende Staatsakt, S. 10. Der Sache nach haben sich schon andere Autoren dieser Erscheinung angenommen, jedoch ohne diese als „systematische Einheit“ zu begreifen. TSCHENTSCHER, DVBl. 2003, 1424 (1426), Fn. 10.

140 WERTENBRUCH, in: SEIDL, Aktuelle Fragen aus modernem Recht und Rechtsgeschichte, 89 (111).

141 SCHMIDT, Unmittelbare Privatrechtsgestaltung durch Verwaltungsakt, S. 7.

142 MANSSEN, Privatrechtsgestaltung durch Hoheitsakt, S. 274 ff. Als bisher letzter allgemeiner Beitrag zum privatrechtsgestaltenden Verwaltungsakt muss die Abhandlung von TSCHENTSCHER, DVBl. 2003, 1424 genannt werden.

143 BENGEL, Der privatrechtsgestaltende Verwaltungsakt, passim.

144 TSCHENTSCHER, DVBl. 2003, 1424 (1430).

145 TSCHENTSCHER, DVBl. 2003, 1424 (1426). Ein Überblick zu den Definitionen bei KIEBS, Regulierung durch Privatrechtsgestaltung, S. 115 ff. Sogar gegen eine solche Figur im Wettbewerbsrecht SCHMIDT, Kartellverfahrensrecht, S. 152 f.

Immerhin besteht Einigkeit über die wesentlichen Merkmale des privatrechtsgestaltenden Verwaltungsakts. Auch die sehr differenzierte und verästelte Systematisierung der unterschiedlichen „Arten“ von privatrechtsgestaltenden Verwaltungsakten hat, trotz ihrer unbestrittenen und unbestreitbaren Verdienste um das Verständnis dieses Phänomens, jedenfalls zur dogmatischen Erschließung der Figur bislang nur wenig beitragen können.

Das Interesse der wissenschaftlichen Literatur, an dieser Figur ist seit der letzten grundlegenden Arbeit MANSSENS aus dem Jahr 1995 erkaltet.[146] Dies ist erstaunlich, weil weiterhin zahlreiche Fragen zu dieser Figur offen bleiben bzw. im Lichte der aktuellen Rechtsentwicklungen einer erneuten „Durchsicht“ bedürfen. Dies gilt ganz besonders für die „neuen“ Rechtsgebiete des Regulierungsrechts, deren starke europarechtliche Prägung einen bisher kaum beachteten Aspekt in die Diskussion um den privatrechtsgestaltenden Verwaltungsakt einbringt.

II. Die strukturellen Probleme bei der Bestimmung des privatrechtsgestaltenden Verwaltungsakts

Die wissenschaftliche Erörterung der Rechtsfigur [147] des „privatrechtsgestaltenden Verwaltungsakts" und seiner systematischen Durchdringung sieht sich seit jeher mit verschiedenen grundlegenden Problemen konfrontiert. Das erste Problem ist ein rein rechtstatsächliches Problem, nämlich die große Anzahl an Ermächtigungsgrundlagen in einer Vielzahl von unterschiedlichen Rechtsgebieten, die einen solchen Verwaltungsakt ermöglichen. [148] Diese Feststellung hat WERTENBRUCH schon 1966 Anlass zu der Feststellung gegeben, dass „das mehrbändige Werk über den privatrechtsgestaltenden

146 Dieser legt einen Schwerpunkt auf den privatrechtsgestaltenden Verwaltungsakt, hat aber allgemeiner auch die Gestaltung des Privatrechts durch „Hoheitsakt“ zum Forschungsgegenstand, insbesondere auch dessen verfassungsrechtlichen Implikationen. MANSSEN, Privatrechtsgestaltung durch Hoheitsakt, S. 119 ff.

147 Für diese Einordnung auch HUBER, in: SCHMIDT-AßMANN/SCHOCH, Bes. VwltgsR, 3.Kap., Rn. 198.

148 SCHMIDT, Unmittelbare Privatrechtsgestaltung durch Verwaltungsakt, S. 4 f., welcher sogar die „Sinnfrage“ LAUTNERS aufgreift, ob die Fülle des Rechtsstoffes einer Systematik überhaupt zugänglich ist.

Verwaltungsakt [...] sicherlich nicht von einem reinen Spezialisten des einen oder anderen Fachbereichs geschrieben werden [kann].“[149]

1. Der vielseitige Einsatz des privatrechtsgestaltenden Verwaltungsakts

Einen Eindruck von der Heterogenität der einzelnen Rechtsgrundlagen zum Erlass privatrechtsgestaltender Verwaltungsakte kann man gewinnen, wenn man sich folgende Auswahl der verschiedenen Rechtsgebiete vergegenwärtigt. So gibt es Ermächtigungen zum Erlass von privatrechtsgestaltenden Verwaltungsakten außer im AEG, TKG und EnWG[150], auch im Gesellschaftsrecht[151], im Sozialrecht[152], im Arbeitsrecht[153], im Baurecht[154], im Grund-

149 WERTENBRUCH, in: SEIDL, Aktuelle Fragen aus modernem Recht und Rechtsgeschichte, 89 (114).

150 Die Rechtsnatur einer Festlegung nach §§ 4, 29 EnWG ist wegen ihrer abstrakt-generellen Wirkung umstritten. Umfasst werden hiervon allerdings Entscheidungen über Bedingungen über den Netzzugang, weswegen sie privatrechtliche Wirkungen entfalten. Eingehend hierzu BRITZ, in: FEHLING/RUFFERT, Regulierungsrecht, § 9, Rn. 56 f.; U. STELKENS, in: STELKENS/BONK/SACHS, VwVfG Kommentar, § 35, Rn. 297.

151 § 62 Abs. 1 GmbHG regelt die Auflösung einer Gesellschaft durch eine Verwaltungsbehörde. Bezeichnend für das komplizierte Verhältnis von Privatrecht und Öffentlichem Recht ist, dass trotz des eindeutigen Wortlauts die vormals h.M. von einer ausschließlichen Zuständigkeit der Verwaltungsgerichtsbarkeit für die Anordnung der Auflösung ausging. Die wurde mit einem (vermeintlichen) „redaktionellen Versehen“ des Gesetzgebers begründet. Die Funktion der Behörde bestand dann lediglich in der Antragstellung auf Auflösung. Dies zeigt, wie fremd die Vorstellung eines privatrechtsgestaltenden Verwaltungsakts, insbesondere den Zivilrechtlern, war. NERLICH, in: MICHALSKI, GmbHG-Kommentar, § 62, Rn. 22 f.

152 Die Überleitungsanzeige nach § 92 SGB XII.

153 Z.B. die Zustimmung der Agentur für Arbeit zur Wirksamkeit anzeigepflichtiger Kündigungen vor Ablauf der Sperrfrist nach § 18 KSchG. BUB, in: BAMBERGER/ROTH, BECK'scher OK BGB, § 182, Rn.11. Ebenso die Zustimmung zur Kündigung eines Schwerbehinderten. JANßEN, in: OBERMAYER/FRITZ, VwVfG-Kommentar, § 35, Rn. 28.

154 Das gemeindliche Vorkaufsrecht nach §§ 24 ff. BauGB ist eines der meistgenannten Beispiele für das Vorliegen eines privatrechtsgestaltenden Verwaltungsakts. TSCHENTSCHER, DVBl. 2003, 1424 (1428). Dabei war lange Zeit umstritten, ob dies tatsächlich einen Verwaltungsakt oder eine privatrechtsförmige Willenserklärung darstellte. MANSSEN, Privatrechtsgestaltung durch Hoheitsakt, S. 109 f.

stücksverkehrsrecht[155], im Kreditwirtschaftsrecht[156], im Mietrecht[157], im Stiftungs- und Vereinsrecht[158], im Marken- und Patentrecht.[159]

Jedoch ist es nicht nur die Mannigfaltigkeit der Erscheinungen des privatrechtsgestaltenden Verwaltungsakts und der damit verbundenen Verfolgung der „verschiedenartigsten Ziele“[160], welche die Analyse seiner „Natur“ erschweren, sondern auch die Singularität des Phänomens selbst in den jeweiligen Teilrechtsgebieten. Selten sind Regelungen zum privatrechtsgestaltenden Verwaltungsakt einheitliche Teilabschnitte, wie beim gemeindlichen Vorkaufsrecht nach §§ 24 - 28 BauGB. Die vom Gesetz eingeräumte Möglichkeit, Privatrecht zu gestalten, ist oftmals ein vereinzeltes Instrument in einem größeren öffentlich-rechtlich geformten Regelungskontext. Der privatrechtsgestaltende Verwaltungsakt wurde - vor allem in früherer Zeit - als systemfremd empfunden. Der privatrechtsgestaltende Verwaltungsakt habe „innerhalb der überlieferten Rechtsordnung einen atypischen Charak-

155 Nach § 2 Abs. 1 GrdstVG bedarf die Veräußerung eines land- oder forstwirtschaftlichen Grundstücks der behördlichen Genehmigung.

156 Nach § 32 Abs. 1 KWG bedarf das Betreiben von Bankgeschäften und die Erbringung von Finanzdienstleistungen der Erlaubnis der BaFin. Nicht genehmigte Rechtsgeschäfte können von der BaFin eingestellt werden und die unverzügliche Rückabwicklung kann nach § 37 Abs. 1 KWG angeordnet werden.

157 Z.B. die Genehmigung von Mietanpassungsklauseln. TSCHENTSCHER, DVBl. 2003, 1424 (1428).

158 So ist die staatliche Anerkennung der Rechtsfähigkeit einer Stiftung ein privatrechtsgestaltender Verwaltungsakt. BACKERT, in: BAMBERGER/ROTH, BECK'scher OK BGB, § 80, Rn. 40. Nach § 87 Abs. 1 BGB kann die Stiftungsbehörde einen Stiftungszweck aufheben und ändern, sofern der Zweck unmöglich geworden ist oder das Gemeinwohl gefährdet. § 3 VereinsG regelt das Verbot von Vereinen. Diese sind als privatrechtsgestaltend zu qualifizieren. MANSSEN, Privatrechtsgestaltung durch Hoheitsakt, S. 202.

159 Zur Entziehung eines Schutzrechts siehe BPatentG, Beschluss vom 02.12.2003, 33 W (pat) 273/01, Rn. 20 f. (JURIS).

160 SCHMIDT, Unmittelbare Privatrechtsgestaltung durch Verwaltungsakt, S. 323; ähnlich BUMKE, in: HOFFMANN-RIEM/SCHMIDT-AßMANN/VOßKUHLE, Grundlagen des Verwaltungsrechts, Bd. II, § 35, Rn. 107, welcher die Gemeinsamkeit von privatrechtsgestaltenden Verwaltungsakten alleine in der „ausgreifenden Wirkung“ auf das Privatrecht sieht.

ter."[161] Es sei ein „unorganisches" Instrument, das lediglich eine begriffssystematische Gliederung und die Aufzeigung von Ähnlichkeiten erlaube.[162]

2. Privatrechtsgestaltender Verwaltungsakt und „Grundfesten" der Rechtsordnung

In der neueren (öffentlich-rechtlichen) Literatur hat der privatrechtsgestaltende Verwaltungsakt eine deutliche Aufwertung erfahren. Er wird dort jedoch weniger als dogmatisch relevantes Rechtsinstitut gedeutet, sondern wird vielmehr von einem allgemeinen steuerungswissenschaftlichen Standpunkt aus betrachtet. Als „Querschnittsinstrument" ist ihm die Aufgabe zur „Feinsteuerung", zur punktuellen Durchsetzung des öffentlichen Interesses überantwortet, welches als Koordinationsinstrument zwischen den Teilrechtsordnungen die beiden Steuerungskonzepte des Privatrechts und des Öffentlichen Rechts miteinander verknüpft.[163] Er bilde somit den „Grundtypus" der „Bauformen" zwischen den beiden Teilrechtsordnungen.[164]

Der privatrechtsgestaltende Verwaltungsakt bleibt gerade auf der Ebene der Dogmatik sowohl im Verwaltungsrecht als auch im Privatrecht ein „Fremdkörper"[165] oder zumindest ein „Sonderfall"[166]. Zwei Fragen zu seiner rechtlichen Behandlung, die illustrieren können, in welchem Spannungsfeld, sich der privatrechtsgestaltende Verwaltungsakt bewegt, sollen kurz aufgegriffen werden. Die bislang am meisten diskutierte und durch das BVerwG im Grundsatz entschiedene Frage ist diejenige nach der Aufhebbarkeit eines privatrechtsgestaltenden Verwaltungsakts. Das Gericht ging und geht nunmehr davon aus, dass privatrechtsgestaltende Verwaltungsakte nach den allgemeinen Regeln des Verwaltungsrechts aufhebbar sind.[167]

---

161 HUBER, Wirtschaftsverwaltungsrecht, Bd. I, S. 73.

162 SCHMIDT, Unmittelbare Privatrechtsgestaltung durch Verwaltungsakt, S. 323.

163 BUMKE, in: HOFFMANN-RIEM/SCHMIDT-AßMANN/VOßKUHLE, Grundlagen des Verwaltungsrechts, Bd. II, § 35, Rn. 107; BURGI, in: HOFFMANN-RIEM/SCHMIDT-AßMANN/VOßKUHLE, Grundlagen des Verwaltungsrechts, Bd. I, § 18, Rn. 78.

164 SCHMIDT-AßMANN, in: HOFFMANN-RIEM/SCHMIDT-AßMANN, Öffentliches Recht und Privatrecht als wechselseitige Auffangordnungen, S. 31 f.

165 TSCHENTSCHER, DVBl. 2003, 1424 (1430).

166 PEINE, Allg. VwltgsR, § 7, Rn. 432.

167 Das BVerwG hat im Jahre 1977 erstmals entschieden, dass auch privatrechtsgestaltende Verwaltungsakt grundsätzlich aufhebbar ist. Dort am Beispiel einer

Von der Aufhebung sind dann auch die privatrechtlichen Rechtsverhältnisse betroffen. Aufgrund dieses Umstandes wird die Unaufhebbarkeit von unanfechtbaren Verwaltungsakten vor allem in der zivilrechtlichen Lehre weiterhin vertreten.[168] Hinter dieser Frage stehen letztlich die Themen der Rechtsstaatlichkeit, des Vertrauensschutzes[169], der Verhältnismäßigkeit und der Grundrechtsgewährleistungen des oder der Adressaten.[170]

Aus zivilrechtlicher Perspektive, insbesondere aus der Sicht der ordentlichen Gerichte, stellt sich die Frage, inwieweit diese an die Feststellungen und die Wirkungen eines privatrechtsgestaltenden Verwaltungsakts gebunden sind. Dahinter steht das Streben, keine Widersprüche innerhalb der Rechtsordnung zu kreieren. Es soll vermieden werden, dass beispielsweise eine Handlung, die einem Bürger öffentlich-rechtlich erlaubt, ggf. sogar geboten ist, privatrechtlich eine Schadensersatzpflicht auslöst. Der privatrechtsgestaltende Verwaltungsakt ist in besonders hohem Maße von der Idee der „Einheit der Rechtsordnung", der „Systemgerechtigkeit" und des „Grundsatzes der Widerspruchsfreiheit der Rechtsordnung" geprägt.[171] Der privatrechtsgestaltende Verwaltungsakt wird auch als eine „Herausforderung für die Einheit der Rechtsordnung" angesehen.[172] Seine Anwendung und Handhabung berührt die Grundfesten der Rechtsordnung. In diesem Spannungsfeld zwischen Rechtssicherheit, Vertrauensschutz und Einzelfallgerechtigkeit, bewegt sich der privatrechtsgestaltende Verwaltungsakt, was

---

rechtswidrigen Auflassungsgenehmigung. BVerwG JZ 1977, 794 ff. Weitere Nachweise bei MANSSEN, Privatrechtsgestaltung durch Hoheitsakt, S. 296.

168 BUMKE, in: HOFFMANN-RIEM/SCHMIDT-AßMANN/VOßKUHLE, Grundlagen des Verwaltungsrechts, Bd. II, § 35, Rn. 108 mit Nachweisen.

169 Vertrauensschutz beruht auf dem Grundsatz des Treu und Glaubens und dem Prinzip der Rechtssicherheit als allgemeinem Rechtsprinzip. OSSENBÜHL, Die Rücknahme fehlerhafter begünstigender Verwaltungsakte, S. 131.

170 Ausführlich dazu siehe unten Teil 3. B. I.

171 Der Widerspruchsfreiheit wird ein fundamentaler Charakter zugeschrieben, so wurde sie von KIRCHHOF als „Geltungsgrund der Rechtsordnung" bezeichnet. Zitat nach JARASS, VVDStRL 50, 238 (260). Auch OSSENBÜHL erkennt im „Freisein von Widersprüchen" das oberste Prinzip der Rechtsordnung. Die Ordnungsfunktion des Rechts kann nur gewährleistet werden, wenn dieses nicht mit „zweierlei Zunge spricht". OSSENBÜHL, DVBl. 1990, 963 (967).

172 TSCHENTSCHER, DVBl. 2003, 1424 (1429).

die Entwicklung allgemeiner Aussagen zu dieser Rechtsfigur umso schwieriger macht.

III. Merkmale des privatrechtsgestaltenden Verwaltungsakts

Ein zentrales Problem des privatrechtsgestaltenden Verwaltungsakts besteht in der Definition, dessen was „privatrechtsgestaltend“ bedeutet oder zumindest für das Verwaltungsrecht bedeuten soll. Gleichzeitig ist eine rechtliche Begriffsbildung unabdingbar, will man ein „Minimum an einheitlichen Regeln“ gewinnen, welche eine rechtsstaatliche Rechtsanwendung ermöglichen sollen.[173]

1. Der Begriff der „Privatrechtsgestaltung“

Die vorliegende Arbeit konzentriert sich allein auf den Verwaltungsakt und greift nicht die weitere Kategorie des „Staats-“ oder „Hoheitsakts“ auf. Diese Einschränkung ermöglicht es überhaupt erst, zu einem Verständnis von „Privatrechtsgestaltung“ zu gelangen, das dogmatische Relevanz entfalten kann. Dadurch werden Gesetze oder Rechtsverordnungen als staatliche Handlungsformen aus der Betrachtung herausgenommen. Mit Recht bezweifelt MANSSEN, dass „Privatrechtsgestaltung“ selbst bei einem restriktiven, aber diese Formen umfassenden Verständnis, mehr sein könne als eine „Sammelbezeichnung für im Einzelnen wiederum sehr unterschiedliche Gruppen von Staatsakten“.[174] MANSSEN sagt sogar, dass sich ein dogmatischer Begriff der „Privatrechtsgestaltung“ nicht gewinnen ließe.[175] Der Begriff könne nur als „Provisorium" zur Themenein- und Abgrenzung dienen.[176] „Privatrechtsgestaltung“ bilde jedenfalls keine eigenständige rechtliche Kategorie.[177]

Für einen dogmatischen Begriff der „Privatrechtsgestaltung“ in der Gesamtrechtsordnung kann dem zugestimmt werden. Für die Frage nach der

---

173 MANSSEN, Privatrechtsgestaltung durch Hoheitsakt, S. 21. Dabei ist die dogmatische Begriffsbildung von der „Begriffslehre“ als angemessene Erfassung von Gesetzesbegriffen zu unterscheiden. Der privatrechtsgestaltende Verwaltungsakt ist eine Figur, deren sich die Rechtswissenschaft, die Rechtsprechung und auch der Gesetzgeber bedient. Er findet aber nicht als solcher Einzug in ein Gesetz.

174 MANSSEN, Privatrechtsgestaltung durch Hoheitsakt, S. 21.

175 MANSSEN, Privatrechtsgestaltung durch Hoheitsakt, S. 21

176 MANSSEN, Privatrechtsgestaltung durch Hoheitsakt, S. 21

177 MANSSEN, Privatrechtsgestaltung durch Hoheitsakt, S. 358.

dogmatischen Existenz einer Figur des „privatrechtsgestaltenden Verwaltungsakts“ kann und darf dies natürlich nicht gelten.[178] Dies zeigt schon allein die Tatsache, dass Literatur und Rechtsprechung diesen als eigene Erscheinung im Recht wahrnehmen und diskutieren. Davon geht selbstverständlich auch MANSSEN nicht aus, widmet er doch ein ganzes Kapitel seiner Habilitationsschrift der „Allgemeine[n] Dogmatik des privatrechtsgestaltenden Verwaltungsaktes“.[179] Selbst die Feststellung, dass die Geschichte der Dogmatik dieser Figur eine „Herausarbeitung seiner Nichtbesonderheiten“[180] im Vergleich zu anderen Verwaltungsakten sei, ist nicht geeignet, die dogmatische Eigenständigkeit dieses Verwaltungsakts zu erschüttern.

2. Definitionen zum „privatrechtsgestaltenden Verwaltungsakt“

Es soll nun eine Eingrenzung des privatrechtsgestaltenden Verwaltungsakts anhand seiner Merkmale erfolgen. Denn nur eine klare Umgrenzung dessen, was den privatrechtsgestaltenden Verwaltungsakt ausmacht, kann die Grundlage dafür sein, ihn in den regulierungsrechtlichen Sektoren als solchen zu erkennen und zu analysieren. Nur dies kann die Beschäftigung mit dem privatrechtsgestaltenden Verwaltungsakt und auch die vorliegende Untersuchung aus der Konturlosigkeit des Begriffs der „Privatrechtsgestaltung" hinausführen.

Eine erste Annäherung an den Begriff des privatrechtsgestaltenden Verwaltungsakts soll über die bisherigen Definitionen erfolgen. Dabei kann schon vorab konstatiert werden, dass bis heute keine allgemein anerkannte

178 Auch TSCHENTSCHER, DVBl. 2003, 1424 (1427) hält die Verwendung verallgemeinernder Ausdrücke wie „Hoheitsakte“ oder „Staatsakte“ für „ [...] dogmatisch nicht sinnvoll [...].“

179 MANSSEN, Privatrechtsgestaltung durch Hoheitsakt, S. 274 ff.

180 MANSSEN, Privatrechtsgestaltung durch Hoheitsakt, S. 294 f. Ein ähnliches „Auseinanderklaffen“ von allgemeinen und besonderen Ergebnissen ist schon bei SCHMIDT, Unmittelbare Privatrechtsgestaltung, S. 323 ff. zu beobachten, welcher den privatrechtsgestaltenden Verwaltungsakt als ein der systematischen Zuordnung schwer zugängliches Instrument qualifiziert, dennoch zahlreiche dogmatische Ergebnisse für diesen entwickelt.

Definition zum privatrechtsgestaltenden Verwaltungsakt existiert.[181] Sowohl in der Literatur als auch in der Rechtsprechung ist jedoch eine Vorstellung von ihm vorhanden, die durchaus konkret und bei den verschiedenen Autoren auch oftmals deckungsgleich ist.

a) Merkmale des „Verwaltungsakts"

Die Merkmale des Verwaltungsakts nach § 35 S. 1 VwVfG sind bei privatrechtsgestaltenden Verwaltungsakten unproblematisch erfüllt. Lediglich die Frage, ob die Maßnahme eine Regelung „auf dem Gebiet des Öffentlichen Rechts" sei, wurde diskutiert, ist nun aber nach allgemeiner Ansicht zu bejahen.[182] Denn der Verwaltungsakt ergeht nicht innerhalb eines Privatrechtsverhältnisses, sondern innerhalb eines Verwaltungsrechtsverhältnisses nach § 9 VwVfG. An diesem Verhältnis sind die Behörde und die Privatpersonen beteiligt, deren Rechtsverhältnisse durch den Verwaltungsakt umgestaltet werden.[183] Eine hoheitliche Regelung „auf dem Gebiet des Privatrechts" in Form des Verwaltungsakts läge hingegen vor, wenn die Behörde unter Inanspruchnahme hoheitlicher Befugnisse einseitig in ein bereits zwischen ihr und einem Betroffenen bestehendes privates Schuldverhältnis eingreifen würde, z.B. wenn die Behörde einen Mietvertrag in „VA-Form" kündigte.[184] Die Einordnung des „privatrechtsgestaltenden

---

181 Dies hatte das BVerwG bereits 1977 dazu bewegt, dass undifferenzierte Abstellen auf „die" privatrechtsgestaltende Wirkung für unzulässig zu halten. BVerwG NJW 1978, 338.

182 IPSEN, Allg. VwltgsR, § 6, Rn. 332; Wallerath, Allg. VwltgsR, § 9, Rn. 5, 45; TSCHENTSCHER, DVBl. 2003, 1424 (1426 und 1428) anknüpfend an WERTENBRUCH, in: SEIDL, Aktuelle Fragen aus modernem Recht und Rechtsgeschichte, 89 (97, 106); ZIEKOW, VwVfG-Kommentar, § 35, Rn. 23; UNRUH, in: FEHLING/KASTNER/STÖRMER, Hk VerwaltungsR, § 40 VwGO, Rn. 95; KOPP/RAMSAUER, VwVfG Kommentar, § 35, Rn. 73.

183 So zutreffend U. STELKENS, in: STELKENS/BONK/SACHS, VwVfG Kommentar, § 35, Rn. 210.

184 U. STELKENS, in: STELKENS/BONK/SACHS, VwVfG Kommentar, § 35, Rn. 210. Dies würde keinen materiellen Verwaltungsakt darstellen. Wie ein solcher Verwaltungsakt dann zu behandeln wäre, ist umstritten. Siehe dazu U. STELKENS, in: STELKENS/BONK/SACHS, VwVfG Kommentar, § 35, Rn. 16 ff., 210. Solche Maßnahmen sollen jedenfalls nicht bestandskräftig werden können. So auch RUFFERT, in: ERICHSEN/EHLERS, Allg. VwtlgsR, § 21, Rn. 41.

Verwaltungsakts“ als „Verwaltungsakt“ i.S.d. § 35 S. 1 VwVfG bereitet keine Probleme.

b) Die Definition von „Privatrechtsgestaltung“

aa) Erste Definitionen

Damit rückt für die Definition dessen, was den privatrechtsgestaltenden Verwaltungsakt ausmacht, das Kriterium der „Privatrechtsgestaltung“ in den Mittelpunkt. Der Ausgangspunkt, den privatrechtsgestaltenden Staatsakt zu definieren oder zumindest zu beschreiben, findet sich bei BÜRCKNER. Erfasst seien alle Handlungen des Staates, bei denen der Staat unter seiner Rechtsordnung in seiner Eigenschaft als Träger der öffentlichen Gewalt im Einzelfall die Privatrechtslage verändert.[185] Der Anknüpfungspunkt der ersten Definitionen ist die Rechtswirkung des Verwaltungsaktes, „der die Privatrechtslage ändert“ oder ohne den die privatrechtliche Wirkung „erfahrungsgemäß“ nicht eintritt.[186] Diese ersten Definitionsversuche sind jedoch für die Bestimmung eines dogmatisch relevanten Verständnisses eines privatrechtsgestaltenden Verwaltungsakts untauglich. Allerdings war ein solches Verständnis in einem sich erst herausbildenden und sich festigenden Allgemeinen Verwaltungsrecht auch gar nicht möglich. Entnehmen kann man ihnen jedoch immerhin, dass die Wirkung des öffentlich-rechtlichen Rechtsakts im Privatrecht liegen muss.[187]

---

185 BÜRCKNER, Der privatrechtsgestaltende Staatsakt, S. 4.

186 So KROEBER, Das Problem des privatrechtsgestaltenden Staatsaktes, S. 15, jedoch ohne die Handlungen zu erfassen, die dem Bürger die Fähigkeit verleihen, „irgendwie privatrechtlich tätig zu sein“.

187 Dass die Wirkung des Verwaltungsakts jedoch nicht das alleinige Unterscheidungskriterium sein kann, hatte bereits MAYER erkannt. Ihm zufolge ist nämlich „die Wirkung [...] ein Teil des Rechtsinstitutes und kann nicht anderer Natur sein als dieses“. Dessen Aussage wurde zitiert in, in: SEIDL, Aktuelle Fragen aus modernem Recht und Rechtsgeschichte, 89 (108). MAYER hatte sogar es sogar abgelehnt, dass ein Verwaltungsakt überhaupt Wirkung auf das Zivilrecht haben könne. Siehe MANSSEN, Privatrechtsgestaltung durch Hoheitsakt, S. 275 m.w.N.

bb) Die Entwicklung der entscheidenden Merkmale bei FORSTHOFF und HUBER

Die erste Eingrenzung, die auch für die Gewinnung eines dogmatischen Begriffs eines privatrechtsgestaltenden Verwaltungsakts hilfreich ist, besteht in der Betonung der gesetzlichen Grundlage durch FORSTHOFF. Aus dieser ergibt sich die Befugnis zur Gestaltung privater Rechtsverhältnisse überhaupt erst. Privatrechtsgestaltend wirken Verwaltungsakte, die eine „[...] rechtsatzmäßig vorgeschriebene Stellungnahme [...] zu Rechtsgestaltungen des privaten [...] Rechts zum Inhalt haben“.[188] Die Betonung der gesetzlichen Verankerung der Rechtswirkung des privatrechtsgestaltenden Verwaltungsakts wurde von HUBER aufgegriffen, welcher ebenfalls eine „gesetzliche Grundlage“ für diese „administrativen Hoheitsakte“ fordert.[189]

Die eigentliche Leistung HUBERS besteht jedoch in Fortentwicklung der Definition durch die Kategorisierung und Konkretisierung der Rechtswirkungen. Die Rechtswirkung des Verwaltungsakts besteht demnach darin, dass dieser „die privatrechtlichen Rechtsstellungen, Rechtsverhältnisse und Rechtsbeziehungen [...] mit unmittelbar verbindlicher Kraft erzeugt, verändert oder aufhebt.“[190] Damit hat HUBER die zentralen Merkmale des privatrechtsgestaltenden Verwaltungsakts bereits herausgearbeitet: Neben dem Bestehen einer gesetzlichen Grundlage und der Wirkung des Verwaltungsakts im Privatrecht werden auch die Kriterien der Unmittelbarkeit, der Art der Wirkung auf ein privates Rechtsverhältnis und die Verbindlichkeit der Regelung zu konstituierenden Eigenschaften des privatrechtsgestaltenden Verwaltungsakt. Damit sind die fünf Merkmale des privatrechtsgestaltenden Verwaltungsakts erstmals benannt.

---

188 FORSTHOFF, Lehrbuch des Verwaltungsrechts, Bd. I, S. 270. Dieser allerdings „ohne die Absicht der Begriffsbildung“. Im vorliegenden Zitat wird eigentlich der gestaltende Verwaltungsakt definiert, welcher auch eine „Stellungnahme” zum Öffentlichen Recht beinhalten kann. Sich FORSTHOFF anschließend OSSENBÜHL, Die Rücknahme fehlerhafter begünstigender Verwaltungsakte, S. 128.

189 HUBER, Wirtschaftsverwaltungsrecht, Bd. I, S. 78. HUBER spricht an dieser Stelle vom „privatrechtsgestaltenden Wirtschaftsverwaltungsakt“, der einen besonderen Fall des „Wirtschaftsverwaltungsakt“ darstellt. Siehe dazu HUBER, Wirtschaftsverwaltungsrecht, Bd. I, S. 55.

190 HUBER, Wirtschaftsverwaltungsrecht, Bd. I, S. 55.

cc) Das weitere Merkmal der „Finalität“?

Spätere Definitionen haben diese Merkmale im Wesentlichen akzeptiert, rezipiert und zu verfeinern versucht. So sollten die Merkmale „Begründung, Änderung oder Aufhebung“ eines Privatrechtsverhältnisses dadurch eingegrenzt werden, dass ein privatrechtsgestaltender Verwaltungsakt nur dann vorläge, wenn er auch gezielt in die „Privatrechtssphäre“ eines Bürgers eingreife.[191] Ein privatrechtsgestaltender Verwaltungsakt müsse eine finale Ausrichtung auf die Herbeiführung einer privatrechtlichen Wirkung haben. Dieser Versuch, den privatrechtsgestaltenden Verwaltungsakt näher zu bestimmen, ist allerdings kaum auf Resonanz gestoßen. MANSSEN hat die Finalität immerhin als Teilelement seiner sehr umfassenden Definition der „Privatrechtsgestaltung“ mitaufgenommen. Jedoch bleibt MANSSEN eine ausdrückliche Definition des privatrechtsgestaltenden Verwaltungsakts schuldig. Er definiert lediglich[192] den „privatrechtsgestaltenden Staatsakt“[193] als „[...] öffentlichrechtlich zu qualifizierende, hoheitliche Rechtsakte, die unmittelbar die privatrechtliche Rechtsfähigkeit begründen oder aufheben oder die unmittelbar auf ein privates Rechtsgeschäft oder das privatrechtliche Rechte- und Pflichtensystem dergestalt abzielen, daß sie eine Änderung der Privatrechtslage final herbeiführen oder eine vom Gesetz vorgesehene rechtlich notwendige Bedingung für die Umgestaltung der privatrechtlichen Rechtslage

---

191 BENGEL, Der privatrechtsgestaltende Verwaltungsakt, S. 83. Ähnlich auch SCHMIDT, Unmittelbare Privatrechtsgestaltung durch Verwaltungsakt, S. 16. Sich als Erster für ein finales Verständnis des privatrechtsgestaltenden Verwaltungsakts aussprechend WERTENBRUCH, in: SEIDL, Aktuelle Fragen aus modernem Recht und Rechtsgeschichte, 89 (96 f.).

192 Die Definition erfolgt sogar nur „vorläufig“, da für ihn „Privatrechtsgestaltung“ keine eigenständige rechtliche Kategorie ist. MANSSEN, Privatrechtsgestaltung durch Hoheitsakt, S. 358.

193 Nicht den „privatrechtsgestaltenden Verwaltungsakt“. An dieser Stelle zu undifferenziert sowohl KIEBS, Regulierung durch Privatrechtsgestaltung, S. 117 als auch STAMM, Die Entgeltregulierung im TKG, S. 74. Deren Feststellung, die Diskussion um den privatrechtsgestaltenden Verwaltungsakt sei erschöpft, ist daher nicht zutreffend. Im Gegenteil sind privatrechtsgestaltende Verwaltungsakte noch immer „unerforschtes Terrain“. So zutreffend TSCHENTSCHER, DVBl. 2003, 1424 (1426).

sind."[194] Diese Definition enthält damit alle Elemente, die bereits bei HUBER zu finden waren, erweitert um die Finalität der Maßnahme.

Das Kriterium der Finalität ist jedoch entbehrlich, denn schon die „Wirkung im Privatrecht", die „Unmittelbarkeit" und die „Verbindlichkeit" des Verwaltungsakts bilden ein ausreichendes Korrektiv, um einem unbegrenzten Verständnis von privatrechtsgestaltenden Verwaltungsakten entgegenzutreten und bloße „privatrechtliche Reflexe" auszuschließen. Zudem muss die gesetzliche Grundlage die Privatrechtsgestaltung als Maßnahme im behördlichen Instrumentarium beinhalten. Daher bedarf es keiner Finalität als zusätzliches Kriterium.[195]

dd) Begriffsdefinition

Die neuere Lehrbuch- und Kommentarliteratur neigt auch einem um Einfachheit bemühten Begriffsverständnis zu. Die Besonderheit des privatrechtsgestaltenden Verwaltungsakts wird darin gesehen, dass er seine Wirkungen im Zivilrecht entfaltet und es erlaubt, Privatrechtsverhältnisse zu begründen, auf diese einzuwirken oder sie zu beenden.[196] Er wird einheitlich als ein Sonder- bzw. Unterfall des (rechts-)gestaltenden Verwaltungsakts verstanden.[197] Als „Ausprägung"[198] des gestaltenden Verwaltungsakts trägt er

---

194 Die Charakteristika der Privatrechtsgestaltung sieht MANSSEN, Privatrechtsgestaltung durch Hoheitsakt, S. 32 im alternativen Vorliegen dreier Kriterien: Dem Wirksamkeits-, dem Rechte- und Pflichten- und dem Rechtmäßigkeitskriterium.

195 Dies gilt auch für die „notwendige Rechtsbedingung". A.A. WERTENBRUCH, in: SEIDL, Aktuelle Fragen aus modernem Recht und Rechtsgeschichte, 89 (97).

196 WOLFF/BACHOF/STOBER/KLUTH, Verwaltungsrecht I, § 46, Rn. 3a; IPSEN, Allg. VwltgsR, § 6, Rn. 332; RUFFERT, in: ERICHSEN/EHLERS, Allg. VwtlgsR, § 21, Rn. 42; HUBER, in: SCHMIDT-AßMANN/SCHOCH, Bes. VwltgsR, 3.Kap., Rn. 198.

197 MAURER, Allg. VwltgsR, § 9, Rn. 45; PEINE, Allg. VwltgsR, § 7, Rn. 432; WOLFF/BACHOF/STOBER/KLUTH, Verwaltungsrecht I, § 46, Rn. 3 ff.; IPSEN, Allg. VwltgsR, § 7, Rn. 390; SCHWARZ, in: FEHLING/KASTNER/STÖRMER, Hk VerwaltungsR, § 35 VwVfG, Rn. 61; U. STELKENS, in: STELKENS/BONK/SACHS, VwVfG Kommentar, § 35, Rn. 217.

198 SCHWARZ, in: FEHLING/KASTNER/STÖRMER, Hk VerwaltungsR, § 35 VwVfG, Rn. 61. Ein Beispiel für einen (öffentlich-rechtlich)gestaltenden Verwaltungsakt ist die Beamtenernennung. U. STELKENS, in: STELKENS/BONK/SACHS, VwVfG Kommentar, § 35, Rn. 216.

damit die Vollziehung in sich.[199] Nur ein privatrechtsgestaltender Verwaltungsakt, der kraft einer gesetzlichen Grundlage eine unmittelbare verbindliche Wirkung auf dem Gebiet des Privatrechts herbeiführt, indem er ein Recht oder Rechtsverhältnis begründet, ändert oder aufhebt, kann Ausgangspunkt für eine dogmatische Analyse dieser Figur sein. Diese für den privatrechtsgestaltenden Verwaltungsakt konstituierenden Merkmale werden nun näher erläutert.

3. Die Merkmale des privatrechtsgestaltenden Verwaltungsakts

a) Gesetzliche Grundlage

Die Akte der Eingriffsverwaltung bedürfen immer einer gesetzlichen Grundlage. Hierbei handelt es sich um eine verfassungsrechtliche Selbstverständlichkeit.[200] Für die Privatrechtsgestaltung muss die gesetzliche Grundlage diese Wirkung zudem als hoheitliches Mittel selbst vorsehen. Daraus folgt nicht, dass die Befugnis zur Privatrechtsgestaltung in der Norm dergestalt vorgesehen sein muss, dass diese nur dann zulässig ist, wenn das Gesetz sie als solche explizit benennt. Dennoch muss die Möglichkeit, in private Rechte von Bürgern und in Rechtsverhältnisse zwischen Bürgern eingreifen zu können, im Gesetz erkennbar angelegt sein. Dies ergibt sich aus der mit der Gestaltungswirkung verbundenen Intensität des Grundrechtseingriffs.[201] Für den Bürger muss erkennbar sein, ob eine behördliche Handlung seine privatrechtlichen Rechtsbeziehungen unmittelbar gestaltet oder ob ihm „nur" eine Verfügung auferlegt wird, seine Rechtsbeziehungen entsprechend anzupassen. Im letzteren Fall bleibt dem oder den Privaten grundsätzlich noch die Wahl der Mittel der Gestaltung. Im Hinblick auf die

---

199 Die rechtsgestaltende Wirkung wird allgemein als eine Entscheidung definiert, die unmittelbar Rechte eines Dritten begründet, ändert oder aufhebt. BONK/SCHMITZ, in: STELKENS/BONK/SACHS, VwVfG Kommentar, § 13, Rn. 40. Das VwVfG setzt die Existenz solcher Verwaltungsakte voraus. In § 13 Abs. 2 S. 2 VwVfG knüpft es z.B. besondere Regelungen an das Vorliegen einer solchen Wirkung für die Beteiligung am Verwaltungsverfahren.

200 Für den parlamentarisch-demokratischen Rechtsstaat habe die Vorstellung vom Vorbehalt des Gesetzes die „Gloriole der Evidenz". So P. LERCHE, in: MERTEN/PAPIER, Handbuch der Grundrechte, Bd. III, § 63, Rn. 1. JARASS, in: JARASS/PIEROTH, GG, Art. 20 VII., Rn. 44.

201 Siehe dazu sogleich unten Teil 1. B. III. d) und e).

Gebote der Normenklarheit und Bestimmtheit muss überlegt werden, welchen Anforderungen Ermächtigungsgrundlagen für privatrechtsgestaltende Verwaltungsakte unterliegen. Der rechtsstaatlichen Forderung nach einer maximalen Bestimmtheit und Klarheit von Rechtsnormen bei gleichzeitiger maximaler Beständigkeit der Normen[202] kommt für die Privatrechtsgestaltung eine gesteigerte Bedeutung zu.

aa) Bestimmtheit

Der Ausgangspunkt für die Ermittlung der Bestimmtheit ist, dass es keinen einheitlichen Bestimmtheitsmaßstab für alle Rechtsnormen gibt, sondern dieser vielmehr von „vielfältigen Umständen" abhängig ist.[203] Nach der Rechtsprechung des BVerfG ist es für eine hinreichende Bestimmtheit von Normen zunächst nicht erforderlich, dass auch der rechtsunkundige Bürger den Inhalt und die Folgen einer Norm ohne „Zuhilfenahme juristischer Fachkunde"[204] erkennen kann. Es reicht aus, wenn sich Auslegungsprobleme mit den Mitteln der „herkömmlichen juristischen Methoden bewältigen" lassen.[205] Zudem besteht eine Abstufung des erforderlichen Bestimmtheitsgrades in Abhängigkeit zur Art der Norm und zu den sachlichen Eigenarten des Regelungsgegenstandes.[206] Dies hat zwei für die Bestimmtheit einer Norm zu beachtende Aussagen zur Folge: Zum einen sind die Anforderungen an die Bestimmtheit umso strenger, je intensiver der Grundrechtseingriff ist, den eine Norm vorsieht.[207] Zum anderen fallen die Anforderungen an die Bestimmtheit umso geringer aus, je vielgestaltiger und unübersichtlicher der geregelte Sachbereich ist und je mehr dieser Änderungen unterliegt.[208] Für die Privatrechtsgestaltung ist die erste Aussage immer relevant, da die hoheitliche Gestaltung von privaten Rechtsverhältnissen immer die Privatautonomie als geschütztes Grundrecht betrifft und diese sogar im Einzelfall vollständig

---

202 GRZESZICK, in: MAUNZ/DÜRIG, Grundgesetz, Art. 20 VII., Rn. 50.

203 BVerfG, Urteil vom 04.06.2012, 2 BvL 9/08, Rn. 102 (BECK online); GRZESZICK, in: MAUNZ/DÜRIG, Grundgesetz, Art. 20 VII., Rn. 59 spricht von „Faktoren".

204 BVerfG, Urteil vom 04.06.2012, 2 BvL 9/08, Rn. 102 (BECK online).

205 BVerfG, Urteil vom 04.06.2012, 2 BvL 9/08, Rn. 101 (BECK online).

206 GRZESZICK, in: MAUNZ/DÜRIG, Grundgesetz, Art. 20 VII., Rn. 60.

207 Die Anforderungen erhöhen sich zudem dann, „wenn die Unsicherheit in der Beurteilung der Gesetzeslage die Betätigung von Grundrechten erschwert." BVerfG, Urteil vom 04.06.2012, 2 BvL 9/08, Rn. 102 (BECK online).

208 GRZESZICK, in: MAUNZ/DÜRIG, Grundgesetz, Art. 20 VII., Rn. 60.

verdrängen kann. Zudem wird durch die Privatrechtsgestaltung regelmäßig nicht nur in die Rechte eines Grundrechtsträgers, sondern mehrerer Grundrechtsträger eingegriffen. Für die Privatrechtsgestaltung im Regulierungsrecht ist auch die zweite Aussage von Bedeutung. Das Regulierungsrecht ist ein Rechtsgebiet, das die Behandlung komplexer und mannigfaltiger Sachverhalte zur Grundlage hat und zahlreichen Einflüssen aus anderen Rechtsgebieten unterliegt.[209] Die materiellen Regelungen und Wertungen des Regulierungsrechts basieren nicht zuletzt neben juristischem auch auf ökonomischem und technischem Fachwissen. Dies gilt auch für die Entscheidungen der Regulierungsbehörde. Die Regelungsmaterie war zudem in den letzten Jahren vielen Änderungen unterworfen, wie vor allem das Eisenbahn- und Telekommunikationsrecht deutlich belegen.[210]

Für die Bestimmtheit von Regulierungsbefugnissen folgt daraus, dass die vom BVerfG entwickelten Kriterien gegenläufig sind. Das Kriterium der Intensität eines Eingriffs streitet für ein möglichst hohes Maß an Bestimmtheit, wohingegen die Eigenarten des Sachbereichs ein höheres Maß an Unbestimmtheit ermöglichen. Das Niveau der Bestimmtheit kann nicht allgemein, nicht unabhängig vom Wortlaut und Regelungskontext einer Norm beurteilt werden.

bb) Wesentlichkeit

Auch der Grundsatz der „Wesentlichkeit“ wirft - neben der Frage der Erforderlichkeit eines (Parlaments-)Gesetzes - die Frage nach der Regelungsdichte eines Gesetzes auf.[211] Dieser Grundsatz, der in erster Linie aus der Betroffenheit von grundrechtlich geschützten Lebensbereichen sowie der

---

209 Siehe oben Teil 1 A. III - V.

210 Vgl. die bereits vollzogenen Gesetzesänderungen im TKG und die geplanten Gesetzesänderungen zum AEG. Zur TKG Novelle siehe SCHERER/HEINICKEL, NVwZ 2012, 585 ff. Zum Entwurf eines Eisenbahnregulierungsgesetz siehe BR-Drs. 559/12.

211 GRZESZICK, in: MAUNZ/DÜRIG, Grundgesetz, Art. 20 VI., Rn. 106. Hierzu sowie zur Entwicklung des Wesentlichkeitsvorbehalts in der Rechtsprechung siehe P. LERCHE, in: MERTEN/PAPIER, Handbuch der Grundrechte, Bd. III, § 63, Rn. 54 f.

Intensität der Betroffenheit abgeleitet wird,[212] besagt, dass die Gesetze umso detaillierter und differenzierter sein müssen, je intensiver der Eingriff ist.[213]

Daraus folgt für die Privatrechtsgestaltung, dass sie die Möglichkeit der Gestaltung von privaten Rechtsverhältnissen bereits in sich tragen müssen. Sie bedürfen der bewussten Entscheidung des Gesetzgebers für eine solche Gestaltungsmöglichkeit im Gesetz. Die Regelung muss nicht nur die Befugnis der Verwaltung beinhalten, sich zur Erfüllung ihrer Aufgaben des Verwaltungsakts bedienen zu dürfen.[214] Sie muss darüber hinaus die Befugnis enthalten, auch in private Rechtsverhältnisse eingreifen zu können.[215] Die einzelne Behörde hat nämlich nicht die Kompetenz zu bestimmen, ob ein privates Recht oder Rechtsgeschäft nur von ihrer Entscheidung abhängt oder nicht.[216] Diese Entscheidung muss das Gesetz selbst treffen. Es ist allerdings ausreichend, dass sich diese Befugnis aus dem Gesetz im Wege der Auslegung, insbesondere aus dem Zweck der Regelung entnehmen lässt.[217] Eine privatrechtsgestaltende Wirkung eines Verwaltungsakts „kraft dogmatischer Konstruktion“ ohne gesetzliche Anordnung scheidet aus.[218] Die Privatrechtsgestaltung ist auf die gesetzlich vorgesehenen Fälle im gesetzlich vorgeschrieben Umfang begrenzt.[219] Außerhalb gesetzlicher Anordnungen kann keine privatrechtsgestaltende Wirkung bestehen.[220]

---

212 SACHS, in: SACHS, GG-Kommentar, Art. 20 GG, Rn. 117.

213 HELMRICH, NVwZ 2008, 162 (163) am Beispiel der zwangsweise durchgeführten Blutentnahme bei Infektionsgefahr für Polizeibeamte; SOMMERMANN, in: V. MANGOLDT/KLEIN/STARCK, GG Kommentar, Bd. 2, Art. 20, Rn. 279, Fn. 171.

214 So zur sog. Verwaltungsaktbefugnis BVerwG NVwZ 2012, 1123 (1124), Rn. 14.

215 OVG Sachsen-Anhalt, Urteil vom 29.03.2006, 1 L 149/03, Rn. 35 (JURIS).

216 Wie hier im Hinblick auf Vertragsgenehmigungen ZACHARIAS, NVwZ 2002, 1306 (1309).

217 So das BVerwG NVwZ 2012, 1123 (1124), Rn. 15 für die Ermittlung der Verwaltungsaktbefugnis.

218 Diese Frage wirft PEINE, NJW 1990, 2442 (2445) am Beispiel der Genehmigung nach § 19 Abs. 2 BImSchG a.F.

219 So für sein Beispiel auch PEINE, NJW 1990, 2442 (2446).

220 PEINE, NJW 1990, 2442 (2449) verlangt für das Beispiel der Anlagegenehmigung eine „gesetzgeberische Entscheidung."

cc) Generalklauseln

Diese verfassungsrechtlichen Rahmenbedingungen haben ebenfalls Konsequenzen für die Privatrechtsgestaltung durch Generalklauseln. Es stellt sich die Frage, ob Generalklauseln[221] überhaupt Grundlage für einen Eingriff in private Rechtsverhältnisse sein können. Einen „passe-partout" in Form einer unbegrenzten gesetzlichen Ermächtigung kann der Gesetzgeber seinen Behörden nicht an die Hand geben. Ein Handlungsspielraum der Verwaltung, der eine unbegrenzte Mittelauswahl enthielte, wäre - zumindest für den Bereich der Wirtschaftsverwaltung - schlichtweg verfassungswidrig.

Für die Privatrechtsgestaltung bedeutet dies, dass die Bestimmtheit der gesetzlichen Ermächtigung davon abhängt, wie intensiv ein Verwaltungsakt in die Privatautonomie eingreift. Die Möglichkeit, privatrechtsgestaltend zu handeln, muss deutlich aus ihr hervorgehen. Ein „Diktat" eines Vertrages, als größtmöglicher Grundrechtseingriff,[222] kann grundsätzlich nicht auf eine Generalklausel gestützt werden. Ein pauschaler Hinweis auf die Komplexität eines Sachgebiets würde die Bedeutung der (wirtschaftlichen) Grundrechte verkennen und vermag solch Eingriffe nicht zu legitimieren. Dies schließt die Anwendbarkeit von Generalklauseln nicht generell aus. Jedoch müssen sich für eine privatrechtsgestaltende Maßnahme auf dieser Grundlage zumindest materielle Regelungen in demselben Gesetz oder in einer auf Grundlage desselben Gesetzes ergangen Rechtsverordnung finden lassen, aus denen sich der vom Gesetzgeber intendierte Eingriff in die privaten Rechtsverhältnisse ergibt.

b) Wirkung auf dem Gebiet des Privatrechts

aa) Anwendbarkeit der verwaltungsverfahrensrechtlichen Vorschriften

Die Tatsache, dass der privatrechtsgestaltende Verwaltungsakt seine Wirkungen auf dem Gebiet des Privatrechts hat, bedeutet nicht, dass ihm überhaupt keine Wirkungen auf dem Gebiet des Öffentlichen Rechts zukommen. Seine Rechtswirkungen zeigen sich lediglich überwiegend auf

---

221 Im Eisenbahnzugangsrecht besteht eine Generalklausel der Behörde z.B. in § 14c Abs. 1 AEG.

222 Im Rahmen der privatrechtsgestaltenden Eingriffe in die Vertragsfreiheit ist das „Diktat" der größtmögliche Eingriff, da sie die Privatautonomie der Vertragsparteien vollständig verdrängt. Zur Enteignung siehe Teil 1 B. 3. III. f).

dem Gebiet des Privatrechts.[223] So bestimmt sich z.B. die Wirksamkeit eines privatrechtsgestaltenden Verwaltungsakts nach dem Verwaltungsverfahrensgesetz des Bundes bzw. der Länder und eben nicht nach dem BGB.[224] Auch in den Fällen, in denen der privatrechtsgestaltende Verwaltungsakt eine gesetzlich vorgesehene Rechtsbedingung für die Wirksamkeit eines privaten Rechtsgeschäfts ist, stellt der Verwaltungsakt kein Rechtsgeschäft des Privatrechts dar. Seine Voraussetzungen und verfahrensrechtlichen Folgen bestimmen sich nach Öffentlichem Recht.[225] So gelten die allgemeinen formellen Rechtmäßigkeitsvoraussetzungen für einen Verwaltungsakt, wie z.B. das Erfordernis einer Anhörung nach § 28 VwVfG oder die Begründungspflicht nach § 39 VwVfG, grundsätzlich uneingeschränkt auch für den privatrechtsgestaltenden Verwaltungsakt.[226] Er ist grundsätzlich ein im Verwaltungsrechtsweg anfechtbarer Verwaltungsakt gem. §§ 40 Abs. 1 S. 1, 42 Abs. 1 VwGO.[227]

Für die Anforderungen an die Bestimmtheit eines privatrechtsgestaltenden Verwaltungsakts nach § 37 Abs. 1 VwVfG ist eine Besonderheit zu beachten. Bei solchen Verwaltungsakten muss deutlich erkennbar sein, welche Verträge oder Rechtsverhältnisse auf welche Art und Weise umgestaltet werden.[228] Zudem sind die Wirkungen eines privatrechtsgestaltenden Verwaltungsakts

---

223 TSCHENTSCHER, DVBl. 2003, 1424 (1425). IPSEN, Allg. VwltgsR, § 6, Rn. 332.

224 Insbesondere nicht nach §§ 182 ff. BGB. ELLENBERGER, in: PALANDT, BGB, § 182 BGB, Einf., Rn. 6 am Beispiel der Genehmigung. OLG Rostock, Beschluss vom 30.09.2011, 14 W 4/11, Rn. 27 (JURIS).

225 GURSKY, in: STAUDINGER (Hrsg.), Kommentar zum BGB, Vorbm. §§ 182 ff, Rn. 60, welcher allerdings nur von „Folgen“ spricht. Sich dem anschließend BAG NJOZ 2005, 4421 (4429). Das BAG will wiederum auch die „Wirkungen“ allein dem Öffentlichen Recht zuordnen.

226 Der privatrechtsgestaltende Verwaltungsakt ist auch kein Fall des „hybriden Verwaltungshandelns", d.h. eine Maßnahme, die zwischen Verwaltungsträger und Bürger öffentlich-rechtlich, im Konkurrenzverhältnis von Wettbewerben aber privatrechtlich wirkt. WILL, Allg. VwltgsRt, S. 58. Diese Existenz dieser Figur ist umstritten. Ausführlich dazu EHLERS, in: SCHOCH/SCHNEIDER/BIER, VwGO Kommentar, § 40, Rn. 286 ff.

227 BVerwG, NVwZ 1985, 264. Dies gilt selbst dann, wenn sich die geltend gemachte Befugnis aus dem Privatrecht herleitet.

228 So zutreffend VG Köln, 16.12.2002, 11 L 2950/02, Rn. 37 (JURIS).

grundsätzlich auf das konkrete Rechtsverhältnis beschränkt. Sie entfalten keine darüber hinausgehenden Wirkungen für vergleichbare Verträge.[229]

bb) Keine dispositive Wirkung des Verwaltungsakts

Die Wirkung eines privatrechtsgestaltenden Verwaltungsakts kann niemals dispositiv sein. Wenn Vertragsparteien für den Fortbestand eines privaten Rechtsverhältnisses ausdrücklich oder konkludent vereinbaren, dass die Wirksamkeit eines Rechtsgeschäfts von einer Bedingung nach § 158 BGB abhängt und diese Bedingung darin besteht, dass eine Behörde einen bestimmten Verwaltungsakt zu einem für das Vertragsverhältnis relevanten Gegenstand erlässt (z.B. durch die Erteilung einer Genehmigung), hat dies eine faktisch privatrechtsgestaltende Wirkung. Die Wirkung des Verwaltungsakts verbleibt aber dennoch im Öffentlichen Recht.[230] Umgekehrt erfasst die privatrechtsgestaltende Wirkung auch alle Umgehungsgeschäfte der privaten Rechtssubjekte. So können z.B. die Parteien nicht einvernehmlich auf die Rechtsfolge der Nichtigkeit verzichten.[231] Ein Verwaltungsakt wird nicht durch den Willen von Privatrechtssubjekten zum privatrechtsgestaltenden Verwaltungsakt. Vielmehr ist es immer der Verwaltungsakt, der dem Willen der Vertragsparteien Beschränkungen auferlegt. Ein Verwaltungsakt kann allerdings die Regelung enthalten, dass er sich erledigt, wenn die Parteien eine dem Verwaltungsakt entsprechende privatrechtliche Vereinbarung treffen.[232] Die Vertragsparteien können die Regelungswirkung nicht selbst durch eine entsprechende Vereinbarung erledigen.[233]

cc) Die Bestimmung der privatrechtlichen Wirkung

Ungleich schwieriger zu beurteilen ist hingegen die Frage, wann eine behördliche Maßnahme nur öffentlich-rechtlich wirkt und wann sie auch im Privatrecht Rechtsfolgen auslöst.[234] Fraglich ist, ob ein bestimmtes Kriterium

229 BGH NJW 1993, 648 (651). Eine darüber hinausgehende Wirkung kann sich nur aus den jeweiligen Fachgesetzen ergeben.

230 ZACHARIAS, NVwZ 2002, 1306 (1309).

231 MANSSEN, Privatrechtsgestaltung durch Hoheitsakt, S. 292.

232 So in der Entscheidung des BVerwGE 137, 58 (72 f.).

233 Ausführlich dazu siehe unten Teil 3. B. II. 1. b).

234 Zur Abgrenzung des Verwaltungsakts, welcher eine bloße Tatbestandsvoraussetzung für eine anschließende privatautonome Änderung des Rechtsverhältnisse

existiert, anhand dessen eine Abgrenzung vorgenommen werden kann. Ein solches Kriterium könnte das öffentliche Interesse sein.

Das BVerwG hatte über die privatrechtsgestaltende Wirkung einer Anordnung in einem Verfahren zu entscheiden, in welchem der Mieter eines öffentlich geförderten Wohnraums sich gegen die an den Vermieter gerichtete Anordnung der Kündigung wegen Fehlbelegung nach § 4 Abs. 8 S. 2 WoBindG wendete.[235] Es stellte sich in diesem Zusammenhang das Problem, ob der Kläger überhaupt die Klagebefugnis habe, um sich gegen die an den Vermieter adressierte Regelung zu wehren. Das BVerwG kam zu dem Schluss, dass die Wirkungen der Anordnung ausschließlich auf dem Gebiet des Öffentlichen Rechts zu verorten seien, weil diese lediglich die an den Adressaten gerichtete Aufforderung enthielte, seine gesetzlichen Verpflichtungen zu erfüllen.[236] In diesem Fall handele es sich nicht um einen privatrechtsgestaltenden Verwaltungsakt, weil die Anordnung im Verhältnis Mieter und Vermieter keine Regelung oder Feststellung treffe.[237] Die Kündigungsanordnung sei für das berechtigte Interesse des Vermieters, welches für die privatrechtliche Kündigung notwendig ist, weder konstitutiv noch sei eine behördliche Anordnung für die Kündigung erforderlich. Auch der private Kündigungsgrund leite sich bereits aus der der Förderung widersprechenden Fehlbelegung und dem „erheblichen öffentlichen Interesse an der alsbaldigen Beendigung der Fehlbelegung" ab.[238] Dieses öffentliche Interesse und die sich daraus ergebende gesetzliche Rechtspflicht werden durch die Kündigungsanordnung nach § 4 Abs. 8 S. 2 WoBindG lediglich vollzugsfähig gemacht.[239] Nicht privatrechtsgestaltend sind Verwaltungsakte,

---

ist, wurde auch vorgeschlagen, vom „zivilrechtsbezogenen" Verwaltungsakt zu sprechen. Siehe dazu GROß, DÖV 1996, 52 (53).

235 BVerwG NJW 1995, 2866.

236 BVerwG NJW 1995, 2866 (2867).

237 BVerwG NJW 1995, 2866 (2867).

238 BVerwG NJW 1995, 2866 (2867). Eine ähnliche Entscheidung des BVerwG zur nicht privatrechtsgestaltenden Wirkung der Genehmigung der Zweckentfremdung von Wohnraum findet sich in BVerwG NJW 1995, 542 (546). Das Gericht betont auch hier, dass das Zweckentfremdungsgebot und die Ausnahmegenehmigung allein dem öffentlichen Interesse dienen. So auch U. STELKENS, in: STELKENS/BONK/SACHS, VwVfG Kommentar, § 35, Rn. 218.

239 BVerwG NJW 1995, 2866 (2867). Eine ähnliche Entscheidung des BVerwG zur nicht privatrechtsgestaltenden Wirkung der Genehmigung der Zweckentfremdung

die nach der „Konzeption des Gesetzes“[240] auf das Verhältnis „erlassende Behörde – Bürger“ beschränkt bleiben sollen und die nach ihrer Zwecksetzung nur öffentlichen Interessen dienen.

Allerdings kann eine privatrechtsgestaltende Wirkung nicht mit der Begründung abgelehnt werden, dass ein Verwaltungsakt nur öffentlichen Interessen diene. Dies belegt die Überleitungsanzeige nach § 93 SGB XII, welche als privatrechtsgestaltender Verwaltungsakt allgemein anerkannt ist,[241] deren Interesse allerdings ausschließlich öffentlich ist. Es besteht allein in der Durchsetzung der Nachrangigkeit der Sozialhilfeleistungen gegenüber dem Hilfeempfänger und dem Drittschuldner.[242] Daher wird die Klagebefugnis nicht über den (möglicherweise) drittschützenden Charakter der Überleitungsanzeige hergeleitet, sondern aus der Adressatenstellung des Drittschuldners sowie der vorher postulierten privatrechtsgestaltenden Wirkung der Anzeige, die unmittelbar in das Rechtsverhältnis zwischen Hilfeempfänger und Drittschuldner eingreift, indem sie einen Gläubigerwechsel hervorruft.[243] Das öffentliche Interesse ist kein Kriterium, mit dessen Hilfe alleine die privatrechtsgestaltende Wirkung ermittelt werden könnte.

Ob eine privatrechtliche Wirkung besteht oder ob ein Verwaltungsakt lediglich auf dem Gebiet des Öffentlichen Rechts wirkt, bleibt letztlich eine Frage der Auslegung der einzelnen Fachgesetze und ihres Zusammenspiels mit den ggf. relevanten privatrechtlichen Vorschriften. Es bedarf zur Beantwortung dieser Frage immer einer „Einzelregelungsbetrachtung“. Nur die Auslegung der einschlägigen Vorschriften in ihrem Zusammenhang kann Aufschluss über die privatrechtsgestaltende Wirkung geben.

---

von Wohnraum findet sich in BVerwG NJW 1995, 542 (546). Das Gericht betont, dass das Zweckentfremdungsgebot und die Ausnahmegenehmigung allein dem öffentlichen Interesse dienen. So auch U. STELKENS, in: STELKENS /BONK/SACHS, VwVfG Kommentar, § 35, Rn. 218.

240 MANSSEN, Privatrechtsgestaltung durch Hoheitsakt, S. 32, wobei es eben auf die gesamte „Konzeption“ des Gesetzes ankommt und nicht nur in Bezug auf den „Innenbereich des Adressaten“.

241 EHMANN, in: PLAGEMANN, Sozialrecht, Teil K, § 39, Rn. 22; BVerwG NJW 1992, 3312; BVerwG NJW 1994, 64; J. KOCH, in: SÄCKER/RIXECKER, Münchener Kommentar zum BGB, Bd. 3, § 528 BGB, Rn. 29.

242 BVerwG NJW 1994, 64.

243 BVerwG NJW 1992, 3312 (3312 f.).

c) Begründung, Änderung und Aufhebung eines Rechts oder Rechtsverhältnisses

Es besteht Einigkeit, dass die Wirkungsweise eines privatrechtsgestaltenden Verwaltungsakts in der Begründung, Aufhebung oder Änderung eines privatrechtlichen Rechtsverhältnisses besteht.[244]

aa) Entstehung und Vernichtung von Rechten und Rechtsverhältnissen

Die Begründung oder Aufhebung eines Rechtsgeschäfts zwischen Privaten ist der häufigste Fall der Privatrechtsgestaltung durch Verwaltungsakt. Darunter sind auch die Fälle zu fassen, in denen das Gesetz die Wirksamkeit einer privaten Handlung dem Vorbehalt einer behördlichen Genehmigung unterstellt. Die Rechtsfolge einer zu erteilenden Genehmigung ist bis zum Zeitpunkt ihrer Erteilung bzw. Versagung die schwebende und dann die endgültige Un-/Wirksamkeit eines Rechts oder Rechtsgeschäfts.[245] Spiegelbildlich kann ein Rechtsgeschäft auch einem gesetzlichen Untersagungsvorbehalt unterworfen werden, mit der Folge, dass eine Untersagung

---

244 Diese Definition der Wirkungen erinnert stark an den zivilrechtlichen Verfügungsbegriff. Danach ist eine Verfügung ein Rechtsgeschäft, durch das bestehende Rechte mit unmittelbarer Wirkung aufgehoben, übertragen, belastet oder inhaltlich verändert werden. So BAYREUTHER, in: SÄCKER/RIXECKER, Münchener Kommentar zum BGB, Bd. 1, § 185 BGB, Rn. 3. Obwohl eine Definition des Begriffs im BGB fehlt, ist dessen Bedeutung grundsätzlich unstrittig. HAEDICKE, JuS 2001, 966 (967). Für die Vorstellung, ein privatrechtsgestaltender Verwaltungsakt könne nur Auswirkungen auf ein Verfügungsgeschäft haben und ließe gemäß dem Trennungs- und Abstraktionsprinzip das Verpflichtungsgeschäft unberührt, besteht kein Raum. Eine solche Differenzierung ist dem Verwaltungsrecht in Bezug auf den Verwaltungsakt unbekannt und in den Ermächtigungen zur Privatrechtsgestaltung regelmäßig nicht angelegt. ZACHARIAS, NVwZ 2002, 1306 (1308). Aufgegriffen wird diese Differenzierung hingegen beim öffentlich-rechtlichen Vertrag nach § 54 VwVfG. Siehe dazu BONK, in: STELKENS/BONK/SACHS, VwVfG Kommentar, § 54, Rn. 115 ff.

245 BUMKE, in: HOFFMANN-RIEM/SCHMIDT-AßMANN/VOßKUHLE, Grundlagen des Verwaltungsrechts, Bd. II, § 35, Rn. 106. Die völlige Unwirksamkeit eines Rechtsgeschäfts ist die Nichtigkeit. Sie ist zu unterscheiden von der relativen und schwebenden Un-/Wirksamkeit und Anfechtbarkeit. Die endgültige Unwirksamkeit eines Rechtsgeschäfts mangels behördlicher Genehmigung führt zur Nichtigkeit. HEINRICHS/ELLENBERGER, in: PALANDT, BGB-Kommentar, Überbl. v. § 104 BGB, Rn. 26 ff.

immer die Aufhebung des Rechtsgeschäfts bewirkt.[246] Durch eine behördliche Entscheidung kann sogar ein „privatrechtliches absolutes Recht“ entstehen oder übertragen werden.[247] Gerade im Bereich des Regulierungsrechts kann der Verwaltungsakt darüber hinaus auch zur Begründung relativer Rechte führen.[248] Dann hängt nicht die Wirksamkeit eines zunächst von Privaten vorgenommenen Geschäfts von einem Verwaltungsakt ab, sondern der Verwaltungsakt bringt ein privates Recht erst zum Entstehen.

bb) Umgestaltung von Rechtsverhältnissen

Die Änderung oder Umgestaltung kann zum einen durch einen gezielten Eingriff in bestehende Rechte und Rechtsverhältnisse erfolgen, z.B. indem bereits existierende Verträge modifiziert werden. Zum anderen kann die Privatrechtsgestaltung auch durch eine Modifikation des rechtlichen „Beziehungsgefüges“ [249] der eigentlich anwendbaren Vorschriften erreicht werden. Dies geschieht in der Regel dadurch, dass durch den Erlass eines Verwaltungsakts die Anwendbarkeit bestimmter zivilrechtlicher Vorschriften präkludiert wird. [250] Es können beispielsweise deliktische Ansprüche ausgeschlossen oder modifiziert werden.[251] Diese Wirkung ist regelmäßig mit dem Erlass einer Genehmigung verbunden. Neben der Modifizierung der Rechtslage kann ein Verwaltungsakt im Privatrecht zudem für die Abwehr von Ersatzansprüchen beachtlich sein, indem er für ein bestimmtes Tun oder Unterlassen Rechtfertigungswirkung entfaltet.[252]

246 Das Erlöschen von privaten Rechten infolge staatlicher Genehmigung wird sogar als „prototypisch“ für den privatrechtsgestaltenden Verwaltungsakt verstanden. HOFFMANN-RIEM, in: HOFFMANN-RIEM/SCHMIDT-AẞMANN, Öffentliches Recht und Privatrecht als wechselseitige Auffangordnungen, S. 275 f.

247 So U. STELKENS, in: STELKENS/BONK/SACHS, VwVfG Kommentar, § 35, Rn. 218 mit Beispielen aus dem Sortenschutz und der Rückübertragung von Vermögenswerten.

248 Z.B. die Begründung eines Schuldverhältnisses. BVerwG NVwZ 2004, 1365 (1366). Allgemein zum Entstehen relativer Rechte durch Verwaltungsakt U. STELKENS, in: STELKENS/BONK/SACHS, VwVfG Kommentar, § 35, Rn. 218.

249 Ausdruck nach MANSSEN, Privatrechtsgestaltung durch Hoheitsakt, S. 30, Fn. 163 dort allerdings mit anderem Bedeutungsmoment.

250 MANSSEN, Privatrechtsgestaltung durch Hoheitsakt, S. 38.

251 Siehe das Beispiel der §§ 8, 11 WHG bei TSCHENTSCHER, DVBl. 2003, 1424 (1425), Fn. 3.

252 SACHS, in: STELKENS/BONK/SACHS, VwVfG Kommentar, § 43, Rn. 152.

Zur Veranschaulichung einer Änderung des rechtlichen „Beziehungsgefüges“ dient folgendes Beispiel: Nach § 20 Abs. 1 KultgSchG kann die zuständige Landesbehörde für den Fall, dass ausländisches Kulturgut vorübergehend nach Deutschland entliehen werden soll, eine rechtsverbindliche Rückgabegarantie an den Verleiher geben. Diese Zusage bewirkt, dass dem Rückgabeanspruch des Verleihers keine Rechte Dritter entgegengehalten werden können, die diese an dem Kulturgut geltend machen. Der die privaten Rechtsbeziehungen des Verleihers mit Dritten regelnde Verwaltungsakt ist ein privatrechtsgestaltender Verwaltungsakt.[253] Die Rechtsfolge ist eine Modifizierung der Rechtslage, indem sie Herausgabeansprüche des Eigentümers oder beschränkt dingliche Rechte eines Dritten für die festgesetzte Dauer der Rückgabegarantie suspendiert.[254]

d) Die Unmittelbarkeit der Wirkung im Privatrecht

Ein wichtiges Kriterium zur Unterscheidung eines privatrechtsgestaltenden Verwaltungsakts von einem bloß privatrechtsrelevanten Verwaltungsakt[255] ist das Kriterium der Unmittelbarkeit der Wirkung im Privatrecht.[256] Die Unmittelbarkeit ist ein notwendiges Kriterium, leidet aber gleichzeitig auch daran, dass ihre Bestimmung nicht eindeutig möglich ist.[257] MANSSEN nähert sich der „Unmittelbarkeit“ durch die Hinzunahme zweier „Attribute“[258], die als Abgrenzungskriterium dienen sollen: Die Privatrechtsgestaltung ist danach dann „unmittelbar“, wenn sie entweder unmittelbar final erfolgt[259] oder sie

253 KEMPEN, in: BRENNER/HUBER/MÖSTL, FS für BADURA, 1079 (1087).

254 KEMPEN, in: BRENNER/HUBER/MÖSTL, FS für BADURA, 1079 (1090).

255 Umfassend zur „Privatrechtsrelevanz” siehe MANSSEN, Privatrechtsgestaltung durch Hoheitsakt, S. 22 ff.

256 SCHMIDT-AßMANN, in: HOFFMANN-RIEM/SCHMIDT-AßMANN, Öffentliches Recht und Privatrecht als wechselseitige Auffangordnungen, S. 31; MUßGENUG, NVwZ 1988, 33 ff.

257 So MANSSEN, Privatrechtsgestaltung durch Hoheitsakt, S. 27. Unter Hinweis auf NIPPERDEY sagt er, dass schon der Ausdruck „unmittelbar“ ein Zeichen dafür sei, dass die dogmatische und sachliche Verlegenheit bestehe, (noch) nicht präzise angeben zu können, was überhaupt gemeint sei.

258 So MANSSEN, Privatrechtsgestaltung durch Hoheitsakt, S. 30.

259 Die Forderung einer unmittelbar finalen oder kausalen Wirkung zur Erklärung der „Unmittelbarkeit“ belegt die Schwierigkeiten, die bei der Annäherung an dieses Merkmal bestehen.

notwendig unmittelbar kausal ist. Nach dem in vorliegender Arbeit zugrunde gelegten Verständnis müssen diese „Attribute“ bereits bei der Überlegung, ob überhaupt eine privatrechtliche Wirkung besteht, aus dem Gesetz im Wege der Auslegung ermittelt werden.[260] Denn nur der Regelungsinhalt und Regelungskontext können diese Frage beantworten.[261]

aa) Keine weitere Vollzugshandlung als Voraussetzung der „Unmittelbarkeit“

Die Unmittelbarkeit ist vielmehr rechtstechnisch zu verstehen. Für die gestaltenden Verwaltungsakte[262] bedeutet die „Unmittelbarkeit“, dass neben dem Verwaltungsakt keine weiteren Erfüllungs- oder Vollzugshandlungen notwendig sind.[263] Der gestaltende Verwaltungsakt zeichnet sich gegenüber anderen Verwaltungsaktarten dadurch aus, dass er die materielle Rechtslage mit Wirksamkeit ändert.[264] Diese Verwaltungsakte sind nicht vollstreckungsbedürftig, sie sind nicht einmal vollstreckungsfähig.[265] Die Schaffung der neuen Rechtslage ist der Vollzug.[266]

bb) Die Abgrenzung zu „mittelbar gestaltenden“ Verwaltungsakten

Eine auf diese Weise näher bestimmte „Unmittelbarkeit“ ermöglicht die klare Abgrenzung zu bloß mittelbar privatrechtsgestaltenden Wirkungen. Mittelbar

---

260 Siehe oben Teil 1 B. III. 3. a) und b).

261 Das Bundespatentgericht fordert für eine privatrechtsgestaltende Wirkung auch, dass eine „eindeutige Formulierung der Unmittelbarkeit der an das Vorliegen bestimmter Tatbestandsmerkmale geknüpften Rechtsfolge“ im Gesetz vorliegen muss. BPatentG, Beschluss vom 02.12.2003, 33 W (pat) 273/01, Rn. 21 (JURIS).

262 Der privatrechtsgestaltende Verwaltungsakt ist ein Unterfall des gestaltenden Verwaltungsakts.

263 Nur diese Einschränkung kann eine Differenzierung anhand der Gestaltungswirkung erlauben, da (irgend-) eine Gestaltungswirkung grundsätzlich jedem Verwaltungsakt innewohnt. So überzeugend IPSEN, Allg. VwltgsR, § 7, Rn. 392; SCHWARZ, in: FEHLING/KASTNER/STÖRMER, Hk VerwaltungsR, § 35 VwVfG, Rn. 61.

264 U. STELKENS, in: STELKENS/BONK/SACHS, VwVfG Kommentar, § 35, Rn. 216.

265 MAURER, Allg. VwltgsR, § 20, Rn. 6; U. STELKENS, in: STELKENS/BONK/SACHS, VwVfG Kommentar, § 35, Rn. 216.

266 SCHWARZ, in: FEHLING/KASTNER/STÖRMER, Hk VerwaltungsR, § 35 VwVfG, Rn. 45; LEMKE, in: FEHLING/KASTNER/STÖRMER, Hk VerwaltungsR, § 6 VwVG, Rn. 10.

privatrechtsgestaltend sollen behördliche Maßnahmen sein, wenn sie lediglich auf die Bedingungen für die Gestaltung privater Rechtsverhältnisse einwirken.[267]Dies gelte auch, wenn sie z.B. nur eine Vorbedingung für das privatrechtliche Handeln darstellen[268] oder sie lediglich eine Wirksamkeitsvoraussetzung für den privatrechtlichen Vertrag waren. [269] Eine solche Differenzierung wird vor allem für staatliche Preisgenehmigungen bzw. für die Genehmigung von Entgelten vorgebracht. Sie stellen zwar vermeintlich auf die „Unmittelbarkeit" der privatrechtlichen Wirkung ab, entnehmen diese Unmittelbarkeit aber dem dem Genehmigungserfordernis zugrunde liegenden Fachgesetz. Damit ist nicht die „Unmittelbarkeit" das Unterscheidungskriterium, sondern die Wirkung der Maßnahme, die sich jedoch aus der Ermächtigungsgrundlage ergibt. Solche Differenzierungen erschweren die Herausarbeitung eines Begriffs des „privatrechtsgestaltenden Verwaltungsakts" und tragen nur zur allgemeinen Verwirrung um diese Figur bei.[270] Es muss für die gestaltende Wirkung allein darauf abgestellt werden, dass der Verwaltungsakt mit Wirksamkeit keiner weiteren Erfüllungs- oder Vollzugshandlungen bedarf. Nur ein solch restriktives Verständnis erlaubt es, ihm eine eigenständige dogmatische Relevanz zuzuschreiben. Auf die Kategorie der „mittelbar privatrechtsgestaltenden" Wirkung sollte gänzlich verzichtet werden.

e) Verbindlichkeit der Wirkung

Das letzte Merkmal ist die Unbedingtheit des Verwaltungsakts, womit seine bindende Wirkung gemeint ist. Es kann nur von einem privatrechts-

---

267 HOFFMANN-RIEM, in: HOFFMANN-RIEM/SCHMIDT-AẞMANN, Öffentliches Recht und Privatrecht als wechselseitige Auffangordnungen, S. 275 f.

268 Kritisch zu diesem Argument in der Rechtsprechung bei Tarifs- und Mieterhöhungsgenehmigungen, insbesondere im Hinblick auf den (Dritt-) Rechtsschutz, GROẞ, DÖV 1996, 52 (54).

269 Dies wurde z.B. für § 19 PostG vertreten. Zum Meinungsstand siehe KIEBS, Regulierung durch Privatrechtsgestaltung, S. 183. Zum lediglich „mittelbar privatrechtsgestaltenden Verwaltungsakt" SEDEMUND/V. DANWITZ, in: BADURA/V. DANWITZ/HERDEGEN/SEDEMUND/STERN, BECK'scher PostG-Kommentar, § 23, Rn. 5.

270 Sie sind aber zugleich kennzeichnend für den wissenschaftlichen Diskurs über den privatrechtsgestaltenden Verwaltungsakt. Seine „schillernde" Begrifflichkeit wird gerne verwendet, jedoch ohne dass dies dogmatisch näher reflektiert wird.

gestaltenden Verwaltungsakt gesprochen werden, wenn er eine unbedingte Wirkung für das private Rechtsverhältnis hat.[271] Durch sie wird das allgemeine öffentliche Interesse zwingend mit dem Interesse (mind.) zweier Privatrechtssubjekte verkoppelt.[272]

aa) Die Unterscheidung in privatrechtsallein- und privatrechtsmitgestaltende Verwaltungsakte

Der privatrechtsgestaltende Verwaltungsakt wird im Hinblick auf die Verbindlichkeit seiner Wirkung regelmäßig in zwei Kategorien unterschieden: Zum einen in den privatrechts*allein*gestaltenden Verwaltungsakt, der aus sich allein heraus Wirkungen entfaltet, und zum anderen in den privatrechts*mit*gestaltenden Verwaltungsakt, welcher die Wirksamkeit eines privaten Rechtsgeschäfts unter die Rechtsbedingung der Genehmigung durch die zuständige Behörde stellt.[273] Der bedeutsamste Unterschied innerhalb dieser Differenzierung ist, dass der privatrechtsalleingestaltende Verwaltungsakt seine privatrechtliche Wirkung durch sich selbst entfaltet. Die Causa der Rechtsänderung ist allein der Regelungsgehalt des Verwaltungsakts.[274]

Als privatrechtsmitgestaltend sind solche Maßnahmen zu bewerten, deren Regelungswirkung darin besteht, dass ein gesetzliches Tatbestandsmerkmal (nicht) vorliegt. Der Grund für den Eintritt der privatrechtsgestaltenden Rechtsfolge ist nicht der Regelungsgehalt des Verwaltungsakts, sondern das Gesetz, dessen Voraussetzungen mit der entsprechenden Rechtsfolge dann entweder erfüllt oder nicht erfüllt sind.[275] Dies bedeutet jedoch nicht, dass dem privatrechtsmitgestaltenden Verwaltungsakt damit keine privatrechtsgestaltende Wirkung zukäme. Die gesetzliche Grundlage für privatrechtsmitgestaltende Verwaltungsakte zeichnet sich schließlich gerade dadurch aus, dass sie die rechtliche Wirksamkeit einer Vereinbarung unter die gesetzliche

---

271 MANSSEN, Privatrechtsgestaltung durch Hoheitsakt, S. 25; JARASS, VVDStRL 50, 238 (253); TSCHENTSCHER, DVBl. 2003, 1424 (1426).

272 SCHMIDT-AßMANN, in: HOFFMANN-RIEM/SCHMIDT-AßMANN, Öffentliches Recht und Privatrecht als wechselseitige Auffangordnungen, S. 31 f.

273 Die Unterscheidung findet sich schon bei BENGEL, Der privatrechtsgestaltende Verwaltungsakt, S. 78 f., 119; SCHMIDT, Unmittelbare Privatrechtsgestaltung, S. 219 ff.

274 MANSSEN, Privatrechtsgestaltung durch Hoheitsakt, S. 285, welcher nur dem Tenor eines Verwaltungsakts eine solche Wirkung zuerkennt.

275 MANSSEN, Privatrechtsgestaltung durch Hoheitsakt, S. 285.

Bedingung der behördlichen Zustimmung stellt. Der in diesem Zusammenhang ergehende Verwaltungsakt wirkt dann ebenso unmittelbar, wie es z.B. eine „originäre Willensäußerung der Privatrechtssubjekte" täte.[276] Ein klassisches Beispiel für einen privatrechtsmitgestaltenden Verwaltungsakt ist das Zustimmungserfordernis des Integrationsamtes zur Kündigung von Schwerbehinderten durch den Arbeitgeber nach §§ 85 ff. SGB IX.[277] Hier ist die Zustimmung eine gesetzlich vorgesehene Wirksamkeitsvoraussetzung für die Kündigung.

bb) Abgrenzung zum gesetzlichen Kontrahierungszwang

Von dieser Unterteilung des privatrechtsgestaltenden Verwaltungsakts zu unterscheiden sind gesetzliche Kontrahierungszwänge. Ein Kontrahierungszwang bildet lediglich die rechtssatzförmige ergangene Verpflichtung, einen Vertrag abzuschließen, wobei aber die Einhaltung dieser Verpflichtung allein dem Privatrecht und damit der Einigung der Vertragsparteien obliegt.[278] Auch hier kann sich eine privatrechtsgestaltende Wirkung aus dem Gesetz ergeben. Es bedarf jedoch keines Mitwirkens der Verwaltung mittels Verwaltungsakts.

cc) Maßgeblichkeit der bindenden Wirkung

Für das Vorliegen eines privatrechtsgestaltenden Verwaltungsakts ist jedenfalls entscheidend, dass diesem eine verbindliche Wirkung zukommt, unabhängig davon, ob er diese in sich trägt oder sie unmittelbar durch ihn ausgelöst wird. Letztlich bestimmt immer auch das Verhältnis zum materiellen Recht, ob ein Verwaltungsakt konstitutiv[279] die Rechtslage im Einzelfall umgestaltet oder nur von deklaratorischer Bedeutung ist.[280] Nur

---

276 TSCHENTSCHER, DVBl. 2003, 1424 (1426).

277 MANSSEN, Privatrechtsgestaltung durch Hoheitsakt, S. 37. Dieser tritt auch dem Einwand entgegen, es handele sich lediglich um eine Prüfung der Vereinbarkeit einer privaten Einigung mit dem öffentlichen Interesse, die die Gestaltung der Rechtslage eigentlich dem Bürger überlasse. Dass es sich hier um einen privatrechtsgestaltenden Verwaltungsakt handelt bestätigt VOSSEN, in: ASCHEID/PREIS/SCHMIDT, Kündigungsrecht, § 85 SGB IX, Rn. 37.

278 BENGEL, Der privatrechtsgestaltende Verwaltungsakt, S. 152.

279 Auf die konstitutive Wirkung des privatrechtsgestaltenden Verwaltungsakts stellt auch das Bundespatentgericht ab. BPatentG, Beschluss vom 02.12.2003, 33 W (pat) 273/01, Rn. 20 (JURIS).

280 U. STELKENS, in: STELKENS/BONK/SACHS, VwVfG Kommentar, § 35, Rn. 33.

wenn Ersteres der Fall ist, liegt das notwendige Maß an Verbindlichkeit des Rechtsaktes vor, das es erlaubt, von einem privatrechtsgestaltenden Verwaltungsakt zu sprechen.

f) Sonderfälle

Es gibt einige Sonderfälle, deren Abgrenzung entlang der Merkmale des privatrechtsgestaltenden Verwaltungsakts sich schwierig gestaltet. Eine Gruppe sind die beurkundenden Verwaltungsakte, vor allem die Registereinträge. Auch bloße Beurkundungsakte vor Gerichten und Notaren können grundsätzlich privatrechtsgestaltende Wirkung erzielen, da von ihnen die Wirksamkeit eines Geschäfts abhängen kann.[281] Registereintragungen oder Bescheinigungen tragen eine tatsächliche Vermutung für das Bestehen eines Rechts in sich, wobei aber der Gegenbeweis möglich bleibt.[282] Die erhöhte Beweiskraft einer öffentlichen Urkunde führt jedoch nicht dazu, dass durch die Beurkundung ein Recht begründet, verändert, aufgehoben oder nur festgestellt wird.[283] Solche Akte sind keine privatrechtsgestaltenden Verwaltungsakte.

Auf den ersten Blick erfüllen auch die Administrativenteignungen[284] die Voraussetzungen privatrechtsgestaltender Verwaltungsakte. Durch sie wird eine unmittelbare Veränderung der privaten Rechtslage herbeigeführt. Jedoch unterliegen solche Enteignungen den besonderen verfassungsrechtlichen Anforderungen des Art. 14 Abs. 3 GG, was allein schon rechtfertigt, sie gesondert zu kategorisieren. Eine Enteignung ist zudem ex ante auf den Entzug oder die Belastung von Rechten zugunsten der Allgemeinheit gegen Entschädigung gerichtet.[285] Dies unterscheidet sie auch vom privatrechtsgestaltenden Verwaltungsakt. Dieser ist regelmäßig nicht auf den Entzug von Rechtspositionen gegenüber einem Einzelnen gerichtet, sondern trifft grund-

---

281 TSCHENTSCHER, DVBl. 2003, 1424 (1427). Akte der streitigen Justiz sind hingegen keine Verwaltungsakte. Auch Justizverwaltungsakte spielen hier mangels Anwendbarkeit des VwVfG keine Rolle.

282 U. STELKENS, in: STELKENS/BONK/SACHS, VwVfG Kommentar, § 35, Rn. 222.

283 U. STELKENS, in: STELKENS/BONK/SACHS, VwVfG Kommentar, § 35, Rn. 222. Dort auch zu den für vorliegende Arbeit nicht relevanten Ausnahmen.

284 Sie sind der enteignungsrechtliche Regelfall, die Legalenteignung ist hingegen die Ausnahme. PAPIER, in: MAUNZ/DÜRIG, Grundgesetz, Art. 14, Rn. 555.

285 IPSEN, Allg. VwltgsR, § 23, Rn. 1380.

sätzlich Regelungen im Verhältnis Privater zueinander.[286] Zudem gibt es bei privatrechtsgestaltenden Verwaltungsakten nicht notwendigerweise einen Mechanismus zwischen enteignendem Verwaltungsakt und Entschädigungsregelung. Schließlich unterliegen Enteignungen durch Verwaltungsakt besonderen (i.d.R. spezialgesetzlichen) Verfahrensvorschriften, weswegen sie unter einen allgemein verwaltungsrechtlichen Begriff nur schwer fassbar sind.[287] Dies bedeutet jedoch nicht, dass ein privatrechtsgestaltender Verwaltungsakt keine eigentumsrechtlichen Wirkungen haben kann. Es soll hier lediglich die Administrativenteignung als Fall des privatrechtsgestaltenden Verwaltungsakts ausgenommen werden.[288]

g) Verhältnis zu den anderen Arten von Verwaltungsakten

Es gibt keinen „Numerus clausus“[289] der Verwaltungsaktarten. Vielmehr unterscheidet bzw. setzt das VwVfG selbst verschiedene Arten des Verwaltungsakts voraus, deren Unterscheidung anhand bestimmter Kriterien, z.B. nach Maßgabe der Wirkung des Verwaltungsakts, erfolgt.[290] Ein Verwaltungsakt muss zudem nicht exklusiv immer nur einer Art von Verwaltungsakten zuzuordnen sein, sondern er kann auch verschiedene Merkmale verschiedener Typen von Verwaltungsakten in sich vereinigen.[291] Dies gilt ebenfalls für den privatrechtsgestaltenden Verwaltungsakt. Er ist

---

286 Auch TSCHENTSCHER, DVBl. 2003, 1424 (1427) fehlt es hier am „dirigistischen“ Element, welches den privatrechtsgestaltende Verwaltungsakt kennzeichnet.

287 WALLERATH, Allg. VwltgsR, § 18, Rn. 50. Oft wird das förmliche Verfahren nach §§ 63 ff. VwVfG angeordnet.

288 Die Enteignung kann daher nicht als „Modellfall des privatrechtsgestaltenden Verwaltungseingriff“ verstanden werden. So noch HUBER, Wirtschaftsverwaltungsrecht, Bd. I, S. 75.

289 U. STELKENS, in: STELKENS/BONK/SACHS, VwVfG Kommentar, § 35, Rn. 213.

290 U. STELKENS, in: STELKENS/BONK/SACHS, VwVfG Kommentar, § 35, Rn. 213. Die Kriterien zur Systematisierung sind zahlreich. Siehe dazu eine Auswahl bei HENNEKE, in: KNACK/HENNEKE, VwVfG-Kommentar, § 35, Rn. 79.

291 Die Typisierung dient neben der dogmatischen Erschließung des Verwaltungsakts auch der Überwindung der Schwierigkeit der Begriffsoffenheit dieses Instruments entgegenzutreten. So U. STELKENS, in: STELKENS/BONK/SACHS, VwVfG Kommentar, § 35, Rn. 6, 10.

nicht nur gestaltend, sondern auch begünstigend und/oder belastend.[292] Er kann eine Drittwirkung[293] oder eine Dauerwirkung[294] haben. Er kann mitwirkungsbedürftig sein oder einen Streit entscheiden.[295] Mit dem stärkeren Ausbau eines europäischen Verwaltungsverbunds ist es sogar möglich, dass ein privatrechtsgestaltender Verwaltungsakt transnationale Wirkung entfalten kann.[296] Inwiefern die privatrechtsgestaltenden Verwaltungsakte im Regulierungsrecht auch Elemente anderer Arten von Verwaltungsakten enthalten und welche Bedeutung dies im Einzelfall ggf. hat, soll in den beiden Sektoren der Eisenbahn- und der Telekommunikationswirtschaft näher untersucht und dargestellt werden.[297]

IV. Fazit

Ein privatrechtsgestaltender Verwaltungsakt liegt vor, wenn ein Verwaltungsakt kraft einer gesetzlichen Grundlage eine unmittelbare verbindliche Wirkung auf dem Gebiet des Privatrechts herbeiführt, indem er ein Recht oder Rechtsverhältnis begründet, ändert oder aufhebt. Die gesetzliche Grundlage muss die Möglichkeit der Privatrechtsgestaltung als hoheitliche Eingriffsbefugnis vorsehen. Dabei sind die von der Rechtsprechung des BVerfG entwickelten Maßstäbe bezüglich Bestimmtheit von Rechtsnormen und Wesentlichkeit besonders zu beachten, weil mit der Privatrechtsgestaltung regelmäßig ein intensiver Eingriff in die Grundrechte mehrerer Adressaten verbunden ist. Der Einsatz von Generalklauseln ist nur

---

292 Zur Behandlung von „Misch"-Verwaltungsakten, d.h. den eine Person sowohl belastenden als auch begünstigenden Verwaltungsakt siehe SACHS, in: STELKENS/BONK/SACHS, VwVfG Kommentar, § 48, Rn. 120.

293 Terminologisch wird dieser oft in der Rechtsprechung, Gesetzgebung und Literatur als Verwaltungsakt mit Doppelwirkung bezeichnet. Bedenken bestehen gegen diese Bezeichnung, weil mit ihr das Spezifische der Drittwirkung nicht erfasst ist. SACHS, in: STELKENS/BONK/SACHS, VwVfG Kommentar, § 50, Rn. 8, 55.

294 Es ist umstritten, ob gestaltende Verwaltungsakt auch gleichzeitig Verwaltungsakte mit Dauerwirkung sein können. Ablehnend mit Hinweis auf die gegenläufige Rechtsprechung U. STELKENS, in: STELKENS/BONK/SACHS, VwVfG Kommentar, § 35, Rn. 223 f. Siehe dazu noch unten Teil 3. B. I. 3. d).

295 HENNEKE, in: KNACK/HENNEKE, VwVfG-Kommentar, § 35, Rn. 94; U. STELKENS, in: STELKENS/BONK/SACHS, VwVfG Kommentar, § 35, Rn. 221.

296 Ausführlich U. STELKENS, in: STELKENS/BONK/SACHS, VwVfG Kommentar, § 35, Rn. 358 ff. Siehe dazu unten Teil 3. B. I. 4. d).

297 Siehe dazu ausführlich unten Teil 3. B. I. 3. d) und Teil 4. C. I. 3. b).

zulässig, wenn sich im selben Gesetz Vorgaben dazu finden lassen, wie die privaten Rechtsverhältnisse nach der Vorstellung des Gesetzgebers zu strukturieren sind. Der privatrechtsgestaltende Verwaltungsakt wirkt immer auch auf dem Gebiet des Öffentlichen Rechts, weil sich seine Wirksamkeit nach dem VwVfG richtet. Ob ein Verwaltungsakt auch auf dem Gebiet des Privatrechts wirkt oder nur auf dem Gebiet des Öffentlichen Rechts, muss eine Analyse der jeweiligen Fachgesetze ergeben. Nur der Regelungsinhalt und der Regelungskontext vermögen hierüber Auskunft zu geben.

Eine privatrechtsbegründende oder privatrechtsvernichtende Wirkung wird regelmäßig durch einen Genehmigungs- oder Untersagungsvorbehalt erreicht. Es kann durch Verwaltungsakt aber auch ein absolutes oder relatives privates Recht neu entstehen. Die ändernde Wirkung wird regelmäßig durch gezieltes Eingreifen in bestehende Rechtsverhältnisse bewirkt oder durch eine Modifikation der eigentlich auf einen Sachverhalt anwendbaren Vorschriften. Die Bestimmung der „Unmittelbarkeit“ der Wirkung vermengt oft Fragen, die eigentlich die Wirkung im Privatrecht betreffen, mit denen der „Unmittelbarkeit“. Allerdings ist zuzugestehen, dass eine eindeutige Abgrenzung der Fragen sehr schwierig ist. Deswegen muss ein restriktives Verständnis der „Unmittelbarkeit“ zugrunde gelegt werden. „Unmittelbar“ bedeutet ohne weitere Vollzugs- oder Erfüllungshandlung.

Letztlich muss der Verwaltungsakt die Rechtslage verbindlich umgestalten, d.h. eine unbedingte, bindende Wirkung besitzen. Dabei kommt es nicht darauf an, ob die Wirkung durch einen privatrechtsallein- oder privatrechtsmitgestaltenden Verwaltungsakt erfolgt. Beide Varianten sind gleichermaßen verbindlich. Das Maß der Verbindlichkeit des Verwaltungsakts bestimmt sich immer im Verhältnis zum materiellen Recht. Beurkundende und enteignende Verwaltungsakte sind keine privatrechtsgestaltenden Verwaltungsakte. Die Tatsache, dass ein privatrechtsgestaltender Verwaltungsakt vorliegt, bedeutet nicht, dass ein solcher Verwaltungsakt nicht auch Merkmale anderer Arten von Verwaltungsakten erfüllt.

V. Typologie der privatrechtsgestaltenden Verwaltungsakte

Zum Abschluss der Überlegungen zum privatrechtsgestaltenden Verwaltungsakt im Allgemeinen soll kurz die Typologie zu dieser Figur dargestellt werden. Die Literatur hat schon früh eine sehr differenzierte Kategorisierung des privatrechtsgestaltenden Verwaltungsakts entwickelt. „Pionierarbeit“ leistete auch hier HUBER, allerdings für den von ihm entwickelten

„Wirtschaftsverwaltungsakt“.[298] Auch spätere Autoren waren um die Typisierung von privatrechtsgestaltenden Verwaltungsakten bemüht und haben das ursprüngliche System erweitert oder leicht modifiziert.[299] Neben der bereits erwähnten Unterteilung des Verwaltungsakts in privatrechtsallein- und privatrechtsmitgestaltende Wirkung erfolgt eine Kategorisierung vor allem nach dem Gegenstand der Einwirkung[300] oder nach den betroffenen Grundrechten.[301]

Der privatrechtsgestaltende Verwaltungsakt wird in drei Untergruppen unterteilt: In den zuordnungs-, in den schuldrechts- und den verbandsgestaltenden Verwaltungsakt.[302] Mit zuordnungsgestaltenden Verwaltungsakten sind Maßnahmen gemeint, die das Eigentum oder eigentumsähnliche Rechte begründen oder entziehen oder durch die diese beschränkt werden.[303] Sie richten sich regelmäßig an einen Adressaten, dessen Recht betroffen ist. Schuldrechtsgestaltend sind solche Verwaltungsakte, durch die private Rechtsverhältnisse begründet, aufgehoben oder verändert werden.[304] Die dritte Gruppe bilden die „verbandsgestaltenden Verwaltungsakte“, durch die in die privatrechtliche Gestaltung eines Verbandes oder einer Vereinigung eingegriffen wird.[305] Der Begriff des „Verbandes“ ist leicht irreführend. Er umfasst alle Arten von „Vereinigungen“ i.S.d. Art. 9 Abs. 1 GG. Es muss sich

---

298 HUBER, Wirtschaftsverwaltungsrecht, Bd. I, S. 72 ff.

299 BENGEL, Der privatrechtsgestaltende Verwaltungsakt, S. 129 ff.; SCHMIDT, Unmittelbare Privatrechtsgestaltung, S. 71 ff. In geringerem Umfang auch MANSSEN, Privatrechtsgestaltung durch Hoheitsakt, S. 284 f. Mit deskriptiven Schwerpunkt KIEBS, Regulierung durch Privatrechtsgestaltung, S. 118 ff.

300 So HUBER, Wirtschaftsverwaltungsrecht, Bd. I, S. 78 ff.; BENGEL, Der privatrechtsgestaltende Verwaltungsakt, S. 129 ff.; SCHMIDT, Unmittelbare Privatrechtsgestaltung, S. 71 ff.

301 So MANSSEN, Privatrechtsgestaltung durch Hoheitsakt, S. 15, 18.

302 HUBER, Wirtschaftsverwaltungsrecht, Bd. I, S. 78 hatte ursprünglich vom „vertragsgestaltenden” Verwaltungsakt gesprochen. BENGEL, Der privatrechtsgestaltende Verwaltungsakt, S. 131, 134 war diese Einteilung zu eng, weil von ihr einseitige Rechtsgeschäfte nicht erfasst sein sollten.

303 HUBER, Wirtschaftsverwaltungsrecht, Bd. I, S. 78.

304 Etwas enger HUBER, Wirtschaftsverwaltungsrecht, Bd. I, S. 79. Ebenfalls enger BENGEL, Der privatrechtsgestaltende Verwaltungsakt, S. 134.

305 SCHMIDT, Unmittelbare Privatrechtsgestaltung, S. 100.

um einen Zusammenschluss mehrerer Personen auf freiwilliger Grundlage mit gemeinsamer Zweckrichtung und einem Mindestmaß an Stabilität handeln.[306]

Für das Regulierungsrecht von besonderer Bedeutung ist, dass jegliche Formen „privatrechtlich organisierter Unternehmen und Unternehmenszusammenfassungen“[307] hiervon erfasst sind. Solche Verwaltungsakte können sowohl auf die Verbandsbildung bzw. Auflösung als auch auf die Organbildung und interne Organisation und Organisationsform sowie auf die Willensbildung einwirken.[308] Folgende Graphik stellt den „Stammbaum“ des privatrechtsgestaltenden Verwaltungsakts dar und soll seine Typologie veranschaulichen. Dieser Stammbaum ist keine abschließende Darstellung. Die Darstellung umfasst insbesondere nicht, dass ein Verwaltungsakt neben den privatrechtsgestaltenden Merkmalen auch Merkmale anderer Arten von Verwaltungsakten verwirklichen kann:

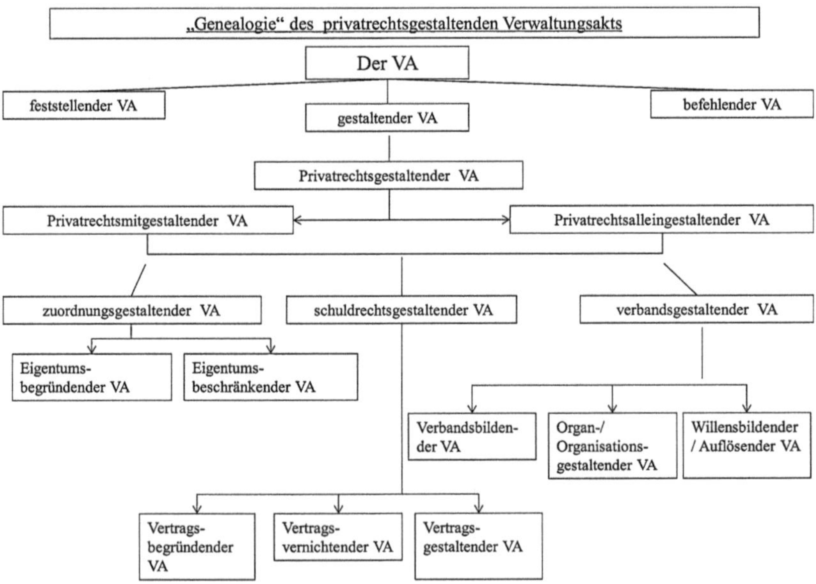

306 Dies umfasst sowohl Bürgerinitiativen als auch Spitzenverbände. So HÖFLING, in: SACHS, GG-Kommentar, Art. 9 GG, Rn. 7 f. zum Begriff der „Vereinigung".

307 HUBER, Wirtschaftsverwaltungsrecht, Bd. I, S. 80.

308 HUBER, Wirtschaftsverwaltungsrecht, Bd. I, S. 80; MANSSEN, Privatrechtsgestaltung durch Hoheitsakt, S. 200 f.

Für die vorliegende Arbeit von besonderem Interesse sind vor allem die schuldrechtsgestaltenden Verwaltungsakte, denn die Privatrechtsgestaltung im Regulierungsrecht sieht Möglichkeiten vor, unmittelbar auf Verträge von Marktteilnehmern einzuwirken. Ferner könnten auch die verbandsgestaltenden Verwaltungsakte bedeutsam werden, da das Eisenbahnregulierungsrecht zwingende Regelungen zur Verfasstheit von Infrastrukturbetreibern durch diverse „Unbundling"-Vorgaben enthält.[309] Die Zuordnung der regulierungsrechtlichen Befugnisse zu diesen Kategorien und die Fragen zur dogmatischen Sonderbehandlung sollen im Rahmen der Analyse der Befugnisse in den einzelnen Sektoren erfolgen.

309 „Unbundling" meint die Entflechtung von vertikal integrierten Unternehmen. Siehe dazu auch unten Teil 2. C. II. 1. b).

Teil 2. Das Rechtsregime des AEG und EIBV

Nachdem nun die Begriffe der „Regulierung" und die Rechtsfigur des „privatrechtsgestaltenden Verwaltungsakts" abstrakt erläutert worden sind, ist es notwendig, die Grundlagen des Eisenbahnzugangsrechts vorzustellen, bevor eine konkrete Analyse der privatrechtsgestaltenden Befugnisse im AEG erfolgen kann. Nach einer Einführung ins Eisenbahnzugangsrecht (A.), welche vor allem die an der Regulierung Beteiligten, den Anwendungsbereich des AEG sowie die wichtigsten Begriffe des AEG darlegt, werden die Voraussetzungen und Bedingungen des Netzzugangs untersucht (B.) Im letzten Abschnitts dieses Teils werden die Regulierungsbefugnisse der Aufsichtsbehörden analysiert (C.), um so die Herausarbeitung der privatrechtsgestaltenden Befugnisse im nächsten Teil zu ermöglichen.

A. Allgemeine Einführung in das Eisenbahnzugangsrecht

Zunächst soll ein kurzer Überblick über die Akteure im Eisenbahnrecht und die Marktstruktur im Eisenbahnsektor erfolgen (I.). Im Anschluss daran werden der Anwendungsbereich des Eisenbahngesetzes beschrieben (II.) und die im Bereich des Marktzugangs relevanten Begriffsbestimmungen (III.) erläutert. Aus diesen Punkten ergibt sich, wer an multipolaren regulierungsrechtlichen Rechtsverhältnissen beteiligt sein und dadurch zum Adressaten privatrechtsgestaltender Maßnahmen werden kann.

I. Akteure, Marktentwicklung, Typus der Regulierung und Rechtsquellen

1. Staatliche und internationale Akteure

a) Bundesnetzagentur

Die Bundesnetzagentur ist eine selbstständige Bundesoberbehörde im Geschäftsbereich des Bundesministeriums für Wirtschaft und Technologie (BMWi) mit Sitz in Bonn, § 1 S. 2 BNetzAG. Sie besitzt keine eigenständige Rechtsfähigkeit. [1] Das Aktionsfeld der Bundesnetzagentur liegt auf den Gebieten des Rechts der leitungsgebundenen Versorgung mit Elektrizität und Gas einschließlich des Rechts der erneuerbaren Energien, des Telekommunikationsrechts, des Postrechts sowie des Rechts des Zugangs zur Eisenbahninfrastruktur nach Maßgabe des Bundeseisenbahnverkehrsverwaltungs-

---

1 SCHMIDT, DÖV 2005, 1025 (1027).

gesetzes (BEVVG), gem. § 2 Abs. 1 Gesetz über die Bundesnetzagentur für Elektrizität, Gas, Telekommunikation, Post und Eisenbahnen (BEGTPG). Dabei nimmt die Bundesnetzagentur Verwaltungsaufgaben des Bundes wahr, die ihr durch Gesetz oder aufgrund eines Gesetzes zugewiesen werden, z.B. die Überwachung des Zugangs im Eisenbahnrecht, § 4 Abs. 1 BEVVG. Neben ihrem Hauptsitz in Bonn hat die Bundesnetzagentur noch Standorte in Mainz, Berlin und Saarbrücken, § 4 Abs. 1 Geschäftsordnung der Bundesnetzagentur (GO BNetzAg).[2] Sie verfügt auch über diverse Außenstellen in ganz Deutschland, denen die Wahrnehmung besonderer Aufgaben obliegt.[3]

aa) Entstehung der Bundesnetzagentur

Die Bundesnetzagentur ist hervorgegangen aus der Regulierungsbehörde für Telekommunikation und Post (REG TP), die ihrerseits wiederum aus dem Bundesministerium für Post und Telekommunikation und dem Bundesamt für Post und Telekommunikation hervorging. Die REG TP wurde zum 01.01.1998 geschaffen und war die erste Behörde, die ausdrücklich und vornehmlich zur Liberalisierung eines bestimmten Marktes geschaffen wurde.[4] Sie wurde am 13. Juli 2005 umbenannt in Bundesnetzagentur.[5] Ab dem 01.1.2006 übernahm die Bundesnetzagentur zudem die zentralen Regulierungsaufgaben im Eisenbahnrecht vom Eisenbahnbundesamt (EBA), § 4 Abs. 1 S. 1 BEVVG.[6] Die letztlich gewählte Lösung einer einheitlichen sektorübergreifenden Regulierungsbehörde war nicht unumstritten; favorisiert wurde im Referentenentwurf zum Dritten Gesetz zur Änderung eisenbahnrechtlicher Vorschriften die Lösung einer beim EBA angesiedelten

---

2 Die GO BNetzAg ist zwar nicht öffentlich zugänglich, jedoch wird sie nicht als Verschlusssache behandelt, wie SCHNEIDER, in: FEHLING/RUFFERT, Regulierungsrecht, § 8, Rn. 99 bemerkt. Die Bundesnetzagentur stellte die GO (Stand: Januar 2010, Bearbeitet und herausgegeben vom Referat Z 11) auf Anfrage freundlicherweise zur Verfügung.

3 Zu den Außenstellen der Bundesnetzagentur siehe: http://www.bundesnetzagentur.de/cln_1912/DE/DieBundesnetzagentur/UeberDieAgentur/Aussenstellen/aussenstellen_node.html (Abrufdatum: 21.05.2013)

4 LEO/SCHELLENBERG, ZUM 1997, 188.

5 Siehe unter "Über die Agentur" auf dem Internetauftritt der Bundesnetzagentur: www.bundesnetzagentur.de (Abrufdatum: 21.05.2013).

6 KÜHLING/ERNERT, NVwZ 2006, 33.

Trassenagentur als Sonderstelle.[7] Nach Verwerfung dieser Idee gab es die Überlegung, eine „Regulierungsbehörde Eisenbahn" zu schaffen. Die schließlich am Ende des Gesetzgebungsverfahrens gewählte Variante, welche die Übertragung der Zugangsregulierung an die damalige Reg-TP bzw. die neu zu schaffende Bundesnetzagentur vorsah, entstand erst im Vermittlungsausschuss. Die entscheidende Überlegung war, dass so die Sachkenntnis der Behörde für die Regulierung aller Infrastrukturnetze nutzbar gemacht werden könnte.[8] Während die Beschlussempfehlung des Vermittlungsausschusses selbst noch lediglich von der Übertragung an eine Regulierungsbehörde sprach, erfolgte die konkrete Zuordnung der Regulierungszuständigkeit im Eisenbahnsektor an die Bundesnetzagentur über § 4 Abs. 1 S. 1 BEVVG.[9]

bb) Aufgaben und Verfahren der Bundesnetzagentur

Die Bundesnetzagentur hat gem. § 4 Abs. 1 BEVVG[10] die Aufgabe, die Einhaltung der Rechtsvorschriften über den Zugang zur Eisenbahninfrastruktur zu überwachen. Diese Rechtsvorschriften sind nach der aktuellen Rechtslage vor allem die §§ 14 ff. AEG sowie die Vorschriften der Eisenbahninfrastrukturverordnung (EIBV).[11] Die Bundesnetzagentur entscheidet im

---

7 BT-Drs. 15/2743, S.8.

8 KÜHLWETTER/KRAMER, in: KUNZ (Hrsg.), Eisenbahnrecht Bd. I, § 4 BEVVG, Rn. 1.

9 BT-Drs. 15/5122, S. 2. Es wurde auch um den Namen der Bundesnetzagentur im Gesetzgebungsverfahren gestritten. Dies geschah jedoch im Gesetzgebungsverfahren zur Änderung des Energiewirtschaftsgesetzes (EnWG). Die Umbenennung der REG TP erfolgte durch Art. 2 § 1 des Zweiten Gesetzes zur Neuregelung des Energiewirtschaftsrechts. Siehe Zweites Gesetz zur Neuregelung des Energiewirtschaftsrechts v. 07.07.2005, BGBl. 2005 I, 1970 (2009). Die Umbenennung selbst war ein rein formaler Akt. Organisations- und materiellrechtlich waren mit der Umstellung hingegen einige tiefgreifende Änderungen verbunden. SCHMIDT, DÖV 2005, 1025. Dort auch zur „Geburt" einer unabhängigen Behörde im Regulierungsrecht im Zuge der Postreform.

10 Diese Vorschrift soll mit dem Entwurf zum Erlass eines Eisenbahnregulierungsgesetzes in Art. 3 Nr. 2 des Änderungsgesetzes aufgehoben werden. BR-Drs. 559/12, S. 72. Die Aufgaben der Bundesnetzagentur als Regulierungsbehörde sollen dann hauptsächlich im ERegG geregelt werden. BR-Drs. 559/12, S. 241.

11 Sofern eine Einigung hinsichtlich des Erlasses eines „Eisenbahnregulierungsgesetzes" im Gesetzgebungsverfahren erfolgt, wird dies voraussichtlich die Vorschriften über den Zugang in sich bündeln. Die EIBV soll nach Art. 5 des

Eisenbahnsektor nicht im Beschlusskammerverfahren, sondern nach den allgemeinen Vorgaben für das Verwaltungsverfahren.[12] Die Entscheidungen ergehen durch Verwaltungsakt. Dies kann - anders als in § 132 Abs. 1 S. 2 TKG - zwar nicht ausdrücklich sondergesetzlich begründet werden, ergibt sich aber jedenfalls aus der Anwendbarkeit des VwVfG.[13] Dass für das Handeln der Bundesnetzagentur der Verwaltungsakt als Handlungsinstrument vorausgesetzt wird, ergibt sich zudem aus § 37 AEG, wonach Widerspruch und Anfechtungsklage gegen Regulierungsentscheidungen keine aufschiebende Wirkung haben.

b) Eisenbahnbundesamt

aa) Funktion und Aufgaben

Neben der Bundesnetzagentur ist auch das EBA zuständig für die Aufsicht im Eisenbahnwesen. Das EBA ist, wie die Bundesnetzagentur, eine selbständige Bundesoberbehörde mit Sitz in Bonn. Das Amt ist zuständig für die Erledigung der Aufgaben der Eisenbahnverkehrsverwaltung gem. § 2 Abs. 1 BEVVG. Die Aufgaben des EBA sind im Einzelnen in § 3 BEVVG aufgeführt. Danach ist es beispielsweise zuständig für die Planfeststellung und die Bauaufsicht für Betriebsanlagen der Eisenbahnen des Bundes sowie die Erteilung und den Widerruf von Betriebsgenehmigungen. Ihm obliegt zudem die Eisenbahnaufsicht im Allgemeinen. Eine Erweiterung seiner Aufgaben zur Ausübung hoheitlicher Befugnisse nach Maßgabe anderer Gesetze und Verordnungen bleibt unbenommen, § 3 Abs. 1 Nr. 5 BEVVG.

Begrenzt wird die durch die Begriffe „Eisenbahnverkehrsverwaltung" und „Eisenbahnaufsicht" begründete Allzuständigkeit des EBA einerseits durch

---

Änderungsgesetzes aufgehoben werden, weil sie vollständig in das Gesetz integriert werden soll. BR-Drs. 559/12, S. 72.

12 Dies wird sich mit dem Erlass eines Eisenbahnregulierungsgesetzes ändern. Dort ist die Einführung des Beschlusskammerverfahrens in § 54 ERegG-E vorgesehen. BR-Drs. 559/12, S. 49. Über Klagen gegen Beschlusskammerentscheidungen der Bundesnetzagentur soll dann im ersten Rechtszug das OVG NRW entscheiden nach § 66 Abs. 4 ERegG-E. Gegen das Urteil des OVG steht den Beteiligten die Revision an das BVerwG zu. SCHERER/MICHALCZYK, N & R 2013, 35 (43); BR-Drs. 559/12, S. 60.

13 § 54 Abs. 1 S. 3 ERegG-E wird dies ebenfalls spezialgesetzlich festlegen. BR-Drs. 559/12, S. 49.

die Zuständigkeit der Bundesnetzagentur, andererseits durch die der Landeseisenbahnämter.[14] Die einzelnen Gegenstände der Eisenbahnaufsicht ergeben sich aus § 5 AEG, v.a. § 5 Abs. 1e AEG. Das EBA ist z.B. für die Erteilungen von Sicherheitsbescheinigungen und Sicherheitsgenehmigungen, die Anerkennung und die Überwachung der Schulungseinrichtungen zuständig. Die Aufgaben des EBA bestehen primär in der Herstellung und Gewährleistung der für den Eisenbahnbetrieb erforderlichen Sicherheit und in der Durchführung des übergeordneten Verkehrsplanungsrechts nach §§ 18 ff. AEG. Seine Aufgabe ist damit die Abwehr von Gefahren beim Betrieb von Eisenbahnen.

bb) Überscheidungen mit der Bundesnetzagentur

Die Aufgaben des EBA erschöpfen sich jedoch nicht in der Gefahrenabwehr. Denn auch im Bereich des diskriminierungsfreien Zugangs zur Eisenbahninfrastruktur übernimmt das EBA wichtige Funktionen. Im Rahmen seiner Allzuständigkeit ist es verantwortlich für die Überwachung der „Ownership-Unbundling"-Vorschriften in §§ 9 - 9b AEG. Diese Regelungen sollen durch die strikte Trennung der EIU und EVU in rechtlicher und organisatorischer Hinsicht, insbesondere im Konzernverbund, die Unabhängigkeit von Verteilungsentscheidungen sicherstellen. Durch diese Aufgabenzuordnung sowie andere Überschneidungen wird die klare Trennung zwischen Wirtschaftsverwaltung und sonstiger (Gefahrenabwehr-)Verwaltung aufgeweicht. Dies wird sowohl im Hinblick auf die konzeptuelle Einheitlichkeit der Regulierung als auch unter Effizienzgesichtspunkten infolge von möglichen zwischenbehördlichen „Reibungsverlusten" kritisch gesehen.[15] Der Entwurf zum ERegG will diesen Missstand beheben, indem er durch die Einfügung eines Paragraphen „§ 9c AEG" die Überwachung dieses Regelungsabschnitts zu einer Aufgabe der Bundesnetzagentur erklärt.[16]

Jedoch auch ohne die in diesem Fall gesetzgeberisch unglücklich gewählte Aufgabenverteilung ist die Abgrenzung von sicherheitsrechtlich und zugangsrechtlich motiviertem Einschreiten und die Feststellung der

14 Diesen obliegt bspw. die Eisenbahnaufsicht für nicht bundeseigene Eisenbahnen mit Sitz im Inland, § 5 Abs. 1a AEG.

15 KÜHLING/ERNERT, NVwZ 2006, 33 (38); MASING, in: MASING/MARCOU, Unabhängige Regulierungsbehörden, S. 203.

16 BR-Drs. 559/12, S. 68.

behördlichen Zuständigkeit nicht immer eindeutig möglich. Dies zeigt sich z.B. an der Frage, welche Informationen Zugangspetenten in den Schienennetz-Nutzungsbedingungen (SNB) gewährt werden müssen, um einen diskriminierungsfreien Zugang zu ermöglichen. So ist fraglich, ob Einzelheiten zu bestimmten technischen Anforderungen an die Züge von zugangsinteressierten Unternehmen Informationen darstellen, die den Zugang zur Infrastruktur betreffen, oder bloße Modalitäten der Betriebsführung sind, denen keine Zugangsrelevanz zukommt.[17] Für ein zugangsinteressiertes Unternehmen können die Informationen darüber, welche Anforderungen an den Betrieb und an das Personal im Einzelnen zu stellen sind, nicht unerhebliche Kostenfaktoren darstellen. Dieses Wissen muss ein Unternehmen in die Rentabilitätsberechnungen für den eigenen Fahrbetrieb mit einbeziehen können, um die (betriebswirtschaftliche) Sinnhaftigkeit eines Verkehrsangebots einschätzen zu können. Deswegen sind solche Informationen zugangsrelevant.[18]

cc) Die Befugnisse des Eisenbahnbundesamts

Die Befugnisnormen des EBA sind z.T. in den Regelungen zu den einzelnen Sachaufgaben des AEG verteilt (z.B. § 7 AEG für den Widerruf einer Betriebsgenehmigung). Darüber hinaus enthält § 5a Abs. 2 AEG eine Generalklausel, welche es der Behörde erlaubt, gegenüber den Eisenbahnunternehmen die Maßnahmen zu treffen, die zur Beseitigung festgestellter eisenbahnrechtlicher Verstöße und zur Verhütung künftiger Verstöße erforderlich sind. Dieser Generalklausel kommt im Rahmen des „Unbundling" eine besondere Rolle zu. Es war lange Zeit unklar, ob zur Durchsetzung

---

17 Zur Frage, ob Zugangspetenten z.B. auch einen „Anspruch auf Echtzeitdaten" haben, siehe die Schlussanträge des Generalanwalts JÄÄSKINEN, EuGH, Rs. C-136/11, Rn. 47 ff. (JURIS).

18 So die Argumentation der Bundesnetzagentur. Bescheid der Bundesnetzagentur vom 17.11.2009, S. 11 ff. Abrufbar unter: http://www.bundesnetzagentur.de/cln_1912/DE/Sachgebiete/Eisenbahnen/EisenbahnrechtlicheLeitentscheidungen/Leitentscheidungen2009/eisenbahnrechtlicheleitentscheidungen2009_node.html (Abrufdatum: 21.05.2013). Diese Argumentation im Grundsatz bestätigend: OVG NRW, Urteil vom 23.09.2010, 13 A 172/10, Rn. 67 ff. (JURIS). Für eine Qualifikation des gesamten „betrieblich-technischen Regelwerks" als zugangsrelevant SCHWECKE, in: KUNZ (Hrsg.), Eisenbahnrecht Bd. II, § 4 EIBV, Rn. 7.

von Entflechtungsvorgaben der Rückgriff der Behörde allein auf § 9a Abs. 1 AEG ausreichend sein konnte. Das BVerwG hat dies in der Entscheidung zum „Konzernjuristen" bejaht.[19]

c) Bundeskartellamt

Das Bundeskartellamt ist ebenfalls eine selbständige Bundesoberbehörde mit Sitz in Bonn, welche gem. § 51 Abs. 1 GWB im Geschäftsbereich des BMWi angesiedelt ist. Seine Aufgabe ist der Schutz des Wettbewerbs, insbesondere die Kontrolle über den Missbrauch einer marktbeherrschenden Stellung nach § 19 Abs. 4 Nr. 4 GWB oder über das Diskriminierungsverbot nach § 20 GWB. Es ist grundsätzlich möglich, dass es zu einer Doppelzuständigkeit von Bundesnetzagentur und Bundeskartellamt kommt. Diese Konstellation hat § 14b Abs. 2 S. 2 AEG im Blick. Danach bleiben die Aufgaben und Zuständigkeiten der Kartellbehörden nach dem GWB unberührt. Dennoch wird der Umfang der Anwendbarkeit des allgemeinen Kartellrechts im Eisenbahnrecht unterschiedlich beurteilt.[20] Die neue Regelung des § 2 Abs. 2 ERegG-E greift das Problem der Doppelzuständigkeiten auf und entscheidet sich ausdrücklich für eine lex specialis-Konstruktion. Nach § 2 Abs. 2 S. 1 ERegG-E sind die §§ 19 und 20 GWB nicht anzuwenden, soweit durch dieses Gesetz abschließende Regelungen getroffen werden.[21] Sie sollen insbesondere nicht anwendbar sein auf Entgelte von EIU für die Nutzung von Eisenbahninfrastruktur, die von der Regulierungsbehörde genehmigt worden sind.[22]

Das Bundeskartellamt verfügt zudem über andere Instrumente der Wirtschaftsregulierung als die Bundesnetzagentur. Es kann Maßnahmen nach § 32 ff. GWB ergreifen[23] oder Zwangs- und Bußgelder erlassen.[24] Es handelt

---

19 BVerwGE 137, 58 (72). Eingehend dazu unten Teil 2. C. II. 1 und Teil 3. A. II. 1.

20 Die Anwendbarkeit des GWB neben dem AEG ist umstritten: Dagegen KÜHLING/HERMEIER/HEIMESHOFF, Gutachten zur Klärung von Entgeltfragen von AEG und EIBV (lang), S. 78; LG Berlin WuW 2009, 531 (533). Dafür KÜHLING/ERNERT, NVwZ 2006, 33 (38). Vermittelnd RUGE, AöR 131 (2006), 1 (32). Über die Anwendbarkeit des EU-Kartellrechts bei grenzüberschreitendem Bezug besteht hingegen Einigkeit. RUGE, AöR 131 (2006), 1 (32).

21 BR-Drs. 559/12, S. 5.

22 Die Regelungen des ERegG sollen insoweit abschließend sein. BR-Drs. 559/12, S. 121.

23 LETTL, Kartellrecht, § 11, Rn. 781 ff.

24 LETTL, Kartellrecht, § 11, Rn. 806 f.

grundsätzlich repressiv. Ein präventives Eingreifen, insbesondere in der Form des privatrechtsgestaltenden Verwaltungsakts, ist ihm jedoch nicht möglich.

d) Eisenbahninfrastrukturbeirat (§ 35 AEG) und Monopolkommission (§ 36 AEG)

aa) Eisenbahninfrastrukturbeirat

Der Eisenbahninfrastrukturbeirat ist ein besonderer Beirat für Fragen des Zugangs zur Eisenbahninfrastruktur gem. § 4 Abs. 4 S. 1 BEVVG, § 62b GO BNetzAg. Er ist nicht identisch mit dem allgemeinen Beirat aus § 5 BEGTPG.[25] Der Eisenbahninfrastrukturbeirat hat die Aufgabe, die Bundesnetzagentur bei der Wahrnehmung ihrer Tätigkeiten und der Erstellung ihres Tätigkeitsberichtes zu beraten, § 35 S. 1 Nr. 1 AEG. Er kann ihr Vorschläge für den Schwerpunkt ihrer Tätigkeit machen und ist ihr gegenüber auskunftsberechtigt, § 35 S. 2 AEG. Dieser Beirat besteht - im Gegensatz zum allgemeinen Beirat - lediglich aus jeweils neun Mitgliedern des Bundestages und Bundesrates. Die Geschäftsordnung des Beirats ist zudem nicht durch das BMWi zu genehmigen, sondern durch das Bundesministerium für Verkehr, Bau und Stadtentwicklung (BMVBS).

bb) Monopolkommission

Die Monopolkommission ist eigentlich eine Institution aus dem allgemeinen Wettbewerbsrecht, §§ 44 - 47 GWB. Dort hat sie vornehmlich die Aufgabe, im Zweijahres-Rhythmus Gutachten zu erstellen, in denen sie zu der Entwicklung der Unternehmenskonzentration in Deutschland Stellung nimmt, die Anwendung der Vorschriften über die Zusammenschlusskontrolle bewertet und sonstige aktuelle Fragen der Wettbewerbspolitik kommentiert.[26] Die Monopolkommission besteht aus fünf Mitgliedern, die über besondere volkswirtschaftliche, betriebswirtschaftliche, sozialpolitische, technologische oder wirtschaftsrechtliche Kenntnisse und Erfahrungen verfügen müssen, § 45 Abs. 1 GWB. Die Monopolkommission ist nur an den durch dieses Gesetz begründeten Auftrag gebunden und in ihrer Tätigkeit unabhängig, § 44 Abs. 2 S. 1 GWB. Sie ist ein Expertengremium, dessen wissenschaftlich fundierte

---

25 § 68 ERegG-E sieht vor, die bisherige Regelung des § 35 AEG beizubehalten. BR-Drs. 559/12, S. 226.

26 MESTMÄCKER/VEELKEN, in:IMMENGA/MESTMÄCKER, GWB Kommentar,§44, Rn.2.

Gutachten für die Politik eine beratende und informierende Funktion haben sollen.[27] Für den Eisenbahnsektor sieht § 36 AEG[28] in einer dem GWB parallelen Regelung vor, dass die Kommission alle zwei Jahre ein Gutachten entwirft, in dem sie den Stand und die absehbare Entwicklung des Wettbewerbs beurteilt.[29] Sie muss eine Einschätzung dazu abgeben, ob ein wirksamer und unverfälschter Wettbewerb im Sinne des § 1 AEG besteht. Sie hat zudem die Anwendung der Vorschriften des Eisenbahnrechts sowohl durch die Regulierungsbehörde als auch durch die Gerichte zu würdigen und zu sonstigen aktuellen wettbewerbspolitischen Fragen im Zusammenhang mit dem Betrieb von Eisenbahnen Stellung nehmen.

e) Europäische Eisenbahnagentur und Independent Regulators' Group

Durch die VO 881/2004[30] EG wurde eine Europäische Eisenbahnagentur errichtet. Ziel der Agentur ist es, in technischen Angelegenheiten zur Durchführung des europäischen Eisenbahnrechts, welches auf die Stärkung der Interoperabilität der Netze, den Ausbau der Sicherheit der Netze und die Verbesserung der Wettbewerbsfähigkeit des Eisenbahnsektors zielt, einen Beitrag zu leisten. Dieser Beitrag soll dem übergeordneten Ziel eines europäischen Eisenbahnraums ohne Grenzen dienen und ein hohes Sicherheitsniveau gewährleisten, Art. 1 Abs. 2 VO 881/2004 EG.

Die Befugnisse der Agentur beschränken sich im Wesentlichen auf die Abgabe von Empfehlungen und Stellungnahmen an die Kommission und an die zuständigen Behörden der Mitgliedsstaaten in den durch die VO näher benannten Sachgebieten, wie z.B. zur Erleichterung der Anerkennung der in einem anderen Mitgliedsstaat in Betrieb genommenen Fahrzeuge, Art. 9b VO 881/2004 EG. Die Agentur ist im Rahmen der ihr zugewiesenen Aufgaben und Befugnisse ausschließlich zuständig, Art. 1 Abs. 4 VO 881/2004 EG. Als Einrichtung der Union besitzt sie Rechtspersönlichkeit, Art. 21 VO 881/2004 EG. Ihre Bedeutung für die Zugangsregulierung ist jedoch gering und ihre

27 Kramer, in: Kunz (Hrsg.), Eisenbahnrecht Bd. I, § 36 AEG, Rn. 1 f.

28 Eine dem § 36 AEG entsprechende Vorschrift ist in § 69 ERegG-E vorgesehen. BR-Drs. 559/12, S. 226.

29 § 69 ERegG-E übernimmt die Regelung des § 36 AEG im Wesentlichen. BR-Drs. 559/12, S. 226.

30 Verordnung (EG) Nr. 881/2004 des Europäischen Parlaments und des Rates vom 29. April 2004 zur Errichtung einer Europäischen Eisenbahnagentur („Agenturverordnung"), Abl. L 164 vom 21.06.2004, S. 1.

Befugnisse sind allein auf technische Aspekte beschränkt. Eine europäische (Zugangs-)Regulierungsbehörde gibt es für den Eisenbahnsektor nicht.[31] Dennoch bestand und besteht das Bedürfnis nach internationaler Abstimmung und nach Informations- und Erfahrungsaustausch zwischen den nationalen Regulierungsbehörden. Deswegen gründeten die Regulierungsbehörden einzelner Staaten[32] im Juni 2011 zusätzlich zu einer bei der Kommission angesiedelten „Rail Regulatory Bodies Working Group“[33] eine „Independent Regulators′ Group – Rail“.[34] Ziel dieser Gruppe ist u.a. die Entwicklung eines einheitlichen europäischen Eisenbahnregulierungsrahmens, einer regulatorischen „best practice“ für den Personen- und Güterverkehr, die Schaffung eines nachhaltigen und effektiven Wettbewerbs und die Fortentwicklung des europäischen Binnenmarktes, Art. 2 MoU-IGR-Rail.

2. Marktstruktur und private Akteure

a) Marktstruktur

Eine von der Deutschen Bahn in Auftrag[35] gegebene Studie zur Untersuchung der Liberalisierung der europäischen Eisenbahnmärkte (Liberalisierungsindex

---

31 Der sog. Recast zur Schaffung eines einheitlichen europäischen Eisenbahnraumes sieht in Art. 61 Richtlinie 2012/34/EU jedoch eine Überprüfungsmöglichkeit mitgliedstaatlicher Einzelmaßnahmen durch die Kommission vor. Damit könnte die Kommission zu einer europäischen Regulierungsbehörde werden. Siehe dazu auch unten Teil 3. B. I. 4. d).

32 Die 16 Unterzeichnerstaaten sind: Österreich, Kroatien, Dänemark, Estland, Frankreich, Deutschland, Niederlande, das Vereinigte Königreich, Litauen, Finnland, Schweiz, Norwegen, Ungarn, Mazedonien, Schweden und Lettland.

33 Dies ist eine besondere Austauschplattform der Eisenbahn-Regulierungsbehörden der EU. Im Rahmen dieser Arbeitsgruppe nehmen Vertreter der europäischen Eisenbahn-Regulierungsbehörden sowie Vertreter der EU-Kommission an vierteljährlichen Treffen teil, um sich über grenzüberschreitende Themen der Eisenbahnregulierung auszutauschen. Siehe: http://www.bundesnetzagentur.de/cln_1912/DE/DieBundesnetzagentur/Internationales/Eisenbahnen/Eisenbahnen_node.html (Abrufdatum: 21.05.2013).

34 Art. 1 Memorandum of Understanding IGR-Rail (MoU-IGR-Rail). Abrufbar unter: http://www.irg-rail.eu/about-irg-rail/ (Abrufdatum: 21.05.2013).

35 Diese Studie wurde 2002 erstmals veröffentlicht. 2004, 2007 und 2011 erfolgten die Neuauflagen. Kurzfassung der Studie Liberalisierungsindex Bahn 2011, S. 4. Abrufbar in der Mediathek der DB AG unter:

Bahn) gelangt zu dem Ergebnis, dass sich der deutsche Markt sowohl im Schienenpersonen- als auch im Güterverkehr im Stadium der fortgeschrittenen Marktöffnung und sich damit im europäischen Vergleich in der Spitzengruppe befindet.[36] Letzteres mag zutreffend sein. Ob jedoch ein fortgeschrittenes Stadium der Marktöffnung vorliegt, bleibt zweifelhaft. Im netzwirtschaftlichen Vergleich dürfte der Eisenbahnsektor der Sektor sein, in dem der Wettbewerb bisher am wenigsten stark ausgeprägt ist.[37]

Der erzielte Umsatz im Eisenbahnverkehrsmarkt belief sich im Jahr 2010/2011 auf 17,9 Mrd. €.[38] In der Eisenbahnwirtschaft werden regelmäßig drei große Märkte voneinander abgegrenzt.[39] Es wird der Schienenpersonen- vom Schienengüterverkehr[40] unterschieden. Innerhalb des Schienenpersonenverkehrs wird zudem zwischen Nah- und Fernverkehr differenziert. Im Schienenpersonennahverkehr werden die Leistungen regelmäßig durch Gebietskörperschaften nachgefragt. Im Schienenpersonenfernverkehr ist dies hingegen nicht der Fall, mit der Folge, dass die Finanzierung sich allein aus den Fahrgasteinahmen speist.[41] Der Wettbewerb fällt in den einzelnen Sparten unterschiedlich aus, ist jedoch insgesamt unterentwickelt. Im Schienengüterverkehr ist der Wettbewerb mit einem Marktanteil der privaten Bahnen von 26 % am höchsten.[42] Im Schienenpersonennahverkehr liegt der Anteil der Wettbewerber bei 14 %. Nahezu ohne Konkurrenz ist die Leistungs-

---

https://www.deutschebahn.com/file/1488970/data/lib_index.pdf (Abrufdatum: 21.05.2013).

36 Kurzfassung der Studie Liberalisierungsindex Bahn 2011, S. 27 und 30.

37 Siehe zur Marktstruktur im TKG unten Teil 4. A. I. 2.

38 Marktuntersuchung der Bundesnetzagentur von 2012, S. V, 7. Abrufbar unter: http://www.bundesnetzagentur.de/cln_1931/DE/Sachgebiete/Eisenbahnen/Downloads/MarktuntersuchgBahn2012/Marktuntersuchung2012_node.html (Abrufdatum: 21.05.2013).

39 An dieser Stelle sind keine „Marktsegmente" i.S.d. § 14 Abs. 4 S. 2 AEG gemeint. Für die Bestimmung solcher Marktsegmente im Bereich der Entgeltregulierung siehe KÜHLING/HERMEIER/HEIMESHOFF, Gutachten zur Klärung von Entgeltfragen nach AEG und EIBV (lang), S. 69 ff.

40 Im Schienengüterverkehr kann Massengut- und der Einzelwagenladungsgutverkehr unterschieden werden. KÜHLING/HERMEIER/HEIMESHOFF, Gutachten zur Klärung von Entgeltfragen nach AEG und EIBV (lang), S. 73.

41 Gutachten der Monopolkommission, Bahn 2009: Wettbewerb erfordert Weichenstellung, S. 14, Rn. 11.

42 Marktuntersuchung der Bundesnetzagentur von 2012, S. 17.

erbringung im Personenfernverkehrsmarkt. Hier liegt der Anteil bei unter 1 %.[43] Bei der Bundesnetzagentur sind mehr als 500 EIU erfasst. Diese teilen sich auf in ungefähr 180 Betreiber von Schienenwegen (BdS) und 500 Betreiber von Serviceeinrichtungen (BvS). Der Marktanteil der DB AG an den Trassenentgelten aller BdS liegt bei 98 %.[44] Die DB eigenen BdS betreiben insgesamt 90 % des deutschen Schienennetzes. Der Markt der BvS wird weitestgehend von drei Betreibern abgedeckt.[45] Der Eisenbahnmarkt ist immer noch ein stark monopolisierter Markt, weswegen die Monopolkommission auch umfangreiche und grundlegende gesetzliche Änderungen und Anpassungen für den Infrastrukturzugang in ihrem aktuellen Gutachten verlangt.[46]

b) DB AG und die Wettbewerber

Der DB Konzern teilt sich anhand der Verkehrs- und Infrastrukturleistungen in die DB AG und die DB Mobility Logistics AG auf. Die DB AG ist eine Management-Holding, der unmittelbar alle Infrastrukturleistungen erbringenden Tochtergesellschaften untergeordnet sind. Die DB Mobility Logistics AG vereinigt ebenfalls als Holding alle übrigen Verkehrsleistungen erbringenden Tochtergesellschaften.[47] Die DB AG hat mit sämtlichen

---

43 Marktuntersuchung der Bundesnetzagentur von 2012, S. 17; Bundesnetzagentur, Jahresbericht 2011, S. 197. Abrufbar unter: http://www.bundesnetzagentur.de/DE/Presse/Berichte/berichte_node.html(Abrufdatum: 21.05.2013). Seit Juli 2012 besteht mit dem "Hamburg-Köln-Express" neuerdings eine medienwirksam gestartete Alternative zur DB im Personenfernverkehr. Siehe: http://www.ftd.de/unternehmen/handel-dienstleister/:start-des-bahn-konkurrenten-hkx-der-rheingold-faehrt-in-die-zukunft/70066906.html (Abrufdatum: 21.05.2013).

44 Bundesnetzagentur, Tätigkeitsbericht 2010 Eisenbahnen, S. 22. Abrufbar unter: http://www.bundesnetzagentur.de/DE/Presse/Berichte/berichte_node.html (Abrufdatum: 21.05.2013). Manche EIU sind gleichzeitig BdS und BvS, so dass die Zahl der EIU 500 nicht wesentlich übersteigt.

45 Bundesnetzagentur, Tätigkeitsbericht 2009 Eisenbahnen, S. 24. Abrufbar unter: http://www.bundesnetzagentur.de/cln_1931/DE/Presse/Berichte/berichte_node.html (Abrufdatum: 21.05.2013).

46 Gutachten der Monopolkommission, Bahn 2011: Wettbewerbspolitik unter Zugzwang, S. 158 f., Rn. 375 f.

47 Zum Konzernprofil siehe:

Unternehmen Beherrschungs- und Gewinnabführverträge geschlossen, [48] wodurch die DB AG gegenüber den Vorständen der durch den Vertrag abhängigen Gesellschaften ein Weisungsrecht erhält gem. § 308 Abs. 1 AktG.[49] Die Vorstandsvorsitzenden der Konzerngesellschaften sind zugleich Vorstandsmitglieder der DB Holding, womit die Rückanbindung an die Tochtergesellschaften sichergestellt wird. [50] Diese Konzernstruktur veranlasste die Kommission, am 30. November 2010 ein Vertragsverletzungsverfahren gegen die Bundesrepublik Deutschland einzuleiten, da sie diese mit den Regelungen zum „ownership-unbundling" für unvereinbar hielt. Der EuGH hat es jedoch nicht als erwiesen angesehen, dass die DB Netz AG nicht von der DB unabhängig ist und damit die Vertragsverletzungsklage abgewiesen. [51] Die Deutsche Bahn AG besitzt nach eigenen Angaben[52] mit einem Netz von 33.600 km das längste Streckennetz Europas und 5.600 Bahnhöfe. Sie ist damit deutlich der größte Infrastrukturbetreiber in Deutschland.

Es gibt ungefähr 30 aktive private Bahnen, die im Wettbewerb zur Deutschen Bahn AG stehen und in Deutschland Güter- und Personenverkehrsleistungen erbringen.[53] Diese sind auf die Infrastruktur der Deutschen Bahn angewiesen. Es haben sich private Unternehmen im Bereich des Personennahverkehrs (mofair e.V.) und im Bereich des Güterverkehrs

---

http://www1.deutschebahn.com/ecm2-ml-de/ir/dbml_konzern/konzernprofil.html (Abrufdatum: 21.05.2013).

48 BVerwGE 126, 60 (61). Zwei Klauseln eines solchen Vertrages zwischen der DB AG und der DB Netz AG können in der Entscheidung EuGH, Rs. C-556/10, Rn. 19 f. (BECK-online) eingesehen werden. Näher zum „de facto"-Automatismus der Gewinnabführungsverträge siehe BR-Drs. 559/12 (Beschluss), S. 25.

49 Zum Weisungsrecht KUHLMANN/AHNIS, Konzern- und Umwandlungsrecht, Rn. 591 ff.

50 HAFNER, Entflechtung, S. 192.

51 EuGH, Rs. C-556/10, Rn. 69, 131 (BECK-online). Der EuGH verlangt für die rechtliche Unabhängigkeit von Einrichtungen, die Trassenvergabeentscheidungen treffen, dass sie über eine eigene Rechtspersönlichkeit sowie über Eigenmittel und Organe verfügen, die von einem Verkehrsunternehmen getrennt sind. EuGH, Rs. C-625/10, Rn. 51 (BECK-online).

52 Geschäftsbericht der DB AG von 2010, S. 16 f., Abrufbar unter: http://www1.deutschebahn.com/file/1509634/data/2010_gb_dbkonzern.pdf (Abrufdatum: 21.05.2013).

53 MEYER/GRASSER, N & R 2011, Beilage 1, 1.

(Netzwerk Privatbahnen e.V.[54]) zusammengeschlossen. Ihre Zielsetzung ist es, zur Marktöffnung beizutragen und damit auch die eigenen Marktanteile zu erhöhen. Die Akteure des Eisenbahnregulierungsrechts sind nun vorgestellt. In welches Verhältnis das AEG und die EIBV diese Akteure zueinander setzen, ist nun im folgenden Schritt darzulegen.

3. Regulierungstypus und Rechtsquellen

Die Zugangsregulierung im AEG ist umfassend, d.h. es gibt keine relevanten Märkte in diesem Sektor, die nicht der Regulierung durch die Bundesnetzagentur unterliegen.[55] Dies unterscheidet die Regulierung im Eisenbahnrecht von der dynamischen Regulierung nach dem TKG. Dort unterliegen nicht alle Marktsegmente unterschiedslos den gleichen Regulierungsvorschriften.[56] Für die Anwendbarkeit der Regulierungsvorschriften bedarf es einer Feststellung der Exekutive über die Regulierungsbedürftigkeit eines näher bezeichneten Marktes.[57] Deswegen wird im Telekommunikationssektor von „asymmetrischer"[58], im Eisenbahnsektor von „symmetrischer Regulierung" gesprochen.

Maßgebliche Rechtsquellen für den Zugang zur Eisenbahninfrastruktur sind das AEG und die EIBV. Diese Vorschriften enthalten die Vorgaben, die sowohl die Regulierungsbehörde als auch die Marktteilnehmer zu beachten haben. Mit Erlass eines Eisenbahnregulierungsgesetzes sollen die beiden Rechtsquellen in einem Gesetz zusammengefasst werden. Dies soll die 1994 begonnene Strukturreform der Eisenbahnen fortführen und durch verstärkten Wettbewerb eine Effizienzsteigerung ermöglichen.[59] Auf europarechtlicher Ebene ist die Richtlinie 2012/34/EU zur Schaffung eines einheitlichen Eisenbahnraums die neueste Entwicklung. Sie enthält eine umfassende Neustruktur-

---

54 Zur Gründung dieser Vereine sowie ihrer Mitgliederstruktur wird auf deren Internetpräsenzen verwiesen: http://www.mofair.de/index.php ; http://www.npev.de (Abrufdatum: 21.05.2013).

55 Der Regulierungsansatz ähnelt damit demjenigen des EnWG. Auch dort gibt es seit der Reform des EnWG von 2005 eine umfassende Regulierung. BVerfG NVwZ 2010, 373 (374).

56 Ausführlich siehe unten Teil. 4 A.

57 GERSDORF, in: SPINDLER/SCHUSTER, Recht der elektronischen Medien, 11.Teil, § 9, Rn.5.

58 RUTHIG/STORR, Öffentliches Wirtschaftsrecht, Rn. 592.

59 BR-Drs. 559/12, S. 1.

ierung des europäischen Eisenbahnrechts, welche die bisherigen verschiedenen Richtlinienpakete fast vollständig ersetzt.[60]

4. Fazit

Die zentralen Akteure der Regulierung sind die Bundesnetzagentur und das EBA. Im Hinblick auf privatrechtsgestaltende Regulierung sind diese Behörden die einzigen mit entsprechenden Befugnissen. Auf Seite der Privaten ist die Deutsche Bahn immer noch die führende Kraft, insbesondere im infrastrukturellen Sektor als größter Schienenwegbetreiber. Der Wettbewerb entwickelt sich insgesamt nur sehr langsam. Lediglich im Bereich des Güter- und Schienenpersonennahverkehrs ist bisher ein nennenswerter Wettbewerb entstanden. Im Schienenpersonenfernverkehr liegt der Marktanteil der Wettbewerber immer noch unter 1%.[61] Gerade als größter Infrastrukturbetreiber in Deutschland kann die Deutsche Bahn immer wieder Adressat privatrechtsgestaltender Anordnungen werden.[62] Die Regulierung im AEG ist symmetrisch, d.h. alle zugangsrelevanten Märkte bzw. Leistungen unterliegen unmittelbar der hoheitlichen Aufsicht und können Gegenstand von hoheitlichen Verfügungen sein.

II. Zum Geltungsbereich und Telos des AEG

1. Ziele

a) Die drei Ziele des § 1 Abs. 1 AEG

§ 1 Abs. 1 AEG[63] nennt drei Ziele, die durch das AEG verfolgt werden: Die Gewährleistung eines sicheren Betriebs der Eisenbahn, eines attraktiven

---

60 Richtlinie 2012/34/EU des Europäischen Parlaments und des Rates vom 21. November 2012 zur Schaffung eines einheitlichen Eisenbahnraums, Abl. 2012 Nr. L 343/32. Zu den durch diesen Rechtsakt aufgehobenen Richtlinien siehe Art. 64 Richtlinie 2012/34/EU, Abl. 2012 Nr. L 343/62.

61 Gutachten der Monopolkommission, Bahn 2011: Wettbewerbspolitik unter Zugzwang, S. 3, Rn. 3.

62 Deswegen wird die Frage nach der Grundrechtsfähigkeit der DB AG in Teil 3. B. III. 2 erörtert.

63 Im ERegG-E sollen die Regulierungsziele in § 1 ERegG-E katalogartig mit sechs Nummern geregelt werden. Danach sind z.B. die die Wahrung der Nutzer-, insb. der Verbraucherinteressen auf dem Gebiet der Eisenbahnmärkte oder die Förderung

Verkehrsangebots und eines wirksamen und unverfälschten Wettbewerbs auf der Schiene beim Erbringen von Eisenbahnverkehrsleistungen und dem Betrieb von Eisenbahninfrastrukturen. Zudem dient das Gesetz der Umsetzung und Durchführung von Rechtsakten der Europäischen Union im Bereich des Eisenbahnrechts, § 1 Abs. 1 S. 2 AEG. Die für die Gesetzesauslegung relevanten Leitlinien werden, wie es für die moderne Gesetzgebung typisch ist,[64] zum Ausgangspunkt des Gesetzes gemacht. Die Festschreibung dieser Ziele darf nicht als Liste missverstanden werden, welche bei der Gesetzesauslegung abgearbeitet werden muss. Vielmehr wird dadurch ein Spektrum geschaffen, in welchem sich die Auslegung der Gesetze zu bewegen hat. Dieses Spektrum wird zudem über die europäischen Vorgaben erweitert. Danach dienen die Regelungen zur Schaffung von Wettbewerb der besseren Verteilung des Verkehrs auf die verschiedenen Verkehrsträger. Dies wiederum dient dem Ziel der Verringerung der gesamtgesellschaftlich zu tragenden Kosten des Verkehrs. Das erklärte Ziel ist eine Revitalisierung des europäischen Eisenbahnraumes, v.a. für den Güterverkehr. Es soll ein gerechter intermodaler Wettbewerb zwischen Schiene und Straße geschaffen werden.[65]

b) Die Rechtswirkungen des § 1 Abs. 1 S. 2 AEG

Jenen Gedanken nimmt auch § 1 Abs. 5 AEG auf, indem er sich die Ermöglichung eines lauteren Wettbewerbs der Verkehrsträger mit volkwirtschaftlich sinnvoller Aufgabenteilung zum Ziel macht.[66] § 1 Abs. 1 S. 2 AEG hat nicht nur einen rein deklarativen Charakter[67], sondern ermöglicht es, auch die Wertungen des Richtlinienrechts im AEG zu berücksichtigen. Er ist keine bloße Bestätigung, der europarechtlichen Umsetzungsverpflichtung nach-

---

von Investitionen und die Unterstützung von Innovationen neue Ziele, die mit der Regulierung verfolgt werden sollen. BR-Drs. 559/12, S. 5.

64 KRAMER, in: KUNZ (Hrsg.), Eisenbahnrecht Bd. I, § 1 AEG, Rn. 1.

65 Erwägungsgründe (6), (7) und (10) der RL 2001/14/EG. Der Recast 2012/34/EU nimmt den Gedanken der Wettbewerbsfähigkeit gegenüber anderen Verkehrsträgern ebenfalls auf. Siehe z.B. die Erwägungsgründe (5), (35), (40). An dieser Stelle kommt die volkswirtschaftliche Dimension der Regulierung zum Ausdruck.

66 Zu diesem „Programmsatz" und dessen Wirkungen in der Praxis KRAMER, in: KUNZ (Hrsg.), Eisenbahnrecht Bd. I, § 1 AEG, Rn. 13.

67 A.A. FRENZEL, NVwZ 2006, 1141 (1142), welcher gar von „Gesetzgebungslärm" spricht.

gekommen zu sein. Eine solche wäre auch sinnlos, da ein in dieser Weise gearteter feststellender Rechtsakt keine die Umsetzungspflicht erfüllende Wirkung hat. Der Mitgliedstaat muss den Inhalt der Richtlinie und dessen Rechtswirkungen innerstaatlich herstellen.[68] Die Vorschrift wäre letztlich überflüssig, da bereits im Bundesgesetzblatt regelmäßig ein Verweis auf die mit dem Gesetz umgesetzten Richtlinien erfolgt.[69] Z.T. wird die Sorge geäußert, der Gesetzesanwender könnte sich vermittelt durch § 1 Abs. 1 S. 2 AEG durch einen ausschweifenden Rückgriff auf die Richtlinien zum Gesetzgeber „aufschwingen" und neue Ziele und Zwecke in das AEG hineinlesen. Damit würde die Gewaltenteilung unterlaufen.[70] Eine solche Sorge ist unberechtigt. Das Umsetzungsermessen des Gesetzebers wird nicht außer Kraft gesetzt durch § 1 Abs. 1 S. 2 AEG. Die Vorschrift ist selbst Ausdruck dieses Ermessens. Das Europarecht verlangt ohnehin nach der Rechtsprechung des EuGH, dass allen nationalen Trägern öffentlicher Gewalt die Pflicht obliegt, alle zur Erfüllung der Richtlinie „geeigneten Maßnahmen allgemeiner und besonderer Art" zu treffen.[71] Für den Rechtsanwender bedeutet dies, bei der Anwendung nationalen Rechts seine Auslegung soweit wie möglich am Wortlaut und Zweck der Richtlinie zu orientieren.[72] Ein hierüber hinausgehender Gehalt lässt sich auch § 1 Abs. 1 S. 2 AEG nicht entnehmen. Die Regelung hat eine Hinweisfunktion, die den Anwender für die besonders ausgeprägten europarechtlichen Implikationen dieses Rechtsgebietes sensibilisiert.[73]

---

68 FUNKE, Umsetzungsrecht, S. 123 ff.

69 So jedenfalls im Dritten Gesetz zur Änderung Eisenbahnrechtlicher Vorschriften, BGBl. 2005, 1138.

70 FRENZEL, NVwZ 2006, 1141 (1143).

71 EuGH, JZ 1995, 149 (150).

72 EuGH, NZA 2004, 1145 (1151), Rn. 113.

73 I.E. so auch KRAMER, in: KUNZ (Hrsg.), Eisenbahnrecht Bd. I, § 1 AEG, Rn. 3, welcher dieser Norm den Willen des Gesetzgebers entnimmt, dass dieser die europäischen Vorgaben „richtig" umsetzen wolle, so dass bei Auslegungsschwierigkeiten zumindest auf die unionsrechtliche Grundlage zurückgegriffen werden kann.

2. Anwendungsbereich

Der Anwendungsbereich des AEG wird in § 1 Abs. 2 - 4 AEG festgelegt. Nach § 1 Abs. 2 S. 1 AEG gilt das Gesetz für Eisenbahnen.[74] Was Eisenbahnen sind, wird im Gesetz nur negativ definiert. Es werden andere Schienenbahnen ausgeklammert, die nicht unter das Gesetz fallen sollen, wie z.B. Magnetschwebebahnen, Straßenbahnen oder sonstige Bahnen besonderer Bauart. Diese negative Definition erinnert an die verfassungsrechtliche Definition der Eisenbahnen aus Art. 73 Abs. 1 Nr. 6a GG und Art. 74 Abs. 1 Nr. 23 GG. Eine positive Definition wird hingegen weder im AEG noch im GG vorgenommen.[75] Es darf jedoch davon ausgegangen werden, dass insoweit die „Eisenbahn"-Begriffe identisch sind.[76]

Eisenbahnen beruhen nach dem Verständnis des verfassungsändernden Gesetzgebers auf einem Rad-Schiene-System, sind spurgebunden und dienen der Fortbewegung.[77] Sie unterfallen dem Oberbegriff der „Schienenbahnen".[78] In diesem Begriff ist nicht nur der Verkehr, sondern auch die infrastrukturelle Seite der Netze erfasst.[79] Dies bestätigt § 2 Abs. 1 AEG. Eisenbahnen werden dort als öffentliche Einrichtungen oder privatrechtlich organisierte Unternehmen definiert, die Eisenbahnverkehrsleistungen erbringen oder eine Eisenbahninfrastruktur betreiben. In § 1 Abs. 2 S. 3[80] und Abs. 3 AEG sind Ausnahmen vom Anwendungsbereich vorgesehen.

---

74 Eine dem § 1 Abs. 2 AEG inhaltsgleiche Entsprechung ist in § 1 Abs. 1 ERegG geplant.

75 Eine positive Definition des Reichgerichts findet sich bei KRAMER, in: KUNZ (Hrsg.), Eisenbahnrecht Bd. I, § 1 AEG, Rn. 4.

76 KRAMER, in: KUNZ (Hrsg.), Eisenbahnrecht Bd. I, § 1 AEG, Rn. 5.

77 UHLE, in: MAUNZ/DÜRIG, GG-Kommentar, Art. 73 GG, Rn. 142. Dieses Begriffsverständnis ist in den Materialien zum 40. Änderungsgesetz des Grundgesetzes belegt. BT-Drs. 12/5015, S. 5 f. Ausführlich zur „authentische[n] Interpretation des Begriffs 'Eisenbahn' durch den Verfassungsgesetzgeber" UHLE, in: MAUNZ/DÜRIG, GG-Kommentar, Art. 73 GG, Rn. 32.

78 UHLE, in: MAUNZ/DÜRIG, GG-Kommentar, Art. 73 GG, Rn. 142.

79 Das Gesamtsystem „Rad/Schiene" umfasst den Fahrwegbetrieb und damit die infrastrukturelle Seite des Bahnwesens. UHLE, in: MAUNZ/DÜRIG, GG-Kommentar, Art. 73 GG, Rn 32. SEILER, in: EPPING/HILLGRUBER, BECKOK GG, Art. 73 GG, Rn. 27.

80 Danach fällt, soweit im AEG nichts anderes bestimmt ist, die Versorgung der Eisenbahnen mit leitungsgebundener Energie nicht in den Anwendungsbereich des AEG. So unterliegen die Bahnstromnetze grundsätzlich der Regulierung nach dem

III. Zugangsverpflichtung und -berechtigung

Damit ein Unternehmen nicht lediglich dem AEG im Allgemeinen, sondern der Zugangsregulierung des AEG im Besonderen unterliegt, muss es gem. § 14 Abs. 1 S. 1 AEG ein EIU sein. Eine weitere Voraussetzung für die Anwendung des Zugangsregulierungsrechts findet sich dort nicht.[81] Dies hat zur Folge, dass sich die Frage, wann das Zugangsrecht anwendbar ist, in den Bereich der Begriffsbestimmungen verschiebt. Die Definition der „Eisenbahninfrastruktur“ wird damit zur zentralen „Stellschraube“, um Eisenbahnunternehmen dem Zugangsregulierungsregime des AEG zu unterwerfen oder zu entziehen. In § 2 Abs. 1 AEG werden die EVU und EIU legal definiert. Differenzierungskriterium für EVU und EIU ist das Erbringen von Eisenbahnverkehrsleistungen bzw. das Betreiben einer Infrastruktur. Beides wird durch das AEG konkretisiert.[82]

1. Eisenbahninfrastrukturunternehmen

Die Bestimmung dessen, was zur Eisenbahninfrastruktur gehört und wann eine solche von einem Unternehmen betrieben wird, ist für die Eröffnung des Anwendungsbereich des eisenbahnspezifischen Regulierungsrechts und Planungsrechts (§§ 18 ff. AEG) entscheidend. Mit § 2 Abs. 3 AEG wurde im Rahmen des Dritten Gesetzes zur Änderung eisenbahnrechtlicher Vorschriften die im alten Recht vorhandene Unterscheidung zwischen einem planungs- und zugangsrechtlichen Anlagebegriff aufgehoben und ein einheitlicher eisenbahnrechtlicher Anlagebegriff eingeführt.[83] Beide Begriffe

---

EnWG. BGH NVwZ-RR 2011, 277 ff. Die Regelung wird von EVU, die außerhalb des DB Konzerns agieren, wegen ihres Diskriminierungspotenzials stark kritisiert. KRAMER, in: KUNZ (Hrsg.), Eisenbahnrecht Bd. I, § 1 AEG, Rn. 8; THEOBALD, in: DANNER/THEOBALD, Energierecht, Bd. I, § 3a EnWG, Rn. 4. Siehe zur Abgrenzung der Anwendungsbereiche von AEG und EnWG entlang der einzelnen Versorgungsbereiche SCHRÖDER, Die Abgrenzung der Anwendungsbereiche von EnWG und AEG, S. 33 ff.

81 Daran scheint auch § 4 Abs. 1 ERegG als neue „Umsetzung" des § 14 Abs. 1 AEG nichts ändern zu wollen. BR-Drs. 559/12, S. 7.

82 § 3 Abs. 2 ERegG-E bestimmt, dass die Definitionen aus dem AEG anwendbar sind, wenn das ERegG nicht anderes regelt. § 3 Abs. 3 ERegG-E enthält die Definitionen, die für das ERegG notwendig sind. BR-Drs. 559/12, S. 122.

83 BT-Drs. 15/3280, S. 14.

sind nunmehr deckungsgleich.[84] Nach § 2 Abs. 3 AEG umfasst die Eisenbahninfrastruktur die Betriebsanlagen der Eisenbahn einschließlich der Bahnstromfernleitungen.

a) „Betriebsanlage" und „Eisenbahninfrastruktur"

In der Rechtsprechung wird der Begriff der Betriebsanlage i.S.d. AEG im Einklang mit der alten Fassung des § 36 Abs. 1 S. 1 Bundesbahngesetz bzw. der gültigen Fassung des § 4 Abs. 1 Eisenbahn-, Bau- und Betriebsordnung (EBO) bestimmt.[85] Nach dieser Vorschrift sind Bahnanlagen alle Grundstücke, Bauwerke und sonstigen Einrichtungen einer Eisenbahn, die unter Berücksichtigung der örtlichen Verhältnisse zur Abwicklung oder Sicherung des Reise- oder Güterverkehrs auf der Schiene erforderlich sind. Dazu gehören auch Nebenbetriebsanlagen sowie sonstige Anlagen einer Eisenbahn, die das Be- und Entladen sowie den Zu- und Abgang ermöglichen oder fördern. Es wird unterschieden zwischen Bahnanlagen der Bahnhöfe, der freien Strecke und sonstige Bahnanlagen. Fahrzeuge gehören jedoch nicht zu den Bahnanlagen.

Entscheidendes Kriterium für die Bestimmung einer Betriebsanlage als Teil der Eisenbahninfrastruktur ist, dass die Anlagen unmittelbar mit dem technischen Bahnbetrieb in räumlicher und funktionaler Verbindung stehen.[86] Sie müssen die sog. Eisenbahnbetriebsbezogenheit aufweisen.[87] Dazu zählen neben dem eigentlichen Schienenweg[88] alle Nebenanlagen der Schienenwege, die dazu dienen, den Eisenbahntransport abzuwickeln und zu sichern, wie z.B. Bahnhöfe und Haltepunkte, aber auch die gesamte Infrastruktur der freien Strecke mit ihren Betriebsleit- und Sicherungssystemen.[89] Der Entwurf zum

---

84 BT-Drs. 15/3280, S. 14.

85 KRAMER, in: KUNZ (Hrsg.), Eisenbahnrecht Bd. I, § 2 AEG, Rn. 10. Kritisch hierzu GRIGOLEIT/OTTO, DÖV 2000, 182 (184), welche jedoch nur für § 18 Abs. 1 AEG a.F. von einem für das Fachplanungsrecht eingeschränkten Betriebsanlagenbegriff ausgehen, welcher (Bahnhofs-)Gebäude nicht umfasst.

86 KRAMER, in: KUNZ (Hrsg.), Eisenbahnrecht Bd. I, § 2 AEG, Rn. 11.

87 KRAMER, in: KUNZ (Hrsg.), Eisenbahnrecht Bd. I, § 2 AEG, Rn. 11.

88 Zum Schienenweg gehört der Gleiskörper, d.h. die Schiene mit ihrem Aufbau, möglichen Befestigungen und ihrer Trasse. GRIGOLEIT/OTTO, DÖV 2000, 182 (183).

89 BVerwG NVwZ 2009, 189 (190). Noch zur alten Rechtslage BVerwG NVwZ 1997, 920 (921).

Erlass des ERegG definiert die Eisenbahninfrastruktur schlicht als „die Schienenwege und die Serviceeinrichtungen“, § 3 Abs. 3 Nr. 1 ERegG-E.[90] Damit wird auf den Begriff der Betriebsanlage verzichtet. Dies ist jedoch keine Abkehr von dem Begriff der Betriebsanlage. Dessen Verwendung wird vielmehr durch die Definition der Betreiber der Serviceeinrichtungen in § 3 Abs. 3 Nr. 2 ERegG-E entbehrlich.[91] Danach sind Betreiber der Serviceeinrichtung alle „Unternehmen, [die] den Betrieb, den Bau und die Unterhaltung von Serviceeinrichtungen der Eisenbahn zum Gegenstand [haben]." Dadurch wird nun ausdrücklich klargestellt, dass auch die Serviceeinrichtungen zur Eisenbahninfrastruktur zählen.[92]

b) Betreiber der Schienenwege[93]

BdS ist jedes EIU, das den Betrieb, den Bau und die Unterhaltung der Schienenwege der Eisenbahnen zum Gegenstand hat, § 2 Abs. 3a AEG.[94] Ausgenommen sind hingegen die Schienenwege in Serviceeinrichtungen, wodurch diese den Serviceeinrichtungen zugeordnet werden, z.B. die Schienenwege in einem Bahnhof.[95] § 2 Abs. 3a AEG bereitet das sog. Werksbahnprivileg[96] des § 14 Abs. 1 S. 4 AEG vor. Danach sind auch die Betreiber von Schienenwegen, die Schienenwege zur Nutzung für den

90 BR-Drs. 559/12, S. 6.

91 BR-Drs. 559/12, S. 122. Die Definition der Betreiber der Schienenwege soll in § 2 Abs. 3a AEG bestehen bleiben.

92 BR-Drs. 559/12, S. 123.

93 Das Gesetz spricht sowohl von „Betreiber von Schienenwegen“ als auch von „Betreibern der Schienenwege“. Ein sachlicher Unterschied besteht jedoch nicht. Daher wird einheitlich von „BdS“ gesprochen.

94 Die geplante Gesetzesnovelle wird die Vorschrift des § 2 Abs. 3a AEG nicht abändern. BR-Drs. 559/12, S. 65.

95 Die Zuordnung muss allerdings dahingehend einschränkend ausgelegt werden, dass solche Schienenwege, die von Zügen genutzt werden, welche die Serviceeinrichtungen notwendigerweise durchfahren müssen, ohne dort jedoch zu halten oder in sonstiger Weise die Serviceeinrichtung in Anspruch zu nehmen, Leistungen des Betreibers der Schienenwege sind. So KRAMER, in: KUNZ (Hrsg.), Eisenbahnrecht Bd. I, § 2 AEG, Rn. 23.

96 FÖRSTER/KARDETZKY, in: SCHMITT/STAEBE, Einführung in das Eisenbahn-Regulierungsrecht, Rn. 262. Ausführlich zum Anwendungsbereich des Werkbahnprivilegs WEYERS, N & R 2009, 241 ff.

eigenen Güterverkehr unterhalten, grundsätzlich BdS.[97] § 14 Abs. 1 S. 4 AEG entbindet solche BdS jedoch von der Verpflichtung, Zugang zu ihrer Einrichtung gewähren zu müssen, sofern es sich nicht um den Schienenzugang zu eisenbahnbezogenen Diensten in Terminals und Häfen handelt, die mehr als einen Endnutzer bedienen können. Diese europarechtlich vorgesehene Bereichsausnahme erfolgt vor dem Hintergrund, dass eine Unterwerfung innerbetrieblich genutzter Schienenwege unter die Zugangsverpflichtung in mehrfacher Hinsicht unverhältnismäßig wäre.[98]

Der Entwurf zum Erlass eines Eisenbahnregulierungsgesetzes nimmt sich ausführlich der Problematik der Werksbahnen an. Mit der Neuregelung in § 9 ERegG-E soll die Entscheidungsmacht des Werkbahnbetreibers dadurch gestärkt werden, dass das Interesse solcher Betreiber anerkannt wird, keinen allgemeinen Zugang zu sicherheitssensiblen Infrastrukturen gewähren zu müssen.[99] Dennoch soll er grundsätzlich verpflichtet bleiben, diskriminierungsfreie Transportleistungen zu gewährleisten.[100]

c) Betreiber von Serviceeinrichtungen

Eine der Regelung des § 2 Abs. 3a AEG vergleichbare Definition der BvS findet sich noch nicht im AEG. § 2 Abs. 3c AEG listet vielmehr auf, welche Einrichtungen als solche anzusehen sind.[101] Dies sind Einrichtungen für die

---

97 Eine Werksbahn liegt auch vor, wenn die auf dem Betriebsgelände liegenden Schienenwege durch ein drittes Transportunternehmen für den innerbetrieblichen Transport des Werkes genutzt werden. VG Köln, Beschluss vom 01.10.2012. 18 L 1087/12, Rn. 8 ff. (JURIS).

98 GERSTNER, in: HERMES/SELLNER, AEG-Kommentar, § 14, Rn. 32 f. Dieser geht sogar von einer entsprechenden Anwendung dieser Norm für Serviceeinrichtungen aus. Eine analoge Anwendung dieser Ausnahme ist mit Blick auf die restriktive Zulassung von Ausnahmen im AEG abzulehnen. Zudem würde eine solche Anwendung das Diskriminierungspotential erhöhen, da Zugang zu solchen Einrichtungen mit Hinweis auf die rein innerbetriebliche Nutzung abgelehnt werden könnten. Es fehlt schlichtweg an der gesetzlichen Regelungslücke.

99 BR-Drs. 559/12, S. 135.

100 BR-Drs. 559/12, S. 135.

101 Im Entwurf zum ERegG-E soll dieser Katalog in § 2 Abs. 3c AEG neben der Definition der BvS in § 3 Abs. 3 Nr. 2 ERegG-E beibehalten werden. BR-Drs. 559/12, S. 65.

Brennstoffentnahme (Nr. 1)[102], Personenbahnhöfe, deren Gebäude und sonstige Einrichtungen (Nr. 2)[103], Güterbahnhöfe und –terminals (Nr. 3)[104], Rangierbahnhöfe (Nr. 4)[105], Zugbildungseinrichtungen (Nr.5)[106], Abstellgleise (Nr. 6)[107], Wartungseinrichtungen und andere technische Einrichtungen (Nr. 7)[108] sowie Häfen (Nr. 8).[109]

---

102 Dies sind v.a. Tankstellen. Anlagen zur Aufnahme sonstiger Betriebsstoffe fallen dagegen unter Nr. 7. KRAMER, in: KUNZ (Hrsg.), Eisenbahnrecht Bd. I, § 2 AEG, Rn. 29.

103 Hierunter fallen auch Haltepunkte und Haltestellen sowie Bahnsteige, Wartehäuschen und Empfangsgebäude. KRAMER, in: KUNZ (Hrsg.), Eisenbahnrecht Bd. I, § 2 AEG, Rn. 30.

104 Was unter Güterbahnhöfen und -terminals zu verstehen ist, wird uneinheitlich beurteilt. Die Unterscheidung zwischen Bahnhöfen und Terminals bringt jedenfalls zum Ausdruck, dass auch Einrichtungen erfasst sind, die dem Wechsel des Verkehrsträgers dienen. Nach einem umfassenden Verständnis sind von solchen Einrichtungen alle Verladestellen des Schienengüterverkehrs erfasst. So KRAMER, in: KUNZ (Hrsg.), Eisenbahnrecht Bd. I, § 2 AEG, Rn. 31. Für ein engeres Verständnis LERCHE, in: SCHMITT/STAEBE, Einführung in das Eisenbahn-Regulierungsrecht, Rn. 91 f.; FÖRSTER/KARDETZKY, in: SCHMITT/STAEBE, Einführung in das Eisenbahn-Regulierungsrecht, Rn. 266.

105 Siehe zu dem Problem, inwieweit das Rangieren von Zügen und das Befahren von Abstellgleisen zur Bedienung eines Gleisanschlusses noch Bestandteil einer Zugfahrt ist oder schon die Nutzung einer Serviceeinrichtung betrifft, LERCHE, in: SCHMITT/STAEBE, Einführung in das Eisenbahn-Regulierungsrecht, Rn. 93.

106 Diese Einrichtung dient der der Bildung neuer und der Auflösung alter Züge. Diese haben eigentlich nur für den Personenverkehr Bedeutung, da im Güterverkehr die Rangierbahnhöfe diese Aufgabe übernehmen. KRAMER, in: KUNZ (Hrsg.), Eisenbahnrecht Bd. I, § 2 AEG, Rn. 33. Nach LERCHE, in: SCHMITT/STAEBE, Einführung in das Eisenbahn-Regulierungsrecht, Rn. 88 gehören die Aufenthaltsräume für das Zugbegleitpersonal nicht dazU.

107 Zum Abstellen temporär nicht benötigter Züge und Wägen siehe KRAMER, in: KUNZ (Hrsg.), Eisenbahnrecht Bd. I, § 2 AEG, Rn. 34.

108 Die Reichweite der von dem Merkmal „Wartungseinrichtungen“ umfassten Einrichtungen ist umstritten. Es wird z.T. differenziert zwischen leichten und schweren Instandhaltungseinrichtungen. Danach fielen Werke der schweren Instandhaltung begrifflich schon nicht unter „Wartungseinrichtungen“. Es spricht einiges dafür, diese Regelung weit auszulegen. So KRAMER, in: KUNZ (Hrsg.), Eisenbahnrecht Bd. I, § 2 AEG, Rn. 35. A.A. LERCHE, in: SCHMITT/STAEBE, Einführung in das Eisenbahn-Regulierungsrecht, Rn. 97.

2. Abgrenzungsschwierigkeiten zwischen BdS und BvS

Die Differenzierung zwischen BdS und BvS stellt den Rechtsanwender jedoch vor Subsumtionsprobleme, da die Abgrenzung zwischen Schienenwegen und Serviceeinrichtungen gesetzlich nicht näher beschrieben wird. Ein wenig Klarheit bringt § 4 Abs. 3 AEG, welcher eigentlich die Sicherheitspflichten der Eisenbahnen normiert. Dieser erlaubt einen Rückschluss über den Umfang der vom BdS zu erbringenden Leistungen bzw. der Unternehmensgegenstände. Zu den Unternehmensgegenständen des BdS gehören gem. § 4 Abs. 3 AEG der Betrieb der zur Schiene zugehörigen Steuerungs- und Sicherungssysteme sowie die zugehörigen Anlagen zur streckenbezogenen Versorgung mit Fahrstrom. [110] Steuerungs- und Sicherungssysteme fallen nicht unter Serviceeinrichtungen. Nach der Rechtsprechung ist der Begriff der „Eisenbahninfrastruktur" wegen der systematischen Stellung des § 2 Abs. 3, 3a, 3b, 3c AEG jedenfalls so zu verstehen, dass es sich um Schienenwege und Serviceeinrichtungen handelt.[111]

3. Eisenbahnverkehrsunternehmen

Zugangsberechtigt sind gem. § 14 Abs. 2 Nr. 1 AEG grundsätzlich die EVU.[112] Nach § 2 Abs. 1 AEG sind EVU öffentliche Einrichtungen oder privatrechtlich organisierte Unternehmen, die Eisenbahnverkehrsleistungen

---

109 In erster Linie sind mit Häfen Einrichtungen und deren technische Vorrichtungen gemeint, die ein Umsteigen von Personen bzw. einen Umschlag von Gütern von Eisenbahnen auf Schiffe ermöglichen. KRAMER, in: KUNZ (Hrsg.), Eisenbahnrecht Bd. I, § 2 AEG, Rn. 36. Der neue § 2 Abs. 3c Nr. 9 AEG soll die bisherige Vorschrift präzisieren, indem er „Häfen" durch „Hafenbahnen" ersetzt. BR-Drs. 559/12, S. 65.

110 Für KRAMER, in: KUNZ (Hrsg.), Eisenbahnrecht Bd. I, § 2 AEG, Rn. 22 stellt diese Norm ein „Brücke" zu § 2 Abs. 3 AEG dar. Im ERegG-E soll die Vorschrift des § 4 Abs. 2 S. 2 ERegG-E sicherstellen, dass BdS verpflichtet, auch den Betrieb der zugehörigen Steuerungs- und Sicherungssysteme zum Gegenstand seines Unternehmens zu machen. So ausdrücklich BR-Drs. 559/12, S. 126.

111 VG Köln, Urteil vom 14.01.2011, 18 K 1546/09, Rn. 43 (JURIS). Dort auch ausführlich dazu, dass das Vorliegen von Marktalternativen nach Art. 5 Abs. 1 S. 2 2001/14/EG nicht den Begriff der Eisenbahninfrastruktur betreffe, sondern erst für die Ablehnung von Zugangsanträgen von Bedeutung ist. VG Köln, Urteil vom 14.01.2011, 18 K 1546/09, Rn. 49 ff. (JURIS).

112 Eine im Wesentlichen entsprechende Vorschrift findet sich in § 4 Abs. 6 ERegG-E. BR-Drs. 559/12, S. 9, 129.

erbringen. Eisenbahnverkehrsleistungen sind die Beförderung von Personen oder Gütern auf einer Eisenbahninfrastruktur, § 2 Abs. 2 S. 1 AEG.[113] Keine konstitutive Bedeutung für die Zugangsberechtigung bzw. für das Vorliegen eines EVU hat § 2 Abs. 2 S. 2 AEG.[114] Die deutsche Umsetzung hat den Kreis der Zugangsberechtigten im Vergleich zu den europäischen Vorgaben sogar noch erweitert. Nach Art. 3 Spiegelstrich 1 RL 91/440/EWG waren als EVU lediglich die Unternehmen oder öffentlichen Einrichtungen erfasst, deren Haupttätigkeit im Erbringen von Eisenbahnverkehrsleistungen besteht. Der Gesetzgeber hat sich bewusst gegen die Einführung dieses Unterscheidungsmerkmals entschieden.[115]

4. Öffentliche Eisenbahnunternehmen

§ 3 Abs. 1 AEG „komplettiert" die begriffliche Komplexität des Eisenbahnrechts, indem eine weitere Kategorie eingeführt wird, nämlich diejenige der öffentlichen Eisenbahn. EVU sind öffentliche Eisenbahnen, wenn sie gewerbs- oder geschäftsmäßig betrieben werden und jedermann sie nach ihrer Zweckbestimmung zur Personen- und Güterförderung nutzen kann. Durch diese Definition sollte das Herausfallen von Werks-, Anschluss- und ggf. Museumsbahnen ermöglicht werden.[116] Das Ziel dieser Regelung war es, den EIU die Möglichkeit zu nehmen, durch eine selbstgegebene Zweckbestimmung festlegen zu können, ob ihre Infrastruktur öffentlich ist, d.h. ob sie von jedem EVU benutzt werden kann oder nicht. Dies war nach alter Rechtslage noch möglich. Die Zweckbestimmung sollte mit der neuen Regelung nunmehr öffentlich-rechtlich im Rahmen der Festlegung der Zugangsrechte nach § 14 AEG erfolgen.[117] Die Unterscheidung spielt keine Rolle mehr. Der Entwurf zum ERegG sieht sogar ausdrücklich einen Wegfall

113 Dies erfasst natürlich auch die notwendigen Leerfahrten der EVU. KRAMER, in: KUNZ (Hrsg.), Eisenbahnrecht Bd. I, § 2 AEG, Rn. 2.

114 Danach müssen EVU in der Lage sein, die Zugförderung sicherzustellen. Dies stellt die Umsetzung des Art. 3 Spiegelstrich 1 RL 91/440/EWG dar, welcher fordert, dass die „Traktion" sichergestellt sein muss. BT-Drs. 131/93, S.96.

115 BT-Drs. 131/93, S. 96 f.

116 BT-Drs. 131/93, S. 97.

117 BT-Drs. 15/3280, S. 14. Der Gesetzgeber hat die ursprüngliche Systematik somit umgekehrt. KRAMER, in: KUNZ (Hrsg.), Eisenbahnrecht Bd. I, § 3 AEG, Rn. 7.

dieses Begriffs für die Zugangsregulierung vor. Die Regelung soll allerdings im § 3 AEG erhalten bleiben.[118]

5. Fazit

Das AEG findet nur auf „Eisenbahnen“ Anwendung nach § 1 Abs. 2 S. 1 AEG. In § 1 Abs. 2 S. 2 AEG wird konkretisiert, was keine „Eisenbahnen" im Sinne des Gesetzes sind. Für eine positive Definition kann auf den verfassungsrechtlichen Begriff der „Eisenbahnen“ als eine auf einer „Rad/Schiene-System beruhenden, spurgebundenen Fortbewegungstechnik“ zurückgegriffen werden.[119] In § 2 Abs. 1 AEG wird die Unterscheidung von EVU und EIU eingeführt. Diese Unterscheidung ist zentral für das Eisenbahnzugangsrecht, da § 14 Abs. 1 S. 1 AEG EIU die EIU dazu verpflichtet, diskriminierungsfrei Zugang zu ihrer Infrastruktur und damit verbundenen Leistungen zu gewähren. Nur solche Unternehmen unterliegen den mit der Zugangsregulierung verbundenen Befugnissen. Das Gesetz macht jedoch zum Begriff des „EIU“ keine weiteren definitorischen Vorgaben. Es unterscheidet lediglich noch zwischen BdS und BvS in § 2 Abs. 3a und Abs. 3c AEG. Daher ist es für die Anwendbarkeit der Regulierungsvorschriften nach §§ 14 ff. AEG und EIBV von fundamentaler Bedeutung, zu bestimmen, welche Gegenstände und Einrichtungen Eisenbahninfrastruktur sind. Die Rechtsprechung hat im Bereich des Eisenbahnplanungsrechts eine Formel für die Bestimmung der Zugehörigkeit zur Eisenbahninfrastruktur entwickelt, welche vor allem auf die Eisenbahnbetriebsbezogenheit einer Einrichtung abstellt. Diese Formel ist auch im Regulierungsrecht zugrunde zu legen. Nach der nun gefestigten verwaltungsgerichtlichen Rechtsprechung ist der Begriff der „Eisenbahninfrastruktur" jedenfalls so zu verstehen, dass es sich dabei um Schienenwege und Serviceeinrichtungen handelt.[120] Die Bestimmung von EVU bereitet hingegen keine vergleichbaren Schwierigkeiten. Diese sind nach § 2 Abs. 1 AEG öffentliche Einrichtungen oder privatrechtlich organisierte Unternehmen, die Eisenbahnverkehrsleistungen erbringen. Solche Leistungen sind die Beförderung von Personen oder Gütern auf einer Eisenbahninfrastruktur, § 2 Abs. 2 S. 1 AEG. Im Regulierungsverhältnis

118 BR-Drs. 559/12, S. 120.

119 UHLE, in: MAUNZ/DÜRIG, GG-Kommentar, Art. 73 GG, Rn 142.

120 VG Köln, Urteil vom 14.01.2011, 18 K 1546/09, Rn. 43 (JURIS).

nehmen EVU regelmäßig die Rolle des „Zugangsberechtigten“ nach § 14 Abs. 2 Nr. 1 AEG und damit des dritten „Pols“ ein.[121]

B. Der Netzzugang nach AEG

Im folgenden Abschnitt sollen die grundlegenden Bestimmungen zum Netzzugang, zum Inhalt der Zugangsverpflichtung bzw. des Zugangsanspruchs (I.), zum Trassenvergabeverfahren (II.) und zum Eisenbahnvertragsrecht (III.) dargestellt werden.

I. Netzzugang und Netzanschluss nach §§ 13 und 14 AEG

Zunächst soll der Netzzugang vorgestellt werden. Ihm rechtlich als auch technisch vorgelagert ist der Netzanschluss. Es ist wichtig, sich das Verfahren des Netzanschlusses vor Augen zu führen, um zwischen Zugang und Anschluss unterscheiden zu können. Denn der zentrale Gegenstand des Regulierungsrechts ist der Zugang. Dies bedeutet allerdings nicht, dass die Fragen, die den Netzanschluss betreffen, nicht von zugangsrechtlicher Relevanz sein können.

1. Abgrenzung von Netzanschluss und Netzzugang

a) „Recht auf die Anschlussweiche“ und Netzzugang

Beim Zugang zu Infrastrukturen der Eisenbahn ist zwischen dem Netzanschluss und dem Netzzugang zu unterscheiden. Dem eigentlichen Netzzugang nach § 14 AEG ist das „Recht auf die Anschlussweiche“ nach § 13 AEG vorgelagert.[122] § 13 Abs. 1 AEG bestimmt, dass jede Eisenbahn jeder angrenzenden Eisenbahn mit Sitz in Deutschland den Anschluss an ihre Infrastruktur unter billiger Regelung der Bedingungen und Kosten zu gestatten hat. Sollte eine solche Einigung über diese Bedingungen und Kosten nicht zu Stande kommen, so entscheidet nach § 13 Abs. 2 AEG das EBA über die Angemessenheit der Kosten. Das Recht, an benachbarte Gleisanlagen angeschlossen zu werden, hat - in anderer Ausprägung - eine lange Vergangenheit.[123] Es war dem AEG auch schon vor der Einführung

---

121 Siehe zu der „Mehrseitigkeit“ der Regulierungsverhältnisse Teil 1. A. VII.

122 GERSTNER, in: HERMES/SELLNER, BECK'scher AEG-Kommentar, § 13, Rn. 16.

123 Es gab eine ähnliche Norm schon in § 45 Preußisches Gesetz über die Eisenbahnunternehmungen (prEUG). KRAMER, Das Recht der Eisenbahninfrastruktur, S. 23;

zugangsregulierungsrechtlicher Vorschriften bekannt.[124] Der Netzanschluss umfasst in erster Linie das Recht, physisch und technisch dauerhaft an die Schienennetze anderer Infrastrukturbetreiber angeschlossen zu werden. Dies beinhaltet die „Verschweißung“ von Schienen, um ein möglichst weiträumiges Erbringen von Verkehrsleistungen zu ermöglichen.[125] Der Netzanschluss ist neben den eigentlichen Zugangsbestimmungen ein Element, das zu einem „barrierefreien" unionsweiten Verkehrsmarkt beitragen soll[126] und somit die Kohärenz und Effektivität des Netzzugangs nach § 14 ff. AEG steigert und ergänzt.[127] Durch die Schaffung der (technischen) Voraussetzungen ermöglicht der Netzanschluss den Schritt zum Zugang. Dies belegt auch § 13 Abs. 1 S. 2 AEG, wonach „im Übrigen“ § 14 AEG gilt.[128]

b) Voraussetzungen des Netzanschlusses

Die Voraussetzungen des Netzanschlusses sind schlicht. Es muss auf der einen Seite eine eisenbahninfrastrukturbetreibende Eisenbahn geben und auf der anderen Seite eine angrenzende Eisenbahn, welche ihren Sitz in der Bundesrepublik Deutschland hat. Der Gesetzgeber hat sich mit der Einführung des Begriffs „Eisenbahn“ bewusst für eine bundeseinheitliche Erstreckung der Vorschrift auf alle EIU entschieden.[129] Da § 13 Abs. 1 AEG

---

ders., in: KUNZ (Hrsg.), Eisenbahnrecht Bd. I, § 13 AEG, Rn.1. § 13 AEG wird an die Änderungen durch den Erlass eines Eisenbahnregulierungsgesetzes angepasst werden. Es wird zudem in § 13 AEG ein weiterer Absatz eingefügt, welcher den Anschluss an Werksbahnen gesondert regeln soll. BR-Drs. 559/12, S. 69, 236.

124 KRAMER, in: KUNZ (Hrsg.), Eisenbahnrecht Bd. I, § 13 AEG, Rn. 5.

125 Jedoch nicht nur an die Schienennetze, sondern angesichts des undifferenzierten Wortlauts auch an sonstige Infrastruktureinrichtungen. GERSTNER, in: HERMES /SELLNER, BECK'scher AEG-Kommentar, § 13, Rn. 16 f.; KRAMER, in: KUNZ (Hrsg.), Eisenbahnrecht Bd. I, § 13 AEG, Rn.1 f.

126 KRAMER, in: KUNZ (Hrsg.), Eisenbahnrecht Bd. I, § 13 AEG, Rn. 1.

127 GERSTNER, in: HERMES/SELLNER, BECK'scher AEG-Kommentar, § 13, Rn. 1.

128 GERSTNER, in: HERMES/SELLNER, BECK'scher AEG-Kommentar, § 13, Rn. 29. Anders KRAMER, in: KUNZ (Hrsg.), Eisenbahnrecht Bd. I, § 13 AEG, Rn. 9, der dieser Regelung kaum mehr Bedeutung zumisst und in ihr v.a. einen weiteren Beleg für die nahezu bedeutungslose Unterscheidung zwischen öffentlichen und nichtöffentlichen Eisenbahnen sieht.

129 Die Vorgängerregelung hatte noch eine Ausnahme für „nicht-öffentliche“ Eisenbahnen vorgesehen. KRAMER, in: KUNZ (Hrsg.), Eisenbahnrecht Bd. I, § 13 AEG, Rn. 2; GERSTNER, in: HERMES/SELLNER, BECK'scher AEG-Kommentar, § 13, Rn.6.

die Herstellung einer physischen Verbindung an das Netz eines Infrastrukturbetreibers zum Gegenstand hat, richtet es sich vornehmlich an Eisenbahninfrastrukturbetreiber. Jedoch können unter bestimmten Voraussetzungen EVU dieses Recht einfordern, wenn ansonsten die Gefahr bestünde, dass ihr Recht aus § 14 AEG ausgehöhlt würde.[130] „Angrenzend" ist dahingehend zu verstehen, dass der Anspruch auf Anschluss immer nur gegenüber dem unmittelbaren Nachbarn besteht. Der Anspruch kann nicht über eine „Kette" von Betreibern geltend gemacht werden.[131] Der Anschluss an das Schienennetz eines anderen BdS erfolgt ausschließlich auf der Basis des Zivilrechts.[132]

§ 13 Abs. 1 AEG gestattet den Anschluss nur unter Verweis auf eine „billige" Regelung der Bedingungen und der Kosten. Dieses Kriterium ist im Sinne des § 315 BGB zu verstehen.[133] Die in Rechtsprechung und Literatur entwickelten Grundsätze für die Billigkeit von Vertragsbedingungen bei einseitigen Leistungsbestimmungsrechten sind auch für die Bedingungen des Netzanschlusses maßgeblich.[134] Der in § 315 BGB enthaltene Schutzgedanke, welcher vor allem dem Missbrauch privatautonomer Gestaltungsmacht eine Grenze ziehen soll und diese ggf. gerichtlich überprüfbar macht,[135] kommt im Rahmen des § 13 AEG zum Tragen. Ob eine vertragliche Regelung tatsächlich billigem Ermessen entspricht, erfordert eine Prüfung und Abwägung der objektiven wirtschaftlichen Interessenlage bei den beiden Vertragspartnern im Einzelfall mit Blick auf den Vertragszweck und darauf, was in vergleichbaren Fällen üblich ist.[136] Es ist zu beachten, dass der Bestimmungsmaßstab einen gewissen Spielraum zugunsten des Bestimmenden eröffnet, so dass dieser nicht nur eine „billige" Entscheidung treffen kann.[137]

---

130 Hierzu GERSTNER, in:HERMES/SELLNER, BECK'scher AEG-Kommentar,§13, Rn.11.

131 So KRAMER, in: KUNZ (Hrsg.), Eisenbahnrecht Bd. I, § 13 AEG, Rn. 5 m.w.N. zur analogen Anwendung des § 13 AEG bei Kreuzung zweier Bahnstrecken.

132 KRAMER, in: KUNZ (Hrsg.), Eisenbahnrecht Bd. I, § 13 AEG, Rn. 8.

133 KRAMER, in: KUNZ (Hrsg.), Eisenbahnrecht Bd. I, § 13 AEG, Rn. 6.

134 KRAMER, in: KUNZ (Hrsg.), Eisenbahnrecht Bd. I, § 13 AEG, Rn. 6; GERSTNER, in: HERMES/SELLNER, BECK'scher AEG-Kommentar, § 13, Rn. 18 ff.

135 ZERRES, in: TONNER/WILLINGMANN/TAMM, Vertragsrecht-Kommentar, § 315 BGB, Rn. 7.

136 BGH NJW 1964, 1617 (1619); GEHRLEIN, in: BAMBERGER/ROTH, BECK'scher OK BGB, § 315, Rn. 5.

137 ZERRES, in: TONNER/WILLINGMANN/TAMM, Vertragsrecht-Kommentar, § 315 BGB, Rn. 11. Die Überprüfung dieses Entscheidungsspielraums wird allerdings der

c) Zuständigkeit des EBA

§ 13 Abs. 2 AEG transferiert dieses „Leistungsbestimmungsrecht" im Falle der Nichteinigung auf das EBA. Unter Berücksichtigung des insofern eindeutigen Wortlauts ist das EBA zuständig für die angemessene Vertragsgestaltung, wenn Eisenbahnen sich entweder nicht auf die Bedingungen oder den Kostenersatz einigen können. [138] Auch wenn diese Zuständigkeitsverteilung im Hinblick auf ein konsistentes behördliches Regulierungsregimes höchst unglücklich und bedauernswert erscheinen mag, [139] kann eine Zuständigkeit der Bundesnetzagentur nicht ohne das Überschreiten der Auslegungsgrenzen angenommen werden.[140]

2. Inhalt der Zugangsverpflichtung nach § 14 Abs. 1 AEG

a) Die zwei Pflichten des § 14 Abs. 1 AEG

§ 14 AEG ist die „Kernnorm" des Eisenbahnregulierungsrechts.[141] Sie ist zugleich ihr Fix-, als auch ihr Dreh- und Angelpunkt. In ihr sind die eisenbahnrechtlichen Prinzipien kodifiziert. Gleichzeitig ist sie allerdings eine

---

gerichtlichen Kontrolle nach § 315 Abs. 3 S. 2 BGB nicht zugestanden, weswegen die „Bestimmung nach billigem Ermessen" des § 315 Abs. 1 BGB nicht mit der „Billigkeit" des § 315 Abs. 3 BGB gleichgesetzt werden darf. Andernfalls entfiele dieser Entscheidungsspielraum. GEHRLEIN, in: BAMBERGER/ROTH, BECK'scher OK BGB, § 315, Rn. 5; ZERRES, in: TONNER/WILLINGMANN/TAMM, Vertragsrecht-Kommentar, § 315 BGB, Rn. 21.

138 Die beiden Fälle für das Einschreiten der Behörde sind alternativ zu verstehen. GERSTNER, in: HERMES/SELLNER, BECK'scher AEG-Kommentar, § 13, Rn. 30.

139 Der Gesetzgeber scheint aber auch im aktuellen Referentenentwurf zum ERegG an dieser Regelung festhalten zu wollen. BR-Drs. 559/12, S. 236.

140 So aber GERSTNER, in: HERMES/SELLNER, BECK'scher AEG-Kommentar, § 13, Rn. 34. Dies wie hier ablehnend KRAMER, in: KUNZ (Hrsg.), Eisenbahnrecht Bd. I, § 13 AEG, Rn. 10.

141 Im ERegG findet sich die Norm allerdings in anderer Gestalt in § 4 ERegG-E wieder. In Satz 1 wird nicht nur die Diskriminierungs-, sondern auch die Missbrauchsfreiheit aufgenommen. Nach dem neuen Satz 2 müssen die Bedingungen der Benutzung und der Leistungserbringung zudem angemessen und nachvollziehbar sein. BR-Drs. 559/12, S. 7. Das bisherige Zugangsregime wird somit durch die Einführung eines Missbrauchsverbots verschärft. SCHERER/MICHALCZYK, N & R 2013, 35 (36).

sehr unübersichtliche Norm.[142] § 14 Abs. 1 S. 1 AEG stellt den aus dem Europarecht stammenden Grundsatz der Marktöffnung und Nichtdiskriminierung an den Anfang der Zugangsregulierung.[143] Danach sind EIU verpflichtet, die diskriminierungsfreie Benutzung der von ihnen betriebenen Eisenbahninfrastruktur und die diskriminierungsfreie Erbringung ihrer Leistungen, welche durch § 3 Abs. 1 EIBV[144] konkretisiert werden[145], zu gewähren. Für die betreffenden Eisenbahnunternehmen erwachsen aus § 14 Abs. 1 S. 1 AEG zwei Pflichten[146]: Zum einen die Pflicht, Zugang zu ihren Infrastrukturen zu gewähren[147] und zum anderen die Pflicht, dies auch diskriminierungsfrei zu tun.[148] Was diskriminierungsfrei konkret bedeutet, ist

142 Dies dürfte der wechselhaften Gesetzgebungsgeschichte geschuldet sein. So GERSTNER, in: HERMES/SELLNER, BECK'scher AEG-Kommentar, § 14, Rn. 18.

143 Gerade in der RL 2001/14/EG kommt es zu einem häufigen Wiederholen der Nicht-Diskriminierung. So in den Erwägungsgründen (5) und (10) sowie in den Artt. 4, 5, 8, 10, 14, 15, 22, 30, 32, 33. An Diskriminierungsverbot hält auch der Recast 2012/34/EU fest. Vgl. z.B. die Bestimmungen der Artt. 12 Abs. 2, 32 Abs. 5, 33 Abs. 5, 34 Abs. 3, 39 Abs. 1, 56 Abs. 1.

144 Die EIBV ist eine auf Grund des § 26 Abs. 1 Nr. 6, 7 und Abs. 4 Nr. 1 AEG ergangene Rechtsverordnung, welche den „Umfang" der Leistungen bestimmen soll. Die zitierten Bestimmungen sind die Umsetzung der Vorgaben zum Inhalt der Zugangsleistungen aus Art. 5 Abs. 1 i.V.m. Anhang II der RL 2001/14/EG. Dieser findet sich nunmehr in Anhang II der RL 2012/34/EU.

145 Zumindest scheint dies die Intention des Gesetzgebers in § 14 Abs. 1 S. 1 AEG zu sein, wenn er die detaillierte Regelung dem Verordnungsgeber überlässt. Die Bestimmung des „Umfangs" der Leistungspflichten in § 3 Abs. 1 EIBV ist indes vor allem eine Paraphrasierung des § 14 Abs. 1 und S. 3 AEG, welche lediglich präziser als das AEG zwischen den Leistungspflichten von BvS und BdS differenziert und insoweit auf die Pflichten nach Anlage I der EIBV verweist. Dennoch wird § 3 EIBV als „zentrale Vorschrift" der EIBV charakterisiert. SERONG, in: KUNZ (Hrsg.), Eisenbahnrecht Bd. II, § 3 EIBV, Rn. 1.

146 BT-Drs. 15/2743, S. 15; SERONG, in: RONELLENFITSCH/SCHWEINSBERG/HENSELER-UNGER, Aktuelle Probleme des Eisenbahnrechts XVI, 39 (45).

147 Abzulehnen ist die Auffassung, dass das „Ob" schon durch die verkehrsrechtliche Widmung erfolgt. So KARDETZKY, IR 2006, 273 (276, 278), der den Zugangsanspruch rein zivilrechtlich versteht. Wie hier KRAMER, in: KUNZ (Hrsg.), Eisenbahnrecht Bd. I, § 14 AEG, Rn. 7; Weyers, in: KUNZ (Hrsg.), Eisenbahnrecht Bd. II, § 1 EIBV, Rn. 3 m.w.N.

148 Wie hier, SERONG, in: KUNZ (Hrsg.), Eisenbahnrecht Bd. II, § 3 EIBV, Rn. 10 f., welcher den teilhaberechtlichen Charakter des subjektiv-öffentlichen Zugangsrecht

den Bestimmungen der EIBV zu entnehmen. [149] Der Kern dieses Diskriminierungsverbotes ist entsprechend dem Regelungsgehalt des Art. 3 Abs. 1 GG bestimmt [150] und umfasst alle Arten von Eisenbahninfrastruktureinrichtungen.

b) Die unterschiedlichen Leistungen im Rahmen der Zugangsregulierung

Aus § 14 Abs. 1 S. 3 AEG ergibt sich die Differenzierung zwischen Pflicht- und Zusatzleistungen, die durch die EIBV beispielhaft aufgezählt werden.[151] An dieser Stelle wird die Differenzierung zwischen BdS und BvS relevant. § 14 Abs. 1 S. 3 AEG verlangt nämlich (nur) von den BdS, dass diese einen Mindestumfang an Leistungen zu erbringen haben sowie die von ihnen betriebenen Schienenwege und die Steuerungs- und Sicherungssysteme bereitstellen müssen. Umgekehrt folgt daraus für die BvS, dass diese nur den diskriminierungsfreien Zugang zu ihren und den in Anlage I Nr. 2 EIBV beschriebenen Zusatzleistungen gewähren müssen, soweit diese Leistungen zu ihrem Geschäftsbetrieb gehören.[152] Den BvS werden keine Unternehmensgegenstände auferlegt.

Die Pflichtleistungen eines BdS umfassen nach der Definition der Anlage 1 Nr. 1 der EIBV die Bearbeitung von Anträgen auf Zuweisung, [153] die Gestattung der Nutzung zugewiesener Zugtrassen und Nutzung der Anlagen zur streckenbezogenen Versorgung mit Fahrstrom. Sie beinhalten die Bedienung der für die Zugbewegung erforderlichen Steuerungs- und Sicherungssysteme[154], die Koordination der Zugbewegungen und die Bereitstellungen von Informationen über die Zugbewegungen. Es muss zusätzlich Auskunft gegeben werden zu allen anderen Informationen, die zur

betont. Ders., N& R 2009, 108 (111). Nach VG Köln, Beschluss vom 14.11.2012, 18 L 1452/12, Rn. 29 (JURIS) ist die Eisenbahnrechtswidrigkeit jedenfalls nicht gleichzusetzen mit einem Verstoß gegen das Diskriminierungsverbot.

149 VG Köln, Beschluss vom 14.11.2012, 18 L 1452/12, Rn. 14 (JURIS).

150 BVerwG NVwZ 2012, 307 (314), Rn. 71; PFLUG, Eisenbahnregulierung zwischen öffR und PR, S. 105.

151 In § 4 Abs. 2, Abs. 3 und Abs. 4 ERegG-E werden die Pflicht-, Zusatz- und Nebenleistungen konkretisiert. BR-Drs. 559/12, S. 8.

152 So ausdrücklich § 3 Abs. 1 S. 1 EIBV.

153 Nach § 4 Abs. 2 S. 1 Nr. 1 ERegG-E soll ausdrücklich auch die Änderung bereits angemeldeter Trassen in Zukunft umfasst sein. BR-Drs. 599/12, S. 7.

154 Dies ergibt sich bereits aus § 14 Abs. 1 S. 3 AEG.

Durchführung des Verkehrs, für den die Kapazität zugewiesen wurde, erforderlich sind.[155] Die EIU können zudem noch Zusatzleistungen anbieten.[156] Diese sind von den EIU nur verpflichtend zu erbringen, wenn diese solche Leistungen anbieten und ein EVU eine solche Leistung beantragt.[157] Hierunter fallen nach Anlage I Nr. 2 EIBV die Bereitstellung von Brennstoffen sowie alle sonstigen Zugangsdienstleistungen, die von Serviceeinrichtungen nach § 2 Abs. 3c AEG erbracht werden.[158] Zudem sind kundenspezifische Leistungen für die Überwachung von Gefahrguttransporten oder die Unterstützung beim Betrieb ungewöhnlicher Züge von den (fakultativen) Zusatzleistungen umfasst.

c) Die „Doppelnatur" des § 14 Abs. 1 S. 1 AEG

Aus der Pflicht der EIU erwächst gleichzeitig das Recht der EVU auf Benutzung der Eisenbahninfrastruktur. Dieses Recht zur Mitbenutzung der

---

155 Auch diese Leistung wird durch den Entwurf zum ERegG in § 4 Abs. 2 S. 2 ERegG-E weiter präzisiert. Danach sind alle anderen Informationen, die zur Durchführung des Verkehrs erforderlich sind, umfasst. Hierzu gehört auch die Weitergabe aktueller vorhandener Informationen zu Störungen sowie zum Laufweg. Die aktuellen Informationen zum Laufweg beinhalten für alle Zugbewegungen der dort verkehrenden Zugangsberechtigten in anonymisierter Form die Geschwindigkeit, die Halte, den Sollfahrplan und die Darstellung, inwieweit die Koordination der Zugbewegungen von dem vereinbarten Entgelt abhängt. BR-Drs. 559/12, S. 8.

156 Es gibt zudem noch Nebenleistungen, deren Erbringung völlig freiwillig ist, Anlage I Nr. 3 EIBV. Allerdings sind diese Leistungen am eisenbahnrechtlichen Diskriminierungsverbot zu messen. Die Definition der Nebenleistung findet sich in § 4 Abs. 4 ERegG-E. BR-Drs. 559/12, S. 8.

157 Gerstner, in: Hermes/Sellner, Beck'scher AEG-Kommentar, § 14, Rn. 63.

158 Nur diese können gemeint sein, wenn die EIBV an dieser Stelle von den „oben genannten Einrichtungen für Zugangsdienstleistungen" spricht. Der Abschnitt über die Zusatzleistungen dient der Umsetzung der Vorgaben des Anhangs II Nr. 3 aus der RL 2001/14/EG. In Nr. 2 des Anhangs finden sich die zugangsverpflichteten Serviceeinrichtungen, die der deutsche Gesetzgeber allerdings mit der Vorschrift des § 2 Abs. 3c AEG umgesetzt hat. Die „oben genannten Einrichtungen" finden sich auch in Nr. 3 c) des Anhangs II der RL. Dies ist offensichtlich ein Redaktionsfehler in der Gesetzgebung. Durch den Recast wurde der Zugang zu Brennstoffeinrichtungen zu den Pflichtleistungen von Serviceeinrichtungen aufgenommen, welche die vorangegangene Richtlinie so noch nicht kannte. Siehe Anhang II Nr. 2 i) der RL 2012/34/EU.

Infrastruktur im Rahmen der zugewiesenen Fahrwegkapazität [159] ist ein subjektiv-öffentlicher Zugangsanspruch und Teilhabeanspruch. [160] Er ist vor allem kein bloßes Nichtdiskriminierungsrecht, dem Genüge getan wird, wenn allen Zugangspetenten der Zugang zu bestimmten Zeiten gleichermaßen diskriminierungsfrei verwehrt wird.[161] Eine Einschränkung für das „Ob" des Zugangsanspruchs war bislang nur im Hinblick auf die Zusatzleistungen, d.h. auf den Zugang zu Serviceeinrichtungen, denkbar. Art. 5 Abs. 1 S. 2 der RL 2001/14/EG sah als (einzigen) Ablehnungsgrund für einen Zugangsanspruch das Vorhandensein vertretbarer Alternativen unter Marktbedingungen vor: Natürlich nur unter Ausschluss jeglicher Diskriminierung. Interessanterweise hat der Gesetzgeber diesen Ausschlussgrund weder im AEG noch in der EIBV aufgenommen, weshalb sich die Frage stellt, ob an dieser Stelle nicht ein Fall der überschießenden Richtlinienumsetzung vorliegt.[162] Dieser sehr eng gefasste Ausnahmetatbestand, welcher im Recast sogar noch enger gefasst ist,[163] gehört nicht zu den zwingenden Vorgaben der Richtlinie. Im Gegenteil dürfte die Erweiterung des uneingeschränkten Zugangsanspruches zu Serviceeinrichtungen, welche für die Schaffung von Wettbewerb von immenser Bedeutung sind, [164] im Interesse einer effektiven Richtlinienumsetzung liegen. Der deutsche Gesetzgeber unterstreicht mit dieser Regelung seinen Willen zur Liberalisierung des Marktes.[165]

---

159 Der Wortlaut des Anhangs II Nr. 1 b) RL 2001/14/EG ist in verschiedenen Sprachen übereinstimmend („the right to utilize capacity which is granted", „le droit d'utiliser les capacités accordées", „derecho a utilizar la capacidad concedida"). So auch im Recast RL 2012/34/EU. Dies unterstreicht, dass bereits das Unionsrecht den EVU ein eigenes Recht vermittelt.

160 KRAMER, in: KUNZ (Hrsg.), Eisenbahnrecht Bd. I, § 14 AEG, Rn. 7; SERONG, in: KUNZ (Hrsg.), Eisenbahnrecht Bd. II, § 3 AEG, Rn. 11.

161 So noch zur alten Rechtslage das VG Koblenz in einem nicht veröffentlichten Beschluss. Nachweis bei KÜHLING/ERNERT, NVwZ 2006, 33 (35).

162 So GERSTNER, in: HERMES/SELLNER, BECK'scher AEG-Kommentar, § 14, Rn. 63 allerdings ohne einen nationalen oder europarechtlichen Anknüpfungspunkt zu benennen.

163 Siehe Art. 13 Abs. 4 RL 2012/34/EU.

164 KÜHLING/ERNERT, NVwZ 2006, 33 (35).

165 Für die BdS stellt dies die Gesetzesbegründung ausdrücklich klar. Für diese besteht die Zugangspflicht auch, wenn vertretbare Marktalternativen bestehen. Diese Begründung erlaubt allerdings nicht den Umkehrschluss auf die BvS. BT-Drs. 15/3280, S. 12. A.A. VG Köln, Urteil vom 14.01.2011, 18 K 1546/09, Rn. 49

Das Zugangsrecht ist aber nicht nur ein subjektiv-öffentliches Recht, sondern gleichzeitig auch ein zivilrechtliches Recht der EVU, ein Anspruch.[166] Dass § 14 Abs. 1 S. 1 AEG gleichzeitig eine Pflicht des EIU ist als auch ein subjektiv-öffentlicher und zivilrechtlicher Zugangsanspruch, ist z. T. dem „deutschen Sonderweg"[167] geschuldet, der in § 14 Abs. 6 AEG seinen Ausdruck gefunden hat.[168] § 14 Abs. 6 AEG bestimmt, dass Einzelheiten des Zugangs, insbesondere hinsichtlich des Zeitpunktes und der Dauer der Nutzung sowie das zu entrichtende Entgelt und die sonstigen Nutzungsbedingungen zwischen den EVU und dem EIU vereinbart werden. Diese Vereinbarung erfolgt nach Maßgabe der EIBV. Die deutsche Umsetzung belässt die Verteilungsentscheidung über die Zuweisung der Trassenvergabe sowie die damit verbundenen Modalitäten den Infrastrukturunternehmen.[169] Damit ist das rechtliche Instrument dieser Verteilungsentscheidung (implizit) geregelt worden. Der Zugang zum Netz erfolgt im Wege einer privatrechtlichen Vereinbarung.[170] Das Zugangsregulierungsrecht trifft eine Grundentscheidung für den Vorrang der privaten Einigung, die auch als „Primat des

(JURIS), welches dieser Regelung „den Rechtsgedanken" entnimmt, dass „hinsichtlich der Serviceeinrichtungen nicht dieselbe Monopolsituation herrscht und deshalb nicht dieselben strengen Maßstäbe der Gewährung diskriminierungsfreien Zugangs wie bei Schienenwegen angelegt werden dürfen [...]".

166 So zurückhaltend auch BASEDOW, ZHR 170 (2006), 178 (188). So im Ergebnis auch PFLUG, Eisenbahnregulierung zwischen ÖffR und PR, S. 143 f., 148. Ders., S. 196 geht davon aus, dass § 14 Abs. 1 S. 1 AEG keiner Teilrechtsordnung zuzurechnen sei und daher ein Beispiel für ein Gemeinrecht sei, welches aber nicht als dritte Kategorie gewertet werden dürfe. Maßgeblich für die Qualifizierung einer Rechtsnorm sei der „konkrete Funktionszusammenhang". Eine „allein nach materiellen Grundsätzen ermittelbare Rechtsnatur von Normen" existiere nicht. Zur grundsätzlichen Möglichkeit, dass Normen zugleich sowohl dem Öffentlichem Recht als auch dem Privatrecht angehören können sowie zum Meinungsstand siehe EHLERS, in: SCHOCH/SCHNEIDER/BIER, VwGO Kommentar, § 40, Rn. 231.

167 KRAMER, in: KUNZ (Hrsg.), Eisenbahnrecht Bd. I, § 14 AEG, Rn. 3.

168 Im ERegG findet sich diese Regelung in § 4 Abs. 9 S. 1 ERegG-E. BR-Drs. 559/12, S. 9.

169 Es wird auch von einem „Integrationsmodell" gesprochen. Damit wird zum Ausdruck gebracht, dass die Zuweisung von Trassen im Wesentlichen durch ein EIU erfolgt, welches in einem Konzernverbund (DB AG) integriert ist. SCHERER/MICHALCZYK, N & R 2013, 35 (36).

170 KRAMER, in: KUNZ (Hrsg.), Eisenbahnrecht Bd. I, § 14 AEG, Rn. 48.

Vertrages“ bezeichnet wird.[171] Die Vertragsgestaltung erfolgt grundsätzlich privatautonom, unterliegt jedoch den z.T. zwingenden, nicht abdingbaren Grundsätzen, Regelungen und Verfahrensvorschriften des § 14 und des § 14a AEG sowie der EIBV. § 14 Abs. 1 S. 1 i.V.m. § 14 Abs. 6 AEG i.V.m. EIBV bildet die Anspruchsgrundlage für die netzzugangswilligen EVU.

II. Das Trassenvergabeverfahren nach AEG und EIBV

Nachdem gezeigt werden konnte, wie die Verpflichtung, Zugang zu gewähren, ausgestaltet ist, ist nun darzulegen, wie die Bearbeitung von Anträgen auf Trassenzuweisung erfolgt (1.) und wie „überschneidende“ Anträge behandelt werden (2.). Denn im Hinblick auf die Arbeit der Aufsichtsbehörden und auf die Ausübung ihrer Befugnisse ist es erforderlich, zu verstehen, wie die Zuweisung von Infrastrukturkapazitäten erfolgt und welche Rolle den Behörden dabei zukommt.

1. Erstellung des Netzfahrplans zur Zuweisung von Trassen

a) Der Netzfahrplan als Grundlage der Trassenvergabe

Die Trassenvergabe, d.h. die Zuweisung von Schienenwegen zu einem bestimmten Zeitpunkt, erfolgt in einem Netzfahrplan. Dieser Netzfahrplan enthält die Daten zur Festlegung aller geplanten Zugbewegungen und Bewegungen von Fahrzeugen, die auf dem betreffenden Schienennetz während der Gültigkeitsdauer des Netzfahrplans durchgeführt werden, § 2 Nr. 8 EIBV.[172] Der Netzfahrplan wird einmal im Kalenderjahr erstellt, § 8 Abs. 1 S. 1 EIBV.[173] Es besteht die Möglichkeit, einen Netzfahrplanwechsel oder eine Netzfahrplananpassung nach den Wintermonaten durchzuführen.[174]

---

171 GERSTNER, in: HERMES/SELLNER, BECK’scher AEG-Kommentar, § 14, Rn. 220.

172 Insoweit identisch § 3 Abs. 3 Nr. 8 ERegG-E. BR-Drs. 559/12, S. 7.

173 Das Verfahren nach § 8 EIBV wurde in § 15 ERegG-E fast vollständig übernommen. Dies gilt auch für die Vorschriften über den Gelegenheitsverkehr nach § 14 EIBV, welche sich nun in § 24 ERegG-E finden. BR-Drs. 559/12, S. 145, 163. Der Wechsel des Netzfahrplans erfolgt am zweiten Samstag im Dezember um 24 Uhr

174 Solche Umstellungen erfolgen am zweiten Samstag im Juni um 24 Uhr. Bei Bedarf kann auf andere Termine ausgewichen werden, auf welche sich die BdS mit Wissen der Regulierungsbehörde verständigen können, § 8 Abs. 2 EIBV. Wenn in einem solchen Fall die Möglichkeit besteht, dass der grenzüberschreitende Verkehr

Im Netzfahrplan kommt es zur Verteilung der Trassen für längerfristige Bestellungen. Für die Zuweisung von einzelnen Zugtrassen hat ein BdS außerhalb des Netzfahrplans auf Antrag innerhalb einer maximal vierwöchigen Frist ein Angebot zum Abschluss einer Vereinbarung nach § 14 Abs. 6 AEG abzugeben (sog. Gelegenheitsverkehr), § 14 Abs. 1 EIBV. Die BdS haben Kapazitäten innerhalb des Netzfahrplans vorzuhalten, um entsprechende Anfragen bedienen zu können, § 14 Abs. 3 EIBV. Dies gilt auch für den grenzüberschreitenden Gelegenheitsverkehr, § 7 Abs. 3 EIBV.[175] Die Vorbereitung für die Erstellung des jährlichen Netzfahrplans beginnt nahezu unmittelbar im Anschluss an die Veröffentlichung des aktuellen Netzfahrplans. So sind z.B. vorläufige grenzüberschreitende Zugtrassen spätestens elf Monate vor Inkrafttreten des Netzfahrplans in Zusammenarbeit mit den anderen betroffenen, die Zuweisung vornehmenden Stellen festzulegen, § 8 Abs. 1 S. 2 Nr. 1 EIBV.[176]

b) Die Rolle des Netzfahrplanentwurfs

Die inländischen BdS haben unverzüglich eine gemeinsame Frist festzulegen, binnen derer Zugangsberechtigte Anträge auf die Zuweisung von Zugtrassen stellen können. Diese Frist darf einen Monat nicht unterschreiten.[177] Die BdS müssen spätestens vier Monate nach Ablauf der Frist für die Einreichung von Zuweisungsanträgen einen vorläufigen Netzfahrplanentwurf erstellen, § 8 Abs. 1 S. 2 Nr. 3 EIBV. Die BdS sind verpflichtet, allen zugangsberechtigten Antragsstellern mindestens einen Monat lang Gelegenheit zur schriftlichen Stellungnahme zum vorläufigen Netzfahrplanentwurf zu geben. Die BdS müssen innerhalb einer von ihnen bestimmten Frist geeignete Maßnahmen ergreifen, um berechtigten Beanstandungen am vorläufigen Netzfahrplan

---

betroffen sein könnte, ist auch die Europäische Kommission über die Änderung zu unterrichten.

175 § 14 ERegG-E entspricht der Regelung des § 7 EIBV. BR-Drs. 559/12, S. 143.

176 Solche Stellen sind nach § 7 Abs. 1 EIBV BdS in anderen europäischen Mitgliedstaaten. Die Europäische Kommission ist über die Durchführung des Verfahrens zu unterrichten und als Beobachter zum Verfahren einzuladen. Im Übrigen regelt § 7 EIBV bestimmte Mitteilungs- und Zusammenarbeitspflichten, die von den BdS zu beachten sind.

177 Sie ist zudem im Bundesanzeiger oder im Internet zu veröffentlichen, § 8 Abs. 1 Nr. 2 i.V.m § 4 Abs. 1 EIBV.

Rechnung zu tragen. Mit Ablauf dieser Frist steht schließlich der endgültige Netzfahrplanentwurf fest, § 8 Abs. S. 2 Nr. 6 EIBV.

Auf der Grundlage dieses endgültigen Netzfahrplanentwurfs treffen die BdS ihre Entscheidung, den EVU entweder ein Vertragsangebot nach § 11 EIBV[178] vorzulegen[179] oder aber den Antrag abzulehnen, § 8 Abs. 1 S. 2 Nr. 7 EIBV. Bei einer ablehnenden Entscheidung haben die EIU die Bundesnetzagentur zu unterrichten, § 14d S. 1 Nr. 1 AEG.[180] Zugangsberechtigte können jederzeit einen Antrag auf Zuweisung von Zugtrassen sowie Anträge auf Erbringung der Pflichtleistungen beim BdS stellen, § 6 Abs. 1 EIBV. Zugangsberechtigte, die keine EVU sind, müssen die Zuweisung an ein von ihnen benanntes EVU beantragen.[181]

2. Entscheidungs- und Koordinierungsverfahren

a) Gebot der größtmöglichen Antragsentsprechung

Das Entscheidungs- und das Koordinierungsverfahren der EIBV regeln das Problem kollidierender Zugangsanträge. § 9 Abs. 1 S. 1 EIBV[182] statuiert dafür das Gebot der größtmöglichen Antragsadäquanz. S. 2 der Regelung greift das in § 14 Abs. 1 S. 1 AEG positivierte Diskriminierungsverbot auf und konkretisiert es, indem es die unterschiedliche Behandlung eines Antrags auf Zuweisung durch ein BdS an das Vorliegen eines sachlich gerechtfertigten Grundes knüpft. Damit geht die EIBV zunächst von einer Gleichwertigkeit der Anträge aus. Die BdS sind darüber hinaus gehalten, die Instandhaltung der Schienenwege, für welche sie Vorhaltungen von Kapazitäten im Rahmen der Erstellung des Netzfahrplans berücksichtigen dürfen, so zu betreiben, dass die Interessen der Antragssteller nicht mehr als notwendig beeinträchtigt werden, § 9 Abs. 2 EIBV. Kommt es im Rahmen der Fahrplanerstellung zur Überschneidung von Anträgen, d.h. Anträge, die zeitgleich und nicht miteinander zu vereinbaren sind, müssen die BdS durch Verhandlungen mit

---

178 Diese Norm wurde unverändert in § 19 ERegG-E übernommen. BR-Drs. 559/12, S. 154 f.

179 KRAMER, in: KUNZ (Hrsg.), Eisenbahnrecht Bd. I, § 14 AEG, Rn. 15.

180 § 58 ERegG-E entspricht im Wesentlichen § 14d AEG. BR-Drs. 559/12, S. 212.

181 Bei Anträgen, die die Schienenwege mehrerer BdS betreffen, soll der Antrag gegenüber dem BdS gestellt werden, dessen Wege überwiegend genutzt werden sollen, § 6 Abs. 2 S. 1 EIBV.

182 § 16 ERegG-E entspricht § 9 EIBV. BR-Drs. 559/12, S. 147.

den Zugangsberechtigten auf eine einvernehmliche Lösung hinwirken, § 9 Abs. 3 EIBV.[183] Die Grundsätze dieses sog. Koordinierungsverfahren[184] müssen die BdS in ihren SNB festlegen. Eine Möglichkeit, den Konflikt zu lösen, besteht im Anbieten abweichender Zugtrassen. Im Falle der Nichteinigung bestimmt § 9 Abs. 4 EIBV die Kriterien, welche die vorrangige Bedienung eines EVU ermöglichen.[185]

b) Vorrangskriterien bei kollidierenden Trassenanträgen

Nach dieser Regelung soll zunächst der vertaktete Verkehr oder der ins Netz eingebundene Verkehr berücksichtigt werden.[186] Die besondere Berücksichtigung dieser Verkehrsart findet sich bereits in § 14 Abs. 1 S. 2 AEG. Durch diese Privilegierung soll die Zerstörung eines attraktiven Verkehrsangebotes, insbesondere im Taktverkehr des Schienenpersonennahverkehrs, unterbunden werden.[187] Zudem sind grenzüberschreitende Zugtrassen vorrangig zu Zugtrassen für den Güterverkehr zu berücksichtigen. Abweichungen von dieser Reihenfolge sind gem. § 9 EIBV, insbesondere aus Gründen der sicheren Durchführung von Zugfahrten, möglich und bei besonderen Rechten aus Rahmenverträgen nach § 14a AEG i.V.m. § 13 EIBV und besonderen Schienenwegen nach § 19 EIBV zulässig.

Bei der Entscheidung zwischen gleichrangigen Verkehren muss der BdS die Entgelte der streitigen Zugtrassen gegenüberstellen und bei einem Konflikt zwischen zwei Zugtrassen der Trasse den Vorzug einräumen, bei der das höchste Regelentgelt zu erzielen ist, § 9 Abs. 5 S. 1 Nr. 1 EIBV. Bei einem Konflikt zwischen mehr als zwei Zugtrassen ist den Zugtrassen der

183 KRAMER, in: KUNZ (Hrsg.), Eisenbahnrecht Bd. I, § 14 AEG, Rn. 16 spricht hier von der Verpflichtung der BdS zur „Streitschlichtung".

184 Eine Legaldefinition findet sich in § 2 Nr. 2 EIBV.

185 ERNERT, Umsetzungsdefizite, S. 299 hält das Koordinierungsverfahren wegen der falschen Reihenfolge der Vorrangkriterien für unionsrechtswidrig.

186 Vertakteter Verkehr ist nach § 9 Abs. 7 S. 1 EIBV eine Eisenbahnverkehrsleistung, die grundsätzlich auf demselben Weg am selben Tage mindestens viermal und höchstens im zweistündigen Abstand grundsätzlich zur gleichen Minute durchgeführt wird. § 9 Abs. 7 S. 2 EIBV lässt aber Abweichungen von dieser Definition zu, vor allem wenn sie in der Besonderheit des (Güter-)Verkehrs begründet sind.

187 KRAMER, in: KUNZ (Hrsg.), Eisenbahnrecht Bd. I, § 14 AEG, Rn. 10. Dieser zugleich zu der schwierigen Frage, ab wann ein vertakteter Verkehr nicht mehr vorliegt.

Vorzug einzuräumen, bei denen in der Summe das höchste Regelentgelt zu erzielen ist. Bleibt auch ein Vergleich der Regelentgelte erfolglos, findet das Höchstpreisverfahren nach § 9 Abs. 6 EIBV Anwendung. Der BdS hat die Zugangspetenten aufzufordern innerhalb von fünf Werktagen ein Entgelt anzubieten, dass über dem Entgelt liegt, welches auf Grundlage der SNB zu zahlen wäre. Die Angebote sind jedoch nicht direkt dem BdS zuzuleiten, sondern die Weitergabe der Angebote erfolgt ausschließlich über die Bundesnetzagentur, welche die Bieter nach Ablauf der Frist über die übrigen Angebote und deren Höhe informiert. Dem höchsten Angebot ist ein Angebot auf Einräumung eines Rechts an einer Zugtrasse i.S.d. § 11 EIBV zu machen. Entgeltnachlässe sind im Höchstpreisverfahren ausgeschlossen.

c) Anträge auf Zugang zu Serviceeinrichtungen

Die Regelungen des Zugangs zu Serviceeinrichtungen orientieren sich an § 9 EIBV. Zugangsberechtige können jederzeit Zugang zu Serviceeinrichtungen und angebotenen Zusatzleistungen beantragen, § 10 Abs. 2 EIBV.[188] Die EIU sind wiederum verpflichtet, soweit wie möglich Zugang zu gewähren. Für die unterschiedliche Behandlung von Anträgen bedarf es eines sachlichen Grundes, § 10 Abs. 3 EIBV. Den BdS obliegt, sofern sie selbst nicht Serviceleistungen anbieten, eine Pflicht sich zu bemühen, die Erbringung solcher Leistung zu vermitteln, § 10 Abs. 4 EIBV. Ihnen steht für diesen Fall ein vom konkreten Vertragsschluss erfolgsunabhängiger Aufwendungsersatzanspruch zu. Im Falle kollidierender Anträge bei Serviceeinrichtungen sieht § 10 Abs. 5 EIBV zunächst eine einvernehmliche Lösung im Verhandlungswege mit den betroffenen Unternehmen vor. Wenn keine Einigung möglich ist, muss zunächst den Anträgen der Vorrang eingeräumt werden, die notwendige Folge der mit dem BdS vereinbarten Zugtrasse sind, § 10 Abs. 6 Nr. 1 EIBV. Eine besondere Gewährung des Vorrangs enthält § 10 Abs. 6 Nr. 2 EIBV. Danach kann ein EIU bei Anträgen zu Wartungs- und anderen technischen Einrichtungen den EVU Vorrang gewähren, in deren

188 Die Regelung des § 17 ERegG-E enthält die Vorgaben aus § 10 EIBV und entwickelt diese fort. Dies gilt insbesondere für § 17 Abs. 2 ERegG-E, der die Anforderungen an die Angaben in den NBfS deutlich konkretisiert. § 18 ERegG-E entspricht den Regelungen der § 10 Abs. 2 - 7 EIBV. BR-Drs. 559/12, S. 150 ff.

Eigentum diese Einrichtungen stehen, sofern die Berücksichtigung anderer Anträge diesem EVU betrieblich nicht möglich oder nicht zumutbar ist.[189]

III. Eisenbahnvertragsrecht

Nachdem die Grundzüge des Trassenvergabeverfahrens nachgezeichnet wurden, sollen nun die spezifisch eisenbahnrechtlichen Regelungen zur Vertragsgestaltung beim Netzzugang näher untersucht werden. Eisenbahnrechtliche Vorschriften, die das Vertragsverhältnis von EIU und EVU zum Gegenstand haben,[190] werden in dieser Arbeit unter „Eisenbahnvertragsrecht" zusammengefasst. Es handelt sich hier um Sonderprivatrecht für Eisenbahnunternehmen und sonstige Zugangsberechtigte. Objektive Grenzen zum allgemeinen Privatrecht ergeben sich daraus nicht. Es bleibt grundsätzlich neben diesem anwendbar.[191]

1. Vertragsrecht nach Maßgabe der EIBV

a) Das Recht an Zugtrassen

Die EIBV macht verschiedene Vorgaben, wie ein Trassenzugangsvertrag auszugestalten ist und unter welchen Voraussetzungen eine vertragliche Vereinbarung zu Stande kommen kann. So ist der BdS verpflichtet, nach Ablauf der Frist für Beanstandungen am vorläufigen Netzfahrplanentwurf unverzüglich ein Angebot zum Abschluss einer vertraglichen Vereinbarung abzugeben oder aber die begründete Ablehnung gegenüber dem Zugangsberechtigten mitzuteilen, § 11 Abs. 1 S. 1 und 2 EIBV.[192] Dieses Angebot kann nur innerhalb von fünf Werktagen angenommen werden, § 11 Abs. 1 S. 4 EIBV. Einmal zugewiesene Zugtrassen dürfen zudem nicht an Dritte

---

189 Für die Angebote des EIU zum Abschluss einer Vereinbarung nach § 14 Abs. 6 AEG gilt § 11 Abs. 1 S. 1 - 4 EIBV über die Rechte an Zugtrassen entsprechend, § 10 Abs. 7 EIBV.

190 PFLUG, Eisenbahnregulierung zwischen öffR und PR, S. 150 zeigt unter Anwendung der modifizierten Subjektstheorie, dass § 14 Abs. 1 S. 1 AEG i.V.m. den Vorschriften der EIBV kein Öffentliches Recht, sondern Zivilrecht sind.

191 So in Anlehnung an das Handelsrecht als Sonderprivatrecht der Kaufleute nach K. SCHMIDT, in: K. SCHMIDT, Münchener Kommentar zum HGB, Vorbm. zu § 1 HGB, Rn. 3.

192 Die Regelungen der §§ 11 und 12 EIBV werden in §§ 19 und 20 ERegG-E unverändert übernommen. BR-Drs. 559/12, S. 154 ff.

übertragen werden, § 11 Abs. 1 S. 5 EIBV. Das Recht, eine Zugtrasse in Anspruch zu nehmen, kann Zugangsberechtigten grundsätzlich längstens bis zum Ende einer Netzfahrplanperiode zuerkannt werden, § 11 Abs. 2 EIBV.

Nach § 11 Abs. 3 EIBV kann ein EVU zur Erfüllung seiner Pflichten aus einem Beförderungsvertrag verlangen, dass ein anderes EVU (sog. Drittunternehmen) in die Rechte und Pflichten des Vertrages nach § 14 Abs. 6 AEG eintritt. Das Drittunternehmen und das EVU haften dem BdS als Gesamtschuldner für die Forderungen aus dem Vertrag sowie für die Aufwendungen, die durch den Vertragsbeitritt entstehen. Interessant ist auch die Regelung des § 11 Abs. 4 EIBV, welcher ein Ausübungsverbot für Rechte an Zugtrassen vorsieht. Danach wird eine Vereinbarung mit (i.d.R. öffentlichen) Stellen, die Leistungen im Interesse der Daseinsvorsorge[193] gewährleisten, erst dann wirksam, wenn eine solche Vereinbarung zusätzlich auch zwischen einem BdS und einem EVU zustande gekommen ist. Fehlt es an einer solchen Vereinbarung, dürfen Rechte an Zugtrassen nicht ausgeübt werden. Zweck dieser Regelung ist es, Behörden oder Aufgabenträgern, die eine Zuweisung von Zugtrassen an sich selbst beantragen, die Nutzung von Zugtrassen vorzuenthalten bis zwischen dem vom Aufgabenträger benannten EVU und dem jeweiligen BdS eine Vereinbarung über sicherheitsrelevante Bestimmungen getroffen wurde.[194]

b) Sonderkündigungsrecht

In § 12 EIBV wird ein Sonderkündigungsrecht des EIU geregelt. Dieses kann für den Fall kündigen, dass ein sich aus § 14 Abs. 6 AEG ergebendes Trassennutzungsrecht innerhalb eines Monats nach Beginn der Netzfahrplanperiode oder dem vereinbarten Nutzungsbeginn ganz oder teilweise nicht durch den Zugangsberechtigten wahrgenommen wurde. Dies gilt jedoch nur, wenn der Zugangsberechtigte die Gründe für die mangelnde Wahrnehmung zu vertreten hat.[195] Die Kündigung erfolgt mit sofortiger

193 Dies sind i.d.R. Leistungen im Schienenpersonennahverkehr oder gemeinwirtschaftliche Leistungen.

194 DÖBBER, in: KUNZ (Hrsg.), Eisenbahnrecht Bd. II § 11 EIBV, Rn. 15 f.

195 Insoweit ist auf den Verschuldensmaßstab des allgemeinen Zivilrechts zurückzugreifen. Es wird allerdings eine Anwendung der zivilrechtlichen Grundsätze zur Beweislastumkehr gefordert. Denn EIU haben i.d.R. keinen Einblick in die „Produktionsverfahren" der EVU. SERONG, in: KUNZ (Hrsg.), Eisenbahnrecht Bd. II § 12 EIBV, Rn. 2.

Wirkung. Sofern ein dritter Zugangsberechtigter einen Antrag auf die Benutzung dieser Eisenbahninfrastruktureinrichtung stellt, die Kündigung aber noch nicht erfolgt ist, hat das EIU ein Angebot[196] gegenüber diesem Dritten zu machen. Dies geschieht allerdings nur unter der aufschiebenden Bedingung der Kündigung.[197]

Nimmt der Dritte dieses aufschiebend bedingte Angebot an, ist das EIU verpflichtet, die vorangegangene Vereinbarung insoweit zu kündigen. Gegen den gekündigten Zugangsberechtigten bleibt ein Schadensersatzanspruch zum Ersatz des durch die Beendigung des Vertrags entstehenden Schadens des EIU bestehen. Dieser Anspruch umfasst insbesondere die Zahlung des entgangenen Entgelts für die Nutzung der Infrastruktur.

c) Sicherheitsleistungen

Nach § 5 Abs. 1 S. 1 EIBV[198] können die EIU von den Zugangsberechtigten[199] außerdem die Stellung einer Sicherheitsleistung verlangen. Die Höhe dieser Leistung muss in einem angemessenem Verhältnis zum Umfang der beantragten Leistung stehen. Die Grundsätze für die Erhebung einer Sicherheitsleistung sind in den SNB bzw. Nutzungsbedingungen für Serviceeinrichtungen (NBfS) zu veröffentlichen, § 5 Abs. 1 S. 2 EIBV.[200] Die BdS müssen ihre Grundsätze der europäischen Kommission mitteilen.[201] Diese Regelung der Sicherheitsleistung ist eine besondere Vorschrift für den

---

196 Dieses Angebot kann natürlich nicht das gleiche Angebot sein. Die EIBV redet an dieser Stelle zwar von „das Angebot“ und nicht von „ein Angebot“, jedoch ergibt sich aus der Rechtsfolge des § 12 S. 1 EIBV, dass die Kündigung „insoweit“ zu erfolgen hat. Die Vereinbarung muss nicht gänzlich gekündigt werden. Ein Beispiel dazu bei SERONG, in: KUNZ (Hrsg.), Eisenbahnrecht Bd. II § 12 EIBV, Rn. 4.

197 Hier ist eine aufschiebende Bedingung i.S.d. § 158 Abs. 1 BGB gemeint. SERONG, in: KUNZ (Hrsg.), Eisenbahnrecht Bd. II § 12 EIBV, Rn. 4.

198 § 11 ERegG-E entspricht der Regelung des § 5 Abs. 1 EIBV. BR-Drs.559/12,S. 140.

199 Mit Ausnahme der Behörden und regionalen Stellen nach § 14 Abs. 2 Nr. 3 und 4 AEG.

200 Die Möglichkeit des Stellens einer Sicherheitsleistung soll nach Auffassung von KOENIG/NEUMANN, VerwArch 2008, 1 (28 f.) darüber hinausgehende Leistungsverweigerungsrechte ausschließen. Zum Spannungsverhältnis zwischen Zugangsgewährung und dem Interesse, Forderungen abzusichern siehe auch BVerwG, NVwZ 2012, 1541 (1546), Rn. 45 ff.

201 § 5 Abs. 1 EIBV setzt Art. 16 Abs. 1 und 2 RL 2001/14/EG um.

Zugang zur Eisenbahninfrastruktur, deren Notwendigkeit darin besteht, dass sich Sicherheitsleistungen als faktische Markteintrittsschranken erweisen können.[202]

d) Die Minderung nach § 21 Abs. 6 S. 2 EIBV

Eine weitere Vorschrift, die systematisch im Bereich der Entgeltgrundsätze für den Zugang zu Schienenwegen geregelt ist, die jedoch keine bloße - vorab bei der Entgeltbemessung zu beachtende - normative Zielvorgabe ist, ist § 21 Abs. 6 S. 2 EIBV.[203] Sie ist von ihrem materiellen Gehalt als zwingendes[204] Vertragsrecht zu verstehen. Danach sind Entgelte zu mindern, wenn der Zustand des Schienenweges, der zugehörigen Steuerungs- und Sicherungssysteme sowie der zugehörigen Anlagen zur streckenbezogenen Versorgung mit Fahrstrom nicht in einem vertragsgemäßen Zustand sind. Den BdS wird verschuldensunabhängig das Risiko der uneingeschränkten Haftung für die Vertragsmäßigkeit ihrer Infrastruktur zugeordnet. [205] Dies ist keine unangemessene Belastung der BdS, da sie diesem Risiko als Netzbetreiber näher stehen als die Nutzer des Netzes, denen es an jeglicher Möglichkeit fehlt, auf die Qualität des Netzes Einfluss zu nehmen. [206] Der Anwendungsbereich dieses Minderungsrechts umfasst nicht nur den Zustand der Infrastruktur, für den die BdS ursächlich oder verantwortlich sind, sondern auch die Nutzungsbeschränkung der Infrastruktur durch von den Betreibern nicht beherrschbare, von außen einwirkende Ereignisse, wie z.B. belastende Wetterverhältnisse oder Eingriffe Dritter in den Verkehrsbetrieb.[207] Ausgeschlossen ist es, die Minderung des Entgelts vom Eintreten einer erheblichen Minderung der Tauglichkeit in Anlehnung an § 536 Abs. 1 S. 3 BGB abhängig zu machen. Selbst wenn eine generelle Anwendbarkeit

---

202 BVerwG NVwZ 2012, 307 (312 f.), Rn. 43, 56.

203 Diese Regelung findet sich in § 45 Abs. 5 ERegG-E. Dieser entspricht dem § 21 Abs. 6 S. 2 EIBV. Es handelt sich auch im ERegG um zwingendes Recht. So BR-Drs. 559/12, S. 194.

204 BVerwG NVwZ 2012, 307 (312), Rn. 44. Zwingendes Recht ist z.B. auch § 12 EIBV. EIU und EVU dürfen hier keine abweichenden Regelungen treffen. SERONG, in: KUNZ (Hrsg.), Eisenbahnrecht Bd. II § 12 EIBV, Rn. 3.

205 BVerwG NVwZ 2012, 307 (312), Rn. 48.

206 BVerwG NVwZ 2012, 307 (311), Rn. 38.

207 So BVerwG NVwZ 2012, 307 (312), Rn. 47 ff. Eine solche Einschränkung des Anwendungsbereichs hatten die Vorinstanzen für zulässig befunden.

der § 535 ff. BGB auf die Vertragsverhältnisse angesichts des mietrechtlichen Einschlags eines Infrastrukturnutzungsvertrages nicht ausgeschlossen ist, gibt der Wortlaut des § 21 Abs. 6 EIBV keinen Anknüpfungspunkt für eine solche Einschränkung. Auch der Zweck der Regelung steht dem entgegen. Denn gerade die Strenge des Minderungsgebots soll Streitigkeiten, die den Wettbewerb beeinträchtigen könnten, vermeiden.[208]

2. Rahmenverträge nach § 14a AEG, § 13 EIBV

a) Die Funktion des Rahmenvertrages

§ 14a Abs. 1 AEG[209] eröffnet den EIU und den EVU die Möglichkeit[210], sog. Rahmenverträge zu schließen. Dies sind Verträge, die für einen längeren Zeitraum als für den Zeitraum einer Netzfahrplanperiode die Nutzung von Zugtrassen nach Maßgabe der EIBV regeln. Die Vereinbarung umfasst konkret Bestimmungen über die zuzuweisenden Zugtrassen sowie die zu erhebenden Entgelte, § 2 Nr. 9 EIBV.[211] Ein Rahmenvertrag hat u.a. zum Ziel, zugangsberechtigten Unternehmen eine gewisse Planungssicherheit für den Zugang zu Zugtrassen rechtlich abzusichern, um das Investitionsrisiko für diese zu verringern bzw. die Investitionsbereitschaft zu erhöhen.[212] Rahmenverträge dürfen grundsätzlich bis zum Ende einer Rahmenfahrplanperiode geschlossen werden, welche eine Dauer von fünf Jahren hat, § 13 Abs. 4 EIBV. Die Rahmenvertragsdauer soll dazu passend fünf Jahre betragen, § 13 Abs. 5 EIBV. Der Rahmenvertrag darf jedoch nicht die Zuweisung einzelner

---

208 BVerwG NVwZ 2012, 307 (311), Rn. 40.

209 Die Absätze 1 bis 6 des § 21 ERegG-E entsprechen dem § 13 EIBV. § 14a Abs. 2 AEG wird allerdings nur modifiziert in § 23 Abs. 2 ERegG-E übernommen. BR-Drs. 559/12, S. 160.

210 Diese Möglichkeit wird in Art. 17 RL 2001/14/EG eingeräumt. Die Existenz dieser Regelung bestätigt die Zulässigkeit des deutschen Sonderwegs, da diese Regelung ansonsten überflüssig wäre. Die Zurückhaltung gegenüber der privatrechtlichen oder öffentlich-rechtlichen Umsetzung kommt auch in Art. 2 f RL 2001/14/EG zum Ausdruck. Der Rahmenvertrag kommt dort sowohl in der Variante „öffentlich-rechtliche Vereinbarung“ als auch in der Variante „privatrechtliche Vereinbarung“ vor. Mit dem Recast findet sich die nun maßgebliche europäische Vorschrift zu den Rahmenverträgen in Art. 42 RL 2012/34/EU.

211 Inhaltsgleich in § 3 Abs. 2 Nr. 9 ERegG-E. BR-Drs. 559/12, S. 7.

212 KRAMER, in: KUNZ (Hrsg.), Eisenbahnrecht Bd. I, § 14a AEG, Rn. 5.

Zugtrassen regeln, § 13 Abs. 1 S. 4 EIBV.[213] Es kann in ihm aber für den Fall kollidierender Trassennutzungsanträge eine Bandbreite von Alternativen zu den beantragten Zugtrassen vereinbart werden, innerhalb derer der BdS sich zum Anbieten bestimmter Varianten verpflichtet, § 13 Abs. 1 S. 2 EIBV. Diese Bandbereite ist so zu wählen, dass unter den betrieblichen Bedingungen mindestens drei Trassen zur Verfügung stehen können, § 13 Abs. 1 S. 3 EIBV. Im Rahmen dieser Bandbreite ist dem Zugangsberechtigten ein Angebot auf Nutzung einer Zugtrasse zu machen.[214]

b) Die Grenzen einer rahmenvertraglichen Vereinbarung

Der Trassenvergabe durch Rahmenverträge sind allerdings Grenzen gesetzt. Zum einen darf die Vergabe von Zugtrassen in Rahmenverträgen grundsätzlich 75 % der Kapazität eines Schienenwegs pro Stunde nicht überschreiten. Zum anderen darf durch Rahmenverträge die Nutzung des betreffenden Schienennetzes durch andere Zugangsberechtigte nicht ausgeschlossen sein, § 13 Abs. 2 EIBV.[215] Damit soll erreicht werden, dass der Zugang bzw. der Markteintritt jederzeit möglich bleibt und der Zugang nicht durch eine langfristige, vertragliche Bindung durch ggf. marktbeherrschende EIU und EVU faktisch unmöglich gemacht wird.[216] Bezüglich des Inhalts solcher Verträge sieht § 13 Abs. 3 S. 1 EIBV lediglich vor, dass Regelungen über dessen Änderungen und dessen Kündigungen aufgenommen werden müssen. Es können im Zusammenhang mit diesen Mindestvertragsbestandteilen Vertragsstrafen vereinbart werden, § 13 Abs. 3 S. 2 EIBV.

§ 13 EIBV sieht mehrere besondere Pflichten des BdS mit abgestufter Bindungsintensität vor. Anträge über die Abgabe eines Angebots auf Abschluss eines Rahmenvertrages dürfen nur bei Vorliegen eines sachlichen Grundes unterschiedlich behandelt werden. Damit knüpft die Vorschrift an

---

213 So ausdrücklich auch Art. 17 Abs. 1 S. 3 RL 2001/14/EG bzw. Art. 42 Abs. 1 UAbs. 2 RL 2012/34/EU.

214 Die Anwendung des Höchstpreisverfahrens ist für diesen Fall dann ausgeschlossen, § 13 Abs. 1 S. 5 EIBV.

215 So Art. 17 Abs. 2 RL 2001/14/EG, weswegen der Formulierung von „im Übrigen“ in der EIBV kein relativierender Gehalt zuerkannt werden kann. Die Regelung findet sich nun in Art. 42 Abs. 3 RL 2012/34/EU.

216 Kritisch zum Rahmenvertrag KRAMER, in: KUNZ (Hrsg.), Eisenbahnrecht Bd. I, § 14a AEG, Rn. 1, der hierin eine Einführung von „Großvaterrechten" ins Eisenbahnrecht durch die „Hintertür" sieht.

das Prinzip der Nichtdiskriminierung aus § 14 Abs. 1 AEG an, § 13 Abs. 8 EIBV.[217] Zudem haben die BdS im Falle kollidierender Anträge wiederum durch Verhandlungen auf eine einvernehmliche Lösung hinzuwirken. Durch diese und ähnliche Pflichten [218] wird das „Primat" der Verhandlungen institutionalisiert.

c) Überwachung durch die Regulierungsbehörde

Mit der Regelung des § 14a Abs. 2 AEG nutzt der deutsche Gesetzgeber die europarechtlich eröffnete Möglichkeit, solche Vereinbarungen der Genehmigung durch die mitgliedsstaatliche Regulierungsstelle zu unterwerfen, Art. 17 Abs. 1 S. 3 RL 2001/14/EG bzw. Art. 42 Abs. 1 UAbs. 2 S. 2 RL 2012/34/EU. Die Richtlinien sehen im Hinblick auf die Kontrolldichte keinerlei Einschränkungen für die nationale Regulierungsstelle vor. Die deutsche Umsetzung hingegen beschränkt die Genehmigungspflicht von Rahmenverträgen durch die Bundesnetzagentur allein auf die Fälle, in denen Rahmenverträge eine längere Laufzeit als fünf Jahre haben.

Fraglich ist jedoch, wie groß der Prüfungsumfang der Behörde vor Erteilung der Genehmigung ist, da hierdurch in die unternehmerische Freiheit eingegriffen wird. Der Wortlaut spricht von „[…] bedarf bezüglich der Laufzeit der Genehmigung […]." Es liegt die Vermutung nahe, dass eine Prüfung sich nur auf die konkrete Laufzeit beschränkt. Dies ist jedoch nicht der Fall.[219] Ziel des Genehmigungserfordernisses des § 14a AEG ist es, den Missbrauch von Rahmenverträgen zur Beeinträchtigung des Zugangs zu den Schienenwegen zu verhindern. § 14a Abs. 2 S. 1 AEG kann daher nur im Zusammenhang mit § 14a Abs. 2 S. 2 AEG sinnvoll erfasst werden. Dieser schränkt die Genehmigungsmöglichkeiten der Bundesnetzagentur je nach

---

217 Die BdS müssen auch unter Wahrung ihres Geschäftsgeheimnisses anderen Zugangsberechtigten auf Verlangen die wesentlichen Merkmale eines jeden Rahmenvertrags offen legen. Es besteht ein Auskunftsrecht der Zugangsberechtigten, § 13 Abs. 6 EIBV.

218 Falls eine einvernehmliche Lösung scheitern sollte, sieht § 13 Abs. 10 EIBV die Lösung nach dem Koordinierungs-, Regelentgelt- und als letztes dem Höchstpreisverfahren des § 9 Abs. 4 bis 6 EIBV vor. Kommt ein Angebot auf diese Weise zu Stande, ist der BdS verpflichtet, unverzüglich ein Vertragsangebot abzugeben bzw. im Falle der Ablehnung diese zu begründen. Das Angebot ist auf 14 Tage befristet.

219 So aber GERSTNER, in: HERMES/SELLNER, BECK'scher AEG-Kommentar, § 14a, Rn. 32.

Laufzeit des Vertrages ein. Je länger ein Vertrag dauert, desto höhere Anforderungen werden an den Vertrag gestellt. So ist z.B. die Genehmigung bei einer Laufzeit von bis zu 10 Jahren zu erteilen, wenn vertragliche Bindungen, besondere Investitionen oder sonstige vergleichbare Risiken nachgewiesen werden können.[220] Die Behörde ist damit nicht auf eine reine Laufzeitprüfung beschränkt, sie hat aber auch keinen über das gesetzlich Normierte hinausgehenden Prüfungsauftrag bei Rahmenverträgen. Das Eisenbahnregulierungsgesetz will die Regulierung der Rahmenverträge flexibilisieren, indem die Genehmigung auch unter Bedingungen oder mit Auflagen verbunden erteilt werden kann, § 23 Abs. 3 S. 1 ERegG-E.[221]

3. Benutzungsbedingungen

a) Schienennetz-Nutzungsbedingungen

Ein besonderes Problem für die Gewährung des Zugangs, das zuletzt vermehrt ins Zentrum regulierungsbehördlicher Tätigkeit der Bundesnetzagentur gerückt ist[222], ist die Ausgestaltung von Nutzungsbedingungen, die nunmehr auch vom BVerwG rechtlich gewürdigt worden sind.[223]

---

220 Ein Beispiel für eine besondere Investition kann z.B. ein besonderer Fahrzeugtyp sein, dessen Anschaffung sich erst über einen längeren Zeitraum amortisiert. KRAMER, in: KUNZ (Hrsg.), Eisenbahnrecht Bd. I, § 14a AEG, Rn. 5. Die Kriterien des S. 2 sind, wie sich aus S. 1 ergibt, abschließend. So auch aus anderem Grunde GERSTNER, in: HERMES/SELLNER, BECK'scher AEG-Kommentar, § 14a, Rn. 23.

221 § 23 Abs. 3 S. 2 ERegG-E normiert darüber hinaus, dass, wenn die mit der Genehmigung verbundenen Bedingungen oder Auflagen nicht eintreten, die Genehmigungsvoraussetzungen wegfallen, worüber der Antragsteller die Regulierungsbehörde unverzüglich zu informieren hat. Die Regulierungsbehörde entscheidet dann, ob sie die Genehmigung nach den § 48 ff. VwVfG aufhebt oder eine erneute Prüfung durchführt. BR-Drs. 559/12, S. 29.

222 Siehe die „Eisenbahnrechtlichen Leitentscheidungen" der Bundesnetzagentur im Jahr 2010. Abrufbar unter: http://www.bundesnetzagentur.de/cln_1912/DE/Sachgebiete/Eisenbahnen/EisenbahnrechtlicheLeitentscheidungen/Leitentscheidungen2010/eisenbahnrechtlicheleitentscheidungen2010_node.html (Abrufdatum: 21.05.2013).

223 BVerwG NVwZ 2012, 307 ff. und BVerwG, NVwZ 2012, 1541 ff.

aa) Das Spektrum der Nutzungsbedingungen

Eine Definition von Nutzungsbedingungen findet sich im AEG selbst nicht.[224] § 14 Abs. 6 AEG nennt nicht abschließend lediglich „Zeitpunkt und Dauer der Nutzung sowie das zu entrichtende Entgelt und die sonstigen Benutzungsbedingungen" als vertraglich zu regelnde Nutzungsbedingungen.[225] Die Differenzierung zwischen SNB und NBfS ergibt aus § 14d S. 1 Nr. 6 AEG. An diese Differenzierung knüpft die EIBV verschiedene Regelungen an, jedoch ohne SNB oder NBfS näher zu definieren.[226] Eine Definition von SNB findet sich allerdings in Art. 2 lit.) j RL 2001/14/EG bzw. Art. 3 Nr. 26 RL 2012/34/EU. Danach sind „Schienennetz-Nutzungsbedingungen" eine „detaillierte Darlegung der allgemeinen Regeln, Fristen, Verfahren und Kriterien für die Entgelt- und Kapazitätszuweisungsregelungen; sie enthalten ferner die zusätzlichen Informationen, die für die Stellung von Anträgen auf Zuweisung von Fahrwegkapazität benötigt werden." Die SNB können rein technische Informationen umfassen, aber auch objektivierte Preisbildungsmaßstäbe oder konkrete Vertragsbedingungen.[227] Sie bilden grundsätzlich die Basis für ein Angebot auf Zugangsgewährung. Sie enthalten vor allem diejenigen Informationen, die für ein zugangsberechtigtes Unternehmen die Grundlage für die Berechnung der Wirtschaftlichkeit einer Trasse und damit eines Engagements sind.[228] Sie sind aber nicht bloße Informationsquelle, sondern bei Vertragsschluss auch Teil eines Zugangsvertrages, mit der entsprechenden

---

224 Im ERegG-E werden die SNB in § 10 ERegG-E geregelt. Dabei wurden die Vorschriften des § 4 EIBV sowie der Anlage 2 zur EIBV zusammengefügt. Die neue Regelung ist aber nicht gänzlich identisch mit den alten Vorschriften. BR-Drs. 559/12, S. 136 f.

225 Einschließlich der der Betriebssicherheit dienenden Bestimmungen.

226 § 4 Abs. 1 S. 1 EIBV enthält lediglich die Klammerdefinition, dass SNB Benutzungsbedingungen der BdS sind. Da die Klammer vor der Erwähnung der Pflichtleistungen ist, können SNB nicht auf solche begrenzt werden.

227 Sie können „juristischer, ökonomischer, technischer oder sonstiger Natur" sein. BÜHLMEIER, in: KUNZ (Hrsg.), Eisenbahnrecht Bd. II, § 10 EIBV, Rn. 14.

228 Dies wird als „Informationsfunktion" bezeichnet. Daneben gewährleisten SNB eine Selbstbindung der EIU und ermöglichen den Vergleich zwischen den zugangsanfragenden EVU, weshalb ihnen auch eine „Kontroll- und Vergleichsfunktion" zugeschrieben wird. SERONG, N & R 2009, 108.

rechtlichen Verbindlichkeit und unterliegen grundsätzlich den allgemeinen (privat-)rechtlichen Funktionsbedingungen.[229]

bb) Der Mindestinhalt der SNB

Der Mindestinhalt für SNB ist in Anlage 2 zur EIBV geregelt, auf die § 4 Abs. 1 S. 1 EIBV Bezug nimmt. Bezüglich der Schienenwege sind Angaben zur Art des verfügbaren Schienenwegs zu machen sowie zu den Zugangsbedingungen für den betreffenden Schienenweg, Anlage 2 Nr. 1 EIBV. Die Entgeltgrundsätze[230] sind darzulegen sowie Einzelheiten der Entgeltregelung, insbesondere zu den Pflicht-, Zusatz-, und Nebenleistungen. Neben besonderen Regelungen für Entgeltaufschläge, Ausnahmen von den Entgeltgrundsätzen und –nachlässen, müssen die SNB Angaben zu Entgeltänderungen und leistungsabhängigen Entgelten enthalten. Sie müssen Regelungen zu Vertragsstrafen für von den Vertragsparteien zu vertretende Betriebsstörungen vorsehen, Anlage 2 Nr. 2 EIBV. Schließlich müssen die SNB allgemeine Angaben zu Kapazitätsmerkmalen der Schienenwege enthalten sowie zu möglichen Nutzungseinschränkungen.[231] Zudem sind gesondert Bestimmungen zu treffen, die eine angemessene Behandlung der Güterverkehrsleistungen, des grenzüberschreitenden Verkehrs und des Gelegenheitsverkehrs sicherstellen.[232]

---

229 BÜHLMEIER, in: KUNZ (Hrsg.), Eisenbahnrecht Bd. II, § 10 EIBV, Rn. 5.

230 Wohlgemerkt die „betrieblichen" Entgeltgrundsätze, nicht die im AEG befindlichen „normativen" Entgeltgrundsätze. Siehe zu dieser Unterscheidung KÜHLING /HERMEIER/HEIMESHOFF, Gutachten zur Klärung von Entgeltfragen von AEG und EIBV (lang), S. 10.

231 Es ist insbesondere der für Instandhaltungszwecke nötige Bedarf von Kapazitäten anzugeben. Zudem müssen zwingend die Fristen und Verfahren mitgeteilt werden, welche für die Vergabe von Trassenkapazitäten relevant sind, d.h. für die Stellung von Zugangsanträgen, zu den Anforderungen an die Zugangsberechtigten, zum Zeitplan des Zuweisungs- und Antragsverfahrens, zu Grundsätzen des Koordinierungsverfahrens und zu Einzelheiten der Nutzungsbeschränkung.

232 In § 10 Abs. 2 ERegG-E werden die anzugebenen Bedingungen in einem nicht abschließenden Katalog noch weiter präzisiert, so sind z.B. Angaben, welche Zugangsberechtigte für die wirtschaftliche Entscheidung über die Geltendmachung ihres Zugangsanspruchs regelmäßig benötigen, zu machen. Es ist auch darüber zu informieren, welche Grundsätze und Regeln EIU zur „Behebung von Störungsfällen" vorgesehen haben. BR-Drs. 559/12, S. 14.

cc) Das Verfahren zu den SNB

§ 4 EIBV trifft die verfahrensrechtlichen Vorgaben zum Umgang mit SNB. Die BdS sind verpflichtet, ihre SNB für den Zugang zu Pflichtleistungen zu veröffentlichen und sind auf Anfrage verpflichtet, Zugangsberechtigten ihre SNB gegen Erstattung der Kosten zuzusenden, § 4 Abs. 1 EIBV. SNB sind mindestens vier Monate vor Ablauf der Frist für die Stellung von Anträgen für die Zuweisung von Kapazitäten im Rahmen des jährlichen Netzfahrplans zu veröffentlichen und unterliegen einer Aktualisierungspflicht, § 4 Abs. 2 EIBV. Sie treten gem. § 4 Abs. 5 EIBV mit Ablauf dieser Frist in Kraft, sind gegenüber allen Antragstellern in gleicher Weise anzuwenden und für alle Beteiligten gleichermaßen verbindlich, § 4 Abs. 6 EIBV. Neufassungen oder Änderungen der SNB sind mindestens sechs Monate vor Ablauf dieser Frist zu veröffentlichen. Die Zugangsberechtigten haben nach der Veröffentlichung für einen Monat das Recht, Stellungnahmen zu den neuen SNB abzugeben.[233]

b) Die Rechtsnatur der SNB

Die Rechtsnatur von SNB ist umstritten.[234] Dieser Streit beruht auf dem Verhältnis der SNB zu Allgemeinen Geschäftsbedingungen (AGB) und den entsprechenden normativen Vorgaben. Die AGB sind nach § 4 Abs. 2 S. 1 EIBV Teil der SNB und damit unmittelbar zugangsrelevant i.S.d. § 14 Abs. 1 S. 1 AEG. Das BVerwG differenziert bei SNB zwischen SNB „im engeren" und „im weiteren Sinne".[235] Dem Gericht zufolge sind SNB „in ihrer Gesamtheit als Allgemeine Geschäftsbedingungen im Sinne des § 305 Abs. 1 BGB zu qualifizieren."[236] Jedoch sind die SNB im „engeren Sinne" diejenigen, die eine „besondere Bedeutung für den Zugang zum Schienennetz"[237] haben und die deswegen von § 4 Abs. 6 S. 2 Hs. 2 EIBV für allgemeinverbindlich erklärt werden. Das Gericht meint damit wohl die Bedingungen, die sich zwingend aus den eisenbahnrechtlichen Vorschriften,

233 Der BdS muss sicherstellen, dass ihn solche Stellungnahmen erreichen, § 4 Abs. 4 EIBV. Unwesentliche Änderungen sind zwar zu veröffentlichen, unterliegen jedoch weder dem Recht auf Stellungnahme noch den genannten Fristenregelungen, § 4 Abs. 7 EIBV.

234 SCHWECKE, in: KUNZ (Hrsg.), Eisenbahnrecht Bd. II, § 4 EIBV, Rn. 8 m.w.N. So wird vertreten, dass SNB ein Institut sui generis seien.

235 BVerwG NVwZ 2012, 307 (310), Rn. 28.

236 BVerwG NVwZ 2012, 307 (310), Rn. 28.

237 BVerwG NVwZ 2012, 307 (310), Rn. 28.

insbesondere der EIBV, ergeben.[238] Die SNB „im weiteren Sinne" sind hingegen von der Verbindlichkeitserklärung explizit ausgenommen.[239] Dies umfasst alle Bedingungen, die nicht „unabhängig von ihrer Einbeziehung in den Infrastrukturnutzungsvertrag"[240] gelten. Ihre Gültigkeit soll sich „ausschließlich nach den allgemeinen zivilrechtlichen Regeln" richten.[241] Dies bedeutet im Umkehrschluss, dass eine Kontrolle der SNB „im engeren Sinne" grundsätzlich auch nach Maßgabe der allgemeinen zivilrechtlichen Regelungen möglich ist. Allerdings kann eine schematische Trennung zwischen „engen" und „weiten" SNB in der Praxis und auch schon in den Vorschriften zum Eisenbahnrecht nicht durchgehalten werden. Es gibt immer wieder Fälle, die sich dieser Einordnung entziehen. Nach der zutreffenden Einschätzung des BVerwG sind alle SNB als AGB i.S.d. § 305 ff. BGB anzusehen.[242]

§ 4 Abs. 6 S. 2 EIBV differenziert bei SNB zwischen zwei unterschiedlichen rechtlichen Geltungsgründen: Ein Teil der SNB erhält seine rechtliche Verbindlichkeit kraft staatlichen Normbefehls, der andere Teil durch die vertragliche Einigung, welche die AGB zum Bestandteil des Vertrages gemacht hat. Die Besonderheit ist jedoch, dass AGB - mangels individuellen Aushandelns - kein Ausdruck der Privatautonomie der Vertragsparteien sind, sondern nur der Privatautonomie des Verwenders.[243] Dies ist der Grund und die Rechtfertigung dafür, dass solche „quasi-gesetzlichen"[244] Regelungen den besonderen Anforderungen der § 305 ff. BGB unterliegen. Im Hinblick auf die Genehmigungspflicht von SNB durch

---

238 Nur unter dieser Voraussetzung ist eine Begrenzung der Prüfungsmaßstabs der Bundesnetzagentur im Hinblick auf die öffentlich-rechtlichen Vorschriften des Eisenbahnrechts sinnvoll. BVerwG NVwZ 2012, 307 (310), Rn 29.

239 Nach SERONG, N & R 2009, 108 (109) ist dies mit Hinweis auf die amtliche Begründung der EIBV keine Einschränkung der Verbindlichkeit. Vielmehr wolle der Verordnungsgeber „hergebrachte Grundsätze und Regelungen des BGB über die wirksame Einbeziehung von AGB in Verträge nicht außer Kraft setzen."

240 BVerwG NVwZ 2012, 307 (310), Rn. 28.

241 BVerwG NVwZ 2012, 307 (310), Rn. 28.

242 BVerwG NVwZ 2012, 307 (310), Rn.28;KRAMER,in:KUNZ (Hrsg.), Eisenbahnrecht Bd. I,§14e AEG, Rn. 3. Ebenfalls für eine umfassende Einordnung von SNB als AGB SCHWECKE, in:KUNZ(Hrsg.), Eisenbahnrecht Bd. II,§4EIBV, Rn. 8.

243 BECKER, in: BAMBERGER/ROTH, BECK'scher OK BGB, § 305, Rn. 8.

244 BECKER, in: BAMBERGER/ROTH, BECK'scher OK BGB, § 305, Rn. 7.

die Regulierungsbehörde ist zu beachten, dass eine Genehmigung als solche grundsätzlich nicht die gerichtliche AGB-Kontrolle ausschließt.[245] Anders ist dies nur, wenn die AGB nicht mehr als Ausdruck unternehmerischer Freiheit gewertet werden können und der Verwender selbst keine Gestaltungsmöglichkeit bezüglich der Vertragsinhalte mehr hatte.[246] Nach der Rechtsprechung des BVerwG ist der Bundesnetzagentur eine Prüfung nach Maßgabe allgemeiner zivilrechtlicher Maßstäbe[247], insbesondere nach §§ 305 ff. BGB, verwehrt.

Der Entwurf zum ERegG greift die Differenzierung des § 4 Abs. 6 S. 2 EIBV nicht mehr auf bzw. streicht diese. Welche Folgen diese Änderung hat, geht aus der Begründung des Gesetzesentwurfs allerdings nicht hervor. Diese wiederholt eigentlich nur den Normtext und unterstreicht die besondere Bedeutung der gleichen und verbindlichen Anwendung von SNB gegenüber allen Antragsstellern für die Gewährleistung eines diskriminierungsfreien Zugangs.[248]

c) Nutzungsbedingungen für Serviceeinrichtungen

EIU, die eine Serviceeinrichtung betreiben, haben NBfS aufzustellen, welche sowohl die Erbringung der zugangsnotwendigen Leistungen als auch eventueller Zusatzleistungen betreffen, § 10 Abs. 1 EIBV. Für alle Serviceeinrichtungen i.S.d. § 2 Abs. 3c AEG[249] sind die Grundsätze zur Entgeltbestimmung darzulegen, insbesondere die Einzelheiten zu den Entgelten und die Informationen zu den mit Zugang verbundenen Leistungen. Es sind Regelungen über leistungsabhängige Entgeltregelungen und Regelungen über die Vertragsstrafen bei durch die Vertragsparteien zu vertretenden Betriebsstörungen aufzustellen, § 10 Abs. 1 S. 4 EIBV. Für die NBfS gelten die Verfahrensregelungen des § 4 EIBV gleichermaßen, § 10 Abs. 1 S. 5 EIBV. Dies umfasst auch das Gebot der gleichmäßigen Verwendung der NBfS gegenüber den Zugangsberechtigten § 10 Abs. 1 S. 3 EIBV. § 10 Abs. 1 S. 4 EIBV bestimmt, vergleichbar mit Anlage 2 zur EIBV, nur die Mindest-

245 So jedenfalls allgemein die h.M. zu genehmigten Vertragsbedingungen. Siehe dazu BGH NJW 1983, 1322 (1324) m.w.N.

246 BGH MMR 2007, 585 (586).

247 BVerwG NVwZ 2012, 307 (310), Rn. 29. Ausführlich dazu siehe unten Teil 3. C. I.

248 BR-Drs. 559/12, S. 16, 140.

249 Mit Ausnahme der Tankstellen, Wartungseinrichtungen und Häfen.

anforderungen an die NBfS. Die Regelungen des § 4 Abs. 1 und des § 4 Abs. 3 - Abs. 7 EIBV gelten gemäß § 10 Abs. 1 S. 5 EIBV entsprechend für NBfS.

Im ERegG-E wird neben den Bestimmungen zum Verfahren für die Zuweisung von Kapazitäten in Serviceeinrichtungen nun auch eine umfangreiche Norm zu den „Nutzungsbedingungen für Serviceeinrichtungen" in § 17 ERegG-E eingeführt.[250] Diese ist in ihrer Struktur vergleichbar mit der Norm zu den Nutzungsbedingungen für Schienenwege in § 10 ERegG-E.

IV. Das Recht der Entgeltregulierung

Die Entgeltregulierung ist wohl die komplexeste und schwierigste Materie des Regulierungsrechts. Eine Arbeit, die sich wie die vorliegende mit den privatrechtsgestaltenden Regulierungsbefugnissen der Aufsichtsbehörden in vielseitigen Rechtsverhältnissen beschäftigt, kann diesen zugleich wichtigen Teil der Zugangsregulierung nicht gänzlich von der Betrachtung ausnehmen. Denn gerade bei der Bestimmung und Erhebung von Entgelten kann es regelmäßig zu Verstößen gegen das Zugangsrecht durch überhöhte Entgelte kommen. Die Entgeltkontrolle ist zudem eine der wesentlichen Aufgaben der Bundesnetzagentur nach § 14b Abs. 1 Nr. 4 AEG. Diese kann zudem auf Entgeltregelungen privatrechtsgestaltend einwirken.[251] Allerdings beschränkt sich die Darstellung nur auf die Beschreibung des Entgeltmaßstabs und der Entgeltgrundsätze im AEG. An diesem Maßstab und an diesen Grundsätzen haben sich die EIU bei der Ermittlung ihrer Entgelte zu orientieren. Im Falle der Entgeltfestsetzung durch die Behörde wird hierdurch der Rahmen zur Privatrechtsgestaltung abgesteckt.

1. Entgeltmaßstab und Entgeltgrundsätze

Die wichtigste Unterscheidung für das Verständnis der Vorschriften über die Entgeltregulierung ist die Unterscheidung von Entgeltmaßstäben und Entgeltgrundsätzen.[252]

---

250 BR-Drs. 559/12, S. 21 f.

251 So z.B. nach § 14f Abs. 1 S. 2 AEG. Siehe dazu Teil 3. A. I.

252 Diese behält auch der Entwurf zum ERegG bei, wobei dort nicht von „Grundsätzen", sondern von „Entgeltbemessung" in Abgrenzung zu „Entgeltmaßstab" gesprochen wird. BR-Drs. 559/12, S. 171. Das Entgeltregulierungsrecht wird in §§ 30-51 ERegG-E umfassend normiert.

a) Entgeltmaßstab

Der Entgeltmaßstab bezieht sich auf die im Rahmen der Entgeltberechnung berücksichtigungsfähigen Kosten. Er bestimmt den maximalen Kostendeckungsgrad.[253] Diese Kosten werden summenmäßig betrachtet, d.h. alle berücksichtigungsfähigen Kosten werden addiert. Der Maßstab für die berücksichtigungsfähigen Kosten selber kann - ganz allgemein - zwischen „zwei extremen Polen" liegen.[254] Auf der einen Seite steht der „laxe" Entgeltmaßstab der Vollkostendeckung zuzüglich Rendite, der es den Unternehmen erlaubt, alle tatsächlich angefallen Kosten in die für die Entgeltberechnung maßgeblichen Kosten einzubeziehen. Auf der anderen Seite steht der strenge Maßstab, der sich für die Ermittlung der überhaupt berücksichtigungsfähigen Kosten an den Kosten für die effiziente Leistungsbereitstellung (KeL) orientiert.[255] Dieser Maßstab hält nur diejenigen Kosten für berücksichtigungsfähig, die anfallen würden, wenn ein Unternehmen effizient arbeiten würde. Dieser sog. KeL-Maßstab richtet sich nicht nach den Ist-Kosten, sondern nach den Soll-Kosten eines idealeffizienten Vergleichsunternehmens, welches - in seiner strengsten Form - alle vorhanden Kostensenkungspotenziale voll ausnutzt.[256] Dieser Maßstab hat also einen hypothetischen Anknüpfungspunkt. Die Summe der Entgelte wird jedenfalls immer begrenzt durch die Summe der berücksichtigungsfähigen Kosten. Die Entgelte dürfen als Obergrenze nicht die Summe der Kosten übersteigen, unabhängig davon, wie diese ermittelt werden.[257]

b) Entgeltgrundsätze

Die Entgeltgrundsätze enthalten Vorgaben dazu, wie die Entgelte zu berechnen sind bzw. auf welche Art und Weise diese ermittelt werden können. Zu unterscheiden ist zwischen betrieblichen und normativen

---

253 KIRCHHARTZ/STEINMANN, in: KUNZ (Hrsg.), Eisenbahnrecht Bd. II, §§ 20 - 24 EIBV, Rn. 12.

254 KÜHLING/HERMEIER/HEIMESHOFF, Gutachten zur Klärung von Entgeltfragen nach AEG und EIBV, S. 11.

255 KÜHLING/HERMEIER/HEIMESHOFF, Gutachten zur Klärung von Entgeltfragen nach AEG und EIBV, S. 11.

256 KÜHLING/HERMEIER/HEIMESHOFF, Gutachten zur Klärung von Entgeltfragen nach AEG und EIBV, S. 44.

257 KÜHLING/HERMEIER/HEIMESHOFF, Gutachten zur Klärung von Entgeltfragen nach AEG und EIBV, S. 12.

Entgeltgrundsätzen.[258] Betriebliche Entgeltgrundsätze sind die von einem BdS vorgenommene modellhafte Umsetzung normativer Entgeltgrundsätze. Normative Entgeltgrundsätze sind demgegenüber Vorgaben darüber, wie die Entgelte innerhalb der Summe aller Kosten berechnet werden, d.h. Vorgaben über die Verteilung der Kosten auf die einzelnen Entgelte.[259] Die Entgeltgrundsätze sind eine sektorspezifische Besonderheit des Eisenbahnsektors. In den anderen Sektoren erfolgt die Berechnung der Entgelte anhand einer Kostenzuschlüsselung auf die einzelnen Leistungen.[260]

2. Der Entgeltmaßstab im AEG

a) Die Vorgaben des Unionsrechts

Das Europarecht entscheidet sich in der Frage nach dem Entgeltmaßstab nicht ausdrücklich für einen Vollkostenansatz, noch für einen Ansatz, welcher nur die Kosten effizienter Leistungsbereitstellung berücksichtigt. Es ist wohl grundsätzlich von einem Vollkostendeckungsmaßstab auszugehen, welcher jedoch die Möglichkeit enthält, Anreize für eine effiziente Leistungserbringung zu setzen. Der Entgeltmaßstab sieht nicht die völlige Deckung der entstandenen Ist-Kosten vor, sondern vielmehr sind diese um gewisse Anreizelemente reduziert.[261]

---

258 KIRCHHARTZ/STEINMANN, in: KUNZ (Hrsg.), Eisenbahnrecht Bd. II,§21EIBV, Rn.6.

259 KÜHLING/HERMEIER/HEIMESHOFF, Gutachten zur Klärung von Entgeltfragen nach AEG und EIBV, S. 10.

260 Im TKG anhand der Einzelkostenzurechnung zuzüglich einer Gemeinkostenzuschlüsselung. KÜHLING/HERMEIER/HEIMESHOFF, Gutachten zur Klärung von Entgeltfragen nach AEG und EIBV, S. 15.

261 KÜHLING/HERMEIER/HEIMESHOFF, Gutachten zur Klärung von Entgeltfragen nach AEG und EIBV, S. 44. Dies scheint auch für das neue Entgeltregulierungsrecht zu gelten. Erwägungsgrund (69) und Art. 30 Abs. 3 RL 2012/34/EU stellen grundsätzlich auch auf die anfallenden Kosten ab. Jedoch sind nun ausdrücklich auch leistungsabhängige Entgeltbestandteile sowie neue Anreizelemente bei der Entgeltbildung zu berücksichtigen. Siehe z.B. Art. 35 RL 2012/34/EU.

b) Der Maßstab des AEG

Der Entgeltmaßstab wird weder im AEG noch in der EIBV definiert. Mithin muss er im Wege der Auslegung ermittelt werden.[262] Nach § 14 Abs. 4 S. 1 AEG haben BdS ihre Entgelt so zu berechnen, dass die ihnen für die Erbringung der Pflichtleistungen entstehenden Kosten ausgeglichen werden. Zusätzlich darf der BdS eine Rendite erzielen, die auch am Markt erzielt werden kann.[263] Die bei der Entgeltberechnung berücksichtigungsfähigen Kosten sind nur die Kosten, die bei der Erbringung der Pflichtleistungen tatsächlich entstehen und nicht von staatlichen Finanzierungsleistungen gedeckt werden.[264] Finanzierungen von dritter Seite sind auf der Einnahmenseite zu verbuchen und reduzieren die berücksichtigungsfähigen Kosten um genau diesen Betrag.[265]

Durch die Bezugnahme auf die Pflichtleistungen wird der Kostenausgleich auf diejenigen Leistungen nach Anlage I Nr. 1 EIBV beschränkt.[266] Dies bedeutet aber nicht, dass die Kosten auf die Summe der Einzelkosten begrenzt sind, die aufgrund des Zugbetriebs anfallen. Es werden auch die Kosten erfasst, die durch das Bereithalten der Leistung entstehen.[267] Es sind nur die bei Erbringung der Pflichtleistungen zurechenbaren Kosten berück-

---

262 KÜHLING/HERMEIER/HEIMESHOFF, Gutachten zur Klärung von Entgeltfragen nach AEG und EIBV, S. 48.

263 Damit ist nach KRAMER, in: KUNZ (Hrsg.), Eisenbahnrecht Bd. I, § 14 AEG, Rn. 32 der für das unternehmerische Handeln unerlässliche Gewinn gemeint. Dieser darf nicht „prohibitive Höhen" erreichen, muss jedoch angemessen sein. Zur Bestimmung einer solchen marktüblichen Rendite siehe KÜHLING /HERMEIER /HEIMESHOFF, Gutachten zur Klärung von Entgeltfragen nach AEG und EIBV, S. 121 ff.

264 KÜHLING/HERMEIER/HEIMESHOFF, Gutachten zur Klärung von Entgeltfragen nach AEG und EIBV, S. 49; Koenig/NEUMANN/Schellberg, WuW 2006, 139 (143) mit dem Hinweis, dass keine Möglichkeit geschaffen werden soll, die Kosten „doppelt zu erwirtschaften".

265 Dem trägt die Regelung des § 20 Abs. 1 EIBV Rechnung. KIRCHHARTZ /STEINMANN, in: KUNZ (Hrsg.), Eisenbahnrecht Bd. II, § 20 EIBV, Rn. 2.

266 KÜHLING/HERMEIER/HEIMESHOFF, Gutachten zur Klärung von Entgeltfragen nach AEG und EIBV, S. 49.

267 Hierin ist dann gleichzeitig eine Kostendeckelung zu sehen. KÜHLING /HERMEIER /HEIMESHOFF, Gutachten zur Klärung von Entgeltfragen nach AEG und EIBV, S. 50.

sichtigungsfähig.[268] Zudem ist dadurch, dass das Gesetz an dieser Stelle nur von den „entstehenden", d.h. tatsächlichen Kosten spricht, eine Entgeltberechnung nach einem reinen KeL-Maßstab grundsätzlich ausgeschlossen. Dem AEG liegt ein Vollkostenansatz ohne Anreizelemente für den Entgeltmaßstab zu Grunde.[269]

3. Die Entgeltgrundsätze

Das AEG übernimmt weitgehend das System der Aufschlagmöglichkeiten aus Art. 7 der RL 2001/14/EG,[270] modifiziert es jedoch an einigen Stellen. Nach § 14 Abs. 4 S. 2 AEG ist es den BdS grundsätzlich gestattet, Aufschläge auf die Kosten zu erheben, die unmittelbar aufgrund des Zugbetriebs anfallen. Dabei kann zwischen den verschiedenen Verkehrsleistungen und Marktsegmenten innerhalb dieser Verkehrsleistungen differenziert werden.[271] Die BdS haben die Wettbewerbsfähigkeit zu gewährleisten. Bemerkenswert ist, dass § 14 Abs. 4 S. 2 AEG selbst keine Konkretisierung des „Aufschlagstyps" vornimmt. Diese erfolgt für den Knappheits- und den Umweltaufschlag über § 21 Abs. 2 und 3 EIBV, welche fast wortgleich die Vorgaben der Art. 7 Abs. 4 und 5 RL 2001/14/EG übernommen haben.[272] Im Rahmen der Entgelte dürfen damit sowohl besonders umweltbelastende Verkehrsleistungen als auch besonders nachgefragte Strecken grundsätzlich höheren Entgelten unterliegen.

---

268 Bei der Berechnung der Entgelte sind nicht die Gesamtkosten des BdS veranschlagbar KÜHLING/HERMEIER/HEIMESHOFF, Gutachten zur Klärung von Entgeltfragen nach AEG und EIBV, S. 49.

269 KÜHLING/HERMEIER/HEIMESHOFF, Gutachten zur Klärung von Entgeltfragen nach AEG und EIBV, S. 51, 66, welche hierin ein Umsetzungsdefizit des deutschen Gesetzgebers sehen, welches nicht im Wege der Auslegung „behoben" werden kann. A.A. OSTENDORF/GRÜN, IR 2005, 275 (276), die durch eine richtlinienkonforme Auslegung „bei effizienter Betriebsführung entstehende Kosten" zu Grunde legen wollen.

270 KÜHLING/HERMEIER/HEIMESHOFF, Gutachten zur Klärung von Entgeltfragen nach AEG und EIBV, S. 34, 51 sprechen vom „Baukastenprinzip".

271 Gemeint sind Schienenpersonennah-/-fernverkehr und Güterverkehr. Ein Beispiel für die Aufteilung innerhalb eines Marktsegments findet sich bei KRAMER, in: KUNZ (Hrsg.), Eisenbahnrecht Bd. I, § 14 AEG, Rn. 33, welcher eine unterschiedliche Entgeltgestaltung zwischen der (langsameren) „Regionalbahn" und dem (schnelleren) „Regionalexpress" für zulässig hält.

272 KÜHLING/HERMEIER/HEIMESHOFF, Gutachten zur Klärung von Entgeltfragen nach AEG und EIBV, S. 52.

V. Fazit

Im Zugangsrecht ist zwischen dem Netzanschluss und dem Netzzugang zu unterscheiden. Der Netzanschluss ist dem Netzzugang vorgelagert und besitzt Zugangs- und Regulierungsrelevanz. Die größtmögliche Vernetzung von Schienenwegen steigert die Möglichkeit und Attraktivität von Verkehrsleistungen und ist sowohl für BdS als auch für Zugangsberechtige von Bedeutung. Dennoch ist die Netznutzung der genuine Gegenstand der Zugangsregulierung. Die grundlegende Norm bildet § 14 AEG, insbesondere § 14 Abs. 1 AEG. Diese enthält für die Zugangsberechtigten zwei Anspruchsinhalte: Zum einen das Recht auf Zugang zu der Infrastruktur und der Erbringung der damit verbundenen Pflicht-, ggf. Zusatzleistungen. Zum anderen enthält diese Vorschrift das Recht, dass der Zugang und die Leistungen diskriminierungsfrei gewährt werden müssen. Diese Norm ist sowohl ein subjektiv-öffentlicher als auch ein zivilrechtlicher Zugangsanspruch. Um die Diskriminierungsfreiheit von Trassenvergabeentscheidungen zu gewährleisten, wird in der EIBV das Trassenvergabeverfahren umfassend geregelt. Ein besonderes Augenmerk liegt auf der Auflösung von Trassenkonflikten anhand objektiver Maßstäbe und Verfahren. Die Trassenvergabe erfolgt grundsätzlich in einem jährlich neu zu erstellenden Netzfahrplan, der für ein Jahr gilt. Bei der Erstellung dieses Netzfahrplans haben die BdS den Anträgen der EVU soweit wie möglich stattzugeben, § 9 Abs. 1 EIBV. BdS dürfen solche Anträge nicht ohne sachlichen Grund unterschiedlich entscheiden.

Die besondere zivilrechtliche Prägung des Zugangsrechts kommt in § 14 Abs. 6 AEG zur Geltung. Danach obliegt die Zugangsgewährung den Infrastrukturbetreibern und den Zugangspetenten. Sie sind dazu aufgerufen, sich im Wege der vertraglichen Vereinbarung auf die Zuteilung von Netzkapazitäten als notwendige Vorleistungsprodukte für die Angebote der EVU zu einigen. Diese Art der Einigung ist prioritär und zugleich Strukturprinzip des Zugangsrechts. Die grundlegende Bedeutung der vertraglichen Einigung belegen auch die zahlreichen Vorschriften des AEG und der EIBV, die diverse Vorgaben zur Zugangsvertragsgestaltung treffen. Für die Bemessung von Entgelten haben alle Akteure im Eisenbahnsektor den Entgeltmaßstab und die Entgeltgrundsätze zu beachten. Für die privatrechtsgestaltende Einzelfallentscheidung ist das Eisenbahnvertragsrecht von immenser Bedeutung. Zum einen ist es Teil des Maßstabs, anhand dessen die Bundesnetzagentur die Vertragsverhältnisse und Rechtsbeziehungen der

Marktakteure überwachen kann. Zum anderen finden sich dort die normativen Wertungen und Entscheidungen, die von der Regulierungsbehörde nicht nur beachtet, sondern im Falle eines privatrechtsgestaltenden Verwaltungsakts auch umgesetzt werden müssen. Dies gilt auch für die Vorgaben des Entgeltregulierungsrechts.

C. Die Regulierungsbefugnisse im Eisenbahnzugangsrecht

Die Vorschriften über die Regulierungsbefugnisse sind z.T. inkohärent und unübersichtlich. Aufgrund des noch verhältnismäßig jungen Alters dieser Vorschriften hat sich noch keine, vor allem keine gerichtlich bestätigte, feste Dogmatik herausbilden können. Bevor im nächsten Teil die privatrechtsgestaltenden Befugnisse herausgearbeitet werden [273], sollen die Grundstrukturen der Regulierungsaufsicht dargelegt werden. Begonnen wird zunächst mit den Befugnissen der Bundesnetzagentur (I.), bevor die Kompetenzen des EBA beschrieben werden (II.), sofern sie regulierungsrechtlich relevant sind.

I. Die Befugnisse der Bundesnetzagentur

Die Entscheidungen der Regulierungsbehörde ergehen unstreitig als Verwaltungsakt. Zwar gibt es noch keine dem § 132 Abs. 1 S. 2 TKG vergleichbare Vorschrift im AEG,[274] jedoch ergibt sich dies aus § 14c Abs. 4 und § 37 AEG. Nach § 37 AEG haben Widerspruch und Anfechtungsklage keine aufschiebende Wirkung, soweit sie sich gegen Entscheidungen nach §§ 14c, e und f AEG richten. Die Entscheidungen können sofort vollzogen werden.[275] § 14c Abs. 4 AEG bestimmt, dass die Bundesnetzagentur alle Anordnungen nach dem AEG nach den für die Vollstreckung von Verwaltungsmaßnahmen geltenden Vorschriften durchsetzen kann, d.h. nach dem VwVG.[276] Das Gesetz bettet also die Maßnahmen der Regulierungsbehörde in die allgemeine verwaltungsrechtliche Dogmatik ein.

---

273 Siehe unten Teil 3. A.

274 Mit Einführung der Regelung des § 54 Abs. 1 S. 2 ERegG-E wird sich dies ändern. BR-Drs. 559/12, S. 49. Dann werden die „Entscheidungen der Beschlusskammern [...] durch Verwaltungsakt [ergehen]."

275 KRAMER, in: KUNZ (Hrsg.), Eisenbahnrecht Bd. I, § 37 AEG, Rn. 1; OVG NRW, Beschluss vom 24.02.2012, 13 B 18/12, Rn. 23 (JURIS), welches die hier getroffene gesetzliche „Grundentscheidung" besonders betont.

276 KRAMER, in: KUNZ (Hrsg.), Eisenbahnrecht Bd. I, § 14c AEG, Rn. 10.

1. Die Aufgaben der Regulierungsbehörde und die Mitteilungspflichten

Die „Kernnorm" des Zugangsrechts bildet § 14 Abs. 1 AEG, welcher das Recht auf Netzzugang sowie die Gewährungspflicht des Zugangs enthält. Der Zugang muss zudem diskriminierungsfrei gewährt werden. § 14 Abs. 4 und 5 AEG spezifizieren die Bedingungen, die bei der Gegenleistung des Netzzugangs, d.h. dem Entgelt, zu berücksichtigen sind. Die übrigen Bedingungen des Netzzugangs stehen unter dem Vorbehalt der näheren Ausgestaltung durch die EIBV.

a) Die Aufgaben der Bundesnetzagentur nach § 14b AEG

Die Aufgaben der Bundesnetzagentur nach § 14b AEG[277] knüpfen an diese Ordnung an. § 14b Abs. 1 S. 1 AEG weist der Bundesnetzagentur die Aufgabe der Überwachung der Einhaltung der Vorschriften des Eisenbahnrechts über den Zugang zur Infrastruktur zu. Diese Aufgabe wird durch einen sich hieran anschließenden Katalog[278] näher präzisiert, welcher jedoch nicht abschließend ist, § 14b Abs. 1 S. 2 AEG. Hierunter fallen die Überwachung der Erstellung des Netzfahrplans, insbesondere der einzelnen Zuweisungsentscheidungen der EIU (Nr. 1) sowie alle sonstigen Zuweisungsentscheidungen von Zugtrassen (Nr. 2). Zudem wird auch die Überwachung des Zugangs zu den Serviceeinrichtungen und der damit verbundenen Leistungen (Nr. 3), der Benutzungsbedingungen, der „normativen" Entgeltgrundsätze und Entgelthöhen (Nr. 4) und der Zugangsberechtigung im grenzüberschreitenden Personenverkehr (Nr. 5) erfasst.

b) Die Mitteilungspflichten nach § 14d AEG

Der Regulierung durch die Behörde vorgelagert sind die Notifizierungspflichten[279], d.h. die Mitteilungspflichten der EIU nach § 14d AEG. Die Mitteilungspflichten sind in ihrem Mitteilungsgegenstand eng an die Aufgabe der Regulierungsbehörde angelegt. § 14d S. 1 AEG verpflichtet die EIU u.a. dazu, der Bundesnetzagentur, bevor Entscheidungen über die Nicht-Zuweisung von Zugtrassen des BdS im Rahmen des Netzfahrplans ergehen,

277 Im ERegG-E übernimmt § 52 ERegG-E im Wesentlichen die Regelungen des § 14b AEG und § 4 BEVVG. Die Norm dient gleichzeitig der Umsetzung des Art. 30 RL 2001/14/EG. BR-Drs. 559/12, S. 201.

278 Ein solcher Katalog ist im ERegG nicht mehr vorgesehen.

279 So KÜHLING/ERNERT, NVwZ 2006, 33 (36).

diese über die ablehnende Entscheidung zu informieren (Nr. 1 und Nr. 2).[280] Gleiches gilt für die Ablehnung von Anträgen auf Zugang zu Serviceeinrichtungen (Nr. 3).[281] Mitteilungspflichtig sind zudem Entscheidungen über den Abschluss eines Rahmenvertrags (Nr. 4) sowie Entscheidungen, ein höheres Entgelt zu erheben, als auf Grundlage der SNB und NBfS zu erheben wäre (Nr. 5). Schließlich sind auch die Änderung oder Neufassung von SNB und NBfS einschließlich der in ihnen jeweils vorgesehenen „betrieblichen" Entgeltgrundsätze und Entgelthöhen mitteilungspflichtig (Nr.6).[282] Diese Pflichten werden als „dilatorische Anzeigepflichten" bezeichnet, weil sie sowohl von dem klassischen Regelungsmuster der Genehmigung als auch der bloßen Anzeige abweichen und einen Mittelweg einschlagen.[283] Alle Mitteilungspflichten binden die EIU vorab. Die Bundesnetzagentur ist zu informieren, bevor eine „beabsichtigte" Entscheidung zu Ungunsten der Zugangspetenten ergeht.

Nach der Gesetzesbegründung soll die Aufsichtsbehörde in die Lage versetzt werden, eine sachgemäße Prüfung der ablehnenden Entscheidung sowie ein Eingreifen der Behörde vor Fällung einer definitiven Entscheidung zu ermöglichen.[284] § 14d S. 2 AEG sieht darüber hinaus eine besondere Begründungspflicht für alle Entscheidungen mit Ausnahme der Änderung und Neufassung der SNB bzw. NBfS vor.[285] Die Begründungspflicht wird durch die Funktion, der Bundesnetzagentur eine effektive, präventive und repressive Regulierung zu ermöglichen, begrenzt.[286] Insofern sind die Anforderungen an die Mitteilungspflichten hieran auszurichten und dürfen nicht übersteigert werden.[287]

280 Dies gilt auch für Entscheidungen außerhalb des Netzfahrplans.

281 Ausführlich zu den Anforderungen an eine solche Mitteilung BÜHLMEIER, N & R 2010, 27 ff.

282 § 58 ERegG-E entspricht der Regelung des § 14d AEG im Wesentlichen. BR-Drs. 559/12, S. 212.

283 KÜHLING/ERNERT, NVwZ 2006, 33 (37).

284 BT-Drs. 15/3280, S. 21. Allerdings noch in der Fassung zu § 5 Bundeseisenbahnverkehrsverwaltungsgesetz.

285 Dort greift das besondere Verfahren nach § 4 EIBV. Siehe dazu oben Teil 2. B. III. 3. a) cc).

286 KRAMER, in: KUNZ (Hrsg.), Eisenbahnrecht Bd. I, § 14d AEG, Rn. 1.

287 Insb. die rechtsstaatliche Bindung und die mit der Begründungspflicht von Verwaltungsakten verbundenen Funktionen finden für EIU natürlich keine

2. Die Generalklausel und die Mitwirkung nach § 14c AEG

Von den Mitteilungspflichten nach § 14d AEG zu unterscheiden sind die Mitwirkungspflichten nach § 14c Abs. 2 und 3 AEG, welche die regulierungsbehördliche Generalklausel des § 14c Abs. 1 AEG [288] verfahrensrechtlich flankieren. § 14c Abs. 1 AEG erlaubt der Regulierungsbehörde in Wahrnehmung ihrer Aufgaben gegenüber öffentlichen EIU, die erforderlichen Maßnahmen zu treffen, die zur Beseitigung festgestellter Verstöße gegen die Vorschriften des Eisenbahnrechts über den Zugang zur Eisenbahninfrastruktur erforderlich sind. Dies gilt auch für die Verhütung künftiger Verstöße.[289] Um die Entwicklung und die Voraussetzungen des § 14c Abs. 1 AEG sowie auch der übrigen Regulierungsbefugnisse zu verstehen, ist es notwendig, sich die Entstehungsgeschichte der Norm anzuschauen.

a) Zur Entstehung der Regulierungsbefugnisse

Die Regelungen über den Netzzugang, d.h. die §§ 14 ff. AEG, wurden mit dem Dritten Gesetz zur Änderung eisenbahnrechtlicher Vorschriften[290] neu in das AEG eingefügt, darunter auch § 14c Abs. 1 AEG. Dieses Änderungsgesetz diente der Umsetzung des europäischen Richtlinienrechts im Eisenbahnsektor. Dabei sollte nach dem Willen der Regierung zunächst die Aufsicht über den Zugang zur Infrastruktur bei einer beim EBA angesiedelten Trassenagentur[291] erfolgen, für welche zunächst nur präventive Aufsichtsbefugnisse vorgesehen waren.[292] Repressive Regulierung sollte - und dies begrenzt - nur dem EBA möglich sein.[293] Die Aufgaben- und Zuständigkeitsverteilung sowie die Befugnisse zwischen EBA und neu zu schaffender

---

Anwendung. Zu den Funktionen und der verfassungsrechtlichen Verankerung des § 39 VwVfG siehe RUFFERT, in: KNACK/HENNEKE, VwVfG-Kommentar, § 39, Rn 10 ff.

288 Die entsprechende Norm findet sich in § 56 ERegG-E. BR-Drs. 559/12, S. 51.

289 VG Köln, Beschluss vom 10.05.2010, 18 L 620/10, Rn. 22 (JURIS).

290 BGBL. I 2005, Nr. 24, 1138.

291 Diese sollte der Beschlussabteilung des Bundeskartellamtes nachgebildet werden. BT-Drs. 15/3280, S. 20.

292 BT-Drs. 15/2743, S. 1, 19. Ebenso in BT-Drs. 15/3280, S. 1, 20.

293 So sollte das EBA schon mit dem Eisenbahnneuordnungsgesetz von 1993 im Falle der Nichteinigung auf Antrag eines der Unternehmen „entscheiden". Näheres bestimmte das Gesetz allerdings nicht. BGBl. I 1993, 2378 (2400).

Trassenagentur waren nicht eindeutig. Das EBA war in der Lage, einem EIU aufzugeben, Beeinträchtigungen des Rechts auf Zugang zu unterlassen. Im Falle der Nichteinigung zwischen zwei Eisenbahnunternehmen war es befugt, den Antrag des Zugangsberechtigten zu überprüfen und ggf. die Änderung oder die Eingehung eines Vertrages unter von dem EBA formulierten Vertragsbedingungen zu fordern.[294]

aa) Die Abkehr vom Anweisungsmodell

Die Befugnisse der Trassenagentur sollten über eine Änderung des BEVVG umgesetzt werden. Ihre Aufgaben entsprachen im Wesentlichen den § 14b S. 2 Nr. 1, Nr. 2 und Nr. 4 AEG, d.h. der Zugangskontrolle zu den Schienennetzen innerhalb und außerhalb des Netzfahrplans sowie der Überwachung der Gestaltung von SNB. Die Zuständigkeit der Trassenagentur sollte enden, wenn ein BdS des Bundes einem Antragsteller seine abschließende Entscheidung mitgeteilt hatte oder die SNB in Kraft getreten waren. Die Trassenagentur sollte zudem in die Lage versetzt werden, den BdS des Bundes Anweisungen zu erteilen, die ihnen nach den Bestimmungen über den Zugang obliegenden Pflichten einzuhalten. Sie sollte mit einem Widerspruchsrecht ausgestattet werden, welches es ihr ermöglichen sollte, in bestimmten Fällen eine neue Entscheidung des BdS unter Beachtung ihrer Auffassung zu verlangen oder das In-Kraft-Treten von SNB zu verhindern.[295]

Dem Bundesrat gingen insbesondere die Aufgaben und Befugnisse der Trassenagentur nicht weit genug.[296] Zudem empfand dieser die Lösung einer gemischten Regulierungszuständigkeit zwischen EBA und Trassenagentur als unbefriedigend und sprach sich für die Aufgabenwahrnehmung durch eine sektorübergreifende, neutrale Regulierungsbehörde aus, die sowohl repressiv als auch präventiv handlungsfähig sein sollte. Nur so könnte eine effektive Kontrolle ermöglicht werden. Deswegen beschloss der Bundesrat einen Vermittlungsausschuss einzuberufen.[297] In diesem Punkt konnte sich der Bundesrat im Vermittlungsausschuss durchsetzen.[298]

294 BT-Drs. 15/2743, S. 7; BT-Drs.15/3280, S. 9.

295 BT-Drs. 15/2743, S. 8; BT-Drs.15/3280, S. 10.

296 BR-Drs. 269/04 (Beschluss), S. 2

297 BT-Drs. 15/4634, S. 1.

298 Dies belegt schon die Fassung des letztlich verabschiedeten Gesetzes.

bb) Die „verspätete" Generalklausel

Eine regulierungsrechtliche Generalklausel wurde im Dritten Änderungsgesetz noch nicht fixiert. Vielmehr wurde eine solche sowohl für das EBA als auch für die Bundesnetzagentur erst mit dem Vierten Gesetz zur Änderung eisenbahnrechtlicher Vorschriften[299] in das AEG aufgenommen. Dass diese Generalklausel nicht schon mit dem Dritten Änderungsgesetz eingeführt wurde, war dem Umstand geschuldet, dass die Aufnahme einer solchen Regelung nicht mehr vom Antrag des Bundesrates an den Vermittlungsausschuss gedeckt gewesen wäre.[300] Der Gesetzgeber wollte durch diese Regelung klarstellen, dass die (beiden) Eisenbahnaufsichtsbehörden grundsätzlich befugt sind, den Unternehmen alle Maßnahmen aufzugeben, die erforderlich sind, um Zuwiderhandlungen wirksam abzustellen.[301] Der Gesetzgeber war schon im Rahmen des „Anweisungsmodells" von einer solchen Befugnis ausgegangen. Mit der Gesetzesänderung hat er nur sichergestellt, dass dies auch im Wortlaut hinreichend klar zum Ausdruck kommt.

In der Literatur und in der Rechtsprechung scheint das Verständnis des § 14c Abs. 1 AEG allerdings noch in den Begrifflichkeiten des „Anweisungsmodells" der alten Rechtslage verhaftet zu sein. Dort hat sich die Formel durchgesetzt, dass die Regulierungsbehörde zur Einhaltung sämtlicher sich aus § 14 ff. AEG und EIBV ergebenden Pflichten „anweisen" kann.[302] Das BVerwG hat demgegenüber in jüngster Zeit geklärt, dass es sich nicht um eine bloße Anweisungsbefugnis, sondern um eine Anordnungsbefugnis handelt, die nach § 14c Abs. 4 AEG i.V.m. dem Verwaltungsvollstreckungsgesetz durchgesetzt werden kann.[303] Mithin ist klargestellt, dass § 14c Abs. 1 AEG nicht nur die bloße schriftliche oder mündliche Verpflichtung des EIU

299 BGBl. I 2005, 2270 (2270).

300 BT-Drs. 15/5408, S. 8.

301 So ausdrücklich die Gesetzesbegründung zum Vierten Änderungsgesetz eisenbahnrechtlicher Vorschriften. BT-Drs.15/5408, S. 8.

302 KRAMER, in: KUNZ (Hrsg.), Eisenbahnrecht Bd. I, § 14c AEG, Rn. 3; GERSTNER, in: HERMES/SELLNER, BECK'scher AEG-Kommentar, § 14c, Rn. 18; OVG NRW, Beschluss vom 13.01.2011, 13 B 1818/10, Rn. 3 (JURIS); OVG NRW, Beschluss vom 13.10.2009, 13 B 1334/09, Rn. 3 (JURIS).

303 BVerwG NVwZ 2012, 307 (315), Rn. 76, 79. Dieser Auffassung folgt auch der Entwurf zum ERegG. BR-Drs. 559/12, S. 208, 211.

zu rechtmäßigen Verhalten ermöglicht[304], sondern ein starkes und effektives Instrument der regulierungsrechtlichen Kontrolle darstellt.

b) Die Tatbestandsvoraussetzungen des § 14c Abs. 1 AEG

Es bestehen nur wenige Voraussetzungen für das Eingreifen der Regulierungsbehörde nach § 14c Abs. 1 AEG. Sie variieren je nachdem, ob die Behörde präventiv oder repressiv handelt. Für beide Arten des Vorgehens muss die Bundesnetzagentur jedenfalls „in Wahrnehmung ihrer Aufgaben" handeln. Dies stellt einen Verweis auf § 14b Abs. 1 AEG dar, d.h. auf die weit gefasste Aufgabennorm. Eine Beschränkung des Anwendungsbereichs ergibt sich vor allem aus dem Verhältnis der Generalklausel zu den anderen Ermächtigungsgrundlagen der Behörde, insbesondere zu den Befugnissen aus dem Bereich der ex ante- oder ex post-Regulierung. Die Verweisung auf § 14b AEG schließt auch ein „Hereinlesen" einer ungeschriebenen Tatbestandsvoraussetzung aus.[305]

Als zweite Voraussetzung muss sich die Maßnahme der Regulierungsbehörde gegen ein öffentliches EIU richten. Da die Unterscheidung zwischen öffentlichen und nicht-öffentlichen EIU durch die AEG-Reformen nahezu bedeutungslos geworden ist,[306] können grundsätzlich alle BdS und BvS Adressaten einer Maßnahme nach § 14c Abs. 1 AEG sein sowie die für sie tätigen Personen.[307] Ausgeschlossen sind aber Anordnungen gegenüber EVU, die nicht zum Adressatenkreis der Vorschrift gehören.[308]

Damit repressive Maßnahmen ergriffen werden dürfen, muss ein festgestellter Verstoß gegen die Vorschriften des Zugangsrechts vorliegen. Das präventive Tätigwerden setzt die Gefahr eines künftigen Verstoßes gegen

---

304 So allerdings KRAMER, in: KUNZ (Hrsg.), Eisenbahnrecht Bd. I, § 14c AEG, Rn. 3, der sich möglicherweise aber noch auf die alte Rechtslage bezog.

305 So auch wegen des eindeutigen Wortlauts OVG NRW, Beschluss vom 13.10.2009, 13 B 1334/09, Rn. 5 (JURIS). Es wurde im gerichtlichen Verfahren vertreten, dass § 14c Abs. 1 AEG als zusätzliche Voraussetzung eine Verletzung des Diskriminierungsverbots nach § 14 Abs. 1 AEG verlange.

306 Siehe unten 3.Teil A. III. 4.

307 GERSTNER, in: HERMES/SELLNER, BECK'scher AEG-Kommentar, § 14c, Rn. 20; KRAMER, in: KUNZ (Hrsg.), Eisenbahnrecht Bd. I, § 14c AEG, Rn. 4.

308 Dies ist im ERegG-E als nicht sachgemäß erkannt worden, so dass mit einer Gesetzesänderung auch EVU Adressaten einer Anordnung im Sinne dieser Vorschrift werden können. BR-Drs. 559/12, S. 208.

die eisenbahnrechtlichen Vorschriften voraus. Dies muss keine Gefahr im polizeirechtlichen Sinne sein.[309] Der Kreis der Rechtsgüter wird durch § 14c Abs. 1 AEG auf die in den zugangsrelevanten Vorschriften geschützten Güter begrenzt.[310] Ausgerichtet am Schutzgut „Wettbewerb" muss eine konkrete Gefahr im einzelnen Fall bestehen. Für die Prognose der Behörde kommt es darauf an, zwischen den unterschiedlichen Rechtsgütern abzuwägen: Einerseits muss sie berücksichtigen, wie wahrscheinlich die Beeinträchtigung des Rechts auf Zugang zum Markt des EVU angesichts konkreter Verdachtsmomente ist. Andererseits hat sie auch die mit einem Eingriff verbundene Einschränkung der unternehmerischen Freiheit des regulierten Unternehmens zu beachten. Zudem muss bedacht werden, dass für ein Einschreiten bei möglichen Beeinträchtigungen im Rahmen der Netzfahrplanperiode, die Beeinträchtigung zeitlich knapp begrenzt ist und die Abwendung von Eisenbahnrechtsverstößen einem engen Zeitfenster unterliegt. In diesem Fall können die Anforderungen an eine Gefahrenprognose geringer ausfallen.[311]

c) Ermessen und Bestimmtheit

Die Behörde hat sowohl ein Einschreit- als auch ein Auswahlermessen. § 14c Abs. 1 AEG besagt, dass die Regulierungsbehörde die zur Beseitigung von zugangsrechtlichen Verstößen erforderlichen Maßnahmen ergreifen kann. Solche Generalklauseln stehen immer unter dem Verdacht der verfassungs-

309 GERSTNER, in: HERMES/SELLNER, BECK'scher AEG-Kommentar, § 14c, Rn. 17.

310 Diese sind der beschränkungsfreie Wettbewerb, die Gleichbehandlung und die Schutzgüter nach Artt. 2 Abs. 1, 9 Abs. 1, 12 Abs. 1 und 14 Abs. 1 GG aller beteiligten Unternehmen. In manchen Fällen wird eine sicherheitsrelevante Maßnahme gleichzeitig eine wettbewerbsrelevante Maßnahme sein. So z.B. die Forderung eines BdS, dass das gesamte Zugpersonal (auch die Reinigungskräfte) Kenntnisse der deutschen Sprache in Wort und Schrift haben müssen. Siehe dazu BVerwG NVwZ 2012, 307 (314), Rn. 69 - 71.

311 Teleologisch wird erwogen, dass ein Anfangsverdacht für Ermittlungen der Behörde - ähnlich wie im Postsektor - nicht nötig sei, da ein freier Wettbewerb überhaupt erst zu schaffen sei. So KRAMER, in: KUNZ (Hrsg.), Eisenbahnrecht Bd. I, § 14c AEG, Rn. 6. Für die im Vorfeld einer Verfügung notwendige Informationsbeschaffung ist diesem Gedanken zu folgen. Für die verpflichtende Auferlegung von darüber hinausgehenden Handlungspflichten bedarf es hingegen eines substantiierten Verdachts. Dies erfordern die Grundrechte der betroffenen Unternehmen.

widrigen Unbestimmtheit. Gerade die fehlende Eingrenzung der Handlungsmittel erscheint bedenklich. Eine ausreichende Bestimmtheit ergibt sich zwar nicht schon durch die vom Gesetzgeber intendierte Flexibilität einer effektiven Wettbewerbskontrolle in einem vergleichsweise noch sehr jungen Markt. Diese Flexibilität kann aber zur Rechtfertigung der Unbestimmtheit beitragen.[312] Für die polizeirechtliche Generalklausel hat das BVerfG entschieden, dass die Eingriffsnorm ausreichend bestimmt ist, weil „sie in jahrzehntelanger Entwicklung durch Rechtsprechung und Lehre nach Inhalt, Zweck und Ausmaß hinreichend präzisiert, in ihrer Bedeutung geklärt und im juristischen Sprachgebrauch verfestigt ist.“[313] Dies gilt für das Eisenbahnzugangsrecht freilich nicht. Durch die nicht vorhersehbaren und vielfältigen Fragen und Problemlagen, die mit der Liberalisierung eines komplexen Wirtschaftssektors und durch die Implementierung eines neuen wettbewerbsrechtlichen Aufsichtskonzepts[314] entstehen, erscheint es jedoch unmöglich, vom Gesetzgeber ein vorgefertigtes Arsenal an maßgeschneiderten Regulierungsinstrumenten zu verlangen. Den Bedenken bezüglich der hinreichenden Bestimmtheit des § 14c Abs. 1 AEG kann ausreichend durch eine besondere Gewichtung der Rechtspositionen der beteiligten Unternehmen sowie eine strenge Verhältnismäßigkeitsprüfung Rechnung getragen werden.

d) Die Durchsetzung der Mitwirkungspflichten

Die §§ 14c Abs. 2 und 3 AEG regeln die Befugnisse der Bundesnetzagentur zur Beschaffung der für die Regulierungstätigkeit notwendigen Informationen.[315] Die Regelungen berechtigen ihrem Wortlaut nach nicht explizit die Bundesnetzagentur, sondern verpflichten vielmehr nur die

---

312 So für die Flexibilität der Gefahrenabwehr KRAMER, in: KUNZ (Hrsg.), Eisenbahnrecht Bd. I, § 5a AEG, Rn.8.

313 BVerfG NJW 1980, 2572.

314 Im vorliegenden Fall die Gründung einer sektorübergreifenden Aufsichtsbehörde.

315 Der Entwurf zum ERegG sieht in § 56 Abs. 3 und Abs. 4 ERegG-E vor, dass die Bundesnetzagentur auch „verdachtsunabhängig“ Informationen verlangen kann. BR-Drs. 559/12, S. 210 f. Nach der Rechtsprechung des EuGH kann dem Sekundärrecht keine Verpflichtung der Mitgliedsstaaten entnommen werden, eine verdachtsunabhängige Auskunftsbefugnis vorzusehen. EuGH, Rs. C-556/10, Rn. 128 (BECK-online).

öffentlichen EIU und die Zugangsberechtigten sowie die für sie tätigen Personen zur aktiven und passiven Mitwirkung.[316]

§ 14d AEG gehört zu den zentralen verfahrensrechtlichen Zugangsvorschriften. Nur die Mitteilung über eine Zugangsentscheidung ermöglicht es der sektorspezifischen Wettbewerbsaufsicht, sowohl de facto als auch de jure gegen zugangshindernde Entscheidungen vorzugehen. Die ex ante Regulierung der Bundesnetzagentur nach § 14e Abs. 1 AEG ist im Interesse einer zügigen Entscheidungsfindung bestimmten Fristen unterworfen, innerhalb derer sie den Entscheidungen der EIU widersprechen kann. Diese Fristenregelung dient der Rechtssicherheit in einem Wirtschaftszweig, der durch den jährlich neu zu erstellenden Netzfahrplan fortlaufend Veränderungen erfährt und daher einem besonderen Zeitdruck unterliegt. Diese Fristen beginnen jedoch erst mit der Mitteilung einer Entscheidung nach § 14d AEG zu laufen. Um Unternehmen die Aussicht auf Umgehung der Vorabregulierung durch „milde Rechtsuntreue" zu nehmen, müssen die Mitteilungspflichten des § 14d AEG im Wege des Zwangs durchsetzbar sein. Der Weg, die Effektivität der Mitteilungspflichten über § 14c AEG abzusichern, ist notwendig.[317]

3. Die Befugnisse ex ante

a) Die Prüfungsgegenstände und die Prüfungsfristen

Die Befugnisse der Bundesnetzagentur im Vorabprüfungsverfahren richten sich nach § 14e AEG.[318] Die Vorabprüfung erfolgt in bestimmten

316 Fraglich ist, ob § 14c Abs. 2 und Abs. 3 AEG gleichzeitig auch Ermächtigungsgrundlagen sind, die Mitwirkungspflichten durchzusetzen. Dies ist umstritten. Siehe zum Streitstand bei KRAMER, in: KUNZ (Hrsg.), Eisenbahnrecht Bd. I, § 14c AEG, Rn. 6 f. Das BVerwG geht allerdings für die Parallelvorschrift des § 5a Abs. 5 Satz 1 Nr. 1 AEG zugunsten des EBA davon aus, dass dieses befugt ist, die für die Durchführung der Eisenbahnaufsicht erforderlichen Auskünfte ohne besonderen Anlass durch vollstreckbaren Auskunftsbescheid einzufordern. BVerwG NVwZ 2012, 1123 ff. Diese Rechtsprechung ist auf § 14c Abs. 3 AEG übertragbar.

317 KÜHLING/ERNERT, NVwZ 2006, 33 (37) sprechen sich nach teleologischer Betrachtung dafür aus, dass die ablehnende Entscheidung ohne Mitteilung unwirksam bleibt gem. § 14e Abs. 2 AEG.

318 Im ERegG-E richten sie sich nach § 59 ERegG-E. Diese Vorschrift entspricht im Wesentlichen dem bisherigen § 14e AEG. BR-Drs. 559/12, S. 215.

(unterschiedlichen) Fristen. Diese sind abhängig vom Regelungsgegenstand, der durch den Widerspruch der Regulierungsbehörde betroffen ist. So sieht § 14e Abs. 1 Nr. 1 AEG für den Fall von ablehnenden Entscheidungen des BdS über die Zuweisung von Zugtrassen und Serviceleistungen und Fragen der Entgelthöhe nach § 14d S. 1 Nr. 1, 3, 4 AEG vor, dass die Bundesnetzagentur innerhalb von zehn Arbeitstagen widersprechen kann, sofern diese Entscheidungen einen Verstoß gegen das Eisenbahnzugangsrecht darstellen bzw. diesem nicht entsprechen. Für Entscheidungen über die Zuweisung von Trassen außerhalb des Netzfahrplans ist sogar nur ein Arbeitstag vorgesehen, § 14e Abs. 1 Nr. 2 AEG. Bei Entscheidungen, die den Abschluss eines Rahmenvertrags oder die Neufassung oder Änderung von SNB bzw. NBfS betreffen, wird die Widerspruchsfrist auf 4 Wochen angesetzt, § 14e Abs. 1 Nr. 3 und 4 AEG.[319]

§ 14e Abs. 2 AEG regelt in diesem Zusammenhang besondere Sperrfristen.[320] So ist für einen Fall der § 14e Abs. 1 Nr. 1 - 3 AEG vorgesehen, dass Entscheidungen des BdS innerhalb der jeweiligen Frist dem EVU nicht wirksam mittgeteilt werden können. Im Falle des § 14e Abs. 1 Nr. 4 AEG treten die SNB bzw. NBfS nicht wirksam in Kraft, § 14e Abs. 2 AEG. In § 14e Abs. 3 AEG wird die Befugnis zum Widerspruch näher konkretisiert. § 14e Abs. 3 Nr. 1 AEG sieht vor, dass bei Entscheidungen nach Abs. 1, d.h. Entscheidungen, die nicht die SNB bzw. NBfS betreffen, die Regulierungsadressaten nach Beachtung der Vorgabe der Regulierungsbehörde zu entscheiden haben. Widerspricht die Bundesnetzagentur dagegen den SNB oder NBfS, dann treten diese, soweit ihnen widersprochen wurde, nicht in Kraft.[321] Daraus folgt, dass unwidersprochene Nutzungsbedingungen gültig sind. Jedoch folgt daraus nicht, dass sie dadurch genehmigt sind und ihnen

---

319 Im Entwurf zum ERegG scheint man sich zumindest begrifflich von dem „Widerspruchsmodell“ lösen zu wollen. Dort kann die Bundesnetzagentur die beabsichtigte Entscheidung nun „ablehnen“. Gründe für den Wechsel der Terminologie lassen sich der Begründung allerdings nicht entnehmen. BR-Drs. 559/12, S. 215 ff.

320 Die Fristen für den Widerspruch ab Mitteilung bestimmen sich nach §§ 31 Abs. 1 VwVfG i.V.m. §§ 187 – 193 BGB. § 31 Abs. 2 - 4 VwVfG sind hingegen nicht anwendbar. KRAMER, in: KUNZ (Hrsg.), Eisenbahnrecht Bd. I, § 14e AEG, Rn. 2.

321 Nach der Entwurf dieser Vorschrift in § 59 Abs. 3 Nr. 2 ERegG-E hat der Widerspruch nicht nur das „Nicht-In-Kraft-Treten“ zur Folge, sondern bestimmt darüber hinaus, dass diese auch „nicht angewendet werden“ dürfen. BR-Drs. 559/12, S. 55.

deswegen eine Vermutung der Rechtmäßigkeit innewohnt. Auch erwächst aus nicht widersprochenen SNB kein rechtlich geschütztes Vertrauen darauf, dass bereits verwendete Klauseln rechtmäßig sind.[322] Dies wäre mit dem Zweck des Zugangsrecht unvereinbar, dessen „Ziel es ist, den Wettbewerb auf den Eisenbahnverkehrsmärkten zu erhöhen."[323]

b) Die Reichweite der Widersprüche und die Rechtsnatur der Sperrwirkung

Die Reichweite der Wirkung eines Widerspruchs durch die Regulierungsbehörde ist bei Entscheidungen über die beabsichtige Ablehnung einzelner Zugangsanträge anders als bei den Entscheidungen über die beabsichtigte Änderung oder Neufassung von Benutzungsbedingungen. Bei den Benutzungsbedingungen ist die konkrete Einflussnahme über § 14e Abs. 1 Nr. 4 i.V.m. § 14e Abs. 3 Nr. 2 AEG auf eine Billigungskontrolle im Voraus beschränkt. Die Bundesnetzagentur hat insbesondere keine Möglichkeiten unmittelbar gestaltenden Einfluss auf solche Bedingungen zu nehmen. Die Behörde kann lediglich einzelne oder alle Nutzungsbedingungen ablehnen. Die Gestaltungsfreiheit für die Nutzungsbedingungen verbleibt bei den EIU. Es besteht insbesondere keine „Annex-Kompetenz" der Behörde zur Abänderung.[324] Die Bundesnetzagentur hat zudem die Möglichkeit, alle oder auch nur einzelne EIU von den Mitteilungspflichten nach § 14d AEG zu entbinden, indem sie ganz oder teilweise im Voraus auf eine Mitteilung verzichtet.[325]

Von besonderem Interesse ist die Rechtsnatur der Sperrwirkung des § 14e Abs. 2 AEG. Für Widersprüche gegen ablehnende Entscheidungen oder den Abschluss eines Rahmenvertrages nach § 14e Abs. 2 Nr. 1 AEG bestimmt das Gesetz dem Wortlaut nach, dass die Mitteilung einer solchen Entscheidung gegenüber dem EVU zwar erfolgen könne, diese Mitteilung aber nicht wirksam ist. Diese Sperrwirkung soll nach Ansicht der Literatur eine schwebende Unwirksamkeit des Vertrages nach § 177 Abs. 1 BGB analog zur Folge haben.[326] Eine rechtlich verbindliche Willenserklärung ist nur unter

322 So auch ausdrücklich die Begründung zum ERegG-E. BR-Drs. 559/12, S. 216.

323 OVG NRW, Urteil vom 23.09.2010, 13 A 172/10, Rn. 123 ff. (JURIS).

324 OVG NRW, Urteil vom 23.09.2010, 13 A 172/10, Rn. 129 ff. (JURIS).

325 Dies kann sie z.B. dann tun, wenn eine Verzerrung des Wettbewerbs nicht zu befürchten ist, § 14e Abs. 4 AEG.

326 KRAMER, in: KUNZ (Hrsg.), Eisenbahnrecht Bd. I, § 14e AEG, Rn. 5.

dem Vorbehalt des Nicht-Widersprechens der Bundesnetzagentur möglich. Ein Rahmenvertrag kann dann z.B. abgeschlossen werden. Er ist allerdings bis zum Ende des gesetzlichen Fristablaufs schwebend unwirksam.[327] Der Literaturansicht ist hinsichtlich der Rechtsfolge zuzustimmen. Nur die schwebende Unwirksamkeit innerhalb der „Stand-Still-Zeit“[328] wird den Interessen beider Vertragsparteien gerecht und enthält eine angemessene Risikoverteilung.

Jedoch kann die Analogie zum Stellvertretungsrecht schon wegen der andersartigen Interessenlage keine geeignete normative Anknüpfung sein. Die EIU verfolgen grundsätzlich das Interesse der rentabelsten Bewirtschaftung ihrer Ressourcen. Der Vorrang, den der deutsche Gesetzgeber der vertraglichen Einigung zweier Privatrechtssubjekte eingeräumt hat, zeigt, dass EIU kein eigenes originäres Interesse an der Schaffung von Wettbewerb und der diskriminierungsfreien Zuweisung von Kapazitäten haben und auch nicht haben müssen. Diese Interessen verfolgt aber die Bundesnetzagentur.[329] Zudem wird der Vertrag nicht durch aktive Genehmigung wirksam, sondern dadurch, dass diesem in einer bestimmten Frist nicht widersprochen wird. Die Sperrwirkung ist lediglich eine gesetzliche Frist, die den Eintritt der Wirksamkeit eines Rechtsgeschäfts vorübergehend verhindert.

4. Die Befugnisse ex post

Die nachträgliche Regulierung durch die Bundesnetzagentur ist in § 14f AEG[330] geregelt. Bei dieser Form der Regulierung ist zwischen den Eingriffsbefugnissen nach § 14f Abs. 1 AEG und § 14f Abs. 2 i.V.m. Abs. 3 AEG zu unterscheiden.

a) Die Befugnisse nach § 14f AEG

Die Regulierungsbehörde kann von Amts wegen sowohl die SNB und die NBfS eines EIU sowie Regelungen über die Höhe und Struktur der Wegeentgelte überprüfen, § 14f Abs. 1 S. 1 AEG. Mit Wirkung für die

---

327 KRAMER, in: KUNZ (Hrsg.), Eisenbahnrecht Bd. I, § 14e AEG, Rn. 5.

328 KÜHLING/ERNERT, NVwZ 2006, 33 (37).

329 Es wird auch vorgeschlagen, dass die Verteilung der Trassen durch eine staatliche Trassenagentur übernommen werden könnte, um die Entflechtungsvorgaben des EU-Rechts effektiver umzusetzen. So HAFNER, Entflechtung, S. 224.

330 Auch hier entspricht die Regelung des § 60 ERegG-E im Wesentlichen der Regelung des § 14f AEG. BR-Drs. 559/12, S. 217.

Zukunft kann die Behörde die EIU zur Änderung der SNB/NBfS oder Entgelte verpflichten oder diese für ungültig erklären, § 14f Abs. 1 Nr. 1 S. 2 AEG.[331] Dies gilt natürlich nur soweit die Bedingungen oder Entgeltregelungen nicht den Vorschriften des Eisenbahnrechts entsprechen. Die nachträgliche Regulierung nach § 14f Abs. 1 AEG ist im Hinblick auf die Gestaltungsbefugnisse und die materiellen Tatbestandsvoraussetzungen identisch mit der Vorabregulierung. Im Unterschied zu den Befugnissen nach § 14e AEG ist die Behörde nicht an die Mitteilungspflichten nach § 14d AEG gebunden.

Ein weiterer Unterschied zwischen der ex ante und der ex post-Regulierung besteht in den behördlichen Befugnissen, die in § 14f Abs. 2 i.V.m. § 14f Abs. 3 AEG geregelt sind. In diesem besonderen Verfahren der „Konfliktschlichtung“[332] kann die Behörde auf Antrag eines Zugangs-berechtigten oder von Amts wegen[333] einen gescheiterten Vertragsschluss zwischen zwei Eisenbahnunternehmen überprüfen und ggf. „korrigieren“. Voraussetzung dafür ist, dass ein Vertrag nach § 14 Abs. 6 AEG oder ein Rahmenvertrag nach § 14a AEG zwischen den beteiligten Unternehmen nicht zu Stande gekommen ist, § 14f Abs. 2 S. 1 AEG.[334] Was Gegenstand der Überprüfung sein kann, wird näher, wenn auch nicht abschließend, durch § 14f Abs. 2 S. 4 AEG umrissen.[335] Erfasst ist jegliche Streitigkeit über den mittels Vertrag beabsichtigten Zugang.[336] Stellt die Behörde nach Beteiligung der Betroff-

---

331 Hiervon sind dem Gesetze nach nicht nur „Wegeentgelte“, sondern auch die sonstigen Entgelte, d.h. alle Serviceentgelte mit umfasst.

332 KRAMER, in: KUNZ (Hrsg.), Eisenbahnrecht Bd. I, § 14f AEG, Rn. 5.

333 Eine teleologische Reduktion der Eröffnung eines Offizialverfahrens auf die Frist des § 14f Abs. 2 S. 3 AEG ist ausgeschlossen. VG Köln, Beschluss vom 26.04.2012, 18 L 477/12, Rn. 12 f. (JURIS).

334 Mit dieser Regelung setzt der Gesetzgeber die Vorgaben zur Streitschlichtung nach Art. 30 Abs. 2 RL 2001/14/EG z.T. wortgleich um. So auch KRAMER, in: KUNZ (Hrsg.), Eisenbahnrecht Bd. I, § 14f AEG, Rn. 5. Das dies eine Umsetzung des Art. 30 Abs. 2 RL 2001/14/EG ist, zeigt sich vor allem an der z.T. wörtlich, jedenfalls inhaltlich vollständigen Übernahme der Liste der Prüfungsgegenstände.

335 Gegenstand der Überprüfung können wiederum die SNB/NBfS und die Höhe und Struktur der Entgelte sein sowie das Zuweisungsverfahren und dessen Ergebnis.

336 VG Köln, Beschluss vom 26.04.2012, 18 L 477/12, Rn. 16 f. (JURIS). Nach der alten Rechtslage war umstritten, ob die AGB eines EIU überprüft werden dürfen, wenn der zugrunde liegende Vertrag bereits in Vollzug gesetzt wurde. Die Zweifel hieran wurden durch § 14f Abs. 1 S. 2 Nr. 2 AEG nun ausgeräumt. KRAMER, in:

enen[337] eine Beeinträchtigung des Rechts des Antragstellers auf Zugang zur Eisenbahninfrastruktur fest, kann die Bundesnetzagentur das Unternehmen zur Änderung der Entscheidung verpflichten, § 14f Abs. 3 Nr. 1 AEG.

b) Die Befugnisse nach § 14f Abs. 3 Nr. 2

aa) Festlegung der Vertragsbedingungen und Unwirksamkeitserklärung
Die Regulierungsbehörde kann in dreifacher Hinsicht privatrechtsgestaltend tätig werden. Sie kann erstens die Vertragsbedingungen festlegen, zweitens über die Geltung des Vertrags entscheiden und sie kann schließlich entgegenstehende Verträge für unwirksam erklären. § 14f Abs. 3 Nr. 2 Alt. 1 AEG ermöglicht es, der Behörde die Verhandlungen zwischen Zugangspetenten und EIU einseitig zu ersetzen. Sie ist nicht auf Rahmenvorgaben beschränkt, sondern kann alle Detailfragen eines Vertrages zwischen den Parteien bestimmen.[338] Die Behörde kann im Falle des § 14 Abs. 3 Nr. 2 AEG auch entgegenstehende Verträge für unwirksam erklären. Diese Konstellation ist besonders interessant und schwierig, da sie das regulierungsrechtliche „Grundverhältnis" der tripolaren Regulierungssituation um noch mindestens einen Beteiligten erweitert. Mit entgegenstehenden Verträgen sind in diesen Fall Verträge mit einem anderen EVU gemeint, die durch die Beeinträchtigung des Zugangsrechts bevorzugt behandelt worden sind.

bb) Das Problem der „Geltung von Verträgen"
Problematisch ist hingegen, was mit der „Geltung von Verträgen" gemeint ist. Die Regulierungsbefugnisse des § 14f Abs. 3 AEG finden nur „im Fall des Absatzes 2" Anwendung. Dieser setzt voraus, dass die Befugnisse der Bundesnetzagentur greifen, wenn eine vertragliche Vereinbarung nicht zu Stande kommt. Es stellt sich allerdings die Frage, über die Geltung welchen Vertrages die Regulierungsbehörde nun entscheiden soll, wenn das Nicht-

---

KUNZ (Hrsg.), Eisenbahnrecht Bd. I, § 14f AEG, Rn. 16 f. Dies gilt ebenso für die Frage, ob das EBA nur über das „wie" der Vertragsgestaltung entscheiden konnte, wie es für die alte Rechtslage vertreten wurde.

337 Die Behörde hat den Beteiligten eine angemessene Frist einzuräumen, welche zwei Wochen nicht überschreiten darf, damit diese der Behörde alle für den Vertragsschluss erforderlichen Auskünfte mitteilen können. Die Behörde muss dann spätestens zwei Monate nach Ablauf dieser Frist entscheiden, § 14f Abs. 2 S. 6. AEG.

338 KRAMER, in: KUNZ (Hrsg.), Eisenbahnrecht Bd. I, § 14f AEG, Rn. 14.

Vorliegen eines Vertrages Tatbestandsvoraussetzung für die Ermächtigungsgrundlage ist. Unsinnig erscheint es, dass die Behörde über die Geltung des von ihr durch Vertragsbedingungen näher bestimmten Vertrags entscheidet. Es ist aber auch ausgeschlossen, dass hier auf die Verträge des EIU mit Dritten Bezug genommen wird, weil explizit die Entscheidung über die Wirksamkeit entgegenstehender Verträge als eigenständiges Element genannt ist. Man könnte diesen Teil als bloße gesetzliche Leerformel abtun oder als sprachliche Wendung ohne eigenen Gehalt.[339] Der amtlichen Gesetzesbegründung ist außer dem Hinweis, dass die bisherige Regelung des § 14 Abs. 5 S. 1 AEG a.F.[340] durch diese präzisiert wird, nichts weiter zu entnehmen.[341]

Eine andere Möglichkeit besteht darin, im Interesse einer effektiven Diskriminierungsprävention der Behörde zuzugestehen, auch unmittelbar nach Vertragsschluss über die Geltung eines Vertrages entscheiden zu können. Mithin eine Ausnahme von dem Scheitern der Verhandlungen als Eingriffsvoraussetzung zu statuieren, die es den Zugangsberechtigten ermöglicht, ihren Vertrag durch die Behörde überprüfen zu lassen und ggf. die rückwirkende Nichtigkeit eines Vertrages zu erlangen. Auch wenn es bei asymmetrischen Konstellationen zwischen Monopolisten und Zugangsberechtigten nicht ausgeschlossen ist, dass sich letztere voreilig dem Verhandlungsdruck der Gegenseite ergeben, kann das Gesetz an dieser Stelle nicht dazu genutzt werden, die eindeutige Voraussetzung des Scheiterns von Vertragsverhandlungen zu überbrücken. Der Berechtigte wird dadurch auch nicht schutzlos gestellt, weil er sich gegen diskriminierende Regelungen zum einen auf dem Zivilrechtsweg gegen das BdS wehren kann. Zum anderen ist ein Eingreifen der Behörde bei diskriminierenden Regelungen weiterhin nicht ausgeschlossen. Ein Verfahren nach § 14f Abs. 2 AEG kommt hierfür allerdings nicht mehr in Frage.[342] Diese Variante ist lediglich als Spezialfall

---

339 KRAMER, in: KUNZ (Hrsg.), Eisenbahnrecht Bd. I, § 14f AEG, Rn. 13 f. Dieser differenziert nicht weiter zwischen den drei Befugnisvarianten, ohne jedoch auf diesen Punkt einzugehen.

340 Dieser lautete „Kommt eine Vereinbarung nach Absatz 4 nicht zustande, so entscheidet auf Antrag eines der beteiligten Unternehmen das Eisenbahn-Bundesamt." Art.5, § 14 ENeuOG, BGBl. 1993 I, 2378 (2400).

341 BT-Drs. 15/3280, S. 19.

342 Der BGH erwägt hingegen eine analoge Anwendung des § 14f Abs. 2 AEG für den Fall, dass lediglich ein Teil der vertraglichen Einigung nicht erfolgte, der Vertrag

der Festlegung der Vertragsbedingungen zu verstehen, der es der Behörde erlaubt, auch die gescheiterten Vertragsbedingungen zum Gegenstand eines angeordneten Vertrages zu machen.[343]

5. Die Konkurrenzverhältnisse der Befugnisse

Es stellt sich schließlich die Frage nach dem Verhältnis der Befugnisnormen zueinander. Dieses umfasst zum einen das Verhältnis von Generalklausel zu den spezifischen Regulierungsbefugnissen (a.) sowie zum anderen das Verhältnis von repressivem und präventivem Einschreiten zueinander (b.).

a) §§ 14e und 14f AEG als leges speciales

In der Systematik der Befugnisse der §§ 14c ff. AEG ist die Generalklausel vorangestellt. Fraglich ist, ob § 14c Abs. 1 AEG in einem „lex specialis"-Verhältnis zu den §§ 14e und f AEG steht, so dass ein Rückgriff auf § 14c Abs. 1 AEG ausgeschlossen ist. Angesichts der detaillierten und konkretisierenden Regelungen zur Vorab- und zur nachträglichen Regulierung ist ein solches Spezialitätsverhältnis anzunehmen. § 14 Abs. 1 AEG und § 14 Abs. 6 AEG enthalten den Grundsatz des Vorrangs der Vertragsverhandlungen, welche von einem Netzzugang ohne staatliche Intervention ausgehen. Dieses Prinzip wird durch die Mitteilungspflichten als Vorbedingung der ex ante-Regulierung fortgeführt, da erst das Ablehnen von Zugangsanträgen eine Mitwirkung des Staats auslöst, welche allerdings nicht in einem Eingriffsmechanismus mündet. Der Staat wird zuerst nur informiert, bevor er nach eigenem Ermessen möglicherweise interveniert. Das Prinzip des Vorrangs der Vertragsverhandlungen findet sich auch in § 14f Abs. 1 AEG. Der Eingriff ist bei einem eisenbahnrechtlichen Verstoß im Falle eines bestehenden Vertrages nur mit Wirkung für die Zukunft möglich. Bei bereits existenten Verträgen, bei denen der Zugangsberechtigte möglicherweise erst im Nachhinein einen Verstoß rügt, ist ihm die Anrufung der Behörde nach § 14e Abs. 2 AEG genauso versperrt, wie der Behörde das Intervenieren nach § 14e Abs. 1 AEG.

---

aber im Übrigen wirksam geschlossen wurde. Im Ergebnis lehnte er sie aber ab. BGH NVwZ 2012, 189 (191).

343 Auch im Entwurf zum ERegG wird an dieser Variante festgehalten. BR-Drs. 559/12, S. 56.

Auch wenn dieses Ergebnis unbefriedigend im Hinblick auf die Effektivität der Regulierung beim Netzzugang erscheinen mag, muss es aus verschieden Gründen hingenommen werden. Zum einen ist auf diese Weise das erste Ziel des § 14 Abs. 1 AEG erreicht, nämlich dass der Zugangsberechtigte tatsächlich Netzzugang hat und somit Zugang zur primären Leistung erhält. Zum anderen ist er auch nicht rechtlos gestellt, da er sich gegen diskriminierende vertragliche Regelungen auf zivilrechtlichem Wege wehren kann.

Vor Vertragsschluss steht einem EVU schließlich die Möglichkeit offen, die Regulierungsbehörde mit einer vermeintlich diskriminierenden Regelung zu befassen nach § 14 f Abs. 2 AEG. Dieses gesetzliche System darf nicht durch eine extensive Auslegung der Generalklausel des § 14c Abs. 1 AEG unterlaufen werden.[344] Mithin ist § 14c Abs. 1 AEG als Ermächtigungsgrundlage nur für die Fälle einschlägig, in denen er entweder Maßnahmen nach § 14e oder § 14f AEG flankiert[345] oder diese nicht anwendbar sind. Das BVerwG lässt hingegen in Ausnahmesituationen die Anwendung der Generalklausel des § 14c Abs. 1 AEG neben der Widerspruchsbefugnis nach § 14e Abs. 3 AEG zu.[346] Doch betont das Gericht, dass im Regelfall für eine

---

344 In der Rechtsprechung wird dies z.T. anders gesehen. Das VG Köln geht davon aus, dass die Ermächtigungsgrundlage des § 14c Abs. 1 AEG nicht grundsätzlich durch §§ 14c, 14f AEG ausgeschlossen ist. Diese Normen sind vielmehr Spezialregelungen bezüglich Entscheidungen der EIU, soweit Anträge auf Zuweisung von Zugtrassen bzw. auf Zugang zu Serviceeinrichtungen abgelehnt werden sollen. VG Köln, Beschluss vom 16.12.2010, 18 L 1830/10, Rn. 14 ff., 52 (JURIS). Die Rechtsprechung des OVG NRW, die dem Verständnis des VG Köln zu Grunde liegt, geht sogar noch darüber hinaus, indem sie §§ 14e und 14f AEG nicht als vorgehende und abschließende Spezialregelungen zu § 14c Abs. 1 AEG qualifiziert. OVG NRW, Urteil vom 23.09.2010, 13 A 172/10, Rn. 131 (JURIS). Eine solch weitreichende Aussage kann allerdings nicht aufrechterhalten werden, da ihr ein unzureichendes Verständnis des § 14e Abs. 1 i.V.m. Abs. 3 AEG zu Grunde liegt. Diese Vorschrift enthält eine eigene Ermächtigungsgrundlage und nicht bloß ein Widerspruchsrecht ohne Abänderungsbefugnis. Daher ist es nicht notwendig, der ex ante-Regulierung mithilfe der Generalklausel zur Durchsetzbarkeit des Widerspruchs verhelfen zu müssen.

345 Z.B. im Zuge mit solchen Maßnahmen auferlegte Informations-, Dokumentations- und Auskunftspflichten. OVG NRW, Beschluss vom 20.08.2009, 13 B 922/09, Rn. 30 (JURIS).

346 BVerwG NVwZ 2012, 1541 (1547), Rn. 57.

zusätzliche Anordnung nach § 14c Abs. 1 AEG kein Raum ist.[347] Dieser Rechtsprechung ist nicht zu folgen, weil sie das detaillierte, abgestufte System der Befugnisnormen relativiert und sie durch die Kategorie des „Sonderfalls“[348] zur Rechtsunsicherheit beiträgt.

Die §§ 14c bis 14f AEG sind aber gerade dadurch gekennzeichnet, dass sie der besonderen Situation des Zugangs im Eisenbahnsektor Rechnung tragen. Das Primat des Vertrags mit öffentlich-rechtlicher Überwachung wurde als Lösung für die Gegensätzlichkeit zwischen unternehmerischer Freiheit einerseits und behördlicher Zugangskontrolle zwecks Gewährleistung eines unverfälschten Wettbewerbs andererseits gewählt. Sie bieten insoweit eine austarierte, wenn auch nicht immer bruchfreie Regelung.

b) Das Verhältnis von § 14e AEG zu § 14f AEG

Die andere Frage, die es zu beantworten gilt, ist diejenige nach dem Verhältnis der beiden Regulierungsarten zueinander. Konkret geht es darum, ob etwa eine Nutzungsbedingung, welche schon der Vorabregulierung unterlag, noch Gegenstand einer nachträglichen Kontrolle durch die Bundesnetzagentur sein kann. Diese Frage wurde vom VG Köln - bestätigt durch das OVG NRW - eindeutig bejaht.[349] Die Begründung der Gerichte geht von der grundsätzlichen Befugnis der Behörde aus, neben der ex ante auch die ex post-Regulierung durchzuführen. Diese wird nicht durch eine Vorabprüfung „eingeschränkt oder gar verbraucht“.[350] Die Verfahren der Vorabprüfung nach § 14e AEG und der nachträglichen Prüfung nach § 14f AEG stehen nach der gesetzgeberischen Konzeption nebeneinander. Sie schließen sich weder verfahrensmäßig noch bezüglich konkret zu treffender Regelungsinhalte gegenseitig aus.[351] In den Worten des VG Köln würde „

347 BVerwG NVwZ 2012, 1541 (1547), Rn. 56.

348 So die neue Fallgruppe, die eine Ausnahme von der grundsätzlichen Unanwendbarkeit bildet. Siehe den 3. Leitsatz BVerwG NVwZ 2012, 1541.

349 OVG NRW, Beschluss vom 20.08.2009, 13 B 922/09, Rn. 5 (JURIS). In diesem Verfahren hatte die Bundesnetzagentur die Mitteilung einer SNB, die bei Bestehen infrastruktureller Mängel keine Minderung entgegen § 21 Abs. 6 EIBV vorsah, im Verfahren nach § 14e AEG nicht beanstandet, zu einem späteren Zeitpunkt jedoch auferlegt, diese Klausel nach § 14f Abs. 1 S. 2 Nr. 1 AEG unter Berücksichtigung ihrer Rechtsauffassung abzuändern.

350 VG Köln, Beschluss vom 10.06.2009, 18 L 637/09, Rn. 8 (JURIS).

351 VG Köln, Beschluss vom 10.06.2009, 18 L 637/09, Rn. 8 (JURIS).

[...] eine solche 'Präklusion' auf Seiten der Regulierungsbehörde auch dem Zweck der Eisenbahninfrastrukturregulierung widersprechen. Denn deren Ziel ist es gemäß § 14 Abs. 1 Satz 1 AEG, den Wettbewerb auf den Eisenbahnverkehrsmärkten zu erhöhen. Mit diesem Ziel wäre es aber nicht vereinbar, wenn die Regulierungsbehörde infolge einer sukzessiven Bearbeitung der vielfältigen Problemkreise gezwungen wäre, sehenden Auges eisenbahnrechtswidrige SNB endgültig unbeanstandet zu lassen."[352] Die Behörde macht sich den Inhalt der Benutzungs- und der Vertragsbedingungen nicht zu Eigen. Im Interesse einer handlungsfähigen und effektiv umfassenden Regulierung muss von der parallelen Anwendbarkeit der Ermächtigungsgrundlagen ausgegangen werden.[353]

6. Einheitliches Tatbestandsmerkmal in den Regulierungsbefugnissen?

Das AEG sieht in den Befugnisnormen der § 14c, § 14e und § 14f AEG vor, dass die Regulierungsbehörde nur dann tätig werden darf, wenn das Eisenbahnzugangsrecht verletzt ist. Das Gesetz verwendet in allen drei Ermächtigungsgrundlagen verschiedene Begriffe, um einen solchen Verstoß zu beschreiben. Daraus erwächst die Frage, ob diese unterschiedlichen Terme rechtlich von Bedeutung sind. Insbesondere, ob im Hinblick auf die Intensität die Anforderungen an einen solchen Verstoß unterschiedlich sind.

§ 14c Abs. 1 AEG spricht von festgestellten oder zukünftigen „Verstößen" gegen das Eisenbahnzugangsrecht. § 14e Abs. 1 und § 14f Abs. 1 AEG sehen ein Eingreifen vor, soweit das Handeln des EIU den Vorschriften über den Zugang zu Eisenbahnen „nicht ent[spricht]". § 14f Abs. 3 AEG wiederum verlangt eine „Beeinträchtigung" des Rechtes auf Zugang zur Eisenbahninfrastruktur des Zugangsberechtigten. Fraglich ist, ob in diesen unterschiedlichen Wendungen eine graduelle Abstufung in der Schwere eines zu ahndenden Rechtsverstoßes zu erblicken ist. Diese Abstufung müsste, von einem natürlichen Wortverständnis[354] geleitet, von einem „Verstoß" als

---

352 VG Köln, Beschluss vom 10.05.2010, 18 L 620/10, Rn. 23 f. (JURIS).

353 Dies gilt nicht nur für die Prüfung von SNB, sondern auch für Zugangsanträge. VG Köln, Beschluss vom 26.04.2012, 18 L 477/12, Rn. 7 f. (JURIS).

354 Natürlich gibt es nicht die eine „richtige" oder „natürliche" Bedeutung im Rahmen der Wortlautauslegung. Dies hat die Sprachtheorie längst bewiesen. Allerdings bedarf es an dieser Stelle keiner vertieften sprachlichen Analyse, um zu prüfen, ob diese Formulierungen nur aus „Anschlusszwängen eines bestimmten Sprachspiels" begründet werden müssen. Eingehend zu den Schwierigkeiten der grammatika-

schwerster Form der Rechtsverletzung in § 14c Abs. 1 AEG ausgehen. Als zweite Stufe wäre die „Nicht-Entsprechung" i.S.d. § 14e Abs. 1 und § 14f Abs. 1 S. 2 AEG anzusehen und schließlich wäre als schwächste Form eine „Beeinträchtigung" des Zugangsrechts eines Dritten i.S.d. § 14f Abs. 3 AEG zu Grunde legen. Eine solche Abstufung lässt sich aber systematisch und teleologisch nicht begründen. Vor allem erscheint es im Hinblick auf den schwerstmöglichen Eingriff der Behörde, nämlich die Vertragsgestaltung nach § 14f Abs. 3 Nr. 2 AEG, unsinnig, dafür eine bloße „Beeinträchtigung" zu verlangen, hingegen für Auskunftspflichten nach § 14c Abs. 1 AEG einen „Verstoß" zu fordern. Zudem dürfte eine justiziable Abgrenzung zwischen diesen drei Stufen kaum möglich sein.[355] Es ist von einem einheitlichen Verständnis des „Verstoßes" gegen eisenbahnrechtliche Vorschriften auszugehen.[356]

7. Fazit

Die Bundesnetzagentur ist der „natürliche" Regulierer im Eisenbahnsektor. Für diese Aufgabe hat das AEG diese mit zahlreichen Befugnissen ausgestattet. Grundsätzlich lassen sich drei Arten von Regulierungsbefugnissen ausmachen. Die erste Kategorie sind die ex ante-Befugnisse der Behörde nach § 14e AEG, welche an die Mitteilungspflichten nach § 14d AEG gekoppelt sind. Die Bundesnetzagentur hat die Möglichkeit, ablehnenden Zugangsentscheidungen, dem Abschluss eines Rahmenvertrages oder der Änderung von SNB/NBfS innerhalb einer bestimmten Frist zu widersprechen. Innerhalb dieser Frist können die EIU und EVU keine privatrechtlich relevanten Handlungen vornehmen. Widerspricht die Behörde

---

lischen Auslegung MÜLLER/CHRISTENSEN, Juristische Methodik, Bd. II Europarecht, S. 32 ff., 37 f.

355 Es wurde vor Gericht von einem EIU vertreten, dass für die Ausübung des Widerspruchsrechts eine besondere Schwere des Rechtsverstoßes vorliegen müsse. Demnach wären die Voraussetzungen eines behördlichen Eingreifens wegen eines nur leichten Verstoßes nicht gegeben gewesen. Dem ist die Rechtsprechung allerdings entgegengetreten und hat die Frage der Schwere des Rechtsverstoßes zu einer Frage der Verhältnismäßigkeit erklärt.VG Köln, Beschluss vom 12.12.2007, 18 L 1794/07, Rn. 11 (JURIS).

356 Die unterschiedliche Terminologie in den verschiedenen Vorschriften wird auch im ERegG-E beibehalten. Siehe die §§ 56 Abs. 1, 59 Abs. 1, 60 Abs. 4 ERegG-E. BR-Drs., S. 51 ff.

einer Maßnahme eines EIU, kann sie dieses verpflichten, unter Beachtung der behördlichen Vorgaben zu entscheiden oder die Änderungen von SNB/NBfS treten, soweit ihnen widersprochen wurde, nicht in Kraft.

Die zweite Kategorie bilden die ex post-Befugnisse nach § 14f AEG. Danach kann die Behörde nach § 14f Abs. 1 AEG SNB/NBfS oder Regelungen über Wegeentgelte nachträglich prüfen und EIU mit Wirkung für die Zukunft verpflichten, diese nach der Auffassung der Behörde zu ändern oder diese für ungültig erklären. Nach § 14f Abs. 2 i.V.m. Abs. 3 AEG kann die Bundesnetzagentur, wenn eine vertragliche Einigung zwischen Zugangsberechtigten und EIU nicht zu Stande kommt, dies überprüfen und im Falle der Beeinträchtigung das EIU zur Änderung seiner Entscheidung verpflichten. Sie kann aber auch selbst die Vertragsbedingungen festlegen oder entgegenstehende Verträge für unwirksam erklären. Die letzte Kategorie bildet die Generalklausel nach § 14c Abs. 1 AEG, die es der Bundesnetzagentur gestattet, alle erforderlichen Maßnahmen zu ergreifen, die für die Beseitigung oder Verhütung von Eisenbahnzugangsrechtsverstößen notwendig sind. Die Befugnis wird dadurch begrenzt, dass die Anwendbarkeit der Generalklausel im Verhältnis zu §§ 14e und f AEG subsidiär ist. Diese entfalten regelmäßig eine Sperrwirkung für § 14c Abs. 1 AEG. Diese Wirkung entfaltet sich jedoch nur für die von §§ 14e und f AEG geregelten Konstellationen. § 14e und § 14f AEG sind nebeneinander anwendbar.

Eine Abstufung von „Verstoßintensitäten" ist trotz unterschiedlicher sprachlicher Wendungen im Gesetz nicht vorgesehen. Dies ergibt sich schon daraus, dass sonst die Behörde die Vertragsverhältnisse der beteiligten Unternehmen schon bei einer bloßen „Beeinträchtigung" gestalten könnte, obwohl dies den schwerwiegendsten Eingriff darstellt, den das AEG vorsieht.

II. Die Befugnisse des EBA

Die Befugnisse der Bundesnetzagentur und des EBA sind im Bereich der Zugangsregulierung nicht trennscharf voneinander abgegrenzt.[357] Es werden drei Ermächtigungsgrundlagen dargestellt, die dem EBA zugangsrechtlich relevante Befugnisse verleihen. Hierzu zählen die bereits erwähnte Aufsicht über die Unabhängigkeit der BdS nach § 9a AEG[358] (1.), die Aufsicht über

357 Siehe oben Teil 2. A. I. 1. b) bb).

358 Siehe oben Teil 2. C. II. 1.

den physischen Anschluss an ein Streckennetz eines BdS nach § 13 AEG[359] und die Freistellung von den Entgeltgrundsätzen per Allgemeinverfügung nach § 14 Abs. 4 S. 4 Nr. 2 AEG (2).

1. § 9a AEG i.V.m. § 5a Abs. 2 AEG

§ 9a AEG regelt die Unabhängigkeit der BdS. Mit ihm wurde das sog. „Unbundling", d.h. die Entflechtung von vertikal intergierten Unternehmen[360] in das Eisenbahnrecht eingeführt. Diese Vorschrift sowie § 9 Abs. 1c AEG und das ihr zu Grunde liegende Modell, welches bereits im Sektor der Energiewirtschaft erprobt wurde,[361] dient der Umsetzung der Abschnitte über die Unabhängigkeit der Geschäftsführung und der Trennung zwischen dem Betrieb der Infrastruktur und der Erbringung von Verkehrsleistungen nach der RL 440/91/EWG (insb. Art. 6) und den Vorgaben der RL 2001/14/EG (insb. Art 4).[362]

a) Die Struktur des § 9a AEG

§ 9a Abs. 1 S. 1 AEG sieht vor, dass BdS rechtlich und organisatorisch unabhängig sein müssen. Sie müssen zudem in ihren Entscheidungen von EVU unabhängig sein, soweit es Entscheidungen über die Zuweisung von Zugtrassen und die Erhebung von Wegeentgelten betrifft. Die Vorschrift „vermittelt" zwischen dem Interesse der Unternehmen, ihre Organisation frei gestalten zu können und dem öffentlichen Interesse an der Entflechtung von diskriminierungsträchtigen Unternehmensstrukturen.[363] Die Norm begründet und begrenzt dieses öffentliche Interesse, so dass sie auch den unternehmerischen Interessen verpflichtet ist und somit eine Schutznorm für diese darstellt.[364]

---

359 Siehe oben Teil 2. B. I. 1. und Teil 2. C. II. 2.

360 Dies sind Unternehmen, die zugleich Infrastrukturbetreiber und Verkehrsunternehmen sind.

361 KRAMER, in: KUNZ (Hrsg.), Eisenbahnrecht Bd. I, § 9a AEG, Rn. 1. Die entsprechenden Vorschriften zum „Unbundling" finden sich in § 7 ff. EnWG.

362 BT-Drs. 15/3280, S. 16; BVerwGE 137, 58 (66).

363 BVerwGE 137, 58 (61).

364 Ob § 9a AEG darüber hinaus auch eine Schutznorm für dritte nicht mit dem Konzern verbundene EVU darstellt, lässt das Gericht bewusst offen. BVerwGE 137, 58 (61). Ablehnend KRAMER, in: KUNZ (Hrsg.), Eisenbahnrecht Bd. I, § 9a AEG, Rn. 4.

Zur Erreichung dieser Ziele trifft § 9a Abs. 1 S. 2 AEG verschiedene Vorgaben, die von den BdS zu beachten sind. So sind Verträge von BdS mit Dritten z.B. so zu gestalten, dass ihre organisatorische Selbständigkeit gewährleistet ist (Nr. 2). Mit dieser Regelung sollen der organisatorischen Selbstständigkeit entgegenstehende Verträge angepasst werden können. In den § 9a Abs. 1 S. 2 Nr. 3 - 5 AEG geht es darum, die Unabhängigkeit der Entscheidungsträger bei den BdS sicherzustellen. Zu diesem Zweck dürfen Entscheidungen über den Netzfahrplan, sonstige Zuweisung von Fahrwegkapazitäten sowie Entscheidungen über Wegeentgelte nur vom Personal des BdS getroffen werden, die keine Funktion in einem EVU oder damit verbundenen Unternehmen haben. Sie dürfen keine sog. Doppelfunktion haben.[365] Schließlich haben Eisenbahnunternehmen mit einer „Mutter-Tochter-Konstruktion“[366], unternehmensinterne Regelungen zu schaffen, aufrechtzuerhalten und zu veröffentlichen, die eine Einflussnahme auf Trassenvergabeentscheidungen unterbinden. Diese Regelung dient dem Aufbau sog. „Chinese Walls“, d.h. der Abschottung des Informationsverkehrs gegenüber anderen konzernverbundenen Unternehmen.[367] Als Mittel für das „Einziehen“ solcher „Chinese Walls“ sollen für die Mitarbeiter von Unternehmen „Codes of Conduct“ entwickelt werden, die den Umgang mit zugangsrelevanten Informationen zum Gegenstand haben.[368] Dies soll das Vertrauen dritter Unternehmen in die Unabhängigkeit von der „Konzernfamilie“ stärken.[369]

b) Die „Unbundling“-Regulierungsbefugnisse des EBA

aa) Das Vertragsverbot nach § 9a Abs. 2 S. 2 AEG

§ 9a Abs. 2 AEG sieht ein zeitlich begrenztes Kündigungsrecht bzw. sogar eine Kündigungspflicht des BdS für alle Verträge vor, die den Vorgaben des §

365 Mit Funktionen sind vergleichbare Entscheidungskompetenzen in dem verbunden Unternehmen oder Mutterkonzern gemeint. Dabei spielt es keine Rolle, ob die Funktion sachlich auf die Entscheidung des BdS Einfluss nehmen kann oder nicht. BVerwGE 137, 58 (66).

366 KRAMER, in: KUNZ (Hrsg.), Eisenbahnrecht Bd. I, § 9a AEG, Rn. 21. Diese werden in § 9 Abs. 1 S. 1 Nr. 2 und 3 AEG beschrieben.

367 BT-Drs. 15/3280, S. 17; BVerwGE 137, 52 (71).

368 SOLDNER, Liberalisierung des Eisenbahnwesens, S. 141, welcher auch die Schwächen dieses Konzepts näher beleuchtet.

369 KRAMER, in: KUNZ (Hrsg.), Eisenbahnrecht Bd. I, § 9a AEG, Rn. 20.

9a Abs. 1 AEG nicht entsprechen. Die Anpassung oder Kündigung der Verträge hatte bis zum 1.11.2005 zu erfolgen. Dem EBA steht die Befugnis zu, entgegenstehende Verträge mit sofortiger Wirkung zu verbieten. Diese Befugnisnorm muss sinnvollerweise natürlich auch für alle nach dem Stichtag geschlossenen Verträge gelten.[370] Eine über das Verbot solcher Verträge hinausgehende Kompetenz der Aufsichtsbehörde ist in § 9a AEG nicht normiert. Verstoßen Verträge gegen die Pflichten aus § 9a Abs. 1 AEG, soll sich aus dem Zusammenspiel mit § 9a Abs. 2 AEG die Nichtigkeit dieser Verträge nach § 134 BGB ergeben.[371]

bb) Die Befugnisse nach § 5a Abs. 2 i.V.m. § 9a Abs. 1 AEG

Nach der Rechtsprechung des BVerwG wendet sich § 9a Abs. 1 S. 2 Nr. 5 AEG nicht erst gegen die Einflussnahme selbst, sondern schon gegen die Gefahr der Einflussnahme, wobei er den Charakter eines abstrakten Gefährdungstatbestands hat.[372] Diese Vorschrift verlangt den Erlass aller unternehmensinternen Regelungen, die zur Unterbindung fremder Einflussnahme geeignet sind. Hierzu zählt z.B. die Pflicht, eine Regelung zu erlassen, die es dem Personal der BdS untersagt, Juristen, die im Konzernverbund beschäftigt sind, als rechtliche Berater zu beauftragen.[373] Das BVerwG hat sich nicht explizit zu der Frage geäußert, welche Anordnungen das EBA im Einzelnen auf Grundlage der Generalklausel des § 5a Abs. 2 i.V.m. § 9a Abs. 1 S. 2 Nr. 5 AEG treffen darf. Es hat aber die an die BdS gerichtete Verbotsverfügung als zweifelsfrei von der gesetzlichen Grundlage gedeckt gesehen. Das Gericht hat es auch gebilligt, dass unternehmensinterne Regelungen von der Behörde erlassen wurden.[374]

Im Falle des Fehlens oder der Weigerung eines Unternehmens, solche Regelungen zu erlassen, kann die Behörde ersetzenden Regelungen treffen, ohne dass es sich um „Ersatzmaßnahmen im vollstreckungsrechtlichen Sinne" handelt.[375] Das bedeutet, dass es keiner vorherigen Anordnung des Erlasses

370 Kramer, in: Kunz (Hrsg.), Eisenbahnrecht Bd. I, § 9a AEG, Rn. 27.

371 So Kramer, in: Online Kommentar Nomos-Erläuterungen zum deutschen Bundesrecht, AEG-Kommentar, § 9a AEG. Zum Zusammenspiel von Verwaltungsakt und Verbotsnorm siehe unten Teil 3. C. II. 1.

372 BVerwGE 137, 58 (69). Zustimmend Wachinger, NVwZ 2010, 1343 (1345).

373 BVerwGE 137, 58 (72).

374 BVerwGE 137, 58 (73).

375 BVerwGE 137, 58 (73).

solcher Regelungen bedarf. Eine Beschränkung der Generalklausel des § 5a Abs. 2 AEG in diesem Sinne besteht nicht.[376] Mit dieser Wertung hat das BVerwG die Effektivität der Regulierung gestärkt. Eine Beschränkung dieser Befugnis besteht nach dem BVerwG nur im Rahmen des Ermessens durch den Grundsatz der Verhältnismäßigkeit. Im Übrigen ist das EBA frei, die erforderlichen Maßnahmen zu treffen, um die gesetzlichen Anforderungen sicherzustellen.[377] Anders hat dies in einer strengeren Orientierung am Wortlaut des § 9a Abs. 1 S. 2 Nr. 5 AEG noch die Vorinstanz gesehen, welche dem EBA auf Rechtsfolgenseite allein die Möglichkeit einräumte, die Unzulänglichkeit unternehmensinterner Regelungen festzustellen und die Verpflichtung zum Erlass oder Ausbau solcher Regelungen auszusprechen.[378] Die Anordnung des EBA hielt es von der rechtlichen Grundlage nicht mehr gedeckt und für eine „überschießende“ Aufstellung von bindenden Verhaltensregeln.[379] Ob die Anordnung unternehmensinterner Regelungen damit einen privatrechtsgestaltenden Verwaltungsakt darstellt, wird im nächsten Teil zu klären sein.[380]

2. Der Anschluss ans Schienennetz und die Freistellung von Entgeltgrundsätzen

Das EBA hat nach § 13 Abs. 2 AEG beim physischen Anschluss an das Gleisnetz einer Eisenbahn im Falle der Nichteinigung die Kompetenz, über die Bedingungen des Anschlusses und die Angemessenheit der Kosten zu entscheiden, sofern eine Eisenbahn des Bundes beteiligt ist.[381] Schließlich hat das EBA nach § 14 Abs. 4 S. 4 Nr. 2 AEG i.V.m. § 22 Abs. 1 EIBV die Möglichkeit, Ausnahmen vom Entgeltmaßstab nach § 14 Abs. 4 S. 1 AEG zu genehmigen. Sie kann alle BdS per Allgemeinverfügung von diesem Maßstab freistellen. Letzteres kann sie angesichts des insofern eindeutigen Wortlauts nur im Benehmen mit der Bundesnetzagentur.[382]

---

376 BVerwGE 137, 58 (73).

377 BVerwGE 137, 58 (73).

378 OVG NRW, Urteil vom 20.05.2009, 20 A 3607/07, Rn. 39 (JURIS).

379 OVG NRW, Urteil vom 20.05.2009, 20 A 3607/07, Rn. 39 (JURIS).

380 Siehe unten Teil 3. A. II. 1.

381 Ausführlich hierzu siehe oben Teil 2 B. I. 1.

382 KRAMER, in: KUNZ (Hrsg.), Eisenbahnrecht Bd. I, § 14 AEG, Rn. 34.

Teil 3. Der privatrechtsgestaltende Verwaltungsakt im Eisenbahnrecht

Nachdem im vorangegangen Teil das Rechtsregime im Eisenbahnrecht dargelegt und die zugangsrelevanten Regulierungsbefugnisse im Eisenbahnrecht herausgearbeitet wurden, soll es in diesem Kapitel zunächst darum gehen, diese Befugnisse an dem in Teil 1[1] entwickelten Begriff des privatrechtsgestaltenden Verwaltungsakts zu messen. Es wird geprüft, ob die herausgearbeiteten Regulierungsbefugnisse auch tatsächlich einen Fall des „privatrechtsgestaltenden Verwaltungsakts“ darstellen (A.). Denn nur dann stellt sich die Frage, ob sich aus dem privatrechtsgestaltenden Charakter der regulierungsrechtlichen Maßnahmen dogmatische Besonderheiten für diese Art von Verwaltungsakten ergeben (B.). Neben den verwaltungsrechtlichen Fragen, die die privatrechtsgestaltenden Befugnisse des AEG aufwerfen, soll auch untersucht werden, wie sich ein solcher Verwaltungsakt zum Privatrecht verhält. Dabei geht es zum einem um den richtigen Prüfungs- und Gestaltungsmaßstab der Bundesnetzagentur, d.h. um die Frage, welches Recht die Bundesnetzagentur im Rahmen der Regulierung der privaten Rechtsverhältnisse anwenden darf. Zum anderem wird untersucht, wie sich der privatrechtsgestaltende Verwaltungsakt in das System des Privatrechts einfügt. Schließlich soll auf die Besonderheiten beim Rechtsschutz gegen privatrechtsgestaltende Verwaltungsakte im Eisenbahnrecht eingegangen werden (C.).

A. Übersicht über die privatrechtsgestaltenden Verwaltungsakte und ihre Wirkung

Die Wirkungen der Anordnungsverfügungen nach den §§ 14 ff. AEG werden unterschiedlich beurteilt, insbesondere die zivilrechtlichen Folgen der durch Verwaltungsakt auferlegten Handlungspflichten. Es werden „mittelbare“ und „unmittelbare“ privatrechtsgestaltende Wirkungen regulierungsbehördlicher Tätigkeit ausgemacht.[2] Oder es wird von der „vertragsersetzenden“ Wirkung eines Verwaltungsaktes ausgegangen, welche entweder beide Vertragsparteien bindet oder nur das EIU zur Abgabe eines Angebotes veranlassen soll.[3] Ein privatrechtsgestaltender Verwaltungsakt liegt vor, wenn ein Ver-

---

1 Siehe oben Teil 1. B.

2 SOLDNER, Liberalisierung des Eisenbahnwesens, S. 151.

3 Für eine Bindung beider Vertragspartner wegen der vertragsersetzenden Wirkung: SOLDNER, Liberalisierung des Eisenbahnwesens, S. 151; RUGE, DVBl. 2005, 1405

waltungsakt kraft einer gesetzlichen Grundlage eine unmittelbare verbindliche Wirkung auf dem Gebiet des Privatrechts herbeiführen soll, indem er ein Recht oder Rechtsverhältnis begründet, ändert oder aufhebt.[4] Fraglich ist, ob die einzelnen Befugnisse der Bundesnetzagentur und des EBA die Voraussetzungen eines „privatrechtsgestaltenden Verwaltungsakts" erfüllen.

I. Die privatrechtsgestaltenden Befugnisse der Bundesnetzagentur

1. Die Regulierungsbefugnisse nach § 14e Abs. 1 i.V.m. Abs. 3 AEG

Im Hinblick auf die Wirkung des Widerspruchs der Behörde ist zwischen der ablehnenden Entscheidung über einen Zugangsantrag (a), dem Abschluss eines Rahmenvertrages (b) und dem Aufstellen von SNB (c) zu differenzieren. Zunächst ist festzustellen, dass die schwebende Unwirksamkeit nach § 14e Abs. 2 AEG eine gesetzliche Einwirkung auf die Rechtsbeziehungen der Unternehmen ist. Sowohl die schwebende Unwirksamkeit von Mitteilungen als auch die schwebende Unwirksamkeit von Nutzungsbedingungen innerhalb der Prüffrist resultiert unmittelbar aus der gesetzlichen Regelung. Hier bedarf es keines Verwaltungsakts, um eine Wirkung im Privatrecht zu erzielen.[5] Jedoch könnten die verschiedenen Widersprüche nach § 14e Abs. 3 AEG eine privatrechtsgestaltende Regelung haben.

a) Der Widerspruch gegen ablehnende Entscheidungen über einen Zugangsantrag

Im Falle des Widerspruchs gegen eine ablehnende Entscheidung eines Antrags auf Zugang zur Infrastruktur nach § 14e Abs. 3 Nr. 1 i.V.m. § 14e Abs. 1 AEG richtet sich der Widerspruch gegen die Ablehnung des Zugangsantrags durch das EIU.

(1413); mangels Differenzierung wohl auch KÜHLING/ERNERT, NVwZ 2006, 33 (37); GERSTNER, in: HERMES/SELLNER, AEG-Kommentar, § 14f, Rn. 49. Dagegen: KRAMER, in: KUNZ (Hrsg.), Eisenbahnrecht Bd. I, § 14f AEG, Rn. 14.

4 Siehe Teil 1 B. III. 3.

5 Zur Sperrfrist des § 14e Abs. 2 AEG siehe oben Teil 2. C. I. 3. b).

aa) Die Rechtsnatur des Zugangsantrags nach § 6 Abs. 1 EIBV und dessen Ablehnung

Fraglich ist, ob der Widerspruch gegen eine ablehnende Zugangsentscheidung eine unmittelbare Wirkung auf dem Gebiet des Privatrechts hat. Dies hängt von der Rechtsnatur des Antrags nach § 6 EIBV sowie von dessen Ablehnung ab. Der Antrag auf Zuweisung einer Trasse nach dem AEG könnte ein „Angebot"[6] i.S.d. § 145 BGB sein.[7] Dessen Ablehnung könnte die „endgültige Verweigerung des Antragsempfängers [sein,] mit dem Antragenden einen Vertrag zu schließen“ [8] nach § 146 BGB.

Die Begrifflichkeit des „Antrags“ entstammt der Regelung des § 6 Abs. 1 S. 1 EIBV. Danach können Zugangsberechtigte jederzeit einen Antrag auf Zuweisung von Zugtrassen stellen.[9] Die Verwendung einer solchen Begrifflichkeit legt die Vermutung nahe, dass es sich um ein Instrument des Öffentlichen Rechts handelt. Bestärkt wird ein solches Verständnis dadurch, dass dem BdS die Verpflichtung obliegt, sich mit Anträgen zu beschäftigen und diese diskriminierungsfrei zu behandeln. Insoweit erinnert dies an einen dem einzelnen Bürger zustehenden Teilhabeanspruch gegenüber einer staatlichen Einrichtung, welcher ihm nur aus Sachgründen und nicht gleichheitswidrig verwehrt werden darf. [10] Jedoch sieht das AEG vor, dass die Zugangsgewährung immer erst im Wege des Privatrechts erfolgen soll. [11] Nur im Falle

---

6 Das Angebot wird definiert als empfangsbedürftige Willenserklärung, durch welche dem anderen ein Vertragsschluss so angetragen wird, dass nur von dessen Einverständnis das Zustandekommen des Vertrages abhängt. BROX/WALKER, BGB AT, Rn. 165.

7 Das BGB spricht in der Regelung des § 145 BGB eigentlich auch vom „Antrag“. Aus Gründen der Verständlichkeit wird hier das im juristischen Sprachgebrauch synonym verwendete Wort „Angebot“ benutzt.

8 So die Definition der „Ablehnung“ bei ECKERT, in: BAMBERGER/ROTH, BECK'scher OK BGB, § 146, Rn. 3. „Antragsempfänger“ und „Antragender“ sind in der Definition im Sinne des BGB zu verstehen und beziehen sich nicht auf die Terminologie der EIBV.

9 Siehe oben Teil 2. B. II. 1.

10 Zum Inhalt des Zugangsrechts nach § 14 Abs. 1 AEG KRAMER, in: KUNZ (Hrsg.), Eisenbahnrecht Bd. I, § 14 AEG, Rn. 7. Zur teilhaberechtlichen Dimension dieses Rechts siehe SERONG, in: KUNZ (Hrsg.), Eisenbahnrecht Bd. II, § 3 AEG, Rn. 11.

11 KRAMER, in: KUNZ (Hrsg.), Eisenbahnrecht Bd. I, § 14 AEG, Rn. 48; GERSTNER, in: HERMES/SELLNER, BECK'scher AEG-Kommentar, § 14, Rn. 220. Siehe umfassend zum Zugangsanspruch oben Teil 2. B. I. 2.

des Scheiterns eines Vertragsschlusses oder im Falle eines Verstoßes gegen die zugangsrelevanten Vorschriften kommt es zur Maßgeblichkeit des Öffentlichen Rechts.

Angesichts dieser Vorrangkonstruktion[12] kann ein Antrag i.S.d. § 6 Abs. 1 EIBV nur eine privatrechtliche Handlung sein. Der Verordnungsgeber hat sich dafür entschieden, dass der Antrag kein Angebot i.S.d. § 145 BGB ist. Die Verordnungsbegründung stellt klar, dass der Antrag lediglich eine „Aufforderung zur Abgabe eines Angebotes" [13] seitens des BdS ist. Der Antrag ist nur eine „invitatio ad offerendum"[14] und kein Angebot, d.h. keine „einseitige, empfangsbedürftige, auf Vertragsschluss gerichtete Willenserklärung" [15] nach § 145 BGB. Eine „invitatio ad offerendum" ist eine geschäftsähnliche Handlung, für welche die Vorschriften über Rechtsgeschäfte grundsätzlich entsprechende Anwendung finden.[16] Die Ablehnung eines solchen Antrags kann daher eigentlich keine Ablehnung i.S.d. § 146 BGB sein.

Allerdings steht es dem BdS nicht frei, ob er auf einen solchen Antrag reagiert oder nicht. Nach § 8 Abs. 1 S. 2 Nr. 7 EIBV muss er den Antrag bei der Erstellung des Netzfahrplans berücksichtigen. Er muss im Falle einer ablehnenden Entscheidung diese Entscheidung auch dem Zugangspetenten mitteilen. Zusätzlich bestimmen die Mitteilungspflichten des § 14d S. 1 Nr. 1 - 3 AEG, dass der BdS nicht nur die Ablehnung als solche gegenüber der Regulierungsbehörde anzuzeigen, sondern diese gem. § 14d S. 2 AEG auch besonders zu begründen hat. [17] Damit treffen den BdS zwei Mitteilungs-

---

12 Von KRAMER, in: KUNZ (Hrsg.), Eisenbahnrecht Bd. I, § 14f AEG, Rn. 5 auch „Vorrang des Vereinbarungsprinzips" genannt.

13 BR-Drs. 249/05, S. 39; DÖBBER, in: KUNZ (Hrsg.), Eisenbahnrecht Bd. II, § 6 EIBV, Rn. 3.

14 BORK, in: STAUDINGER (Hrsg.), Kommentar zum BGB, § 145, Rn. 3 beschreibt die „invitatio ad offerendum" als Situation, in der „jemand selbst noch kein Angebot abgeben will, sondern den anderen zur Abgabe eines Angebots auffordert."

15 So die Definition bei ECKERT, in: BAMBERGER/ROTH, BECK'scher OK BGB, § 145, Rn. 30.

16 Seiler, in: SÄCKER/RIXECKER, Münchener Kommentar zum BGB, Bd. 4, § 663 BGB, Rn. 10. Solche Handlungen sind Willensäußerungen oder Mitteilungen, an die das Gesetz Rechtsfolgen knüpft, ohne dass diese vom Äußernden gewollt sein müssen. So BROX/WALKER, BGB AT, Rn. 95.

17 KRAMER, in: KUNZ (Hrsg.), Eisenbahnrecht Bd. I, § 14d AEG, Rn. 3.

pflichten: Zum einen eine Pflicht zur Mitteilung gegenüber der Behörde aus § 14d AEG und zum anderen eine Pflicht zur Mitteilung der ablehnenden Entscheidung gegenüber dem Zugangspetenten.

Aus der Systematik der Mitteilungspflichten nach § 14d AEG und § 8 Abs. 1 S. 2 Nr. 7 EIBV i.V.m. den Regulierungsbefugnissen ergibt sich, dass der Antrag als bloße Aufforderung zur Abgabe eines Angebots nur dem Zugang begehrenden Unternehmen zugutekommen kann. Die Mitteilungen des BdS müssen eine verbindliche Entscheidung über einen Antrag nach § 6 Abs. 1 EIBV enthalten, da sie z.B. eine Voraussetzung für das Einschreiten der Regulierungsaufsicht nach § 14e AEG sind. Zudem setzt auch ein Verfahren nach § 14f Abs. 2 AEG voraus, dass keine Einigung zwischen den Beteiligten erfolgt ist.[18] Um eine Regulierung nach diesen Vorschriften zu ermöglichen, bedarf es einer abschließenden Entscheidung des BdS. Der mangelnde Rechtsbindungswille einer „invitatio ad offerendum" kommt für das Infrastrukturunternehmen nicht zum Tragen. Es ist durch Rechtssatz verpflichtet, eine verbindliche Entscheidung zu treffen. Im Falle einer Ablehnung verweigert es den Vertragsschluss mit dem Zugangspetenten. Diese endgültige Verweigerung eines Zugangsantrags entspricht einer Ablehnung i.S.d. § 146 BGB.

bb) Die Wirkung des Widerspruchs

Die gesetzliche Sperrwirkung des § 14e Abs. 2 Nr. 1 AEG verhindert zunächst, dass eine endgültige Verweigerung eintritt. Die Regelung blockiert zeitlich befristet das einseitige Rechtsgeschäft[19] des EIU. Der Widerspruch der Behörde hat zur Folge, dass die Ablehnung des Antrags endgültig nicht erfolgen kann. Insofern hat der Widerspruch eigentlich eine privatrechtsgestaltende Wirkung. Der Widerspruch führt zur Unwirksamkeit des einseitigen Rechtsgeschäftes. Doch die unmittelbare Veränderung der Rechtslage besteht nur darin, dass er die Vornahme einer rechtsgeschäftlichen Handlung verhindert. Das Ziel, die Annahme des Angebots zu erreichen, kann der Widerspruch alleine nicht gewährleisten. Insofern ist eine rechtsgestaltende Wirkung nicht als solche in dieser Art des Widerspruchs bzw. in der gesetzlichen Ermächtigung angelegt. Der Widerspruch hat nicht die

18 KRAMER, in: KUNZ (Hrsg.), Eisenbahnrecht Bd. I, § 14f AEG, Rn. 5.

19 Die Ablehnung ist ein einseitiges Rechtsgeschäft. ECKERT, in: BAMBERGER/ROTH, BECK'scher OK BGB, § 146, Rn. 5.

sofortige Begründung eines Rechts- bzw. Vertragsverhältnisses zur Folge. Die Wirkung des Widerspruchs ist nur ein Rechtsreflex, der aus dem Zusammenwirken der gesetzliche Sperrwirkung des § 14e Abs. 2 Nr. 1 AEG und den Rechtsfolgen des Widerspruchs nach § 14e Abs. 3 AEG ergibt.

Dieses Ergebnis wird auch von der Vorschrift des § 14e Abs. 3 Nr. 1 AEG gestützt. Die Bundesnetzagentur kann nach dessen Wortlaut das jeweilige EIU nur verpflichten, „unter Beachtung [der] Vorgaben [...] zu entscheiden". Dies ersetzt nicht die Abgabe einer neuen Willenserklärung seitens des EIU[20] und erzwingt nicht aus sich selbst heraus die Annahme des zuvor abgelehnten Antrags des EVU. Der Verwaltungsakt spricht lediglich das Gebot aus, den Antrag nicht abzulehnen, bzw. das Verbot, diesen abzuweisen. Die Durchsetzung des Widerspruchs bedarf noch einer Vollstreckungshandlung, so dass es an der für einen privatrechtsgestaltenden Verwaltungsakt notwendigen „Unmittelbarkeit" fehlt.[21] Es fehlt hier im Gesetz an der Verknüpfung von behördlicher Entscheidung und sofortiger Änderung der Privatrechtslage. Daher ist der Widerspruch gegen ablehnende Entscheidungen des Antrags auf Zuweisung einer Zugtrasse oder auf Zuweisung von Kapazitäten für den Gelegenheitsverkehr nicht als ein privatrechtsgestaltender Verwaltungsakt zu qualifizieren.

b) Der Widerspruch bei Ablehnung eines Rahmenvertrags

Bei der beabsichtigten Entscheidung, einen Rahmenvertrag nach § 14a AEG abzuschließen, handelt es sich um eine empfangsbedürftige Willenserklärung auf Seiten des EIU, d.h. die vorbehaltslose inhaltliche Akzeptanz des Antrags.[22] Die Annahme ist Teil des zweiseitigen Rechtsgeschäfts „Vertrag".[23] Der Annahme ist schon ein Antrag auf Abschluss eines Vertrages vorausgegangen. Im Gegensatz zur Ablehnung eines Antrags hat der Widerspruch gegen die Annahme eines Angebots auch Auswirkungen auf die

20 So auch KRAMER, in: KUNZ (Hrsg.), Eisenbahnrecht Bd. I, § 14e AEG, Rn. 6, der sogar von einem „Kontrahierungszwang" spricht. Dieser sei jedoch lediglich „faktisch".

21 Siehe oben Teil 1. B. III. 3. d).

22 ECKERT, in: BAMBERGER/ROTH, BECK'scher OK BGB, § 146, Rn. 9.

23 Allgemein zum zweiseitig begründeten Schuldverhältnis P. HUBER, in: STAUDINGER (Hrsg.), Eckpfeiler, D., Inhalt der SV, Rn. 14.

Willenserklärung des EVU, weil durch die Ablehnung der Antrag erlischt.[24] Der Widerspruch der Behörde könnte eine privatrechtsgestaltende Maßnahme sein, die beide Willenserklärungen der kontrahierungswilligen Vertragsparteien betrifft.[25]

Der Widerspruch entscheidet über die endgültige Unwirksamkeit des Rechtsgeschäfts. Ohne einen Widerspruch besteht nur die durch § 14e Abs. 2 Nr. 1 AEG begründete und befristete schwebende Unwirksamkeit der Annahmeerklärung. Dies ergibt sich aus der Systematik des § 14e Abs. 2 und Abs. 3 AEG. Nach 14e Abs. 3 Nr. 1 AEG wird die Rechtsfolge des Widerspruchs auf eine Entscheidung des EIU unter Beachtung der Vorgaben der Regulierungsbehörde begrenzt. Eine solche Maßnahme richtet sich allein gegen das EIU. Eine zielgerichtete Gestaltung der Vertragsverhältnisse soll der Behörde gerade nicht eingeräumt werden. Sie kann das EIU nur verpflichten, einen Rahmenvertrag nicht oder unter anderen Bedingungen abzuschließen. Es bedarf aber in jedem Fall einer neuen Entscheidung des EIU, welches eine Willenserklärung abgeben muss, die den behördlichen Vorgaben entspricht. Wie im Falle des Widerspruchs gegen die Ablehnung eines Zugangsantrags, fehlt es an der „Unmittelbarkeit" für das Vorliegen einer privatrechtsgestaltenden Maßnahme.

Dieses Ergebnis folgt auch aus dem im Gesetz angelegten Adressatenkreis eines solchen Widerspruchs. Bei einer privatrechtsgestaltenden Maßnahme müsste auch das EVU Adressat des Widerspruchs sein. Aus dem Wortlaut des § 14e Abs. 3 Nr. 1 AEG geht nicht eindeutig hervor, wer Adressat der Maßnahme ist. Dies ergibt sich aber aus der Systematik des § 14e Abs. 3 AEG. § 14e Abs. 3 Nr. 1 AEG verweist auf § 14e Abs. 1 AEG, welcher wiederum auf den „Eingang einer Mitteilung nach § 14d AEG" verweist. Diese Mitteilungspflichten [26] richten sich an (öffentliche) [27] EIU. Diese systematische Verflechtung des Widerspruchs mit den Mitteilungspflichten

---

24 So allgemein für die Ablehnung eines Antrags BORK, in: STAUDINGER (Hrsg.), Kommentar zum BGB, § 146, Rn. 9.

25 Der Widerspruch gegen die Vertragsannahme ist in seiner Wirkung jedenfalls auf den konkreten, abgelehnten Vertrag begrenzt. Das Aushandeln eines neuen, auf anderen tatsächlichen und rechtlichen Grundlagen beruhenden Vertrags ist durch den Widerspruch nicht ausgeschlossen. KRAMER, in: KUNZ (Hrsg.), Eisenbahnrecht Bd. I, § 14e AEG, Rn. 6.

26 Siehe oben zu den Mitteilungspflichten Teil 2. C. I. 1. b).

27 Siehe oben zum Begriff des „öffentlichen Eisenbahnunternehmens" Teil 2. A. III.4.

ergibt, dass nur ein EIU Adressat eines Widerspruchs sein kann. Die Möglichkeit, unmittelbar auf die Gestaltung des Rahmenvertrages Einfluss zu nehmen, enthält § 14e Abs. 3 Nr. 1 AEG nicht.

c) Der Widerspruch gegen SNB/NBfS

Wenn ein Widerspruch der Behörde gegen SNB bzw. NBfS nach § 14e Abs. 1 Nr. 4 i.V.m. Abs. 3 Nr. 2 AEG ergeht, dann hat dies zur Folge, dass die neugefassten oder geänderten Nutzungsbedingungen nicht in Kraft treten. Damit ist ein endgültiges Nicht-Inkrafttreten gemeint.[28] Die privatrechtliche Wirkung richtet sich bei dieser Entscheidung danach, wie die SNB bzw. NBfS rechtlich zu bewerten sind. Wenn die SNB AGB i.S.d. §§ 305 ff. BGB sind, dann ist der Widerspruch privatrechtsgestaltend. Wenn man SNB nur öffentlich-rechtlich qualifiziert, wäre eine privatrechtsgestaltende Wirkung ausgeschlossen.

Die EIBV setzt in § 4 EIBV voraus, dass die SNB AGB sein können, dies aber nicht sein müssen. Der Begriff der SNB ist in der Verordnung weiter als der Begriff der AGB. So sieht § 4 Abs. 2 EIBV vor, dass SNB die Mindestangaben für Pflichtleistungen für die Benutzung von Zugtrassen und sonstigen von der EIBV vorgeschriebenen Angaben enthalten müssen sowie die AGB. Das BVerwG differenziert bei SNB zwischen SNB „im engeren" und „im weiteren Sinne".[29] Dieses Differenzierung hat jedoch nicht zur Folge, dass SNB teilweise AGB sind und teilweise nicht. Vielmehr sind SNB in ihrer Gesamtheit als AGB zu qualifizieren. [30] Der Widerspruch verhindert unmittelbar die wirksame Einbeziehung der widersprochenen AGB in neue Vertragsbeziehungen.[31] Dies bewirkt eine verbindliche Änderung der mate-

---

28 In § 59 Abs. 3 Nr. 2 ERegG-E enthält der Gesetzesentwurf den neuen Zusatz, dass die entsprechenden SNB, etc. „nicht angewendet werden" dürfen. Dieser Hinweis ist angesichts der privatrechtsgestaltenden Wirkung des Widerspruchs überflüssig. Eine Begründung für die Einführung dieser Wendung enthält der Referentenentwurf nicht. Es kann nur vermutet werden, dass der Zusatz der Klarstellung dient und die privatrechtsgestaltende Wirkung unterstreicht. BR-Drs. 559/12, S. 215 f.

29 BVerwG NVwZ 2012, 307 (310), Rn. 28.

30 Siehe dazu ausführlich oben Teil 2. B. III. 3. b).

31 Für KRAMER, in: KUNZ (Hrsg.), Eisenbahnrecht Bd. I, § 14e AEG, Rn. 7 ist der Widerspruch nach § 14e AEG kraft Gesetzes sofort vollziehbar.

riellen Rechtslage.[32] § 14e Abs. 3 Nr. 2 AEG sieht auch kein „Dazwischenschalten“ des EIU nach dem Vorbild des § 14e Abs. 3 Nr. 1 AEG vor. Die privatrechtliche Rechtsfolge ist für diesen Fall des Widerspruchs explizit das „Nicht-In-Kraft-Treten". Daher ist von einem privatrechtsgestaltenden Verwaltungsakt auszugehen.

2. Die Befugnisse nach § 14f AEG

a) Die Entstehungsgeschichte des § 14f AEG im Hinblick auf die Möglichkeiten zur Privatrechtsgestaltung

Nach der Rechtslage vor dem zweiten Änderungsgesetz eisenbahnrechtlicher Vorschriften konnte das damals noch zuständige EBA bezüglich der Gewährung des diskriminierungsfreien Zugangs nur entscheiden, wenn ein beteiligtes Unternehmen einen Antrag auf Überprüfung stellte. [33] Das Änderungsgesetz sollte das EBA in die Lage versetzen, antragsunabhängig zu regulieren. Es sollte die Möglichkeit haben, bei Beeinträchtigungen des Rechts auf Zugang zur Infrastruktur, dem EIU aufzugeben, die Beeinträchtigung zu unterlassen.[34] Nach der Vorstellung des Gesetzgebers sollte das behördliche Eingreifen keine Einwirkung auf die einzelnen Trassennutzungsverträge haben. Eine solche Wirkung sollte, nach wie vor, allein der behördlichen Entscheidung im Rahmen eines Antragsverfahrens vorbehalten bleiben.[35] Eine unmittelbar privatrechtsgestaltende Wirkung wurde dadurch ausgeschlossen.

Im Zuge des Dritten Änderungsgesetzes ist die Regelung des § 14f AEG allerdings völlig neu ausgestaltet worden, insbesondere § 14f Abs.1 AEG. Während sich die Befugnisse nach § 14f Abs. 2 i.V.m. Abs. 3 AEG und § 14e AEG noch in den Gesetzesmaterialien nachweisen lassen, ist die Regelung

---

32 Die alten Nutzungsbedingungen gelten fort, soweit die Regulierungsbehörde den Neuerungen widersprochen hat. KÜHLING/ERNERT, NVwZ 2006, 33 (37).

33 BT-Drs. 14/6929, S. 12.

34 BT-Drs. 14/6929, S. 7. Der Wortlaut des § 14 Abs. 3a AEG a.F., insbesondere die Wendung „Beeinträchtigung des Rechts auf Zugang zur Eisenbahninfrastruktur“, weist eine Teilidentität mit dem aktuellen § 14f Abs. 3 AEG auf.

35 BT-Drs. 14/6929, S. 12. GERSTNER, in: HERMES/SELLNER, AEG-Kommentar, § 14f, Rn. 11.

des § 14f Abs. 1 AEG in seiner konkreten Erscheinung allein das Produkt der Arbeit des Vermittlungsausschusses.[36]

Die behördliche Kompetenz sollte sich noch nach der alten Gesetzesbegründung insbesondere auf die Untersagung von AGB konzentrieren, in denen technische oder betriebliche Anforderungen enthalten sind, die das erforderliche Maß überschreiten.[37]

Eine solche Beschränkung wurde mit dem dritten Änderungsgesetz aufgegeben. Die Gestaltung der Eingriffsbefugnisse nach diesem Änderungsgesetz ist keine Präzisierung des schon im vorangegangenen Gesetzgebungsverfahren zum Ausdruck gekommenen Willens,[38] sondern Ausfluss des Willens, eine stärkere und effektivere Regulierung zu schaffen. Dies belegt z.B. die Erweiterung des Verfahrens nach § 14f Abs. 2 AEG um die Möglichkeit, dass das Nichtzustandekommen eines Zugangsvertrages nunmehr von Amts wegen überprüft werden kann. Umfasst sind explizit auch Instrumente zur Privatrechtsgestaltung, welche Teil des Regulierungskonzepts sind.[39]

b) Die Befugnisse nach § 14f Abs. 1 AEG

aa) Privatrechtsgestaltende Wirkung?

Es ist zwischen den Befugnissen nach § 14f Abs. 1 AEG und § 14f Abs. 3 i.V.m. Abs. 2 AEG zu unterscheiden.[40] § 14f Abs. 1 S. 1 AEG erlaubt es der Bundesnetzagentur, die SNB und NBfS sowie die Zusammensetzung der Entgelte zu überprüfen. Nach S. 2 kann sie die EIU verpflichten, diese mit Wirkung für die Zukunft nach ihren Maßgaben abzuändern (Nr. 1) oder diese „nur" für ungültig zu erklären (Nr. 2).

---

36 So sollte die Kontrolle auf Antrag eines Unternehmens eigentlich die Aufgabe des EBA sein gem. § 14a AEG des Entwurfs. Die Vorabregulierung sollte Aufgabe der neu zu schaffenden Trassenagentur nach § 6 BEVVG des Entwurfs sein. BT-Drs. 15/3280, S. 8 f. und 10 f.

37 Zudem sollte sich die Aufsicht der Behörde auf die Untersagung von Trassenpreissystemen beschränken, die den diskriminierungsfreien Netzzugang beeinträchtigen. BT-Drs. 14/6929, S. 12.

38 So aber GERSTNER, in: HERMES/SELLNER, AEG-Kommentar, § 14f, Rn. 11.

39 Die „ex nunc"-Wirkung des § 14f Abs. 1 S. 2 AEG fand sich vorher nicht im Gesetz, ebenso wenig wie die Möglichkeit des „Diktats" von Bedingungen nach § 14f Abs. 3 Nr. 2 AEG.

40 Siehe oben Teil 2 C. I. 4.

aaa) Keine Privatrechtsgestaltung nach § 14f Abs. 1 S. 2 Nr. 1 AEG

Nach dem Wortlaut des § 14f Abs. 1 S. 2 Nr. 1 AEG kann die Regulierungsbehörde die EIU „zur Änderung der Bedingungen [...] nach ihren Maßgaben verpflichten". Dies erinnert an die Formulierung des § 14e Abs. 3 Nr. 1 AEG, der vorsieht, dass ein EIU „unter Beachtung der Vorgaben der Regulierungsbehörde zu entscheiden" hat. § 14e Abs. 3 Nr. 1 AEG bestimmt, dass das EIU neu entscheidet, wodurch dem EIU ein (begrenzter) Umsetzungsspielraum verbleibt.[41] Dies ist bei § 14f Abs. 1 S. 2 Nr. 1 AEG ähnlich. Hier wird das EIU zwar verpflichtet, die SNB oder Entgelte nach der Vorstellung der Regulierungsbehörde abzuändern, was ein „Diktieren" von Bedingungen mit einschließen kann.[42] Jedoch bedarf es auch hier einer Handlung des Adressaten, d.h. einer neuen, geänderten Entscheidung. Das Gesetz erlaubt es der Bundesnetzagentur nicht, die Vertragsbedingungen in der Weise vorzugeben, dass diese unmittelbar zwischen den Parteien kraft des Verwaltungsakts gelten. Sie kann die Unternehmen lediglich verpflichten, einen Vertrag nach ihren Vorstellungen zu modifizieren. Eine unmittelbare Änderung der Rechtslage erfolgt durch einen solchen Verwaltungsakt nicht.

bbb) Privatrechtsgestaltung nach § 14f Abs. 1 S. 2 Nr. 2 AEG

In § 14f Abs. 1 S. 2 Nr. 2 AEG ist die Privatrechtsgestaltung hingegen vorgesehen. Hier kann die Bundesnetzagentur in Form eines hinsichtlich der Privatautonomie weniger invasiven Eingriffs,[43] lediglich die Ungültigkeit existierender SNB erklären. Die Erklärung der Ungültigkeit hat eine unmittelbare Nichtigkeit der Klauseln zur Folge. Das Gesetz verlangt nämlich nicht, dass die Bundesnetzagentur dem Unternehmen ein noch zu vollstreckendes Gebot auferlegt, sondern knüpft die Rechtsfolge an den zu erlassenden Verwaltungsakt. Zudem ist die behördliche Entscheidung über die Rechtmäßigkeit einer bestimmten Vertragsklausel kein Ausspruch eines noch zu vollstreckenden Ge- oder Verbots. Die Vollstreckung einer

---

41 Dies bestätigt auch § 14e Abs. 3 Nr. 2 AEG, wonach die Bundesnetzagentur nur im Wege der Vorabprüfung den SNB gestaltend widersprechen kann, ohne jedoch einzelne Bedingungen vorgeben zu können. OVG NRW, Urteil vom 23.09.2010, 13 A 172/10, Rn. 129 ff. (JURIS).

42 KRAMER, in: KUNZ (Hrsg.), Eisenbahnrecht Bd. I, § 14f AEG, Rn. 4.

43 KRAMER, in: KUNZ (Hrsg.), Eisenbahnrecht Bd. I, § 14f AEG, Rn. 4. Im Hinblick auf die Wirkungsweise ist der Ungültigkeitserklärung dagegen einschneidender, da die Rechtslage unmittelbar umgestaltet wird.

Ungültigkeitserklärung ist schon logisch nicht vorstellbar. Die Ungültigkeitserklärung ist auch kein feststellender Verwaltungsakt, der nur wiederholt, was *de lege lata* bereits gilt[44], da er auf die Änderung der materiellen Rechtslage zielt.[45]

Beide Regulierungsvarianten nach § 14f Abs. 1 S. 2 AEG greifen in existierende Vertragsverhältnisse ein, doch ist lediglich die Ungültigkeitserklärung nach § 14f Abs. 1 S. 2 Nr. 2 AEG auch ein privatrechtsgestaltender Verwaltungsakt.

bb) Die ex nunc-Wirkung als Ausschluss der unmittelbar privatrechtsgestaltenden Wirkung?

Die Wirkung einer Maßnahme nach § 14f Abs. 1 S. 2 AEG gilt nach dem Wortlaut nur mit „Wirkung für die Zukunft". Es ist fraglich, ob die Wirkung in dem Maße „unmittelbar" ist, dass von einem privatrechtsgestaltenden Verwaltungsakt ausgegangen werden kann. Denn nur wenn der Widerspruch mit Wirksamkeit die materielle Privatrechtslage ändert, liegt ein privatrechtsgestaltender Verwaltungsakt vor. Es ist jedoch umstritten, wie genau der § 14f Abs. 1 AEG wirkt. Es wird vertreten, dass § 14f Abs. 1 AEG nicht zu einem Eingriff in bestehende Verträge ermächtigt. Die Änderungen fänden dann erst auf neue, noch zu schließende Verträge Anwendung.[46] Dies ist abzulehnen. Die Wendung „mit Wirkung für die Zukunft" ist lediglich so zu verstehen, dass sie nur die ex tunc-Wirkung ausschließt.[47] Die Ungültigkeitserklärung der Bedingungen oder Entgelte wirkt im Interesse des Vertrauensschutzes und der Rechtssicherheit zwar nicht auf den Zeitpunkt des Vertragsschlusses zurück, ist aber ab Erlass des Verwaltungsakts wirksam. Denn § 14f Abs. 1 AEG sieht nicht vor, dass eisenbahnrechtswidrige

---

44 Allgemein zum feststellenden Verwaltungsakt MAURER,Allg. VwltgsR, § 9, Rn. 46.

45 Feststellenden Verwaltungsakten fehlt es an einer beabsichtigten Änderung der materiellen Rechtslage. U.STELKENS, in: STELKENS/BONK/SACHS, VwVfG Kommentar, § 35, Rn. 219.

46 Steabe, in: SCHMITT/STAEBE, Einführung in das Eisenbahn-Regulierungsrecht, Rn. 548, jedoch ohne nähere Begründung. BREDT, DÖV 2010, 430 (432) lehnt allgemein das Vorliegen eines privatrechtsgestaltenden Verwaltungsakts nach § 14f Abs. 1 AEG ab, weil diese Regelung eben nicht zum Eingriff in bestehende Verträge ermächtige. Zudem mache eine kurze Vertragsdauer dies entbehrlich.

47 So wohl auch KRAMER, in: KUNZ (Hrsg.), Eisenbahnrecht Bd. I, § 14f AEG, Rn. 4.

Zustände aufrechterhalten werden, sondern dient gerade einer effektiven und effizienten Regulierung.

Auch die abgestufte Eingriffsintensität der Vorab-Regulierung im Vergleich zur nachträglichen Regulierung zeigt dies deutlich. Der Aufsichtsbehörde werden ex post viel einschneidendere Instrumente zur Verfügung gestellt als ex ante. Den Besonderheiten des Vertrauensschutzes wird zudem ausreichend dadurch Rechnung getragen, dass Dispositionen nun nicht mehr in Unkenntnis der Eisenbahnrechtswidrigkeit von Vertragsklauseln getätigt werden können. Für ein solches Verständnis spricht auch die Entstehungsgeschichte, da noch im Rahmen des Zweiten Eisenbahnänderungsgesetzes eine Wirkung auf einzelne Trassennutzungsverträge in der Gesetzesbegründung ausdrücklich ausgeschlossen wurde.[48] Diese Einschränkung wurde aber im Dritten Gesetz zur Änderung eisenbahnrechtlicher Vorschriften aufgegeben. Vielmehr hat der § 14f Abs. 1 AEG dort erst seine aktuelle Gestalt erhalten. Der Gesetzgeber ist von seiner ursprünglichen Position deutlich zugunsten einer tiefgreifenden Regulierung abgerückt. Die Ungültigkeitserklärung wirkt unmittelbar privatrechtsgestaltend.

c) Die Befugnisse nach § 14f Abs. 2 i.V.m. Abs. 3 AEG

aa) Die privatrechtsgestaltende Wirkung des § 14f Abs. 3 AEG

Die Befugnisse nach § 14f Abs. 2 i.V.m. Abs. 3 AEG ähneln in ihrer Struktur den Befugnissen nach § 14f Abs. 1 S. 2 AEG. Danach kann die Behörde, wenn eine vertragliche Vereinbarung i.S.d. § 14 Abs. 6 AEG oder ein Rahmenvertrag nach § 14a AEG nicht zu Stande kommt, das EIU zur Änderung der Entscheidung verpflichten (Nr.1) oder die Vertragsbedingungen festlegen, über die Geltung des Vertrags entscheiden und entgegenstehende Verträge für unwirksam erklären (Nr. 2).

Die Verpflichtung zur Abänderung der ablehnenden Zugangsentscheidung nach § 14f Abs. 3 Nr. 1 AEG statuiert die Pflicht zum Abschluss eines Vertrages. Einem EIU wird durch Verwaltungsakt ein Kontrahierungszwang auferlegt, ohne dass die Vertragsinhalte im Einzelnen näher bestimmt werden müssen. § 14f Abs. 3 Nr. 1 AEG nimmt auf die ablehnenden „Entscheidungen“ des EIU nach § 14f Abs. 2 AEG Bezug. Damit wird die Behörde zwar in privatrechtlich relevanter Weise tätig, da der Regelungsgehalt der

48 BT-Drs. 14/6929, S. 12.

Maßnahme auf die Vornahme eines zivilrechtlichen Rechtsgeschäfts gerichtet ist, jedoch tritt der Vertrag hier nicht unmittelbar durch die behördliche Anordnung in Kraft. Ein bloßer Kontrahierungszwang in Form einer Pflicht zum Abschluss eines Vertrages ist kein durch die Behörde unmittelbar durch Verwaltungsakt geschaffenes Vertragsverhältnis.

Ein „Paradebeispiel" für das Vorliegen unmittelbar privatrechtsgestaltender Befugnisse im Gesetz ist hingegen § 14f Abs. 3 Nr. 2 AEG. Dort kann[49] nicht nur der Vertragsschluss explizit angeordnet werden, sondern es kann auch die gesamte Gestaltung des Vertrages von Seiten der Behörde einseitig geregelt werden. Die Behörde hat zudem die Möglichkeit, über die Geltung des Vertrages und über die Geltung möglicherweise entgegenstehender, dritter Verträge zu entscheiden. Eine derart umfassende Einwirkung auf die Privatautonomie der betroffenen Wirtschaftsteilnehmer ist, zumindest für das Eisenbahnrecht, einzigartig. Der Gesetzgeber hat diese weitreichenden Gestaltungsmöglichkeiten der Behörde ausdrücklich benannt und benennen müssen. Denn gerade die letzte Möglichkeit, andere Rechtsverhältnisse als das zwischen Antragsteller und EIU mitgestalten zu können, hätte in den übrigen Befugnisnormen keine hinreichende Grundlage gefunden und damit den Anforderungen an die Bestimmtheit nicht genügt.[50] Bemerkenswert ist zudem, dass einem Verfahren nach § 14f Abs. 3 i.V.m. Abs. 2 AEG die Wirkung nicht auf die Zukunft beschränkt ist, wie bei einer Maßnahme nach § 14f Abs. 1 S. 2 AEG. Die Bundesnetzagentur kann grundsätzlich auch Anordnungen mit ex tunc-Wirkung treffen.

bb) Eingreifermessen bei Maßnahmen nach § 14f Abs. 3 AEG?

Ob § 14f Abs. 3 AEG der Bundesnetzagentur ein Eingreifermessen zugesteht, wird unterschiedlich beurteilt. Ein solches Ermessen ist bei Maßnahmen nach § 14f Abs. 1 AEG unzweifelhaft gegeben.[51] Da aber § 14f Abs. 3 AEG nicht von „kann" spricht, wird vermutet, dass bei Beeinträchtigungen des Eisenbahnrechts eine der Maßnahmen des § 14f Abs. 3 AEG durch die Bundesnetzagentur vorgenommen werden müsse. Die Behörde habe lediglich ein Auswahlermessen im Rahmen der von § 14f Abs. 3 AEG vorgegebenen

---

49 Zur Frage des Ermessens sogleich Teil 3. A. I. 2. c) bb).

50 Siehe zu den Bestimmtheitsanforderungen privatrechtsgestaltender Befugnisnormen Teil 1. B. III 3. a) aa).

51 Der relevante Wortlaut ist „Die Regulierungsbehörde kann [...]."

Maßnahmen.[52] Dem wird entgegengehalten, dass der Wortlaut der Norm „offen und auslegungsbedürftig“ sei, weshalb insbesondere auf die Systematik der §§ 14 ff. AEG zurückzugreifen sei, aus der sich ein solches Ermessen ergebe.[53]

Eine Maßnahme nach § 14f Abs. 3 AEG kann nur in einem Verfahren nach § 14f Abs. 2 AEG ergehen. Letzterer spricht davon, dass die Regulierungsbehörde „Entscheidungen“ der EIU auf Antrag oder von Amts wegen[54] überprüfen kann. Ein solches Verfahren wird die Bundesnetzagentur erst einleiten, wenn sie vom Vorliegen eines Eisenbahnrechtsverstoßes überzeugt ist. Ein Eingreifermessen bei Vorliegen eines Verstoßes gegen das Eisenbahnrecht ist angesichts des Gesamtkonzepts dieses besonderen Verfahrens ausgeschlossen. Denn wirksamer Wettbewerb kann nur entstehen, wenn diskriminierende und intransparente Maßnahmen konsequent abgestellt werden. Eine solche Deutung ergibt sich auch aus den unionsrechtlichen Vorgaben. Nach Art. 56 Abs. 9 UAbs. 3 der RL 2012/34/EU entscheidet die Regulierungsstelle bei einer „Beschwerde wegen der Verweigerung der Zuweisung von Fahrwegkapazität oder wegen der Bedingungen eines Angebots an Fahrwegkapazität [...], dass keine Änderung der Entscheidung des Infrastrukturbetreibers erforderlich ist, oder [sie] schreibt eine Änderung dieser Entscheidung gemäß den Vorgaben der Regulierungsstelle vor." Das Unionsrecht verlangt in jedem Fall eine Entscheidung der Bundesnetzagentur.[55] Die Bundesnetzagentur hat jedoch ein Auswahlermessen hin-

52 So SCHMITT, in: SCHMITT/STAEBE, Einführung in das Eisenbahn-Regulierungsrecht, Rn. 641. Wohl auch GERSTNER, in: HERMES/SELLNER, AEG-Kommentar,§ 14f, Rn. 47. A.A. KRAMER, in: KUNZ (Hrsg.), Eisenbahnrecht Bd. I, § 14f AEG, Rn. 6.

53 So das VG Köln, Beschluss vom 26.04.2012, 18 L 476/12, Rn. 30 ff. (JURIS).

54 SCHMITT, in: SCHMITT/STAEBE, Einführung in das Eisenbahn-Regulierungsrecht, Rn. 642 erkennt darin ein „Aufgreifermessen". Nach KRAMER, in: KUNZ (Hrsg.), Eisenbahnrecht Bd. I, § 14f AEG, Rn. 5 soll die Bundesnetzagentur durch die Einleitung eines Verfahrens auch dann tätig werden können, wenn sie auf andere Weise von Netzzugangstreitigkeiten erfährt.

55 Auch der Art. 56 Abs. 6 der RL 2012/34/EU spricht gegen ein Eingreifermessen. Danach hat die Regulierungsstelle zu gewährleisten, dass „die vom Infrastrukturbetreiber festgesetzten Entgelte dem Kapitel IV Abschnitt 2 entsprechen und nichtdiskriminierend sind. Verhandlungen zwischen Antragstellern und einem Infrastrukturbetreiber über die Höhe von Wegeentgelten sind nur zulässig, sofern sie unter Aufsicht der Regulierungsstelle erfolgen. Die Regu-

sichtlich der zu ergreifenden Maßnahmen nach § 14f Abs. 3 Nr. 1 und Nr. 2 AEG.[56]

cc) Adressaten der Maßnahmen nach § 14f Abs. 3 AEG

Uneinheitlich wird auch die Frage beurteilt, wer Adressat einer privatrechtsgestaltenden Maßnahme nach § 14f Abs. 3 Nr. 2 AEG ist. In der als „Extremfall"[57] gekennzeichneten Situation wird dem Verwaltungsakt eine „vertragsersetzende Wirkung" zugeschrieben. Die Rechte und Pflichten der beteiligten Unternehmen ergeben sich aus der behördlichen Entscheidung.[58] Den Zwängen des Verwaltungsakts unterliegt nicht nur das EIU, sondern auch der Zugangsberechtigte. Es wird allerdings vertreten, dass eine solche Entscheidung für den Zugangsberechtigten ein Angebot darstellen soll, in dessen Annahme er frei bliebe.[59] Dies erscheint jedoch unbillig, da ein zugangsberechtigtes Unternehmen mit der Stellung eines Antrags nach § 14f Abs. 2 S. 1 AEG verdeutlicht, dass es einen eisenbahnrechtskonformen Zugangsvertrag abzuschließen wünscht. Insofern ist nicht ersichtlich, warum ein Zugangsberechtigter eine uneingeschränktes Recht zur Ablehnung eines behördlichen „Vertragsangebots" haben soll. Dadurch wird auch sichergestellt, dass das Verfahren nicht als wettbewerbliches Mittel im Kampf um Marktanteile eingesetzt wird. Als Adressat steht einem EVU der Rechtsschutz vor den Verwaltungsgerichten offen. Ein Recht, von (ggf. unrechtmäßigen) Anordnungen verschont zu bleiben, beinhaltet § 14f Abs. 3 AEG auch für EVU nicht.

---

lierungsstelle hat einzugreifen, wenn bei den Verhandlungen ein Verstoß gegen die Bestimmungen dieses Kapitels droht." So auch SCHMITT, in: SCHMITT/STAEBE, Einführung in das Eisenbahn-Regulierungsrecht, Rn. 641, allerdings noch mit Bezugnahme auf die RL 2001/14/EG.

56 SCHMITT, in: SCHMITT/STAEBE, Einführung in das Eisenbahn-Regulierungsrecht, Rn. 642.

57 GERSTNER, in: HERMES/SELLNER, AEG-Kommentar, § 14f, Rn. 46.

58 GERSTNER, in: HERMES/SELLNER, AEG-Kommentar, § 14f, Rn. 19.

59 So KRAMER, in: KUNZ (Hrsg.), Eisenbahnrecht Bd. I, § 14f AEG, Rn. 14 m.w.N.; PFLUG, Eisenbahnregulierung zwischen öffR und PR, S. 146.

dd) Nur einheitliche Entscheidung nach § 14f Abs. 3 Nr. 2 AEG?

Die Maßnahmen nach § 14f Abs. 3 Nr. 2 AEG sind privatrechtsgestaltende Verwaltungsakte, die keiner Vollstreckung bedürfen.[60] Fraglich ist, ob diese „Trias" privatrechtsgestaltender Maßnahmen nur einheitlich erfolgen kann.[61] In der Literatur wird zwischen diesen drei Maßnahmen kaum differenziert. Sie werden vielmehr als einheitliche Befugnis dargestellt.[62] Dies kann aber nicht überzeugen. Eine Ermessensbindung der Bundesnetzagentur dahin, dass sie bei Vorliegen einer Beeinträchtigung des Eisenbahnzugangsrechts immer alle drei Handlungen vornehmen müsse, führt zu einem Automatismus, der der Flexibilität der Regulierungsinstrumente nicht gerecht wird. § 14f Abs. 3 Nr. 2 AEG zeigt vielmehr das Spektrum der vom Gesetzgeber eingeräumten behördlichen Gestaltungsmacht gegenüber den privaten Wirtschaftssubjekten.

Die bisher unzureichende Differenzierung zwischen den verschiedenen Regulierungsinstrumenten zeigt sich nicht nur in der Wissenschaft, sondern auch in der Regulierungs- und Gerichtspraxis. So wurden in zwei Bescheiden der Bundesnetzagentur Maßnahmen „allgemein" auf § 14f Abs. 3 AEG gestützt. Diese wurden mit einer Zwangsgeldandrohung versehen.[63] Eine solche kann jedoch nur erfolgen, wenn es sich um eine Anordnung nach § 14f Abs. 3 Nr. 1 AEG handelt. Bei Anordnungen nach § 14f Abs. 3 Nr. 2 AEG handelt es sich um privatrechtsgestaltende Verwaltungsakte, die keiner Vollstreckung[64] bedürfen.[65]

3. Die Befugnis nach § 14c Abs. 1 AEG

Eine privatrechtsgestaltende Wirkung von Anordnungen im Rahmen der Generalklausel des § 14c Abs. 1 AEG ist in Anbetracht von dessen Wortlaut

60 KRAMER, in: KUNZ (Hrsg.), Eisenbahnrecht Bd. I, § 14f AEG, Rn. 14; KÜHLING/ERNERT, NVwZ 2006 33 (37).

61 Streng genommen müsste man hier von einem „Duo" sprechen, da es eigentlich keinen eigenständigen Anwendungsbereich der Handlungsvariante, „über die Geltung von Verträgen" zu entscheiden, gibt. Siehe oben Teil 2. C. I. 4. b). bb).

62 KRAMER, in: KUNZ (Hrsg.), Eisenbahnrecht Bd. I, § 14f AEG, Rn. 13; GERSTNER, in: HERMES/SELLNER, AEG-Kommentar, § 14f, Rn. 47.

63 VG Köln, Beschluss vom 26.04.2012, 18 L 476/12, Rn. 10 (JURIS); VG Köln, Beschluss vom 26.04.2012, 18 L 477/12, Rn. 7 (JURIS).

64 Für die Vollstreckung von Regulierungsmaßnahmen der Bundesnetzagentur sieht § 14c Abs. 4 AEG die Anwendbarkeit des VwVG vor.

65 KRAMER, in: KUNZ (Hrsg.), Eisenbahnrecht Bd. I, § 14f AEG, Rn. 14.

zumindest möglich. Die Generalklausel erlaubt es der Bundesnetzagentur, alle erforderlichen Maßnahmen zu ergreifen. Jedoch ist nach hier vertretener Auffassung ein Rückgriff auf die Generalklausel im Verhältnis zu §§ 14e und 14f AEG nur dann möglich, wenn diese keine Regelungen vorsehen bzw. der Anwendungsbereich durch die Systematik des AEG nicht bereits eingeschränkt ist.[66] Die §§ 14e und 14f AEG enthalten, ein abgestuftes System verschiedener unmittelbar privatrechtsgestaltender und (nur) privatrechtsrelevanter Maßnahmen, die in ihren Wirkungen genau festgelegt sind. Sie reichen vom Unwirksamerklären bis hin zum vollständigen Ersetzen vertraglicher Regelungen. Weitere Maßnahmen nach § 14c Abs. 1 AEG sind für den Bereich der Privatrechtsgestaltung durch die Bundesnetzagentur ausgeschlossen.[67] Das BVerwG selbst geht jedenfalls nicht von der Möglichkeit zum Erlass eines privatrechtsgestaltenden Verwaltungsakts auf Grundlage der Generalklausel aus. Vielmehr könne die Bundesnetzagentur einen Infrastrukturbetreiber nach § 14c Abs. 1 AEG nur verpflichten, eine bestimmte Klausel zu erlassen, müsse diese dann jedoch mit den Zwangsmitteln des VwVG durchsetzen.[68] Insofern scheidet auch nach der Rechtsprechung eine unmittelbare Privatrechtsgestaltung durch Verwaltungsakt aus.

4. Die Entgeltgenehmigung nach § 33 ERegG-E

Eine zentrale Änderung des regulatorischen Konzepts für die Aufsicht über den Zugang zur Eisenbahninfrastruktur im Gesetzesentwurf zum Eisenbahnregulierungsgesetz enthält § 33 ERegG-E. Dieser sieht eine Genehmigungspflicht für die Entgelte und Entgeltgrundsätze für die Erbringung von Pflichtleistungen der BdS sowie der Entgelte für den Zugang zu Personenbahnhöfen und der damit verbundenen Leistungen vor, § 33 Abs. 1 S. 1 ERegG-E.[69] Diese Genehmigung ist zu erteilen, soweit die Ermittlung der Entgelte den im ERegG-E normierten Anforderungen an die Entgelte entspricht. Die Erteilung der Genehmigung hat zur Folge, dass keine anderen Entgelte als die in der

---

66 Siehe 2.Teil C. I. 5.

67 Das BVerwG teilt diese Ansicht allerdings nur im Ansatz. Nach seiner Ansicht sei für eine zusätzliche Abänderungsbefugnis neben den speziellen Vorschriften nur im Regelfall kein Raum. BVerwG NVwZ 2012, 1541 (1547), Rn. 56 f. Ausführlich hierzu siehe oben Teil 2. C. I. 5. a).

68 BVerwG NVwZ 2012, 1541 (1547), Rn. 57 f.

69 BR-Drs. 559/12, S. 34.

Genehmigung bestimmten Entgelte erhoben werden dürfen, § 43 Abs. 1 S. 1 ERegG-E. Abweichende vertragliche Regelungen sind ipso iure insoweit unwirksam, § 43 Abs. 1 S. 2 ERegG-E.[70] Die Genehmigung legt unmittelbar die zwischen den Unternehmen zu verwendenden Entgelte fest, womit sie die Merkmale eines privatrechtsgestaltenden Verwaltungsakts verwirklicht. Dass sie eine solche Rechtsnatur hat, ergibt sich zudem daraus, dass die Regelung sich an den Vorschriften zur Entgeltgenehmigung im TKG orientiert.[71] Im TKG ist die privatrechtsgestaltende Natur der Genehmigung anerkannt.[72] Diese Regelung wird im Folgenden weiter berücksichtigt, obwohl sie noch kein geltendes Recht ist.[73]

5. Fazit

Die Bundesnetzagentur hat drei Ermächtigungsgrundlagen für den Erlass privatrechtsgestaltender Verwaltungsakte. Zudem hat sie die Möglichkeit, EIU zur Vornahme privatrechtlicher Maßnahmen zu verpflichten. Für die vorliegende Untersuchung von Relevanz sind nur die Anordnungen, in denen die Bundesnetzagentur unmittelbar die Privatrechtslage beeinflusst. Dies ist zum einen der Widerspruch gegen SNB bzw. NBfS sowie die darin enthaltenen Entgeltgrundsätze und Entgelthöhen im Rahmen der Vorab-Regulierung nach § 14e Abs. 3 Nr. 2 AEG. Mit dem Widerspruch treten die AGBs, soweit ihnen widersprochen wird, endgültig nicht in Kraft. Eine ähnliche privatrechtsgestaltende Wirkung hat die Anordnung im Rahmen der nachträglichen Regulierung nach § 14f Abs. 1 S. 2 Nr. 2 AEG. Die Bundesnetzagentur kann bereits bestehende und in Verträge einbezogene

70 BR-Drs. 559/12, S. 38.

71 Es ist sehr verwunderlich, dass ein entsprechender Hinweis in der Drucksache des Bundesrates zum ERegG-E fehlt. Siehe zur Entgeltgenehmigung im TKG unten Teil 4.B. II.2.

72 GEPPERT/HELMES, MMR 2007, 564; SCHUSTER/RUHLE, in: GEPPERT /PIEPENBROCK/SCHÜTZ/SCHUSTER, BECK´scher TKG-Kommentar, § 35, Rn. 11.

73 Ob die in § 7 Abs. 3 ERegG-E normierte Befugnis der Bundesnetzagentur standardisierte Angebote als Vertragsinhalt festzulegen, soweit diese zur Beseitigung von Zugangshemmnissen erforderlich sind, ein privatrechtsgestaltender Verwaltungsakt ist, kann hier nicht erörtert werden. Die Begründung des Gesetzesentwurfs weist jedoch darauf hin, dass es sich hier eher um eine Befugnis handelt, Defiziten in der Informationspolitik der EIU durch die Bundesnetzagentur abzuhelfen. BR-Drs. 559/12, S. 11, 134.

SNB bzw. NBfS sowie Regelungen über die Zusammensetzung und Höhe von Entgelten unmittelbar für ungültig erklären, soweit diese den eisenbahnrechtlichen Zugangsregeln nicht entsprechen. Dritte Grundlage für den Erlass eines privatrechtsgestaltenden Verwaltungsakts ist § 14f Abs. 3 Nr. 2 AEG. Die Behörde kann die Vertragsbedingungen festlegen, über die Gültigkeit eines Vertrages entscheiden und Verträge eines EIU mit Dritten für unwirksam erklären. Schließlich ist auch die Genehmigung der Entgelte nach § 33 Abs. 1 ERegG-E eine privatrechtsgestaltende Maßnahme. Typologisch gesehen[74] sind alle diese Maßnahmen schuldrechtsgestaltende Verwaltungsakte.

II. Die privatrechtsgestaltende Wirkung der Befugnisse des EBA

Es werden nun die verschiedenen privatrechtsgestaltenden Befugnisse des EBA analysiert.

1. Privatrechtsgestaltung im Rahmen des § 9a AEG

a) Die Anordnung nach § 9a Abs. 2 S. 2 AEG

Gemäß § 9a Abs. 2 S. 2 AEG ist das EBA dauerhaft verpflichtet, Verträge des BdS, die mit den Regelungen des § 9a Abs. 1 S. 2 AEG unvereinbar sind, zu verbieten.[75] Ein solches Verbot hat mit „sofortiger Wirkung" zu erfolgen und vernichtet ohne weiteren Vollzugsakt unmittelbar die privatrechtlichen Beziehungen eines BdS mit einem anderen Unternehmen.[76] Ein solcher Verwaltungsakt ist ein privatrechtsgestaltender Verwaltungsakt.[77]

b) Die Maßnahmen nach § 9a Abs. 1 S. 2 i.V.m § 5a Abs. 2 AEG

Mit der Entscheidung zum „Konzernjuristen" hat das BVerwG nunmehr geklärt, dass das EBA die an die BdS gerichteten Pflichten des § 9a Abs. 1 S. 2 Nr. 1 – 6 AEG mit Hilfe der Generalklausel des § 5a Abs. 2 durchsetzen

74 Siehe zur Typologie oben Teil 1. B. V.

75 KRAMER, in: KUNZ (Hrsg.), Eisenbahnrecht Bd. I, § 9a AEG, Rn. 27.

76 KRAMER, in: KUNZ (Hrsg.), Eisenbahnrecht Bd. I, § 9a AEG, Rn. 27. Siehe zu dieser Vorschrift oben Teil 2. C. II. 1.

77 Die Norm des § 9a AEG soll durch das ERegG-E nicht verändert werden. Es soll lediglich der Paragraph des § 9c AEG eingefügt werden, der die sachliche Zuständigkeit für die Überwachung der Entflechtungsvorschriften durch die Bundesnetzagentur begründet. BR-Drs. 559/12, S. 68, 96.

kann.[78] Unklar ist aber, ob dies auch zur Vornahme von privatrechtsgestaltenden Verwaltungsakten berechtigt. Für die Frage, ob das EBA per privatrechtsgestaltendem Verwaltungsakt die Pflichten des § 9a Abs. 1 AEG durchsetzen kann, sind die Vorgaben zur rechtlichen (aa.) und organisatorischen Trennung (bb.) sowie die „Compliance"-Pflichten (cc.) einzeln zu betrachten.

aa) Privatrechtliche Wirkung der Pflicht zur rechtlichen Selbstständigkeit nach § 9a Abs. 1 S. 2 Nr. 1 AEG

§ 9a Abs. 1 S. 2 Nr. 1 AEG verlangt, dass Eisenbahnunternehmen, die sowohl EVU als auch BdS sind, jeweils den Verkehrsbereich und den Infrastrukturbereich auf eine oder mehrere gesonderte Gesellschaften auszugliedern haben. Diese Pflicht kann das EBA über die Generalklausel des § 5a Abs. 2 AEG durchsetzen. Es kann einen Verwaltungsakt erlassen, der die Aufgliederung in mehrere Gesellschaften vorsieht. Angesichts des Wortlauts und des schwerwiegenden Eingriffs in die Unternehmensfreiheit kann diese Anordnung nicht über die Trennung als solche hinausgehen. Das EBA kann insbesondere keine Vorgaben zur gesellschaftsrechtlichen Ausgestaltung der zu trennenden Gesellschaften machen.[79] Es kann z.B. nicht bestimmen, welche Gesellschaftsform das jeweilige Unternehmen zu wählen hat.[80] Eine solch weitreichende, die Existenz und die Verfasstheit eines Wirtschaftsteilnehmers unmittelbar gestaltende Befugnis der Aufsichtsbehörde ist im Gesetz nicht vorgesehen. Dies hätte auch einer umfassenden Normierung bedurft. Auf Grundlage der § 9a Abs. 1 S. 2 Nr. 1 AEG i.V.m. § 5a Abs. 2 AEG kann kein privatrechtsgestaltender Verwaltungsakt erlassen werden.

78 BVerwGE 137, 58 ff.

79 KRAMER, in: KUNZ (Hrsg.), Eisenbahnrecht Bd. I, § 9a AEG, Rn. 14.

80 Dies ist im Hinblick auf den Zweck des § 9a Abs. 1 S. 2 Nr. 1 AEG auch gar nicht notwendig. Die weiteren das Verhältnis der Gesellschaften zueinander regelnden Bestimmungen finden sich in den anderen Pflichten des § 9a Abs. 1 S. 2 AEG.

bb) Organisatorische Selbstständigkeit durch privatrechtsgestaltenden Verwaltungsakt?

aaa) Keine Durchsetzung der organisatorischen Selbstständigkeit

Neben der rechtlichen Unabhängigkeit kann das EBA nach § 9a Abs. 1 S. 2 Nr. 2 AEG auch die organisatorische Selbstständigkeit eines BdS durchsetzen. Dies soll durch die entsprechende Ausgestaltung der Verträge mit Dritten geschehen. Mit dieser Regelung wird vor allem darauf abgezielt, die prinzipiell zulässigen Beherrschungsverträge nach §§ 308 ff. AktG zwischen einem BdS mit einem anderen Unternehmen, an die besonderen Anforderungen des Eisenbahnzugangs anpassen zu können. Dies soll eine lückenlose Unabhängigkeit gewährleisten.[81] Das EBA kann zur Wahrung der Unabhängigkeit des BdS auf solche und sonstige entgegenstehende Verträge einwirken. Es bestehen allerdings Zweifel, ob diese Pflicht überhaupt mit Hilfe der Generalklausel durchgesetzt werden kann. Denn sie ist die einzige, die ausdrücklich auf „Verträge" abstellt. Die Pflicht der Eisenbahnunternehmen, ihre „Verträge" bis zu einem bestimmten Stichtag anzupassen, wird in § 9a Abs. 2 S. 1 AEG aufgegriffen. Wenn dieser Pflicht nicht nachgekommen wird, kann das EBA nach § 9a Abs. 2 S. 2 AEG die entsprechenden Verträge verbieten. Die Regelungen der §§ 9a Abs. 1 S. 2 Nr. 2 und 9 Abs. 2 AEG sind insoweit aufeinander abgestimmt, dass eine ergänzende Anwendung des § 5a Abs. 2 AEG ausscheidet.[82]

bbb) Die Verwendungsuntersagung von Konzernangestellten

Nach § 9a Abs. 1 S. 2 Nr. 3 AEG darf Personal des BdS nicht zugleich Funktionen in verbundenen EVU ausüben. Das BVerwG hatte in der „Konzernjuristen"-Entscheidung keine Bedenken, einem bei der Konzernmutter, beschäftigten Juristen die Rechtsberatung oder –vertretung eines verbunden EIU zu untersagen, soweit dessen Leistungen im Zusammenhang mit der Vergabe von Trassen oder Wegeentgelten stehen.[83] Diese Maßnahme hat eine privatrechtliche Wirkung, da sie zwei rechtlich selbstständigen Unternehmen den Einsatz von und die Verfügung über „gemeinsames Personal" zur Ausübung ihres Geschäftstätigkeit verbietet. Jedoch mangelt es

---

81 KRAMER, in: KUNZ (Hrsg.), Eisenbahnrecht Bd. I, § 9a AEG, Rn. 15.

82 So wohl auch KRAMER, in: KUNZ (Hrsg.), Eisenbahnrecht Bd. I, § 9a AEG, Rn. 15.

83 BVerwGE 137, 58 (59); KRAMER, DÖV 2008, 1036 (1037).

an Anhaltspunkten dafür, dass eine solche Untersagung sich auf die zivilrechtliche Grundlage des Arbeitsverhältnisses oder die Vereinbarungen zwischen den im Konzern verbundenen Unternehmen auswirken soll. Eine solch weitreichende Wirkung wäre auch vom Zweck des Verwendungsverbots nicht erfasst, das nur die Unabhängigkeit der zugangsrelevanten Einzelentscheidung eines EIU absichern will.[84] Eine privatrechtsgestaltende Wirkung, die ggf. sogar die Nichtigkeit (arbeits-)vertraglicher Vereinbarungen zum Gegenstand hat, ist für die Unabhängigkeit im Einzelfall nicht erforderlich.

ccc) Verbot der unzulässigen Weisungen nach § 9a Abs. 1 S. 2 Nr. 4 AEG
Ob die Untersagung von Weisungen Dritter gegenüber einem BdS oder seinem Personal vom EBA nach § 9a Abs. 1 S. 2 Nr. 4 AEG i.V.m. § 5a Abs. 2 AEG durchgesetzt werden kann, ist fraglich. Nach der Systematik müsste es der Behörde zwar möglich sein, unzulässige Weisungen zu unterbinden, jedoch sind solche Weisungen bereits vom Gesetz selbst verboten. Sie sind als Willenserklärung unmittelbar nach § 134 BGB nichtig.[85] Selbst wenn die Behörde einen Verwaltungsakt erlässt, um die Unzulässigkeit einer solchen Weisung festzustellen, ergibt sich die rechtsgestaltende Wirkung bereits unmittelbar aus dem Gesetz. Die Behörde trifft hier keine mit Ermessen ausgestattete Entscheidung, sondern wiederholt nur eine normative Rechtsfolge. Einer solchen Maßnahme kommt keine privatrechtsgestaltende Wirkung zu.

cc) Erlass von „Compliance"-Maßnahmen durch privatrechtsgestaltenden Verwaltungsakt?
Nach § 9a Abs. 1 S. 2 Nr. 5 AEG müssen Konzerne durch entsprechende Regelwerke dafür Sorge tragen, dass die Einflussnahme Dritter auf Entscheidungen des BdS über den Netzfahrplan, die sonstige Zuweisung von Zugtrassen und Entscheidungen über die Wegeentgelte unterbunden werden. Diese unternehmensinternen Regelungen können, wenn ein solches

84 Netzzugangsrelevante Entscheidungen sollen „idealerweise nur nach der Intention des AEG und den EIU-eigenen Interessen" erfolgen. KRAMER, in: KUNZ (Hrsg.), Eisenbahnrecht Bd. I, § 9a AEG, Rn. 5.

85 KRAMER, in: KUNZ (Hrsg.), Eisenbahnrecht Bd. I, § 9a AEG, Rn. 19. Die Unzulässigkeit gilt auch für faktische „Weisungen".

Unternehmen diese nicht aufstellt, durch die Behörde erlassen werden. Die Behörde kann nicht nur die unzureichende Umsetzung von Regeln mit entsprechender Abhilfeverfügung feststellen, sondern nach der Rechtsprechung des BVerwG „die fehlende unternehmensinterne Regelung durch eine hoheitliche Regelung ersetzen.“ [86] Das EBA kann somit unternehmensintern „normsetzend“ tätig werden. Durch diesen Kodex werden in Ergänzung der Arbeitsverträge die Mitarbeiterpflichten konkretisiert.[87]

Solche „Compliance“-Maßnahmen, d.h. Maßnahmen, die ein rechtstreues Verhalten der Unternehmensleitung und der Mitarbeiter gewährleisten sollen, [88] können z.B. durch den Arbeitsvertrag oder eine Betriebsvereinbarung gegenüber den Arbeitnehmern ins Arbeitsverhältnis einbezogen werden. Durch den Erlass unternehmensinterner Regelungen ist nicht nur das Verhältnis von Gesellschaften im Konzernverbund betroffen, sondern auch das Verhältnis der Arbeitnehmer in einem solchen Verbund. Einer solchen Maßnahme kommt privatrechtliche Wirkung zu.[89]

Es fragt sich allerdings, ob der die unternehmensinterne Regelung ersetzenden Entscheidung auch eine gestaltende Wirkung zukommt. Das BVerwG bejaht dies. Es führt aus:

> „Weigert sich das Infrastrukturunternehmen, derartige unternehmensinterne Regeln zu erlassen, so kommt für die Eisenbahnaufsichtsbehörde nur in Betracht, die fehlende unternehmensinterne Regel durch eine hoheitliche Regelung zu ersetzen. Dies stellt keine Ersatzvornahme im vollstreckungsrechtlichen Sinne dar, setzt also insbesondere nicht die vorherige Anordnung voraus, die fehlende unternehmensinterne Regelung zu erlassen;“[90]

---

86 BVerwGE 137, 58 (73).

87 BVerwGE 137, 58 (72). Arbeitsrechtliche Regelungen bleiben dem Arbeitgeber unbenommen.

88 So die Definition bei RICHARDI, in: RICHARDI, Betriebsverfassungsgesetz, § 77 BetrVG, Rn. 88.

89 MANSSEN, Privatrechtsgestaltung durch Hoheitsakt, S. 42 spricht im Hinblick auf die Aufstellung eines Geschäftsplans oder eines Tarifvertrags von einem „privatrechtlichen Internum des Unternehmers“. Die Bezeichnung eignet sich auch für einen „code of conduct“.

90 BVerwGE 137, 58 (73).

Zwei Gründe können für die Annahme einer gestaltenden Wirkung der Maßnahmen angeführt werden. Zum einen ergibt sich die Aufgabe des EBA über den Erlass und die Einhaltung solcher unternehmensinternen Regelungen zu wachen - im Unterschied zu den Regelungen zuvor - bereits aus § 9a Abs. 1 Nr. 5 AEG selbst. Das EBA überwacht, ob solche Regelungen geschaffen, aufrechterhalten und veröffentlicht wurden, indem es vom BdS verlangen kann, dass es einen beauftragten Mitarbeiter benennt, welcher einen jährlichen Bericht beim EBA über Probleme und getroffene Maßnahmen vorzulegen hat. Zum anderen ist in teleologischer Hinsicht zu berücksichtigen, dass der „code of conduct" im „Interesse eines funktionsfähigen Wettbewerbs auf der Schiene 'scharf' durchgesetzt" werden muss.[91] Die Vorschrift des § 9a Abs. 1 S. 2 Nr. 5 AEG verlangt „den Erlass einer jeglichen unternehmensinternen Regelung, die zur Unterbindung fremder Einflussnahme geeignet ist, auch etwa einer organisatorischen."[92] Sie dient damit, wie die gesamte Regelung des § 9a AEG, der Sicherung der „Unabhängigkeit des Schienenwegebetreibers in seinen netzzugangsrelevanten Entscheidungen auch unter den Bedingungen einer Konzernstruktur [...]."[93] An diese Erwägungen und an die besondere Bedeutung der unternehmensinternen Regelung für die Entwicklung von Wettbewerb knüpft die behördliche Durchsetzung durch eine gestaltende Entscheidung an. Die Verbotsbefugnis nach § 9a Abs. 2 S. 2 AEG ist nämlich nicht in der Lage, das „Vakuum" fehlender unternehmensinterner Regelungen zu füllen, weswegen ein Rückgriff auf die Generalklausel nötig ist. Diese auch an europarechtlichen Effektivitätsgesichtspunkten orientierte Lesart der Regulierungsvorschriften erlaubt es dem EBA, ersetzende Maßnahmen zu erlassen[94], jedoch nur für den Fall, dass unternehmensinterne Regelungen gänzlich fehlen.

2. Die privatrechtsgestaltenden Wirkungen nach § 13 AEG

Dem EBA obliegt nach § 13 Abs. 2 AEG auch die Entscheidung über das Recht auf physischen Anschluss zwischen zwei EIU, wenn diese keine

---

91 KRAMER, in: KUNZ (Hrsg.), Eisenbahnrecht Bd. I, § 9a AEG, Rn. 22.

92 BVerwGE 137, 58 (72).

93 BVerwGE 137, 58 (73). Die Vorschrift verfolgt damit „einen Gemeinwohlbelang von erheblichem Gewicht."

94 BVerwGE 137, 58 (73).

Einigung bezüglich der Bedingungen des Anschlussvertrages erzielen können. § 13 Abs. 1 AEG sieht vor, dass der Anschluss „unter der billigen Regelung“ der Bedingungen und der Kosten erfolgen soll. Nach § 13 Abs. 2 AEG entscheidet das EBA im Falle der Nichteinigung über die Bedingungen des Anschlusses sowie über die Angemessenheit der Kosten. Als Entscheidungsmaßstab der Behörde dient die „Angemessenheit“, welcher die „Billigkeit" nach § 13 Abs. 1 AEG konkretisiert.[95] Hierin ist ein Verweis auf § 315 BGB zu sehen.[96] § 13 Abs. 2 AEG bestimmt, dass das EBA die Entscheidung über den Netzanschluss anstelle der Eisenbahnunternehmen treffen soll. Es gibt hier kein besonderes Verfahren wie z.B. nach § 14f Abs. 2 AEG. Die Behörde handelt mit einem entsprechenden Verwaltungsakt vertragsersetzend.[97]

Ähnlich wie bei der Anordnung eines Vertrages nach § 14f AEG[98], wird auch im Rahmen des § 13 Abs. 2 AEG diskutiert, wer potentiell Adressat der Maßnahme sein kann. Z.T. wird in der behördlichen Entscheidung lediglich die „vertragsbegründende Erklärung des ‚unwilligen Anschlusspflichtigen’“[99] gesehen, welche durch diese ersetzt wird. Das anschlussbegehrende Unternehmen soll hierdurch nicht verpflichtet werden. Es soll vielmehr frei darin sein, ob es ein solches Angebot annimmt oder nicht.[100] Diese Auffassung ist abzulehnen. Die Entscheidung des EBA wirkt unmittelbar vertragsersetzend. Es bedarf keines weiteren Anschlussvertrages zwischen den begünstigten Unternehmen.[101] Es ist nicht ersichtlich, warum ein anschlussbegehrendes Unternehmen nicht an die behördliche Entscheidung gebunden sein soll, zumal die Behörde regelmäßig nur auf Antrag eines Unternehmens tätig

---

95 GERSTNER, in: HERMES/SELLNER, BECK’scher AEG-Kommentar, § 13, Rn. 37. Das Gesetz will keine Differenzierung der Kostenmaßstäbe in Abs. 1 und Abs. 2 erreichen.

96 KRAMER, in: KUNZ (Hrsg.), Eisenbahnrecht Bd. I, § 13 AEG, Rn. 6; GERSTNER, in: HERMES/SELLNER, BECK’scher AEG-Kommentar, § 13, Rn. 18 ff.; STAEBE, in: SCHMITT/STAEBE, Einführung in das Eisenbahn-Regulierungsrecht, Rn. 245.

97 KRAMER, in: KUNZ (Hrsg.), Eisenbahnrecht Bd. I, § 13 AEG, Rn. 10; GERSTNER, in: HERMES/SELLNER, BECK’scher AEG-Kommentar, § 13, Rn. 39.

98 Siehe oben Teil 3. A. I. 2. c) cc).

99 KRAMER, in: KUNZ (Hrsg.), Eisenbahnrecht Bd. I, § 13 AEG, Rn. 10.

100 SÄCKER, Der Einfluss der Regulierung auf das KartellRt, S. 318, für den die privatrechtsgestaltende Wirkung nur in einem Angebot des anschlussverpflichteten Unternehmens besteht.

101 So GERSTNER, in: HERMES/SELLNER, BECK’scher AEG-Kommentar, § 13, Rn. 39.

werden wird. Ein Verfahren von Amts wegen ist in § 13 AEG nicht vorgesehen.[102] Wenn ein Unternehmen eine billige Regelung durch die Behörde anstrebt, ist es auch an diese Regelung gebunden. Der Rechtsschutz gegen eine solche Entscheidung bleibt ihm bei vermuteter Unbilligkeit vollumfänglich offen. Auf der Rechtsfolgenseite ist die Behörde berechtigt bzw. sogar verpflichtet, über alle Fragen der Anschlussgewährung zu entscheiden. War dies nach alter Rechtslage noch umstritten, so ist dies nunmehr durch den Gesetzgeber klargestellt.[103] Die Entscheidung des EBA nach § 13 Abs. 2 AEG ist unmittelbar privatrechtsgestaltend.

3. Die Allgemeinverfügung nach § 14 Abs. 4 S. 4 Nr. 2 AEG

Schließlich sind die Befugnis des EBA nach § 14 Abs. 4 S. 4 Nr. 1 AEG i.V.m. § 22 Abs. 1 Nr. 2 EIBV und die sich daraus ergebenden Verwaltungsakte auf ihre privatrechtsgestaltende Wirkung hin zu untersuchen. Danach kann das EBA im Benehmen mit der Bundesnetzagentur durch eine Allgemeinverfügung nach § 35 S. 2 VwVfG alle BdS von den Entgeltgrundsätzen nach § 14 Abs. 4 S. 1 AEG befreien. Wenn man die Regelung des § 14 Abs. 4 AEG als öffentlich-rechtliche Vorgabe versteht, besteht in der Freistellung nur ein öffentlich-rechtlicher Akt, welcher das „überformte" Privatrecht wieder uneingeschränkt zur Anwendung kommen lässt. Dann ist auch eine privatrechtliche Wirkung einer solchen Verfügung ausgeschlossen. Wenn man diese Regelungen allerdings als privatrechtliche Vorschriften versteht, die der grundsätzlich unbegrenzten Privatautonomie der Eisenbahnunternehmen Grenzen setzen und der Vertragsgestaltung von Zugangsberechtigtem und Zugangsverpflichtetem einen Regelungsrahmen vorgeben, dessen Überschreitung die Unwirksamkeit einer entgegenstehenden Vereinbarung zur Folge hat, ist in der behördlichen „Dipositivitätsanordnung" von den Entgeltvorgaben nach § 14 Abs. 4 S. 1 AEG eine privatgestaltende Maßnahme zu sehen. Nach hier vertretener Auffassung sind diese Regelungen als Eisenbahnvertragsrecht[104] einzuordnen. Sie geben zunächst nur einen Rahmen vor, innerhalb dessen die Eisenbahnunternehmen ihre Rechtsbeziehungen untereinander ausgestalten. Daher wird durch die Allgemeinverfügung die

---

102 GERSTNER, in: HERMES/SELLNER, BECK'scher AEG-Kommentar, § 13, Rn. 31.

103 KRAMER, in: KUNZ (Hrsg.), Eisenbahnrecht Bd. I, § 13 AEG, Rn. 12.

104 Zum Eisenbahnvertragsrecht und zur Entgeltregulierung siehe oben Teil 2. B. III. und IV.

private Rechtslage unmittelbar modifiziert, indem eigentlich einschlägige Normen nicht zur Anwendung kommen. Regelungen, die eigentlich bei der vertraglichen Zugangsgewährung beachtet werden müssten, werden abbedungen.

III. Fazit

Es gibt im Eisenbahnregulierungsrecht verschiedene Konstellationen, in denen die Aufsichtsbehörden in die Rechtsverhältnisse der Marktteilnehmer auf unterschiedliche Weise eingreifen können. Die Intensität der Eingriffe variiert dabei. Ein Eingriff kann von der bloßen Beanstandung bis zur vollständigen Ersetzung privatautonomer Regelungen gehen. Die vorangegangene Analyse hat gezeigt, dass manche Verwaltungsakte unmittelbar privatrechtsgestaltend sind, andere Verwaltungsakte zwar eine privatrechtlich relevante Wirkungen haben, jedoch nicht zu einer gestaltenden Änderung der privaten Rechtslage führen. Sowohl die Bundesnetzagentur als auch das EBA haben solche Befugnisse. Die Anordnungen der Bundesnetzagentur, die als privatrechtsgestaltende Verwaltungsakte ergehen, sind die folgenden:

1. Die Bundesnetzagentur kann gegen SNB bzw. NBfS sowie der darin enthaltenen Entgeltgrundsätze und Entgelthöhen im Rahmen der Vorab-Regulierung widersprechen nach § 14e Abs. 3 Nr. 2 AEG.[105]
2. Die Bundesnetzagentur hat die Möglichkeit, bereits bestehende und in Verträgen einbezogenen SNB bzw. NBfS sowie Regelungen über die Zusammensetzung und Höhe von Entgelten für ungültig zu erklären, soweit diese den eisenbahnrechtlichen Zugangsregeln nicht entsprechen nach § 14f Abs. 1 S. 2 Nr. 2 AEG.[106]
3. Der Bundesnetzagentur stehen verschiedene Möglichkeiten zur Verfügung, in bestehende Privatrechtsverhältnisse einzugreifen nach § 14f Abs. 3 Nr. 2 AEG. Sie kann die Vertragsbedingungen festlegen, über die Gültigkeit eines Vertrages entscheiden und Verträge eines EIU mit Dritten für unwirksam erklären.[107]
4. Schließlich hat die Bundesnetzagentur nach dem aktuellen Entwurf zum ERegG, die zwingend einzuholende Genehmigung der Entgelte

105 Siehe oben Teil 3. A. I. 1. c).
106 Siehe oben Teil 3. A. I. 2. b).
107 Siehe oben Teil 3. A. I. 2. c).

und Entgeltgrundsätze für die Erbringung der Pflichtleistungen sowie der Entgelte für den Zugang zu Personenbahnhöfen zu erteilen oder zu versagen nach § 33 Abs. 1 S. 1 ERegG-E.[108]

5. Eine privatrechtsgestaltende Maßnahme auf Grundlage der Generalklausel des § 14c Abs. 1 AEG ist nicht möglich.[109]

Zu den privatrechtsgestaltenden Befugnissen des EBA zählen:

1. Nach § 9a Abs. 2 S. 2 AEG kann es Bestimmungen in Verträgen eines öffentlichen Betreibers der Schienenwege, die den Verpflichtungen des § 9a Abs. 1 AEG nicht entsprechen, insoweit mit sofortiger Wirkung verbieten.[110]
2. Gemäß § 9a Abs. 1 S. 2 Nr. 5 i.V.m. § 5a Abs. 2 AEG kann die Behörde unternehmensinterne Regelungen für Konzerne erlassen, die sicherstellen, dass z.B. Entscheidungen über die Vergabe von Zugtrassen ohne Einflussnahme Dritter nur durch den BdS erfolgen, wenn diese fehlen oder sich ein Unternehmen weigert, solche Regelungen zu erlassen.[111]
3. Dem EBA obliegt nach § 13 Abs. 2 AEG die Entscheidung über das Recht auf physischen Anschluss zwischen zwei EIU, wenn diese keine Einigung bezüglich des Anschlussvertrages erzielen können. Sie entscheidet vertragsersetzend über die Bedingungen des Anschlusses sowie über die Angemessenheit der Kosten.[112]
4. Schließlich kann das EBA im Benehmen mit der Bundesnetzagentur durch eine Allgemeinverfügung alle BdS von den Entgeltgrundsätzen nach § 14 Abs. 4 S. 1 AEG befreien.[113]

B. Dogmatische Probleme des privatrechtsgestaltenden Verwaltungsakts

Nachdem die verschiedenen privatrechtsgestaltenden Verwaltungsakte im Eisenbahnzugangsrecht herausgearbeitet wurden, werden im folgenden

108 Siehe oben Teil 3. A. I. 4.
109 Siehe oben Teil 3. A. I. 3.
110 Siehe Teil 3. A. II. 1.
111 Siehe Teil 3. A. II. 1. b) cc).
112 Siehe Teil 3. A. II. 2.
113 Siehe Teil 3. A. II. 3.

Abschnitt die einzelnen Probleme diskutiert, die mit der Rechtsfigur des „privatrechtsgestaltenden Verwaltungsakts“ im Eisenbahnzugangsrecht verbunden sind. Dieser wirft nämlich im Hinblick auf seine Aufhebbarkeit (I.), die Verwendung von Nebenbestimmungen und seine Erledigung (II.) und die Anforderungen an das Ermessen (III.) unterschiedliche Fragen auf. Gerade die Frage der Aufhebbarkeit privatrechtsgestaltender Maßnahmen kann nur beantwortet werden, indem das Wesen solcher Maßnahmen bestimmt wird.

I. Aufhebbarkeit von privatrechtsgestaltenden Verwaltungsakten

Eine der lange Zeit meist diskutierten Fragen in Bezug auf den privatrechtsgestaltenden Verwaltungsakt war die Frage nach seiner Aufhebbarkeit.[114] Das BVerwG hat im Jahre 1977 erstmals entschieden, dass auch privatrechtsgestaltende Verwaltungsakte grundsätzlich aufhebbar sind.[115] Zur endgültigen Klärung der Streitfrage hat diese Rechtsprechung allerdings nicht geführt. Es ist daraus vielmehr ein differenzierteres Meinungsspektrum erwachsen.

In der zivilrechtlichen Lehre wird heute zwar nicht mehr die Aufhebbarkeit schlechthin ausgeschlossen, jedoch soll zumindest die Aufhebung von unanfechtbaren Verwaltungsakten grundsätzlich nicht möglich sein.[116] Die Frage der Aufhebbarkeit von privatrechtsgestaltenden Verwaltungsakten ist - nach wie vor - umstritten.[117] Bevor zu dieser Frage am Beispiel des Eisenbahnzugangsrechts Stellung genommen wird, werden zunächst die Argumente der gegensätzlichen Ansichten sowie ihre Schnittmengen dargestellt (1.). Danach werden die bisher entwickelten Differenzierungs-

---

114 Aufhebbarkeit meint hier nur die Beseitigung der Rechtswirksamkeit durch die Behörde, d.h. gem. §§ 48, 49 und § 50 VwVfG. Umfassender ERBGUTH, Allg. VwltgsR, Teil. 3, § 15, Rn. 11.

115 Dort am Beispiel einer rechtswidrigen Auflassungsgenehmigung, BVerwG JZ 1977, 794 ff. Diese Rechtsprechung hat das Gericht später bestätigt. Siehe Nachweise bei MANSSEN, Privatrechtsgestaltung durch Hoheitsakt, S. 296.

116 SACK/SEIBL, in: STAUDINGER (Hrsg.), Kommentar zum BGB, § 134, Rn. 170; BUMKE, in: HOFFMANN-RIEM/SCHMIDT-AßMANN/VOßKUHLE, Grundlagen des Verwaltungsrechts, Bd. II, § 35, Rn. 108.

117 HENNEKE, in: KNACK/HENNEKE, VwVfG-Kommentar, § 35, Rn. 93 m.w.N. Gegen die Aufhebbarkeit z.B. SACK/SEIBL, in: STAUDINGER (Hrsg.), Kommentar zum BGB, § 134, Rn. 170.

kriterien für die Begründung der Unaufhebbarkeit vorgestellt (2.). Unter Berücksichtigung dieser Grundlagen wird für das Eisenbahnzugangsrecht ein neuer dogmatischer Ansatzpunkt für die Bestimmung der Aufhebbarkeit einer privatrechtsgestaltenden Maßnahme vorgeschlagen (3). Abschließend wird die Rolle des Unionsrechts für die Aufhebbarkeit gestaltender Maßnahmen analysiert (4.).

1. Anwendbarkeit der §§ 48, 49 VwVfG und Meinungsstand zur Aufhebbarkeit von privatrechtsgestaltenden Verwaltungsakten

a) Grundsätzliche Anwendbarkeit der §§ 48, 49 VwVfG neben dem AEG

Bevor die Frage der Aufhebbarkeit näher diskutiert wird, gilt es zunächst zu klären, ob die Aufhebbarkeit spezialgesetzlich vorgesehen oder ausgeschlossen ist.[118] Nur dann kann der Ausschluss der Aufhebbarkeit aus z.B. übergeordneten Rechtsprinzipien bedeutsam werden. Sondergesetzliche Regelungen zu §§ 48, 49 VwVfG sind im AEG zu finden. § 7 Abs. 1 AEG sieht die Pflicht des EBA vor, eine Betriebsgenehmigung zu widerrufen, wenn die Voraussetzungen für eine sichere Betriebsführung nach § 6 Abs. 2 AEG entfallen sind. Im Gegensatz zu § 49 VwVfG räumt diese Norm grundsätzlich kein Ermessen ein, ebenso wenig wie sie Vertrauensschutz anerkennt.[119] Doch § 7 Abs. 1 AEG selbst regelt nur eine besondere Konstellation, in der das Ermessen der Behörde eine Einschränkung erfährt, weshalb die Anwendung von §§ 48, 49 VwVfG sogar neben § 7 AEG grundsätzlich möglich bleibt.[120]

Die andere Regelung, die nicht nur für den Widerruf, sondern auch für die Rücknahme besondere Vorgaben trifft, ist § 7b AEG zur Aufhebung von Sicherheitsbescheinigungen. Die Anwendung der §§ 48 f. VwVfG ist ebenfalls neben den Vorschriften des AEG möglich. Das Gesetz lässt die Anwendbarkeit der Regelungen über die Aufhebung von Verwaltungsakten nach dem VwVfG ausdrücklich unberührt, § 7b Abs. 4 AEG. Vergleichbare Regelungen gibt es für das Eisenbahnzugangsrecht nicht. Der Gesetzgeber hat jedoch prinzipiell mit §§ 7 und 7b AEG zu erkennen gegeben, dass er eine

118 Schon aus § 1 Abs. 1 VwVfG ergibt sich, dass dessen Regelungen nur zur Anwendung kommen, sofern Rechtsvorschriften des Bundes nicht inhaltsgleiche oder entgegenstehende Bestimmungen enthalten.

119 KRAMER, in: KUNZ (Hrsg.), Eisenbahnrecht Bd. I, § 7 AEG, Rn. 1.

120 KRAMER, in: KUNZ (Hrsg.), Eisenbahnrecht Bd. I, § 7 AEG, Rn. 2.

Gefahr der „Doppelregelung" nicht befürchtet, sondern - im Gegenteil - die Anwendbarkeit des allgemeinen Verfahrensrechts betont. Die §§ 48, 49 ff. VwVfG sind grundsätzlich auch für die Regulierungsbefugnisse anwendbar, da keine Spezialvorschriften bestehen, die die „Aufhebungsproblematik [...] insgesamt regeln".[121]

b) Argumente gegen die Aufhebbarkeit

Gegen die Möglichkeit, privatrechtsgestaltende Verwaltungsakte aufzuheben, wurden im Wesentlichen zwei Argumentationslinien entwickelt. Einer der ersten, bereits sehr früh vertretenen Ansätze besteht in einer dogmatischen Begründung. Es wurde vertreten, dass die Aufhebung eines Verwaltungsakts zur Unwirksamkeit desselben führe. Die Aufhebung hätte allerdings keine Folgen für das Privatrecht, da sich die Rechtsfolgen für das Privatrechtsverhältnis allein nach dem voll anwendbaren Privatrecht richteten.[122] Eine Aufhebung ist danach zwar zulässig, jedoch ohne Auswirkung auf das Privatrechtsverhältnis. Der Verwaltungsakt erschöpfe sich in der Schaffung oder Veränderung der Privatrechtslage (sog. Konsumtionstheorie), woran auch die Einordnung des Verwaltungsakts als „causa" nichts ändere.[123] Der Verwaltungsakt sei insoweit mit den Willenserklärungen vergleichbar, welche ebenfalls nur für die Vertragsentstehung notwendig seien. Im Übrigen bestünde der Vertrag aber selbstständig weiter.[124] Die „Rücknahme" oder der „Widerruf" seien auch keine Aufhebung eines bestehenden Verwaltungsakts, sondern eigentlich nur der Erlass eines neuen (dann auch privatrechtsgestaltenden) Verwaltungsakts. Dieser greife „nachträglich in ein privates Rechtsverhältnis ein[...]", wodurch „die Folgen des vertragsbegründenden bzw. inhaltsgestaltenden vorhergehenden Verwaltungsakts wieder beseitigt" würden.[125] Danach erledige sich ohnehin jeder privatrechtsgestaltende Verwaltungsakt mit Wirksamkeit, so dass die Aufhebung schon logisch keine

121 So allgemein SACHS, in: STELKENS/BONK/SACHS, VwVfG Kommentar, § 48, Rn. 4 ff. Dieser weist allerdings darauf hin, dass das Verhältnis von allgemeinen und besonderen Aufhebungsregeln problematisch bleibt und darüber hinausgehende verallgemeinerungsfähige Aussagen nur sehr begrenzt möglich sind.

122 MALZER, Die Abgrenzung von ÖffR und PR bei pg VA, S. 67 f.

123 Von SCHMIDT, Unmittelbare Privatrechtsgestaltung, S. 187 auch „Paralysierungs-" oder „Transformationstheorie" genannt.

124 SCHMIDT, Unmittelbare Privatrechtsgestaltung, S. 187.

125 SCHMIDT, Unmittelbare Privatrechtsgestaltung, S. 187.

Anwendung finde, weil es am aufzuhebenden Gegenstand mangele.[126] Das Rechtsgeschäft sei „ sozusagen ins Privatrecht entlassen“ worden.[127]

Neben dieser dogmatisch orientierten Argumentation wird seit jeher auch der Vertrauensschutz als zentrales Argument gegen die Aufhebbarkeit angeführt. Schon BÜRCKNER bemerkte 1930, dass die Möglichkeit des Widerrufs angesichts der „Rücknahmefeindlichkeit“ eines erworbenen Rechts ausgeschlossen sei.[128] Dieser Ausgangspunkt des Vertrauensschutzarguments wurde von anderen Autoren fortentwickelt. Zumindest für den tatsächlich privatrechtsgestaltenden Verwaltungsakt müsse der Widerruf ausscheiden. Ein Widerruf wäre lediglich bei verpflichtenden Akten denkbar.[129] Entscheidend für den Ausschluss (zumindest) des freien Widerrufs sei die eingetretene „Rechtsänderung im Privatrecht“, die einen „Vertrauenstatbestand“ schaffe, der nicht wieder zerstört werden dürfe.[130] Es sei vielmehr der „Grundsatz der Unantastbarkeit“ zu beachten, welcher den freien Widerruf verhindere.[131] Dies gebiete nicht nur der Vertrauens-, sondern eben auch der „Verkehrsschutz“.[132] Der Vertrauensschutz beruhe nämlich auch auf dem Grundsatz von Treu und Glauben und dem Prinzip der Rechtssicherheit als allgemeine Rechtsprinzipien.[133] Z.T. wird abgeschwächt vertreten, dass die besondere Wirkung des Verwaltungsakts, insbesondere für Dritte und für den allgemeinen Rechtsverkehr, „die Waagschale [...] stark zugunsten der Aufrechterhaltung ausschlagen“ ließe.[134]

Allerdings werden auch von den Vertretern der grundsätzlichen Ablehnung der Aufhebbarkeit Ausnahmen zugestanden, die eine Aufhebung im Einzelfall

---

126 Dann sei der Widerruf nämlich „auf etwas Unmögliches“ gerichtet. Siehe zu dieser Ansicht bei STEINER, DVBl. 1970, 34 (38).

127 BULLINGER, DÖV 1957, 761 (764).

128 BÜRCKNER, Der privatrechtsgestaltende Staatsakt, S. 79.

129 KROEBER, Das Problem des privatrechtsgestaltenden Staatsaktes, S. 51. Nach hiesiger Definition besteht bei einem verpflichtenden Verwaltungsakt keine privatrechtsgestaltende Wirkung.

130 BULLINGER, DÖV 1957, 761 (763).

131 OSSENBÜHL, Die Rücknahme fehlerhafter begünstigender Verwaltungsakte, S. 129.

132 OSSENBÜHL, Die Rücknahme fehlerhafter begünstigender Verwaltungsakte, S. 129.

133 OSSENBÜHL, Die Rücknahme fehlerhafter begünstigender Verwaltungsakte, S. 131.

134 MAURER, Allg. VwltgsR, § 11, Rn. 33.

begründen können.[135] Eine Ausnahme, die schon früh anerkannt war, ist z.B. das „Erschleichen“ eines privatrechtsgestaltenden Verwaltungsakts durch arglistige Täuschung. Der Begünstigte könne in diesem Fall kein Vertrauen für sich in Anspruch nehmen.[136]

c) Argumente für die Aufhebbarkeit

In seiner ersten Entscheidung zur Aufhebbarkeit von privatrechtsgestaltenden Verwaltungsakten hat das BVerwG eine pauschale Ablehnung der Aufhebbarkeit mit der Begründung abgewiesen, dass dies eine „entsprechend klare Begriffsbestimmung“ des privatrechtsgestaltenden Verwaltungsakts voraussetzen würde, die nicht gegeben sei.[137] Vielmehr seien die Definitionen „verhältnismäßig vage“ und stimmten zudem nicht miteinander überein.[138] Auch sei - nach einer Literaturansicht - der Vertrauensschutz keine ausreichende Grundlage für die dogmatische Festlegung, dass privatrechtsgestaltende Verwaltungsakte unaufhebbar seien.[139] Vielmehr müsse aus Gründen der Rechtssicherheit immer eine Einzelfallbetrachtung erfolgen.[140] Diese könne dann zu dem Ergebnis kommen, dass die Aufhebbarkeit ausgeschlossen sei, weil im konkreten Fall das öffentliche Interesse an der Beseitigung nicht überwiege.[141] Der Sicherheit der Rechtsbeziehungen in Privatrechtsverhältnissen gebühre jedenfalls kein Vorrang gegenüber den Beziehungen, die öffentlich-rechtlich durch Verwaltungsakt gestaltet würden.[142] Den besonderen Erfordernissen des Vertrauensschutzes könne

---

135 Schon bei BÜRCKNER, Der privatrechtsgestaltende Staatsakt, S. 80; BULLINGER, DÖV 1957, 761 (764); OSSENBÜHL, Die Rücknahme fehlerhafter begünstigender Verwaltungsakte, S. 129 f.

136 BÜRCKNER, Der privatrechtsgestaltende Staatsakt, S. 97; BULLINGER, DÖV 1957, 761 (764); OSSENBÜHL, Die Rücknahme fehlerhafter begünstigender Verwaltungsakte, S. 129, welcher zudem verlangt, dass alle Beteiligten von der Täuschung wussten. Aus dem neueren Schrifttum TSCHENTSCHER, DVBl. 2003, 1424 (1429).

137 BVerwG JZ 1977, 794 (795).

138 BVerwG JZ 1977, 794 (795).

139 STEINER, DVBl. 1970, 34 (38).

140 STEINER, DVBl. 1970, 34 (38).

141 STEINER, DVBl. 1970, 34 (38).

142 STEINER, DVBl. 1970, 34 (38).

ausreichend im Rahmen der Ermessensbetätigung der Behörde Rechnung getragen werden.[143]

Gegen die dogmatische Argumentation wird angeführt, dass ein Ausschluss der Aufhebbarkeit aus dem Wesen des privatrechtsgestaltenden Verwaltungsakts nicht mehr zeitgemäß sei, da der Gesetzgeber z.T. selber Normen geschaffen habe, die eine Rücknahme erlaubten.[144] Eine solche Norm sei z.B. § 77 VwVfG für den gestaltenden Planfeststellungsbeschluss.[145] Die Unwiderruflichkeit einer Genehmigung, wie sie das Zivilrecht kenne, könne jedenfalls nicht für das Öffentliche Recht übernommen werden.[146] Zumindest für den Fall einer privatrechtsgestaltenden Genehmigung können „sich die Genehmigungsfolgen [nicht] ohne weiteres von der Genehmigung isolieren lassen."[147]

2. Differenzierungskriterien für die Aufhebbarkeit

Einigkeit herrscht nach beiden Ansichten zumindest darüber, dass es keinen Grundsatz gibt, der eine Aufhebung unter allen Umständen ausschließt. Dennoch haben die Positionen einen unterschiedlichen Ausgangspunkt. Während die eine Ansicht nur ausnahmsweise die Aufhebung gestattet, erlaubt die andere Ansicht diese grundsätzlich. Beiden liegt ein jeweils umgekehrtes „Regel-Ausnahme"-Verhältnis zu Grunde. Darüber hinaus ist immer noch nicht die dogmatische Wirkung des privatrechtsgestaltenden Verwaltungsakts geklärt. Die Hinweise, dass eine Dogmatik, wie sie von den Verfechtern der grundsätzlichen Unaufhebbarkeit vertreten wird, nicht mehr zeitgemäß sei, ohne jedoch eine eigene dogmatische Lösung anzubieten, kann für die Klärung dieses Problems nicht als ausreichend angesehen werden. Für die Begründung von Ausnahmen vom Grundsatz der Unaufhebbarkeit bzw.

---

143 MANSSEN, Privatrechtsgestaltung durch Hoheitsakt, S. 296.

144 KOPP/RAMSAUER, VwVfG Kommentar, § 48, Rn. 39; KOPP/RAMSAUER, VwVfG Kommentar, § 49, Rn. 18a; ZACHARIAS, NVwZ 2002, 1306 (1307).

145 Auf dieses Beispiel bereits hinweisend MANSSEN, Privatrechtsgestaltung durch Hoheitsakt, S. 297. § 77 VwVfG sieht eine Rechtspflicht zur Aufhebung eines solchen Beschlusses vor und enthält eine Spezialregelung zu §§ 48 f. VwVfG. BONK/NEUMANN, in: STELKENS/BONK/SACHS, VwVfG Kommentar, § 77, Rn. 4.

146 ZACHARIAS, NVwZ 2002, 1306 (1307).

147 ZACHARIAS, NVwZ 2002, 1306 (1308). Zudem „könnte die Aufhebung der Genehmigung ihre Funktion als Konträrakt, der genau das nimmt, was der Ausgangsverwaltungsakt gegeben hat, nicht bzw. allenfalls rudimentär erfüllen."

zur Begründung der Unaufhebbarkeit wird zwischen begünstigenden und belastenden, zwischen rechtmäßigen und rechtswidrigen sowie zwischen privatrechtsallein- und privatrechtsmitgestaltenden Verwaltungsakten unterschieden. Bevor die an diesen Kategorien entwickelten Ausnahmen dargestellt werden, sollen zunächst der Anknüpfungspunkt für das Entstehen von Vertrauensschutz und der Zeitpunkt der gestaltenden Wirkungen des privatrechtsgestaltenden Verwaltungsakts herausgearbeitet werden.

a) Ausgangspunkt der Diskussion für die dogmatische Sonderbehandlung
Der Vertrauensschutz wird an die Bestandskraft der Regelung geknüpft.[148] Die Bestandskraft wird „klassischerweise" in formelle und materielle Bestandskraft unterschieden.[149] Die formelle Bestandskraft ist die Unanfechtbarkeit eines Verwaltungsakts mit ordentlichen Rechtsbehelfen.[150] Die materielle Bestandskraft meint die Bindungswirkung des Verwaltungsakts, wonach sowohl die Behörde als auch die Beteiligten am Verwaltungsverfahren an die im Verwaltungsakt getroffene Regelung gebunden sind.[151] Dies ist wiederum zu trennen von der Wirksamkeit des Verwaltungsakts, wobei innere und äußere Wirksamkeit unterschieden werden. Die äußere Wirksamkeit meint die „Rechtsbeständigkeit" des Verwaltungsakts, d.h. die Tatsache, dass er tatsächliche, rechtlich erhebliche Existenz erlangt, was regelmäßig durch Bekanntgabe geschieht.[152] Innere Wirksamkeit meint, dass sich die im Verwaltungsakt vorgesehen Rechtswirkungen entfalten.[153] Die

---

148 So für die Genehmigung als privatrechtsmitgestaltender Verwaltungsakt SACK/SEIBL, in: STAUDINGER (Hrsg.), Kommentar zum BGB, § 134, Rn. 170 m.w.N. in der Rechtsprechung.

149 Siehe zur uneinheitlichen Verwendung des Begriffs und den damit verbundenen Problemen SACHS, in: STELKENS/BONK/SACHS, VwVfG Kommentar, § 43, Rn. 1, 7.

150 SACHS, in: STELKENS/BONK/SACHS, VwVfG Kommentar, § 43, Rn. 20; ERBGUTH, Allg. VwltgsR, Teil. 3, § 15, Rn. 10.

151 KOPP/RAMSAUER, VwVfG Kommentar, § 43, Rn. 31. Zu den sonstigen Wirkungen siehe SACHS, in: STELKENS/BONK/SACHS, VwVfG Kommentar, § 43, Rn. 46 ff.

152 MEYER, in: KNACK/HENNEKE, VwVfG-Kommentar, § 43, Rn. 6; SACHS, in: STELKENS/BONK/SACHS, VwVfG Kommentar, § 43, Rn. 164 f., der jedoch „äußere Wirksamkeit" und „Existenz" unterscheidet, da ein Verwaltungsakt zwar existieren kann, aber nicht notwendigerweise zum gleichen Zeitpunkt gegenüber jedem Betroffenen wirksam ist.

153 SACHS, in: STELKENS/BONK/SACHS, VwVfG Kommentar, § 43, Rn. 166.

Wirksamkeit ihrerseits darf nicht mit der Vollziehbarkeit eines Verwaltungsakts verwechselt werden, die regelmäßig eine Folge der Wirksamkeit ist. Gemeint ist damit die „Titelfunktion" [154] des Verwaltungsakts, der - im Gegensatz zu einem privatrechtlichen Anspruch - keine weitere Legitimation für seine Durchsetzung benötigt.[155]

Der privatrechtsgestaltende Verwaltungsakt wird, wie alle Verwaltungsakte, grundsätzlich mit Bekanntgabe äußerlich wirksam.[156] Die spezifisch gestaltende Wirkung des Verwaltungsakts beginnt mit der inneren Wirksamkeit, die regelmäßig mit der äußeren Wirksamkeit zusammenfällt.[157] Die zivilrechtlichen Wirkungen treten grundsätzlich mit der Wirksamkeit des Verwaltungsakts ein.[158] Dies schließt nicht aus, dass die dem Verwaltungsakt zugrunde liegenden Rechtsakte den Eintritt der privatrechtlichen Wirkungen bis zur Unanfechtbarkeit aufschieben können.[159] Die unmittelbare Vollziehbarkeit eines privatrechtsgestaltenden Verwaltungsakts ist keine Folge der Wirksamkeit, sondern eines seiner Merkmale. Dennoch haben Widerspruch und Anfechtungsklage grundsätzlich auch gegen gestaltende Verwaltungsakte aufschiebende Wirkung, § 80 Abs. 1 S. 2 VwGO. Für die Aufhebbarkeit solcher Verwaltungsakte ist in erster Linie die „formelle“ Bestandskraft

154 U. STELKENS, in: STELKENS/BONK/SACHS, VwVfG Kommentar, § 35, Rn. 38.

155 MEYER, in: KNACK/HENNEKE, VwVfG-Kommentar, § 43, Rn. 24.

156 So auch OSSENBÜHL, Die Rücknahme fehlerhafter begünstigender Verwaltungsakte, S. 130.

157 Sofern im Verwaltungsakt oder im Gesetz nicht Abweichendes bestimmt ist. So allgemein zum gemeinsamen Eintritt der inneren und äußeren Wirksamkeit SACHS, in: STELKENS/BONK/SACHS, VwVfG Kommentar, § 43, Rn. 170. Skeptisch gegenüber einer gestaltende Wirkung bereits mit Wirksamkeit PEINE, NJW 1990, 2442 (2449).

158 Aus der Rechtsprechung des BGH NJW 1989, 37 (38) geht nicht eindeutig hervor, ob dieser die „zivilen Rechtswirkungen” erst mit Bestandskraft eintreten lässt. So versteht TSCHENTSCHER, DVBl. 2003, 1424 (1429) das Gericht. Jedoch führt der BGH auch aus, dass die Ausübung des Vorkaufsrechts ihre privatrechtsgestaltende Wirkung noch nicht entfalten konnte, weil Widerspruch und Klage insoweit aufschiebende Wirkung hatten. Erst die auf den Zeitpunkt der Rechtshängigkeit rückwirkende Klagerücknahme hatte die Wirksamkeit des privaten Rechtsgeschäfts zur Folge. Daher ist es genauso gut möglich, dass der BGH von zivilrechtlichen Rechtsfolgen ab dem Zeitpunkt der Wirksamkeit des Verwaltungsaktes ausgeht. Wirksamkeit und Bestandskraft fallen nicht unbedingt zusammen.

159 SCHMIDT, Unmittelbare Privatrechtsgestaltung, S. 166 f.

bedeutsam.[160] Dies ist der Zeitpunkt, ab dem regelmäßig nicht mehr mit einer Anfechtung des Verwaltungsaktes bzw. dessen Aufhebung durch ein Gericht gerechnet werden muss. Sowohl der belastete als auch der begünstigte Bürger sowie jeder Dritter dürfen ein besonderes Vertrauen in seinen Bestand entwickeln. Die Aufhebung eines privatrechtsgestaltenden Verwaltungsakts vor Eintritt der Bestandskraft unter den Vorgaben der §§ 48 ff. VwVfG ist grundsätzlich ohne weitere Einschränkung möglich.[161]

b) Die Ausnahmen von der Aufhebbarkeit

aa) „Endgültigkeit"

Die wichtigste Ausnahme von der Aufhebbarkeit eines Verwaltungsakts besteht im Eintritt der „Endgültigkeit". So soll die Aufhebbarkeit von privatrechtsmitgestaltenden Verwaltungsakten ausgeschlossen sein, wenn das durch eine Genehmigung entstandene Rechtsgeschäft nach dem Zweck der Genehmigungsregelung bereits voll oder endgültig wirksam geworden ist.[162] Begründet wird dies mit den besonderen Vertrauensschutzerwägungen, die jedenfalls dann greifen, wenn der Leistungsaustausch vollzogen ist.[163] Die Rücknahme eines belastenden privatrechtsgestaltenden Verwaltungsakts sei ausgeschlossen, wenn der mit der Rücknahme verbundene Zweck, nämlich „die Wiederherstellung des der Rechtslage entsprechenden Zustandes", nicht mehr erreicht werden könne.[164] Die Rechtswirkungen des Verwaltungsakts könnten z.B. dann nicht mehr beseitigt werden, wenn eine Genehmigungsversagung zur Unwirksamkeit des Rechtsgeschäfts geführt hat.[165] Die privatrechtlichen Wirkungen seien dann endgültig eingetreten.[166]

---

160 PEINE, NJW 1990, 2442 (2449) in Bezug auf Privatrechts modifizierende Verwaltungsakte.

161 Für die Anwendung der §§ 48 ff. VwVfG kommt es auf den Eintritt der Wirksamkeit und nicht die Unanfechtbarkeit an. KOPP/RAMSAUER, VwVfG Kommentar, § 48, Rn. 1.

162 TSCHENTSCHER, DVBl. 2003, 1424 (1429).

163 MANSSEN, Privatrechtsgestaltung durch Hoheitsakt, S. 295 m.w.N. zur dieser Ansicht.

164 SACHS, in: STELKENS/BONK/SACHS, VwVfG Kommentar, § 48, Rn. 45.

165 SACHS, in: STELKENS/BONK/SACHS, VwVfG Kommentar, § 48, Rn. 45.

166 MEYER, in: KNACK/HENNEKE, VwVfG-Kommentar, § 48, Rn. 115 m.w.N.

Für den Widerruf nach § 49 Abs. 2 VwVfG ist die Aufhebungsmöglichkeit bewusst auf alle begünstigenden Verwaltungsakte, d.h. auch auf die rechtsgestaltenden Verwaltungsakte, erstreckt worden.[167] Ob der Widerruf eines solchen Verwaltungsakts überhaupt sinnvoll ist, ist dann im Rahmen der Ermessensprüfung von der Behörde zu entscheiden.[168] Jedoch muss auch an dieser Stelle berücksichtigt werden, ob der rechtsgestaltende Verwaltungsakt endgültigen Charakter haben soll.[169]

bb) Sonstige Ausnahmen

Eine andere Ausnahme von der Aufhebbarkeit wird in Bezug auf den Ursprung der Nichtigkeitswirkung privatrechtsgestaltender Verwaltungsakte gemacht. So wird bei negativ privatrechtsgestaltenden Verwaltungsakten verlangt, dass diese aus Gründen der Rechtssicherheit und Rechtsklarheit nicht aufgehoben werden dürfen.[170] Wenn ein Vertragsverhältnis vernichtet ist, dürfe es nicht plötzlich wiederaufleben. Dagegen wird eingewandt, dass in solchen Fällen zu differenzieren sei.[171] Wenn eine behördliche Entscheidung einen Vertrag endgültig vernichtet oder unwirksam werden lässt, müsse untersucht werden, ob die negativ gestaltende Wirkung auf einem privatrechtsmit- oder einem privatrechtsalleingestaltenden Verwaltungsakt beruhe.[172] Für den Fall, dass sich die vertragsvernichtende Wirkung allein aus dem Verwaltungsakt ergebe, sei eine Rücknehmbarkeit und damit ein Wiederaufleben des Rechtsgeschäfts durchaus denkbar. Nur im Falle, dass sich die Nichtigkeit unmittelbar aus einem Gesetz ergebe, könne die Rechtsfolge nicht beseitigt werden. Die Rücknahme ginge „ins Leere“ und schiede deswegen aus.[173]

---

167 SACHS, in: STELKENS/BONK/SACHS, VwVfG Kommentar, § 49, Rn. 36. A.A. BENGEL, Der privatrechtsgestaltende Verwaltungsakt, S. 163. Zumindest kann ein Widerruf nach § 48 Abs. 2 Nr. 3 VwVfG bei rechtsgestaltenden Verwaltungsakten ausgeschlossen sein, KOPP/RAMSAUER, VwVfG Kommentar, § 49, Rn. 42.

168 SACHS, in: STELKENS/BONK/SACHS, VwVfG Kommentar, § 49, Rn. 36.

169 SACHS, in: STELKENS/BONK/SACHS, VwVfG Kommentar, § 49, Rn. 36.

170 SCHMIDT, Unmittelbare Privatrechtsgestaltung, S. 190 f. Dies soll auch für die versagte Genehmigung gelten.

171 MANSSEN, Privatrechtsgestaltung durch Hoheitsakt, S. 297.

172 MANSSEN, Privatrechtsgestaltung durch Hoheitsakt, S. 298.

173 MANSSEN, Privatrechtsgestaltung durch Hoheitsakt, S. 298. Schließlich soll die Aufhebung eines privatrechtsgestaltenden Verwaltungsakts, der lediglich vom

c) Die Rechtsfolge und die Rechtsnatur der Aufhebung

Zur Auseinandersetzung mit den verschiedenen Positionen zur Aufhebbarkeit von privatrechtsgestaltenden Verwaltungsakten soll sogleich an Beispielen aus dem AEG Stellung genommen werden. Vorher muss jedoch noch auf zwei weitere Aspekte hingewiesen werden, deren Beurteilung nicht mehr problematisch ist.

aa) Die Rechtsfolge der Aufhebung

Die Rechtsfolgen einer Aufhebung wurden unterschiedlich beurteilt. Es wurde vor allem diskutiert, ob und unter welchen Umständen die Wirkung einer Aufhebung ex nunc oder ex tunc möglich ist. Anfang der 1950er Jahre wurde vertreten, dass eine Aufhebung nur ex nunc wirken könne.[174] Für den Widerruf wird nunmehr vertreten, dass dieser den Ausgangsverwaltungsakt unberührt lasse, soweit es um in der Vergangenheit liegende Zeiträume gehe,[175] wie es der gesetzlichen Grundkonzeption des § 49 VwVfG entspricht. Die Rücknahme wirke grundsätzlich ex tunc und führe dazu, dass bei einem vertragsgenehmigenden Verwaltungsakt der Rechtsgrund des Vertrages rückwirkend entfalle, so dass bereits ausgetauschte Leistungen nach §§ 812 ff. BGB wieder zurückgewährt werden müssten.[176] Eine einschränkende ex nunc-Wirkung auch für den Fall der Rücknahme wird zwar erwogen, letztlich aber mit Blick auf die Möglichkeit, den Zeitpunkt der Wirkung im Rahmen des Ermessens festzulegen, abgelehnt.[177] Eine pauschale Bestimmung einer ex nunc- oder ex tunc-Wirkung kann unter Vertrauensschutzgesichtspunkten nicht gerechtfertigt werden. Es ist vielmehr in jedem Einzelfall zu entscheiden, welche Wirkung für die „Vermittlung“ zwischen den kolli-

---

Gesetz fingiert wird, ausgeschlossen sein. So z.B. die ehemalige Teilungsgenehmigung nach § 19 Abs. 3 BauGB a.F. MEYER, in: KNACK/HENNEKE, VwVfG-Kommentar, § 48, Rn. 115. Zur Rücknahme einer fingierten Bodenverkehrsgenehmigung siehe ausführlich STEINER, DVBl. 1970, 34 (38 f.).

174 MALZER, Die Abgrenzung von ÖffR und PR bei pg VA, S. 67 f.

175 ZACHARIAS, NVwZ 2002, 1306 (1308).

176 ZACHARIAS, NVwZ 2002, 1306 (1308).

177 ZACHARIAS, NVwZ 2002, 1306 (1308). Jedoch wird eingeräumt, dass in Ausnahmefällen ein „schutzwürdiges Vertrauen Dritter in den Fortbestand des privaten Rechtsgeschäfts” angenommen werden kann.

dierenden Interessen am Erhalt und an der Aufhebung einer Maßnahme angemessen ist.[178]

bb) Die Rechtsnatur der Aufhebung

Es stellt sich schließlich die Frage, ob der Widerruf bzw. die Rücknahme eines privatrechtsgestaltenden Verwaltungsakts selbst auch ein privatrechtsgestaltender Verwaltungsakt ist. Die Entscheidungen über die Aufhebung von Verwaltungsakten ergehen unstreitig als Verwaltungsakte.[179] Ein Widerruf kann nicht selbst unmittelbar privatrechtliche Rechtsfolgen auslösen.[180] Dies gilt grundsätzlich auch für die Rücknahme. Der Aufhebungsbescheid bezieht sich zwar auf den Ausgangsverwaltungsakt, ist aber dennoch rechtlich selbstständig.[181] Inwieweit damit aber eine faktische privatrechtsgestaltende Wirkung durch die Aufhebung verbunden ist, betrifft nicht die Frage der Rechtsnatur des aufhebenden Verwaltungsakts, sondern vielmehr die Dogmatik des privatrechtsgestaltenden Verwaltungsakts.

3. Die Aufhebung im AEG

Erschöpft sich der vertragsbegründende und der vertragsgestaltende Verwaltungsakt in einer einmaligen Herstellung bzw. Änderung des Rechtsverhältnisses, das dann unabhängig davon zwischen den Beteiligten weiter existiert? Oder bildet der Verwaltungsakt im Zusammenhang mit dem Vertrag - in konstitutiver Abhängigkeit voneinander - die Grundlage des jeweiligen Rechtsverhältnisses? Diese Fragen sollen nun anhand der privatrechtsgestaltenden Befugnisse im AEG diskutiert werden. Zunächst wird

178 SACHS, in: STELKENS/BONK/SACHS, VwVfG Kommentar, § 48, Rn. 92. Dies gilt im Übrigen auch für den Widerruf. Die grundsätzliche Begrenzung auf eine ex nunc-Wirkung in § 49 VwVfG ist kein allgemeiner Rechtsgrundsatz. KOPP/RAMSAUER, VwVfG Kommentar, § 49, Rn. 15.

179 SACHS, in: STELKENS/BONK/SACHS, VwVfG Kommentar, § 48, Rn. 1, 242. Sie können grundsätzlich auch rechtsgestaltende Wirkung haben, wie z.B. der Widerruf einer Gaststättenerlaubnis nach § 15 Abs. 2 GastG. EHLERS, in: EHLERS /FEHLING/PÜNDER, Bes. VwltgsRt, Bd. I, § 20, Rn. 60. Für die Einordnung der Aufhebungsentscheidung als gestaltender Verwaltungsakt U. STELKENS, in: STELKENS/BONK/SACHS, VwVfG Kommentar, § 35, Rn. 216.

180 SACHS, in: STELKENS/BONK/SACHS, VwVfG Kommentar, § 49, Rn. 3.

181 KOPP/RAMSAUER, VwVfG Kommentar, § 48, Rn. 32; KOPP/RAMSAUER, VwVfG Kommentar, § 49, Rn. 5a.

angerissen, bei welchen privatrechtsgestaltenden Befugnissen im Eisenbahnzugangsrecht die Frage der Aufhebbarkeit relevant werden könnte (a.). Im Anschluss daran wird Stellung genommen zu der Frage der Aufhebbarkeit privatrechtsgestaltender Verwaltungsakte und ein eigener Ansatzpunkt für die Bestimmung der Aufhebbarkeit vorgeschlagen (b.). Es wird auch geprüft, inwiefern besondere Vertrauensschutzerwägungen im AEG bestehen, die gegen die Aufhebung von Verwaltungsakten sprechen (c.). Schließlich wird der Frage nachgegangen, ob vertragsbegründende Entscheidungen nicht als Dauerverwaltungsakte zu qualifizieren sind (d.).

a) Mögliche Probleme der Aufhebung im AEG

Die Befugnisse der Bundesnetzagentur und des EBA, die eine unmittelbare Privatrechtsgestaltung ermöglichen, sind ausschließlich schuldrechtsgestaltend.[182] Unter Vertrauensschutzgesichtspunkten sind vor allem die Befugnisse relevant, die in bestehende Vertragsverhältnisse eingreifen, diese begründen oder vernichten. Hier kann es zur einer „endgültigen" Wirkung eines Verwaltungsakts und darauf vertrauender Dispositionen der Regulierten kommen, die es rechtfertigen könnten, eine Aufhebung auszuschließen. Im Zentrum steht die Frage, welche Auswirkungen die Aufhebung eines privatrechtsgestaltenden Verwaltungsakts auf die Rechtsverhältnisse der regulierten Unternehmen hat. Den eingriffsintensivsten Fall stellt die Festlegung der Vertragsinhalte und die Unwirksamkeitserklärung entgegenstehender Verträge nach § 14f Abs. 3 Nr. 2 AEG dar. Eine vergleichbare Kompetenz hat das EBA im Rahmen des „Ownership-Unbundling" nach § 9a Abs. 1 S. 2 i.V.m § 9a Abs. 2 S. 2 AEG. Zudem kann das EBA nach § 13 Abs. 2 AEG auch Vertragsbedingungen festlegen, wenn es um die Zusammenschließung von Schienennetzen geht. Eine komplette Vertragsgestaltung durch die Behörde, verbunden gar mit der Aufhebung entgegenstehender Verträge, haben (bisher) weder die Bundesnetzagentur noch das EBA, soweit ersichtlich, in der Praxis angeordnet.[183] Bisher ist die Bundesnetzagentur „nur" durch die Auferlegung von Pflichten der

182 Siehe Teil 3. A. III.

183 In dem Verfahren OVG NRW, Beschluss vom 14.08.2012, 13 B 598/12, Rn. 2, 4, 7 (JURIS) hat die Bundesnetzagentur auf eine Unwirksamkeitserklärung vermeintlich rechtswidriger Verträge verzichtet und die DB Netz AG verpflichtet, bestehende, der Anordnung entgegenstehende Verträge an diese anzupassen.

„Vertragsgestaltung“ nachgegangen. Sie hat z.B. die DB Netz AG nach § 14f Abs. 3 Nr. 1 AEG dazu verpflichtet, gegenüber einem EVU ein Vertragsangebot über die Nutzung eines Gleises in einem Rangierbahnhof abzugeben. [184] Unmittelbar privatrechtsgestaltend ist die Bundesnetzagentur hingegen bereits bezüglich bestimmter SNB bzw. NBfS tätig geworden. Sie hat bestimmte Klauseln nach § 14f Abs. 1 S. 2 Nr. 2 AEG für ungültig erklärt.[185]

b) Würdigung der Diskussion

Es bestehen unterschiedliche Auffassungen über die dogmatische Wirkung von privatrechtsgestaltenden Verwaltungsakten. [186] Diese unterschiedlichen Grundkonzeptionen der Wirkungen des Verwaltungsakts im Zivilrecht sind der Grund für die divergierenden Ansichten.

aa) Die Fixierung auf den privatrechtsmitgestaltenden Verwaltungsakt

Die bisherige Diskussion um die Aufhebbarkeit privatrechtsgestaltender Verwaltungsakte leidet darunter, dass eine unzureichende Differenzierung dieser Rechtsfigur zu Grunde gelegt wurde. Alle Aussagen, die zur dogmatischen Wirkung dieses Verwaltungsakts getroffen wurden, haben immer den „Regelfall“ des privatrechtsgestaltenden Verwaltungsakts im Sinn, d.h. den privatrechtsmitgestaltenden Verwaltungsakt in Form der behördlichen Genehmigung. In dem Fall, in dem die Wirksamkeit eines Rechtsgeschäfts vom Gesetz unmittelbar von der behördlichen Zustimmung abhängig gemacht wird, erschöpft sich die gestaltende Wirkung nur in der Herbeiführung der Wirksamkeit oder Unwirksamkeit des Rechtsgeschäfts. [187] Wird ein Rechtsgeschäft durch einen solchen Verwaltungsakt unwirksam, kann auch die nachträgliche Aufhebung dieses Verwaltungsakts nicht mehr die Gültigkeit des Rechtsgeschäfts wiederherstellen, selbst wenn der aufhebende Verwaltungsakt mit einer gestattenden Genehmigung zusammen

---

184 OVG NRW, Beschluss vom 14.08.2012, 13 B 598/12, Rn. 2 (JURIS).

185 Bundesnetzagentur, Bescheid vom 06.06.2011, Az. 10.050-F-10-802, S. 2. Abrufbar unter: http://www.bundesnetzagentur.de/SharedDocs/Downloads/DE/BNetzA/Sachgebiete/Eisenbahnen/Mitteilungen/BescheidNeuePreiseStationsnutzung_pdf.pdf?__blob=publicationFile (Abrufdatum: 21.05.2013).

186 Siehe oben Teil 3. B. I. 1.

187 SCHMIDT, Unmittelbare Privatrechtsgestaltung, S. 187.

ergeht. Das Geschäft ist damit „endgültig" im Sinne der oben beschriebenen Ausnahme. In einem solchen Fall können weder nach dem Sinn der Genehmigung noch nach dem Sinn der Aufhebung die Rechtswirkungen beseitigt werden.[188] Eine solche Konzeption von „Endgültigkeit" hat den Fall „vor Augen", dass die öffentlich-rechtliche Genehmigung die letzte Voraussetzung für das Rechtsgeschäft ist.[189]

bb) Eine endgültige Wirkung auch bei privatrechtsalleingestaltenden Verwaltungsakten

Auch die Widerspruchsbefugnis im Rahmen der nachträglichen Regulierung[190] ist ein Fall einer „endgültigen" Gestaltung. Allerdings besteht hier ein wesentlicher Unterschied zu privatrechtsmitgestaltenden Verwaltungsakten. Es handelt es sich bei der Überprüfung und der Ungültigerklärung von SNB und Entgeltregelungen nach § 14f Abs. 1 S. 2 AEG nicht um eine Genehmigungspflicht. Die Klauseln werden vielmehr auch ohne die behördliche Zustimmung als AGB wirksam.[191] Jedoch führt der Widerspruch zur sofortigen Unwirksamkeit der Klausel im Vertrag. Die Wirksamkeit des Rechtsgeschäfts ist im Gesetz unmittelbar an die behördliche Handlung gekoppelt. Der Widerspruch ist zwar keine zwingende Voraussetzung für die Wirksamkeit oder Unwirksamkeit der Klauseln, dennoch ist seine Rechtsfolge unumkehrbar.[192] Die Behörde soll nach dem Sinn der Ermächtigung sicherstellen können, dass eisenbahnrechtswidrige Klauseln in keinem Fall

---

188 TSCHENTSCHER, DVBl. 2003, 1424 (1429); SACHS, in: STELKENS/BONK/SACHS, VwVfG Kommentar, § 48, Rn. 45.

189 So z.B. bei OSSENBÜHL, Die Rücknahme fehlerhafter begünstigender Verwaltungsakte, S. 130.

190 Der Widerspruch im Rahmen der Vorab-Regulierung ist zwar privatrechtsgestaltend, jedoch wird hier nicht in bestehende Vertragsverhältnisse eingegriffen. Ein Vertrauensschutz zwischen den Vertragspartner kann mithin nicht entstehen.

191 Eine genehmigungsähnliche Wirkung liegt auch dann nicht vor, wenn die Bundesnetzagentur ein eigentlich rechtswidriges Preissystem duldet und einzelnen Komponenten dieses Systems nicht widersprochen hat, obwohl diese ausdrücklich Gegenstand der Vorabprüfung waren. Ein Einschreiten nach § 14f Abs. 3 AEG ist hierdurch nicht gesperrt. VG Köln, Beschluss vom 15.06.2012, 18 L 547/12, Rn. 8 (JURIS).

192 Er ist nicht in dem Sinne privatrechtsmitgestaltend, dass sich die eigentliche Unwirksamkeit aus dem Gesetz selbst und nicht aus dem Verwaltungsakt ergibt.

Gegenstand von Zugangsvereinbarungen werden können. Eine endgültige Wirkung des Verwaltungsakts kann grundsätzlich auch bei privatrechtsallein-gestaltenden Verwaltungsakten eintreten. Eine Differenzierung nach negativ privatrechtsallein- und privatrechtsmitgestaltenden Verwaltungsakten ist zur Beantwortung der Frage der Aufhebbarkeit nicht geeignet.[193] Die Endgültigkeit einer gestaltenden Wirkung eines Verwaltungsakts, hängt vielmehr davon ab, ob dieser nach Sinn und Zweck der gesetzlichen Ermächtigung eine das Privatrechtsverhältnis verändernde, begründende, gestattende oder vernichtende Regelungswirkung haben soll.

cc) Keine „endgültige" Wirkung bei schuldrechtsbegründenden Verwaltungsakten

Im Gegensatz zu schuldrechtsvernichtenden Maßnahmen erschöpfen sich schuldrechtsbegründende Verwaltungsakte gerade nicht in der einmaligen Herbeiführung einer bestimmten Rechtslage. Die Anordnung eines Vertrages und seiner Bedingungen nach z.B. § 14f Abs. 3 Nr. 2 AEG ist vertragsersetzend.[194] In den Fällen, in denen die behördliche Anordnung die originäre Grundlage für den Vertrag oder für bestimmte privatrechtliche Regelungen ist, geht der Verwaltungsakt über die Gestaltung im Sinne der bloßen Veränderung der Rechtslage hinaus. Er begründet die Rechtslage nicht nur, er perpetuiert sie auch. Der Verwaltungsakt und der daraus unmittelbar resultierende Vertrag bilden eine Einheit. Die Wirkung des Verwaltungsakts ist nicht „endgültig", sondern „ständig". Der Einwand, [195] dass eine

193 So vorgeschlagen von MANSSEN, Privatrechtsgestaltung durch Hoheitsakt, S. 297 f.

194 GERSTNER, in: HERMES/SELLNER, AEG-Kommentar, § 14f, Rn. 49; KRAMER, in: KUNZ (Hrsg.), Eisenbahnrecht Bd. I, § 14f AEG, Rn. 14; SOLDNER, Liberalisierung des Eisenbahnwesens, S. 151; RUGE, DVBl. 2005, 1405 (1413); KÜHLING/ERNERT, NVwZ 2006, 33 (37). Insofern ist es unpräzise, einen bloßen „Kontrahierungszwang" anzunehmen. So PFLUG, Eisenbahnregulierung zwischen öffR und PR, S. 98. Ein solcher Zwang enthält nur die Verpflichtung zum Abschluss eines Vertrages und ersetzt den Vertrag nicht. Dies gilt auch für die Entscheidung des EBA nach § 13 Abs. 2 AEG. KRAMER, in: KUNZ (Hrsg.), Eisenbahnrecht Bd. I, § 13 AEG, Rn. 10; GERSTNER, in: HERMES/SELLNER, BECK'scher AEG-Kommentar, § 13, Rn. 39.

195 Ausführliche und kritische Würdigung der Vorstellung, dass sich die „Verbindung zwischen öffentlich-rechtlicher Genehmigung und privatrechtlichem Rechtsgeschäft" löse bei ZACHARIAS, NVwZ 2002, 1306 (1308).

Aufhebung des Verwaltungsakts keine Auswirkungen auf die private Rechtslage haben könne, greift dann nicht mehr durch. Entscheidend ist nicht, ob die endgültige Wirkung einer Maßnahme aus dem Verwaltungsakt oder dem Gesetz resultiert, um zu beantworten, ob eine Maßnahme aufgehoben werden kann. Maßgeblich ist vielmehr, ob ein Recht oder Rechtsverhältnis durch einen Verwaltungsakt (bloß) geändert wird oder ob der Verwaltungsakt die Grundlage für ein solches Recht bzw. Rechtsverhältnis ist, welches er selbst erst begründet. Grundsätzlich hat die Aufhebung eines rechtsbegründenden Verwaltungsakts dann auch die rückwirkende Nichtigkeit des Vertrages oder des Rechts zur Folge. Der rechtsmodifizierende Verwaltungsakt kann hingegen nicht aufgehoben werden.

Die Unterscheidung zwischen nur vertragsgestaltenden und schon vertragsbegründenden Verwaltungsakten kann allerdings Abgrenzungsprobleme mit sich bringen. Ein vertragsersetzender Verwaltungsakt sollte dann angenommen werden, wenn durch ihn das Gepräge des Vertragsverhältnisses weitestgehend bestimmt wird. Wann dies der Fall ist, ist losgelöst von den Umständen des Einzelfalls und der jeweiligen gesetzlichen Ermächtigung, nicht zu beurteilen und muss anhand der konkreten Situation bewertet werden.

c) Der Vertrauensschutz im AEG

Die Aufhebbarkeit privatrechtsgestaltender Verwaltungsakte im AEG könnte durch Vertrauensschutzerwägungen ausgeschlossen sein. Eine pauschale Ablehnung der Aufhebung aus Gründen des allgemeinen Vertrauensschutzes scheidet aus. [196] Das Ermessen der Behörde bietet die Möglichkeit, Erwägungen des Vertrauensschutzes ausreichend zu berücksichtigen.

aa) Aufhebung von Trassennutzungszuweisungen

Vertragsbegründende Anordnungen nach § 14f Abs. 3 Nr. 2 AEG können die Vergabe von Trassen innerhalb und außerhalb [197] des Netzfahrplans beinhalten, Rahmenverträge oder den Zugang zu Serviceeinrichtungen

---

196 Siehe oben Teil 3 B. I. 2.

197 Sog. Gelegenheitsverkehr i.S.d. § 14 EIBV. Diese Verkehrsart ist jedoch nicht zwingend auf die Fahrt einzelner Züge beschränkt, sondern kann auch wiederkehrende Fahrten erfassen. SCHWECKE, in: KUNZ (Hrsg.), Eisenbahnrecht Bd. II, § 14 EIBV, Rn. 1.

betreffen. Die behördlichen Trassenvergabeentscheidungen sind regelmäßig zeitlich begrenzt. Ein durch die Bundesnetzagentur begründeter Trassennutzungsvertrag gilt in der Regel nur für die Dauer einer Fahrplanperiode. Ein in dieser Weise befristeter Verwaltungsakt entfaltet seine Wirkungen nur für einen konkreten Zeitraum. Mit Ablauf der Fahrplanperiode erledigen sich diese Verwaltungsakte. Diese besondere zeitliche Konstellation von konkreten Trassennutzungsverträgen erhöht das Interesse der Vertragsparteien an der Rechtsbeständigkeit und Unwiderruflichkeit solcher Entscheidungen. Dadurch werden sie nicht mit der Rechtsunsicherheit eines nichtigen Vertrages belastet, welcher gleichzeitig die Gefahr langwieriger Rechtsstreitigkeiten birgt. Hinzu kommt, dass diese Rechtsunsicherheit und ggf. anhängige Gerichtsverfahren bis zu ihrer Klärung auch die neu abzuschließenden Trassennutzungsverträge erheblich belasten können.[198] Insofern muss zumindest für rechtmäßige Verwaltungsakte ein Widerruf nach § 49 VwVfG ausgeschlossen sein. Der Behörde bleibt bei einer Änderung der Bewertung der Sach- und Rechtslage grundsätzlich ein jederzeitiges Einschreiten im Rahmen der ex post-Kontrolle von Nutzungsbedingungen möglich.[199] Die Berücksichtigung einer veränderten Sach- und Rechtslage kann zudem auch ausreichend im Rahmen der nächsten Fahrplanperiode erfolgen, wenn Gesichtspunkte der Verhältnismäßigkeit dies gebieten.

Dies gilt auch für die Rücknahme rechtswidriger Verwaltungsakte. Eine Aufhebung hätte zur Folge, dass der Vertrag durch seine wechselseitige Bedingtheit mit dem Verwaltungsakt nichtig wäre. Die empfangenen Leistungen müssten demnach zurückgewährt werden. Die Zurückgewährung einer Trassennutzung durch das EVU wäre in natura nicht möglich. Dies

---

198 Auf den besonderen „Faktor Zeit" in einem von „technischer und wirtschaftlicher Komplexität gekennzeichneten Eisenbahnsektor" weist auch die Gesetzesbegründung zum ERegG-E hin. Es ist für die Wettbewerbsunternehmen essenziell, möglichst schnell eine abschließende, rechtsgültige Entscheidung über die Zugangsansprüche und -bedingungen zu erhalten. Das ERegG-E sieht daher in § 66 Abs. 4 ERegG-E den Wegfall der verwaltungsgerichtlichen ersten Instanz vor, um dem besonderen Zeitdruck gerecht zu werden. Dieser Verlust werde „durch das formalisierte, gerichtsähnliche Beschlusskammerverfahren kompensiert". So BR-Drs. 559/12, S. 225 f. Kritisch SCHERER/MICHALCZYK, N & R 2013, 35 (44), die in dieser Regelung eine Vergrößerung des „Rechtswegwirrwarr[s] im Regulierungsrecht" sehen.

199 SCHWECKE, in: KUNZ (Hrsg.), Eisenbahnrecht Bd. II, § 4 EIBV, Rn. 9.

würde z.B. die für die Rückabwicklung schwierige Frage aufwerfen, ob die Nutzung der Trassenverträge ein Gebrauchsüberlassungsvertrag ist.[200] Die Rückabwicklung des Vertragsverhältnisses ist mit erheblichen Rechtsunsicherheiten behaftet. Angesichts der komplexen Rechtsfragen, die die konstitutive Beziehung zwischen Verwaltungsakt und Vertrag aufwirft, wird der Verzicht auf die Rücknahme bei Verträgen von kurzer Dauer in der Regel die verhältnismäßigere Maßnahme sein.[201]

bb) Aufhebung von Rahmenverträgen

Bei Rahmenverträgen, die eine längere Dauer als eine Netzfahrplanperiode haben, stellt sich das Problem der Rechtunsicherheit nicht in derselben Schärfe. Die Aufhebung ist dann zwar nicht grundsätzlich ausgeschlossen, bedarf jedoch einer sorgfältigen Einzelfallprüfung, der allerdings eine Vermutung für die Aufrechterhaltung des Verwaltungsakts zu Grunde liegen sollte.[202] Denn Rahmenverträge bilden oftmals die Grundlage für Investitionen sowohl der BdS als auch der EVU. Für den BdS bedeutet der Abschluss eines Rahmenvertrags, dass dieser sein „Auslastungsrisiko" minimiert, d.h. dass er mit einer bestimmten Mindestauslastung seiner Infrastruktur rechnen kann.[203] Für EVU wiederum bedeutet dies Planungssicherheit.[204] Sie können sich mittels dieser Verträge auf die Zuweisung von Kapazitäten innerhalb bestimmter Bandbreiten verlassen, so dass es möglich ist, die Amortisation bereits getätigter und noch zu tätigender Investitionen langfristig abzusichern.[205] Diesen besonderen Umstand muss eine regulatorische Entscheidung in ihrer Abwägung berücksichtigen.

---

200 Die Rechtsnatur von Infrastrukturnutzungsverträgen ist umstritten. Zur Abgrenzung zwischen Werk- und Mietvertrag siehe KG Berlin, Urteil vom 09.04.2009, 19 U 21/08, Rn. 13 f. (JURIS). Für die Einordnung des Zugangsvertrags als gemischttypischer Vertrag in der Form eines Typenkombinationsvertrages siehe OVG NRW DVBl. 2009, 1312 (1314).

201 Zum Ermessen der Behörde bei privatrechtsgestaltenden Verwaltungsakten siehe sogleich Teil 3. B. III.

202 Insofern ist die allgemeinere Auffassung MAURERS zu bestätigen. Siehe MAURER, Allg. VwltgsR, § 11, Rn. 33.

203 DÖBBER, in: KUNZ (Hrsg.), Eisenbahnrecht Bd. II, § 13 EIBV, Rn. 2.

204 DÖBBER, in: KUNZ (Hrsg.), Eisenbahnrecht Bd. II, § 13 EIBV, Rn. 3.

205 Z.B. die Anschaffung von Eisenbahnfahrzeugen. DÖBBER, in: KUNZ (Hrsg.), Eisenbahnrecht Bd. II, § 13 EIBV, Rn. 4 f.

d) Der privatrechtsgestaltende Verwaltungsakt als Dauerverwaltungsakt

Wenn, wie hier vertreten[206], der rechtsbegründende Verwaltungsakt sich in seiner Wirkung nicht in der bloßen Änderung der privaten Rechtslage erschöpft, sondern die private Rechtslage durch seinen Regelungsgehalt begründet, stellt sich die Frage, ob der in dieser Weise privatrechtsgestaltende Verwaltungsakt nicht gleichzeitig auch einen Verwaltungsakt mit Dauerwirkung darstellt. Solche Verwaltungsakte zeichnen sich dadurch aus, dass sie zeitraum- und zukunftsbezogene Regelungen enthalten.[207] Ihre Rechtsfolgen treten nicht zu einem bestimmten Zeitpunkt, sondern während eines bestimmten Zeitraums ein.[208] Die innere Wirksamkeit dieses Verwaltungsakts dauert über einen längeren Zeitraum an.[209]

aa) Die Merkmale des Dauerverwaltungsakts

Jedoch sind nicht alle Verwaltungsakte mit dauerhaften Wirkungen zwangsläufig auch Verwaltungsakte mit Dauerwirkung: Entscheidend ist neben der Dauer, dass sich die Regelung immer wieder aktualisiert.[210] So ist die Aufhebung der Genehmigung einer genehmigungspflichtigen Tätigkeit kein Dauerverwaltungsakt, weil sich die Rechtsfolge des dauerhaften Verbots der Ausübung der Tätigkeit aus dem Gesetz ergibt und nicht aus der einmaligen Umgestaltung der Rechtslage.[211] Dauerverwaltungsakte liegen vor, wenn ihre „Wirkung nach Sinn und Zweck und dem einschlägigen materiellen Recht wesensmäßig auf Dauer angelegt sind. Dies ist insbesondere der Fall, wenn der Verwaltungsakt ein auf Dauer berechnetes oder in seinem Bestand von ihm abhängiges Rechtsverhältnis begründet oder inhaltlich verändert."[212]

Für die Frage der Aufhebbarkeit ist umstritten, welcher Zeitpunkt maßgeblich für die Beurteilung der Rechtswidrigkeit eines Dauerverwaltungs-

206 Siehe oben Teil 3 B. I. 3. b) aa).

207 U. STELKENS, in: STELKENS/BONK/SACHS, VwVfG Kommentar, § 35, Rn. 223.

208 U. STELKENS, in: STELKENS/BONK/SACHS, VwVfG Kommentar, § 35, Rn. 223.

209 KOPP/RAMSAUER, VwVfG Kommentar, § 43, Rn. 40.

210 BVerwG NVwZ 2012, 1547 (1553), Rn. 43; U. STELKENS, in: STELKENS/BONK/SACHS, VwVfG Kommentar, § 35, Rn. 224.

211 U. STELKENS, in: STELKENS/BONK/SACHS, VwVfG Kommentar, § 35, Rn. 224.

212 BVerwGE 104, 115 (120); BUMKE, in: HOFFMANN-RIEM/SCHMIDT-AßMANN/VOßKUHLE, Grundlagen des Verwaltungsrechts, Bd. II, § 35, Rn. 66.

aktes ist.[213] Grundsätzlich soll der Zeitpunkt des Erlasses des Verwaltungsaktes maßgeblich sein. Jedoch soll nach teilweise vertretener Auffassung die Möglichkeit bestehen, diese „nachträglich rechtswidrig geworden[en]" Verwaltungsakte auch der Rücknahme nach § 48 VwVfG zu unterstellen.[214] Das BVerwG vertritt grundsätzlich die Auffassung, dass die Sach- und Rechtslage maßgeblich sein soll, wie sie zum Zeitpunkt der gerichtlichen Entscheidung besteht.[215] In diesem Fall ist eine Anfechtungsklage auch dann begründet, wenn der Verwaltungsakt bei Erlass rechtmäßig war, seine Aufrechterhaltung jedoch nicht mehr gerechtfertigt ist.[216]

bb) Die Vollzugsfähigkeit als konstitutives Merkmal des Dauerverwaltungsakts?

Problematisch ist, dass nach STELKENS ein Dauerverwaltungsakt nicht nur eine ständige Aktualisierung erforderlich macht, sondern darüber hinaus auch vollzugsfähig sein soll.[217] Ein (privat-)rechtsgestaltender Verwaltungsakt zeichnet sich aber gerade dadurch aus, dass er nicht vollzugsfähig ist, weil er den Vollzug bereits in sich trägt.[218] Insofern scheint die Möglichkeit ausgeschlossen, dass ein gestaltender Verwaltungsakt gleichzeitig auch ein Verwaltungsakt mit Dauerwirkung sein kann. Dies setzt jedoch voraus, dass der Begriff des Dauerverwaltungsakts genau konturiert und die Vollzugsfähigkeit ein Teil der allgemeingültigen Definition ist.

Eine dogmatisch eindeutige Begriffserklärung und -verwendung gibt es nicht.[219] Vielmehr entspringt die gängige Vorstellung eines Dauerverwaltungsaktes der Definition, die dieser im Sozialrecht (§§ 45 Abs. 3, 48 SGB

---

213 HENNEKE, in: KNACK/HENNEKE, VwVfG-Kommentar, § 35, Rn. 97 .

214 So bei MEYER, in: KNACK/HENNEKE, VwVfG-Kommentar, Vor § 43, Rn. 51 ff. mit ausführlicher Darstellung des Streitstandes.

215 BVerwG NVwZ 2012, 510 (511), Rn. 13; MEYER, in: KNACK/HENNEKE, VwVfG-Kommentar, Vor § 43, Rn. 53 unter Hinweis auf die uneinheitliche Rechtsprechung.

216 JANßEN, in: OBERMAYER/FRITZ, VwVfG-Kommentar, § 35, Rn. 139. Davor warnend, diese prozessrechtliche Frage als ein Wesensmerkmal des Dauerverwaltungsaktes zu werten, U. STELKENS, in: STELKENS/BONK/SACHS, VwVfG Kommentar, § 35, Rn. 223.

217 U. STELKENS, in: STELKENS/BONK/SACHS, VwVfG Kommentar, § 35, Rn. 224.

218 Siehe oben Teil 1. B. III. 3. d).

219 So FELIX, NVwZ 2003, 385 (386 f.).

X) erhalten hat, welche dann unverändert ins Allgemeine Verwaltungsrecht übertragen worden ist.[220] Angesichts der bisher kaum überzeugenden Definitionsversuche wird deswegen verlangt, auf den Dauerverwaltungsakt als Kategorie des Allgemeinen Verwaltungsrechts zu verzichten und den „Eintritt wesentlicher Veränderungen“ für den Zeitpunkt der Rechtswidrigkeit zum entscheidenden Gesichtspunkt zu erheben.[221] Das BVerwG ist dieser Forderung jedoch nicht nachgekommen, sondern geht in ständiger Rechtsprechung weiter von der Existenz und Notwendigkeit dieser Rechtsfigur aus.[222] Daher können sich Änderungen der tatsächlichen Verhältnisse, die nach Erlass des Verwaltungsakts eintreten, weiterhin unmittelbar auf die rechtliche Beurteilung auswirken und einen Verwaltungsakt nachträglich rechtswidrig werden lassen.[223] Im Rahmen der Diskussion über die Rechtsnatur des Dauerverwaltungsakts wird in der Vollzugsfähigkeit jedenfalls kein konstitutives Merkmal gesehen.

cc) Der privatrechtsbegründende Verwaltungsakt als Dauerverwaltungsakt

Auch das BVerwG scheint nicht davon auszugehen, dass sich die dauerhafte und die gestaltende Wirkung gegenseitig ausschlössen. So hat es für eine telekommunikationsrechtliche Entgeltgenehmigung ausgeführt, dass deren Bedeutung nicht „nur darin [besteht], dass das genehmigte Entgelt mit privatrechtsgestaltender Wirkung an die Stelle des vereinbarten Entgelts tritt“[224], sondern gleichzeitig auch darin, dass das regulierte Unternehmen für die Dauer der Geltung des Verwaltungsakts daran gehindert ist, andere Entgelte zu erheben.[225] „Damit enthält die Entgeltgenehmigung eine Regelung, die sich nicht in der einmaligen Gestaltung der Rechtslage erschöpft, sondern auf unbestimmte Dauer angelegt ist und sich ständig aktualisiert.“[226] Eine vertragsersetzende Entscheidung begründet ein privat-

---

220 FELIX, NVwZ 2003, 385 (386).

221 FELIX, NVwZ 2003, 385 (389); BUMKE, in: HOFFMANN-RIEM/SCHMIDT-AßMANN/VOßKUHLE, Grundlagen des Verwaltungsrechts, Bd. II, § 35, Rn. 66.

222 Jüngst BVerwG NVwZ 2012, 880 (884); BVerwGE 59, 148 (160 f.). Zur Anfechtung von Dauerverwaltungsakten siehe BVerwG NVwZ 2012, 510 ff.

223 BVerwG NVwZ-RR 2012, 933 (934), Rn. 15.

224 Ausführlich zur privatrechtsgestaltenden Wirkung der Entgeltgenehmigung im TKG siehe unten Teil 4. B. II. 2.

225 BVerwG NVwZ 2012, 1547 (1553), Rn. 43.

226 BVerwG NVwZ 2012, 1547 (1553), Rn. 43.

rechtliches Rechtsverhältnis, das in seinem Bestand vom Verwaltungsakt abhängig ist.[227] Nach z.B. dem Zweck des § 14f Abs. 3 Nr. 2 AEG soll in letzter Konsequenz, die Schaffung eines Vertragsverhältnisses durch Verwaltungsakt möglich sein, welches die dauerhafte Grundlage für die rechtlichen Beziehungen des regulierten Unternehmens bildet, wenn der Zugang zur Infrastruktur nicht anders gewährleistet werden kann. Solche Maßnahmen sind als Dauerverwaltungsakte zu qualifizieren. Bei einer den Trassenvergabevertrag ersetzenden Anordnung ist es unschädlich, dass diese grundsätzlich auf ein Jahr begrenzt ist, weil der Dauerverwaltungsakt auch befristete Rechtsverhältnisse begründen kann.[228]

4. Aufhebung zugunsten der „Äquivalenz" und „Effektivität" des Unionsrechts?

Fraglich ist, wie sich das Unionsrecht auf die Aufhebbarkeit von Verwaltungsakten auswirkt. Dieses könnte die soeben vorgenommene Gewichtung der Vertrauensschutzgesichtspunkte sowie auch die dogmatischen Erwägungen möglicherweise zugunsten der unionsrechtlichen Grundsätze der „Äquivalenz" und „Effektivität" wieder einschränken. Denn das gesamte Zugangsrecht des AEG und der EIBV beruht auf den verschiedenen Richtlinienpaketen der EU.[229] Dies gilt insbesondere für § 14f Abs. 2 und Abs. 3 AEG, die Vorgaben zur Konfliktschlichtung aus Art. 30 Abs. 5 RL 2001/14/EG umsetzen.[230] Die Vorschriften der §§ 14 ff. AEG und der EIBV sind ein Fall des indirekten Vollzugs des Unionsrechts.[231] Zunächst werden die Besonderheiten dargestellt, die sich aus dem indirekten Vollzug und den Grundsätzen der Effizienz und Äquivalenz ergeben (a.), bevor

227 So allgemein als Voraussetzung eines Dauerverwaltungsakts BVerwGE 104, 115 (120).

228 HENNEKE, in: KNACK/HENNEKE, VwVfG-Kommentar, § 35, Rn. 97; U. STELKENS, in: STELKENS/BONK/SACHS, VwVfG Kommentar, § 35, Rn. 223.

229 Ausführlich dazu Teil 1. A. III. 2. Dort auch zur neuen Richtlinie 2012/34/EU.

230 KRAMER, in: KUNZ (Hrsg.), Eisenbahnrecht Bd. I, § 14f AEG, Rn. 5; SCHMITT, in: SCHMITT/STAEBE, Einführung in das Eisenbahn-Regulierungsrecht, Rn. 641.

231 Beim indirekten Vollzug bedarf es noch eines „zwischengeschalteten" Umsetzungsrechtsaktes. S. AUGSBERG, in: TERHECHTE, Verwaltungsrecht der EU, § 6, Rn. 17. Es wird auch vom „mittelbar mitgliedstaatlichen Vollzug" gesprochen. Gemeint ist damit richtlinienumsetzendes deutsches Ausführungsrecht. STREINZ, in: STREINZ, EUV-AEUV, Art. 4 EUV, Rn. 55.

gezeigt wird, wann eine Aufhebung unionsrechtlich geboten ist (b.). Darauf aufbauend wird geprüft, inwiefern die regulatorischen Maßnahmen im Eisenbahnzugangsrecht unionsrechtlichen Einflüssen unterliegen (c.). Schließlich wird die Frage aufgeworfen, ob die Kommission nach den neusten unionsrechtlichen Vorschriften privatrechtsgestaltende Entscheidungen unmittelbar zurücknehmen kann (d.).

a) Die Besonderheiten des indirekten Vollzugs von Unionsrecht und die Vorgaben des „Äquivalenzprinzips" sowie des „effet utile"

Der indirekte Vollzug des Unionsrechts kann sich auf zwei Weisen auf das nationale Verwaltungsverfahrensrecht auswirken: Zum einen kann die Richtlinie selbst Regelungen zum Verfahren enthalten, die dann vom deutschen Gesetzgeber umgesetzt werden müssen, so dass die deutschen Vollzugsbehörden zwar formell deutsches Verfahrensrecht anwenden, dies aber unionsrechtlich determiniert ist. [232] Zum anderen kann bei der Anwendung der verwaltungsverfahrensrechtlichen Vorschriften eine unionsrechtskonforme Auslegung zu beachten sein.[233] Das deutsche Verfahrensrecht kommt alleine zur Anwendung, es kann jedoch ggf. durch die unionskonforme Auslegung Anpassungen erfahren.

Die Richtlinien über den Zugang zur Eisenbahninfrastruktur enthalten keine spezialgesetzlichen Vorgaben für die Aufhebbarkeit von Regulierungsmaßnahmen.[234] Die nationalen Bestimmungen des VwVfG sind grundsätzlich anwendbar.[235] Die Aufhebbarkeit eines privatrechtsgestaltenden Verwaltungsakts im AEG könnte jedoch besonderen unionsrechtlichen Bindungen unterliegen. Dabei erkennt auch die Unionsrechtsordnung die Grundsätze der Rechtssicherheit und des Vertrauensschutzes als Teil der gemeinsamen Verfassungsüberlieferungen der Mitgliedstaaten und damit als allgemeine

232 So MAURER, Allg. VwltgsR, § 5, Rn. 25.

233 MAURER, Allg. VwltgsR, § 5, Rn. 25. Zudem ist drittens der Anwendungsvorrang europäischer Verordnungen zu beachten.

234 Siehe oben Teil 3. B. I. 1. a). Sie enthalten vor allem keine unionsrechtlich determinierten Regelungen.

235 SACHS, in: STELKENS/BONK/SACHS, VwVfG Kommentar, § 48, Rn. 19, 23. Die §§ 48 f. VwVfG sind nicht nur im Falle der Beihilfen maßgeblich, sondern in allen einschlägigen Fällen. KOPP/RAMSAUER, VwVfG Kommentar, § 48, Rn. 7a.

Rechtsgrundsätze der EU an.[236] Der mitgliedstaatliche Vollzug unionsrechtlicher Regeln unterliegt allerdings zwei prinzipiellen Anforderungen: Dem Äquivalenzprinzip und dem Effektivitätsprinzip.[237] Das Äquivalenzprinzip besagt nach der ständigen Rechtsprechung des EuGH, dass die mitgliedstaatliche Verfahrensautonomie[238] dadurch begrenzt wird, dass die betreffenden Verfahren nicht weniger günstig ausgestaltet sein dürfen als bei entsprechenden Verfahren, die nur innerstaatliches Recht betreffen.[239] Die Durchsetzung subjektiver Rechte, welche das Unionsrecht verleiht, darf keinen strengeren Anforderungen unterliegen als die Durchsetzung subjektiver Rechte, die die nationale Rechtsordnung gewährt.[240]

Der Effektivitätsgrundsatz gebietet, dass die Anwendung des mitgliedstaatlichen Rechts „die Tragweite und Wirksamkeit des (materiellen)“[241] Unionsrechts nicht beeinträchtigen darf.[242] Die Ausübung der durch die Unionsrechtsordnung verliehenen Rechte darf nicht praktisch unmöglich gemacht oder übermäßig erschwert werden.[243] Die primär-

---

236 RENNERT, DVBl. 2007, 400 (401). Dies gilt auch für das Institut der Bestandkraft, das vom EuGH als Rechtsinstitut anerkannt wird. EuGH NVwZ 2004, 459, Rn. 24; HATJE, in: SCHWARZE (Hrsg.), EU-Kommentar, Art. 4 EUV, Rn. 60.

237 RENNERT, DVBl. 2007, 400 (401). Beide können als Ausdruck des Rechtsstaatsprinzips verstanden werden. So V. BOGDANDY/SCHILL, in: GRABITZ /HILF/NETTESHEIM, Das Recht der EU – Kommentar, Bd. I, Art. 4 EUV, Rn. 79.

238 Zum Inhalt dieses im weiten Sinne (des französischen Verwaltungsrechts) zu verstehenden Begriffs siehe KAHL, in: CALLIESS/RUFFERT, EUV – AEUV, Art. 4 EUV, Rn. 61. Diesen verwendet nunmehr auch der EuGH. Hatje, in: SCHWARZE (Hrsg.), EU-Kommentar, Art. 4 EUV, Rn. 57.

239 Ein umfangreicher Nachweis dieser Rechtsprechung findet sich in den Schlussanträge der Generalanwältin TRSTENJAK, EuGH, Rs. C-618/10, Rn. 59 (BECK-online). Diese Rechtsprechung im Urteil bestätigend EuGH EuZW 2012, 754 (755), Rn. 46.

240 RENNERT, DVBl. 2007, 400.

241 RENNERT, DVBl. 2007, 400.

242 RENNERT, DVBl. 2007, 400; SACHS, in: STELKENS/BONK/SACHS, VwVfG Kommentar, § 48, Rn. 24; KAHL, in: CALLIESS/RUFFERT, EUV – AEUV, Art. 4 EUV, Rn. 62. Für das Äquivalenzgebot wurde früher synonym von einem „Diskriminierungsverbot” gesprochen, für das Effektivitätsprinzip vom „Beeinträchtigungsverbot”.

243 Schlussanträge der Generalanwältin TRSTENJAK, EuGH, Rs. C-618/10, Rn. 59 (BECK-online); RENNERT, DVBl. 2007, 400.

rechtliche Grundlage, die eine Modifikation der nationalen Verfahrensvorschriften erlaubt, ist Art. 4 Abs. 3 EUV.[244] Die Frage, ob eine nationale Verfahrensvorschrift die Anwendung des Unionsrechts unmöglich macht oder übermäßig erschwert, ist nach der Rechtsprechung des EuGH unter Berücksichtigung der Stellung dieser Vorschrift im gesamten Verfahren, des Verfahrensablaufs und der Besonderheiten des Verfahrens vor den verschiedenen nationalen Stellen zu prüfen.[245] Jedenfalls darf die unionsrechtlich gebotene Rücknahme eines unionsrechtwidrigen Verwaltungsaktes[246] nicht durch Gesichtspunkte des Vertrauensschutz oder des Rücknahmeermessens ausgeschlossen werden.[247] Es besteht jedoch kein Gebot des Art. 4 Abs. 3 EUV, stets eine bestandskräftige Entscheidung zurückzunehmen, da Rechtssicherheit und Vertrauensschutz nicht a priori nachrangig sind.[248] Im Grundsatz geht es sowohl auf nationaler sowie auf europarechtlicher Ebene letztlich immer um einen Ausgleich des Grundsatzes der Gesetzes- bzw. Unionsrechtsmäßigkeit mit dem Prinzip der Rechtssicherheit.[249]

---

244 KOPP/RAMSAUER, VwVfG Kommentar, § 48, Rn. 8. RENNERT, DVBl. 2007, 400 stellt allerdings noch auf den nunmehr gestrichenen Art. 10 EGV ab.

245 EuGH EuZW 2012, 754 (756), Rn. 49.

246 Die Arbeit konzentriert sich an dieser Stelle auf die Rücknahme unionsrechtwidriger Verwaltungsakte. Die Modifikation des § 49 VwVfG für den Fall des Widerrufs ist bisher nur im Rahmen des europäischen Beihilfenrechts relevant geworden. Siehe GAYER, in: BADER/RONELLENFITSCH, BECK'scher OK VwVfG, § 49, Rn. 99. Bei Verwaltungsakten, die zunächst unionsrechtmäßig ergangen sind, aber durch später ergangenes Sekundärrecht rechtswidrig werden, richtet sich die Aufhebung nach § 49 VwVfG. KAHL, in: CALLIESS/RUFFERT, EUV – AEUV, Art. 4 EUV, Rn. 75.

247 Noch darf ein Ausschluss der Rücknahme auf die Jahresfrist des § 48 Abs. 4 VwVfG oder auf den Einwand der „Entreicherung" gestützt werden. KOPP/RAMSAUER, VwVfG Kommentar, § 48, Rn. 8

248 RENNERT, DVBl. 2007, 400 (402); KAHL, in: CALLIESS/RUFFERT, EUV – AEUV, Art. 4 EUV, Rn. 74.

249 Für die nationale Perspektive ERBGUTH, Allg. VwltgsR, Teil. 3, § 16, Rn. 2. Für die unionsrechtliche Perspektive RENNERT, DVBl. 2007, 400 (401); STREINZ, in: STREINZ, EUV-AEUV, Art. 4 EUV, Rn. 57. Jüngst bestätigt durch EuGH NVwZ 2013, 273 (277), Rn. 77.

b) Die unionsrechtlich gebotene Rücknahme belastender und begünstigender Verwaltungsakte

Nach der Rechtsprechung des EuGH ist bei einer unionsrechtlich gebotenen Rücknahme belastender Verwaltungsakte zunächst zu fragen, ob der Bürger die ausreichende Möglichkeit gehabt hat, den Verwaltungsakt auf seine Unionsrechtswidrigkeit hin überprüfen zu lassen, wobei nicht nur die Rechtsbehelfe, sondern auch die tatsächlichen Bedingungen ihrer Inanspruchnahme zu prüfen sind.[250] So soll z.B. keine Pflicht zur Rücknahme bestehen, wenn der Betroffene es versäumt hat, sich gegen den nationalen Verwaltungsakt zu wehren.[251] Im Anschluss stellt sich die Frage, ob ein Rücknahmeermessen der Behörde auf Null reduziert sein könnte. Allein aus dem Effektivitätsgrundsatz ergibt sich dies nicht. Vielmehr bedarf es für die Reduktion des Rücknahmeermessens eines weiteren sachlichen Grundes, der sich aus dem jeweiligen Fachrecht, insbesondere aus der unionsrechtlichen Wettbewerbsfreiheit, ergeben kann.[252] Das Ermessen kann auch reduziert sein, wenn ein qualifizierter Unionsrechtsverstoß vorliegt.[253]

Bei der Rücknahme von begünstigenden Verwaltungsakten ist ein Vertrauen dann berechtigt, wenn die Gutgläubigkeit des Begünstigten gegeben ist, d.h. wenn der Betroffene nicht um die Möglichkeit der Rücknahme wusste

---

250 So RENNERT, DVBl. 2007, 400 (401 f.) unter Hinweis auf das Urteil EuGH, Rs. C. 312/93, Slg. 1995, I-4615 ff.

251 KAHL, in: CALLIESS/RUFFERT, EUV – AEUV, Art. 4 EUV, Rn. 74.

252 RENNERT, DVBl. 2007, 400 (402).

253 RENNERT, DVBl. 2007, 400 (402). Der EuGH hat hier die Rechtsprechung des BVerwG gebilligt, wonach ein solcher Verstoß gegeben ist, wenn er „offensichtlich“ rechtswidrig war. Dies vertiefend RENNERT, DVBl. 2007, 400 (408). Zur „offensichtlichen Rechtswidrigkeit“ in der Rechtsprechung des BVerwG siehe auch LUDWIGS, DVBl. 2008, 1164 (1168). V. BOGDANDY/SCHILL, in: GRABITZ/HILF/NETTESHEIM, Das Recht der EU – Kommentar, Bd. I, Art. 4 EUV, Rn. 89 gehen hingegen nur von einer einzigen, verallgemeinerungsfähigen Verpflichtung zur Rücknahme belastender unionsrechtswidriger Verwaltungsakte aus. Dafür müsse die Rücknahme nach nationalem Recht möglich sein und die Bestandskraft nach Ausschöpfung des Rechtsweges eingetreten sein, ohne dass das letztinstanzlich entscheidende Gericht den Gerichtshof im Wege des Vorabentscheidungsverfahrens angerufen hätte. Die übrigen Urteile, die als Relativierung der Bestandskraft gedeutet wurden, seien hingegen nur auf die besonderen Entscheidungskonstellationen beschränkt.

oder wissen konnte.[254] Der Gerichtshof differenziert weiterhin zwischen Sach- und Rechtsirrtümern: Bei Sachirrtümern kann Vertrauensschutz eingeräumt werden, wenn z.B. die Behörde die Sachlage verkannt hat und der Irrtum auf einem Fehler in ihrer Sphäre beruht.[255] Bei Rechtsirrtümern der Behörde ist der Vertrauensschutz hingegen ausgeschlossen, da die Verkennung des Unionsrechts, selbst wenn sie übereinstimmend erfolgt, nicht geeignet ist, Vertrauen zu begründen.[256] Auch für die Rücknahme eines begünstigenden Verwaltungsakts wird ein über die bloße Rechtswidrigkeit hinausgehender Grund gefordert, der das Rücknahmeermessen im Sinne des Effizienzgedankens einschränkt.[257] Nur dann besteht eine Pflicht der nationalen Behörde, den Verwaltungsakt zurückzunehmen.

c) „Äquivalenz" und „Effektivität" im AEG

Die Gefahr der Verletzung des Äquivalenzprinzips besteht im Eisenbahnzugangsrecht nicht, da das AEG weder die Zugangsrechte der europäischen Wettbewerber noch die Rechte der nationalen Wettbewerber, die auf dem Richtlinienrecht beruhen, ungünstiger ausgestaltet als ein Verfahren, das sich nur nach innerstaatlichen Recht richtet. Im Gegenteil wird durch die Regelung des § 14 AEG das auf Unionsrecht beruhende Zugangsecht überhaupt erst eingeräumt.[258] Da nach § 14 Abs. 3 AEG die Regelung des § 14 Abs. 2 AEG entsprechend gilt, können auch Unternehmen, die ihren Sitz in einem der anderen Mitgliedstaaten der Europäischen Union haben, Zugangsberechtigte i.S.d. AEG sein.[259] Diesen EVU stehen grundsätzlich auch dieselben Möglichkeiten zur Rechtsdurchsetzung offen wie nationalen EVU, z.B. die Einleitung eines Verfahrens nach § 14f Abs. 2 AEG.

Eine Modifikation der verwaltungsverfahrensrechtlichen Vorschriften könnte jedoch das Effektivitätsprinzip erforderlich machen. Ein

254 RENNERT, DVBl. 2007, 400 (403).
255 Ausführlich RENNERT, DVBl. 2007, 400 (403).
256 RENNERT, DVBl. 2007, 400 (403).
257 RENNERT, DVBl. 2007, 400 (403), am Beispiel des Beihilfenrechts.
258 KRAMER, in: KUNZ (Hrsg.), Eisenbahnrecht Bd. I, § 14 AEG, Rn. 2, mit dem Hinweis, dass bereits die erste Fassung des § 14 AEG über das unionsrechtlich Geforderte hinausging.
259 So besteht seit 01.01.2007 ein allgemeiner Zugangsanspruch eines europäischen EVU für den Güterverkehr, auch wenn kein grenzüberschreitender Verkehr vorliegt. KRAMER, in: KUNZ (Hrsg.), Eisenbahnrecht Bd. I, § 14 AEG, Rn. 28.

unionsrechtswidriger Verwaltungsakt könnte sich im AEG z.B. daraus ergeben, dass die Bundesnetzagentur bei der Festlegung eines Vertrages entgegen der materiellen Vorgaben zur Entgeltberechnung ein zu hohes oder niedriges Entgelt festsetzt, welchem z.B. nicht der Vollkostenansatz zu Grunde liegt, sondern welches allein auf den Maßstab der Kosten einer effizienten Leistungsbereitstellung abstellt.[260] Ein von der Behörde angeordnetes Entgelt, das in keiner Weise Rücksicht auf die für die Zugangsleistung tatsächlich entstandenen Ist-Kosten nimmt, wäre mit Art. 7 Abs. 3 RL 2001/14/EG unvereinbar, der ausdrücklich bestimmt, dass das „Entgelt [...] in Höhe der Kosten festzulegen [ist], die unmittelbar aufgrund des Zugbetriebs anfallen."[261]

Welche Anforderungen an die Aufhebung eines solchen Verwaltungsakts zu stellen sind, hängt zuerst davon ab, ob es sich um einen belastenden oder begünstigenden Verwaltungsakt handelt. Ein vertragsbegründender Verwaltungsakt nach § 14f Abs. 3 Nr. 2 AEG lässt sich jedoch nicht nur der einen oder anderen Kategorie zuordnen. Er hat sowohl eine belastende als auch eine begünstigende Wirkung. Der Schwerpunkt der Regelung kann allerdings nicht aus Sicht des Adressaten beurteilt werden,[262] da nach hier vertretener Ansicht[263] sowohl das EVU als auch der Infrastrukturbetreiber Adressaten eines solchen Verwaltungsaktes sind. Man wird angesichts der unmittelbaren Bindung mehrerer Adressaten an einen solchen Verwaltungsakt berücksichtigen müssen, dass der Verwaltungsakt einen unmittelbar begünstigenden[264] und einen belastenden Regelungsgehalt hat. Unter

---

260 Zur Entgeltregulierung im Eisenbahnrecht siehe oben Teil 2. B. IV.

261 Für den EuGH bildet diese Regelung die Untergrenze für die Berechnung eines Wegeentgelts. Art. 8 Abs. 1 RL 2001/14/EG enthält als Obergrenze die Gesamtkosten des Infrastrukturbetreibers. EuGH, Rs. C-556/10, Rn. 85 (JURIS).

262 Bei Verwaltungsakten mit Drittwirkung hängt die Aufhebung nach den Regeln für begünstigende oder belastende Verwaltungsakte davon ab, wo der Regelungsschwerpunkt auf Seiten des Adressaten liegt. LUDWIGS, DVBl. 2008, 1164 (1165); BVerwG NVwZ 2012, 1547 (1553), Rn. 46. Zum Verwaltungsakt mit Drittwirkung in der Rechtsprechung des BVerfG siehe BVerfG NJW 1985, 2395 (2402).

263 Siehe oben Teil 3. A. I. 2. c). cc).

264 Auch wenn ein EVU zwingend an die Entscheidung der Bundesnetzagentur gebunden ist, stellt sich der Verwaltungsakt für dieses EVU als Begünstigung dar, weil diese Entscheidung den von dem EVU initiierten, gescheiterten Vertrag nach §

Vertrauensschutzgesichtspunkten sollte auf die strengeren Regeln für die Aufhebung begünstigender Verwaltungsakte abgestellt werden.[265]

In jedem Fall bedarf es jedoch noch eines weiteren Sachgrundes für die unionsrechtlich gebotene Rücknahmeentscheidung, welcher sich aus dem jeweiligen Fachrecht ergeben muss. Das Unionsrecht zur Regulierung des Eisenbahnmarktes ist auf die Schaffung eines diskriminierungsfreien, transparenten Wettbewerbs gerichtet. Die Festsetzung eines zu hohen Entgelts entgegen der eindeutigen Vorgaben des Unionsrechts verhindert die Schaffung von Wettbewerb. Die Festsetzung eines zu niedrigen Entgelts privilegiert ein EVU gegenüber seinen Wettbewerbern und ist damit diskriminierend. Die Herstellung eines effektiven Wettbewerbs auf der Schiene ist grundsätzlich ein zusätzlicher möglicher Sachgrund, welcher das Rücknahmeermessen der Behörde auf Null reduzieren kann. Die Aufhebbarkeit von vertragsersetzenden Verwaltungsakten ist trotz der Probleme, die eine Aufhebung aufwirft, nach Maßgabe des Effektivitätsprinzips möglich. Jedoch bedarf es hier neben der bloßen Rechtswidrigkeit noch eines zusätzlichen Sachgrundes im Einzelfall, welcher die Aufhebung erforderlich macht. Nur dann kann die erforderliche Abwägung zugunsten der Rücknahme erfolgen.

d) Rücknahmepflicht bei Entscheidung der Kommission nach Art. 61 des Recast?

aa) „Anwendungsmaßnahmen" der Kommission

Der Art. 61 des Recast[266] sieht - nach seiner amtlichen Überschrift - „Anwendungsmaßnahmen"[267] durch die EU-Kommission vor, die auch

14 Abs. 6 AEG ersetzt. Die Rechtsposition des EVU wird erweitert, selbst wenn eine privatautonome Entscheidung des EVU verdrängt wird.

265 Dies entspricht der Dogmatik für Verwaltungsakte mit Doppelwirkung. LUDWIGS, DVBl. 2008, 1164 (1165).

266 Richtlinie 2012/34/EU des Europäischen Parlaments und des Rates vom 21. November 2012 zur Schaffung eines einheitlichen Eisenbahnraums, Abl. 2012 Nr. L 343/61. Zudem kann die Kommission konkretisierende Maßnahmen erlassen. Dies kann durch delegierte Rechtsakte oder Durchführungsrechtsakte geschehen gem. Art. 60 und 62 der RL. LERCHE, N & R 2013, 27 (29).

267 Engl. „Measures of application", franz. „Mesures d'application", span. „Medidas de aplicación".

Bedeutung für die Untersuchung der Aufhebbarkeit von privatrechtsgestaltenden Verwaltungsakten im AEG haben können. So bestimmt Art. 61 S. 1 der RL, dass die Kommission auf Ersuchen eines Mitgliedstaats, einer Regulierungsstelle oder von sich aus Einzelmaßnahmen prüft, „die einzelstaatliche Behörden im Zusammenhang mit der Anwendung dieser Richtlinie erlassen haben und die die Bedingungen des Zugangs zur Eisenbahninfrastruktur und zu Schienenverkehrsdiensten, [...], die Erhebung von Wegeentgelten und die Zuweisung von Fahrwegkapazität betreffen [...]“. Eine solche Prüfung hat innerhalb von 12 Monaten nach Erlass der Maßnahmen zu erfolgen. Nach Art. 61 S. 3 der RL entscheidet die Kommission „dann binnen vier Monaten nach Eingang des Ersuchens [...], ob die betreffende Maßnahme weiterhin angewendet werden darf.“ Daraus folgt, dass grundsätzlich alle zugangsregulatorischen Entscheidungen der nationalen Regulierungsbörden der Kontrolle und ex nunc-Aufhebung durch die Kommission unterliegen. Mithin könnten auch vertragsersetzende Entscheidungen aufgehoben werden.

bb) Aufhebung privatrechtsgestaltender Verwaltungsakte?

Diese Vorschrift könnte den Beginn eines dem Beihilfenrecht ähnlichen, gestuften Verfahrens der Rückabwicklung nationaler Verwaltungsentscheidungen beinhalten, d.h. den Beginn eines „gestuften Systems der Mehrebenenverwaltung“[268] im Eisenbahnsektor. Im Beihilfenrecht entfaltet die Entscheidung über die Rückforderung einer Beihilfe durch die Kommission für die nationale Behörde Bindungswirkung.[269] Die nationale Behörde ist kraft Unionsrecht dazu verpflichtet, „alles zu unternehmen, um die von der Kommission angeordnete Maßnahme unverzüglich und vollständig durchzuführen."[270] Vertrauensschutzgesichtspunkte müssen bereits auf der Ebene der Kommissionsentscheidung berücksichtigt werden, wodurch die Berücksichtigung im Rahmen der §§ 48 ff. VwVfG nahezu ausgeschlossen ist.[271] Die Rückforderung durch die nationale Behörde bei entsprechender Kommissionsentscheidung ist die „logische Folge“ der

268 RENNERT, DVBl. 2007, 400 (404).

269 KOPP/RAMSAUER, VwVfG Kommentar, § 48, Rn. 13; J. MÜLLER, in: BADER/RONELLENFITSCH, BECK´scher OK VwVfG, § 48, Rn. 150.

270 Siehe RENNERT, DVBl. 2007, 400 (404) m.w.N.

271 KOPP/RAMSAUER, VwVfG Kommentar, § 48, Rn. 13.

Rechtswidrigkeit,[272] weshalb bisweilen sogar der Entscheidung der Kommission selbst privatrechtsgestaltende Wirkung zuerkannt wird.[273] Wenn ein Mitgliedstaat die Kommissionsentscheidung nicht umsetzt, droht ihm ein Vertragsverletzungsverfahren nach Art. 108 Abs. 2 AEUV. Nur im Falle der „absoluten Unmöglichkeit" kann die nationale Behörde die Rückforderung nicht durchführen.[274]

Eine ähnliche Bindungswirkung[275] der Kommissionsentscheidung für die nationale Behörde mit der Folge, dass die nationale Behörde zur Rücknahme verpflichtet wäre, ist nach dem Wortlaut des Art. 61 des Recast auch im Eisenbahnrecht grundsätzlich möglich. Das Effektivitätsprinzip will schließlich in jedem europarechtlich geregelten Sachbereich dem Unionsrecht zur größtmöglichen Geltung verhelfen. Wenn Art. 61 S. 3 des Recast bestimmt, dass die Kommission darüber entscheidet, ob die Maßnahme „weiterhin angewendet darf", belegt der Wortlaut, dass hinsichtlich der Umsetzung der Entscheidung der Kommission kein Spielraum nationaler Behörden eröffnet ist.

Andererseits spricht gegen die Anwendbarkeit der Grundsätze zur Rückforderung von Beihilfen auf den Eisenbahnsektor, dass Art. 61 des Recast im Gegensatz zu Art. 108 Abs. 1 S. 1 AEUV keine fortlaufende Überprüfung der bestehenden (Beihilfe-)Regelungen in Zusammenarbeit mit den Mitgliedstaaten vorsieht und nicht jede nationale Entscheidung einem Vorbehalt durch die Kommission unterwirft.[276] Art. 61 des Recast enthält lediglich ein Instrument zur punktuellen Überprüfung einzelner Regulierungsentscheidungen durch die Kommission. Eine primärrechtliche Verzahnung und Hierarchisierung der Mehrebenenverwaltung findet sich im Eisenbahnsektor nicht. Insofern ist bei der Übertragung der Grundsätze aus dem

---

272 Ständige Rechtsprechung des EuGH. Jüngst bestätigt in EuGH EuZW 2012, 112 (118); EuGH EuZW 2003, 368 (372); EuGH EuZW 1993, 705 (706).

273 TRIANTAFYLLOU, DÖV 1999, 51 (57).

274 Zu den hohen Anforderungen an die „absolute Unmöglichkeit" siehe J. MÜLLER, in: BADER/RONELLENFITSCH, BECK´scher OK VwVfG, § 48, Rn. 154.

275 KOPP/RAMSAUER, VwVfG Kommentar, § 48, Rn. 13 f. halten hier die Grenze der unionsrechtskonformen Auslegung (teilweise) für überschritten und sehen eine „echte Modifizierung" des § 48 VwVfG. § 48 VwVfG ist jedenfalls anwendbar, wenn die Kommission nicht beteiligt ist.

276 Zur „Präventivkontrolle" durch die Notifizierungspflicht siehe CREMER, in: CALLIESS/RUFFERT, EUV – AEUV, Art. 108 AEUV, Rn. 8 f.

Beihilfenrecht Vorsicht geboten. Man kann jedoch davon ausgehen, dass der Beachtung von Effektivitätsgesichtspunkten bei einer von der Kommission initiierten Aufhebungsentscheidung ein besonderes Gewicht zugemessen werden muss. Daran wird dann auch der besondere dogmatische Charakter einer privatrechtsgestaltenden Maßnahme nichts ändern können.

5. Fazit

Die Aufhebbarkeit privatrechtsgestaltender Verwaltungsakte und ihre Wirkung sind allgemein immer noch umstritten. Dies ist auf dogmatischer Ebene vor allem der Vorstellung geschuldet, dass ein privatrechtsgestaltender Verwaltungsakt den Fall bezeichnet, in dem die Wirksamkeit eines Rechtsgeschäfts von der positiv oder negativ zwingenden Entscheidung einer genehmigenden Behörde abhängt. Entscheidend ist jedoch, ob der Verwaltungsakt ein Recht bzw. Rechtsverhältnis begründet oder ob er es bloß punktuell gestaltet. Vertragsersetzende Entscheidungen sind als Dauerverwaltungsakte zu qualifizieren. Im Eisenbahnzugangsrecht ist die Aufhebbarkeit von Verwaltungsakten, die eine konkrete Trassennutzung für die Dauer einer Netzfahrplanperiode regeln, grundsätzlich ausgeschlossen. Auch bei Verwaltungsakten, die eine rahmenvertragliche Regelung ersetzen, ist angesichts der Bedeutung des Vertrages für die Planungs- und Investitionssicherheit des BdS sowie des EVU regelmäßig auf die Aufhebung zu verzichten. Dennoch kann gerade im Hinblick auf die notwendige Effektivität der „hinter" dem AEG stehenden europarechtlichen Regelungen eine Aufhebung notwendig sein. Dies erfordert aber entweder einen besonders offensichtlichen und schwerwiegenden Verstoß gegen das EU-Recht oder einen neben der bloßen Rechtswidrigkeit bestehenden Grund, welcher sich regelmäßig aus dem Fachrecht ergibt. Eine sich im Recast abzeichnende Mehrebenenverwaltung, die der Kommission sogar die Befugnis einräumt, bestimmte Einzelmaßnahmen rückgängig zu machen, erlaubt noch nicht die Übertragung der Grundsätze der Beilhilfen-Rechtsprechung auf das Eisenbahnrecht. Der Erlass eines privatrechtsgestaltenden Verwaltungsakts durch die Europäische Kommission scheidet für das Zugangsrecht im Schienenverkehr aus.

II. Sonstige dogmatische Besonderheiten im AEG?

Neben Problemen der Aufhebbarkeit ist auf die anderen Besonderheiten des privatrechtsgestaltenden Verwaltungsakts im AEG einzugehen. Die Diskussion um die Zulässigkeit von Nebenbestimmungen ist genauso alt wie die um die Aufhebbarkeit von Verwaltungsakten (2.). Gerade hier spielt die „endgültige“ Wirkung einer Maßnahme eine besondere Rolle. Auch wird die Rechtsnatur einer Allgemeinverfügung im Eisenbahnrecht unterschiedlich bewertet (3.). Zuvor soll allerdings auf die Nichtigkeit gestaltender Verwaltungsakte eingegangen werden und auf die Frage, wann sich diese erledigen bzw. ob diese einseitig durch die regulierten Unternehmen „erledigt werden“ können (1.).

1. Nichtigkeit und Erledigung

a) Privatrechtsgestaltende Verwaltungsakte und § 44 VwVfG

Im Hinblick auf die Folgen eines nichtigen privatrechtsgestaltenden Verwaltungsakts bestehen keine Besonderheiten. Die Norm des § 44 VwVfG gilt uneingeschränkt. Der Anwendungsbereich der Vorschrift ist unabhängig von der Art des Verwaltungsakts. Vielmehr ist entscheidend, dass es sich auch tatsächlich um einen (grob fehlerhaften) Verwaltungsakt handelt.[277] Nicht erfasst sind also lediglich Schein-[278] und Nicht-Verwaltungsakte.[279] Damit unterfallen auch die privatrechtsgestaltenden Verwaltungsakte unproblematisch der Regelung des § 44 VwVfG.[280] Nichtigkeit nach § 44 VwVfG bedeutet die Unwirksamkeit der Regelung von Anfang an.[281] So würde beispielsweise eine nichtige Vertragsauflösungsanordnung nach § 14f Abs. 3 Nr. 2 oder § 9a Abs. 2 S. 2 AEG das regulierte Vertragsverhältnis unberührt lassen.

b) Erledigung durch privatrechtliche Regelung?

Ein Verwaltungsakt bleibt gem. § 43 Abs. 2 VwVfG wirksam, solange und soweit er nicht zurückgenommen, widerrufen, anderweitig aufgehoben oder durch Zeitablauf oder auf andere Weise erledigt ist. Dies gilt grundsätzlich

---

277 MEYER, in: KNACK/HENNEKE, VwVfG-Kommentar, § 44, Rn. 11.

278 MEYER, in: KNACK/HENNEKE, VwVfG-Kommentar, § 44, Rn. 12

279 MEYER, in: KNACK/HENNEKE, VwVfG-Kommentar, § 44, Rn. 12; a.A. KOPP/RAMSAUER, VwVfG Kommentar, § 44, Rn. 6, der sich für eine analoge Anwendung ausspricht.

280 SCHMIDT, Unmittelbare Privatrechtsgestaltung, S. 186; BÜRCKNER, Der privatrechtsgestaltende Staatsakt, S. 91.

281 KOPP/RAMSAUER, VwVfG Kommentar, § 44, Rn. 2.

auch für privatrechtsgestaltende Verwaltungsakte. In der Entscheidung des BVerwG zur Zulässigkeit der Verwendung eines Konzernjuristen ist das Gericht im Falle einer rechtsersetzenden Maßnahme davon ausgegangen[282], dass das private Rechtssubjekt in der Lage ist, die Herbeiführung der Erledigung des Verwaltungsaktes zu bewirken. So führt es aus:

> „Davon unberührt bleibt die Möglichkeit des Eisenbahninfrastrukturunternehmens, durch Erlass der fehlenden unternehmensinternen Regelung - und deren tatsächliche Befolgung - die hoheitliche Aufsichtsmaßnahme zu erübrigen.“[283]

Daraus könnte geschlossen werden, dass der Verwaltungsakt, soweit er eine privatrechtliche Regelung herbeiführt, in seinem Bestand davon abhängig ist, dass eine entsprechende privatrechtliche Regelung (noch) nicht besteht. Den Vertragsparteien stünde dann die Möglichkeit offen, über die Wirksamkeit eines Verwaltungsakts zu disponieren, indem sie eine entsprechende privatrechtliche Vereinbarung treffen. Dies hätte zur Folge, dass sich der Verwaltungsakt auf „andere Weise“ erübrige.

Fraglich ist, ob der vorliegenden Entscheidung eine solche Aussage entnommen werden kann. Die Vorschrift des § 9a Abs. 1 S. 2 Nr. 5 AEG, die dieser Entscheidung zu Grunde lag, verlangt primär „den Erlass einer jeglichen unternehmensinternen Regelung, die zur Unterbindung fremder Einflussnahme geeignet ist, auch etwa einer organisatorischen.“[284] Das EBA ist nur im Falle des Fehlens einer entsprechenden Regelung berechtigt, eine ersetzende Maßnahme zu erlassen.[285] Die Behörde hat dadurch jedoch keine Ersetzungsbefugnis für bereits bestehende Regeln. Wenn sich unternehmensinterne Regelungen als unzureichend herausstellen sollten, kann die Behörde diese nicht „austauschen“, sondern lediglich verpflichten, diese den eisenbahnrechtlichen Anforderungen anzupassen. Daher erschöpft sich die Maßnahme tatsächlich in der bloßen Schaffung einer solchen unternehmensinternen Regelung. Nur in dieser Konstellation ist die Unmittelbarkeit der Wirkung notwendig. Der Regelungszweck einer privatrechtsgestaltenden Maßnahme nach § 9a Abs. 1 S. 2 Nr. 5 AEG i.V.m. § 5a Abs. 2 AEG entfällt,

282 Siehe oben Teil 3. A. II. 1.
283 BVerwGE 137, 58 (72 f.).
284 BVerwGE 137, 58 (72).
285 BVerwGE 137, 58 (72 f.).

sobald das entsprechende Unternehmen eine gegen fremde Einflussnahme geeignete Regelung erlassen hat. Mit dieser Zweckerreichung erledigt sich die Maßnahme.[286]

Das BVerwG statuiert damit keinen allgemeinen Grundsatz zur Erledigung privatrechtsbegründender Verwaltungsakte. Dies belegt eine andere Entscheidung des Gerichts. So hat es in einem Urteil zur Zusammenschaltungsanordnung [287] nach dem TKG 1996 festgestellt, dass eine Erledigung durch Verzicht des Begünstigten bei einem vertragsgestaltenden Verwaltungsakt nicht möglich sei, weil in der privatrechtsgestaltenden Anordnung der Entgelte als zivilrechtliche Einzelvereinbarungen auch immer das Verbot der Erhebung anderer als der festgelegten Entgelte enthalten sei.[288] Der Verwaltungsakt erledigt sich mithin nicht dadurch, dass die verpflichteten Parteien den angeordneten Vertrag privatrechtlich vollziehen bzw. durch Umsetzung des Regelungsgehalts in Vertragsform ersetzen.[289] Die Behörde ist allerdings berechtigt, wenn dies zu Erreichung des Regelungsziels ausreichend ist, in der entsprechenden Maßnahme vorzusehen, dass die Regelung sich mit einer dem Regelungsgehalt entsprechenden Vereinbarung der Vertragsparteien erledigt.

2. Nebenbestimmungen

a) Grundsätzliche Zulässigkeit von Nebenbestimmungen

Eine grundsätzliche Bedingungs- oder Befristungsfeindlichkeit (privatrechts-) gestaltender Verwaltungsakte besteht nach h.M. nicht. [290] Eine Nebenbestimmungsfeindlichkeit kann sich jedoch aus unterschiedlichen Gründen ergeben, z.B. aus dem Gesetz. Dies bedeutet nicht, dass die gesetzliche Regelung das Anfügen von Nebenbestimmungen explizit verbieten muss. Die Nebenstimmungsfeindlichkeit kann sich bereits daraus ergeben, dass eine

286 Zur Erledigung bei Zweckerreichung SACHS, in: STELKENS/BONK/SACHS, VwVfG Kommentar, § 43, Rn. 217.

287 Zur Zusammenschaltungsanordnung nach geltendem Recht siehe oben Teil4.A.II.1.

288 BVerwG MMR 2009, 785, Rn. 18 ff. Ausführlich dazu siehe unten Teil 4. C. I.3.b).

289 Siehe dazu auch oben Teil 1. B. III. 3. b) bb).

290 BÜRCKNER, Der privatrechtsgestaltende Staatsakt, S. 73; KOPP/RAMSAUER, VwVfG Kommentar, § 36, Rn. 3b. A. A. WOLNICKI, NVwZ 1994, 872 (874).

Nebenbestimmung mit dem Sinn und Zweck des Gesetzes[291] oder mit der sich aus der gesetzlichen Ermächtigung ergebenden Rechtsnatur des Verwaltungsakts nicht vereinbar ist.[292] Daneben besteht freilich auch die Möglichkeit, dass der Gesetzgeber selber eine spezialgesetzliche Regelung zu § 36 VwVfG trifft.[293] Eine solche findet sich z.B. in §§ 10 und 11 GrdstVG.[294] Bei privatrechtsgestaltenden Verwaltungsakten sind Nebenbestimmungen jedenfalls dann nicht möglich, wenn eine Bedingung oder Befristung für das private Rechtsgeschäft nicht zulässig ist.[295] Als Beispiel kann die Vorschrift des § 925 Abs. 2 BGB dienen, die die Unwirksamkeit der Bedingung oder Befristung einer Auflassung bestimmt.[296]

Für das Eisenbahnregulierungsrecht fehlt es an einer speziellen gesetzlichen Regelung, weswegen § 36 VwVfG grundsätzlich anwendbar bleibt.[297] Es sind auch keine privatrechtlichen Vorschriften für das Eisenbahnrecht ersichtlich, die die Unzulässigkeit einer Nebenbestimmung zur Folge hätten. Die grundsätzliche Anwendbarkeit von § 36 VwVfG ergibt sich zudem daraus, dass die Bundesnetzagentur und das EBA eisenbahn-

---

291 U. STELKENS, in: STELKENS/BONK/SACHS, VwVfG Kommentar, § 36, Rn. 9; MANSSEN, Privatrechtsgestaltung durch Hoheitsakt, S. 300 am Beispiel der Teilungsgenehmigung.

292 KOPP/RAMSAUER, VwVfG Kommentar, § 36, Rn. 3b. Zudem soll sie sich auch aus allgemeinen Rechtsgrundsätzen ergeben können.

293 Zu Nebenbestimmungen kraft Gesetzes siehe U. STELKENS, in: STELKENS/BONK/SACHS, VwVfG Kommentar, § 36, Rn. 33 f.

294 GEHSE, RNotZ 2007, 61 (85, 87). Während die privatrechtsgestaltende Genehmigung unter Auflage die Wirksamkeit des bis dahin schwebend unwirksamen Veräußerungsvertrages herbeiführt, tritt die Wirksamkeit eines mit einer Bedingung genehmigten Vertrages mit der Erfüllung der Bedingung ein.

295 U. STELKENS, in: STELKENS/BONK/SACHS, VwVfG Kommentar, § 36, Rn. 12; KOPP/RAMSAUER, VwVfG Kommentar, § 36, Rn. 3b; HENNEKE, in: KNACK/HENNEKE, VwVfG-Kommentar, § 36, Rn. 16; TIEDEMANN, in: BADER/RONELLENFITSCH, BECK´scher OK VwVfG, § 36, Rn. 14.

296 U. STELKENS, in: STELKENS/BONK/SACHS, VwVfG Kommentar, § 36, Rn. 12 mit weiteren Beispielen.

297 § 6 Abs. 6 AEG enthält Vorgaben zur Befristung von Betriebsgenehmigungen. Doch sind auch hier andere Nebenbestimmungen zulässig, wenn sie die Voraussetzungen einer Betriebsgenehmigung sicherstellen. Siehe KRAMER, in: Online Kommentar Nomos-Erläuterungen zum deutschen Bundesrecht, AEG-Kommentar, § 6 AEG.

rechtswidrige Handlungen gänzlich untersagen können, weswegen die Herstellung eines rechtskonformen Zustands durch weniger belastende Maßnahmen mittels Nebenbestimmung möglich sein muss.[298]

b) Nebenbestimmungsfeindliche Befugnisse im Eisenbahnrecht

Fraglich ist jedoch, ob Nebenbestimmungen zu den privatrechtsgestaltenden Befugnissen der Bundesnetzagentur und des EBA nicht durch die Systematik und den Telos der entsprechenden Vorschriften ausgeschlossen sind. Für den Widerspruch der Bundesnetzagentur gegen SNB nach § 14e Abs. 3 Nr. 2 AEG und die Ungültigkeitserklärung von SNB nach § 14f Abs. 1 S. 2 Nr. 2 AEG müssen Nebenbestimmungen ausscheiden. Die Systematik der Regulierungsvorschriften sperrt die Möglichkeit, einen Verwaltungsakt mit Nebenbestimmungen zu erlassen. Im Rahmen der Vorab-Regulierung und nachträglichen Regulierung ist die Bundesnetzagentur unter den Voraussetzungen des § 14e Abs. 3 Nr. 1 bzw. § 14f Abs. 1 S. 2 Nr. 1 AEG berechtigt, die Infrastrukturbetreiber zur Vornahme der entsprechenden Handlungen, insbesondere zur Anpassung von Vertragsbedingungen, zu verpflichten. Insofern besteht im Eisenbahnzugangsrecht nicht die Notwendigkeit, anstelle einer strikten Ablehnung, eine mildere Regelung mit einer Nebenbestimmung zu erlassen, um eine flexiblere Verwaltung zu ermöglichen.[299] Sie kann und muss die Anpassungen vielmehr mit einem eigenen Verwaltungsakt als Hauptregelung erreichen. Zudem soll der privatrechtsgestaltende Widerspruch durch die Behörde gerade die direkte Änderung der Rechtslage bewirken, welche ihr nach der Verpflichtungsbefugnis verwehrt ist, um eine möglichst effektive Regulierung zu gewährleisten. Eine Bedingung oder Befristung dieser Wirkung durch eine Nebenbestimmung widerspräche dem Sinn der Gestaltungsbefugnisse und scheidet aus. Dies gilt ebenso für die vertragsersetzenden und vernichtenden

---

298 Allgemein zu diesem Argument für die Zulässigkeit von Nebenbestimmungen BUMKE, in: HOFFMANN-RIEM/SCHMIDT-AßMANN/VOßKUHLE, Grundlagen des Verwaltungsrechts, Bd. II, § 35, Rn. 146; RUFFERT, in: ERICHSEN/EHLERS, Allg. VwtlgsR, § 23, Rn. 14.

299 So allgemein zum Sinn von Nebenbestimmungen MAURER, Allg. VwltgsR, § 12, Rn. 2.

Entscheidungen nach § 14f Abs. 3 Nr. 2, § 13 Abs. 2 und § 9a Abs. 2 S. 2 AEG.[300]

Im Entwurf zum ERegG sind spezialgesetzliche Regelungen für den Erlass von Nebenbestimmungen vorhanden. Für die neu eingeführte präventive Genehmigungspflicht der Entgelte für Pflichtleistungen sieht § 43 Abs. 4 ERegG vor, dass die Genehmigung grundsätzlich mit einer Befristung bis zum Ende einer Netzfahrplanperiode zu versehen ist.[301] Die Genehmigung kann nach § 43 Abs. 5 S. 1 ERegG-E unter Bedingungen erteilt oder mit einer Auflage verbunden werden. Damit sollen die Regulierungsziele des ERegG im „Rahmen der allgemeinen Gesetze, insbesondere des Verwaltungsverfahrensgesetzes“ sichergestellt werden.[302] Eine ähnliche Regelung findet sich für die Genehmigung von Rahmenverträgen nach § 23 Abs. 3 S. 1 ERegG-E.[303]

3. Der privatrechtsgestaltende Verwaltungsakt als Allgemeinverfügung?

Es stellt sich schließlich die Frage, ob privatrechtsgestaltende Verwaltungsakte auch im Wege einer Allgemeinverfügung ergehen können. Im Eisenbahnrecht kommt eine privatrechtsgestaltende Allgemeinverfügung nur nach § 14 Abs. 4 S. 4 Nr. 2 AEG i.V.m. § 22 Abs. 1 Nr. 2 EIBV in Betracht. Das EBA kann im Benehmen mit der Bundesnetzagentur durch eine Allgemeinverfügung alle BdS von den Entgeltgrundsätzen nach § 14 Abs. 4 S. 1 AEG befreien. § 35 S. 2 VwVfG definiert die Allgemeinverfügung als einen Verwaltungsakt, der sich an einen nach allgemeinen Merkmalen bestimmten oder bestimmbaren Personenkreis richtet oder die öffentlich-rechtliche Eigenschaft einer Sache oder ihre Benutzung durch die Allgemeinheit betrifft. Es wird traditionell zwischen adressatenbezogener, sachbezogener und benutzungsregelnder Allgemeinverfügung unterschieden.[304] Man könnte davon ausgehen, dass es sich bei der Freistellung um

300 Zudem ist MANSSEN zuzustimmen, wenn er bemerkt, dass § 36 Abs. 2 VwVfG als Rechtsgrundlage nicht ausreicht, um „den Beteiligten einen Vertrag quasi zu diktieren". MANSSEN, Privatrechtsgestaltung durch Hoheitsakt, S. 299. Die Möglichkeit zur Privatrechtsgestaltung muss vielmehr bereits in der (fach-)gesetzlichen Ermächtigung selbst angelegt sein. Siehe Teil 1. B. III. 3. a).

301 BR-Drs. 559/12, S. 39.

302 So die Begründung zum Referentenentwurf. BR-Drs. 559/12, S. 189.

303 BR-Drs. 559/12, S. 28.

304 So die allgemeine Unterscheidung bei MAURER, Allg. VwltgsR, § 9, Rn. 29 f.

eine benutzungsregelnde Allgemeinverfügung handelt, da sie die Netznutzung betrifft. Jedoch richtet sich eine solche nicht an „eine“ Sache, sondern „an alle Sachen einer bestimmten Art“, weswegen eine konkrete Benutzungsregelung ausscheidet.[305] Die Freistellung von den Entgeltregelungen des § 14 Abs. 4 S. 1 AEG ist vielmehr eine adressatenbezogene Allgemeinverfügung, welche sich an die gattungsmäßig bestimmbare Gruppe der BdS als Untergruppe der EIU richtet.[306]

Abzulehnen hingegen ist die Ansicht, dass es sich bei der Freistellung um eine Allgemeinverfügung „sui generis“ handele, weil sie trotz der gesetzlichen Festschreibung „eigentlich“ eine Rechtsnorm darstelle.[307] Es handele sich eigentlich um einen Außenrechtssatz, dessen Rechtsnatur als Allgemeinverfügung lediglich fachgesetzlich „fingiert“ werde.[308] Dem ist nicht zu folgen. Die Freistellung bewirkt vielmehr eine behördliche „Dispositivitätsanordnung“ von den Entgeltvorgaben nach § 14 Abs. 4 S. 1 AEG.[309] Nach hier vertretener Auffassung sind die Regelungen über die Erhebung von Entgelten als Eisenbahnvertragsrecht anzusehen.[310] Daher ist die Allgemeinverfügung auch ein privatrechtsgestaltender Verwaltungsakt, welcher die eigentliche Rechtslage modifiziert.[311]

III. Ermessen

Nachdem schon im Rahmen der Diskussion über die Aufhebung Fragen des behördlichen Ermessens berührt worden sind, soll nun das Ermessen der Regulierungsbehörden im AEG unter drei grundsätzlicheren Aspekten betrachtet werden. Zum einen stellt sich die Frage, ob die Behörde verpflichtet ist, die zivilrechtlichen Auswirkungen ihrer privatrechtsgestaltenden Handlungen in ihre Ermessensprüfung einzubeziehen, mit der Folge, dass ihre Entscheidung ermessensfehlerhaft ist, wenn sie dies nicht berücksichtigt (1.). Wenn sich besondere Anforderungen an das Ermessen z.B. aus den Grundrechten der Netzbetreiber ergeben, ist zu prüfen, ob die DB

305 So U. STELKENS, in:STELKENS/BONK/SACHS,VwVfG Kommentar,§35, Rn.297,314.

306 KIRCHHARTZ/STEINMANN, in:KUNZ(Hrsg.), Eisenbahnrecht Bd.II,§22EIBV, Rn. 13.

307 U. STELKENS, in: STELKENS/BONK/SACHS, VwVfG Kommentar, § 35, Rn. 297.

308 U. STELKENS, in: STELKENS/BONK/SACHS, VwVfG Kommentar, § 35, Rn. 281.

309 Siehe oben Teil 3. A. II. 3.

310 Siehe oben Teil 2. B. III.

311 Zur freistellenden Wirkung von privatrechtsgestaltenden Verwaltungsakten siehe oben Teil 1. B. III. 3. c) bb).

AG bzw. die DB Netz AG sich als staatlich beherrschtes Unternehmen und als größter Netzbetreiber in Deutschland [312] überhaupt auf Grundrechte berufen kann (2.). Zum anderen ist zu analysieren, ob das „Regulierungsermessen“, welches der Bundesnetzagentur zur Auferlegung von Zugangsverpflichtungen und zur Entgeltregulierung gegenüber den Netzbetreibern nach §§ 21, 30 TKG vom BVerwG eingeräumt wird, [313] auch auf die eisenbahnrechtlichen Befugnisse übertragbar ist (3.).

1. Besondere Ermessensanforderungen bei der Privatrechtsgestaltung?

Fraglich ist, ob aus der Natur der privatrechtsgestaltenden Wirkung eines Verwaltungsakts besondere Anforderungen an das Ermessen erwachsen und ob diese auch im Eisenbahnrecht zu beachten sind.

a) Ausgangspunkt der Überlegung

aa) Entscheidung des HessVGH zum „Privatrechtsgestaltungsermessen“

Der HessVGH hat in seinem Urteil zur Anordnung der unverzüglichen Abwicklung eines erlaubnispflichtigen Einlagengeschäfts nach § 37 Abs. 1 S.1 KWG festgestellt, dass die öffentlich-rechtliche Vorschrift die Aufsichtsbehörde zur Herbeiführung privatrechtlicher Wirkungen durch Verwaltungsakt zwar ermächtige, sie im Rahmen des Ermessens „die zivilrechtlichen Auswirkungen [ihrer Entscheidung] aber vollständig und richtig einzuschätzen“ habe und dann die privaten Interessen „gegen etwaige öffentlich-rechtlichen Interessen abwägen“ müsse.[314] Die Möglichkeit der Behörde, ein privates Rechtsverhältnis unmittelbar umgestalten zu können, ohne auf „die Vermittlung des Zivilrechts angewiesen“ zu sein, verpflichte die Behörde, auf der Ebene des Ermessens zu überlegen, inwieweit eine vertragsbegründende oder –vernichtende Maßnahme geboten sei.[315] Die rechtmäßige Ausübung des Ermessens mache eine an den eventuell widerstreitenden öffentlichen und

312 Siehe dazu oben Teil 2. A. I. 2.

313 BVerwG, Urteil vom 02.04.2008 - 6 C 16.07, Rn. 41 (JURIS); ASCHKE, in: BADER/RONELLENFITSCH, BECK´scher OK VwVfG, § 40, Rn. 126.

314 HessVGH, Urteil vom 20.05.2009, 6 A 1040/08, 2. Leitsatz (JURIS).

315 HessVGH, Urteil vom 20.05.2009, 6 A 1040/08, Rn. 72 f. (JURIS). Im konkreten Fall konnte die Bundesanstalt wählen, ob sie eine sofortige Rückzahlung anordnet und die Anleger zwingt, auf eine vertragsgemäße Erfüllung zu verzichten oder ob sie eine einvernehmliche Abwicklung (z.B. durch Kündigung) gestattet.

privaten Interessen orientierte Abwägung erforderlich und setze gleichzeitig „eine die jeweiligen tatsächlichen Gegebenheiten vollständig und zutreffend einbeziehende Einschätzung der für die Geschäftsabwicklung geeigneten, erforderlichen und angemessenen Maßnahmen voraus“.[316] Den pauschalen Hinweis auf den rein gefahrenabwehrrechtlichen öffentlich-rechtlichen Charakter der einschlägigen Vorschriften lässt das Gericht nicht gelten.[317] Die Entscheidung der Behörde war - nach Auffassung des Gerichts - ermessensfehlerhaft, weil sie diesem Gesichtspunkt überhaupt keine Beachtung geschenkt habe.[318]

Dieser Entscheidung liegt womöglich folgender, verallgemeinerungsfähiger Gedanke zu Grunde, der auch im AEG Beachtung verlangen könnte: Sobald eine Behörde unmittelbar vertragsgestaltend tätig wird, hat sie im Rahmen ihrer Ermessenserwägungen auch die Konsequenzen, die ihre Entscheidung im Privatrecht rechtlich auslöst sowie die tatsächlichen Folgen für das Verhältnis der Privaten zueinander zu berücksichtigen. Ein privatrechtsgestaltender Verwaltungsakt, der in seinen Ermessenserwägungen seine Bedeutung für das private Rechtsverhältnis verkennt, wäre dann ermessensfehlerhaft und grundsätzlich rechtswidrig.

bb) Die Entscheidung im Revisionsverfahren

Das BVerwG ist im anschließenden Revisionsverfahren dem HessVGH nicht gefolgt. Es hat unter Hinweis auf § 40 VwVfG betont, dass sich die Ermessensentscheidung am Sinn und Zweck der Ermächtigungsgrundlage zu orientieren habe.[319] Der Verwaltungsgerichthof habe bei der Auslegung des einfachen Rechts den Normzweck des § 37 Abs. 1 S. 1 KWG verkannt, indem er in diesem den Schutz des subjektiven Interesses der Anleger mitumfasst gesehen habe. Die Regelung diene jedoch ausschließlich dem öffentlichen Interesse und einem lediglich objektivierten Anlegerschutz.[320] Das Gericht lässt zudem auch offen, ob es sich bei § 37 Abs. 1 S. 1 KWG tatsächlich um eine Ermächtigung zum Erlass privatrechtsgestaltender Verwaltungsakte

316 HessVGH, Urteil vom 20.05.2009, 6 A 1040/08, Rn. 52 (JURIS).
317 HessVGH, Urteil vom 20.05.2009, 6 A 1040/08, Rn. 74 (JURIS).
318 HessVGH, Urteil vom 20.05.2009, 6 A 1040/08, Rn. 75 (JURIS).
319 BVerwG, Urteil vom 15.12.2010, 8 C 37.09, Rn. 14 (JURIS).
320 BVerwG, Urteil vom 15.12.2010, 8 C 37.09, Rn. 14 (JURIS) mit einer sich daran anschließenden ausführlichen Begründung für diese Auffassung. Siehe Rn. 15 ff.

handelt.[321] Jedenfalls lasse die öffentlich-rechtliche Verpflichtung der Behörde den Bestand der zivilrechtlichen Vereinbarungen unberührt, weswegen die vertraglichen Abreden als solche nicht beseitigt seien.[322]

Das BVerwG trifft insgesamt keine Aussage darüber, ob der vom HessVGH vorgeschlagene Ermessensgrundsatz generell seine Berechtigung haben könnte oder nicht. Entscheidend für die abweichende Beurteilung des Gerichts war vielmehr, dass es der Auffassung war, dass die Norm die Interessen einzelner privater Anbieter nicht erfasse sowie die Tatsache, dass es an der unmittelbar rechtsgestaltenden Wirkung der behördlichen Maßnahme fehle. Es wurden auch nicht die gesetzlichen Grenzen des Ermessens überschritten oder in einer dem Zweck der Ermächtigung nicht entsprechenden Weise vom Ermessen Gebrauch gemacht.[323] Somit bleibt auch nach der Rechtsprechung des BVerwG ein solcher Grundsatz möglich, wenn eine entsprechende Norm den Interessen des einzelnen Betroffenen zu dienen bestimmt ist und die Maßnahme in der Weise Rechtswirkungen entfaltet, dass sie bestehende Rechte beseitigt oder neue Rechte begründet. Diese Voraussetzungen sollen für das Eisenbahnzugangsrecht geprüft werden (c). Zunächst muss jedoch begründet werden, woraus sich eine entsprechende Vorstrukturierung der behördlichen Ermessensprüfung ergeben kann (b).

b) Begründung besonderer Ermessenserwägungen

aa) Einfachrechtliche Herleitung

Die Begründung einer Verpflichtung der Aufsichtsbehörde, die Auswirkungen eines privatrechtsgestaltenden Verwaltungsakts für das private Rechtsverhältnis im Rahmen des Ermessens als eigenen Gesichtspunkt zu prüfen, kann auf verschiedene Arten erfolgen. Der HessVGH hat diese Pflicht dem einfachen Recht entnommen. Der Schutz der Integrität des

---

321 BVerwG, Urteil vom 15.12.2010, 8 C 37.09, Rn. 26 (JURIS).

322 BVerwG, Urteil vom 15.12.2010, 8 C 37.09, Rn. 27 (JURIS). Nach hiesigem Verständnis scheidet damit das Vorliegen eines privatrechtsgestaltenden Verwaltungsakts aus, da es gerade seine Besonderheit ist, dass er unmittelbar den Bestand privater Rechte berührt. Von einer gänzlich mittelbaren Wirkung scheint jedoch auch das BVerwG nicht auszugehen, wenn es der öffentlich-rechtlichen Maßnahme eine zivilrechtliche Folgewirkung zugesteht, die „ursprünglichen Leistungsansprüche in Sekundäransprüche“ umwandle.

323 BVerwG, Urteil vom 15.12.2010, 8 C 37.09, Rn. 24 f. (JURIS).

Finanzsystems mache es gerade mit Blick auf die (vermeintlich) vom Gesetz ebenfalls geschützten Anlegerinteressen nicht zwangsläufig notwendig, dass Verträge rückabgewickelt werden müssen, ohne auf bestehende Verträge Rücksicht zu nehmen.[324] Diese Wertung entnimmt er der Auslegung des einschlägigen Fachgesetzes, welches auch den Interessen der privaten Rechtssubjekte dient. Entscheidend ist aber auch, dass mit der Maßnahme eine unmittelbare Umgestaltung der Privatrechtslage verbunden ist, deren Umkehrung entweder nicht oder aber nur unter besonderen Voraussetzungen möglich ist.[325]

bb) Verfassungsrechtliche Herleitung

Neben dem einfachen Recht gebieten sowohl die Grundrechte der Unternehmen als auch der Grundsatz der Verhältnismäßigkeit, dass der Behörde bei der unmittelbaren Gestaltung privater Rechtsverhältnisse eine gesteigerte Ermessensprüfung obliegt. Maßgebliche Grundrechte sind hier vor allem die verfassungsrechtlich geschützte Privatautonomie und das Grundrecht der Vertragsfreiheit[326] sowie die Berufsfreiheit nach Art. 12 Abs. 1 GG.[327] Nach FLUME ist die „Privatautonomie" das „Prinzip der Selbstgestaltung der Rechtsverhältnisse durch den einzelnen, nach seinem

---

324 HessVGH, Urteil vom 20.05.2009, 6 A 1040/08, Rn. 52 (JURIS).

325 Siehe zur Aufhebbarkeit von privatrechtsgestaltenden Verwaltungsakten Teil 3. B. I. Ob eine solche Gestaltungswirkung vorliegt, lässt sich nur anhand der Auslegung des einschlägigen Fachgesetzes ermitteln. Siehe dazu oben Teil 1. B. III.3.a) und b).

326 MURSWIEK, in: SACHS, GG-Kommentar, Art. 2, Rn. 55. Die Privatautonomie ist Gegenstand einer verfassungsrechtlichen Institutsgarantie, wodurch ein institutionelles Element in alle Grundrechte eingebracht wird, die dem Schutz der Privatautonomie dienen. So RUFFERT, Vorrang der Verfassung und Eigenständigkeit des Privatrechts, S. 554.

327 Einen Eingriff in Art. 12 Abs. 1 GG prüft das BVerwG bei der privatrechtsgestaltenden Zusammenschaltungsanordnung. BVerwGE 120, 263 (274). Der Schutzbereich des Art. 12 Abs. 1 GG umfasst U.a. die Freiheit unternehmerischer Betätigung, das Recht auf freie Vertrags- und Preisgestaltung in der beruflichen Sphäre und den Schutz von Betriebs- und Geschäftsgeheimnissen. Siehe LEPSIUS, in: FEHLING/RUFFERT, Regulierungsrecht, § 4, Rn. 47. Zu den verfassungsrechtlichen Grenzen regulierungsrechtlicher Effizienz im Rahmen der Entgeltregulierung in den vier großen Netzsektoren siehe LUDWIGS, NVwZ 2008, 954 (957 ff.).

Willen".[328] Die Vertragsfreiheit enthält die „von der Rechtsordnung anerkannte Kompetenz der Parteien, durch Vertrag Rechtsfolgen nach ihrem Willen in Geltung zu setzen, und räumt ihnen somit eine *spezifisch* rechtliche Befugnis ein." [329] Die Privatautonomie ist damit auch Ausdruck der Autonomie des Menschen als Person, welche von dem „Gedanken der freien Selbstverantwortung" [330] des Menschen getragen wird und letztlich in der Würde des Einzelnen wurzelt.[331] Die Vertragsfreiheit als Teilelement der Privatautonomie schützt nicht nur „den Willen der Vertragsparteien gegen staatliche Übergriffe [...] im Zeitpunkt des Vertragsschlusses hinsichtlich Ob und Inhalt des auszuhandelnden Rechtsgeschäfts, sondern garantiert auch den Bestand des abgeschlossenen Vertrags." [332] Ein privatrechtsgestaltender Verwaltungsakt ist grundsätzlich geeignet, in dieses Recht zu einzugreifen.[333]

Auch die dem Gesetzgeber aufgegebene Ausgestaltung von Inhalt und Schranken der Privatautonomie bedeutet nicht, dass diese damit völlig zur freien Disposition desselben stünden. Dieser ist an die objektiv-rechtlichen Vorgaben der Grundrechte gebunden,[334] aber auch an den Verhältnis-

---

328 FLUME, Allgemeiner Teil des Bürgerlichen Rechts, § 1, 1. Eine umfangreichere Definition findet sich bei BADURA, in: in: MERTEN/PAPIER, Handbuch der Grundrechte, Bd. I, § 20, Rn. 29 unter Berücksichtigung der verfassungsgerichtlichen Rechtsprechung.

329 CANARIS, AcP 200 (2000), 276 (277). Hervorhebung im Original.

330 MURSWIEK, in: SACHS, GG-Kommentar, Art. 2, Rn. 55. ISENSEE, in: ISENSEE/KIRCHHOF, Handbuch des Staatsrechts, Bd. VII, § 150, Rn. 17 f.; SCHMIDT, Die Unterscheidung von privatem und öffentlichem Recht, S. 175. Diese Idee liegt auch dem ursprünglichen BGB zu Grunde als „technisch-instrumentales Recht, das von jedem prinzipiell als frei und gleich gedachten Rechtsgenossen für eigennützige Zwecke in Anspruch genommen werden konnte". Diesen Gedanken vertiefend SÄCKER, in: SÄCKER/RIXECKER, Münchener Kommentar zum BGB, Bd. I, Einl., Rn. 33 ff.

331 CANARIS, AcP 200 (2000), 276 (284). Daraus kann freilich nicht der Schluss gezogen werden, dass jeder Eingriff in die Privatautonomie an der Menschenwürde nach Art. 1 Abs. 1 S.1 GG zu messen ist. Ders., JZ 1987, 993 (994) zeigt, dass die Privatautonomie auch Verbindungen zu überindividuellen Verfassungsprinzipien, wie dem Demokratieprinzip, hat, weil sie beide der Freiheit und Gleichheit dienen.

332 DI FABIO, in: MAUNZ/DÜRIG, Grundgesetz, Art. 2 Abs. 1, Rn. 102.

333 BVerfG, Beschluss vom 22.08.2011, 1 BvR 1764/09, Rn. 9 (JURIS).

334 BVerfG NJW 1994, 36 (39); BADURA, in: MERTEN/PAPIER, Handbuch der Grundrechte, Bd. I, § 20, Rn. 29.

mäßigkeitsgrundsatz, der die wohl „praktisch wichtigste Anforderung an Grundrechtsbeschränkungen“ darstellt.[335] Grundsätzlich können Gesetze und daraus abgeleitete Rechtsakte die Privatautonomie und die Vertragsfreiheit zugunsten anderer Verfassungsprinzipien oder Grundrechte Dritter in verfassungsrechtlich unbedenklicher Weise einschränken oder sogar verdrängen.[336] Dies gilt selbst für die Preisfreiheit, die bisweilen sogar als Kernstück der Vertragsfreiheit angesehen wird.[337] Es wird sogar erwogen, dass sie deshalb der Unantastbarkeit der Wesensgehaltsgarantie unterliegen solle.[338]

Das BVerfG ist diesem Gedanken zwar nicht gefolgt, jedoch müssen Eingriffe in die Vertragsfreiheit immer einer Verhältnismäßigkeitsprüfung unterliegen.[339] Dies muss auch für den Fall gelten, in dem der Verwaltung vom Gesetz ein Spielraum eingeräumt wird, innerhalb dessen sie entscheidet, ob sie die Vertragsfreiheit nur punktuell einschränkt oder ob sie sie gänzlich verdrängt. Zu beachten ist jedoch, dass ein qualitativer Unterschied zum einen darin besteht, ob die Freiheit der Vertragsparteien „nur“ beschränkt oder völlig ersetzt bzw. aufgehoben wird, wie dies typischerweise beim vertragsersetzenden oder –vernichtenden Verwaltungsakten geschieht. Zum anderen ist zu berücksichtigen, dass unmittelbar und ggf. irreversibel in das private Rechtsverhältnis eingegriffen wird. Das Übermaßverbot gebietet zwar nicht pauschal, die Wahl des minimalinvasivsten Mittels, jedoch verlangt es eine sorgfältige Prüfung der Geeignetheit, Erforderlichkeit und Angemessenheit der Maßnahme.[340] Eine solche Prüfung muss sich im Rahmen der Abwägung auch darauf erstrecken, welche privatrechtlichen Folgen die Verwaltungshandlung auslöst und ob nicht ggf. mildere Handlungs-

335 SACHS, in: SACHS, GG-Kommentar, Vor Art. 1, Rn. 135 und Art. 20, Rn. 146.

336 Auch im Hinblick auf die anderen im Wirtschaftsrecht bzw. Regulierungsrecht regelmäßig einschlägigen Grundrechte stoßen Eingriffe nur auf „geringe grundrechtliche Hürden.“ LEPSIUS, in: FEHLING/RUFFERT, Regulierungsrecht, § 4, Rn. 84.

337 DI FABIO, in: MAUNZ/DÜRIG, Grundgesetz, Art. 2 Abs. 1, Rn. 104.

338 DI FABIO, in: MAUNZ/DÜRIG, Grundgesetz, Art. 2 Abs. 1, Rn. 104.

339 BVerfGE 8, 274 (328 f.); DI FABIO, in: MAUNZ/DÜRIG, Grundgesetz, Art. 2 Abs. 1, Rn. 104.

340 Zum Verhältnismäßigkeitsgrundsatz im Rahmen des § 40 VwVfG siehe SACHS, in: STELKENS/BONK/SACHS, VwVfG Kommentar, § 40, Rn. 83. Zum Grundsatz im Allgemeinen ders., in: SACHS, GG-Kommentar, Art. 20, Rn. 149 ff.

alternativen mit Blick auf das Privatrecht bestehen. Die Verwaltung kann sich in Fällen privatrechtsgestaltender Tätigkeiten nicht darauf zurückziehen, dass ihr Handeln allein an öffentlichen Interessen ausgerichtet ist, die die Beachtung privatrechtlicher Konsequenzen entbehrlich machten. Die Bedeutung der Maßnahme für grundrechtlich geschützte Rechtspositionen kann nicht im Hinblick auf den nur öffentlich-rechtlichen Telos der Maßnahme ignoriert werden. Eine solche Haltung ist unvereinbar mit der „lückenlosen Bindung aller Staatsgewalt“ [341] an die Grundrechte gemäß Art. 1 Abs. 3 GG.

Nur eine Vorgehensweise, die die Reichweite der Grundrechte und die Bedeutung des Verhältnismäßigkeitsgrundsatzes bei der Gestaltung von privaten Rechtsverhältnissen erkennt, entspricht auch dem im GG und in der Wirtschaftsverfassung begründeten Regel-Ausnahme-Verhältnis von (vertraglicher) Freiheit und staatlicher Intervention. [342] Eine Ermessensprüfung, die dies nicht beinhaltet, ist ermessensfehlerhaft und rechtswidrig.

c) Übertragung des Grundsatzes auf die privatrechtsgestaltenden Befugnisse im AEG?

aa) Anforderungen an die Herleitung besonderer Ermessenserwägungen

Eine Pflicht der Regulierungsbehörden, bei vertragsgestaltenden Verwaltungsakten im Rahmen des Ermessens die Folgen des Verwaltungsakts für das private Rechtsverhältnis sowohl auf rechtlicher als auch auf tatsächlicher Ebene zu berücksichtigen, kann sich bereits aus dem einfachen Recht ergeben. Eine solche Prüfung ist jedoch auch verfassungsrechtlich geboten. Die Voraussetzungen für eine solche Prüfung sind nach den Kriterien der oben skizzierten verwaltungsgerichtlichen Rechtsprechung, dass auf einfach-rechtlicher Ebene die Ermächtigungsgrundlage auch dem subjektiven Interesse des Bürgers dient und dass die Maßnahme unmittelbar den Bestand eines privaten Rechtsverhältnisses betrifft. [343] Ein subjektiv-öffentliches Recht wird grundsätzlich verlangt, um dem Anwendungsvorrang des Gesetzes gegenüber den Grundrechten im Verwaltungsrecht zu

341 HÖFLING, in: SACHS, GG-Kommentar, Art. 1, Rn. 84.

342 Zu diesem Verhältnis P. KIRCHHOF, in: ISENSEE/KIRCHHOF, Handbuch des Staatsrechts Bd. VIII, § 169, Rn. 48.

343 Siehe oben Teil 3. B. III. 1 a).

genügen.[344] Die Ausformung der einzelnen grundrechtlich geschützten Rechtpositionen obliegt dem Gesetzgeber. Wenn dieser bestimmte Regelungen als „Ausgleich von Interessenkonflikten und die Verteilung realer Freiheitschancen“[345] erlassen hat, darf diese Entscheidung nicht durch die Gerichte umgegangen werden, indem diese subjektive Rechtspositionen verfassungsunmittelbar auf die „normexterne“ Wirkung von Grundrechten stützen.[346] Es gilt zu prüfen, ob die Vorschriften über das Eisenbahnzugangsrecht den Marktteilnehmern ein solches Recht vermitteln.

bb) Subjektiv-öffentliche Rechte im Eisenbahnzugangsrecht

Nach der herrschenden Schutznormlehre kann im Wege der Auslegung ein subjektiv-öffentliches Recht angenommen werden, wenn die entsprechende Rechtsnorm eine objektive Verhaltenspflicht begründet, sie nicht ausschließlich der Verwirklichung von öffentlichen Interessen, sondern zumindest auch der Befriedigung von Individualinteressen dient und sie dem Betroffenen auch die Rechtsmacht einräumt, die geschützten Interessen gegenüber dem Verpflichteten durchzusetzen.[347] Für die vertragsersetzenden und vertragsvernichtenden Maßnahmen des § 14f Abs. 3 Nr. 2 AEG kann der (dritt-)schützende Charakter der Norm unproblematisch angenommen werden. Dies ergibt sich schon daraus, dass eine solche Anordnung immer nur im Zusammenhang mit einem Verfahren nach § 14f Abs. 2 AEG ergehen

344 Zum Anwendungsvorrang siehe MAURER, Allg. VwltgsR, § 8, Rn. 11.

345 Z.B wenn der Gesetzgeber sich für einen allein objektiv-rechtlichen Schutz bestimmter Güter oder Interessen entschieden hat. WAHL/SCHÜTZ, in: SCHOCH/SCHNEIDER/BIER, VwGO, § 42 Abs. 2 VwGO, Rn. 57.

346 WAHL/SCHÜTZ, in: SCHOCH/SCHNEIDER/BIER, VwGO, § 42 Abs. 2 VwGO, Rn. 57. Die „normexterne” Wirkung der Grundrechte ist in Existenz und Umfang umstritten. Siehe zum Streitstand SCHMIDT-KÖTTERS, in: POSSER/WOLFF, BECK´scher OK VwGO, § 40, Rn. 192. Der Gedanke dieser Wirkung ist, dass es im Falle der Drittbetroffenheit ohne drittschützende Norm eine Klagebefugnis nach § 42 Abs. 2 VwGO dennoch gegeben sein kann, wenn die „angegriffene Regelung zu einer relevanten - also entsprechend gewichtigen - Betroffenheit in einer grundrechtlich geschützten Rechtsposition führt”. So OVG NRW, Urteil vom 20.05.2009, 20 A 3607/07, Rn. 54 (JURIS). Zudem muss eine Unmittelbarkeit zwischen Maßnahme und Beeinträchtigung vorliegen. MAURER, Allg. VwltgsR, § 8, Rn. 13.

347 SCHERZBERG, in: ERICHSEN/EHLERS, Allg. VwtlgsR, § 12, Rn. 9; MAURER, Allg. VwltgsR, § 8, Rn. 8.

kann, welches sogar auf Antrag eines Zugangsberechtigten erfolgen darf. Ein solches Verfahren dient zwangsläufig auch den Interessen des EVU, dem damit gleichzeitig die Rechtsmacht zur Durchsetzung verliehen ist.[348]

Dass die Normen des gesamten Eisenbahnzugangsrechts zudem den Interessen der Unternehmen dienen, ergibt sich daraus, dass das AEG gerade nicht auf einen rein objektiv-rechtlichen Schutz des Wettbewerbs und der Wettbewerber abzielt, wie z.B. nach h.M. das Kartellrecht.[349] Das Zugangsrecht enthält nach § 14 Abs. 1 S. 1 AEG vielmehr ein subjektives-öffentliches Recht für die Zugangspetenten.[350] Die Vorschriften über die Zugangsregulierung dienen auch den Interessen der einzelnen Unternehmen. Dies gilt ebenso für § 13 AEG.[351]

Für § 9a AEG hat das BVerwG festgestellt, dass dieser zwischen dem Interesse der Unternehmen, ihre Organisation frei gestalten zu können und dem öffentlichen Interesse an der Entflechtung von diskriminierungsträchtigen Unternehmensstrukturen „vermittle".[352] Die Norm begründet und begrenzt dieses öffentliche Interesse, so dass sie auch den unternehmerischen Interessen verpflichtet ist und eine Schutznorm für diese darstellt.[353]

cc) Zwischenfazit

Die Bundesnetzagentur und das EBA haben bei Entscheidungen, die unmittelbar den Bestand eines Rechtes verändern, vernichten oder begründen, die Pflicht im Rahmen der Ermessensprüfung festzustellen, welche

---

348 Dies gilt jedenfalls dann, wenn man - wie hier - annimmt, dass ein Entschließungsermessen nicht besteht. Siehe oben Teil 3. A. I. 2. c) bb).

349 Siehe zur Schutzobjektdiskussion SCHMIDT, AcP 206 (2006), 169 (188). Kritisch WESTERMANN, AcP 208 (2008), 141 (143), der von Wettbewerbern als „Handlangern des institutionellen Marktschutzes" spricht.

350 KRAMER, in: KUNZ (Hrsg.), Eisenbahnrecht Bd. I, § 14 AEG, Rn. 7; SERONG, in: KUNZ (Hrsg.), Eisenbahnrecht Bd. II, § 3 EIBV, Rn. 11. Nach KRAMER, in: KUNZ (Hrsg.), Eisenbahnrecht Bd. I, § 14f AEG, Rn. 18 dienen sogar die ganzen §§ 14 ff. AEG und die EIBV dem Individualinteresse des Zugangsberechtigten.

351 KRAMER, in: KUNZ (Hrsg.), Eisenbahnrecht Bd. I, § 13 AEG, Rn. 15.

352 Ob darüber hinaus § 9a AEG auch eine Schutznorm für dritte, nicht mit dem Konzern verbundene EVU darstellt, lässt das Gericht bewusst offen. BVerwGE 137, 58 (61). Ablehnend KRAMER, in: KUNZ (Hrsg.), Eisenbahnrecht Bd. I, § 9a AEG, Rn. 4.

353 Siehe zum „Unbundling" durch das Eisenbahnbundesamt Teil 2. C. II. 1. b).

Auswirkungen ihre Maßnahme sowohl rechtlich als auch tatsächlich für das betroffene zivile Rechtsverhältnis hat. Dies kann sich bereits aus dem einfachen Recht ergeben, wenn dieses den Schutz Privater bezweckt und zugleich das Mittel unmittelbarer Privatrechtsgestaltung bereithält. Es ergibt sich aber auch aus den betroffenen Grundrechten der Unternehmen und dem Grundsatz der Verhältnismäßigkeit, da vertragsgestaltende Verwaltungsakte immer einen Grundrechtseingriff beinhalten.

2. Grundrechtsfähigkeit der DB AG als objektive Ermessensschranke?

Die Grundrechte sind nur dann geeignet, unmittelbare Grenzen des Ermessens zu bilden,[354] wenn ihre vermeintlichen Träger auch tatsächlich grundrechtsfähig sind. Dies ist vor allem im Hinblick auf die DB AG bedeutsam, deren Grundrechtsfähigkeit umstritten ist.[355] Die DB AG ist der größte Infrastrukturbetreiber in Deutschland und gleichzeitig auch ein Verkehrsunternehmen.[356] Insofern bedarf diese Frage einer Stellungnahme, denn eine grundrechtlich orientierte Ermessensprüfung setzt die Grundrechtsfähigkeit der regulierten Unternehmen voraus.

a) Die DB AG als grundrechtsgebundene Eigengesellschaft?

Die Privatrechtlichkeit der Organisationsform und die Privatwirtschaftlichkeit der Unternehmensführung werden der DB AG als grundrechtsähnliche Rechte durch Art. 87e Abs. 3 GG garantiert.[357] Zum Teil wird die Grundrechtsfähigkeit unmittelbar aus Art. 87e Abs. 3 S. 1 GG abgeleitet. Danach sei die DB AG kraft verfassungsrechtlicher Regelung mit einem privaten Unternehmen gleichgestellt und deshalb als Grundrechtsträgerin anzuerkennen, auch wenn hinter ihr der Staat stünde.[358] Unstreitiger Ausgangspunkt ist, dass Eigengesellschaften grundsätzlich nicht grundrechts-

---

354 SACHS, in: STELKENS/BONK/SACHS, VwVfG Kommentar, § 40, Rn. 85.

355 Zum weiten Meinungsspektrum siehe MÖSTL, in: MAUNZ/DÜRIG, GG-Kommentar, Art. 87e, Rn. 100. Ablehnend jüngst mit Hinweis auf die „Fraport-Entscheidung" des BVerfG GURLIT, NZG 2012, 249 (253).

356 Die DB AG ist eigentlich eine Holding-Gesellschaft, so dass es –präziser- um die Grundrechtsfähigkeit der jeweiligen EIU und EVU geht. Siehe oben Teil 2.A.I.2.b).

357 WINDTHORST, in: SACHS, GG-Kommentar, Art. 87e, Rn. 36.

358 UERPMANN-WITTZACK, in: ISENSEE/KIRCHHOF, Handbuch des Staatsrechts, Bd. IV, § 89, Rn. 47.

berechtigt sein können.[359] Sie sind vielmehr bei ihrer Tätigkeit gemäß Art. 1 Abs. 3 GG an Grundrechte gebunden und können nach dem Konfusionsargument[360] nicht gleichzeitig grundrechtsberechtigt sein. Eine Flucht ins Privatrecht und die damit verbundene Entledigung der grundrechtlichen Bindungen durch die Wahl einer privatrechtlichen Handlungsform ist ausgeschlossen.[361] Die Übertragung der Rechtslage von Eigengesellschaften und der damit verbundene Ausschluss der Grundrechtsfähigkeit auf die DB AG ist allerdings unzulässig, da es sich bei der DB AG nicht um den lediglich verlängerten Arm der Verwaltung, sondern um ein eigenes Rechtssubjekt mit eigenen verfassungsrechtlichen Rechten handelt.[362] Dies hat der BGH in einer Gesamtbewertung aller maßgeblichen verfassungs- und gesellschaftsrechtlichen Vorschriften bestätigt: Danach unterliegt die „Deutsche Bahn AG [nicht] derartig staatlicher Steuerung [...], dass sie mit einer Behörde gleichgestellt werden kann.“ [363] Eine positive Bewertung der Grundrechtsfähigkeit ist dies allerdings nicht.

b) Zur Grundrechtsfähigkeit der DB AG

Überzeugend ist es, die Grundrechtsfähigkeit nach der konkreten Tätigkeit und dem darin zum Ausdruck kommenden Grad der Freiheitsentfaltung des Unternehmens zu beurteilen.[364] Nach dieser funktionalen Herangehensweise ist zu prüfen, ob die DB AG ihre Aufgaben unabhängig vom Staat wahrnimmt

---

359 LANG, NJW 2004, 3601. Zur Grundrechtsfähigkeit juristischer Personen des Privatrechts, die vollständig im Eigentum eines anderen Staates stehen siehe BVerfG NJW 2010, 374 (375). Zur Beschwerdefähigkeit juristischer Personen aus dem EU-Ausland siehe BVerfGE 129, 78 (91 ff.).

360 PIEROTH/SCHLINK, Grundrechte - Staatsrecht II, § 5, Rn. 170. Ablehnend PÜTTNER, in: SACHS/SIEKMANN (Hrsg.), FS für KLAUS STERN, 563 (565 f.).

361 Battis/KERSTEN, WuW 2005, 493 (495). Für die Grundrechtsfähigkeit von gemischt-wirtschaftlichen Unternehmen werden unterschiedliche Positionen vertreten. Zum Streitstand siehe LANG, NJW 2004, 3601. Umfassend zur Grundrechtsfähigkeit der Deutschen Telekom AG und zu den verschiedenen Begründungsansätzen siehe WINDTHORST, VerwArch 2004, 377 ff. Zu einem Beherrschungsansatz tendierend KEMPEN, in: MERTEN/PAPIER, Handbuch der Grundrechte, Bd. II, § 54, Rn. 56.

362 Z.B. das Recht einer an „kaufmännischen Leitprinzipien orientierte[n] Unternehmensführung“, so BROSIUS-GERSDORF, DÖV 2002, 275 (280).

363 BGH NJW 2004, 3129 (3132).

364 SOLDNER, Liberalisierung des Eisenbahnwesens, S. 186.

und ob sie sich bezüglich ihrer unternehmerischen Tätigkeit in einer grundrechtstypischen Gefährdungslage befindet.[365] Dass die DB AG als im Eigentum des Bundes stehendes Unternehmen durchaus unabhängig agiert, ergibt sich bereits aus der in Art. 87e Abs. 3 S. 1 GG angelegten wirtschaftlichen und unternehmerischen Freiheit und der begrenzten Eigentümereinwirkung des Bundes.[366] Fraglich ist, ob sich die DB AG auch in einer grundrechtstypischen Gefährdungslage befindet. Diese ist gegeben, wenn die Eigen- oder Beteiligungsgesellschaften darauf ausgerichtet sind, am Markt Wirtschaftsleistungen unter den für alle geltenden Rahmenbedingungen zu erbringen, sie ein weitgehend eigenbestimmtes Wirtschaftsleben führen und durch die Verwaltung nicht für deren Zwecke fremdbestimmt werden.[367] Die DB AG erfüllt diese Anforderungen. Sie ist qua Verfassung auf die Teilnahme am Wirtschaftsleben ausgerichtet[368] und unterliegt dabei einer regulierten Wirtschaftsordnung, insbesondere den Vorschriften des AEG, die für alle Teilnehmer am Eisenbahnmarkt gleichermaßen gelten.[369] Darüber hinaus ist es verboten, ihr einen anderen als den von Art. 87e Abs. 3 S. 1 GG vorgegebenen Zweck in Bezug auf die Unternehmensführung aufzuerlegen.[370] Die DB AG ist grundrechtsfähig.[371]

Zudem gilt die Grundrechtsberechtigung für die EVU und EIU der DB AG gleichermaßen.[372] Eine Differenzierung, die darauf abzielt, den EIU der DB AG auf Grund des dauerhaft zwingenden Mehrheitsanteils des Bundes gemäß

---

365 Lang, NJW 2004, 3601 (3603).

366 Zum Gewährleistungsgehalt des Rechts auf unternehmerische Autonomie siehe Hammer, DÖV 2011, 761 (767). Dieser lehnt die Grundrechtsfähigkeit der DB AG ab, will ihr jedoch qua Verfassung ein subjektiv-öffentliches Recht zugestehen.

367 So Lang, NJW 2004, 3601 (3603). Differenzierend unter dem Eindruck der Fraport-Entscheidung Heise, DVBl. 2012, 1290 (1294). Diese verneint eine grundrechtstypische Gefährdungslage für EIU, wenn der Bund sie „für die Verwirklichung seines Gewährleistungsauftrages" in Anspruch nähme.

368 Hommelhoff/Schmidt-Aßmann, ZHR 160 (1996), 521 (532).

369 Soldner,Liberalisierung des Eisenbahnwesens,S.187;Ruge,AöR131(2006), 1 (16).

370 Möstl, in: Maunz/Dürig, GG-Kommentar, Art. 87e, Rn. 82; Möstl, in: Pitschas/Uhle, FS für Rupert Scholz, 831 (841).

371 Wie hier Pflug, Eisenbahnregulierung zwischen öffR und PR, S. 80 f.

372 Windthorst, in: Sachs, GG-Kommentar, Art. 87e, Rn. 49; Hammer, DÖV 2011, 761 (768).

Art. 87e Abs. 3 S. 3 GG eine Grundrechtsfähigkeit abzusprechen,[373] verkennt die Tragweite des Art. 87e Abs. 3 S. 1 GG, der unterschiedslos für die EIU und EVU der DB AG gilt.[374] Dass die DB AG (noch)[375] kein gemischtwirtschaftliches Unternehmen ist, widerspricht der Übertragung des funktionellen Ansatzes, welcher ursprünglich für gemischt-wirtschaftliche Unternehmen entwickelt wurde, nicht. Vielmehr ergibt sich die grundrechtliche Gefährdungslage aus den verfassungsrechtlichen Vorgaben.[376] Somit ist der gesamte Konzern der DB AG grundrechtsberechtigt.[377]

3. Regulierungsermessen im AEG?

Die Anerkennung eines „Regulierungsermessens" im TKG durch das BVerwG[378] legt die Frage nahe, ob dieses neue Phänomen auf das Eisenbahnregulierungsrecht übertragbar ist. Das Gericht hat ein solches Ermessen für das Auferlegen einer Zugangsverpflichtung nach § 21 TKG i.V.m. § 13 TKG anerkannt.[379] Von einem solchen Ermessen auch im Eisenbahnrecht auszugehen, hätte zur Folge, dass sich die gerichtliche Kontrolldichte auf die Prüfung von Abwägungsausfall, -defizit, -fehleinschätzung und –disproportionalität beschränken würde.[380] Zudem hätte das jeweilige Gericht zu prüfen, ob der vollständige und zutreffende Sachverhalt ermittelt wurde, ob die Verfahrensvorschriften und allgemeine Bewertungs-

---

373 KRAMER, in: RONELLENFITSCH/SCHWEINSBERG, Aktuelle Probleme des Eisenbahnrechts XII, 199 (204); WILKENS, Wettbewerbsprinzip und Gemeinwohlorientierung, S. 182.

374 Zumal sich aus dem Schienenwegvorbehalt allein noch kein besonderes Einwirkungspotential des Bundes entnehmen lässt. SOLDNER, Liberalisierung des Eisenbahnwesens, S. 190.

375 Zum verschobenen Börsengang der Deutschen Bahn 2009 siehe LÜBKE, EuR-Beih. 2011, 99 (101).

376 TETTINGER, in: MERTEN/PAPIER, Handbuch der Grundrechte, Bd. II, § 53, Rn. 60.

377 SOLDNER, Liberalisierung des Eisenbahnwesens, S. 191.

378 BVerwG, Urteil vom 02.04.2008 - 6 C 16.07 (JURIS). Einen umfassenden Beurteilungsspielraum hat das BVerwG auch der Bundesnetzagentur für die Beurteilung eines Marktdefinitions- und Marktanalyseverfahren nach §§ 10, 11 TKG eingeräumt. BVerwG NVwZ 2008, 1359 ff. Dies ist vom BVerfG bestätigt worden. Siehe dazu WINKLER, DVBl. 2013, 156 (157).

379 BVerwG, Urteil vom 02.04.2008 - 6 C 16.07, Rn. 41 (JURIS). Zu den Regulierungsbefugnissen im TKG siehe unten Teil 4. A. II.

380 BVerwG, Urteil vom 02.04.2008 - 6 C 16.07, Rn. 41 (JURIS).

maßstäbe eingehalten wurden und ob sich die Behörde nicht von sachfremden Erwägungen hat leiten lassen.[381] Es sind zunächst die Voraussetzungen für die Annahme eines „Regulierungsermessens“ darzulegen (a.), bevor geprüft wird, ob ein solches auch bei der Anwendung der privatrechtsgestaltenden Befugnisse im AEG besteht (b.). Zudem soll die Einräumung von Regulierungsermessen nach dem ERegG-E bewertet werden (c.).

a) Entstehung und Voraussetzungen des Regulierungsermessens

Ausgangspunkt der Überlegungen zum Regulierungsermessen[382] ist die strikte Trennung von Tatbestands- und Rechtsfolgenseite einer Norm, d.h. die „Dichotomie von unbestimmtem Rechtsbegriff und Ermessen [...] [als] kategoriale Alternativen“.[383] Dieses traditionelle Verständnis ist angesichts des heutigen „Entwicklungsstandes der verwaltungs- und verfassungsrechtlichen Dogmatik“ kaum mehr aufrecht zu erhalten.[384] Dies gilt insbesondere für Koppelungsvorschriften. Dies sind Normen, die sowohl auf der Tatbestandsseite einen unbestimmten Rechtsbegriff mit oder ohne Beurteilungsspielraum besitzen als auch auf der Rechtsfolgenseite eine Ermessensermächtigung beinhalten.[385] Gerade bei solchen Normen hat das BVerwG anerkannt, dass die Interpretation von unbestimmten Rechtsbegriffen und von Ermessenspielräumen dergestalt miteinander verknüpft sein kann, dass die „umfassende, durch zahlreiche unbestimmte Rechtsbegriffe gesteuerte Abwägung [...] von der Ermessensbetätigung [...] nicht getrennt

381 Ausführlich zum Kontrollmaßstab SCHNEIDER, in: FEHLING/RUFFERT, Regulierungsrecht, § 22, Rn. 13. Allgemein MAURER, Allg. VwltgsR, § 7, Rn. 43.

382 Über die dogmatische „Gestalt“ des „Regulierungsermessens“ besteht keine Einigkeit. Das BVerwG hat es an die Figur des „Planungsermessens“ angelehnt. Z.T. wird es auch als „eigenständiger Typus“ behördlicher Entscheidungsspielräume begriffen. Siehe hierzu PROELß, AöR 136 (2011), 402 (424 f.). Für die Einordnung als eine neue Fallgruppe von Beurteilungsspielräumen EICHBERGER, in: BÄUERLE/DANN/WALLRABENSTEIN, FS für BRYDE, 339 (343). Entwickelt wurde diese Figur ursprünglich in der Literatur. SCHNEIDER, in: FEHLING/RUFFERT, Regulierungsrecht, § 22, Rn. 13

383 JESTAEDT, in: ERICHSEN/EHLERS, Allg. VwtlgsR, § 11, Rn. 12.

384 JESTAEDT, in: ERICHSEN/EHLERS, Allg. VwtlgsR, § 11, Rn. 13. Kritisch zu dieser Wahrnehmung in der Wissenschaft WINKLER, DVBl. 2013, 156 (158).

385 JESTAEDT, in: ERICHSEN/EHLERS, Allg. VwtlgsR, § 11, Rn. 15 mit Erläuterungen zu ihrer „wechselseitigen Substituierbarkeit“.

werden“ könne.[386] Die Folge solcher auf diese Weise die Tatbestands- und Rechtsfolgenseite miteinander verknüpfenden Normen ist, dass die behördliche Entscheidung einer nur eingeschränkten gerichtlichen Überprüfung unterliegt.

Das Vorliegen einer Koppelungsvorschrift alleine lässt die Annahme eines Beurteilungsspielraums allerdings nicht zu.[387] Zentrales Kriterium für die Einräumung eines solchen administrativen Letztentscheidungsrechts ist, dass das Gesetz eine „finale Normstruktur“[388] hat, die „einen komplexen Ausgleich verschiedener Rechtspositionen“ verlangt.[389] Für diesen Ausgleich darf das Gesetz keinen abschließenden Katalog zu berücksichtigender Kriterien bereithalten und diese Kriterien müssen bestimmte „Belange [...] [mit] prognostische[m] Gehalt“ enthalten.[390] Die finale Programmierung einer Ermächtigungsgrundlage erfolgt dadurch, dass sie an die Norm, welche die allgemeinen Regulierungsziele enthält, angekoppelt wird.[391] Schließlich wird als Argument für die Begründung des Regulierungsermessens das besondere Verfahren angeführt, das solchen Entscheidungen zu Grunde liegt. Gemeint ist das Beschlusskammerverfahren.[392] Die Beschlusskammern verfügen als

---

386 BVerwG, Urteil vom 02.04.2008 - 6 C 16.07, Rn. 41 (JURIS); RUFFERT, in: KNACK/HENNEKE, VwVfG-Kommentar, § 40, Rn. 45, welcher hierin aber nicht die Aufhebung zwischen diesen Kategorien sieht.

387 KOPP/SCHENKE, VwGO, § 114, Rn. 32 f.

388 Befürwortend als ein maßgebliches Kriterium für ein solches Ermessen SCHNEIDER, in: FEHLING/RUFFERT, Regulierungsrecht, § 22, Rn. 19; ähnlich KOPP/SCHENKE, VwGO, § 114, Rn. 33, welche von „finaler Strukturierung” sprechen. WIELAND, DÖV 2011, 705 (706) sieht hier eine Abkehr von der konditionalen zu finalen Programmierung des Verwaltungshandelns.

389 PROELß, AöR 136 (2011), 402 (422).

390 PROELß, AöR 136 (2011), 402 (422). Als Beispiel wird U.a. das „Tempo der Marktentwicklung“ nach § 21 Abs. 1 S. 2 Nr. 1 TKG genannt.

391 So bei § 21 Abs. 1 S. 2 TKG, wo zu prüfen ist, „ob die Zugangsverpflichtung gerechtfertigt ist und in einem angemessenen Verhältnis zu den Regulierungszielen nach § 2 TKG steht.“ Zudem besteht im TKG darüber hinaus noch ein „spezifisch regulierungsrechtliches Gebot der bestmöglichen Zweckerreichung“. PROELß, AöR 136 (2011), 402 (422 f.).

392 KOPP/SCHENKE, VwGO, § 114, Rn. 26.

„kollegiale Entscheidungsorgane" kombiniert „mit der fachlichen Zuarbeit durch spezialisierte Behördenabteilungen" über eine besondere Sachkunde.[393]

b) Übertragbarkeit auf den Eisenbahnsektor

Es stellt sich die Frage, ob das Eisenbahnrecht Ermächtigungen enthält, die eine Normstruktur besitzen, welche die Annahme von Regulierungsermessen begründen können.[394] Für die privatrechtsgestaltenden Befugnisse im AEG kommt nur die Befugnis nach § 14f Abs. 3 Nr. 2 AEG[395] in Betracht.[396]

aa) Voraussetzungen der Übertragbarkeit

Bei der Übertragung des Regulierungsermessens auf andere Sektoren ist zu beachten, dass ein solches Ermessen nicht allein schon auf Grund von vergleichbaren Regulierungsstrukturen und Regulierungssituationen übertragen werden darf.[397] Dies gebietet bereits die hohe „Grundrechtssensibilität" einer Regulierungsmaßnahme.[398] Vorsicht bei der Annahme behördlicher Letztentscheidungsrechte ist auch deswegen geboten, weil sie

---

393 SCHNEIDER, in: FEHLING/RUFFERT, Regulierungsrecht, § 22, Rn. 19 stellt auch noch auf die Einbindung in einen europäischen Regulierungsverbund ab. Zudem kann auch die „Eigenart" des Sachbereichs ein zu beachtender Faktor sein. So PROELß, AöR 136 (2011), 402 (415). Kritisch gegenüber diesen Argumenten WINKLER, DVBl. 2013, 156 (160). Skeptisch gegenüber der „Expertenhörigkeit" GÄRDITZ, NVwZ 2009, 1005 (1010 f.). Unklar bleibt, ob diese Voraussetzung als ein Hinweis auf die „Funktionsgrenzen der Rechtsprechung" zu verstehen ist. Siehe zu dieser Voraussetzung als Grundlage für die Annahme eines Beurteilungsspielraums WINKLER, DVBl. 2013, 156.

394 Zurückhaltend gegenüber der Einführung der Figur ins Eisenbahnrecht, jedoch ohne eingehende Untersuchung SCHNEIDER, in: FEHLING/RUFFERT, Regulierungsrecht, § 22, Rn. 21. Dazu tendierend KNAUF, VerwArch 2007, 382 (390).

395 Ein solches nimmt PFLUG, Eisenbahnregulierung zwischen öffR und PR, S. 172 ff. wohl für die Befugnis nach § 14f Abs. 3 Nr. 2 AEG an.

396 Die übrigen privatrechtsgestaltenden Befugnisse nach § 14e Abs. 3 Nr. 2 AEG, § 14f Abs. 1 S. 2 Nr. 2 AEG sind in ihrer Rechtsfolge auf das „Nicht-In-Kraft-Treten" bzw. auf das „Ungültig-Erklären" begrenzt. Der Behörde steht kein Auswahlermessen auf Rechtsfolgenseite zu, wodurch sich die Frage nach dem Regulierungsermessen erübrigt. Siehe zu diesen Befugnissen oben Teil 3. A. I. 1. und 2.

397 PROELß, AöR 136 (2011), 402 (412).

398 PROELß, AöR 136 (2011), 402 (412 f.).

„die Grenzen zwischen Gesetzesbindung und grundsätzlich umfassender Rechtskontrolle der Verwaltung [...] verschieben."[399] Dadurch wird nicht nur die „grundgesetzliche Rollenverteilung" zwischen Judikative und Exekutive verändert, sondern es besteht auch die Gefahr, dass die Gerichte sich in Widerspruch zur Gesetzesbindung stellen und zudem das „Versprechen wirksamen Rechtsschutzes" verletzen.[400] Ob der Gesetzgeber der Behörde ein administratives Letztentscheidungsrecht eingeräumt hat, „muss sich ausdrücklich aus dem Gesetz ergeben oder durch Auslegung hinreichend deutlich zu ermitteln sein."[401] Die Existenz eines solchen Rechts ist für jede Norm separat festzustellen.[402]

bb) Kein Beschlusskammerverfahren im AEG

Der „augenfälligste" Grund gegen die Übertragung des Regulierungsermessens ist, dass die Entscheidungen im AEG nicht durch ein kollegiales Expertengremium in einem justizähnlich ausgestalteten Beschlusskammerverfahren getroffen werden. [403] Ein solches Verfahren besteht im AEG (noch) nicht.[404]

---

399 BVerfG NVwZ 2011, 1062 (1065), Rn. 72. Diese Rechtsprechung auch aufgreifend WINKLER, DVBl. 2013, 156 (157).

400 BVerfG NVwZ 2011, 1062 (1065), Rn. 72. Ausführlich zum Regulierungsermessen und Art. 19 Abs. 4 GG SACHS/JASPER, NVwZ 2012, 649 ff. Ein Überblick zum Meinungsstand zum Verhältnis von behördlichen Letztentscheidungsrechten und effektivem Rechtsschutz findet sich bei EICHBERGER, in: BÄUERLE/DANN/WALLRABENSTEIN, FS für BRYDE, 339 (340 ff.).

401 BVerfG NVwZ 2011, 1062 (1065), Rn. 72. Nach PROELß, AöR 136 (2011), 402 (412, 418 und 425) ist dies anhand einer Analyse der jeweiligen Fachgesetze im Rahmen einer Gesamtwürdigung zu ermitteln. Dies ist Ausdruck der herrschenden „normativen Ermächtigungslehre". Siehe Nachweise zum Meinungsspektrum bei EICHBERGER, in: BÄUERLE/DANN/WALLRABENSTEIN, FS für BRYDE, 339 (344).

402 PROELß, AöR 136 (2011), 402 (412).

403 So zum Wesen des Beschlusskammerverfahrens WIELAND, DÖV 2011, 705 (706 f.); PROELß, AöR 136 (2011), 402 (423).

404 Allerdings sieht der Entwurf zum ERegG die Einführung eines Beschlusskammerverfahrens vor, so dass es bsich wohl nur noch um eine Frage der Zeit handelt, bis dieses Verfahren eingeführt wird. Siehe § 54 ERegG-E in der Fassung der BR-Drs. 559/12, S. 49.

cc) Finale Normstruktur des § 14f Abs. 3 Nr. 2 AEG?

Fraglich ist, ob § 14f Abs. 3 Nr. 2 AEG eine „finale Normstruktur“[405] hat, die den Ausgleich verschiedener Rechtspositionen verlangt.[406] Die einzigen Tatbestandsmerkmale des § 14f Abs. 3 Nr. 2 AEG sind, dass eine Entscheidung eines EIU über das Nichtzustandekommen einer Zugangsvereinbarung vorliegen muss und dass diese das Recht des EVU auf Zugang zur Eisenbahninfrastruktur beeinträchtigt. Es muss ein Verstoß gegen das „auf den freien Netzzugang bezogene Eisenbahnrecht“[407] vorliegen, d.h. ein Verstoß gegen die den Zugang und die Zugangsbedingungen konkretisierenden Vorschriften. Ob diese Tatbestandsvoraussetzung einen unbestimmten Rechtsbegriff darstellt, ist fraglich. Sie ist vielmehr als ein Verweis auf die zugangsrechtlichen Vorschriften zu verstehen, deren Verletzung erst eine Zugangsbeeinträchtigung begründen. Auch ein prognostisches Element findet sich nicht auf Tatbestandsseite, sondern es wird umgekehrt verlangt, dass eine Beeinträchtigung bereits stattgefunden hat. Eine an der Regulierungszielnorm orientierte „finale Programmierung“ des Verwaltungshandelns, wie sie die Vorschrift des § 21 Abs. 1 S. 2 TKG an § 2 TKG kennt,[408] findet sich in § 14f Abs. 3 Nr. 2 AEG ebenfalls nicht. Eine im Gesetz ausdrücklich angelegte Anbindung der Entscheidungen der Bundesnetzagentur an bestimmte Regulierungsziele besteht weder in der Ermächtigungsgrundlage noch in der Aufgabennorm des § 14b AEG. Dies bedeutet nicht, dass die Zielvorgaben des § 1 Abs. 1 AEG keine Bedeutung für das Handeln der Behörde und die Auslegung der Gesetze haben.[409] Die drei Ziele des § 1 Abs. 1 AEG können sogar gegenläufig sein, wodurch es grundsätzlich auch zu einem Ausgleich verschiedener, auch gegenläufiger

405 SCHNEIDER, in: FEHLING/RUFFERT, Regulierungsrecht, § 22, Rn. 19; KOPP/SCHENKE, VwGO, § 114, Rn. 33.

406 PROELß, AöR 136 (2011), 402 (422).

407 KRAMER, in: KUNZ (Hrsg.), Eisenbahnrecht Bd. I, § 14f AEG, Rn. 12. Nach GERSTNER, in: HERMES/SELLNER, AEG-Kommentar, § 14f, Rn. 47 soll allein der Grundsatz der Diskriminierungsfreiheit maßgeblich sein.

408 § 2 Abs. 2 TKG enthält eine Auflistung der unterschiedlichen Regulierungsziele und in § 2 Abs. 3 TKG neuerdings auch verschiedener Regulierungsgrundsätze. Dazu SCHERER/HEINICKEL, NVwZ 2012, 585 (588).

409 Siehe Teil 2. A. II. 1.; PFLUG, Eisenbahnregulierung zwischen öffR und PR, S. 197 spricht hingegen von der „Wettbewerbsfinalität als überragende[m] Wertungsgesichtspunkt.“

Rechtspositionen kommen kann.[410] Es fehlt jedoch an der konkreten Ausrichtung des Verwaltungshandelns in der Ermächtigungsgrundlage auf diese Ziele, die es erlauben könnte, von einer „Programmierung“ zu sprechen.

dd) Durch zahlreiche unbestimmte Rechtsbegriffe gesteuerte Abwägung?

Schließlich fehlt es in der Ermächtigungsgrundlage auch an einer „umfassende[n], durch zahlreiche unbestimmte Rechtsbegriffe gesteuerte[n] Abwägung", die von der Ermessensbetätigung nicht getrennt werden kann.[411] Für eine Zugangsentscheidung nach § 21 TKG hat das BVerwG diese Vielzahl an Rechtsbegriffen im „sieben Punkte umfassenden Katalog“ des § 21 Abs. 1 S. 2 TKG festgemacht, welcher in seinen Punkten wiederum „weitere Abwägungsgesichtspunkte“ enthält, wobei dieser Katalog nicht abschließend ist.[412] Eine durch eine Vielzahl von unbestimmten Rechtsbegriffen vergleichbare gesteuerte Abwägungsentscheidung existiert für eine Entscheidung nach § 14f Abs. 3 Nr. 2 AEG schlichtweg nicht. Die Übertragung des Regulierungsermessens ist insgesamt abzulehnen.

c) Regulierungsermessen im ERegG-E

Mit dem Erlass eines einheitlichen ERegG könnte sich diese Einschätzung jedoch ändern. § 1 ERegG-E enthält eine dem TKG stark nachempfundene Auflistung der Regulierungsziele. § 1 Nr. 1 - 4 ERegG-E ist fast identisch mit den Vorgaben des § 2 Abs. 2 Nr. 1 - 4 TKG. So sieht der Entwurf ebenso - wie das TKG - die Wahrung der Nutzer- und Verbraucherinteressen, die Förderung und Sicherstellung von Wettbewerb, die Förderung von Investitionen und Innovationen sowie die Entwicklung des EU-Binnenmarktes als Ziele vor.[413] Diese Ziele werden für die Entgeltregulierung in § 30 ERegG-E sogar noch weiter konkretisiert, indem die Entgeltregulierung eine missbräuchliche Behinderung oder Diskriminierung von Zugangsberechtigten

---

410 Die Ziele des § 1 Abs. 1 AEG sind die Gewährleistung eines sicheren Betriebs der Eisenbahn, eines attraktiven Verkehrsangebots und eines wirksamen und unverfälschten Wettbewerbs auf der Schiene beim Erbringen von Eisenbahnverkehrsleistungen und dem Betrieb von Eisenbahninfrastrukturen. Siehe oben Teil 2. A. II. 1.

411 BVerwG, Urteil vom 02.04.2008 - 6 C 16.07, Rn. 41 (JURIS).

412 BVerwG, Urteil vom 02.04.2008 - 6 C 16.07, Rn. 41 (JURIS).

413 BT-Drs. 559/12, S. 5.

mittels Preisgestaltung verhindern soll.[414] Das ERegG führt ausdrücklich „Regulierungsziele" ein, an der sich die gesamte Regulierung ausrichten soll.[415]

Es sollen zudem Beschlusskammern nach § 54 ERegG-E eingerichtet werden, denen grundsätzlich die Regulierungsentscheidungen obliegen und deren Entscheidungen ausdrücklich durch Verwaltungsakt ergehen.[416] Diese Kammern sollen mit drei Personen besetzt werden und grundsätzlich nach mündlicher Verhandlung entscheiden, § 54 Abs. 3 ERegG-E. Im Übrigen sind besondere Vorschriften für die (möglichen) Beteiligten eines solchen Verfahrens vorgesehen. Somit nähert sich der Entwurf auch einer weiteren Voraussetzung für das Vorliegen von Regulierungsermessen an.

Eine wesentliche Änderung der bisherigen Regulierungsbefugnisse und ihrer Entscheidungsmaßstäbe ist mit den Vorschriften der §§ 56 ff. ERegG-E allerdings nicht verbunden.[417] Eine unmittelbare Verknüpfung von Tatbestands- und Rechtsfolgeelementen in der Weise, dass sie die Unterscheidung zwischen diesen aufhebt und die Annahme eines Regulierungsermessens rechtfertigt, besteht für die privatrechtsgestaltende Befugnis nach § 60 Abs. 4 Nr. 2 ERegG-E[418] damit weiterhin nicht. Anders könnte dies hingegen im Hinblick auf § 33 Abs. 1 ERegG-E sein, welcher die Entgelte für die Erbringung der Pflichtleistungen der BdS einem präventiven Genehmigungsvorbehalt unterwirft.[419] Jedoch sieht § 33 Abs. 1 S. 1 ERegG-E vor, dass die Genehmigung zu erteilen ist, wenn die Entgelte und Entgeltgrundsätze[420] den Anforderungen des Gesetzes an die Entgelte aus §§ 34 - 46 ERegG-E entsprechen. Die Formulierung „ist zu erteilen“ muss - als Fall der gesetzlich gebundenen Verwaltung - als eine Handlungsverpflichtung der Bundesnetzagentur verstanden werden, die insofern gerade keinen

---

414 BR-Drs. 559/12, S. 33.

415 BR-Drs. 559/12, S. 121.

416 Mit der Einrichtung von Beschlusskammern soll die Regulierung im Eisenbahnsektor an die Regulierung in den Bereichen Telekommunikation, Post und Energie angeglichen werden, die sich dort als erfolgreich bewährt hat. So BR-Drs. 559/12, S. 49, 205.

417 BR-Drs. 559/12, S. 51 ff.

418 Dies ist die dem § 14 f Abs. 3 Nr. 2 AEG entsprechende Vorschrift. BR-Drs. 559/12, S. 217.

419 BR-Drs. 559/12, S. 34. Siehe dazu auch oben Teil 3. A. I. 4.

420 Siehe oben Teil 2. B. IV.

Ermessensspielraum einräumt.[421] Daher sollte auch bei der Annahme von Regulierungsermessen nach Erlass eines einheitlichen Eisenbahnregulierungsgesetzes Zurückhaltung geboten sein.

4. Fazit

Im durch das AEG und EIBV normierten Zugangsrecht sind an das Ermessen privatrechtsgestaltender Verwaltungsakte besondere Anforderungen zu stellen. Die Behörde muss im Rahmen ihrer Ermessenserwägungen auch die Konsequenzen berücksichtigen, die ihre Entscheidung im Privatrecht rechtlich auslöst sowie die tatsächlichen Folgen für das Verhältnis der Privaten zueinander, sobald sie unmittelbar vertragsgestaltend tätig wird. Sie kann sich insbesondere nicht auf den Standpunkt zurückziehen, dass ihr Handeln allein an den öffentlichen Interessen zu messen sei, so dass ihr eine Prüfung der zivilrechtlichen Implikationen ihrer Entscheidung erspart bleiben könnte. Wenn eine Behörde die Auswirkungen ihrer privatrechtsgestaltenden Maßnahmen im Rahmen ihrer Ermessens- bzw. Verhältnismäßigkeitsprüfung nicht bedenkt, hat dies die Rechtswidrigkeit der Maßnahme zur Folge. Dies ergibt sich für das AEG schon aus den einfachgesetzlichen Regelungen. Doch gebietet auch die verfassungsrechtliche Garantie der Vertragsfreiheit, bei gezielten Eingriffen in das private Rechtsverhältnis solche Erwägungen anzustellen.

Die DB AG ist Grundrechtsträger. Entscheidende Begründung ist die grundrechtstypische Gefährdungslage, in die sie Art. 87e Abs. 3 S. 1 GG durch die verfassungsrechtliche Garantie wirtschaftlicher und unternehmerischer Freiheit versetzt.

Eine Übertragung der Rechtsprechung zum Regulierungsermessen auf den Eisenbahnsektor ist abzulehnen. Es fehlt dafür an einer vergleichbaren finalen Normprogrammierung und an den verfahrensrechtlichen Voraussetzungen, welche das BVerwG im TKG bewogen haben, der Bundesnetzagentur ein solches gerichtlich nur begrenzt überprüfbares Ermessen einzuräumen.

C. Der privatrechtsgestaltende Verwaltungsakt im AEG und Privatrecht

Im letzten Abschnitt dieses Teils soll das Verhältnis von privatrechtsgestaltendem Verwaltungsakt und Privatrecht untersucht werden. Dies wirft unweigerlich die Frage nach dem Verhältnis von Öffentlichem Recht und

421 Allgemein zum gebundenen Verwaltungshandeln MAURER, Allg.VwltgsR, §7, Rn.10.

Privatrecht und deren Abgrenzung auf. Die Schwierigkeiten, die die in der Rechtsordnung verankerte Trennung des Privatrechts und des Öffentliches Rechts im Eisenbahnrecht mit sich bringt, werden im Eisenbahnzugangsrecht an verschiedenen Stellen sichtbar. Insbesondere die neuere Rechtsprechung, die sich um eine Abgrenzung der verschiedenen Teilrechtsordnungen anhand des Prüfungsmaßstabs der Bundesnetzagentur bei der Kontrolle von SNB bemüht, illustriert dies deutlich. Diese Rechtsprechung und ihre Bedeutung für die Privatrechtsgestaltung werden analysiert (I.). Schwierigkeiten zeigen sich allerdings auch bei der Einfügung des privatrechtsgestaltenden Verwaltungsakts in das System des Privatrechts, z.B. bei dem Verhältnis von § 134 BGB und vertragsvernichtendem Verwaltungsakt (II). Es ist zudem umstritten, welcher Rechtsweg bei regulierungsrechtlichen Maßnahmen zu beschreiten ist. Die Frage nach dem zu beschreitenden Rechtsweg ist Ausdruck der größten praktischen Bedeutung der Abgrenzung von Öffentlichem Recht und Privatrecht.[422] Dieser Frage sowie der besonderen Rolle von vertragsersetzenden Entscheidungen in diesem Kontext soll nachgegangen werden (III.).

I. Der Prüfungsmaßstab der Bundesnetzagentur im Spiegel der höchstrichterlichen Judikatur

Eine Frage, die im Hinblick auf die der Privatrechtsgestaltung gesteckten Grenzen Bedeutung erlangt, ist die des Prüfungsmaßstabs der Bundesnetzagentur im Rahmen der Regulierungsaufsicht. Für die Gestaltung privater Rechtsverhältnisse durch Verwaltungsakt ist sie von grundlegender Bedeutung, denn die Behörde braucht einen Rahmen, innerhalb dessen sie die vertraglichen Beziehungen zwischen den regulierten Unternehmen regeln kann. Der Prüfungsmaßstab bestimmt maßgeblich, wann und mittelbar wie die Behörde eingreifen darf. Zunächst wird die Entscheidung des BVerwG zum Prüfungsmaßstab der Bundesnetzagentur vorgestellt und aufgezeigt, welche Konsequenzen diese Rechtsprechung für die Privatrechtsgestaltung hat (1.). Diese Entscheidung wird anschließend einem Urteil des BGH gegenübergestellt und erläutert, welche Konsequenzen die beiden unterschiedlichen Rechtsprechungslinien haben (2.). Im Anschluss daran wird die Entscheidung des BVerwG kritisch gewürdigt und ein eigener Vorschlag für den Prüfungsmaßstab entwickelt (3.).

---

422 SCHMIDT, Die Unterscheidung von privatem und öffentlichem Recht, 45 f.

1. Prüfungsmaßstab nach der Rechtsprechung des BVerwG

In seinem ersten Urteil zur Rechtmäßigkeit von SNB hat das BVerwG einen besonderen Kontrollmaßstab entwickelt, welchen sowohl die Bundesnetzagentur als auch die zur Kontrolle berufenen Gerichte bei der Beurteilung der Rechtmäßigkeit zu beachten haben:

> „Die Bundesnetzagentur und die Verwaltungsgerichte dürfen nur die öffentlich-rechtlichen Vorschriften über den Zugang zur Eisenbahninfrastruktur als Prüfungsmaßstab heranziehen. Dagegen ist es ihnen versagt, auf spezifisch zivilrechtliche Kontrollmaßstäbe abzustellen, etwa eine Klauselkontrolle nach den Bestimmungen der §§ 307 ff. BGB vorzunehmen."[423]

Die Bundesnetzagentur darf nur das Eisenbahnzugangsrecht als Maßstab für die Vorabprüfung von Entscheidungen öffentlicher Infrastrukturunternehmen nach § 14e Abs. 1 AEG heranziehen. Dieser Maßstab stelle eine Ausprägung der dienenden Funktion des Eisenbahnnetzes für den Wettbewerb dar, welche sich aus Art. 87e Abs. 3 S. 3 und Abs. 4 GG ergäbe, so das Gericht.[424] Die Überprüfung von Zugangsbedingungen kann nur anhand der eisenbahnzugangsrechtlichen Vorschriften des AEG und des entsprechenden Verordnungsrechts der EIBV erfolgen. Die Konsequenz dieser Beschränkung des Prüfungsmaßstabes ist, dass dadurch auch die Ausübung privatrechtsgestaltender Befugnisse begrenzt wird. Die Bundesnetzagentur kann nur dort und nur in dem Maße tätig werden, wie es das Eisenbahnzugangsrecht erfordert bzw. gestattet. Eine vor allem nach dem Wortlaut der Ermächtigungsgrundlage des § 14f Abs. 3 Nr. 2 AEG prinzipiell mögliche Ausgestaltung von Vertragsbedingungen nach Maßgabe allgemeiner zivilrechtlicher Maßstäbe wäre mit dieser Rechtsprechung nicht vereinbar. Wenn der Behörde auf der einen Seite keine Prüfungskompetenz hinsichtlich der Vereinbarkeit von Vertragsbedingungen mit privatrechtlichen Vorschriften eingeräumt wird, kann ihr nicht auf der anderen Seite - im Wege der Gestaltung - die Orientierung an zivilrechtlichen Maßstäben offenstehen.

---

423 BVerwG NVwZ 2012, 307 (310), Rn. 29. So auch der dritte Leitsatz der Entscheidung.

424 BVerwG NVwZ 2012, 307 (310), Rn. 20.

2. Kein grundsätzlicher Ausschluss zivilrechtlicher Normen durch das Eisenbahnrecht

a) Konfligierende Rechtsprechung des BGH

Ob eine solch strikte Beschränkung des Kontrollmaßstabs und die vermeintlich klare Trennung zwischen öffentlich-rechtlichem Eisenbahnzugangsrecht und privatrechtlichen Normen durchgehalten werden kann, ist mit Blick auf eine neuere Entscheidung des BGH fraglich. Der BGH hat festgestellt, dass die Anwendung zivilrechtlicher Normen nicht durch die Regelungen des AEG oder der EIBV ausgeschlossen sein muss. So hat er die Anwendung des § 315 BGB neben dem „Regelungssystem nach §§ 1 Abs. 1 S. 1, 14 Abs. 1 S. 1 AEG“[425] zugelassen. Die Regelungen des AEG[426] konkretisieren § 315 BGB zwar zum Teil, jedoch verbleibt darüber hinaus immer noch ein eigenständiger Anwendungsbereich, der durch das Eisenbahnrecht nicht erfasst ist und dessen Anwendung ermöglicht.[427]

Das Eisenbahnrecht und das Zivilrecht verfolgen materiell-rechtlich andere Regelungsziele.[428] Nach § 315 BGB sind nämlich nicht nur die Interessen des Zugangspetenten an einem diskriminierungsfreien Zugang zu berücksichtigen, welche vom Eisenbahnrecht abgebildet werden, sondern auch „die Interessenlage der Parteien unter Berücksichtigung des Vertragszwecks und der Bedeutung der Leistung, deren angemessener Gegenwert zu ermitteln ist.“[429] Die legitimen Interessen der Netznutzer gehen über die diskriminierungsfreie Zugangsgewährung hinaus und zielen auf die Herstellung des Äquivalenzinteresses.[430] Der BGH hat mit dieser Entscheidung klargestellt, dass die eisenbahnzugangsrechtlichen Regelungen keine in sich abgeschlossene Rechtsmaterie sind, sondern für Wertungen und vor allem Regelungen des Zivilrechts offen stehen.[431]

---

425 BGH NVwZ 2012, 189 (190), Rn. 17.

426 In diesem Falle die Regelungen zur Entgeltbemessung.

427 BGH NVwZ 2012, 189 (191), Rn. 17. Sich dieser Rechtsprechung anschließend KG Berlin, Urteil vom 29.10.2012, 2 U 10/09, Rn. 20 (JURIS).

428 JUNG, IR 2013, 19 (20).

429 BGH NVwZ 2012, 189 (191), Rn. 17.

430 So OSTENDORF, NVwZ 2012, 192 in der Anmerkung zum Urteil.

431 Die Entscheidung des BGH wird sich auch nicht als obsolet darstellen, wenn § 43 Abs. 1 S. 3 ERegG-E in seiner jetzigen Fassung in Kraft tritt. Dieser schließt eine Billigkeitskontrolle nach § 315 BGB durch die ordentlichen Gerichte aus. Jedoch

Durch die Rechtsprechung des BVerwG ist es allerdings der Bundesnetzagentur verwehrt, solche Erwägungen in ihre Regulierungsentscheidungen einzubeziehen und die im allgemeinen Zivilrecht enthaltenen Rechtsgedanken bei ihren Verteilungsentscheidungen zu berücksichtigen. Angesichts der generellen Formulierung des BVerwG kann nicht vermutet werden, dass dieses hier einen Prüfungsmaßstab nur für das Vorabprüfungsverfahren nach § 14e AEG festlegen wollte, der für die nachträgliche Kontrolle keine Rolle spielt. Auch ist im Hinblick auf den Telos der Regulierungsbefugnisse, d.h. der Herstellung von Wettbewerb mit effektiven Mitteln, kein Grund ersichtlich, der einen unterschiedlichen Prüfungsmaßstab für die Vorab- und die nachträgliche Regulierung rechtfertigen könnte.[432] Die Behörde hat auch im Rahmen der Vorabprüfung alle (eisenbahn-)rechtswidrigen Maßnahmen, die geeignet sind, die Schaffung von Wettbewerb zu verhindern, zu unterbinden. Die „Trennlinie, die das Allgemeine Eisenbahngesetz für den Zugang zur Eisenbahninfrastruktur zwischen privatem und öffentlichem Recht zieht“[433] und aus dem sich der Prüfungsmaßstab ergibt, soll vielmehr kongruent zu den Kontrollbefugnissen der Bundesnetzagentur verlaufen.

b) Konsequenzen eines „nur“ öffentlich-rechtlichen Prüfungsmaßstabs

Dies könnte bei sehr strikter Handhabung z.B. dazu führen, dass die Behörde bei vertragsgestaltenden Entscheidungen zivilrechtliche Regelungen unbeachtet lassen muss. Solchen Entscheidungen würde dann das Risiko anhaften, vor den Zivilgerichten nicht bestehen zu können, weil der gestaltenden Behörde der Rückgriff auf zivilrechtliche Bewertungsmaßstäbe verwehrt

---

schließt er laut dem Wortlaut der Begründung nur eine „zusätzliche“ Billigkeitskontrolle aus. Der Gesetzgeber geht also nicht davon aus, dass § 315 BGB keine Anwendung findet. BR-Drs. 559/12, S. 188. Im Übrigen bleibt abzuwarten, ob eine solche Regelung überhaupt beschlossen wird. Der Bundesrat hält einen Ausschluss der Billigkeitskontrolle für nicht erforderlich. Für ihn ist der Rechtsschutz vor den ordentlichen Gerichten sogar unabdingbar. BR-Drs. 559/12 (Beschluss), S. 11.

432 PFLUG, Eisenbahnregulierung zwischen öffR und PR, S. 180 verlangt in jedem Falle einen erweiterten Prüfungsmaßstab für die ex post-Regulierung.

433 BVerwG NVwZ 2012, 307 (310), Rn. 27.

ist.[434] Kritisch erscheint auch, dass das BVerwG die Kontrolle sogar für die Verwaltungsgerichtsbarkeit einschränkt, was vor allem im Hinblick auf die Regelung des § 17 Abs. 2 S. 1 GVG problematisch ist. Wenn nun ein Netzbetreiber oder Netznutzer ein von der Bundesnetzagentur festgesetztes Entgelt für unangemessen hält, kann sich nach der Rechtsprechung des BGH die Unangemessenheit eines Entgelts nicht nur aus den Vorgaben des Eisenbahnrechts, sondern auch aus § 315 BGB ergeben. Das angerufene Verwaltungsgericht könnte jedoch nach der Rechtsprechung des BVerwG bei einem Klagebegehren,[435] welches die Feststellung der Rechtswidrigkeit einer unangemessenen Entgeltfestsetzung und ihre Aufhebung im Wege einer Anfechtungsklage verfolgt, materiell-rechtlich nur die Rechtmäßigkeit in Bezug auf das AEG und die EIBV prüfen. Es wäre sogar möglich, dass ein Entgelt im verwaltungsgerichtlichen Verfahren nicht zu beanstanden ist, gleichzeitig jedoch ein Zivilgericht bei demselben Entgelt zu dem Ergebnis kommt, dass es unangemessen im Sinne des § 315 BGB ist.

3. Stellungnahme zum Prüfungsmaßstab der Bundesnetzagentur

a) Kritik an der Rechtsprechung des BVerwG

Die Vorgabe, den Prüfungsmaßstab auch für die Verwaltungsgerichte auf das Eisenbahnzugangsrecht zu beschränken, ist mit der Regelung des § 17 Abs. 2 S. 1 GVG nicht vereinbar. Danach entscheidet das Gericht des zulässigen Rechtsweges den Rechtsstreit unter allen in Betracht kommenden rechtlichen Gesichtspunkten, sofern die Zulässigkeit des Klagewegs für einen Klagegrund besteht.[436] Die Norm soll die „Konzentration des Rechtsschutzes"[437] gewährleisten. Eine Aufspaltung in zivile und öffentliche Rechtsfragen und eine Verteilung auf die entsprechenden Rechtswege ist mit § 17 Abs. 2 GVG

---

434 PFLUG, Eisenbahnregulierung zwischen öffR und PR, S. 180. Die Behörde darf nicht gezwungen sein, „sehenden Auges" zivilrechtswidrige Einzelbestimmungen anzuordnen.

435 Im Verwaltungsgerichtsverfahren gilt die Bindung an den „ne ultra petita"-Grundsatz im Hinblick auf das Klagebegehren. ORTLOFF/RIESE, in: SCHOCH/SCHNEIDER/BIER, VwGO-Kommentar, Bd. 2, § 88 VwGO, Rn. 10.

436 So WITTSCHIER, in: MUSIELAK, ZPO-Kommentar, § 17 GVG, Rn. 6 unter Hinweis auf die Gesetzesbegründung.

437 EHLERS, in: SCHOCH/SCHNEIDER/BIER, VwGO, § 17 GVG, Rn. 18.

unvereinbar.[438] So geht auch das BVerfG davon aus, dass nach diesem in § 17 Abs. 2 GVG niedergelegten Grundsatz ein Verwaltungsgericht, alle „rechtswegfremde[n], entscheidungserhebliche[n] Vorfragen prüft und über sie entscheidet."[439] Dies gilt jedenfalls, solange „ausdrückliche gegenteilige gesetzliche Regelungen"[440] nicht etwas anderes gebieten. Solche existieren im Eisenbahnrecht nicht.[441] Zudem widerspricht bereits die Ausgestaltung der Regulierungsbefugnisse im AEG einer Begrenzung des Prüfungs- und - damit spiegelbildlich - des Gestaltungsmaßstabes der Bundesnetzagentur auf das Eisenbahnzugangsrecht. Denn schon die Tatsache, dass § 14e Abs. 3 Nr. 2 AEG die Regulierungsbehörde mit einer expliziten und umfassenden Vertragsgestaltungskompetenz ausstattet, spricht gegen eine vom Gesetzgeber intendierte Beschränkung des Prüfungsmaßstabes.[442] Der Bundesnetzagentur aufzugeben, bewusst eine zivilrechtswidrige Maßnahme anordnen zu müssen[443] bzw. ein zivilrechtswidriges Entgelt auch nur im Rahmen der nachträglichen Regulierung zu tolerieren, kann nicht mit dem Verfassungsgrundsatz der Gesetzesmäßigkeit der Verwaltung in Einklang gebracht werden.

b) Anlassbezogener uneingeschränkter Prüfungsmaßstab

Der Eingrenzung des Prüfungsmaßstabes allein auf das Eisenbahnzugangsrecht durch das BVerwG ist allerdings zuzugestehen, dass eine Erweiterung der Prüfungskompetenz der Bundesnetzagentur um zivilrecht-

---

438 Es ist vor allem nicht denkbar, dass der erforderliche Sachzusammenhang für die Ausdehnung der Rechtswegzuständigkeit in einer solchen Konstellation fehlen könnte. Zum Sachzusammenhang und zur Unterscheidung zwischen alternativen und kumulativen Klagegründen siehe EHLERS, in: SCHOCH/SCHNEIDER/BIER, VwGO, § 17 GVG, Rn. 19 f.

439 BVerfG NVwZ 2010, 1482 (1484). Dieser Grundsatz kommt in einem verwaltungsgerichtlichen Verfahren über § 83 S. 1 VwGO zur Anwendung.

440 SACHS, JuS 2011, 187 (188).

441 Die Regelung des § 43 Abs. 3 S. 1 ERegG-E könnte z.B. eine entsprechende gesetzliche Bestimmung für die ordentlichen Gerichte sein. BR-Drs. 559/12, S. 38, 188.

442 Ähnlich PFLUG, Eisenbahnregulierung zwischen öffR und PR, S. 169.

443 PFLUG, Eisenbahnregulierung zwischen öffR und PR, S. 180.

liche Gesichtspunkte im AEG nicht explizit angelegt ist.[444] § 14b Abs. 1 AEG beschränkt die Aufgabe der Bundesnetzagentur darauf, die Einhaltung der Vorschriften des Eisenbahnrechts über den Zugang zur Eisenbahninfrastruktur zu überwachen.[445] Darüber hinaus eine Zuständigkeit der Bundesnetzagentur für eine Prüfung der SNB nach §§ 305 ff. BGB oder der Angemessenheit eines Entgelts nach § 315 BGB zu verlangen, findet keine Stütze im Wortlaut des Gesetzes. Würde man der Bundesnetzagentur allerdings eine solche Kompetenz zugestehen, könnte sie Maßnahmen allein aufgrund der Zivilrechtswidrigkeit der SNB anordnen. Dies stellt eine Ausdehnung ihrer sachlichen Zuständigkeit dar und würde zu dem zweifelhaften Ergebnis führen, dass für ein Eisenbahnunternehmen als Adressat der Maßnahme der Verwaltungsrechtsweg zwar eröffnet, materiellrechtlich jedoch allein das Zivilrecht maßgeblich ist. Insofern ist der Bundesnetzagentur lediglich eine Annexkompetenz zur zivilrechtlichen Prüfung für die Fälle einzuräumen, in denen ein Eisenbahnrechtsverstoß geltend gemacht werden kann.[446]

II. Der privatrechtsgestaltende Verwaltungsakt im System des Zivilrechts

Oftmals wird der privatrechtsgestaltende Verwaltungsakt als „Querschnittsinstrument" gelobt.[447] Ihm ist die Aufgabe zur „Feinsteuerung" und zur punktuellen Durchsetzung des öffentlichen Interesses überantwortet. Als Koordinationsinstrument zwischen den Teilrechtsordnungen verknüpft er die beiden Steuerungskonzepte des Privatrechts und des Öffentlichen Rechts

444 So allgemein auch KRAMER, in: KUNZ (Hrsg.), Eisenbahnrecht Bd. I, § 14f AEG, Rn. 12 unter Hinweis auf z.B. umweltpolitische Aspekte.

445 An dieser Rechtslage wird sich auch durch § 52 ERegG-E nichts ändern, welche im Wesentlichen der Regelung des § 14b AEG und § 4 BEVVG entspricht. BR-Drs. 559/12, S. 201. Daher lehnen SCHERER/MICHALCZYK, N & R 2013, 35 (38) auch nach dem ERegG-E eine Überprüfung von SNB am Maßstab der §§ 305 ff. BGB ab.

446 Dies kann allerdings nicht kaschieren, dass eine gesetzliche Regelung sowohl zum Prüfungs- als auch zum Gestaltungsmaßstab zur Klärung dieser Fragen erforderlich ist. Siehe dazu Teil 5. A. II. 2.

447 BUMKE, in : HOFFMANN-RIEM/SCHMIDT-AẞMANN/VOẞKUHLE, Grundlagen des Verwaltungsrechts, Bd. II, § 35, Rn. 107.

miteinander.[448] Inwiefern der privatrechtsgestaltende Verwaltungsakt solche Aufgaben aus Sicht des Zivilrechts im AEG übernimmt und wie er sich in das Privatrechtssystem einfügt, soll im folgenden Abschnitt erörtert werden. Drei Aspekte werden behandelt: Kann der privatrechtsgestaltende Verwaltungsakt ein Verbotsgesetz i.S.d. § 134 BGB sein? (1.) Kann durch eine behördliche Entscheidung ein Schadensersatzanspruch begründet werden? (2.) Worin kann das Koordinationspotential des privatrechtsgestaltenden Verwaltungsakts bestehen, welches Vorteile bei der Umsetzung der hoheitlichen Regelung gegenüber „normalen" Verwaltungsakten bietet? (3.)

1. Der privatrechtsgestaltende Verwaltungsakt als Verbotsgesetz i.S.d. § 134 BGB?

In der eisenbahnrechtlichen Literatur findet sich der Hinweis, dass der Verstoß gegen Vorschriften aus dem Eisenbahnrecht zur Nichtigkeit eines Rechtsgeschäfts führt. So kann das EBA Verträge oder Rechtsgeschäfte verbieten, die gegen die Entflechtungsvorgaben des § 9a Abs. 1 AEG verstoßen.[449] Verstoßen Verträge gegen die Pflichten aus § 9a Abs. 1 AEG, dann ergäbe sich aus dem Zusammenspiel mit § 9a Abs. 2 S. 2 AEG und § 134 BGB die Nichtigkeit dieser Verträge.[450] Eine genaue Bestimmung, wie § 134 BGB, öffentlich-rechtliches Gesetz und verwaltungsrechtlicher Einzelakt zusammenwirken, findet sich nicht. Vielmehr besteht nur ein Hinweis auf die Nichtigkeitswirkung unter Verweis auf die Normkette. Für die Unwirksamkeitserklärung von Verträgen nach § 14f Abs. 3 Nr. 2 AEG stellt sich ebenfalls die Frage, ob diese ihre Nichtigkeitswirkung nicht über § 134 BGB entfaltet. Deswegen ist zunächst zu bestimmen, was ein Verbotsgesetz nach § 134 BGB ist (a.), bevor analysiert wird, ob und unter welchen Voraussetzungen Maßnahmen nach § 9a Abs. 2 AEG (b.) und § 14f Abs. 3 Nr. 2 AEG (c.) eine Nichtigkeitswirkung über § 134 BGB auslösen können.

---

448 TSCHENTSCHER, DVBl. 2003, 1424 ff.; BUMKE, in: HOFFMANN-RIEM/SCHMIDT-AßMANN/VOßKUHLE, Grundlagen des Verwaltungsrechts, Bd. II, § 35, Rn. 107; BURGI, in: HOFFMANN-RIEM/SCHMIDT-AßMANN/VOßKUHLE, Grundlagen des Verwaltungsrechts, Bd. I, § 18, Rn. 78.

449 Z.B. wenn das Personal eines EVU bei Trassenvergabeentscheidungen eines EIU mitwirkt. KRAMER, in: KUNZ (Hrsg.), Eisenbahnrecht Bd. I, § 9a AEG, Rn. 19. Zu dieser Vorschrift siehe oben Teil 2. C. II. 1. und Teil 3. A. II. 1.

450 So KRAMER, in: Online Kommentar Nomos-Erläuterungen zum deutschen Bundesrecht, AEG-Kommentar, § 9a AEG.

a) Das Verbotsgesetz nach § 134 BGB

In der Zivilrechtswissenschaft ist bereits die Frage umstritten, ob § 134 BGB selbst überhaupt die Sanktionsfolge der Nichtigkeit zumindest als Auslegungsregel[451] enthält.[452] Einigkeit besteht dahingehend, dass zumindest diese Sanktionsfolge dann ausgeschlossen ist, wenn sich aus dem Verbotsgesetz „ein anderes ergibt" i.S.d. § 134 BGB[453] oder wenn sie dem Normzweck des Verbotsgesetzes zuwider läuft.[454] Erforderlich ist jedenfalls ein Verbotsgesetz, aus dem sich die Nichtigkeitsfolge ergeben kann. Ein solches Gesetz liegt vor, wenn eine Vorschrift ein grundsätzlich mögliches Rechtsgeschäft wegen seines Inhalts oder der Umstände seines Zustandekommens untersagt.[455] Keine Verbotsgesetze sind bloße Ordnungsvorschriften.[456] Ob ein Verbotsgesetz vorliegt, ist eine Frage der Auslegung des jeweiligen Fachgesetzes.[457] Es stellt sich im Hinblick auf den privatrechtsgestaltenden Verwaltungsakt die Frage, was der Auslöser für die Nichtigkeitswirkung ist. Geprüft wird dies für die Ermächtigungsgrundlagen des § 9a Abs. 2 S. 2 AEG und § 14f Abs. 3 Nr. 2 AEG.[458] Als Auslöser kommen hier das Gesetz, der Verwaltungsakt oder beide als Einheit in Betracht.

---

451 So WENDTLAND, in: BAMBERGER/ROTH, BECK'scher OK BGB, § 134, Rn. 2.

452 SACK/SEIBL, in: STAUDINGER (Hrsg.), Kommentar zum BGB, § 134, Rn. 57 f. mit umfassenden Hinweisen zum Streitstand.

453 ELLENBERGER, in: PALANDT, BGB-Kommentar, § 134 BGB, Rn. 6.

454 SACK/SEIBL, in: STAUDINGER (Hrsg.), Kommentar zum BGB, § 134, Rn. 58.

455 ELLENBERGER, in: PALANDT, BGB-Kommentar, § 134 BGB, Rn. 5.

456 JARASS, VVDStRL 50, 238 (248). Verbotsgesetze kennzeichnet eine „Missbilligung von Inhalt und Erfolg des Rechtsgeschäfts, während sich Ordnungsvorschriften nur gegen äußere Umstände richten. Die Anwendung dieser Unterscheidung ist allerdings im Einzelfall mit großen Unsicherheiten behaftet."

457 ELLENBERGER, in: PALANDT, BGB-Kommentar, § 134 BGB, Rn. 6 ff.; SACK/SEIBL, in: STAUDINGER (Hrsg.), Kommentar zum BGB, § 134, Rn. 30.

458 Eine Nichtigkeitswirkung könnte sich unmittelbar aus dem Gesetz ergeben, wenn es sich bei einer Entscheidung der Behörde nach § 9a Abs. 2 AEG bzw. § 14f Abs. 3 Nr. 2 AEG, um einen privatrechtsmitgestaltenden Verwaltungsakt handelt. Diese zeichnen sich dadurch aus, dass sie eine im Gesetz selbst vorgesehene Voraussetzung für die Nichtigkeit sind. MANSSEN, Privatrechtsgestaltung durch Hoheitsakt, S. 285. § 9a Abs. 2 AEG bzw. § 14f Abs. 3 Nr. 2 AEG stellen allerdings keinen solchen Fall eines mitgestaltenden Verwaltungsakt dar. Für SACK/SEIBL, in: STAUDINGER (Hrsg.), Kommentar zum BGB, § 134, Rn. 168 soll

b) § 9a Abs. 2 S. 2 AEG als Grundlage für die Wirkung des § 134 BGB?

aa) Das Gesetz als Auslöser?

Fraglich ist, ob die Nichtigkeit nach § 134 BGB erst eintritt, wenn die Behörde die Nichtigkeit eines Vertrages im Rahmen der nachträglichen Regulierung anordnet oder ob sie sich schon vorher aus einem materiellen Verbotsgesetz ergibt. Wenn man davon ausgeht, dass die Nichtigkeit sich bereits aus dem materiellen Gesetz ergibt, welches das Verhalten verbietet, d.h. z.B. aus § 9a Abs. 1 S. 2 AEG, dann kann der Verwaltungsakt aus § 9a Abs. 2 S. 2 AEG keine gestaltende Wirkung haben. Er wäre vielmehr als feststellender Verwaltungsakt zu behandeln, welcher die materielle Rechtslage verbindlich feststellt.[459] Zwar kann ein Verwaltungsakt grundsätzlich gleichzeitig gestaltende, feststellende und vollstreckungsfähige Elemente beinhalten,[460] für die Unwirksamkeitserklärung nach § 9a Abs. 2 S. 2 AEG scheidet dies jedoch aus: Entweder enthält die Unwirksamkeitserklärung die bloße Feststellung, dass ein bestimmter Vertrag nach der materiellen Rechtslage nichtig ist oder der Vertrag wird erst durch den Verwaltungsakt nichtig. Eine andere gestaltende oder feststellende Wirkung enthält diese Maßnahme nicht. Man könnte lediglich noch das (vollstreckungsfähige) Verbot des Abschlusses entgegenstehender Verträge als weiteren Regelungsgehalt des Verwaltungsakts annehmen. Der Wortlaut des § 9a Abs. 2 S. 2 AEG streitet hingegen für eine gestaltende Wirkung, da er die Behörde ermächtigt, Bestimmungen in Verträgen „mit sofortiger Wirkung zu verbieten“ und damit für nichtig erklärt.[461] Die Erklärung ist ein gestaltender Verwaltungsakt.

bb) Der Verwaltungsakt als Verbotsgesetz?

Ob (gestaltende) Verwaltungsakte die Nichtigkeit nach § 134 BGB herbeiführen können, wird unterschiedlich beurteilt. Abgelehnt wird dies - vor allem im zivilrechtlichen Schrifttum - wegen Art. 2 EGBGB. Es ist allgemein

---

sich die Nichtigkeitsfolge sogar bereits aus dem „Wesen der Genehmigungsbedürftigkeit“ und nicht aus § 134 BGB ergeben.

459 So allgemein zur Wirkung des feststellenden Verwaltungsakts U. STELKENS, in: STELKENS/BONK/SACHS, VwVfG Kommentar, § 35, Rn. 219.

460 U. STELKENS, in: STELKENS/BONK/SACHS, VwVfG Kommentar, § 35, Rn. 214.

461 KRAMER, in: KUNZ (Hrsg.), Eisenbahnrecht Bd. I, § 9a AEG, Rn. 27.

anerkannt, dass Verbotsgesetze nur Rechtsnormen im Sinne des Art. 2 EGBGB sein können, d.h. alle formellen und materiellen Gesetze, Rechtsverordnungen und autonome Satzungen.[462] Unter diese Definition sind Verwaltungsakte nicht subsumierbar.[463] Daher ist die Qualifikation des Verwaltungsakts als „Verbotsgesetz" abzulehnen.

cc) Ermächtigungsgrundlage und Verwaltungsakt als Verbotsgesetz?

Die Ermächtigungsgrundlage und der Verwaltungsakt könnten jedoch gemeinsam ein Verbotsgesetz bilden. Dabei ist allerdings problematisch, eine Ermächtigungsgrundlage als Verbotsgesetz zu qualifizieren, wenn diese der Behörde ein Eingriffs- oder Auswahlermessen eröffnet. In diesem Fall hinge das Vorliegen eines Verbotsgesetzes neben dem materiellen Verhaltensgebot auch vom Willen der Behörde im Einzelfall ab. Dies ist jedoch unter Aspekten der Rechtssicherheit und Rechtsgleichheit nicht hinnehmbar. Zudem müsste sich auch aus der Ermächtigungsgrundlage ein besonderer Bezug zu dem materiellen Verbot ergeben, welcher es rechtfertigt, nicht bereits diese Regelung alleine als Verbotsgesetz anzusehen.

§ 9a Abs. 2 S. 2 AEG räumt der Behörde keinerlei Ermessen ein. Das EBA hat bei einem Verstoß gegen § 9a Abs. 1 AEG entgegenstehende Bestimmungen in Verträgen zu verbieten. § 9a Abs. 1 AEG ist das Verbotsgesetz, dessen Einhaltung neben § 134 BGB auch die Aufsichtsbehörde gewährleistet. Jedoch wird die Rechtsfolge des Verstoßes in der Ermächtigungsgrundlage des Abs. 2 modifiziert: Nämlich entgegen der

---

462 ELLENBERGER, in: PALANDT, BGB-Kommentar, § 134 BGB, Rn. 2; WENDTLAND, in: BAMBERGER/ROTH, BECK'scher OK BGB, § 134, Rn. 5; LOOSCHELDERS, in: HEIDEL/HÜBTEGE/MANSEL/NOACK, BGB - Allgemeiner Teil/EGBGB, § 134 BGB, Rn. 20.

463 So LOOSCHELDERS, in: HEIDEL/HÜBTEGE/MANSEL/NOACK, BGB - Allgemeiner Teil/EGBGB, § 134 BGB, Rn. 20. Einschränkend auf den „verbietenden Verwaltungsakt" WENDTLAND, in: BAMBERGER/ROTH, BECK'scher OK BGB, § 134, Rn. 5. Im öffentlich-rechtlichen bzw. regulierungsrechtlichen Schrifttum wird es hingegen für möglich gehalten, dass vernichtende Verwaltungsakte durch § 134 BGB ins System des Privatrechts wirken. Allerdings ohne näher zwischen Verwaltungs-akt und Ermächtigungsgrundlage zu differenzieren. KRAMER, in: KUNZ (Hrsg.), Eisenbahnrecht Bd. I, § 9a AEG, Rn. 27; F. MÜLLER, in: SPINDLER/SCHUSTER, Recht der elektronischen Medien, 11.Teil, § 28 TKG, Rn. 20.

Regel der ex tunc-Nichtigkeit des § 134 BGB[464] sollen die entsprechenden Bestimmungen erst mit sofortiger Wirkung eintreten. Tatbestand und Rechtsfolge für die Nichtigkeitswirkung über § 134 BGB ergeben sich aus zwei unterschiedlichen Regelungen, nämlich aus § 9a Abs. 1 und Abs. 2 AEG. Als Verbot können diese nur einheitlich zu verstehen sein. Eine getrennte Betrachtung würde dazu führen, dass ein Privatrechtsverhältnis nach § 134 BGB i.V.m. § 9a Abs. 1 AEG rückwirkend nichtig wäre. Erginge das Verbot aufgrund eines Verwaltungsakts nach § 9a Abs. 2 AEG, dann ergäbe sich nur eine ex nunc-Nichtigkeit beginnend mit der Wirksamkeit des Verwaltungsakts. Ein solches Ergebnis wäre widersprüchlich. Der Verwaltungsakt ist zusammen mit seiner gesetzlichen Grundlage als Verbotsgesetz i.S.d. § 134 BGB zu werten.

c) § 14f Abs. 3 Nr. 2 AEG als Verbotsgesetz?

Damit eine privatrechtsgestaltende Maßnahme nach § 14f Abs. 3 Nr. 2 AEG ein Verbotsgesetz zusammen mit der gesetzlichen Ermächtigung sein kann, dürfte diese Regelung der Bundesnetzagentur kein Ermessen einräumen. Zudem müsste die gesetzliche Regelung, aus der sich das materielle Verhaltensverbot ergibt, eine einheitliche Regelung mit der Ermächtigungsgrundlage bilden. Ob der Bundesnetzagentur ein Ermessen nach § 14f Abs. 3 AEG zusteht, ist umstritten.[465] Nach hier vertretener Ansicht hat die Bundesnetzagentur kein Entschließungs-, sondern lediglich ein Auswahlermessen. Sie darf entgegenstehende Verträge als ultima ratio[466] für unwirksam erklären. In dieser Konstellation würde die (rechtmäßige) Ermessensausübung über den Verbotsgesetzcharakter entscheiden. Zudem fehlt es bei § 14f AEG an einer dem § 9a AEG vergleichbaren Verflechtung von Ermächtigungsgrundlage und Verbotsgesetz. Die Nichtigkeitswirkung ergibt sich im Falle einer Entscheidung nach § 14 Abs. 3 Nr. 2 AEG allein aus dem Regelungsgehalt des Verwaltungsakts. Dieser ist jedoch keine taugliche Rechtsnorm i.S.d. § 134 BGB. Schließlich ist die Unwirksamkeitserklärung gem. § 14f Abs. 3 Nr. 2 AEG auch kein feststellender Verwaltungsakt. Ginge man davon aus, dass die Behörde nur die Rechtslage „nachzeichne", hätte

---

464 SACK/SEIBL, in: STAUDINGER (Hrsg.), Kommentar zum BGB, § 134, Rn. 59.

465 Siehe oben Teil 3. A. I. 2. c) bb).

466 So nun explizit BR-Drs. 559/12, S. 218 für die dem § 14f Abs. 3 Nr. 2 AEG entsprechende Regelung im ERegG-E.

dies für die Ermessensprüfung zur Folge, dass eine Verhältnismäßigkeitsprüfung entfallen kann, da der Vertrag ohnehin bereits über das Verbotsgesetz und § 134 BGB nichtig ist. Es würde dann an der Voraussetzung für eine Ermessensprüfung fehlen, weil kein Rechtsverhältnis besteht, in welches eingegriffen werden kann.[467] Dies wäre mit der vertragsgestaltenden Art einer Maßnahme nach § 14f Abs. 3 Nr. 2 AEG[468] unvereinbar.

d) Fazit

Der Verwaltungsakt kann grundsätzlich kein Verbotsgesetz sein. Wenn allerdings das Gesetz, aus dem sich die konkrete Verhaltenspflicht ergibt und die Ermächtigungsgrundlage des Verwaltungsakts in der Weise miteinander verbunden sind, dass sie nur einheitlich als Verbotsgesetz verstanden werden können, liegt ein privatrechtsgestaltender Verwaltungsakt vor. Aus Gründen der Rechtssicherheit muss das Ermessen der Behörde allerdings gebunden oder zumindest auf Null reduziert sein. Dann kann ein Verwaltungsakt der Auslöser für eine Nichtigkeitswirkung i.V.m. § 134 BGB sein. In den übrigen Fällen ist eine „Übersetzung" der privatrechtsgestaltenden Wirkung des Verwaltungsakts in das System des allgemeinen Zivilrechts über § 134 BGB nicht möglich.

2. Schadensersatzansprüche beim Verstoß gegen privatrechtsgestaltende Verwaltungsakte?

Ein anderes Beispiel für das dogmatisch schwierige Zusammenspiel von Verwaltungsakt, Ermächtigungsgrundlage und privatrechtlicher Norm ist die Frage, ob ein privatrechtsgestaltender Verwaltungsakt zusammen mit einer zivilrechtlichen Anspruchsgrundlage einen zivilrechtlichen Schadensersatz- oder Unterlassungsanspruch begründen kann. In Betracht kommt ein deliktischer Anspruch nach § 823 Abs. 2 BGB. Es ist grundsätzlich anerkannt, dass verwaltungsrechtliche Normen Schutzgesetze i.S.d. dieser Vorschrift sein können.[469] Für Normen, die eine konkretisierende Entscheidung der Verwaltung benötigen und erst im Zusammenhang mit dem

467 So die Argumentation der Behörde in HessVGH, Urteil vom 20.05.2009, 6 A 1040/08, Rn. 53 (JURIS).

468 Siehe dazu oben Teil 3. A. I. 2 c).

469 SPINDLER, in: BAMBERGER/ROTH, BECK-OK BGB, § 823, Rn. 153.

Verwaltungsakt eine Schutzwirkung entfalten, ist dies hingegen sehr umstritten.[470]

a) Die „Lehre vom gestreckten Verbotstatbestand“

Nach ständiger Rechtsprechung des BGH liegt ein Schutzgesetz vor, wenn eine Rechtsvorschrift nach Zweck und Inhalt wenigstens auch auf den Schutz von Individualinteressen „vor einer näher bestimmten Art der Verletzung ausgerichtet“ ist, wobei es nicht genügt, dass der „Individualschutz durch Befolgung der Norm als ihr Reflex objektiv erreicht werden kann“.[471] Letzteres soll verhindern, dass der Anwendungsbereich von Schutzgesetzen ausufert, weswegen der Individualschutz im „Aufgabenbereich der Norm“ liegen muss.[472] Ein Verwaltungsakt kann ein Schutzgesetz nur zusammen mit der zugrunde liegenden Ermächtigungsgrundlage bilden.[473] Der Verwaltungsakt selbst ist kein Schutzgesetz, weil er gerade das „Gegenteil einer abstrakt-generellen Regelung in Gesetzesform“[474] ist.

Das Vorliegen eines Schutzgesetzes in Verbindung mit einem Verwaltungsakt wird nur bejaht, wenn der Verwaltungsakt dem Adressaten ein bestimmtes drittschützendes, fest umrissenes Verhalten auferlegt.[475] Dies wird als die „Lehre vom gestreckten Verbotstatbestand“ bezeichnet.[476] Der BGH bemerkt zudem, dass ein Anspruch nach Privatrecht nicht geltend gemacht werden kann, wenn der privatrechtsgestaltende Verwaltungsakt die Rechtslage in der Weise modifiziert, dass zivilrechtliche Regelungen

---

470 SPINDLER, in: BAMBERGER/ROTH, BECK-OK BGB, § 823, Rn. 153; HAGER, in: STAUDINGER (Hrsg.), Kommentar zum BGB, § 823, Rn. G 10.

471 BGH NJW 1993, 1580 (1580 f.); SPRAU, in: PALANDT, BGB-Kommentar, § 823 BGB, Rn. 57 m.w.N.

472 BGH NJW 2004, 356 (357).

473 BGH NJW 1993, 1580 in der sog. „Ballettschule”-Entscheidung; SPINDLER, in: BAMBERGER/ROTH, BECK-OK BGB, § 823, Rn. 153; SPRAU, in: PALANDT, BGB-Kommentar, § 823 BGB, Rn. 56a.

474 WAGNER, in: SÄCKER/RIXECKER, Münchener Kommentar zum BGB, Bd. 5, § 823 BGB, Rn. 341.

475 Denn dann könne es keinen Unterschied machen, ob das Gesetz selbst oder erst der Verwaltungsakt die konkreten Anforderungen an das Verhalten festlege. SPINDLER, in: BAMBERGER/ROTH, BECK-OK BGB, § 823, Rn. 153.

476 WAGNER, in: SÄCKER/RIXECKER, Münchener Kommentar zum BGB, Bd. 5, § 823 BGB, Rn. 342.

präkludiert werden sollen.[477] Wie schon bei der Frage nach einem Verbotsgesetz, muss auch an dieser Stelle das einer behördlichen Entscheidung zu Grunde liegende Ermessen beachtet werden. Es kann nicht im Ermessen der Behörde stehen, ob eine Haftung zugunsten eines Dritten begründet wird.[478] Dies könnte nämlich in letzter Konsequenz dazu führen, dass ein Zivilgericht gehindert wäre, auf ein Schutzgesetz zurückzugreifen, wenn die Behörde untätig bliebe.[479] Ein Schutzgesetz kann nur vorliegen, wenn die Ermächtigungsgrundlage der behördlichen Entscheidung kein Ermessen einräumt.

b) Anwendbarkeit der Lehre auf das AEG

Eine Anwendung der Lehre vom „gestreckten Verbotstatbestand" kommt für das Eisenbahnzugangsrecht nur in Betracht, wenn die Ermächtigungsgrundlagen ausschließlich gebundene Entscheidungen ermöglichen. Diese Voraussetzung erfüllen die zugangsregulierungsrechtlichen Befugnisse nicht. Für privatrechtsgestaltende Verwaltungsakte besteht zudem die Besonderheit, dass sie gerade keine Verhaltenspflichten, d.h. keine Ge- oder Verbote, aussprechen, sondern die Rechtslage unmittelbar verändern. Es wird dem Adressaten eines solchen Verwaltungsakts keine näher umrissene Verhaltenspflicht auferlegt, sondern die Rechtslage wird unmittelbar gestaltet. Es gibt kein Gebot, an dessen Verletzung die Haftung nach § 823 Abs. 2 BGB anknüpfen könnte.

c) Spezialgesetzlicher Ausschluss deliktischer Ansprüche im Eisenbahnrecht?

Zudem könnte ein Rückgriff auf § 823 Abs. 2 BGB durch eine spezialgesetzliche Regelung der Schadensersatzansprüche zwischen den regulierten Wettbewerbern ausgeschlossen sein. Das geltende Recht enthält noch keine solchen Vorschriften. Der Gesetzgeber sieht hier jedoch Handlungsbedarf, wie der Entwurf zum ERegG belegt. Dieser enthält in der Regelung des § 62 Abs. 1 ERegG-E einen Schadensersatzanspruch für Unternehmen gegen EIU, wenn diese vorsätzlich oder fahrlässig gegen die Zugangspflichten aus §§ 4 -

477 BGH NJW 1993, 1580 (1581).

478 SPINDLER, in: BAMBERGER/ROTH, BECK-OK BGB, § 823, Rn. 154.

479 WAGNER, in: SÄCKER/RIXECKER, Münchener Kommentar zum BGB, Bd. 5, § 823 BGB, Rn. 344; HAGER, in: STAUDINGER (Hrsg.), Kommentar zum BGB, § 823, Rn. G 10. Dies soll zudem dem Grundsatz der Bestimmtheit von Tatbeständen widersprechen. So HAGER, in:STAUDINGER (Hrsg.),Kommentar zum BGB,§823,Rn.G 10.

6 ERegG-E verstoßen.[480] Diese an § 33 GWB angelehnte Regelung[481] verzichtet darauf, einen Schadensersatzanspruch auch an Verstöße gegen die Verfügungen der Bundesnetzagentur zu knüpfen, wie dies das Kartellrecht für Verstöße gegen Verfügungen von Kartellbehörden in § 33 Abs. 1 GWB kennt. Dies belegt, dass der Gesetzgeber in Zukunft die Verletzung der in einem Verwaltungsakt festgelegten Verhaltenspflichten gerade nicht durch die Gewährung privatrechtlicher Schadensersatzansprüche sanktionieren will[482] und dies auch bei der aktuellen Rechtslage nicht intendierte.

Dass der Gesetzgeber sich gegen einen solchen Schadensersatzanspruch entscheiden wird, ergibt sich zudem aus der Regelung des § 62 Abs. 2 S. 1 ERegG-E. Danach kann die Bundesnetzagentur Vorteile abschöpfen, die sich daraus ergeben, dass ein Unternehmen vorsätzlich oder fahrlässig gegen eine Entscheidung der Regulierungsbehörde verstoßen hat. Der Verstoß gegen eine Regulierungsentscheidung kann damit nur von der Regulierungsbehörde geahndet werden. Ein zusätzlicher Schadensersatzanspruch eines Wettbewerbers besteht nicht. Der Verwaltungsakt spielt für die Frage nach dem Vorliegen eines Schutzgesetzes bzw. für die deliktischen Ansprüche eines EVU keine Rolle.[483]

3. Die vertragsersetzende Maßnahme als „schonender" Eingriff?

Eine Konstellation, die zwar nicht das dogmatische Zusammenspiel von privatrechtsgestaltendem Verwaltungsakt und Zivilrecht betrifft, die aber dennoch für das Verhältnis von Privatrecht und Verwaltungsakt von besonderem Interesse ist, lag der Entscheidung des VG Köln zu Grunde, in der es um die Zuteilung von Rangiergleisen in einem Bahnhof ging.[484]

---

480 BR-Drs. 559/12, S. 58.

481 BR-Drs. 559/12, S. 219.

482 So nämlich die Intention bei § 33 Abs. 1 GWB. WAGNER, in: SÄCKER/RIXECKER, Münchener Kommentar zum BGB, Bd. 5, § 823 BGB, Rn. 341.

483 Im Übrigen hat der BGH entschieden, dass das Recht auf Zugang und diskriminierungsfreie Nutzung kein absolutes Recht i.S.d. § 823 Abs. 1 BGB ist. BGH NJW-RR 2005, 673 (674).

484 Dieser Entscheidung folgte ein Beschluss des OVG NRW, Beschluss vom 14.08.2012, 13 B 598/12.

a) Der Sachverhalt und die Entscheidung des VG Köln

Die Bundesnetzagentur hatte die DB Netz AG verpflichtet, gegenüber einem EVU ein Vertragsangebot über die Nutzung eines Rangiergleises abzugeben.[485] Ein entsprechender Antrag eines EVU auf Nutzung war von dem EIU mit dem Hinweis auf fehlende Kapazitäten, welche auf die Nutzung durch andere EVU zurückzuführen seien, abgelehnt worden. Die Bundesnetzagentur war der Ansicht, dass auch bei bestehenden Verträgen das EIU verpflichtet sei, Optimierungsmöglichkeiten zu prüfen. Da sie solche Optimierungsmöglichkeiten für gegeben hielt, verpflichtete sie das EIU, dem Petenten Zugang zu gewähren und die privatrechtlichen Verträge anzupassen.[486] Das VG Köln folgte der Bundesnetzagentur insoweit, dass das EIU tatsächlich eine „aktive Förderungspflicht" träfe, die sich u.a. aus § 10 Abs. 4 S. 1 EIBV ergäbe, wonach das EIU bemüht sein müsse, die Erbringung der beantragten Leistungen zu vermitteln.[487] Das Gericht sah jedoch die tatsächliche Voraussetzung, dass das EIU eine Kontrolle der Optimierungsmöglichkeiten nicht durchgeführt habe, nicht als gegeben an. Auch ein kollusives Verhalten des EIU und des dritten EVU zulasten des Zugangspetenten, konnte es nicht feststellen.[488] Das VG Köln folgerte weiter, dass selbst wenn das EIU wegen fehlender Prüfung von Optimierungsmöglichkeiten eisenbahnrechtswidrig gehandelt hätte, die Verpflichtung, dem EVU ein Vertragsangebot zu machen und gleichzeitig die bestehenden Verträge anzupassen oder gar zu kündigen, nicht die mildeste gleich geeignete Maßnahme darstellen könnte.[489]

b) Die Bedeutung der Entscheidung für die Privatrechtsgestaltung

In dieser Konstellation hätte die Bundesnetzagentur vielmehr unmittelbar auch gegen den bestehenden Vertragspartner vorgehen müssen, denn dadurch wäre das EIU einer Prüfung, welche konkreten Maßnahmen sie für die Anpassung der Verträge gegenüber ihrem Vertragspartner ergreifen müsse, enthoben gewesen. Sie sähe sich nicht der Gefahr ausgesetzt, dem EVU auf

---

485 VG Köln, Beschluss vom 26.04.2012, 18 L 477/12, Rn. 7 (JURIS).

486 OVG NRW, Beschluss vom 14.08.2012, 13 B 598/12, Rn. 2 (JURIS).

487 VG Köln, Beschluss vom 26.04.2012, 18 L 477/12, Rn. 49 (JURIS). Wohl skeptisch gegenüber einer solchen Pflicht OVG NRW, Beschluss vom 14.08.2012, 13 B 598/12, Rn. 7 (JURIS).

488 VG Köln, Beschluss vom 26.04.2012, 18 L 477/12, Rn. 50 (JURIS).

489 VG Köln, Beschluss vom 26.04.2012, 18 L 477/12, Rn. 51 (JURIS).

vertraglicher Grundlage Schadensersatz leisten zu müssen.[490] Eine solche im Auswahlermessen verankerte Verhältnismäßigkeitserwägung stimmt überein mit der hier vertretenen Ansicht, dass die Behörde bei der Möglichkeit der Ergreifung privatrechtsgestaltender Maßnahmen immer prüfen muss, welche Auswirkungen diese sowohl rechtlich als auch tatsächlich für das betroffene zivile Rechtsverhältnis haben.[491] Die unmittelbare Ersetzung oder Vernichtung vertraglicher Bestimmungen kann sich im Fall bestehender zugangsrechtswidriger vertraglicher Beziehungen als „privatrechtsschonender" herausstellen. Der privatrechtsgestaltende Verwaltungsakt gewährleistet dann eine bessere „Übersetzung" der hoheitlichen Maßnahme in das zivilrechtliche System, weil er die Grundlage dafür bildet, dass eigentlich systemgerechte Rechtsfolgen nicht eintreten. Der Fall ist ein gelungenes Beispiel für das Koordinationspotential des privatrechtsgestaltenden Verwaltungsakts.

III. Rechtschutz gegen privatrechtsgestaltende Verwaltungsakte

Es bleibt schließlich zu untersuchen, ob und welche Besonderheiten beim Rechtsschutz gegen privatrechtsgestaltende Maßnahmen bestehen. Die sektorübergreifende Vereinheitlichung der Rechtswegzuordnung, welche zur Förderung einer regulierungsrechtlichen Dogmatik teilweise verlangt wird,[492] soll nicht das Thema sein. Die dogmatische Frage nach dem Bestehen eines Regulierungsermessens, die auch verwaltungsprozessrechtlich von immenser Bedeutung ist, wurde bereits erörtert[493], ebenso wie die unzulässige Verkürzung der verwaltungsgerichtlichen Prüfungskompetenz entgegen § 17 Abs. 2 S. 1 GVG.[494] Zu klären ist allein, ob ein paralleler Rechtsschutz in einem zivil- und einem verwaltungsgerichtlichen Verfahren möglich ist und ob ein privatrechtsgestaltender Verwaltungsakt ggf. immer die Zuständigkeit der Verwaltungsgerichte begründet (1). Zudem ist zu erörtern, ob es bei vertragsersetzenden Verwaltungsakten durch die Rechtsprechung des

490 VG Köln, Beschluss vom 26.04.2012, 18 L 477/12, Rn. 51 (JURIS).
491 Siehe oben Teil 3. B. III. 1.
492 SCHNEIDER, in: FEHLING/RUFFERT, Regulierungsrecht, § 22, Rn. 6.
493 Siehe oben Teil 3. B. III. 3.
494 Siehe oben Teil 3. C. I. 3. b).

BVerwG zum Prüfungsmaßstab [495] nicht zu Defiziten im Rechtsschutz kommen kann (2.).

1. Die Zulässigkeit des Doppelrechtswegs?

a) Argumente gegen einen doppelten Rechtsweg im AEG

Die Zulässigkeit eines doppelten Rechtswegs wird im Eisenbahnrecht im Wesentlichen aus zwei Gründen abgelehnt. Zum ersten wird für den Anschluss an das Schienennetz nach § 13 AEG[496] die Auffassung vertreten, dass das Netzanschluss begehrende Unternehmen entscheiden kann, ob es die vermutete Unbilligkeit der Kosten von einem Zivilgericht überprüfen lässt oder ob es eine Entscheidung des EBA [497] beantragt. [498] Wenn sich ein Unternehmen für einen Weg entschieden hat, sollen sich der zivil- und verwaltungsgerichtliche Rechtsschutz gegenseitig ausschließen, weil eine „doppelte Zuständigkeit“ der Verwaltungsgerichte einerseits und der Zivilgerichte andererseits die „Gefahr divergierender Entscheidungen“ berge.[499] Wenn man dieser Auffassung zustimmt, dann hätte dies für eine „vertragsersetzende Entscheidung“[500] des EBA nach § 13 Abs. 2 AEG zur Folge, dass ein zivilgerichtliches Verfahren unabhängig vom Klagebegehren ausscheidet. Denn ein Eingreifen der Behörde von Amts wegen ist ausgeschlossen.[501] Eine solche Maßnahme setzt den Antrag eines Unternehmens voraus und beinhaltet die Entscheidung für einen Rechtsweg. Zum zweiten wird im Hinblick auf den Zugangsanspruch nach § 14 Abs. 1 AEG in Frage gestellt, ob dieser Anspruch auch unmittelbar auf dem Zivilrechtswege verfolgt werden kann.[502] Eine zivilrechtliche Klage wird abgelehnt, weil insbesondere in § 14f Abs. 2 AEG ein „eigenes behördliches Verfahren“ geschaffen worden ist, mit dem der „zugangswillige Petent sein Zugangsrecht

---

495 Siehe oben Teil 3. C. I.

496 Siehe dazu oben Teil 2. B. I. 1.

497 Sofern der Anschluss an Eisenbahnen des Bundes begehrt wird. Im Übrigen sind die Landeseisenbahnämter zuständig.

498 GERSTNER, in: HERMES/SELLNER, AEG-Kommentar, § 13, Rn. 27.

499 GERSTNER, in: HERMES/SELLNER, AEG-Kommentar, § 13, Rn. 28, 42; STAEBE, in: SCHMITT/STAEBE, Einführung in das Eisenbahn-Regulierungsrecht, Rn. 249.

500 GERSTNER, in: HERMES/SELLNER, AEG-Kommentar, § 13, Rn. 39.

501 GERSTNER, in: HERMES/SELLNER, AEG-Kommentar, § 13, Rn. 31.

502 KNAUFF, VerwArch 2007, 382 (390).

bei der speziell dafür zuständigen Regulierungsbehörde [...] durchsetzen kann."[503] Das „spezifische Verfahren vor einer spezialisierten Behörde" würde entwertet, wenn parallel der Zivilrechtsweg beschritten werden könnte, so dass es am zivilprozessualen Rechtsschutzbedürfnis fehle.[504]

b) Stellungnahme

aa) § 14f Abs. 2 AEG als abschließend spezielles Verfahren?

Der soeben beschriebenen Argumentation liegt ein falsches Verständnis vom gesetzlichen Regulierungskonzept zu Grunde, welches gerade privatrechtliche Vorschriften und öffentlich-rechtliche Regelungen miteinander kombiniert. Die Regulierungsbefugnisse der §§ 14c ff. AEG sind nicht Ausdruck eines speziellen Verfahrens, welches die Durchführung eines zivilgerichtlichen Verfahrens ausschließen sollen, sondern sie begründen eine grundsätzlich subsidiäre behördliche Kontrolle, die das Scheitern des „Primats der Privatautonomie" und der privatrechtlichen Einigung voraussetzt.[505] Das vorrangige Scheitern von Vertragsverhandlungen wird aus Effektivitätsgesichtspunkten nicht als Tatbestandsvoraussetzung für jedes regulierungsbehördliche Eingreifen verlangt, wohl aber für die einschneidendste Vertragsgestaltungsbefugnis nach § 14f Abs. 3 Nr. 2 AEG. Das Eisenbahnzugangsrecht bedient sich durch die Einräumung eines zivilrechtlichen Anspruchs in § 14 Abs. 1 S. 1 AEG[506] und durch die Kontrolle durch eine speziell zuständigen Behörde zivil- und öffentlich-rechtlicher Instrumente, um Wettbewerb und ausreichende Versorgung zu gewährleisten.[507] Es verbindet die beiden Teilrechtsordnungen und will sie nicht „gegeneinander aus-

503 GERSTNER, in: HERMES/SELLNER, AEG-Kommentar, § 14, Rn. 221 f.; SCHMITT, in: SCHMITT/STAEBE, Einführung in das Eisenbahn-Regulierungsrecht, Rn. 688.

504 GERSTNER, in: HERMES/SELLNER, AEG-Kommentar, § 14, Rn. 225. Auch hier wird die Gefahr divergierender Entscheidungen und damit auch einer inkonsistenten Rechtsentwicklung vermutet. GERSTNER, in: HERMES/SELLNER, AEG-Kommentar, § 14, Rn. 227; KNAUFF, VerwArch 2007, 382 (390 und 395).

505 KRAMER, in: KUNZ (Hrsg.), Eisenbahnrecht Bd. I, § 14 AEG, Rn. 48; GERSTNER, in: HERMES/SELLNER, BECK'scher AEG-Kommentar, § 14, Rn. 220.

506 PFLUG, Eisenbahnregulierung zwischen öffR und PR, S. 152.

507 Siehe zu den Zielen des Regulierungsrechts oben Teil 1. A. V. und VI.

spielen".[508] Diese Einschätzung wird durch die Regelung des § 67 ERegG-E belegt. Danach haben die Gerichte die Bundesnetzagentur über alle bürgerlichen Rechtsstreitigkeiten, die sich aus dem ERegG ergeben, zu unterrichten.[509] Die Regelung, die sich an der Regelung des § 139 TKG orientiert[510], soll gewährleisten, dass die Regulierungsbehörde auch an bürgerlich-rechtlichen eisenbahnrechtlichen Streitigkeiten beteiligt werden kann.[511] Damit gibt der Gesetzgeber zu erkennen, dass er davon ausgeht, dass bürgerliche Rechtsstreitigkeiten auch ihre Grundlage in Rechtsvorschriften des Eisenbahnrechts haben können.[512] Ordentliche und Verwaltungsgerichtsbarkeit schließen sich nicht grundsätzlich aus.[513]

bb) Rechtswegentscheidung nach dem Klagebegehren

Durch die Zulässigkeit eines „zweigleisigen" Rechtsschutzes ist auch vorgezeichnet, was der eigentliche Anknüpfungspunkt für die Bewertung der Rechtswegfrage sein muss, nämlich das Klagebegehren. Eine bürgerlichrechtliche Streitigkeit liegt vor, wenn „sich das Klagebegehren als Folge eines

---

508 I.E. auch für einen parallelen Rechtsweg PFLUG, Eisenbahnregulierung zwischen öffR und PR, S. 152 f.

509 Dies gilt auch, wenn die Entscheidung eines Rechtsstreits ganz oder teilweise von einer Entscheidung abhängt, die nach dem ERegG-E zu treffen ist. BR-Drs. 559/12, S. 60.

510 Der Bundesrat verlangt, dass diese Vorschrift in ihrem Wortlaut dem § 139 TKG nachzubilden sei und nicht der Regelung des § 90 GWB nachempfunden werden sollte. BR-Drs. 559/12 (Beschluss), S. 19.

511 Hierunter fallen z.B. zivilgerichtliche Verfahren, in denen über die Vereinbarkeit von Infrastrukturnutzungsentgelten mit dem Zugangsrecht oder über das Zustandekommen von Infrastrukturnutzungsverträgen gestritten wird. So ausdrücklich die BR-Drs. 559/12, S. 226.

512 So zur der entsprechenden Regelung des § 139 TKG GEPPERT/PIEPENBROCK, in: GEPPERT/PIEPENBROCK/SCHÜTZ/SCHUSTER, BECK'scher TKG-Kommentar, § 139 TKG, Rn. 2; MAYEN, in: SCHEURLE/MAYEN, TKG-Kommentar, § 139, Rn. 1.

513 Auch für die gerichtliche Kontrolle von Entgelten geht der Bundesrat davon aus, dass diese sowohl der verwaltungsgerichtlichen als auch der Kontrolle durch die ordentlichen Gerichte unterliegen. Für einen Ausschluss der ordentlichen Gerichtsbarkeit bestehe keine praktisches Erfordernis, noch drohe eine Rechtszersplitterung. Vielmehr sei sie aus Gründen des effektiven Rechtsschutzes unabdingbar. BR-Drs. 559/12 (Beschluss), S. 10 f.

Sachverhalts darstellt, der nach bürgerlichem Recht zu beurteilen ist."[514] Die Besonderheit eines vertragsbegründenden Verwaltungsakts, welcher unmittelbar ein privatrechtliches Rechtsverhältnis durch Verwaltungsakt dauerhaft begründet,[515] hat zur Folge, dass auch bei solchen Entscheidungen beide Rechtswege möglich sind. Der einschlägige Rechtsweg ist abhängig vom Klägerbegehren. Wendet sich ein reguliertes Unternehmen gegen einen vertragsbegründenden Verwaltungsakt, steht ihm der Verwaltungsrechtsweg offen. Der Rechtsstreit wird dann unter allen in Betracht kommenden rechtlichen Gesichtspunkten entschieden, § 17 Abs. 2 S. 1 GVG. Der ordentliche Rechtsweg bleibt allerdings eröffnet, wenn es um Fragen der sich aus dem Vertrag ergebenden Rechte und Pflichten sowie deren Durchsetzung geht. Wenn bei der Geltendmachung eines vertraglichen Anspruchs die Rechtmäßigkeit einer angeordneten vertraglichen Pflicht oder eines Rechts für den geltend gemachten Anspruch maßgeblich sein sollte, dann muss die Prüfung der Rechtmäßigkeit der Anordnung auch dem ordentlichen Gericht möglich sein.[516]

cc) Kein fehlendes Rechtsschutzbedürfnis?

Zudem belegt PFLUG, dass ein zivilprozessuales Rechtsschutzbedürfnis nicht wegen des Verfahrens nach § 14f Abs. 2 AEG fehlt.[517] Voraussetzung für das Entfallen eines Rechtsschutzbedürfnisses ist, dass die Wirkungen des alternativen außergerichtlichen Rechtsschutzes zumindest gleichwertig

---

514 So für die Regelung des § 139 TKG GEPPERT/PIEPENBROCK, in: GEPPERT/PIEPENBROCK/SCHÜTZ/SCHUSTER, BECK´scher TKG-Kommentar, § 139 TKG, Rn. 2 m.w.N. zur entsprechenden Rechtsprechung des BGH.

515 Siehe oben Teil 3. B. 3. d).

516 Dies muss auch gelten, wenn der privatrechtsgestaltende Verwaltungsakt bestandskräftig geworden ist. Eine solche Ausnahme von der Tatbestandswirkung des Verwaltungsaktes ist für Entschädigungs- und Amtshaftungsprozesse anerkannt. ROTH, in: STAUDINGER (Hrsg.), Kommentar zum BGB, § 906, Rn. 32, 35. Auch in vorliegender Situation muss die ggf. bestehende Rechtswidrigkeit der privatrechtsgestaltenden Entscheidung als Teil der Vorfragenkompetenz der ordentlichen Gerichte angesehen werden. Denn auch hier besteht die Gefahr, dass der Adressat einer solchen Maßnahme ansonsten allein auf den Primärrechtsschutz verwiesen würde. So für den Amtshaftungsprozess HENNEKE, in: KNACK/HENNEKE, VwVfG-Kommentar, Vor § 35, Rn. 33.

517 PFLUG, Eisenbahnregulierung zwischen öffR und PR, S. 153 ff.

sind.[518] Dabei ist „die Zweckmäßigkeit beider prozessualer Wege umfassend zu vergleichen. Auf einen verfahrensmäßig unsicheren Weg darf der Rechtssuchende nicht verwiesen werden."[519] Ein schnelleres und billigeres Mittel des Rechtsschutzes muss „wenigstens vergleichbar sicher oder wirkungsvoll" sein.[520] Ob das Verfahren nach § 14f Abs. 2 AEG bereits ein schnelleres Mittel ist, kann bezweifelt werden, da ungeachtet der Entscheidungsfristen des § 14f Abs. 2 S. 5 f. AEG die Verfahrensdauer durch die Inanspruchnahme von Rechtsbehelfen „deutlich hinausgezögert" werden kann.[521] Schwerer wiegt allerdings das Argument, dass ein solches Verfahren nicht vergleichbar wirkungsvoll ist, weil § 14f Abs. 2 i.V.m. § 14f Abs. 3 AEG keine Bindung an das Begehren des Antragstellers kennt. Die Behörde hat vielmehr ein Auswahlermessen,[522] ob sie eine vertragsgestaltende Maßnahme nach § 14f Abs. 3 Nr. 2 AEG trifft oder ob sie das EVU zur Änderung der Entscheidung nach ihren Vorgaben verpflichtet nach § 14f Abs. 3 Nr. 1 AEG.[523] Ein Zugangsberechtigter kann nicht in gleichwertiger und gleich wirkungsvoller Weise sein Begehren im behördlichen Verfahren durchsetzen.

2. Rechtsschutzlücke bei privatrechtsgestaltenden Entscheidungen?

Fraglich ist, ob es im Falle von vertragsersetzenden Entscheidungen durch die Behörde nicht zu Defiziten im Rechtsschutz kommen kann. Angesichts der Rechtsprechung des BVerwG, die die Prüfung auf eisenbahnrechtliche Maßstäbe begrenzt, käme bei einem auf Verwaltungsakt beruhenden Vertragsverhältnis eine zivilgerichtliche Überprüfung grundsätzlich in Betracht. Da die Bundesnetzagentur zivilrechtliche Maßstäbe nicht berücksichtigen darf, kann eine Kontrolle anhand privatrechtlicher Maßstäbe durch

518 PFLUG, Eisenbahnregulierung zwischen öffR und PR, S. 153.

519 BACHER, in: VORWERK/WOLF, BECK'scher OK ZPO, § 253 A. IV., Rn. 29.

520 BACHER, in: VORWERK/WOLF, BECK'scher OK ZPO, § 253 A. IV., Rn. 29.

521 PFLUG, Eisenbahnregulierung zwischen öffR und PR, S. 153.

522 Dies gilt erst recht, wenn man der Behörde auch ein Eingreifermessen zubilligt. Siehe zum Ermessen bei §14f Abs.3AEG oben Teil 3.A.I.2.c) bb).

523 PFLUG, Eisenbahnregulierung zwischen öffR und PR, S. 154. So im Ergebnis auch das KG Berlin, Urteil vom 29.10.2012, 2 U 10/09, Rn. 20 (JURIS). JUNG, IR 2013, 19 (20) teilt die Einschätzung, dass die Rechtsschutzmöglichkeiten im „Regulierungsverfahren nach AEG deutlich schwächer ausgeprägt sind als vor den Zivilgerichten".

ein Zivilgericht nicht ausgeschlossen sein. Eine vertragsbegründende Entscheidung kann, obwohl sie mit dem Recht über den Zugang zur Eisenbahninfrastruktur übereinstimmt, gegen zivilrechtliche Vorgaben verstoßen.[524]

Diese Situation ist im Hinblick auf die Rechtsprechung des BGH zur Überprüfung von Vertragsbedingungen, die Gegenstände einer privatrechtsgestaltenden behördlichen Genehmigung waren, problematisch.[525] Nach dieser Rechtsprechung ist ein privatautonomer Spielraum der Wettbewerber im Falle einer „bindende[n] behördliche[n] Entscheidung" nicht mehr vorhanden, so dass keine Rechtfertigung mehr dafür besteht, diese am Maßstab privatrechtlicher Vorschriften zu messen.[526] Die zitierten Rechtsprechungslinien haben zur Folge, dass dem EVU das Privatrecht verletzende Vertragsbedingungen auferlegt werden können, gegen die kein Rechtsschutz möglich ist. Ein Verwaltungsgericht könnte nur die Vereinbarkeit der behördlichen Entscheidung mit dem Zugangsrecht überprüfen. Einem Zivilgericht wäre die Prüfung zivilrechtlicher Vorschriften zumindest dann nicht möglich, wenn die behördliche Aufsicht eine „abschließende und verbindliche Gestaltung der Rechtsbeziehungen der Vertragsbeteiligten bezwecke [...] und somit der privatautonome Spielraum [...] beseitigt" ist.[527] Eine solche Rechtsschutzlücke ist aus rechtsstaatlichen Gesichtspunkten nicht tragbar. Sie ist umso unglücklicher, solange Monopolist und Regulierer jeweils staatliche Akteure sind. Den Unternehmen muss im Interesse eines effektiven Rechtsschutzes eine umfassende Kontrolle der getroffenen Regelungen möglich sein. Daher ist zu verlangen, dass der Bundesnetzagentur auch das Zivilrecht als Prüfungs- und Gestaltungsmaßstab offenstehen

---

524 Siehe oben Teil 3. C. I. 3. a).

525 BGH MMR 2007, 585 ff. Kritisch zu dieser Rechtsprechung PFLUG, Eisenbahnregulierung zwischen öffR und PR, S. 149, Fn. 532.

526 BGH MMR 2007, 585 (586). Die Anwendbarkeit der AGB-Vorschriften und des § 315 BGB ist jedoch nicht allein deswegen ausgeschlossen, weil ein Vertrag auf entsprechenden öffentlich-rechtlichen Regelungen beruht, zu denen auch Genehmigungsvorbehalte gehören können.

527 BGH MMR 2007, 585 (586). Diese Rechtsprechung stützt der BGH vor allem auf die sich aus der Genehmigung ergebende Unwirksamkeit abweichender Vereinbarungen, d.h. auf die privatrechtsgestaltende Wirkung der Genehmigung. Die Logik dieser Rechtsprechung ist nicht nur auf einen Markt beschränkt, sondern gilt marktunabhängig. So BÖCKMANN, MMR 2007, 586 (587).

muss, [528] um solche Rechtsschutzlücken zu vermeiden. [529] Auch den ordentlichen Gerichten muss eine umfassende Rechtskontrolle möglich sein, falls es in einem Verfahren auf die Rechtmäßigkeit einer gestaltenden Anordnung ankommt.

D. Fazit

Es gibt sieben Ermächtigungsgrundlagen zur Gestaltung des Privatrechts im AEG, für deren Wahrnehmung entweder die Bundesnetzagentur oder das EBA zuständig ist. Die Aufhebbarkeit privatrechtsgestaltender Maßnahmen erweist sich im Rahmen des AEG als problematisch. Generell sind die Aufhebbarkeit privatrechtsgestaltender Verwaltungsakte und ihre Wirkungen immer noch umstritten. Dies ist auf dogmatischer Ebene vor allem der Vorstellung geschuldet, dass ein privatrechtsgestaltender Verwaltungsakt nur die Konstellation erfasst, dass die Wirksamkeit eines Rechtsgeschäfts von der positiven oder negativen Entscheidung einer genehmigenden Behörde abhängt. Entscheidend ist jedoch, ob der Verwaltungsakt ein Recht bzw. Rechtsverhältnis begründet oder ob er es bloß punktuell gestaltet. Bei rechtsbegründenden Maßnahmen hängt die privatrechtliche Wirksamkeit des Vertrages vom Verwaltungsakt konstitutiv ab. Vertragsersetzende Entscheidungen sind als Dauerverwaltungsakte zu qualifizieren. Im Eisenbahnzugangsrecht ist die Aufhebbarkeit von Verwaltungsakten, die eine konkrete Trassennutzung für die Dauer einer Netzfahrplanperiode regeln, grundsätzlich ausgeschlossen. Dennoch kann gerade im Hinblick auf die notwendige Effektivität der „hinter" dem AEG stehenden europarechtlichen Regelungen eine Aufhebung notwendig sein.

Auf der Ebene des Ermessens sind zwei Ergebnisse festzuhalten: Erstens gibt es im AEG kein Regulierungsermessen, wie es das TKG kennt. Zweitens hat die Behörde im Rahmen privatrechtsgestaltender Verwaltungsakte immer die Auswirkungen ihrer Entscheidung auf das Zivilrechtsverhältnis zu berücksichtigen. Bevor die Behörde eine die privatautonome Vereinbarung ersetzende oder (ggf.) unwiederbringlich vernichtende Entscheidung trifft, hat sie die Folgen ihres Handels abzuschätzen. Dies beinhaltet auch eine Prüfung eventueller zivilrechtlicher Folgen. Sie kann sich dem vor allem nicht unter

528 Siehe oben Teil 3. C. I. 3.

529 Im Ergebnis zustimmend PFLUG, Eisenbahnregulierung zwischen öffR und PR, S. 172.

Hinweis darauf entziehen, dass ihr Handeln nur öffentliche Interessen verfolge. Der Prüfungs- und Gestaltungsmaßstab der Bundesnetzagentur sollte - entgegen der Rechtsprechung des BVerwG - das gesamte Zivilrecht umfassen. Insbesondere kann der Inhalt der Entscheidung des BVerwG nicht geteilt werden, wenn es sogar die Verwaltungsgerichte von der Prüfung zivilrechtlicher Fragen entbindet. Dies ist mit § 17 Abs. 2 S. 1 GVG schlichtweg unvereinbar.

Das Zusammenspiel von privatrechtsgestaltendem Verwaltungsakt und dem Zivilrecht entzieht sich einer pauschalen Kategorisierung. Der Verwaltungsakt fügt sich z.T. „nahtlos“ in das System des Zivilrechts ein, z.T. bereitet der Versuch, den privatrechtsgestaltenden Verwaltungsakt in dieses System zu transferieren, erhebliche Schwierigkeiten. So sind Verwaltungsakte grundsätzlich keine Verbotsgesetze nach § 134 BGB. Ein Verwaltungsakt kann nur zusammen mit einem materiellen Handlungsverbot und seiner Ermächtigungsgrundlage ein Verbotsgesetz bilden und dies auch nur, wenn die Ermächtigungsgrundlage der Behörde kein Ermessen einräumt und sich eine besondere Rechtsfolge erst aus der Ermächtigungsgrundlage ergibt. Auch können die privatrechtsgestaltenden Verwaltungsakte im AEG i.V.m. mit ihrer gesetzlichen Grundlage keine Schutzgesetze nach § 823 Abs. 2 BGB bilden.

Im Eisenbahnregulierungsrecht besteht grundsätzlich die Möglichkeit eines zweigleisigen Rechtsschutzes. Grundsätzliche Bedenken dagegen greifen nicht durch. Je nach Rechtsschutzbegehren ist entweder ein Verwaltungsgericht oder ein ordentliches Gericht zuständig.

Teil 4. Der privatrechtsgestaltende Verwaltungsakt im TKG

Eine der am intensivsten geführten Debatten im Regulierungsrecht ist die Frage nach der Möglichkeit und auch Sinnhaftigkeit eines „Allgemeinen Regulierungsrechts". Der Grundkonflikt, besteht in der Frage, ob die Regulierung der Netzwirtschaften überhaupt einer positivierbaren Verallgemeinerung fähig ist.[1] Die Antwort auf diese Frage kann nur durch einen sektorübergreifenden Rechtsvergleich gegeben werden. Das Ziel des vorliegenden Teils ist es, das sektorübergreifende Phänomen des „privatrechtsgestaltenden Verwaltungsakts" aufzunehmen und zu analysieren, wie diese Figur im TKG zu bewerten ist. Anhand der Ergebnisse wird dann im letzten Teil der Arbeit die Frage beantwortet, inwieweit der privatrechtsgestaltende Verwaltungsakt ein „Baustein"[2] eines allgemeinen Regulierungsrechts sein kann. Im ersten Schritt sollen in der gebotenen Kürze die Marktstruktur und das Regulierungsregime des TKG dargestellt werden (A.). Daran anschließend werden die privatrechtsgestaltenden Verwaltungsakte aus dem Bereich der Zugangsregulierung herausgearbeitet (B.). Im dritten Teil sollen die zentralen Fragen, die die Dogmatik des privatrechtsgestaltenden Verwaltungsakts und sein Verhältnis zum Privatrecht betreffen, für das TKG betrachtet und beantwortet werden (C.).

A. Marktstruktur und Grundlagen der Regulierung nach TKG

I. Marktstruktur

1. Der Begriff der „Telekommunikation" nach TKG

§ 3 Nr. 22 TKG definiert „Telekommunikation" als den „technische[n] Vorgang des Aussendens, Übermittelns und Empfangens von Signalen mittels Telekommunikationsanlagen". Der Begriff der „Telekommunikation" ist weit auszulegen. Der Begriff schließt sowohl die Massen- als auch die Individualkommunikation ein und umfasst auch die unterschiedlichen Übertragungswege, z.B. durch Leitungen, Funk oder auf sonstigem Wege.[3] Die

---

1 Siehe bereits oben „Gang der Untersuchung".

2 Formulierung nach KÜHLING, JZ 2012, 341, welcher diesen Term für die neue Regelung zu den „Regulierungskonzepten" des § 15a TKG verwendet.

3 ZIEKOW, Öff. WirtschaftsR, § 14, Rn. 2. Deswegen spricht man auch von dem technologieneutralen Ansatz des TKG, wonach sogar Stromnetzte

Telekommunikation im Sinne des TKG ist allein auf die technische Seite der Signalübertragung beschränkt. [4] Die Erbringung von Telekommunikationsdienstleistungen sowie das Betreiben von Telekommunikationsnetzen ist grundsätzlich nicht genehmigungs-, sondern lediglich anzeigepflichtig, § 6 Abs. 1 TKG. Die Anzeige hat gegenüber der Bundesnetzagentur zu erfolgen, wodurch ihr sowohl die Überwachung von Tätigkeiten der Telekommunikationsunternehmen als auch die Regulierungsaufsicht nach dem 2. Teil des TKG ermöglicht wird.[5]

2. Aktuelle Marktentwicklungen

Die sektorspezifische Regulierungstätigkeit soll zu nachhaltig wettbewerbsorientierten Telekommunikationsmärkten führen. Dieses Ziel ist noch nicht vollständig erreicht worden, jedoch ist die Wettbewerbsintensität deutlich höher als auf dem Schienenverkehrsmarkt. Der Marktanteil der Wettbewerber der DT AG am Gesamtmarkt der Telekommunikationsdienstleistungen lag Ende 2011 bei ca. 55 % bei einem Außenumsatzvolumen des Marktes von ca. 58,5 Mrd. €. [6] Neben dem Gesamtmarkt lassen sich zahlreiche unterschiedliche Märkte im Telekommunikationssektor ausmachen. Es ist gängig, zwischen den Marktsegmenten Festnetz, dem Mobilfunk und den (TV-) Kabelnetzen zu unterscheiden. Der Marktanteil der Wettbewerber im Bereich der Teilnehmeranschlüsse im Festnetzbereich ist in den letzten Jahren steigend und lag im Jahre 2011 bei ca. 38 %, bei Breitbandanschlüssen bei ca. 54 % und im DSL-Segment bei ca. 48 %.[7] Der ausgeprägteste Wettbewerb besteht auf dem Mobilfunkmarkt. Hier sind die DT AG sowie Vodafone D 2 mit jeweils ca. 31-32 % Marktanteil im Jahr 2011 Marktführer unter den

---

Telekommunikationsnetze sein können, so sie denn der Datenübertragung dienen. RUTHIG/STORR, Öffentliches Wirtschaftsrecht, Rn. 549.

4 SCHNEIDER, in: FEHLING/RUFFERT, Regulierungsrecht, § 8, Rn. 2.

5 RUTHIG/STORR, Öffentliches Wirtschaftsrecht, Rn. 549.

6 Gutachten der Monopolkommission, Telekommunikation 2011: Investitionsanreize stärken, Wettbewerb sichern, S. 24 f. Abrufbar unter: http://www.monopolkommission.de/aktuell_sg61.html (Abrufdatum: 21.05.2013).

7 Gutachten der Monopolkommission, Telekommunikation 2011: Investitionsanreize stärken, Wettbewerb sichern, S. 26; Tätigkeitsbericht der Bundesnetzagentur 2010/2011-Telekommunikation, S. 22. Abrufbar unter: http://www.bundesnetzagentur.de/cln_1912/DE/Sachgebiete/Telekommunikation/Marktbeobachtung/MarktbeobachtungTK_node.html (Abrufdatum: 21.05.2013).

Mobilfunknetzbetreibern. E-Plus und Telefónica O 2 haben einen Marktanteil von ca. 19 bzw. 16 %.[8]

3. Die Regulierungsbedürftigkeit im TKG

Ob damit bereits ein wirksamer Wettbewerb gegeben ist, wird unterschiedlich beurteilt.[9] Wenn man dies bejahte, wäre die Folge, dass zumindest die Anwendung des TKG als sektorspezifisches Kartellrecht nicht mehr benötigt würde. Wettbewerb könnte allein mit den Mitteln des allgemeinen Kartellrechts hergestellt werden.[10] Nach den Ergebnissen des Sondergutachtens der Monopolkommission ist der Wettbewerb auf der Vorleistungsebene noch nicht ausgeprägt genug, um auf eine sektorspezifische Regulierung zu verzichten. Dies gelte insbesondere für Vorleistungen, wie die Bereitstellung von Festnetzanschlüssen und Zusammenschaltungsleistungen.[11] Auf die Regulierung im Endkundenmarkt solle hingegen nunmehr vollends verzichtet werden. Die Wettbewerbsintensität auf dem letzten verbliebenen Endkundenmarkt - dem Markt für Teilnehmeranschlüsse im

---

8 Gutachten der Monopolkommission, Telekommunikation 2011: Investitionsanreize stärken, Wettbewerb sichern, S. 61.

9 Gutachten der Monopolkommission, Telekommunikation 2011: Investitionsanreize stärken, Wettbewerb sichern, S. 64.

10 Für das Regulierungsrecht des TKG wird oft auf den bloßen Übergangscharakter dieses Rechtsgebiets hingewiesen. So KÜHLING/ELBRACHT, Telekommunikationsrecht, Rn. 89. Als „transitorisch" ist die Wahrnehmung bei MÖSCHEL, MMR 2008, 503 (508). Nach SÄCKER, WiVerw 2010, 101 haben die einzelnen Sektoren keine „eigenständige Teleologie", sondern stünden im „Ordnungszusammenhang mit dem allgemeinen Wettbewerbsrecht". Danach könne bei veränderten wirtschaftlichen Begebenheiten die „Regulierung zurückgefahren werden" und das allgemeine Kartellrecht könnte übernehmen. Auch der Gesetzgeber verfolgt das Ziel, die sektorspezifische Regulierung abzubauen und die Märkte in das allgemeine Wettbewerbsrecht zu überführen. BT-Drs. 17/5707, S. 1. Zur (wohl) dennoch herrschenden Auffassung, dass netzspezifische Effekte eine dauerhafte Regulierung (auch im TKG) erforderlich machen, siehe PFLUG, Eisenbahnregulierung zwischen öffR und PR, S. 64 m.w.N. Entschieden gegen die Einordnung als „Übergangsrecht" RUTHIG/STORR, Öffentliches Wirtschaftsrecht, Rn. 23.

11 Für den Mobilfunkmarkt wird eine Regulierung nach „Augenmaß" empfohlen, für die Regulierung im Bereich der Breitbandanschlüsse soll die Regulierung fortgesetzt werden. Gutachten der Monopolkommission, Telekommunikation 2011: Investitionsanreize stärken, Wettbewerb sichern, S. 104, 105, 107.

Festnetz - habe demnach ein Wettbewerbsniveau erreicht, welches ausreichend mit den Mitteln des allgemeinen Wettbewerbsrechts sichergestellt werden könne.[12]

Der Telekommunikationsmarkt stellt sich nicht nur als deutlich wettbewerbsintensiver dar als der Eisenbahnmarkt, sondern ist darüber hinaus auch „verästelter" in seiner Marktstruktur. Daher geht das TKG nicht grundsätzlich von der Regulierungsbedürftigkeit jedes telekommunikationsrelevanten (Sub-)Marktes aus, sondern enthält den für es typischen asymmetrischen Ansatz.[13] Danach unterliegen grundsätzlich nur marktmächtige Unternehmen (oft findet sich auch der Term der „significant market power", der hier mit „SMP" abgekürzt wird)[14] der Zugangs- und Entgeltregulierung nach §§ 19 - 26 bzw. §§ 27 - 39 TKG sowie der besonderen Missbrauchsaufsicht nach § 42 TKG.

II. Regulierung im TKG

Das TKG unterscheidet zwischen den Vorschriften über das Verfahren der Marktregulierung, über die Zugangsregulierung, die Entgeltregulierung und die Vorschriften über die besondere Missbrauchsaufsicht.[15]

1. Das Marktregulierungsverfahren

Das Marktregulierungsverfahren[16] steht am Anfang der Regulierung im TKG. Durch dieses wird die Regulierungsbedürftigkeit eines Marktsegments erst ermittelt und rechtsverbindlich festgestellt. Dies geschieht durch eine das

---

12 Monopolkommission, Telekommunikation 2011: Investitionsanreize stärken, Wettbewerb sichern, S. 105, 107.

13 SCHNEIDER, in: FEHLING/RUFFERT, Regulierungsrecht, § 8, Rn. 15; RUTHIG/STORR, Öffentliches Wirtschaftsrecht, Rn. 592.

14 KÜHLING/ELBRACHT, Telekommunikationsrecht, Rn. 103. Dieser Term soll im Folgenden verwendet werden.

15 Zudem werden im 2. Teil des TKG in den Regelungen §§ 40-41a TKG sonstige Verpflichtungen geregelt. Dies waren vor der TKG-Novelle von 2012 die Pflicht zur Betreiber(vor)auswahl und zum Angebot von Mietleitungen. Nunmehr sind dies Vorgaben zur funktionellen Trennung sowie zur Netzneutralität. Siehe dazu ROßNAGEL/JOHANNES/KARTAL, K & R 2012, 244 (246).

16 Dieses ist allerdings kein Verwaltungsverfahren i.S.d. § 9 VwVfG. Hierzu und zur analogen Anwendbarkeit siehe GURLIT, in: SÄCKER, Berliner Kommentar zum TKG, § 13, Rn. 44.

Marktregulierungsverfahren abschließende Regulierungsverfügung nach § 13 TKG. Zuvor unterteilt sich das Verfahren in eine Marktdefinitions- und Marktanalysephase nach § 10 bzw. § 11 TKG. Zusammen bilden sie ein „flexibles System zur Schaffung und Erhaltung von Wettbewerb“,[17] welches unionsrechtlich vorstrukturiert ist.

a) Marktdefinitionsverfahren

§ 10 TKG regelt die Festlegung der regulierungsrelevanten Märkte durch die Bundesnetzagentur.[18] Nach § 10 Abs. 2 S. 1 TKG sind Märkte regulierungsrelevant, wenn sie „durch beträchtliche und anhaltende strukturell oder rechtlich bedingte Marktzutrittsschranken gekennzeichnet sind, längerfristig nicht zu wirksamem Wettbewerb tendieren und auf [ihnen] die Anwendung des allgemeinen Wettbewerbsrechts allein nicht ausreicht, um dem betreffenden Marktversagen entgegenzuwirken“. Diese Kriterien des sog. „Drei-Kriterien-Tests“ müssen kumulativ erfüllt sein, damit eine Regulierung erfolgen kann.[19] Bei der Beurteilung des Vorliegens der Kriterien des § 10 Abs. 2 S. 1 TKG räumt § 10 Abs. 2 S. 2 TKG der Bundesnetzagentur ausdrücklich einen Beurteilungsspielraum ein, dessen gerichtlich nur eingeschränkte Überprüfbarkeit die Rechtsprechung anerkannt hat.[20]

Bevor dieser Test jedoch durchgeführt werden kann, müssen zu regulierende Märkte abgegrenzt werden. Dies erfolgt, in Ermangelung gesetzlicher Vorgaben, ähnlich wie im Kartellrecht, indem zwischen Märkten in räumlicher und sachlicher Hinsicht unterschieden wird,[21] wobei auch die Märkteempfehlung der Kommission gem. § 10 Abs. 2 S. 3 TKG zu beachten ist.[22] Diesem grundsätzlich unverbindlichen Akt der Kommission i.S.d. Art. 288 Abs. 5 AEUV ist nach der Rechtsprechung des EuGH, eine gesteigerte Berücksichtigungswirkung einzuräumen.[23] Eine zumindest faktische Bindung

---

17 KÜHLING/ELBRACHT, Telekommunikationsrecht, Rn. 88.

18 BT-Drs. 17/5707, S. 51.

19 KÜHLING/ELBRACHT, Telekommunikationsrecht, Rn. 96.

20 Ausführlich hierzu GERSDORF, in: SPINDLER/SCHUSTER, Recht der elektronischen Medien, 11.Teil, § 10 TKG, Rn. 63 ff.

21 Die Bundesnetzagentur orientiert sich dabei am Bedarfsmarktkonzept aus dem Kartellrecht. SCHNEIDER, in: FEHLING/RUFFERT, Regulierungsrecht, § 8, Rn. 22.

22 KÜHLING/ELBRACHT, Telekommunikationsrecht, Rn. 92.

23 GERSDORF, in: SPINDLER/SCHUSTER, Recht der elektronischen Medien, 11.Teil, § 10 TKG, Rn. 13 m.w.N.

der Bundesnetzagentur wird durch Art. 15 Abs. 3 der Rahmen-RL hergestellt, welcher die weitestgehende Berücksichtigung an die Empfehlung verlangt.[24] Dadurch soll eine einheitliche und transparente Regulierung in den Mitgliedstaaten sichergestellt werden.[25] Die letzte Märkteempfehlung der Kommission von 2007[26] unterscheidet nunmehr einen Endkunden- und sechs Vorleistungsmärkte.[27] Die Ergebnisse eines Marktdefinitionsverfahrens sind ein reines Verwaltungsinternum und als ein Realakt zu werten.[28]

b) Marktanalyseverfahren

An das Definitionsverfahren schließt sich das Marktanalyseverfahren an. Dieses ist kein Teil des Definitionsverfahrens, sondern es baut darauf auf.[29] Bei den nach § 10 TKG festgelegten, für eine Regulierung in Betracht kommenden Märkten prüft die Bundesnetzagentur, ob auf dem untersuchten Markt wirksamer Wettbewerb besteht, § 11 Abs. 1 S. 1 TKG. Nach § 11 Abs. 1 S. 2 TKG besteht kein wirksamer Wettbewerb, wenn ein oder mehrere Unternehmen auf diesem Markt über beträchtliche Marktmacht verfügen. Wann ein SMP-Unternehmen vorliegt, bestimmt sich nach § 11 Abs. 1 S. 3 TKG. Danach kommt es darauf an, ob ein Unternehmen „entweder allein oder gemeinsam mit anderen eine der Beherrschung gleichkommende Stellung einnimmt, das heißt eine wirtschaftlich starke Stellung, die es ihm gestattet, sich in beträchtlichem Umfang unabhängig von Wettbewerbern und

24 GERSDORF, in: SPINDLER/SCHUSTER, Recht der elektronischen Medien, 11.Teil, § 10 TKG, Rn. 13.

25 GERSDORF, in: SPINDLER/SCHUSTER, Recht der elektronischen Medien, 11.Teil, § 10 TKG, Rn. 13.

26 Empfehlung der Kommission vom 17. Dezember 2007 über relevante Produkt- und Dienstmärkte des elektronischen Kommunikationssektors, die aufgrund der Richtlinie 2002/21/EG des Europäischen Parlaments und des Rates über einen gemeinsamen Rechtsrahmen für elektronische Kommunikationsnetze und -dienste für eine Vorabregulierung in Betracht kommen, 2007/879/EG, Abl. L 344/65 vom 28.12.2007.

27 Eine Übersicht über die einzelnen Märkte unter Berücksichtigung der vorangegangen Märkteempfehlung findet sich bei KÜHLING/ELBRACHT, Telekommunikationsrecht, Rn. 101.

28 GERSDORF, in: SPINDLER/SCHUSTER, Recht der elektronischen Medien, 11.Teil, § 10 TKG, Rn. 2. Ähnlich GURLIT, in: SÄCKER, Berliner Kommentar zum TKG, § 13, Rn. 37.

29 BT-Drs. 17/5707, S. 51, 55.

Endnutzern zu verhalten.“ Einer der wichtigsten Indikatoren für das Vorliegen von SMP ist der Marktanteil.[30] Auch wenn das Vorliegen eines bestimmten Marktanteils alleine noch keine SMP-Stellung begründen kann, sondern immer eine Gesamtbetrachtung erforderlich ist, haben sich in der Praxis und Rechtsprechung bestimmte Schwellenwerte herausgebildet, bei denen von einer beherrschenden Stellung ausgegangen werden kann[31]: So wird grundsätzlich eine solche Stellung vermutet, wenn die Marktanteile über 50 % liegen. Bei Anteilen von nur 40 bis 50 % bedarf es noch weiterer Indizien und bei einem Anteil von 25 bis 40 % müssen besondere Umstände hinzukommen. Bei niedrigeren Werten wird eine (allein) beherrschende Stellung nicht vermutet.[32]

§ 12 TKG regelt das Konsultations- und Konsolidierungsverfahren. § 12 Abs. 1 TKG enthält die Pflicht der Bundesnetzagentur, interessierten Parteien Gelegenheit zu geben, innerhalb einer bestimmten Frist zu dem Entwurf der Ergebnisse eines Definitions- und Analyseverfahrens Stellung zu nehmen (Konsultationsverfahren). § 12 Abs. 2 und Abs. 3 TKG regeln das Konsolidierungsverfahren, welches auf die Abstimmung der nationalen Maßnahmen mit den unionsrechtlichen Vorgaben zielt. Im Rahmen eines solchen Verfahrens ist es sogar möglich, dass die Kommission die nationale Regulierungsbehörde bindend dazu verpflichten kann, einen Maßnahmenentwurf zurückzunehmen, wenn sie zu der Überzeugung gelangt, dass diese Maßnahme ein Hemmnis für den Binnenmarkt oder ein Verstoß gegen Unionsrecht darstellt.[33] § 14 TKG enthält zudem eine Regelung über die (wiederkehrende) Überprüfung der Ergebnisse eines solchen Verfahrens und der dadurch begründeten Maßnahmen angesichts der tatsächlichen Marktgegebenheiten.

---

30 Daneben sind U.a. die Gesamtgröße, die Finanzkraft eines Unternehmens und die Kontrolle über schwer duplizierbare Netze und Vorleistungsmärkte zu beachten. KÜHLING/ELBRACHT, Telekommunikationsrecht, Rn. 106.

31 KÜHLING/ELBRACHT, Telekommunikationsrecht, Rn. 105.

32 KÜHLING/ELBRACHT, Telekommunikationsrecht, Rn. 105.

33 KÜHLING/ELBRACHT, Telekommunikationsrecht, Rn. 114 f. Dies gilt nur für das Marktregulierungsverfahren. Die Kommission kann keine von der Bundesnetzagentur ausgewählte Einzelmaßnahme unterbinden. Ausführlich zur „prozeduralen Verzahnung” der Regulierungsebenen bei Märkteempfehlungen WOESLER, N & R 2011, 75 ff.

c) Die Regulierungsverfügung, § 13 TKG

Die Regulierungsverfügung[34] wird in § 13 Abs. 1 TKG[35] legal definiert[36] als Auferlegung, Änderung, Beibehaltung oder Widerruf[37] von Verpflichtungen nach den §§ 19, 20, 21, 23, 24, 30, 39 oder § 42 Abs. 4 S. 3 TKG[38], die aufgrund eines Marktregulierungsverfahrens, ergangen sind. In der Regulierungsverfügung wird konstitutiv über mindestens eine der genannten Maßnahmen entschieden,[39] welche mit den Ergebnissen der Verfahren nach den §§ 10 und 11 TKG als einheitlicher Verwaltungsakt ergeht, § 13 Abs. 5 TKG.[40] Nicht erfasst von der Regulierungsverfügung sind die nachträgliche Regulierung von Entgelten sowie die besondere Missbrauchsaufsicht nach §§

---

34 MAYEN, in: SCHEURLE/MAYEN, TKG-Kommentar, § 13, Rn. 2 bezeichnet sie als „Novum im deutschen Verwaltungsrecht", welches die Herausbildung eines „Regulierungverwaltungsrecht" befördern dürfte.

35 Mit der TKG-Novelle von 2012 hat der Gesetzgeber klargestellt, dass die Durchführung des Konsultationsverfahrens nicht davon abhängt, dass sich die Maßnahme auf den Handel zwischen den Mitgliedstaaten auswirkt. Sie muss lediglich Auswirkungen auf den betroffenen Markt haben. BT-Drs. 17/5707, S. 53.

36 Der Begriff tauchte überraschenderweise trotz Definition im Gesetz bis zur Gesetzesnovelle im Jahre 2012 nicht mehr auf. GEERS, in: ARNDT /FETZER /SCHERER, TKG-Kommentar, § 13, Rn. 3. Nun findet er sich auch in §§ 14 und 15a TKG.

37 Auferlegung bedeutet die erstmalige Verpflichtung. Beibehaltung ist die inhaltlich unveränderte Aufrechterhaltung. Änderung ist jede Ersetzung von bereits auferlegten Pflichten durch eine neue Verpflichtung mit abweichendem Inhalt. Widerruf ist die Aufhebung der Verpflichtung. So MAYEN, in: SCHEURLE/MAYEN, TKG-Kommentar, § 13, Rn. 16 ff. Teilweise identisch GURLIT, in: SÄCKER, Berliner Kommentar zum TKG, § 13, Rn. 12 ff.

38 Diese Aufzählung ist abschließend. MAYEN, in: SCHEURLE/MAYEN, TKG-Kommentar, § 13, Rn. 15.

39 MAYEN, in: SCHEURLE/MAYEN, TKG-Kommentar, § 13, Rn. 1.

40 In der neuen Fassung des § 13 Abs. 5 TKG findet sich nicht mehr der Verweis auf § 18 TKG. Damit wird klargestellt, dass die dort vorgesehenen Maßnahmen unabhängig von bestehender Marktmacht ergehen können. Es bedarf daher auch nicht mehr der vorhergehenden Durchführung eines Marktdefinitions- und Analyseverfahrens. Damit sind Maßnahmen nach § 18 TKG keine Regulierungsverfügungen. BT-Drs. 17/5707, S. 55.

42 und 43 TKG. [41] Die gesetzliche Konzeption eines einheitlichen Verwaltungsaktes hat vor allem eine rechtsschutzkonzentrierende Funktion, da die Ergebnisse eines Marktregulierungsverfahrens erst im verwaltungsgerichtlichen Verfahren gegen eine Regulierungsverfügung Gegenstand des Prozesses sein können.[42] Zudem schließt § 13 Abs. 5 TKG nicht nur die Möglichkeit eines vorweggenommenen Rechtsschutzes aus, sondern dehnt die Wirkung der Bestandskraft des Verwaltungsakts auch auf die Ergebnisse nach §§ 10, 11 TKG aus.[43]

Sämtliche Verfügungen nach § 13 Abs. 1 S. 1 TKG sind Beschlusskammerentscheidungen nach § 132 Abs. 1 TKG. Sie erfüllen grundsätzlich alle Merkmale des Verwaltungsakts und beenden das Verwaltungsverfahren nach § 9 VwVfG.[44] Sie können mit Nebenbestimmungen nach § 36 Abs. 2 VwVfG versehen werden.[45] Solche Verfügungen können Grundverfügungen sein, auf deren Grundlage weitere Verfügungen ergehen können. Die Grundverfügung wird dann zum Tatbestandsmerkmal für die daran anknüpfende Verfügung.[46] Zudem müssen die auferlegten Maßnahmen der Bundesnetzagentur inhaltlich auf die Ergebnisse des Marktregulierungsverfahrens abgestimmt sein, d.h. die Verhältnismäßigkeit der Maßnahmen hat sich an diesen Ergebnissen zu orientieren.[47] Natürlich müssen auch die

---

41 Mit Ausnahme des § 42 Abs. 4 S. 3 TKG. KÜHLING/ELBRACHT, Telekommunikationsrecht, Rn. 121; GEERS, in: ARNDT/FETZER/SCHERER, TKG-Kommentar, § 13, Rn. 12.

42 GURLIT, in: SÄCKER, Berliner Kommentar zum TKG, § 13, Rn. 2, 7, 36.

43 GURLIT, in: SÄCKER, Berliner Kommentar zum TKG, § 13, Rn. 38. So auch GEERS, in: ARNDT/FETZER/SCHERER, TKG-Kommentar, § 13, Rn. 1, 15. A.A. MAYEN, in: SCHEURLE/MAYEN, TKG-Kommentar, § 13, Rn. 39, der die Einheitlichkeit rein verfahrensrechtlich versteht und sowohl der Entscheidung nach §§ 10, 11 als auch § 13 TKG einen eigenen Regelungsgehalt i.S. d § 35 S. 1 VwVfG zuspricht.

44 GURLIT, in: SÄCKER, Berliner Kommentar zum TKG, § 13, Rn. 16. Unterschiedliche Auffassungen bestehen darüber, ob eine Regulierungsverfügung eine „individuell-konkrete" oder „individuell-abstrakte" Regelung sei. Sie ist jedenfalls keine Allgemeinverfügung nach § 35 S. 2 VwVfG. So MAYEN, in: SCHEURLE /MAYEN, TKG-Kommentar, § 13, Rn. 20 m.w.N. zum Streitstand. Zustimmend im Hinblick auf die Allgemeinverfügung GEERS, in: ARNDT/FETZER/SCHERER, TKG-Kommentar, § 13, Rn. 16.

45 MAYEN, in: SCHEURLE/MAYEN, TKG-Kommentar, § 13, Rn. 38.

46 GURLIT, in: SÄCKER, Berliner Kommentar zum TKG, § 13, Rn. 17.

47 MAYEN, in: SCHEURLE/MAYEN, TKG-Kommentar, § 13, Rn. 24.

Voraussetzungen aus den jeweiligen Einzelmaßnahmen vorliegen,[48] so dass § 13 Abs. 1 S. 1 bzw. Abs. 5 TKG als „Rechtsgrundverweisung" zu verstehen ist. Diese enthalten oft erst die „materiell-rechtliche Grundlage" [49] der Regulierungsverfügung. Die Einheitlichkeit des Verwaltungsakts bedeutet nicht, dass eine Teilanfechtung nicht möglich ist, wenn mehrere Verpflichtungen auferlegt werden.[50]

2. Die Regulierungsstruktur des TKG

Dem Telekommunikationsregulierungsverwaltungsrecht liegt - wie dem Eisenbahnzugangsrecht - das Konzept „regulierter Selbstregulierung" zu Grunde. Die Regulierung durch die Bundesnetzagentur setzt grundsätzlich eine erfolglose Einigung der Wirtschaftsteilnehmer grundsätzlich voraus.[51] Das TKG hält im Falle des Scheiterns einer Einigung unterschiedliche Instrumente für die Bundesnetzagentur bereit, den Zugang und dessen konkrete Ausgestaltung zu ermöglichen.[52]

a) Die Zugangsregulierung

aa) Angebotspflicht nach § 16 TKG

§ 16 TKG verpflichtet die anderen Betreiber öffentlicher Telekommunikationsnetze auf Verlangen, ein Angebot auf Zusammenschaltung zu unterbreiten, um die Kommunikation der Nutzer, die Bereitstellung von Telekommunikationsdiensten sowie deren Interoperabilität im gesamten Gebiet der Europäischen Union zu gewährleisten. Diese Vorschrift findet unmittelbar kraft Gesetzes Anwendung und bedarf keiner Umsetzung durch die Bundesnetzagentur, z.B. mittels einer Regulierungsverfügung.[53] Sie setzt aber gem. § 9 Abs. 1 TKG eine solche voraus. Nur Netzbetreiber, die auf

---

48 MAYEN, in: SCHEURLE/MAYEN, TKG-Kommentar, § 13, Rn. 26.

49 GEERS, in: ARNDT/FETZER/SCHERER, TKG-Kommentar, § 13, Rn. 16.

50 MAYEN, in: SCHEURLE/MAYEN, TKG-Kommentar, § 13, Rn. 44.

51 RUTHIG/STORR, Öffentliches Wirtschaftsrecht, Rn. 596; KÜHLING/ELBRACHT, Telekommunikationsrecht, Rn. 130, wo vom „Primat der Privatautonomie" die Rede ist.

52 Ein Schaubild zu diesen Instrumenten findet sich bei ZIEKOW, Öff. WirtschaftsR, § 14 Rn. 13.

53 HÖLSCHER, in: SCHEURLE/MAYEN, TKG-Kommentar, § 16, Rn. 1.

einem regulierten Markt tätig sind, unterliegen dieser Angebotspflicht.[54] Diese Pflicht geht über eine bloße Verhandlungspflicht hinaus, soll aber auch keinen Kontrahierungszwang darstellen.[55] § 16 TKG führt bei dem Scheitern von Verhandlungen - im Gegensatz zur Rechtslage nach dem TKG 1996 - nicht mehr zu einer Anordnungsbefugnis der Bundesnetzagentur, weswegen dieser Vorschrift letztlich keine unmittelbaren rechtlichen Konsequenzen beizumessen sind.[56] Es ist allerdings umstritten, wie diese Pflicht durchgesetzt werden kann: Z.T. wird vertreten, dass diese Vorschrift im besonderen Streitschlichtungsverfahren des § 133 TKG durchgesetzt werden könne.[57] Die Gegenansicht hält hingegen eine Durchsetzung allein auf dem zivilrechtlichen Wege für möglich.[58]

bb) Die Differenzierung des § 18 TKG

Im Anschluss an die Regelung des § 16 TKG unterscheidet das Gesetz zwischen „Betreiber[n] öffentlicher Telekommunikationsnetze, die den Zugang zu Endnutzern kontrollieren“ und SMP-Unternehmen. Erstere kann die Bundesnetzagentur nach Maßgabe der §§ 18 bzw. 21 TKG zur Zusammenschaltung bzw. zum Gewähren von Zugang verpflichten. Nach § 18 Abs. 1 TKG kann die Bundesnetzagentur z.B. in begründeten Fällen den Betreibern öffentlicher Telekommunikationsnetze, die den Zugang zu Endnutzern kontrollieren, auf entsprechende Nachfrage auferlegen, ihre Netze mit denen von Betreibern anderer öffentlicher Telekommunikationsnetze zusammenzuschalten. Dies ist möglich, soweit dies erforderlich ist, um die Kommunikation der Nutzer und die Bereitstellung von Diensten sowie deren Interoperabilität zu gewährleisten. § 18 TKG tritt neben die Maßnahmen gegenüber SMP-Unternehmen. Mit der Streichung des Zusatzes „und die nicht über beträchtliche Marktmacht verfügen“ hat der Gesetzgeber nun auch klargestellt, dass eine umfassende negative Marktabgrenzung und eine Marktanalyse keine Voraussetzungen des § 18 TKG sind und es nur auf die Kontrolle über den Zugang zu Endnutzern ankommt.[59]

---

54 HÖLSCHER, in: SCHEURLE/MAYEN, TKG-Kommentar, § 16, Rn. 2.
55 ZIEKOW, Öff. WirtschaftsR, § 14 Rn. 33.
56 HÖLSCHER, in: SCHEURLE/MAYEN, TKG-Kommentar, § 16, Rn. 3 f.
57 ZIEKOW, Öff. WirtschaftsR, § 14, Rn. 35.
58 HÖLSCHER, in: SCHEURLE/MAYEN, TKG-Kommentar, § 16, Rn. 43.
59 BT-Drs. 17/5707, S. 58.

cc) Die „Kernnorm" des § 21 TKG

Die zentrale Zugangsnorm des TKG ist dessen § 21 TKG.[60] Nach § 21 Abs. 1 S. 1 TKG kann die Bundesnetzagentur auf Antrag oder von Amts wegen SMP-Unternehmen verpflichten, anderen Unternehmen Zugang nach Maßgabe des § 21 TKG zu gewähren, insbesondere wenn anderenfalls die Entwicklung eines nachhaltig wettbewerbsorientierten nachgelagerten Endnutzermarktes behindert oder diese Entwicklung den Interessen der Endnutzer zuwiderlaufen würde. Das Ermessen, das diese Vorschrift der Bundesnetzagentur grundsätzlich einräumt, wird durch die Regelung des § 21 Abs. 1 S. 2 TKG näher bestimmt. Dieser enthält einen Katalog verschiedener Gesichtspunkte, welche die Behörde berücksichtigen muss, wenn sie über das „Ob" und „Wie" einer Zugangsanordnung entscheidet.[61] § 21 Abs. 2 TKG konkretisiert die verschiedenen Auferlegungspflichten, ohne sie jedoch abschließend zu definieren.[62] § 21 Abs. 3 TKG enthält einen abschließenden Katalog von Verpflichtungen, die SMP-Unternehmen im Regelfall auferlegt werden sollen und normiert ein gebundenes Ermessen.[63]

dd) Der Vorrang der Vertragsverhandlungen im TKG

Ist ein SMP-Unternehmen Adressat einer Zugangsverpflichtung nach § 21 TKG geworden, bestimmt § 22 Abs. 1 TKG, dass das regulierte Unternehmen gegenüber anderen Unternehmen, die diese Leistung nachfragen, um Telekommunikationsdienste anbieten zu können, unverzüglich ein Angebot auf einen entsprechenden Zugang abzugeben hat.[64] Die Regelung dient zum einen der Durchsetzung der Zugangsverpflichtungen, statuiert aber gleichzeitig den gesetzlich konzipierten Vorrang privatautonomer Verhandlungen. Sie überlässt die Einzelheiten der Zugangsgewährung den Vertragsparteien unter der Prämisse, dass es den Parteien viel einfacher sein wird, über den sachgerechten Zugang zu bestimmen. [65] Kommt eine Zugangsvereinbarung nach § 22 TKG oder eine Vereinbarung über Zugangsleistungen nach § 18 TKG ganz oder teilweise nicht zustande, ordnet die

---

60 KÜHLING/ELBRACHT, Telekommunikationsrecht, Rn. 133.

61 MAYEN, in: SCHEURLE/MAYEN, TKG-Kommentar, § 21, Rn. 1. Zum Regulierungsermessen bei dieser Norm siehe oben Teil 3. B. III. 3.

62 KÜHLING/ELBRACHT, Telekommunikationsrecht, Rn. 134.

63 MAYEN, in: SCHEURLE/MAYEN, TKG-Kommentar, § 21, Rn. 68.

64 Spätestens aber drei Monate nach Auferlegung der Zugangsverpflichtung.

65 HÖLSCHER, in: SCHEURLE/MAYEN, TKG-Kommentar, § 22, Rn. 1.

Bundesnetzagentur gem. § 25 Abs. 1 S. 1 TKG nach Anhörung der Beteiligten den Zugang an.[66] Diese Vorschrift ermöglicht es der Bundesnetzagentur, bei gescheiterten oder ausgebliebenen Verhandlungen die Zugangsverpflichtungen hoheitlich durchzusetzen.[67] Daneben enthält das TKG noch eine Reihe begleitender Verpflichtungen, die einem SMP-Unternehmen z.T. durch die Bundesnetzagentur auferlegt werden können.[68] Dazu zählen das Diskriminierungsverbot und die Transparenzverpflichtung nach §§ 19 und 20 TKG sowie die Pflicht zur Vorlage eines Standardangebots nach § 23 TKG. Schließlich kann die Bundesnetzagentur auch noch Verpflichtungen zur getrennten Rechnungsführung auferlegen, § 24 TKG.

b) Die Entgeltregulierung

Die Entgeltregulierung im Telekommunikationsrecht teilt sich in ex ante- und in ex post-Regulierung auf. Das Ziel der Entgeltregulierung ist es, eine missbräuchliche Ausbeutung, Behinderung oder Diskriminierung von Endnutzern oder von Wettbewerbern durch preispolitische Maßnahmen von Unternehmen mit beträchtlicher Marktmacht zu verhindern, § 27 Abs. 1 TKG. Dabei hat die Bundesnetzagentur darauf zu achten, dass die Entgeltregulierungsmaßnahmen in ihrer Gesamtheit aufeinander abgestimmt sind (sog. Konsistenzgebot des § 27 Abs. 2 TKG). Aus § 30 TKG ergibt sich grundsätzlich, ob Entgelte einer nachträglichen oder einer Vorab-Kontrolle unterliegen, d.h. welche Adressaten welchen Tatbeständen unterfallen.[69] Die Entgeltregulierung soll vor allem der Gefahr des Preishöhenmissbrauchs entgegentreten. Das entscheidende Instrument ist die Fixierung einer Grenze, oberhalb derer ein Preishöhenmissbrauch anzunehmen ist.[70]

---

66 Die Bundesnetzagentur muss die Anordnung innerhalb einer Frist von zehn Wochen ab Anrufung durch einen der an der zu schließenden Zugangsvereinbarung Beteiligten vornehmen.

67 HÖLSCHER, in: SCHEURLE/MAYEN, TKG-Kommentar, § 22, Rn. 1.

68 ZIEKOW, Öff. WirtschaftsR, § 14, Rn. 39; SCHNEIDER, in: FEHLING/RUFFERT, Regulierungsrecht, § 8, Rn. 46 f.

69 KÜHLING/ELBRACHT, Telekommunikationsrecht, Rn. 191.

70 KÜHLING/ELBRACHT, Telekommunikationsrecht, Rn. 192.

aa) Vorabregulierung

Nach § 30 Abs. 1 S. 1 TKG sind Entgelte für Zugangsleistungen,[71] die einem Betreiber mit SMP nach § 21 TKG auferlegt wurden, grundsätzlich genehmigungsbedürftig.[72] Abweichend von Satz 1 kann die Bundesnetzagentur solche Entgelte einer nachträglichen Regulierung nach z.B. § 38 TKG unterwerfen, wenn dies ausreicht, um die Regulierungsziele nach § 2 TKG zu erreichen. Mit der TKG-Novelle von 2012 wurden die bisher gesetzlich vorstrukturierten Entgeltregulierungsstufen im Hinblick auf den unionsrechtlich vorgesehenen Ermessensspielraum „ergebnisoffen ausgestaltet."[73] § 30 Abs. 2 TKG bestimmt welche Entgelte regelmäßig[74] der nachträglichen Regulierung nach § 38 Abs. 2 bis 4 TKG unterliegen. Dies sind z.B. Entgelte, die ein Betreiber im Rahmen von Verpflichtungen nach § 18 TKG verlangt. Der neue § 30 Abs. 3 TKG enthält allgemeine Anforderungen an die Entgeltregulierung durch die Bundesnetzagentur.[75] Die Vorschrift soll bei der Regulierung von Entgelten sicherstellen, dass alle Entgelte die wirtschaftliche Effizienz und einen nachhaltigen Wettbewerb fördern und für die Verbraucher nicht nur kurzfristig, sondern auch mittel- und langfristig möglichst vorteilhaft sind.[76]

Die Regelungen der §§ 31 bis 34 TKG, welche vor allem die materiellen Regelungen für die Bestimmung eines Entgelts im Rahmen der Vorab-Regulierung enthalten, sind durch die Gesetzesnovelle ebenfalls neu strukturiert worden.[77] Dies war systematischen Erwägungen geschuldet, wobei § 31 TKG als Grundvorschrift nunmehr alle der Bundesnetzagentur

---

71 Der Begriff des „Zugangs" wird in § 3 Nr. 32 TKG umfassend definiert und beschrieben.

72 Dies hat sich mit der TKG-Novelle 2012 nicht geändert.

73 BT-Drs. 17/5707, S. 60.

74 § 30 Abs. 2 S. 2 TKG enthält wiederum eine Bestimmung, die es ins Ermessen des Bundesnetzagentur stellt, ob sie in diesen Fällen nicht doch eine ex ante-Regulierung als erforderlich ansieht. BT-Drs. 17/5707, S. 60.

75 BT-Drs. 17/5707, S. 60.

76 Sie muss zudem nach § 30 Abs. 3 S. 2 f. TKG die zugrunde liegenden Investitionen berücksichtigen und eine angemessene Verzinsung des eingesetzten Kapitals ermöglichen. Bei Netzen der nächsten Generation trägt sie den etwaigen spezifischen Investitionsrisiken unter weitestgehender Beachtung vereinbarter Risikobeteiligungsmodelle Rechnung. BT-Drs. 17/5707, S. 61.

77 Siehe dazu SCHERER/HEINICKEL, NVwZ 2012, 585 (587).

zugänglichen Vorgehensweisen zusammenfasst.[78] § 31 Abs. 1 TKG sieht für die Genehmigung von Entgelten den KeL-Maßstab des § 32 TKG als Regelmaßstab der ex ante-Regulierung vor.[79] Es steht allerdings im Ermessen der Bundesnetzagentur, Entgelte im Rahmen des Price-Cap-Verfahrens[80] nach § 33 TKG zu regeln, wenn dieses Verfahren besser geeignet ist, die in § 2 TKG normierten Regulierungsgrundsätze und Ziele zu erreichen.[81]

Ausnahmsweise kann die Bundesnetzagentur auch Entscheidungen über Entgelte nach der Vergleichsmarktbetrachtung genehmigen. Die Entgelte müssen sich an vergleichbaren und auf geöffneten Märkten angebotenen Leistungen gem. § 35 Abs. 1 TKG orientieren.[82] Grundsätzlich sind aber die Kostenunterlagen nach § 34 TKG als primäres Hilfsmittel zur Entgeltberechnung heranzuziehen.[83] Vom jeweilig anzuwendenden Entgeltmaßstab hängt ab, welches Verfahren zur Anwendung kommt. Das Regelverfahren nach § 35 Abs. 2 S. 1 TKG ist das Einzelgenehmigungsverfahren, bei dem das Entgelt für einzelne Dienstleistungen überprüft wird, sofern die Entgelte der Genehmigungspflicht nach § 31 Abs. 1 S. 1 TKG unterliegen. Ein solches Verfahren ist bei der Price-Cap-Regulierung nicht möglich, weil es sich um die Genehmigung von zu einem Korb zusammengefasster Dienste handelt.[84]

bb) Nachträgliche Regulierung

Im Rahmen der nachträglichen Regulierung von Entgelten ist zu beachten, dass diese grundsätzlich einer Anzeige- und Vorlagepflicht nach § 38 Abs. 1 TKG unterliegen. Mit Ablauf der Frist ist keine Genehmigungsfiktion verbunden.[85] Sie soll die Behörde vielmehr in die Lage versetzen, Entgelte auf ihre Auswirkungen auf den Wettbewerb hin zu untersuchen und ggf. rechtzeitig einzugreifen.[86] Prüfungsmaßstab ist gem. § 38 Abs. 2 TKG allein

---

78 BT-Drs. 17/5707, S. 62.

79 BT-Drs. 17/5707, S. 62.

80 Allgemein zur Price-Cap-Regulierung sowie zur Price-Cap-Regulierung in den vier Netzwirtschaften KNIEPS, N & R 2010, 66 ff.

81 BT-Drs. 17/5707, S. 62.

82 ZIEKOW, Öff. WirtschaftsR, § 14, Rn. 47.

83 KÜHLING/ELBRACHT, Telekommunikationsrecht, Rn. 195.

84 ZIEKOW, Öff. WirtschaftsR, § 14, Rn. 47.

85 KÜHLING/ELBRACHT, Telekommunikationsrecht, Rn. 210. Eine „reine" ex post-Regulierung, wie im Kartellrecht, existiert nicht.

86 KÜHLING/ELBRACHT, Telekommunikationsrecht, Rn. 210.

der Missbrauchsmaßstab nach § 28 TKG. Dieser Maßstab gilt grundsätzlich auch für das Vorab-Genehmigungsverfahren, tritt jedoch in seiner Bedeutung hinter den KeL-Maßstab zurück.[87] Abschließend regelt § 39 TKG die Regulierung der Endkundenentgelte. Hier ist die ex post-Regulierung nach § 39 Abs. 3 TKG der Regelfall, wohingegen die Einführung einer Vorab-Genehmigungspflicht nur gerechtfertigt ist, wenn Verpflichtungen im Zugangsbereich nicht zur Erreichung der Regulierungsziele nach § 2 TKG führen würden. Dann kann ein SMP-Unternehmen bezüglich des Angebots von Telekommunikationsdiensten für Endnutzer einer Entgeltgenehmigung nach § 38 Abs. 1 TKG unterworfen werden.[88]

c) Besondere Missbrauchsaufsicht

§ 42 Abs. 1 TKG gebietet SMP-Unternehmen, dass sie ihre Stellung nicht missbräuchlich ausnutzen dürfen. Ein Missbrauch liegt insbesondere vor, wenn andere Unternehmen unmittelbar oder mittelbar unbillig behindert oder deren Wettbewerbsmöglichkeiten ohne sachlich gerechtfertigten Grund erheblich beeinträchtigt werden. §§ 42 Abs. 2 und Abs. 3 TKG enthalten jeweils widerlegbare[89] Vermutungsregeln, wann ein missbräuchliches Verhalten vorliegt.[90] Die Bundesnetzagentur kann auf Antrag oder „ex officio" die Entscheidungen treffen, um die missbräuchliche Ausnutzung einer marktmächtigen Stellung zu beenden, § 42 Abs. 4 S. 1 TKG. § 42 TKG ist ein Auffangtatbestand gegen jegliches missbräuchliche Verhalten, welches an die allgemeine kartellrechtliche Missbrauchsaufsicht angelehnt ist.[91] Die Missbrauchskontrolle ergeht außerhalb eines Verfahrens zur Marktregulierung. Sie setzt jedoch voraus, dass ein Marktdefinitions- und ein

---

87 SCHNEIDER, in: FEHLING/RUFFERT, Regulierungsrecht, § 8, Rn. 58.

88 KÜHLING/ELBRACHT, Telekommunikationsrecht, Rn. 212 ff.

89 NEITZEL, in: SPINDEL/SCHUSTER, Das Recht der elektronischen Medien, § 42 TKG, Rn. 46 f. Die Bundesnetzagentur wird dadurch nicht vom Amtsermittlungsgrundsatz nach § 24 VwVfG befreit. Die Regelung des Abs. 2 ist lediglich eine Verschiebung der Beweislast.

90 Zum einen wird ein Missbrauch bei unternehmensexterner Diskriminierung vermutet. Zum anderen wird sie bei Zugangsverzögerung vermutet. Siehe ausführlich dazu KÜHLING/ELBRACHT, Telekommunikationsrecht, Rn. 236 ff.

91 ROTH, in: SCHEURLE/MAYEN, TKG-Kommentar, § 42, Rn. 1. Damit geht das Gesetz über das durch das Richtlinienrecht Erforderliche hinaus. ELLINGHAUS, in: ARNDT/FETZER/SCHERER, TKG-Kommentar, § 42, Rn. 5.

Marktanalyseverfahren ergangen sind, welche die beträchtliche Marktmacht eines Unternehmens festgestellt haben.[92]

B. Die privatrechtsgestaltenden Verwaltungsakte im TKG

Nachdem die Grundzüge des Regulierungsrechts im TKG dargelegt wurden, werden nun die privatrechtsgestaltenden Verwaltungsakte, die das TKG in seinem 2. Teil vorsieht, besprochen (II.). Anders als im AEG ist die Existenz privatrechtsgestaltender Verwaltungsakte im TKG schon anerkannt oder zumindest Gegenstand intensiver Diskussionen, so dass hier auf ein differenzierteres Meinungsspektrum in der Literatur zurückgegriffen werden kann. Zur Klarstellung werden zunächst die nur privatrechtsrelevanten Verwaltungsakte aus der Untersuchung „ausgefiltert" (I.)

I. Privatrechtsrelevante Befugnisse der Bundesnetzagentur

1. Zugangsverpflichtung nach § 21 TKG und § 18 TKG

Die mit der Regulierungsverfügung ergehende Entscheidung, den Zugang zu gewähren gem. § 21 TKG, ist lediglich eine abstrakte Festlegung auf eine bestimmte Art des Zugangs und keine „Detailfestlegung" der Zugangsbedingungen im Sinne eines Infrastrukturnutzungsvertrags.[93] Zugang wird in § 3 Nr. 32 TKG als „Bereitstellung von Einrichtungen oder Diensten für ein anderes Unternehmen unter bestimmten Bedingungen zum Zwecke der Erbringung von Telekommunikationsdiensten [...]" definiert.[94] Der Zugang umfasst sowohl die physikalisch-logische Verbindung als auch die über den Zugang abgewickelten Dienstleistungen.[95] Der genaue Inhalt einer Zugangsverpflichtung ergibt sich aus den entsprechenden von der Bundesnetzagentur angeordneten Zugangspflichten. Die Zugangsgewährung nach § 21 TKG ergeht zusammen mit der Regulierungsverfügung als einheitlicher Verwaltungsakt gem. § 13 Abs. 5 TKG. Dennoch muss dem

92 KÜHLING/ELBRACHT, Telekommunikationsrecht, Rn. 231.

93 SCHNEIDER, in: FEHLING/RUFFERT, Regulierungsrecht, § 8, Rn. 45.

94 Der Begriff des „Zugangs" ist mit der Gesetzesnovelle von 2012 durch einen nicht abschließenden Katalog deutlich konkretisiert worden. Dies geschah, um den Begriff soweit wie möglich an die Definition der Änderungsrichtlinie 2009/14/EG anzupassen. Die entsprechenden Zugangsformen können Gegenstand einer Verpflichtung sein. BT-Drs. 17/5707, S. 51.

95 MAYEN, in: SCHEURLE/MAYEN, TKG-Kommentar, § 21, Rn. 64.

regulierten Unternehmen zwingend ein Spielraum für die genaue Ausgestaltung verbleiben, denn die Rechtsfolge einer Zugangsanordnung ist zunächst nur diejenige des § 22 TKG, d.h. die unverzügliche Abgabe eines Angebots. [96] Die Bundesnetzagentur kann nur über § 25 TKG vertragsgestaltend tätig werden.[97] Die Regulierungsverfügung selbst ist nicht unmittelbar privatrechtsgestaltend, weswegen sich daraus auch keine Klagebefugnis für die Wettbewerber des SMP-Unternehmens ergeben kann.[98]

Die durch die Bundesnetzagentur auferlegte Maßnahme, Betreiber öffentlicher Telekommunikationsnetze, die den Zugang zu Endnutzern kontrollieren, zur Zugangsgewährung zu verpflichten nach § 18 Abs. 1 TKG, wird ebenfalls über § 25 TKG durchgesetzt. [99] Auch sie ist kein privatrechtsgestaltender Verwaltungsakt. Ebenfalls keine gestaltenden Befugnisse der Bundesnetzagentur sind die die Zugangsanordnung flankierenden Maßnahmen nach §§ 19[100], 20[101] und 24 TKG, die zusammen mit der Regulierungsverfügung ergehen.

---

96 NEITZEL, in: SPINDLER/SCHUSTER, Recht der elektronischen Medien, 11.Teil, § 22 TKG, Rn. 8.

97 MAYEN, in: SCHEURLE/MAYEN, TKG-Kommentar, § 21, Rn. 127.

98 MAYEN, in: SCHEURLE/MAYEN, TKG-Kommentar, § 13, Rn. 47; ders., in: SCHEURLE/MAYEN, TKG-Kommentar, § 21, Rn. 131.

99 HÖLSCHER, in: SCHEURLE/MAYEN, TKG-Kommentar, § 18, Rn. 1. NEITZEL, in: SPINDLER/SCHUSTER, Recht der elektronischen Medien, 11.Teil, § 18 TKG, Rn.55 betont hingegen die Durchsetzung mittels § 126 TKG.

100 § 19 Abs. 1 TKG ermöglicht nur das Auferlegen einer Handlungspflicht, bei deren Verstoß nur ein Einschreiten gem. § 126 TKG möglich ist. Die Anpassung oder Einfügung einer vertraglichen Regelung können nicht zusammen mit § 25 Abs. 5 S. 2 oder § 42 Abs. 4 TKG angeordnet werden. Diese Befugnisse bestehen unabhängig. MAYEN, in: SCHEURLE/MAYEN, TKG-Kommentar, § 19, Rn. 33. A.A. PIEPENBROCK/ATTENDORN, in: GEPPERT/PIEPENBROCK/SCHÜTZ/SCHUSTER, BECK´scher TKG-Kommentar, § 19, Rn. 105 ff. Inwiefern daraus eine Befugnis zur unmittelbaren Ersetzung von Vertragsbedingungen erwächst, kann den Ausführungen nicht entnommen werden. Jedenfalls soll der Wettbewerber nicht Adressat sein, weswegen eine gestaltende Änderung eines bestehenden Vertrages wohl nicht vorausgesetzt werden kann. PIEPENBROCK/ATTENDORN, in: GEPPERT /PIEPENBROCK/SCHÜTZ/SCHUSTER, BECK´scher TKG-Kommentar, § 19, Rn. 110.

101 MAYEN, in: SCHEURLE/MAYEN, TKG-Kommentar, § 20, Rn. 15.

2. Das Standardangebot nach § 23 TKG

a) Funktion und Verfahren des Standardangebots

Fraglich ist hingegen, ob § 23 Abs. 4 S. 1 TKG die Ermächtigung für den Erlass eines privatrechtsgestaltenden Verwaltungsakts enthält. Nach § 23 TKG kann die Bundesnetzagentur die marktmächtigen Unternehmen zur Erstellung eines Standardangebots verpflichten. § 23 TKG ermöglicht die Inhaltskontrolle von Mustervereinbarungen bevor diese vertraglichen Regelungen mit anderen Unternehmen verhandelt werden.[102] Das Angebot muss grundsätzlich umfassend und für die veröffentlichenden Unternehmen selbst bindend in Bezug auf die jeweiligen Zugangsleistungen sein.[103] Es muss so ausgestaltet sein, dass es ohne weitere Verhandlungen angenommen werden kann, § 23 Abs. 3 S. 4 TKG. Eine Anordnung nach § 23 TKG ergeht seit der jüngsten Gesetzesänderung ebenfalls einheitlich mit einer Regulierungsverfügung nach § 13 Abs. 5 TKG.[104]

Das Standardangebotsverfahren hat drei Phasen[105]: Die erste Phase ist die Eröffnung eines solchen Verfahrens.[106] Nach § 23 Abs. 1 TKG kann die Bundesnetzagentur SMP-Unternehmen verpflichten, ein Standardangebot für die Zugangsleistung zu veröffentlichen, für die eine allgemeine Nachfrage besteht. In der zweiten Phase ermittelt die Bundesnetzagentur Zugangsleistungen, die Teil eines Standardangebots sein können und macht ggf. bereits Vorgaben zu einzelnen Zugangsbedingungen.[107] Diese Phase endet mit der Entscheidung der Bundesnetzagentur nach § 23 Abs. 3 TKG. Sie soll innerhalb einer Frist von vier Monaten die Zugangsleistungen festlegen, die der Betreiber mit beträchtlicher Marktmacht als Standardangebot anbieten muss. Die Bundesnetzagentur fordert den Betreiber dann dazu auf, innerhalb einer bestimmten Frist ein entsprechendes Standardangebot mit Bereitstellungs- und Nutzungsbedingungen einschließlich der Entgelte vorzulegen. In der dritten Phase legt das regulierte Unternehmen der Bundesnetzagentur eine überarbeitete Fassung seines Standardangebots vor,

---

102 MAYEN, in: SCHEURLE/MAYEN, TKG-Kommentar, § 23, Rn. 1.

103 KÜHLING/ELBRACHT, Telekommunikationsrecht, Rn. 153.

104 Dadurch hat sich der bisherige §23 Abs.1 S. 2TKG erübrigt.BT-Drs. 17/5707,S. 59.

105 Dieses Verfahren hat aber nur zwei Verfahrensstufen. Siehe dazu PASCHKE, in: PASCHKE/BERLIT/MEYER, Gesamtes MedienR, 2.Teil, 1. Kap. 6.Absch., Rn. 261 ff.

106 HÖLSCHER, in: SCHEURLE/MAYEN, TKG-Kommentar, § 23, Rn. 24.

107 HÖLSCHER, in: SCHEURLE/MAYEN, TKG-Kommentar, § 23, Rn. 25 f.

in der es die Vorgaben der Bundesnetzagentur nach seiner Auffassung umsetzt.[108]

b) Das Standardangebot als „nur" privatrechtsrelevanter Verwaltungsakt

Nach dem Wortlaut des § 23 Abs. 4 S. 1 TKG prüft die Bundesnetzagentur die vorgelegten Standardangebote und „nimmt Veränderungen vor", soweit Vorgaben für einzelne Bedingungen[109] nicht umgesetzt wurden. Durch die Vornahme der Veränderungen soll eine unmittelbare Ersetzung erfolgen, welcher eine gestaltende Wirkung zugeschrieben wird.[110] Diese Änderungsbefugnis würde zur Vornahme eines privatrechtsgestaltenden Verwaltungsakts berechtigen. Dies wird aber gerade im Hinblick auf den Drittschutz bestritten. § 23 TKG ermögliche nur das Auferlegen von Verpflichtungen, die eben keine „unmittelbar privatrechtsgestaltende Wirkung" haben, sondern die privaten Rechte Dritter nur „reflexartig" berühren.[111] Wenn auch die privatrechtsgestaltende Wirkung eines Verwaltungsakts nicht mit der Frage der drittschützenden Wirkung von Normen vermengt werden darf, ist dieser Auffassung zumindest im Ergebnis zuzustimmen.

Die Änderungen der Bundesnetzagentur werden in der Literatur zwar als „unmittelbar" beschrieben,[112] jedoch wird eigentlich nur die inhaltliche „Vorgabetiefe" des § 23 Abs. 3 TKG erweitert. Damit soll die Frage, ob die Vorgaben, welche die Bundesnetzagentur in der zweiten Phase gemacht hat, auch tatsächlich von den Unternehmen eingehalten worden sind, nicht „dem

---

108 HÖLSCHER, in: SCHEURLE/MAYEN, TKG-Kommentar, § 23, Rn. 27.

109 Insbesondere sind Vorgaben in Bezug auf Chancengleichheit, Billigkeit und Rechtzeitigkeit zu beachten.

110 BULLA, in: SCHMIDT/VOLLMÖLLER, Kompendium Öff. WirtschfRt, § 11, Rn. 56. HÖLSCHER, in: SCHEURLE/MAYEN, TKG-Kommentar, § 23, Rn. 27, der davon ausgeht, dass die Bundesnetzagentur die erforderlichen Änderungen selbst vornimmt.

111 NEITZEL, in: SPINDEL/SCHUSTER, Das Recht der elektronischen Medien, § 23 TKG, Rn. 40.

112 So übereinstimmend PASCHKE, in: PASCHKE/BERLIT/MEYER, Gesamtes MedienR, 2. Teil, 1. Kap. 6. Absch., Rn. 274; HÖLSCHER, in: SCHEURLE/MAYEN, TKG-Kommentar, § 23, Rn. 27; THOMASCHKI/NEUMANN, in: SÄCKER, Berliner Kommentar zum TKG, § 23, Rn. 89.

Vollstreckungsrecht überlassen" werden,[113] doch muss den Unternehmen grundsätzlich ein Spielraum bei der Umgestaltung verbleiben.[114] § 23 Abs. 4 S. 1 TKG ist nur eine Verfeinerung des Instrumentariums der Bundesnetzagentur im Rahmen des § 23 TKG, wenn die Vorgaben nicht umgesetzt werden. Auch der Wortlaut des § 24 Abs. 4 S. 1 TKG spricht gegen die Annahme einer bewussten, zielgerichteten Ermächtigungsgrundlage zur Privatrechtsgestaltung, da die Bundesnetzagentur nur „Veränderungen" vornehmen soll. Im Gegensatz zu den privatrechtsgestaltenden Befugnissen nach § 14f Abs. 3 Nr. 2 AEG oder auch nach § 25 Abs. 1 TKG wird nicht vom „Festlegen von Vertragsbedingungen" oder vom „Anordnen" gesprochen. Gerade durch eine Verwendung des Begriffs des „Festlegens" der Bedingungen hätte die privatrechtsgestaltende Wirkung zum Ausdruck gebracht werden können. Insofern begegnet es dann auch keinen Bedenken im Hinblick auf Art. 19 Abs. 4 GG, wenn § 23 Abs. 4 S. 4 TKG vorsieht, dass „Entscheidungen nach Absatz 3 und 4 Satz 1 und 2 [...] nur insgesamt angegriffen werden" können.[115] Eine isolierte Anfechtungsmöglichkeit gegen die vermeintlich unmittelbar Rechtswirkung entfaltende Änderung des § 23 Abs. 4 S. 1 TKG ist dann gar nicht nötig.[116] Der einheitliche Verwaltungsakt nach § 13 Abs. 5 TKG i.V.m. § 23 TKG ist kein privatrechtsgestaltender Verwaltungsakt.

113 HÖLSCHER, in: SCHEURLE/MAYEN, TKG-Kommentar, § 23, Rn. 65.

114 HÖLSCHER, in: SCHEURLE/MAYEN, TKG-Kommentar, § 23, Rn. 65.

115 Was alles zu den Angriffsmitteln zählt, ist nicht abschließend geklärt. In jedem Fall gehören die Anfechtungsklage des SMP-Unternehmens als Adressat der Entscheidung und Anträge auf Anordnung der aufschiebenden Wirkung nach § 80 Abs. 5 VwGO dazU. THOMASCHKI/NEUMANN, in: SÄCKER, Berliner Kommentar zum TKG, § 23, Rn. 106.

116 So aber HÖLSCHER, in: SCHEURLE/MAYEN, TKG-Kommentar, § 23, Rn. 75; THOMASCHKI/NEUMANN, in: SÄCKER, Berliner Kommentar zum TKG, § 23, Rn. 110.

II. Die privatrechtsgestaltenden Verwaltungsakte im TKG

1. Die Zugangsanordnung nach § 25 TKG

a) Zur Beschaffenheit der Norm

Die abstrakten Zugangsverpflichtungen nach § 21 TKG oder § 18 TKG als Grundverfügung werden durch die Anordnung nach § 25 TKG in einer Einzelfallentscheidung konkretisiert. [117] Die abstrakt-individuelle Verpflichtung nach § 18 oder § 21 TKG wird durch die konkret-individuelle Anordnung durchgesetzt.[118] Voraussetzung des § 25 Abs. 1 TKG für die Anordnung einer Zugangsvereinbarung nach § 22 TKG oder einer Vereinbarung über Zugangsleistungen nach § 18 TKG ist, dass eine solche ganz oder teilweise nicht zustande gekommen ist und dass die nach dem TKG „erforderlichen Voraussetzungen für eine Verpflichtung zur Zugangsgewährung" vorliegen. Die Bundesnetzagentur muss zudem von einem potentiell Zugangsberechtigten angerufen worden sein. Die erste materielle Tatbestandsvoraussetzung ist das Scheitern von Vertragsverhandlungen.[119] Das zweite Tatbestandsmerkmal ist hingegen unklar. Es wird nicht deutlich, ob eine erneute Prüfung der Rechtmäßigkeit der Regulierungsverfügung im Rahmen des § 25 Abs. 1 TKG vorzunehmen ist.[120] Es muss jedenfalls - auch nach der Beschlusspraxis der Bundesnetzagentur - eine wirksame und vollziehbare Zugangsverpflichtung nach § 18 Abs. 1 oder § 21 TKG vorliegen.[121]

Selbst wenn die Voraussetzungen des § 25 Abs. 1 TKG grundsätzlich erfüllt sind, ist eine Anordnung gemäß § 25 Abs. 2 TKG unzulässig, soweit und solange die Beteiligten eine Zugangs- oder Zusammenschaltungsvereinbarung treffen. Eine Anordnung ist unzulässig und rechtwidrig, wenn eine vertragliche Vereinbarung über die Zugangsgewährung besteht.[122] Nach

---

117 VG Köln, Urteil vom 13.04.2011, 21 K 3061/07, Rn. 126 (JURIS).

118 PASCHKE, in: PASCHKE/BERLIT/MEYER, Gesamtes MedienR, 2. Teil, 1. Kap. 6. Absch., Rn. 298.

119 Ausführlich zu diesem Tatbestandsmerkmal KÜHLING/NEUMANN, in: SÄCKER, Berliner Kommentar zum TKG, § 25, Rn. 17 ff. Dort auch zur Frage, wann Verhandlungen als gescheitert gelten.

120 HÖLSCHER, in: SCHEURLE/MAYEN, TKG-Kommentar, § 25, Rn. 16 ff.

121 KÜHLING/NEUMANN, in: SÄCKER, Berliner Kommentar zum TKG, § 25, Rn. 24.

122 KÜHLING/NEUMANN, in: SÄCKER, Berliner Kommentar zum TKG, § 25, Rn. 21.

§ 25 Abs. 3 S. 2 TKG[123] hat das anrufende Unternehmen bis zum Erlass der Anordnung zudem die Möglichkeit, das begonnene Verfahren zu widerrufen. Eine verfahrenserledigende vertragliche Einigung ist möglich.[124] Neben der Anrufung kann die Bundesnetzagentur auch zur Erreichung der in § 2 TKG genannten Ziele ein Verfahren von Amts wegen einleiten, § 25 Abs. 4 TKG. Gegenstand einer Anordnung können nach § 25 Abs. 5 TKG alle Bedingungen einer Zugangsvereinbarung sowie die Entgelte sein. Die Bundesnetzagentur darf die Anordnung mit Bedingungen in Bezug auf Chancengleichheit, Billigkeit und Rechtzeitigkeit verknüpfen.[125] Das Ziel dieser Vorschrift ist es, den Prüf- und Anordnungsmaßstab auf das im Rahmen der zivilrechtlichen Gesetze „Übliche" anzusetzen.[126]

Schließlich regelt § 25 Abs. 8 TKG, dass die betroffenen Betreiber eine Anordnung der Bundesnetzagentur unverzüglich befolgen müssen, es sei denn, die Bundesnetzagentur hat in der Anordnung eine Umsetzungsfrist bestimmt. Zur Durchsetzung der Anordnung kann die Bundesnetzagentur nach Maßgabe des Verwaltungsvollstreckungsgesetzes ein Zwangsgeld bis zu einer Million Euro festsetzen.

b) Die Zugangsanordnung als privatrechtsgestaltender Verwaltungsakt?
Gerade die Regelung des § 25 Abs. 8 TKG führt dazu, dass höchst umstritten ist, ob es sich bei der Zusammenschaltungsanordnung der Bundesnetzagentur um einen privatrechtsgestaltenden Verwaltungsakt handelt.[127]

aa) Die herrschende Meinung
Das BVerwG hatte in der Zusammenschaltungsanordnung von Telekommunikationsnetzen einen privatrechtsgestaltenden Verwaltungsakt erblickt, der zwischen den Beteiligten ein privatrechtliches Schuldverhältnis

---

123 Im Übrigen enthält § 23 Abs. 3 S. 1 TKG Anforderungen an den Inhalt einer „Anrufung" durch ein Unternehmen.

124 KÜHLING/NEUMANN, in: SÄCKER, Berliner Kommentar zum TKG, § 25, Rn. 22.

125 Durch die Novelle von 2012 ist die Wendung „einschließlich Vertragsstrafen" eingefügt worden.

126 BT-Drs. 17/5707, S. 60.

127 PASCHKE, in: PASCHKE/BERLIT/MEYER, Gesamtes MedienR, 2. Teil, 1. Kap. 6.Absch., Rn. 298. Mit umfangreichen Nachweisen zum Streitstand KÜHLING /NEUMANN, in: SÄCKER, Berliner Kommentar zum TKG, § 25, Rn. 70.

begründe.[128] Die Rechtsnatur des durch Verwaltungsakt angeordneten Rechtsverhältnisses unterscheide sich nicht von einer vereinbarten Zusammenschaltung.[129] Zudem begründe die Anordnung gegenüber dem Betreiber des Netzes ein öffentlich-rechtliches Rechtsverhältnis, welches die Verpflichtung der Zusammenschaltung zu den festgelegten Bedingungen zum Gegenstand habe.[130] Diese Auffassung bildet, obwohl die Entscheidung des BVerwG noch zur alten Rechtslage nach § 37 Abs. 1 S. 1 TKG 1996 erging, auch nach der geltenden Rechtslage die herrschende Meinung.[131] Für die Praxis gilt diese Rechtsfrage als geklärt.[132]

bb) Die Gegenansicht

Die Gegenansicht erkennt zwar an, dass die Annahme der Existenz eines Vertrages durch Verwaltungsakt „dogmatisch reizvoll" sei, ihr jedoch kein tatsächlicher oder praktischer Mehrwert zukomme.[133] Die „Theorie vom angeordneten Vertrag" sei dogmatisch nicht indiziert, weshalb ein privatrechtlicher Vertrag durch die Anordnung eben nicht entstehe.[134] Es wird vertreten, dass sich an die Anordnung ein gesetzliches Schuldverhältnis anknüpfe, welches durch nachträgliche vertragliche Absprachen modifiziert werden könne.[135] Ein anderes Argument wird aus § 25 Abs. 8 TKG hergeleitet: Hätte die Zusammenschaltung tatsächlich eine privatrechtsgestaltende Wirkung, würde also durch Verwaltungsakt ein ziviles Rechtsverhältnis mit Wirksamkeit des Verwaltungsakts begründet, wäre zumindest[136] die Regelung des § 25 Abs. 8 S. 2 TKG schlichtweg überflüssig,

---

128 Erster Leitsatz. BVerwGE 120, 263.

129 BVerwGE 120, 263 (268).

130 BVerwGE 120, 263 (267).

131 So HÖLSCHER, in: SCHEURLE/MAYEN, TKG-Kommentar, § 25, Rn. 72; NEITZEL, in: SPINDEL/SCHUSTER, Das Recht der elektronischen Medien, § 25 TKG, Rn. 32; ZIEKOW, Öff. WirtschaftsR, § 14, Rn. 43; SCHERER, in: ARNDT/FETZER/SCHERER, TKG-Kommentar, § 25, Rn. 20.

132 So PASCHKE, in: PASCHKE/BERLIT/MEYER, Gesamtes MedienR, 2. Teil, 1. Kap. 6. Absch., Rn. 327 trotz gegenteiliger Auffassung zu dieser Frage.

133 KÜHLING/NEUMANN, in: SÄCKER, Berliner Kommentar zum TKG, § 25, Rn. 71.

134 KÜHLING/NEUMANN, in: SÄCKER, Berliner Kommentar zum TKG, § 25, Rn. 77 f.

135 SCHNEIDER, in: FEHLING/RUFFERT, Regulierungsrecht, § 8, Rn. 50.

136 § 25 Abs. 8 S. 1 TKG ließe sich auch als die gesetzliche Klarstellung verstehen, dass die Bundesnetzagentur ihre gestaltenden Eingriffe befristen kann.

weil die Regelung dann „jeder Grundlage entbehr[e]“.[137] Es ist in der Tat nicht ersichtlich, wieso der Bundesnetzagentur, wie dies regelmäßig zur effektiven Durchsetzung von Regulierungspflichten üblich ist,[138] das Mittel des Zwangsgeldes aus der Verwaltungsvollstreckung an die Hand gegeben wird, um eine sich selbst vollstreckende Maßnahme zu vollstrecken.[139]

cc) Stellungnahme

§ 25 Abs. 8 S. 2 TKG belegt anschaulich die Unsicherheiten, die über den Begriff sowie das Wesen von privatrechtsgestaltenden Verwaltungsakten bestehen. Eine bewusste Entscheidung des Gesetzgebers gegen eine privatrechtsgestaltende Wirkung der Anordnung hierin zu erblicken, ist allerdings unzulässig. Im Gegenteil soll es der Bundesnetzagentur in letzter Konsequenz möglich sein, die Bedingungen für einen rechtmäßigen Wettbewerb selbst herzustellen. Dies ergibt sich auch aus der Regelung des § 25 Abs. 5 TKG, der die Gestaltung privater Rechtsverhältnisse nur in einem beschränkten, gesetzlich vorgezeichneten Rahmen zulässt. Eine explizite Begrenzung der Gestaltungsmöglichkeiten ist gerade deswegen notwendig, weil der Anordnung die für den privatrechtsgestaltenden Verwaltungsakt typische unmittelbare Wirkung zukommt. Es ist der herrschenden Meinung zu folgen, welche jüngst auch gerichtlich bestätigt worden ist.[140]

2. Entgeltgenehmigung nach §§ 35, 37 TKG

a) Die Voraussetzungen einer Entgeltgenehmigung

Nach § 35 Abs. 3 S. 1 TKG ist die Genehmigung im Rahmen der ex ante-Regulierung ganz oder teilweise zu erteilen, soweit die Entgelte den Anforderungen des Missbrauchstatbestands des § 28 TKG nicht

---

137 PASCHKE, in: PASCHKE/BERLIT/MEYER, Gesamtes MedienR, 2. Teil, 1. Kap. 6.Absch., Rn. 327.

138 Siehe allein für das TKG die Regelungen des § 29 Abs. 4, § 126 Abs. 5 und § 127 Abs. 10 TKG.

139 Dass es eines Vollzugs eines rechtsgestaltenden Verwaltungsakts nicht bedarf erkennt auch HÖLSCHER, in: SCHEURLE/MAYEN, TKG-Kommentar, § 25, Rn. 74 ausdrücklich an.

140 OLG Düsseldorf, Urteil vom 11.01.2012, VI-U (Kart) 17/11, U (Kart) 17/11, 1. Leitsatz und Rn. 22 (JURIS).

widersprechen.[141] Zudem dürfen Entgelte, die einem Einzelgenehmigungs- oder Price-Cap-Verfahren unterliegen, nach § 31 Abs. 1 S. 2 TKG nicht die Kosten der effizienten Leistungserbringung zuzüglich der Aufwendungen als Obergrenze überschreiten. Es dürfen zudem keine obligatorischen[142] oder fakultativen[143] Versagungsgründe nach § 35 Abs. 3 Satz 2 oder 3 TKG vorliegen. Schließlich ist die Genehmigung mit einer Befristung nach § 35 Abs. 4 TKG zu versehen. Dies dient der Sicherstellung der Regulierungsziele angesichts eines sich schnell ändernden Marktes, wobei ein bis zwei Jahre als praxisgerecht angesehen werden.[144] Die Genehmigung muss, wenn die Voraussetzungen erfüllt sind, zwingend erteilt werden.[145]

Es gibt zwei Besonderheiten der Genehmigungswirkung. Erstens ist sie privatrechtsgestaltend[146] und zweitens kann sie auch zurückwirken. Beide Wirkungen ergeben sich nicht aus § 35 Abs. 3 TKG selbst, sondern aus flankierenden gesetzlichen Regelungen. Über die Möglichkeit der Rückwirkung einer Entgeltgenehmigung war vor dem TKG 2004 heftig gestritten worden.[147] § 35 Abs. 5 S. 1 TKG bestimmt nun, dass wenn Entgeltgenehmigungen die vollständige oder teilweise Genehmigung eines vertraglich bereits vereinbarten Entgelts enthalten, diese auf den Zeitpunkt der erstmaligen Leistungsbereitstellung durch das Unternehmen mit beträchtlicher Marktmacht zurückwirken.

b) Die privatrechtsgestaltende Wirkung der Genehmigung

Die privatrechtsgestaltende Wirkung der Entgeltgenehmigung wird aus § 37 TKG hergeleitet. Nach § 37 Abs. 1 TKG darf ein SMP-Unternehmen keine

---

141 Die Gesetzesnovelle hat die Voraussetzung für die Erteilung einer Genehmigung nicht verändert. Die Regelung des § 35 TKG ist in dieser Hinsicht nur an die neue Struktur der § 31-34 TKG angepasst worden. BT-Drs. 17/5707, S. 63.

142 Dies ist z.B. der Fall, wenn Entgelte nicht mit dem TKG oder anderen Rechtsvorschriften in Einklang stehen.

143 Ein solcher liegt vor, wenn die Genehmigung bei unvollständiger Vorlage der Kostenunterlagen verweigert wird.

144 KÜHLING/ELBRACHT, Telekommunikationsrecht, Rn. 205.

145 KÜHLING/ELBRACHT, Telekommunikationsrecht, Rn. 204.

146 PREIßINGER, Die Entgeltgenehmigung im TK-Rt, S. 61.

147 Siehe ausführlich hierzu F. MÜLLER, in: SPINDEL/SCHUSTER, Das Recht der elektronischen Medien, § 35 TKG, Rn. 16 f.; KIEBS, Regulierung durch Privatrechtsgestaltung, S. 269 ff.

anderen als die von der Bundesnetzagentur genehmigten Entgelte verlangen. Verträge über Dienstleistungen, die andere als die genehmigten Entgelte enthalten, werden nur mit der Maßgabe wirksam, dass das genehmigte Entgelt an die Stelle des vereinbarten Entgelts tritt, § 37 Abs. 2 TKG. Mit dieser Regelung tritt die „privatrechtsgestaltende Ersetzung [...] unmittelbar kraft Gesetzes" ein.[148] Eine vertragliche oder gesetzliche Verpflichtung zur Erbringung der Leistung bleibt dennoch unabhängig vom Vorliegen einer Entgeltgenehmigung bestehen, § 37 Abs. 3 S. 1 TKG. Der Zweck dieser Regelung ist es, dass eine vertragliche Vereinbarung entgegen der Grundvermutung des § 139 BGB nicht insgesamt nichtig wird, wenn eine Genehmigung (noch) nicht erteilt worden ist.[149] Die Vereinbarungen über Entgelte sind bis zur Erteilung der Genehmigung schwebend unwirksam.[150] Durch die Genehmigung wird das jeweilige Entgelt unmittelbar Vertragsbestandteil,[151] wobei es in jedem Fall die private Regelung ersetzt, selbst wenn diese das gleiche Entgelt zum Inhalt hatte. Die übrigen Vertragsbestandteile bleiben hingegen durch die privatrechtsgestaltende Wirkung unberührt. Dies hat z.B. zur Folge, dass der Netzbetreiber nicht die Einrede nach § 320 BGB wegen Zahlung eines zu niedrigeren Entgelts erheben kann.[152] Der Vertrag ist ohne die Genehmigung nicht wirksam.[153] Die

---

148 MIELKE, in: SÄCKER, Berliner Kommentar zum TKG, § 37, Rn. 24.

149 MIELKE, in: SÄCKER, Berliner Kommentar zum TKG, § 37, Rn. 27.

150 STAMM, in: SCHEURLE/MAYEN, TKG-Kommentar, § 37, Rn. 11. Davon werden auch die Entgelte erfasst, die noch nicht genehmigt worden sind. So zumindest die h.M.: MIELKE, in: SÄCKER, Berliner Kommentar zum TKG, § 37, Rn. 11; SCHUSTER/RUHLE, in: GEPPERT/PIEPENBROCK/SCHÜTZ/SCHUSTER, BECK'scher TKG-Kommentar, § 37, Rn. 6. A.A. NÖDING/SCHERER, in: ARNDT/FETZER/SCHERER, TKG-Kommentar, § 37, Rn. 7 f. Nach F. MÜLLER, in: SPINDLER/SCHUSTER, Recht der elektronischen Medien, 11.Teil, § 37 TKG, Rn. 6 soll ein Entgelt, solange keine Genehmigung vorliegt, zivilrechtlich nicht eingefordert werden können, weil ihr „die Einwendung der […] Unwirksamkeit durch die aufschiebende Bedingung der ausstehenden behördlichen Genehmigung nach § 184 BGB" entgegensteht.

151 STAMM, in: SCHEURLE/MAYEN, TKG-Kommentar, § 37, Rn. 14.

152 NÖDING/SCHERER, in: ARNDT/FETZER/SCHERER, TKG-Kommentar, § 37, Rn. 12.

153 PREIẞINGER, Die Entgeltgenehmigung im TK-Rt, S. 60.

Genehmigung ist ein typischer Fall eines privatrechtsmitgestaltenden Verwaltungsakts.[154]

3. Die Befugnisse nach § 38 Abs. 4 TKG und nach § 42 Abs. 4 S. 2 TKG

Schließlich enthält die Zugangsregulierung zwei „negativ“ [155] und zwei „positiv“ privatrechtsalleingestaltende Eingriffsbefugnisse. Sowohl nach § 38 Abs. 4 S. 1 TKG als auch nach § 42 Abs. 4 S. 2 TKG hat die Bundesnetzagentur die Möglichkeit, privatrechtsvernichtend einzugreifen. Nach § 38 Abs. 4 S. 2 und S. 3 TKG kann sie Entgelte selbst anordnen bzw. vorgeschlagene Entgelte als geltend festsetzen.

a) Die Befugnisse in der nachträglichen Entgeltregulierung

aa) Unwirksamkeitserklärung nach § 38 TKG

§ 38 Abs. 4 S. 1 TKG ist die zentrale Ermächtigungsgrundlage der ex post-Regulierung.[156] Nach § 38 TKG kann die Bundesnetzagentur, wenn sie feststellt, dass Entgelte dem Missbrauchsmaßstab nach § 28 TKG nicht entsprechen, das verbotene Verhalten untersagen und die beanstandeten Entgelte ab dem Zeitpunkt der Feststellung für unwirksam erklären. Gleichzeitig kann sie Entgelte gem. § 38 Abs. 4 S. 2 TKG anordnen, die den Maßstäben des § 28 TKG genügen. Einzige Voraussetzung dieser Befugnisse ist, dass ein Verstoß gegen § 28 TKG vorliegt. Allerdings kann die Bundesnetzagentur nur bei einem solchen Verstoß handeln. Anderen, auch offensichtlichen Verstößen gegen das TKG, kann hierdurch nicht begegnet werden.[157] Die Unterscheidung zwischen „Untersagung“ und „Unwirksamkeitserklärung“ ist vor allem im Hinblick auf die Rechtsfolgen relevant. Die

---

154 SCHUSTER/RUHLE, in: GEPPERT/PIEPENBROCK/SCHÜTZ/SCHUSTER, BECK´scher TKG-Kommentar, § 35, Rn. 11 m.w.N. Mit Schwerpunkt auf die Rückwirkung einer Entgeltgenehmigung nach TKG KIEBS, Regulierung durch Privatrechtsgestaltung, S. 218 ff. Ausführlich allerdings noch zum TKG 1996 STAMM, Die Entgeltregulierung im Telekommunikationsgesetz, S. 74 ff.

155 Nach MANSSEN, Privatrechtsgestaltung durch Hoheitsakt, S. 298, der den negativ gestaltenden Verwaltungsakt allerdings nicht als einheitliche Kategorie versteht.

156 MIELKE, in: SÄCKER, Berliner Kommentar zum TKG, § 38, Rn. 92.

157 Daher wird in diesen Fällen die subsidiäre Zuständigkeit des Bundeskartellamts praktisch bedeutsam. MIELKE, in: SÄCKER, Berliner Kommentar zum TKG, § 38, Rn. 93.

Untersagung ist lediglich ein Handlungsgebot bzw. Verbot, wohingegen die Unwirksamkeitserklärung unmittelbar gestaltend „inter omnes" wirkt.[158]

bb) Die Anordnung von Entgelten nach § 38 TKG

Der Telos der Anordnungsbefugnis nach § 38 Abs. 4 S. 2 TKG besteht vor allem im Schutz der regulierten Unternehmen, um die Möglichkeit auszuschließen, dass diese zu einer unentgeltlichen Leistung verpflichtet werden.[159] Eine dauerhafte Unentgeltlichkeit ist nämlich nicht gerechtfertigt, es sei denn, dass ausnahmsweise keine anerkennungsfähigen Kosten bestehen.[160] Die Entgelte werden unmittelbar durch die Anordnung Vertragsbestandteil.[161] Nur dies entspricht einer effektiven Regulierung. Im Gegensatz zur Entgeltgenehmigung bedarf es keines Rückgriffs auf die Vorschrift des § 37 TKG, um eine unmittelbare Wirkung zu begründen. Diese ergibt sich bereits aus der Ermächtigungsgrundlage selbst.[162] Die Vorschrift des § 38 Abs. 4 S. 4 TKG, welche § 37 TKG für entsprechend anwendbar erklärt, hat eine klarstellende Wirkung, die sich vor allem aus der unklaren Rechtslage unter dem TKG 1996 erklärt.[163]

Eine Besonderheit ergibt sich für die Fälle, in denen die Bundesnetzagentur Entgelte anordnet, die auf Vorschlag des regulierten Unternehmens zur Ersetzung eines angeordneten Entgelts nach § 38 Abs. 4 S. 3 TKG erfolgen. Es wird vertreten, dass in einer Entscheidung nach Satz 3 eine bloße

---

158 MIELKE, in: SÄCKER, Berliner Kommentar zum TKG, § 38, Rn. 98 ff. Aus für unwirksam erklärten Entgelten können keine zivilrechtlichen Ansprüche hergeleitet werden.

159 Der Schutz des Vertragspartners kommt dadurch zum Ausdruck, dass Verstöße als Ordnungswidrigkeit geahndet werden können. MIELKE, in: SÄCKER, Berliner Kommentar zum TKG, § 38, Rn. 107.

160 STAMM, in: SCHEURLE/MAYEN, TKG-Kommentar, § 38, Rn. 60.

161 STAMM, in: SCHEURLE/MAYEN, TKG-Kommentar, § 38, Rn. 68; HEINICKEL /SCHERER, in: ARNDT/FETZER/SCHERER, TKG-Kommentar, § 38, Rn. 54.

162 MIELKE, in: SÄCKER, Berliner Kommentar zum TKG, § 38, Rn. 110.

163 SCHUSTER/RUHLE, in: GEPPERT/PIEPENBROCK/SCHÜTZ/SCHUSTER, BECK´scher TKG-Kommentar, § 38, Rn. 64. Daher bedarf es auch keines Rückgriffs auf diese Regelung und auch keiner Entscheidung des Streits, ob sich § 38 Abs. 4 S. 4 TKG nur auf S. 3 oder den gesamten Absatz bezieht. Dafür MIELKE, in: SÄCKER, Berliner Kommentar zum TKG, § 38, Rn. 120 ist der Satz 4 nur eine Ergänzung des Satzes 3. A.A. STAMM, in: SCHEURLE/MAYEN, TKG-Kommentar, § 38, Rn. 60; HEINICKEL/SCHERER, in: ARNDT/FETZER/SCHERER, TKG-Kommentar, § 38, Rn. 63.

Feststellung der Rechtmäßigkeit der vorgeschlagenen Entgelte zu sehen sei.[164] Die gestaltende Wirkung ergebe sich nachgeordnet erst aus dem Gesetz, nämlich aus § 37 Abs. 2 TKG und habe nur eine de facto privatrechtsgestaltende Wirkung.[165] Dies ist jedoch keine - wie bisweilen befürchtet - Einführung eines Genehmigungsverfahrens „durch die Hintertür", weil es im Belieben der Unternehmen steht, von ihrem Vorschlagsrecht Gebrauch zu machen.[166] Zudem würde das Aufspalten in einen feststellenden Verwaltungsakt und in eine nur gesetzliche Rechtsfolge der gesetzlichen Systematik nicht gerecht. Der Verweis aus § 38 Abs. 4 S. 4 TKG auf § 37 TKG bezieht sich in jedem Falle auf Satz 3. Damit ist, wie bei der Genehmigung nach § 35 TKG, sichergestellt, dass der Billigung der vorgeschlagenen Entgelte eine privatrechtsgestaltende Wirkung zukommt. Schließlich erscheint es widersprüchlich, dass die Bundesnetzagentur nach § 38 Abs. 4 S. 2 TKG Entgelte gestaltend anordnen kann, ohne die Unternehmen einzubeziehen, ihr dies aber verwehrt sein soll, wenn die Adressaten einen größeren Einfluss auf die Entgelte nehmen können. In diesem im Hinblick auf die Privatautonomie schonenderen Verfahren würden die Befugnisse der Regulierungsbehörde „kürzer ausfallen" als in dem anderen Verfahren. Es ist daher von einer privatrechtsgestaltenden Wirkung einer Entscheidung des § 38 Abs. 4 S. 3 TKG auszugehen.

b) Die Regelung des § 42 Abs. 4 S. 2 TKG

Nach § 42 Abs. 1 S. 1 TKG muss die Bundesnetzagentur im Rahmen der nachträglichen Missbrauchsaufsicht auf Antrag oder von Amts wegen eine Entscheidung treffen, um die missbräuchliche Ausnutzung einer marktmächtigen Stellung zu beenden. Dazu kann sie nach Satz 2 der Vorschrift dem Unternehmen, das seine marktmächtige Stellung missbräuchlich ausnutzt, ein Verhalten auferlegen oder untersagen oder Verträge ganz oder teilweise für unwirksam erklären. Nur der Unwirksamkeitserklärung kommt privatrechtsgestaltende Wirkung zu. Diese

164 MIELKE, in: SÄCKER, Berliner Kommentar zum TKG, § 38, Rn. 118.

165 So MIELKE, in: SÄCKER, Berliner Kommentar zum TKG, § 38, Rn. 118 f. Dieser kommt v.a. deswegen zu seinem Ergebnis, weil es an einer dem Satz 1 oder 2 entsprechenden Tenorierung der Maßnahme nach Satz 3 im Gesetz fehlt. So wohl auch HEINICKEL/SCHERER, in: ARNDT/FETZER/SCHERER, TKG-Kommentar, § 38, Rn. 60.

166 STAMM, in: SCHEURLE/MAYEN, TKG-Kommentar, § 38, Rn. 73.

soll die Rückabwicklung von unter missbräuchlichen Bedingungen geschlossenen Verträgen ermöglichen und ist grundsätzlich rückwirkend zulässig.[167]

4. Der streitentscheidende Verwaltungsakt nach § 133 TKG

Eine besondere Form des privatrechtsgestaltenden Verwaltungsakts ergibt sich aus der Regelung des § 133 Abs. 1 TKG. Danach können bei im Zusammenhang mit Verpflichtungen aus dem TKG sich ergebenden Streitigkeiten zwischen Unternehmen,[168] diese Unternehmen einen Antrag auf Entscheidung der Streitigkeit bei der Bundesnetzagentur stellen. Die Beschlusskammer trifft nach Anhörung der Beteiligten eine verbindliche Entscheidung innerhalb einer Frist von höchstens vier Monaten. Die Bundesnetzagentur entscheidet unbeschadet zivilrechtlicher Rechtsschutzmöglichkeiten über die private Rechtsstreitigkeit mehrerer Unternehmen im Rahmen einer „generalklauselartigen Auffangnorm“.[169] Die Anordnungsbefugnis ist in diesem Verfahren grundsätzlich uneingeschränkt. Sie kann ausweislich der Gesetzesbegründung auch privatrechtsgestaltend sein:[170] Eine Maßnahme nach § 133 TKG „gibt [...] eine streitentscheidende verbindliche Entscheidung der Regulierungsbehörde vor (privatrechtsgestaltender Verwaltungsakt).“[171]

Diese Norm steht allerdings unter dem Vorbehalt besonderer gesetzlicher Regelungen. Alle Beschlusskammerentscheidungen, die von Amts wegen eingeleitet werden können, sind von § 133 TKG nicht erfasst, wozu auch ein Verfahren nach § 25 TKG zählt.[172] Der Inhalt der Anordnung bestimmt sich

---

167 ROTH, in: SCHEURLE/MAYEN, TKG-Kommentar, § 42, Rn. 139.

168 Dies gilt nur für Unternehmen, die öffentliche Telekommunikationsnetze betreiben oder Telekommunikationsdienste anbieten. Erfasst sind nun auch Streitigkeiten zwischen diesen und anderen Unternehmen, denen Zugangs- oder Zusammenschaltungsverpflichtungen aus dem TKG oder auf Grund des TKG zugutekommen. Der Kreis der Unternehmen, die die Bundesnetzagentur zur Beilegung von Streitigkeiten anrufen können, wurde im Rahmen der TKG-Novelle 2012 erweitert. BT-Drs. 17/5707, S. 86.

169 GURLIT, in: SÄCKER, Berliner Kommentar zum TKG, § 133, Rn. 1.

170 ATTENDORN, in: GEPPERT/PIEPENBROCK/SCHÜTZ/SCHUSTER, BECK´scher TKG-Kommentar, § 133, Rn. 45.

171 BT-Drs. 15/2316, S. 100.

172 GURLIT, in: SÄCKER, Berliner Kommentar zum TKG, § 133, Rn. 4.

nach dem Streitgegenstand, wobei die Kammer natürlich an das Prinzip der Gesetzmäßigkeit gebunden ist, was den Gestaltungsspielraum der Behörde angesichts der Vorgaben zum Inhalt von Verträgen nach dem TKG jedoch kaum größer einschränken dürfte als den der Streitparteien.[173] Da § 133 TKG eine verbindliche Entscheidung fordert, muss diese grundsätzlich als privatrechtsgestaltender Verwaltungsakt ergehen.[174] In die bisherige Typologie der privatrechtsgestaltenden Verwaltungsakte lässt sich diese Form des privatrechtsgestaltenden Verwaltungsakts nicht einordnen.[175] Die privatrechtsgestaltende Wirkung einer Entscheidung der Bundesnetzagentur entspringt nicht, wie es der Regelfall ist, den materiellen Ermächtigungsgrundlagen zum Zugangs- oder Entgeltregulierungsrecht, sondern ergibt sich nur kraft verfahrensrechtlicher Stellung.

III. Fazit

Das Regulierungsrecht des TKG enthält sechs Ermächtigungen zum Erlass materiell privatrechtsgestaltender Verwaltungsakte, die - typologisch gesehen - alle schuldrechtsgestaltende Verwaltungsakte sind. Nach herrschender Meinung und Rechtsprechung bildet die Zusammenschaltungsanordnung nach § 25 TKG zur Durchsetzung abstrakter Zugangspflichten nach §§ 18 oder 21 TKG einen vertragsbegründenden Verwaltungsakt, der eine private Regelung ersetzt. Über die privatrechtsgestaltende Natur der Entgeltgenehmigung nach § 35 TKG besteht hingegen Einigkeit. Die gestaltende Wirkung der Genehmigung ergibt sich aus dem Zusammenwirken von § 35 und § 37 TKG. Dies ist der typische Fall eines privatrechtsmitgestaltenden Verwaltungsakts.

Die Entgeltanordnungen im Rahmen der ex post-Regulierung nach § 38 Abs. 4 S. 2 und S. 3 TKG ersetzen eine vertragliche Vereinbarung des Entgelts, ohne dass sie das ganze Vertragsgefüge erfassen. Die Befugnis, vertragsvernichtend tätig zu werden, hat die Bundesnetzagentur nach § 38 Abs. 4 S. 1 TKG bzw. nach § 42 Abs. 4 S. 2 TKG. Nach § 38 Abs. 4 S. 1 TKG kann sie Entgelte für unwirksam erklären. § 42 Abs. 4 S. 2 TKG erlaubt

---

173 So GURLIT, in: SÄCKER, Berliner Kommentar zum TKG, § 133, Rn. 5.

174 FETZER/GROß, in: ARNDT/FETZER/SCHERER, TKG-Kommentar, § 133, Rn. 31.In diesem Sinne wohl auch TYSPER, in: SCHEURLE/MAYEN, TKG-Kommentar, § 133, Rn. 7. A.A. GURLIT, in: SÄCKER, Berliner Kommentar zum TKG, § 133, Rn. 19, der unter Hinweis auf die Praxis auch bloße Verpflichtungen für möglich hält.

175 Siehe oben Teil 1. B. V.

es der Bundesnetzagentur, im Verfahren der besonderen Missbrauchsaufsicht Verträge und einzelne Vereinbarungen, die eine marktmissbräuchliche Stellung ausnutzen, mit sofortiger Wirkung und sogar rückwirkend für unwirksam zu erklären. Schließlich ist der Erlass eines privatrechtsgestaltenden Verwaltungsakts als Abschluss eines Verfahrens nach § 133 TKG vorgesehen.

C. Vergleich des privatrechtsgestaltenden Verwaltungsakts in den Sektoren

Im Folgenden werden die zentralen Fragestellungen, welche im Abschnitt des Eisenbahnregulierungsrechts untersucht wurden, auch für das Telekommunikationsregulierungsrecht aufgeworfen. Dies umfasst die Aufhebbarkeit von privatrechtsgestaltenden Verwaltungsakten (I.), die Besonderheiten auf der Ebene des Ermessens (II.) und die Bedeutung des Verwaltungsakts im System des Zivilrechts (III.). Die Ergebnisse sollen unmittelbar mit denen des eisenbahnrechtlichen Teils verglichen werden.

I. Aufhebbarkeit

1. Die Aufhebbarkeit von Verwaltungsakten im AEG

Die Aufhebbarkeit privatrechtsgestaltender Maßnahmen im Rahmen des AEG ist im Kern eine Frage der Dogmatik privatrechtsgestaltender Verwaltungsakte.[176] Entscheidend ist, dass der Verwaltungsakt daraufhin geprüft wird, ob er ein Recht bzw. Rechtsverhältnis begründet oder ob er es bloß punktuell (um-)gestaltet, gar vernichtet. Wenn der Verwaltungsakt ein Recht begründet, dann ist das „Schicksal“ des Vertrages unmittelbar mit dem des Verwaltungsakts verbunden. Wird das private Rechtsverhältnis dadurch modifiziert, dass z.B. eine Klausel oder ein ganzer Vertrag für unwirksam erklärt werden, dann erschöpft sich die Gestaltungswirkung des Verwaltungsaktes in der Vernichtung. Eine Aufhebung scheidet dann aus. Zudem sind vertragsbegründende Verwaltungsakte angesichts ihrer dauerhaften Wirkung regelmäßig als Dauerverwaltungsakte zu qualifizieren. Schließlich sollte grundsätzlich von der Aufhebung vertrags- oder einzelregelungsbegründender Verwaltungsakte im Interesse der Rechts- und vor allem der Planungssicherheit abgesehen werden. Allerdings ist es nicht ausgeschlossen, dass besondere Erwägungen eine Aufhebung doch rechtfertigen können.

---

176 Siehe oben Teil 3. B. I.

2. Spezialregelungen zu §§ 48, 49 VwVfG?

a) § 13 Abs. 1 TKG als lex specialis?

Die Aufhebung von Verwaltungsakten könnte im TKG durch spezialgesetzliche Regelungen ausgestaltet oder ausgeschlossen sein. Im Bereich der Zugangsregulierung kommt als eine solche Spezialregelung nur die Vorschrift des § 13 Abs. 1 TKG in Betracht. Danach kann die Bundesnetzagentur die auf einem Marktdefinitions- und Analyseverfahrens basierenden Verpflichtungen widerrufen. § 13 Abs. 1 TKG gilt unmittelbar nur für Regulierungsverfügungen, die auf Grundlage des TKG 2004 erlassen worden sind.[177] Der Widerruf ist die Aufhebung einer nach § 13 TKG auferlegten Verpflichtung. Er ist ein Sonderfall des § 49 Abs. 1 VwVfG.[178] Die Rücknahme einer rechtswidrigen Regulierungsverfügung bestimmt sich nach dem unmittelbar anwendbaren § 48 VwVfG, wobei die Behörde kein Rücknahmeermessen nach § 48 Abs. 1 VwVfG hat.[179] Zudem soll die Aufhebung bei einer Neuverpflichtung aus Gründen der Rechtssicherheit und Rechtsklarheit geboten sein.[180] § 13 Abs. 1 TKG ist somit nur eine Spezialregelung für alle Maßnahmen, die einheitlich mit der Regulierungsverfügung ergehen. Dies sind Maßnahmen nach §§ 19, 20, 21, 23, 24, 30, 39 oder § 42 Abs. 4 S. 3 TKG. Die Vorabgenehmigung von Entgelten wird davon erfasst, nicht aber die privatrechtsgestaltenden Maßnahmen nach §§ 38 Abs. 4 S. 1 und 2 sowie 42 Abs. 4 S. 2 TKG. Jedoch ist durch § 13 Abs. 1 TKG die Aufhebung von (privatrechtsgestaltenden) Verwaltungsakten nicht prinzipiell ausgeschlossen.

b) Aufhebung einer Zusammenschaltungsanordnung

Für die Zusammenschaltungsanordnung nach § 25 TKG muss die Rechtsprechung des BVerwG beachtet werden. Danach knüpft § 25 Abs. 1 TKG an die in § 13 Abs. 1 i.V.m. § 21 TKG getroffene Regelung an,

---

177 GURLIT, in: SÄCKER, Berliner Kommentar zum TKG, § 13, Rn. 14.

178 MAYEN, in: SCHEURLE/MAYEN, TKG-Kommentar, § 13, Rn. 18. Es besteht eine Widerrufspflicht, wenn die beträchtliche Marktmacht entfällt. MAYEN, in: SCHEURLE/MAYEN, TKG-Kommentar, § 13, Rn. 18.

179 GURLIT, in: SÄCKER, Berliner Kommentar zum TKG, § 13, Rn. 14; a.A. MAYEN, in: SCHEURLE/MAYEN, TKG-Kommentar, § 13, Rn. 18, der § 13 Abs. 1 TKG, der die Anwendung des § 13 auch auf rechtswidrige Regulierungsverfügungen erstrecken möchte.

180 KÜHLING/ELBRACHT, Telekommunikationsrecht, Rn. 120, Fn. 306.

weswegen es nahe liegt, die Aufhebung nur durch eine Regulierungsverfügung für möglich zu halten.[181] Dies suggeriert auch die frühere Rechtsprechung des Gerichts, wenn es herausstellt, dass § 13 Abs. 1 TKG im Verhältnis zu § 49 Abs. 1 VwVfG die speziellere Norm sei, weil diese der Bundesnetzagentur kein Entschließungsermessen einräume.[182] Nach der neueren Rechtsprechung des Gerichts ist ein rein exklusives Verständnis hingegen nicht geboten. Das BVerwG prüft selbst, ob eine bestandskräftige Zusammenschaltungsanordnung entweder durch eine Regulierungsverfügung oder in sonstiger Weise aufgehoben wurde.[183] Die Anwendung der allgemeinen Aufhebungsregeln ist für eine solche Anordnung und auch für eine Entgeltgenehmigung nicht ausgeschlossen.[184]

3. *Aufhebbarkeit der vertragsbegründenden Verwaltungsakte*

a) Grundsätzliche Aufhebbarkeit

Alle Maßnahmen des TKG, die es erlauben, in das Rechtsverhältnis zwischen einem regulierten Unternehmen und einem Zugangspetenten einzugreifen, ersetzen teilweise oder gänzlich die vertraglichen Vereinbarungen. In der Literatur zum TKG ist herrschende Meinung, dass Veränderungen einer Zusammenschaltungsanordnung auch Änderungen des angeordneten Vertrages bewirken.[185] Die Aufhebung eines Verwaltungsakts hat in dieser Konstellation immer auch die Modifizierung des privaten Rechtsverhältnisses zur Folge. Diese Verknüpfung von Verwaltungsakt und ziviler Rechtslage ist gerade die charakteristische Konsequenz der Rechtsprechung des BVerwG.[186]

---

181 BVerwG MMR 2010, 719.

182 BVerwG MMR 2007, 522.

183 BVerwG MMR 2010, 719 (720).

184 Jüngst im Hinblick auf die Entgeltgenehmigung BVerwG NVwZ 2012, 1547, 2. Leitsatz.

185 Für § 25 TKG HÖLSCHER, in: SCHEURLE/MAYEN, TKG-Kommentar, § 25, Rn. 80. Für die Entgeltgenehmigung STAMM, in: SCHEURLE/MAYEN, TKG-Kommentar, § 37, Rn. 18. Für die Befugnisse nach § 38 Abs. 4 S. 2 und 3 TKG STAMM, in: SCHEURLE/MAYEN, TKG-Kommentar, § 38, Rn. 68, 76. So auch für das rückwirkende Entfallen der Genehmigungspflicht von Entgelten BVerwG, NVwZ 2007, 1207 (1209).

186 Für die Zusammenschaltung siehe BVerwGE 120, 263 (267 f.). Für die Entgeltgenehmigung siehe BVerwG NVwZ 2012, 1547 (1553), Rn. 43.

So wird von den Gegnern auch gar nicht die Aufhebbarkeit privatrechtsgestaltender Verwaltungsakte bestritten. Vielmehr wird die privatrechtsgestaltende Wirkung, die Existenz eines Vertrages, für das TKG bestritten.[187] Gelangt man - mit der herrschenden Meinung - zu der Auffassung, dass das TKG privatrechtsgestaltende Verwaltungsakte zur Regulierung einsetzt, dann ist deren Aufhebung grundsätzlich möglich.

Die üblicherweise mit dem privatrechtsgestaltenden Verwaltungsakt verbundenen Probleme des Vertrauensschutzes stellen sich im TKG zudem nicht in derselben Schärfe, wie dies im AEG der Fall ist. Dies hat vor allem zwei Gründe: Zum einen sind die Entgeltgenehmigungen als wohl wichtigstes Instrument der Regulierungsaufsicht gem. § 35 Abs. 4 TKG zu befristen. Dadurch wird eine regelmäßige Überprüfung von Entgelten sichergestellt.[188] Zum anderen ist es Verwaltungspraxis der Bundesnetzagentur, Zusammenschaltungsanordnungen mit einem Widerrufsvorbehalt zu versehen, soweit die Vertragsparteien eine der Anordnung entsprechende vertragliche Einigung erzielen.[189]

b) Dauerwirkung des auf das Privatrecht zielenden Regelungsgehalts

Für die Entgeltgenehmigung geht das BVerwG davon aus, dass es sich bei dieser um einen Dauerverwaltungsakt handelt. Allerdings entnimmt das Gericht die dauerhafte Wirkung nicht dem auf das Privatrecht zielenden Regelungsgehalt, sondern dem öffentlich-rechtlichen Regelungsgehalt des Verwaltungsakts. Dieser besteht darin, dass das regulierte Unternehmen für die Dauer der Geltung des Verwaltungsakts daran gehindert ist, andere

---

187 So KÜHLING/NEUMANN, in: SÄCKER, Berliner Kommentar zum TKG, § 25, Rn. 71 ff.

188 F. MÜLLER, in: SPINDEL/SCHUSTER, Das Recht der elektronischen Medien, § 35 TKG, Rn. 21. Wobei die kurze Befristung auch zur Planungsunsicherheit für Investitionen führen kann, wenn diese sich in einem solchen Zeitraum nicht amortisieren lassen. KÜHLING, WiVerw 2010, 135 (137).

189 GEPPERT/HELMES, MMR 2007, 564 (567). Das BVerwG weist zudem darauf hin, dass Vertrauensschutzgesichtspunkte bei zusammengeschalteten Unternehmen regelmäßig einer (rückwirkenden) Aufhebung nicht entgegenstehen dürfen, wenn das Unternehmen seinen Vertragspartner auf die Möglichkeit einer gerichtlichen Aufhebung einer Genehmigungspflicht von Entgelten hingewiesen hat. BVerwG NVwZ 2007, 1207 (1209).

Entgelte als die genehmigten Entgelte zu erheben.[190] Die Dauerwirkung allein auf diese Regelungswirkung zu stützen, überzeugt jedoch nicht. Denn auch die privatrechtliche Regelung entfaltet bereits eine auf Dauer angelegte, sich ständig aktualisierende Wirkung. Es ist inkonsequent, der Genehmigung oder der Zusammenschaltungsanordnung einerseits eine konstitutive, privatrechtlich verbindliche Wirkung zuzusprechen, welche sogar das Schicksal von Vertrag und Verwaltungsakt miteinander verknüpft, der Entgeltgenehmigung aber an dieser Stelle gleichzeitig nur eine sich in der „einmaligen Gestaltung der Rechtslage“ erschöpfende Rechtswirkung zuzubilligen.[191]

Ein Verwaltungsakt mit einer nur erschöpfenden Wirkung kann gerade nicht aufgehoben werden. Der Zweck der Rücknahme eines belastenden Verwaltungsakts, d.h. die Herstellung der ursprünglichen Rechtslage, kann nicht mehr erreicht werden, wenn die Rechtswirkungen schon eingetreten sind.[192] Die Aufhebung würde sich allein auf die Aufhebung des Verbots, abweichende Entgelte zu vereinbaren, beziehen, nicht jedoch auf die verbindliche Geltung der Entgelte als Vertragsbestandteil zwischen den regulierten Unternehmen. Insofern scheint auch die Rechtsprechung des BVerwG noch von der Vorstellung durchdrungen zu sein, dass durch die privatrechtgestaltenden Verwaltungsakte das Vertragsverhältnis „ins Privatrecht entlassen" werde.[193] Konsequenter und kohärenter ist es jedoch, auch der vertragsersetzenden Regelung der Zusammenschaltungsanordnung einen dauerhaften Charakter zuzusprechen. Diese Regelung kann dann Gegenstand einer Aufhebung sein.

c) Investitionssicherheit als Ausschlussgrund der Aufhebbarkeit?

Das BVerwG hat anerkannt, dass im Rahmen der Ermessensentscheidung über die Aufhebung einer Entgeltgenehmigung nicht nur der Anspruch auf Erhebung kostendeckender Entgelte auf Seiten der regulierten Unternehmen zu beachten ist.[194] Es ist vielmehr auch der Gesichtspunkt der Kalkulations-

---

190 BVerwG NVwZ 2012, 1547 (1553), Rn. 43.

191 BVerwG NVwZ 2012, 1547 (1553), Rn. 43.

192 So allgemein SACHS, in: STELKENS/BONK/SACHS, VwVfG Kommentar, §48,Rn. 45.

193 Formulierung nach BULLINGER, DÖV 1957, 761 (764). Siehe zu der Argumentation einer solchen Sichtweise Teil 3. B. I. 1. b).

194 BVerwG NVwZ 2012, 1547, 3. Leitsatz.

und Planungssicherheit der Wettbewerber zu berücksichtigen. Dies hat es sogar als eine Ausprägung des Grundsatzes des Vertrauensschutzes anerkannt. [195] Sind Wettbewerber nämlich auf Vorleistungen des SMP-Unternehmens angewiesen, kann ein chancengleicher Wettbewerb nur sichergestellt werden, wenn diese hinsichtlich der Vorleistungen wenigstens mittelfristig ökonomische Planungssicherheit haben. [196] Auch der Wettbewerber müsse auf eine Genehmigung vertrauen können. [197] Diese Rechtsprechung entspricht nicht der grundsätzlichen Vermutung, einen vertragsbegründenden Verwaltungsakt im Zweifel nicht aufzuheben, wie dies in dieser Arbeit für das Eisenbahnrecht vertreten wird,[198] betont aber die besondere Bedeutung, die der Planungs- und daraus resultierend der Investitionssicherheit zugutekommt. Durch diese Erwägung erhält der Vertrauensschutz jedenfalls ein besonderes Gewicht[199], die im Rahmen der Aufhebungsentscheidung zu beachten ist.

d) Fazit

Die vertragsgestaltenden Verwaltungsakte stimmen in ihrer dogmatischen Konstruktion in den beiden Sektoren überein. Der Verwaltungsakt und die durch ihn begründete vertragliche Regelung sind untrennbar miteinander verbunden. Die Frage nach der grundsätzlichen Aufhebbarkeit von privatrechtsgestaltenden Verwaltungsakten wird im TKG schon gar nicht mehr gestellt. Vielmehr finden die §§ 48 f. VwVfG grundsätzlich Anwendung. Vertragsersetzende Anordnungen sind in beiden Sektoren als Dauerverwaltungsakte zu qualifizieren. Dies ergibt sich bereits aus der privatrechtlichen Regelungswirkung des Verwaltungsakts und nicht erst aus einem öffentlich-rechtlichen Verbot, abweichende Entgelte zu erheben. In beiden Sektoren ist die Planungs- und Investitionssicherheit eine bedeutsame

195 BVerwG NVwZ 2012, 1547, 3. Leitsatz.

196 BVerwG NVwZ 2012, 1547 (1555 f.), Rn. 58.

197 BVerwG NVwZ 2012, 1547 (1555 f.), Rn. 58. Eine solche Beständigkeit der Entgeltgenehmigung ergebe sich auch aus dem zugrunde liegenden „besonders formalisierten“ Beschlusskammerverfahren.

198 Siehe oben Teil 3. B. I. 3. c).

199 Sie beruht damit letztlich auf dem Grundsatz des Treu und Glaubens und dem Prinzip der Rechtssicherheit als allgemeine Rechtsprinzipen. OSSENBÜHL, Die Rücknahme fehlerhafter begünstigender Verwaltungsakte, S. 131.

Position des Vertrauensschutzes, welche Wettbewerbern und Infrastrukturunternehmen gleichermaßen zugutekommt.

II. Ermessen

Nach der hier vertretenen Ansicht sind im Eisenbahnzugangsrecht an das Ermessen privatrechtsgestaltender Verwaltungsakte besondere Anforderungen zu stellen. Die Behörde muss, sobald sie unmittelbar vertragsgestaltend tätig wird, im Rahmen ihrer Ermessenserwägungen die Konsequenzen beachten, die ihre Entscheidung im Privatrecht auslöst sowie die tatsächlichen Folgen für das Verhältnis der Privaten zueinander.[200] Fraglich ist, ob dieser Gedanke grundsätzlich auch im TKG Beachtung erfahren kann. Dies setzt zweierlei voraus: Zum einen muss im Rahmen der privatrechtsgestaltenden Ermächtigungen überhaupt ein Ermessen eingeräumt sein und zum anderen darf eine solche Erwägung nicht durch die Figur des „Regulierungsermessens" ausgeschlossen sein.

1. Regulierungsermessen und privatrechtsgestaltende Befugnisse

a) Regulierungsermessen im TKG

Das Ermessen wird im TKG von der durch das BVerwG anerkannten Figur des „Regulierungsermessens" bestimmt.[201] Danach steht der Verwaltung z.B. ein gerichtlich nicht bzw. nur eingeschränkt überprüfbarer umfassender Auswahl- und Ausgestaltungsspielraum in der Frage zu, welche und wie viele Maßnahmen sie von den in § 13 Abs. 1 und Abs. 5 TKG aufgelisteten Möglichkeiten innerhalb einer Regulierungsverfügung ergreift. [202] Die Beschlusskammern der Bundesnetzagentur können aus dem „Werkzeugkasten"[203] der Vorabverpflichtungen für Vorleistungs- und Endkundenmärkte das „passende Handwerkszeug" herausnehmen.[204] Das BVerwG erstreckt das Regulierungsermessen auch auf die Entscheidung über die Einführung einer

---

200 Siehe oben Teil 3. B. III. 1.

201 Siehe zur Entstehung des Regulierungsermessens oben Teil 3. B. III. 3. a).

202 SCHNEIDER, in: FEHLING/RUFFERT, Regulierungsrecht, § 8, Rn. 126.

203 ELLINGHAUS, MMR 2004, 293 (294).

204 GURLIT, in: SÄCKER, Berliner Kommentar zum TKG, § 13, Rn. 40 ff.; MAYEN, in: SCHEURLE/MAYEN, TKG-Kommentar, § 13, Rn. 30 f., 42.

Vorab-Genehmigung.[205] Im Übrigen ergeben sich die Anforderungen an das Ermessen aus den jeweiligen Einzelnormen, auf die § 13 TKG verweist.[206]

b) Regulierungsermessen bei privatrechtsgestaltenden Verwaltungsakten?
Bisher noch nicht geklärt ist, ob der Bundesnetzagentur auch bei Zusammenschaltungsanordnungen nach § 25 TKG ein weiter Ausgestaltungsspielraum zusteht, der ebenfalls nur einer eingeschränkten Kontrolle unterliegt.[207] Auch wenn davon auszugehen ist, dass auch die Ausgestaltung der Anordnung sowie die darin getroffene Entscheidungsdichte der Behörde einen gewissen Spielraum eröffnen,[208] kann daraus alleine noch keine Anerkennung eines gerichtlich nicht oder nur eingeschränkten Entscheidungsspielraums erwachsen. Angesichts der faktischen Einrichtung eines administrativen Letztentscheidungsrechts durch die Einräumung von „Regulierungsermessen", welche den effektiven Rechtsschutz stark sowie die Judikative in ihrer Funktion zumindest nicht unerheblich beschränkt, ist bei der Anerkennung und Ausweitung des „Regulierungsermessens" jedenfalls Zurückhaltung geboten. [209] Ein Entschließungsermessen besteht bei Zusammenschaltungsanordnungen jedenfalls nicht.[210]

Für die Befugnisse im Rahmen der ex post-Regulierung und der besonderen Missbrauchsaufsicht stellt sich die Frage nach einem besonderen Regulierungsermessen nicht. Bezüglich der Unwirksamkeitserklärung nach § 38 Abs. 4 S. 1 TKG besitzt die Bundesnetzagentur ein Auswahlermessen.[211] Bei der Anordnungsbefugnis nach § 38 Abs. 4 S. 2 TKG hat sie ein auch ein

---

205 BVerwG, Urteil vom 02.04.2008, 6 C 16/07, Rn. 66 (JURIS). Siehe zur Entwicklung dieser Figur in der Rechtsprechung SCHNEIDER, in: FEHLING/RUFFERT, Regulierungsrecht, § 8, Rn. 127 f.

206 MAYEN, in: SCHEURLE/MAYEN, TKG-Kommentar, § 13, Rn. 32 f.

207 NEITZEL, in: SPINDEL/SCHUSTER, Das Recht der elektronischen Medien, § 25 TKG, Rn. 14.

208 KÜHLING/NEUMANN, in: SÄCKER, Berliner Kommentar zum TKG, § 25, Rn. 55

209 Allgemein zu den Anforderungen an behördliche Letztentscheidungsermächtigungen siehe PROELß, AöR 136 (2011), 402 (412 ff., 426). Dieser sieht im Regulierungsermessen einen „rationalen, rechtsnormorientierten [...] Kompromiss".

210 HÖLSCHER, in: SCHEURLE/MAYEN, TKG-Kommentar, § 25, Rn. 57.

211 Insbesondere aus Gründen der Verhältnismäßigkeit kann eine nur teilweise Erklärung der Unwirksamkeit geboten sein. STAMM, in: SCHEURLE/MAYEN, TKG-Kommentar, § 38, Rn. 58.

Entschließungsermessen.[212] Dies gilt nicht bei einer Anordnung nach § 38 Abs. 4 S. 3 TKG.[213] Sind die vorgeschlagenen Entgelte mit § 28 TKG vereinbar, muss sie diese anordnen und ggf. bereits angeordnete Entgelte entsprechend modifizieren.[214] Nach § 42 Abs. 4 S. 2 TKG steht der Bundesnetzagentur ein Auswahlermessen zu.[215] Die Ermächtigungen zum Erlass privatrechtsgestaltender Verwaltungsakte sind damit auch im TKG grundsätzlich geeignet, besonderen Ermessenserwägungen zu unterliegen.

2. Die Wirkung auf das Zivilrecht als Ermessensgesichtspunkt im TKG?

Dort wo der Bundesnetzagentur ein Ermessen eingeräumt wird, kann der Grundsatz, dass sie im Rahmen ihrer Entscheidung auch die zivilrechtlichen Wirkungen ihrer Entscheidung berücksichtigen muss, Geltung beanspruchen. Für die Anordnungsbefugnis des § 38 Abs. 4 S. 2 TKG wird dies sogar durch den Zweck des Gesetzes gestützt, da die Entgeltanordnung das „Prinzip der Entgeltlichkeit“ [216] für Zugangsleistungen stärken will. Dieses Prinzip verhindert, dass es zu unentgeltlichen Leistungspflichten kommt.[217] Dadurch können „unerwünschte Nebenwirkungen“ des vertragsvernichtenden Verwaltungsakts ausgeräumt werden. Das Gesetz räumt der Bundesnetzagentur die Gelegenheit ein, auf ihre nur vertragsvernichtenden Verfügungen dem Privatrecht angemessen reagieren zu können.

Bei vertragsbegründenden Anordnungen wird die Behörde ohnehin dazu verpflichtet, ihre Anordnungen inhaltlich an dem im Zivilrecht „Üblichen“ zu

212 STAMM, in: SCHEURLE/MAYEN, TKG-Kommentar, § 38, Rn. 66; F. MÜLLER, in: SPINDLER/SCHUSTER, Recht der elektronischen Medien, 11.Teil, § 38 TKG, Rn. 40.

213 HEINICKEL/SCHERER, in: ARNDT/FETZER/SCHERER, TKG-Kommentar, § 38, Rn. 58.

214 STAMM, in: SCHEURLE/MAYEN, TKG-Kommentar, § 38, Rn. 76.

215 SCHÜTZ, in: GEPPERT/PIEPENBROCK/SCHÜTZ/SCHUSTER, BECK´scher TKG-Kommentar, § 42, Rn. 143; a.A. ROTH, in: SCHEURLE/MAYEN, TKG-Kommentar, § 42, Rn. 122, der auch von einem Entschließungsermessen ausgeht. Zur Problematik, dass Ermessenserwägungen dahinstehen, wenn Verträge nach § 42 Abs. 1 TKG i.V.m. § 134 BGB ohnehin nichtig sind siehe sogleich unten Teil 4. C. III. 2. a).

216 BVerwG NVwZ 2012, 1547 (1556), Rn. 60.

217 MIELKE, in: SÄCKER, Berliner Kommentar zum TKG, § 38, Rn. 107. STAMM, in: SCHEURLE/MAYEN, TKG-Kommentar, § 37, Rn. 60.

orientieren,[218] wodurch die zivilrechtliche Wirkung des Verwaltungsakts automatisch Berücksichtigung findet. Vorrangig von Bedeutung ist ein solcher Grundsatz daher für die Regulierung durch negativ privatrechtsgestaltende Verwaltungsakte.

III. Der privatrechtsgestaltende Verwaltungsakt im TKG und Privatrecht

Die Frage nach der Reichweite des Prüfungsmaßstabes der Bundesnetzagentur ist im AEG sehr umstritten.[219] Durch die Rechtsprechung des BVerwG ist die Bundesnetzagentur allein auf die Prüfung des Eisenbahnzugangsrechts beschränkt. Der BGH hat hingegen entschieden, dass ein Vertragsverhältnis auch dann der zivilrechtlichen Kontrolle unterliegen kann, wenn es gemäß dem „Regelungssystem nach §§ 1 Abs. 1 S. 1, 14 Abs. 1 S. 1 AEG" ergangen ist.[220] Die restriktive Rechtsprechung des BVerwG wird in dieser Arbeit abgelehnt. Vielmehr muss der Bundesnetzagentur auch die Möglichkeit eingeräumt werden, das Zivilrecht als Prüfungsmaßstab heranzuziehen, wenn ein Eisenbahnrechtsverstoß vorliegt.

1. Der Gestaltungsmaßstab der Bundesnetzagentur im TKG

Im TKG ist die Rechtslage hinsichtlich des Gestaltungsmaßstabes für einen angeordneten Vertrag nach § 25 TKG unproblematisch. Dies liegt vor allem daran, dass dieser gesetzlich normiert ist und mit ihm eine in diesem Punkt ausführliche Gesetzesbegründung ergangen ist. § 25 Abs. 5 S. 1 TKG bestimmt, dass die Bundesnetzagentur die Zusammenschaltungsanordnung mit Bedingungen in Bezug auf Chancengleichheit, Billigkeit und Rechtzeitigkeit[221] verknüpfen kann. Sie darf „konkrete Vertragsbestandteile, wie etwa Sicherheitsleistungen, Kündigungsrechte, Bereitstellungsfristen, Informationsrechte, Schadensersatzklauseln (für beide Vertragspartner)"[222] anordnen. Der „Maßstab der Überprüfung soll das sein, was im Rahmen der

---

218 HÖLSCHER, in: SCHEURLE/MAYEN, TKG-Kommentar, § 25, Rn. 62; BT-Drs. 17/5707, S. 60.

219 Siehe oben Teil 3. C. I.

220 BGH NVwZ 2012, 189 (190).

221 Sog. Anforderungstrias. KÜHLING/NEUMANN, in: SÄCKER, Berliner Kommentar zum TKG, § 25, Rn. 40.

222 BT-Drs. 15/2316, S. 66.

allgemeinen zivilrechtlichen Gesetze „üblich" ist." [223] Dies verleiht der Agentur die Befugnis, die technischen, wirtschaftlichen und rechtlichen Bedingungen des Netzzugangs festzulegen. [224] Einschränkend bedarf es allerdings einer besonderen Begründung, wenn vom dispositiven Gesetzesrecht abgewichen wird, weil dieses die Vermutung in sich trägt, den Kriterien der „Chancengleichheit, Billigkeit und Rechtzeitigkeit" zu entsprechen. [225] Die Behörde kann auch Entgelte in diesem Rahmen anordnen. [226] Diese explizite Normierung wird als „gesetzgeberische Reaktion" auf die restriktive Rechtsprechung nach dem TKG 1996 verstanden, die entsprechende Kompetenzen bei der Vertragskontrolle durch die Vorgängerbehörde abgelehnt hatte.[227]

Die Konzeption des TKG, die erst nach dem Scheitern des „Primats der Privatautonomie" eine privatrechtsgestaltende Tätigkeit der Bundesnetzagentur ermöglicht und ihr gleichzeitig auch die entsprechenden Mittel des Privatrechts zur Verfügung stellt, ist nicht nur kohärent, sondern bestätigt die Auffassung, der Bundesnetzagentur auch im Eisenbahnrecht eine entsprechende Gestaltungsbefugnis einzuräumen. Denn § 25 TKG legt wie § 14f Abs. 3 Nr. 2 AEG als „ultima ratio" der Bundesnetzagentur die Festlegung der Bedingungen „in die Hände".[228]

---

223 BT-Drs. 15/2316, S. 66; BT-Drs. 17/5707, S. 60. Auch bei der (nicht gestaltenden) Vorgabe von Bedingungen im Rahmen eines Standardangebots nach § 23 TKG hat die Bundesnetzagentur die „dispositiven Regelungen des Gesetzesrechts, insbesondere des BGB und des HGB" als „Richtschnur" zu beachten. HÖLSCHER, in: SCHEURLE/MAYEN, TKG-Kommentar, § 23, Rn. 53.

224 HÖLSCHER, in: SCHEURLE/MAYEN, TKG-Kommentar, § 25, Rn. 62 f.; GEPPERT/HELMES, MMR 2007, 564 (567), die die „gesamte Bandbreite des Zivilrechts" als Prüfungsmaßstab sehen.

225 HÖLSCHER, in: SCHEURLE/MAYEN, TKG-Kommentar, § 25, Rn. 65.

226 Sie hat aber die Rechtsgrundverweisung des § 25 Abs. 5 S. 2 TKG zu beachten, welcher auf die Vorschriften der Entgeltregulierung verweist. HÖLSCHER, in: SCHEURLE/MAYEN, TKG-Kommentar, § 25, Rn. 67; KÜHLING/NEUMANN, in: SÄCKER, Berliner Kommentar zum TKG, § 25, Rn. 41, 49 ff.

227 KÜHLING/NEUMANN, in: SÄCKER, Berliner Kommentar zum TKG, § 25, Rn. 40.

228 KÜHLING/NEUMANN, in: SÄCKER, Berliner Kommentar zum TKG, § 25, Rn. 53.

2. Der privatrechtsgestaltende Verwaltungsakt im System des Zivilrechts

Ähnlich dem Eisenbahnzugangsrecht ist auch im Zugangsrecht des TKG zu untersuchen, wie der privatrechtsgestaltende Verwaltungsakt im Zivilrecht umgesetzt wird. Unklar ist an dieser Stelle vor allem das Zusammenspiel von Verbotsgesetzen des TKG i.V.m. § 134 BGB und Verwaltungsakten (a). Von Interesse ist zudem, ob das Privatrecht nicht durch die Natur des Verwaltungsakts als hoheitliche Maßnahme gewissen Änderungen unterworfen ist. Den Anlass zu dieser Frage gibt ein zivilgerichtliches Urteil jüngeren Datums (b).[229]

a) Das Verhältnis von Verwaltungsakt und § 134 BGB

aa) Der gegenseitige Ausschluss von Verbotsgesetz und privatrechtsgestaltenden Verwaltungsakt

Im TKG ist es anerkannt, dass das Verbot des missbräuchlichen Ausnutzens einer marktmächtigen Stellung eines Unternehmens nach § 42 Abs. 1 TKG ein Verbotsgesetz darstellt.[230] Ein Vertrag, der diesem Verbotsgesetz zuwiderläuft, ist gemäß § 134 BGB nichtig, ggf. nur teilnichtig nach § 139 BGB.[231] Für die Untersagung solcher Verträge nach § 42 Abs. 4 S. 2 TKG wird daher angenommen, dass die Verfügung nur feststellenden Charakter habe und ihr somit nur eine deklaratorische Wirkung zukäme.[232] Dies gelte auch für das „Unwirksamerklären von Verträgen".[233] Damit scheidet aber ein privatrechtsgestaltender Charakter der Unwirksamkeitserklärung aus. Z.T. wird vertreten, dass der Erklärung zwar eine vertragsvernichtende Wirkung zukäme, soweit jedoch ein Vertrag bereits nach § 134 BGB nichtig sei, hätte

---

229 OLG Düsseldorf, Urteil vom 11.01.2012, VI-U (Kart) 17/11, U (Kart) 17/11 (JURIS).

230 SCHÜTZ, in: GEPPERT/PIEPENBROCK/SCHÜTZ/SCHUSTER, BECK'scher TKG-Kommentar, § 42, Rn. 164; NEITZEL, in: SPINDEL/SCHUSTER, Das Recht der elektronischen Medien, § 42 TKG, Rn. 49; ROTH, in: SCHEURLE/MAYEN, TKG-Kommentar, § 42, Rn. 165.

231 ROTH, in: SCHEURLE/MAYEN, TKG-Kommentar, § 42, Rn. 165.

232 NEITZEL, in: SPINDEL/SCHUSTER, Das Recht der elektronischen Medien, § 42 TKG, Rn. 49.

233 NEITZEL, in: SPINDEL/SCHUSTER, Das Recht der elektronischen Medien, § 42 TKG, Rn. 49.

der Verwaltungsakt nur eine deklaratorische Bedeutung.[234] Wann aber ein privatrechtsgestaltender Verwaltungsakt vorliegt und wann eine Nichtigkeit nach § 134 BGB, wird nicht näher erläutert.

Die Unterscheidung in privatrechtsgestaltender und feststellender Verwaltungsakt oder gar die Koexistenz beider kann logisch nicht bestehen. Beide Formen des Verwaltungsakts schließen sich gegenseitig aus: Entweder es liegt ein privatrechtsgestaltender Verwaltungsakt vor, welcher die Nichtigkeit eines Vertrages herbeiführt oder das Verbotsgesetz bewirkt unmittelbar die Nichtigkeit. Dann zeichnet die Maßnahme der Bundesnetzagentur die Rechtslage nur verbindlich nach.

Dieses Problem stellte sich in abgewandelter Form bereits im Rahmen der Unbundling-Vorschriften nach § 9a AEG.[235] Das gleiche Problem stellt sich allerdings nach dem bisherigen Entwurf zum ERegG in der Regelung des § 61 Abs. 1 ERegG-E. Danach ist der Missbrauch einer marktbeherrschenden Stellung beim Angebot von Fahrstrom oder beim Vertrieb von Fahrscheinen durch ein oder mehrere Unternehmen verboten. Die Bundesnetzagentur soll nach § 61 Abs. 4 S. 2 ERegG-E dem Unternehmen alle Maßnahmen aufgeben können, die erforderlich sind, um Zuwiderhandlungen wirksam abzustellen. Sie kann insbesondere Verträge ganz oder teilweise für unwirksam erklären oder Änderungen der Entgelte oder der Bedingungen verlangen, § 61 Abs. 4 S. 3 ERegG-E.[236] Das Ziel dieser Regelung ist die Bekämpfung von Missbräuchen einer marktbeherrschenden Stellung auf den Märkten des Vertriebs von Fahrscheinen für Dritte und dem Anbieten von Fahrstrom, die zwar nicht zur eigentlichen Eisenbahninfrastruktur gehören, aber von wesentlicher Bedeutung für das Entstehen von Wettbewerb auf den Eisenbahnmärkten sind.[237] Dies ist die Einführung einer besonderen Missbrauchsaufsicht[238], die in hohem Maße der Regelung des § 42 TKG ähnelt.[239]

---

234 ROTH, in: SCHEURLE/MAYEN, TKG-Kommentar, § 42, Rn. 139.

235 Siehe oben Teil 3. C. II. 1.

236 BR-Drs. 559/12, S. 57.

237 So BR-Drs. 559/12, S. 218.

238 BR-Drs. 559/12, S. 218.

239 Eine unmittelbare Bezugnahme auf das TKG findet sich in der Entwurfsbegründung lediglich im Hinblick auf die Vermutungsregelung des § 61 Abs. 3 Nr. 3 ERegG-E. BR-Drs. 559/12, S. 219. Dennoch ist die Parallelität in der Struktur beider Regelungen offenkundig.

bb) Das Dilemma des Ermessens

§ 42 Abs. 4 S. 2 TKG ermächtigt die Bundesnetzagentur zum repressiven Einschreiten, wenn ein Unternehmen seine marktmächtige Stellung bereits ausgenutzt hat.[240] Sie hat für diesen Fall ein Auswahlermessen. Die Bundesnetzagentur kann sogar darüber entscheiden, ob eine Unwirksamkeitserklärung lediglich ex nunc oder ex tunc wirkt. Wenn man das Vorliegen eines Verbotsgesetzes an den Verwaltungsakt knüpfen würde, läge die Nichtigkeitsfolge im rechtmäßigen Ermessen der Behörde. Dies ist aus Gründen der Rechtssicherheit nicht zulässig. Dann wiederum kann nur § 42 Abs. 1 TKG alleine das Verbotsgesetz sein und der Entscheidung käme keine gestaltende Rechtswirkung zu. Es bedürfte gar keiner Ermesseneinräumung durch das Gesetz. Die Behörde müsste z.B. in ihren Erwägungen keine Verhältnismäßigkeitsprüfung durchführen, da mit der Maßnahme kein eigenständiger Grundrechtseingriff verbunden ist. Die typische Wirkung eines feststellenden Verwaltungsakts ist, dass er sich mit seinem verfügenden Teil allein darauf beschränkt, das Ergebnis eines behördlichen Subsumtionsvorgangs verbindlich festzuschreiben.[241] Ginge man davon aus, dass die Entscheidungen nach § 42 Abs. 4 S. 2 TKG feststellende Verwaltungsakte seien, stellt sich die Frage, wieso der Bundesnetzagentur dann jedoch ein Auswahlermessen eingeräumt wird. Ein Ermessen, das der Behörde die Wahl lässt zwischen Untersagung und Unwirksamkeitserklärung. Dies wäre bei einem feststellenden Verwaltungsakt schlichtweg unsinnig. Die Behörde kann keine Untersagung feststellen.

Aus dem Vergleich zur früheren Rechtslage ergibt sich, dass die Anordnungsbefugnisse nach § 42 Abs. 4 S. 2 TKG die Bundesnetzagentur in die Lage versetzen sollen, das missbräuchliche Verhalten sofort untersagen zu können, ohne eine vorherige Aufforderung an das SMP-Unternehmen, ihr Verhalten abzustellen.[242] Bei einer bloßen Feststellung der Nichtigkeit hätte es einer Abschaffung dieser „Vorstufe“ wohl kaum bedurft. Die Regelung dient einer einfacheren Regulierung. Daher kann diesen Maßnahmen weder nach dem Wortlaut noch auch ihrer Entstehungsgeschichte noch aus systematischen oder teleologischen Gründen eine nur deklaratorische

---

240 GERSDORF, in: SÄCKER, Berliner Kommentar zum TKG, § 42, Rn. 48.

241 BVerwG NVwZ 2010, 133 (134), Rn. 15; U. STELKENS, in: STELKENS/BONK/SACHS, VwVfG Kommentar, § 35, Rn. 219.

242 GERSDORF, in: SÄCKER, Berliner Kommentar zum TKG, § 42, Rn. 48.

Wirkung zugeschrieben werden. Die Unwirksamkeitserklärung nach § 42 Abs. 4 S. 2 TKG bleibt eine privatrechtsgestaltende Maßnahme.

cc) Die Doppelwirkung im Recht

Damit zeigt sich, dass sich Verbotsgesetz und Verwaltungsakt gegenseitig ausschließen. Versuche, das Verhältnis von Verbotsgesetz und Ermächtigungsgrundlage in einer anderen Weise zu bestimmen, enden in einer „Sackgasse“. Die Dogmatik des Verwaltungsakts und die des Zivilrechts sind inkompatibel. Die Kompatibilität ließe sich jedoch vielleicht in Anlehnung an die KIPP'sche Lehre von den „Doppelwirkungen im Recht“[243] herstellen. Anlass für diese Theorie war die Frage, ob ein und dieselbe Rechtsfolge auch auf mehrere Tatbestände gestützt werden kann bzw. ob ein und dieselbe Rechtsfolge mehrfach eintreten kann.[244] KIPPS zentraler Vorwurf an die Gegner einer solchen Idee war, dass sie zu sehr in einer „mechanisch-naturwissenschaftlichen Betrachtungsweise von Rechten und Rechtswirkungen“ befangen seien.[245] Es gäbe jedoch keine Bedenken, dass „zwei Gründe des selben Rechtsgebotes miteinander konkurrieren“ oder dass „eine Mehrheit von Gründen für die Nichtexistenz einer Verbindlichkeit“ nebeneinander stünden.[246] KIPPS Feststellung, dass auch eine nichtige Willenserklärung nach § 119 ff. BGB angefochten werden kann, ist heute ganz herrschende Meinung.[247]

Wenn man den Einwand der „Doppelwirkung im Recht“ vor allem als rechtstheoretisches Argument versteht, dann dürfte eine Übertragung dieses Gedankens auf die vorliegende Konstellation zulässig sein.[248] An dieser Stelle ergibt sich die Nichtigkeit materiell jeweils aus § 42 Abs. 1 TKG, d.h.

243 Obwohl KIPP eine solche nie begründen wollte, hat sie sich dennoch im juristischen Sprachgebrauch festgesetzt und wird deswegen verwendet. HERBERT, JZ 2011, 503 (507).

244 HERBERT, JZ 2011, 503.

245 LORENZ, in: DAMMANN, GS für MANFRED WOLF, 77.

246 HERBERT, JZ 2011, 503 (504). Entscheidend ist, dass der Nichtgeltung eines Vertrages ein weiterer Grund hinzugefügt wird. LORENZ, in: DAMMANN, GS für MANFRED WOLF, 77 (79).

247 LORENZ, in: DAMMANN, GS für MANFRED WOLF, 77 (78). Zumindest im Ergebnis herrscht Einigkeit. ROTH, in: STAUDINGER (Hrsg.), Kommentar zum BGB, § 142, Rn. 27 ff. hält allerdings eine „offene Gesetzesauslegung" für ausreichend.

248 So auch HERBERT, JZ 2011, 503 (513).

eigentlich aus demselben Rechtsgrund. § 42 Abs. 1 TKG hat aber einen doppelten Charakter: Es ist einerseits zwingendes Recht zwischen Vertragsparteien und andererseits Tatbestandsvoraussetzung für das Einschreiten der Regulierungsaufsicht. Während sich die Nichtigkeit eines Vertrages für die Unternehmen untereinander bereits aus § 42 Abs. 1 TKG ergibt, bedarf es für die Nichtigkeit nach § 42 Abs. 4 S. 2 TKG noch zusätzlich einer Ermessensentschließung der Bundesnetzagentur. Insofern beruhen die Nichtigkeitswirkungen auf unterschiedlichen Rechtsgründen. Es ist daher grundsätzlich denkbar, die Nichtigkeit eines Vertrages sowohl auf das Verbotsgesetz als auch auf den Verwaltungsakt zu stützen.

Die Ansicht, die in § 42 Abs. 4 S. 2 TKG einen feststellenden Verwaltungsakt sieht, ist abzulehnen, da sie Ausdruck einer abzulehnenden „gegenständlichen Auffassung“ [249] von Rechtswirkungen ist, wenn sie bemerkt, dass sich die Nichtigkeit „bereits [d.h. zuerst] aus dem gesetzlichen Verbot“ ergeben habe.[250] Die verwaltungsrechtliche Nichtigkeit neben der zivilrechtlichen Nichtigkeit zuzulassen, entspricht auch dem Gedanken, dass die Teilrechtsordnungen als wechselseitige Auffangordnungen zu verstehen sind.[251] In dieser Ausprägung ist der privatrechtsgestaltende Verwaltungsakt dann allerdings kein „Koordinationsinstrument“, da er die „Brücke“ zum Privatrecht gerade nicht zu schlagen vermag. Diese Beobachtung deckt sich mit dem Ergebnis aus dem AEG, wonach ein privatrechtsgestaltender Verwaltungsakt nur dann zusammen mit dem materiellen Verbot in der Lage ist, ein Verbotsgesetz i.S.d. § 134 BGB zu bilden, wenn der Behörde kein Ermessen eingeräumt ist und Ermächtigungsgrundlage und materielles Verbotsgesetz in besonderer Weise miteinander verflochten sind. Nur in dieser besonderen Konstellation ist dies möglich. Im „Übrigen“ lässt sich der privatrechtsgestaltende Verwaltungsakt nicht in diesen Abschnitt des zivilrechtlichen Systems „übersetzen“.

---

249 HERBERT, JZ 2011, 503 (503 f.).

250 SCHÜTZ, in: GEPPERT/PIEPENBROCK/SCHÜTZ/SCHUSTER, BECK´scher TKG-Kommentar, § 42, Rn. 149.

251 HOFFMANN-RIEM/SCHMIDT-AẞMANN, Öffentliches Recht und Privatrecht, passim.

b) Die Anwendbarkeit des Zivilrechts bei privatrechtsgestaltenden Verwaltungsakten

aa) Die Anwendbarkeit zivilrechtlicher Normen auf angeordnete Verträge

Die Lehre vom angeordneten Vertrag[252] geht davon aus, dass ein Vertrag, der durch einen Verwaltungsakt angeordnet wurde, sich grundsätzlich nicht von einem normalen Vertrag unterscheidet. Die Regelungen des Privatrechts finden uneingeschränkt Anwendung. Im TKG ist zudem der Gestaltungsmaßstab der Behörde durch Gesetz an den (dispositiven) Vorgaben des Zivilrechts ausgerichtet. Doch die Rechtsprechung des BGH zur eingeschränkten Kontrolle von Entgeltgenehmigungen,[253] welche eine AGB-rechtliche Inhaltskontrolle durch die Zivilgerichte bei privatrechtsgestaltender Genehmigung durch die Bundesnetzagentur ablehnt, zeigt, dass die besondere Situation des Zustandekommens eines angeordneten Vertrages nicht ausgeblendet werden kann. Ein weiteres Beispiel dafür, wie der privatrechtsgestaltende Verwaltungsakt in seiner Eigenschaft als hoheitliche Maßnahme die Anwendung des Zivilrechts beeinflusst, enthält eine Entscheidung des 1. Kartellsenats des OLG Düsseldorf.[254]

bb) Der Sachverhalt der Entscheidung des OLG Düsseldorf

In Streit stand zwischen den Parteien, welche beide Betreiber öffentlicher Telekommunikationsnetze waren, ein Zahlungsanspruch für die Bereitstellung von Infrastrukturleistungen zur Zusammenschaltung der beiden Festnetze.[255] Nachdem die vertraglich vereinbarte Zusammenschaltungsvereinbarung, gekündigt worden war, ordnete die zuständige Aufsichtsbehörde die Zusammenschaltung an.[256] Gegenstand der Anordnung waren auch die bidirektionalen, d.h. reziproken, Infrastrukturleistungen. Auf dieser Grundlage

---

252 So wird die Rechtsprechung des BVerwG zu den Zusammenschaltungsanordnungen von KÜHLING/NEUMANN, in: SÄCKER, Berliner Kommentar zum TKG, § 25, Rn. 77 f. genannt.

253 BGH MMR 2007, 585.

254 OLG Düsseldorf, Urteil vom 11.01.2012, VI-U (Kart) 17/11, U (Kart) 17/11 (JURIS).

255 OLG Düsseldorf, Urteil vom 11.01.2012, VI-U (Kart) 17/11, U (Kart) 17/11, Rn. 1 (JURIS).

256 OLG Düsseldorf, Urteil vom 11.01.2012, VI-U (Kart) 17/11, U (Kart) 17/11, Rn. 3 ff. (JURIS).

erhob nun das ursprünglich zugangserstrebende Unternehmen eine Klage auf Zahlung gegen das zugangsverpflichtete Unternehmen mit der Begründung, dass dieses zur Zahlung reziprok erhaltener Leistungen verpflichtet sei.[257] Das Gericht hatte zu prüfen, ob sich aus der angeordneten vertraglichen Vereinbarung ein Vergütungsanspruch für das Unternehmen ergebe, welchem der Zugang durch die Anordnung gewährt wurde.

cc) Die Würdigung durch das OLG Düsseldorf

Das Gericht geht zunächst davon aus - basierend auf der Rechtsprechung des BVerwG zur Rechtsnatur einer Zusammenschaltungsvereinbarung -, dass es sich bei dem Rechtsverhältnis zwischen den Unternehmen, um ein privatrechtliches Verhältnis handele, auf welches die Regelungen der §§ 133, 157 BGB für die Ermittlung des Vertragsinhalts Anwendung finden.[258] Jedoch gebiete es der Umstand, dass der „Vertrag gerade nicht durch übereinstimmende Willenserklärungen [...], sondern kraft Hoheitsakt einer Behörde zustande gekommen und ausgestaltet ist“, dass bei der normativen Vertragsauslegung auch dasjenige zu berücksichtigen sei, „was die vertragsanordnende Behörde aus Sicht eines objektiven Erklärungsempfängers mit der Anordnung [...] und ihrer Ausgestaltung erkennbar erreichen wollte.“[259] Das Ergebnis der Auslegung des Gerichts ist, dass eine synallagmatische Vergütungspflicht nur für die Infrastrukturleistungen des zugangsverpflichteten Unternehmens bestehe, während die Leistungen des zugangserhaltenden Unternehmens lediglich Mitwirkungspflichten seien, deren Unentgeltlichkeit sogar deutlich im Vertrag bzw. in der Anordnung zum Ausdruck kämen.[260] Ebenso käme ein Vergütungsanspruch aus § 612 Abs. 1 BGB nicht in Betracht, weil die gesetzliche Vermutung einer Vergütungsvereinbarung voraussetze, dass keine Unentgeltlichkeit vereinbart

---

257 OLG Düsseldorf, Urteil vom 11.01.2012, VI-U (Kart) 17/11, U (Kart) 17/11, Rn. 8 (JURIS).

258 OLG Düsseldorf, Urteil vom 11.01.2012, VI-U (Kart) 17/11, U (Kart) 17/11, Rn. 22 f. (JURIS).

259 OLG Düsseldorf, Urteil vom 11.01.2012, VI-U (Kart) 17/11, U (Kart) 17/11, Rn. 23 (JURIS).

260 OLG Düsseldorf, Urteil vom 11.01.2012, VI-U (Kart) 17/11, U (Kart) 17/11, Rn. 23 (JURIS).

worden sei, was hier allerdings der Fall sei.[261] Auch für einen Anspruch aus ergänzender Vertragsauslegung sei mangels Regelungslücke kein Raum.[262] Schließlich stellt das Gericht klar, dass auch für einen Anspruch aus § 812 Abs. 1 S. 1 Alt. 1 BGB kein Raum sei, weil der Rechtsgrund für die Leistungen in der „regulierungsbehördlich angeordneten Vertragsregelung" bestünde.[263] Letztlich greift das Gericht die Rechtsprechung des BGH zur Kontrolle bei Entgeltgenehmigungen[264] auf und stellt fest, dass auch eine kartellrechtliche Verhaltenskontrolle ausscheide, wenn der Spielraum für privatautonome Entscheidungen infolge einer behördlichen Anordnung beseitigt sei, die eine abschließende und verbindliche Gestaltung der Rechtsbeziehungen von Vertragsbeteiligten bezwecke.[265]

dd) Konsequenzen der Entscheidung

Für die Behandlung vertragsersetzender Verwaltungsakte im System des Zivilrechts sind der Entscheidung drei Aussagen zu entnehmen: Erstens sind Verträge, die auf behördlicher Anordnung beruhen als „normale" Verträge zu behandeln und zu prüfen. Zweitens muss bei der Anwendung der einschlägigen privatrechtlichen Vorschriften berücksichtigt werden, ob die besondere Anordnungssituation nicht auf den Gebrauch der jeweiligen Normen zurückwirkt und diese einer Anpassung bedürfen. Diese Anpassungen müssen nicht zwingend das Privatrecht exkludieren. Bei der normativen Vertragsauslegung von angeordneten Verträgen ist damit nicht nur auf das Verständnis der Vertragsparteien oder nur auf die Zielsetzung der Behörde abzustellen. Beide Positionen müssen berücksichtigt werden, was der besonderen, regelmäßig tripolaren Regulierungssituation angemessen ist. Jedoch steht die Anwendbarkeit privatrechtlicher Vorschriften unter einem teleologischen Vorbehalt. Dienen Vorschriften z.B. der Verhaltenskontrolle

261 Deswegen könne auch offen bleiben, ob § 612 Abs. 1 BGB überhaupt Anwendung auf diese Art der Leistung finde. OLG Düsseldorf, Urteil vom 11.01.2012, VI-U (Kart) 17/11, U (Kart) 17/11, Rn. 113 f. (JURIS).

262 OLG Düsseldorf, Urteil vom 11.01.2012, VI-U (Kart) 17/11, U (Kart) 17/11, Rn. 115 (JURIS).

263 OLG Düsseldorf, Urteil vom 11.01.2012, VI-U (Kart) 17/11, U (Kart) 17/11, Rn. 116 (JURIS).

264 BGH MMR 2007, 585 ff.

265 OLG Düsseldorf, Urteil vom 11.01.2012, VI-U (Kart) 17/11, U (Kart) 17/11, Rn. 119 (JURIS).

eines SMP-Unternehmens, können diese nur angewandt werden, wenn auch ein Verhalten eines Unternehmens gegeben ist.[266] Schließlich kann der vertragsbegründende Verwaltungsakt einen Rechtsgrund im Sinne des § 812 Abs. 1 BGB bilden.

Im Eisenbahnsektor hat sich eine vergleichbare Fallkonstellation bisher nicht noch nicht gestellt, da die Bundesnetzagentur hier bisher auf vertragsersetzende Maßnahmen, soweit ersichtlich, verzichtet hat. Dennoch sind sowohl die Problemlage als auch die Ergebnisse auf das Eisenbahnzugangsrecht übertragbar. Die Modifikationen in der Anwendung zivilrechtlicher Vorschriften ergeben sich nämlich gerade daraus, dass der Vertrag eben nicht im Wege der Verhandlung, sondern durch eine obrigkeitliche Anordnung zu Stande gekommen ist.

---

266 OLG Düsseldorf, Urteil vom 11.01.2012, VI-U (Kart) 17/11, U (Kart) 17/11, Rn. 119 (JURIS).

Teil 5. Der privatrechtsgestaltende Verwaltungsakt im Regulierungsrecht

Das Ziel dieser Arbeit ist es, die Möglichkeiten und Grenzen der behördlichen Privatrechtsgestaltung im Regulierungsrecht zu ergründen. Dabei steht im Zentrum des Interesses die Frage, was die Voraussetzungen für das Funktionieren des unmittelbaren Eingreifens in und ggf. des Ersetzens von privatrechtlichen Vereinbarungen durch Verwaltungsakt sind sowie die Konsequenzen, die sich daraus ergeben. Die beiden vorangegangen Teil haben dazu viele Antworten auf einzelne Fragen bringen können, die es nun in einer allgemeineren Betrachtung zusammenzufügen gilt. Zuerst wird der Frage nachgegangen werden, ob der privatrechtsgestaltende Verwaltungsakt „Baustein" eines allgemeinen Regulierungsverwaltungsrechts sein kann (A.). Die dogmatische Struktur der Privatrechtsgestaltung durch Verwaltungsakt, wie sie sich aus der Analyse der Sektoren ergeben hat, wird zum Ausgangspunkt genommen. Daraus werden die Anforderungen an die normativen Grundlagen der Privatrechtsgestaltung entwickelt, welche die aktuelle Rechtslage nicht oder nur unzureichend erfüllt. Die normative Ausgestaltung der privatrechtsgestaltenden Befugnisse ist auch eine Frage des Rechtsschutzes, wie nicht zuletzt die Entscheidung des BVerwG zu den SNB gezeigt hat.[1] Daher wird abschließend erörtert, ob möglicherweise die Gefahr divergierender Entscheidungen im Regulierungsrecht die Stellung des privatrechtsgestaltenden Verwaltungsakts als sektorübergreifendes Element hindert.

Zudem wird die Umsetzung des privatrechtsgestaltenden Verwaltungsakts im Zivilrecht anhand der gefundenen Ergebnisse analysiert (B.). Diese Analyse soll zum einen dazu dienen, einen Grundsatz zu entwickeln, welcher bei der zivilrechtlichen Handhabung von durch Verwaltungsakt geschaffenen privatrechtlichen Verträgen anzuwenden ist. Zum anderen geben ein solcher Grundsatz sowie auch die Schwierigkeiten, welche den privatrechtsgestaltenden Verwaltungsakt im Zivilrecht begleiten, Anlass, das Verhältnis von Öffentlichem Recht und Privatrecht in dessen Lichte zu reflektieren (C.). Dazu wird nach einem kurzen Überblick zur Abgrenzungsdebatte sowie zum aktuellen Stand der Forschung die Position des Regulierungsrechts in dieser Debatte „geortet". Auf Grundlage dieser Positionsbestimmung wird die Rolle des privatrechtsgestaltenden Verwaltungsakts für das Verhältnis von Privatrecht und Öffentlichem Recht beschrieben.

---

1 Siehe oben Teil 3. C. I

A. Baustein eines allgemeinen Regulierungsrechts

Die Frage, ob der privatrechtsgestaltende Verwaltungsakt ein „Baustein" eines allgemeinen Regulierungsverwaltungsrechts sein kann, kann bejaht werden. Beide Sektoren überlassen die Privatrechtsgestaltung als Mittel der Zugangsregulierung dem Verwaltungsakt. Die Situationen und Konstellationen, in denen der privatrechtsgestaltende Verwaltungsakt in den beiden Sektoren zum Einsatz kommt, sind vergleichbar und werfen die gleichen Probleme auf, die in beiden Sektoren auf grundsätzlich gleiche Weise gelöst werden können.

I. Dogmatische Konvergenz

1. Die Unterscheidung zwischen vertragsersetzenden und -ändernden Verwaltungsakten

Sowohl im TKG als auch im AEG lassen sich privatrechtsgestaltende Verwaltungsakte nur in der Form des schuldrechtsgestaltenden Verwaltungsakts ausmachen. In beiden Sektoren findet sich ein abgestuftes, privatrechtsgestaltendes Instrumentarium, das von der „bloßen" Unwirksamkeitserklärung, über die punktuelle Änderung oder Ersetzung von Regelungen bis hin zur vollständigen Vertragsersetzung reicht. Die privatrechtsgestaltenden Verwaltungsakte sind in ihrer dogmatischen Struktur im Zugangsrecht des TKG und des AEG grundsätzlich identisch. Dies gilt sowohl für die vertragsersetzenden Entscheidungen als auch für die vertragsverändernden bzw. -vernichtenden Verwaltungsakte.

a) Der dauerhafte Charakter des vertragsersetzenden Verwaltungsakts

Während die punktuell vertragsgestaltenden sowie die vernichtenden Verwaltungsakte die Rechtslage einmalig erschöpfend umgestalten, haben die vertragsersetzenden Entscheidungen keinen einmaligen, sondern einen dauerhaften Charakter. Ihre Regelungswirkung besteht darin, dass ein Vertrag durch die Behörde vorgeschrieben wird und gleichzeitig dennoch unmittelbar verbindliches Vertragsrecht im Verhältnis der Parteien zueinander ist. Ihr einen ständigen Charakter abzusprechen, würde die dogmatische Verbindung kappen, die notwendig ist, um zu begründen, warum die Aufhebung eines privatrechtsgestaltenden Verwaltungsakts überhaupt Auswirkungen auf die entsprechende vertragliche Vereinbarung haben kann. Nimmt man hingegen eine Dauerwirkung der vertragsbegründenden Entscheidung an, [2] dann hat man die Möglichkeit, plausibel zu erklären, warum die Gleichbehandlung eines angeordneten und eines freiwillig geschlossenen Vertrages nur eine grundsätzliche Gleichbehandlung sein kann.

Am Beispiel der Rechtsprechung des BGH zu den Entgeltgenehmigungen im TKG kann dies verdeutlicht werden. [3] Der BGH kommt in dieser Entscheidung zu dem Schluss, dass dort, wo Verträge einseitig gegenüber zwei Privatrechtssubjekten aufgezwungen wurden, Vorschriften des BGB, die dem Ausgleich zwischen den Interessen der Privaten dienen, nicht zur Anwendung kommen können. Es fehlt an der ausgeübten Privatautonomie, die für die Anwendung zivilrechtlicher Vorschriften vorausgesetzt wird. Wenn sich die Wirkung des privatrechtsgestaltenden Verwaltungsakts immer nur in der einmaligen Herbeiführung der Änderung der Rechtslage erschöpfen würde, [4] wäre kein geeigneter Anknüpfungspunkt auf dogmatischer Ebene vorhanden, um die Besonderheit der Situation behördlicher Anordnung berücksichtigen zu können. Insofern sollte die dauerhafte Wirkung von vertragsersetzenden Entscheidungen nicht allein auf ein öffentlich-rechtliches Verbot, abweichende Vereinbarungen zu treffen, reduziert werden. Es ist aus dogmatischer Sicht vielmehr angezeigt, von einer dauerhaften privatrechtlichen Wirkung auszugehen.

b) Keine Aufhebung von privatrechtsändernden Verwaltungsakten

Zudem muss zwischen vertragsbegründenden und vertragsverändernden [5] Verwaltungsakten unterschieden werden, da sich daran unterschiedliche Konsequenzen anschließen. So kann z.B. ein vertragsvernichtender Verwaltungsakt nicht aufgehoben werden. Dies ist für das Eisenbahnrecht in ganz besonderer Weise von Bedeutung, weil es hier regelmäßig um das „Zur-Verfügung-Stellen" einer bestimmten Fahrstrecke oder Infrastruktur zu einem bestimmten Zeitpunkt gehen wird. Verbietet die Behörde eine vertragliche Vereinbarung, die dies zum Gegenstand hat, mit vernichtender Wirkung, kann

---

2 Siehe oben Teil 3. B. I. 3. d) und Teil 4. C. I. 3. b).

3 BGH MMR 2007, 585 ff.

4 So muss man wohl das BVerwG verstehen, wenn es die dauerhafte Wirkung einer Entgeltgenehmigung allein auf die öffentlich-rechtliche Verbotswirkung, abweichende Entgelte zu erheben, stützt. BVerwG NVwZ 2012,1547(1553),Rn. 43.

5 Die sich aus Verwaltungsakt ergebende Nichtigkeit ist als ein Fall der „Änderung" zu verstehen.

nach Verstreichen dieses Zeitpunktes die Wiedereinräumung der Trasse durch Aufhebung der vernichtenden Regelung nicht wiederhergestellt werden.

Mit dieser Einteilung hat auch die - ehemals viel diskutierte - Frage nach der Aufhebbarkeit privatrechtsgestaltender Verwaltungsakte für das Regulierungsrecht grundsätzlich an Bedeutung verloren. Vertragsbegründende Verwaltungsakte können nach den Regeln der §§ 48 f. VwVfG zurückgenommen oder widerrufen werden. Sie sind als Dauerverwaltungsakte zu behandeln, deren Dauerwirkung sich bereits aus der vertragsersetzenden Regelung ergibt. Die vertragsvernichtenden oder vertragsändernden Verwaltungsakte können hingegen nicht mehr aufgehoben werden. Um ihre Wirkung zu beseitigen, muss die Behörde erneut einen rechtsgestaltenden Verwaltungsakt erlassen. Die Voraussetzungen richten sich dann nicht nach den allgemeinen Aufhebungsregelungen, sondern nach dem einschlägigen Fachrecht.

2. Die Schranken des „Privatrechtsgestaltungsermessens“

a) Die besondere Bedeutung der Investitionssicherheit

Eine andere sektorübergreifende Gemeinsamkeit im Rahmen der Zugangsregulierung ist, dass beim Anstellen von Ermessenserwägungen bei der Aufhebung von Verwaltungsakten[6] die Planungs- und Investitionssicherheit aller regulierten Unternehmen zu beachten ist. Für die ggf. erforderliche Abwägung sind die Planungs- und die Amortisations-sicherheit in Bezug auf Investitionen besonders zu berücksichtigen. Gerade im Eisenbahnrecht, in welchem sich an die Zuweisung bestimmter Verkehrsmöglichkeiten auf Seiten eines EVU (aber auch eines EIU) besonders kostenintensive Investitionen anschließen können, wie die Anschaffung neuer Züge, ist dieser Aspekt von gehobener Bedeutung.

b) Rücksichtnahme auf die Verträge der regulierten Unternehmen

Eine andere Konsequenz des privatrechtsgestaltenden Verwaltungsakts besteht auf der Ebene des Ermessens. Sobald ein Verwaltungsakt auf Grundlage einer entsprechenden Befugnis unmittelbar gestaltend in private Rechtsverhältnisse eingreift bzw. eingreifen kann, hat die Behörde, die privatrechtlichen Konsequenzen ihres Handelns im Rahmen ihres Ermessens

---

6 Dies gilt auch für andere Ermessensentscheidungen.

zu berücksichtigen.[7] Sie hat sowohl die rechtlichen als auch die tatsächlichen Folgen in ihre Erwägungen miteinzubeziehen. Dies wird sich regelmäßig bereits aus dem einfachen Recht ergeben, das auch die Interessen der Regulierten mitberücksichtigt, indem es die Privatrechtsgestaltung z.B. nur als ultima ratio erlaubt. Der Behörde ist es jedenfalls verwehrt, sich auf eine rein öffentlich-rechtliche Zweckrichtung eines Gesetzes zu berufen, wenn dieses erlaubt, gezielt in vertragliche Vereinbarungen einzugreifen. Dies gilt nicht nur für die privatrechtsgestaltende Regulierung in den vorliegend untersuchten Sektoren, sondern muss auch darüber hinaus gelten, sobald eine Behörde zur Gestaltung privater Rechtsverhältnisse im Wege des Verwaltungsakts ermächtigt ist.

Im Falle des § 14f Abs. 3 Nr. 2 AEG könnte die Bundesnetzagentur sich z.B. nicht darauf berufen, dass § 14f AEG nur den Wettbewerb als solchen schütze und dem Gut der Diskriminierungsfreiheit des Zugangs zu Leistungen nur abstrakt diene. Eine solche Auslegung der Norm wird der grundrechtlichen Dimension der Privatautonomie und der Vertragsfreiheit nicht gerecht. Die Gestaltung privater Rechtsverhältnisse ist immer ein Eingriff in dieses Grundrecht. [8] Ein solcher Eingriff unterliegt dem Übermaßverbot, dessen konstitutives Merkmal u.a. die Angemessenheit eines Grundrechtseingriffs ist. Die Interessen des Grundrechtsträgers im Hinblick auf die nur öffentlichen Interessen dienende Zweckrichtung einer Ermächtigungsgrundlage „auszublenden", verkennt den Inhalt und die Reichweite der einschlägigen Grundrechte.[9] Die besondere Bedeutung der Grundrechte und des Verhältnismäßigkeitsgrundsatzes hat die Behörde, als gesetzliche Grenze i.S.d. § 40 VwVfG im Rahmen ihrer Ermessensbetätigung zwingend zu beachten.[10]

---

7 Siehe oben Teil 3. B. III. 1.

8 Insbesondere dann, wenn dem „modernen" Eingriffsverständnis folgt. Siehe dazu PIEROTH/SCHLINK, Grundrechte - Staatsrecht II, § 6, Rn. 252 ff.

9 Siehe oben Teil 3. B. III. 1. b).

10 Zu den Grundrechten und dem Übermaßverbot als „gesetzliche Grenze" des Ermessens siehe SACHS, in: STELKENS/BONK/SACHS, VwVfG Kommentar, § 40, Rn. 82 f.

II. Die Privatrechtsgestaltungsbefugnisse als Bestandteile eines allgemeinen Regulierungsverwaltungsrechts?

1. Unterscheidung zwischen privatrechtsgestaltenden und sonstigen Befugnissen

Auf Grundlage der dogmatischen Identität von vertragsbegründenden und vertragsändernden Verwaltungsakten in beiden Sektoren und der Tatsache, dass nur schuldrechtgestaltende Verwaltungsakte und auch nur in abgestufter Intensität eingesetzt werden, könnte man in Erwägung ziehen, ob man die Gestaltungsbefugnisse der Behörde in einem jeweils eigenständigen, von den materiellen Regelungen unabhängigen Teil bündelt. Dadurch würden die Befugnisse zur Privatrechtsgestaltung sowie deren Grenzen transparenter. Denn sowohl die Frage nach ihrem „ob“ (Liegt eine Ermächtigungsgrundlage zur Privatrechtsgestaltung vor?) und ihrem „wie“ (Was sind die Besonderheiten bei ihrer Anwendung?) bereiten in Wissenschaft und Praxis erhebliche Schwierigkeiten.[11]

a) Systematisierung der privatrechtsgestaltenden Befugnisse

Bisher werden die privatrechtsgestaltenden Befugnisse nicht „allgemein“ vor eine „materiell-rechtliche Klammer“ gezogen. Sie können grundsätzlich nicht bei jeder Markt- und Regulierungssituation Anwendung finden, sondern werden immer zugeschnitten auf den Einzelkontext in einen bestimmten Sachbereich eingefügt. Dies führt vor allem im TKG, aber bisweilen auch im AEG, zu einer unübersichtlichen und zumindest systematisch fragwürdigen Anordnung von Befugnisnormen. Dem könnte man durch eine Systematisierung aller regulierungsrechtlichen Befugnisse begegnen. Auf der Ebene der privatrechtsgestaltenden Befugnisse müsste zwischen vertragsbegründenden und vertragsändernden Befugnissen differenziert werden, die regelmäßig im Rahmen einer ex post-Regulierung Anwendung finden. Zudem müsste auch die zwingend vorab einzuholende Entgeltgenehmigung, wie sie in § 35 i.V.m. § 37 Abs. 1 TKG und demnächst in § 33 ERegG-E[12] vorgesehen ist, von den anderen privatrechtsgestaltenden Befugnissen abgegrenzt werden. In einem einheitlichen Normkomplex zu den Befugnissen

11 Für das TKG kann beispielhaft der Streit über die privatrechtsgestaltende Natur der Zusammenschaltungsanordnung genannt werden. Siehe dazu oben Teil 4. B.II. 1.b).

12 BR-Drs. 559/12, S. 34 f.

der Regulierungsstelle könnten dann auch die übrigen nicht gestaltenden materiellen Regulierungs- sowie die Informationsbeschaffungsbefugnisse geregelt werden.

b) Die Kennzeichnung von privatrechtsgestaltenden Befugnissen
In jedem Fall ist eine eindeutige Abgrenzung von privatrechtsgestaltenden zu sonstigen Befugnissen zwingend angezeigt, um die Unsicherheiten zu beseitigen, ob privatrechtsgestaltende Befugnisse überhaupt bestehen und wann sie Anwendung im Verhältnis zu anderen Befugnissen finden. Der Unsicherheit in der Praxis, Entscheidungen auch auf die „richtige" Norm zu stützen bzw. „pauschal" auf Ermächtigungsgrundlagen zu verweisen, um damit in jedem Fall die einschlägige Norm „getroffen" zu haben[13], könnte dadurch effektiv begegnet werden. Gerade im Hinblick auf die Besonderheiten unmittelbarer Privatrechtsgestaltung ist eine Abgrenzung geboten. Klarheit könnte dies z.B. im Hinblick auf die Anwendbarkeit und die Notwendigkeit von vollstreckungsrechtlichen Vorschriften bringen, deren Hinzuziehung für privatrechtsgestaltende Maßnahmen aus der Natur der gestaltenden Maßnahme bereits begriffsnotwendig ausscheidet.

Es sollte auch nicht der Rechtsprechung überantwortet werden, das Verhältnis von privatrechtsgestaltenden Befugnissen und sonstigen Befugnissen zu klären. Noch weniger darf es der Gerichtsbarkeit faktisch obliegen, über das Vorliegen des „ob" einer privatrechtsgestaltenden Befugnis zu entscheiden. Angesichts der grundrechtlichen Bedeutung der Privatrechtsgestaltung sollte der Gesetzgeber eine größere Sensibilität und ein geschärftes Bewusstsein für solche Befugnisnormen zeigen. Im Rahmen des Entwurfs zum Erlass eines Eisenbahnregulierungsgesetzes nimmt sich der Referentenentwurf der Neustrukturierung der regulierungsbehördlichen Befugnisse an, indem er diese im vierten Teil des Gesetzes in einem einheitlichen Abschnitt, nämlich in den §§ 56 - 64 ERegG-E, regelt.[14] Diese Reaktion auf die „wechselhafte Gesetzgebungsgeschichte"[15] des bisherigen Zugangsrechts, ist

13 So z.B. wird als Rechtsgrundlage für eine Anordnung zur Zugangsgewährung nur auf § 14f Abs. 3 AEG abgestellt, obwohl § 14f Abs. 3 Nr. 1 und Nr. 2 AEG erhebliche Unterschiede aufweisen. VG Köln, Beschluss vom 26.04.2012, 18 L 477/12, Rn. 7 (JURIS).

14 BR-Drs. 559/12, S. 51 ff.

15 GERSTNER, in: HERMES/SELLNER, BECK'scher AEG-Kommentar, § 14, Rn. 18.

zu begrüßen. Eine deutliche Unterscheidung zwischen privatrechtsgestaltenden und sonstigen Befugnissen bleibt jedoch aus. Daraus kann geschlossen werden, dass eine eindeutige gesetzgeberische Lösung und Klärung privatrechtsgestaltender Kompetenzen in der näheren Zukunft wohl nicht zu erwarten ist.

2. Normative Regelung des Gestaltungsmaßstabs

a) Die Regelung des § 25 Abs. 5 TKG als Vorbild für das AEG

Dringender gesetzgeberischer Handlungsbedarf besteht bei der Frage nach dem Prüfungs- und (aus Sicht der handelnden Behörde) dem Gestaltungsmaßstab im Eisenbahnrecht. Die Rechtsprechung des BVerwG zu den SNB hat den Prüfungsmaßstab der Bundesnetzagentur sowie der Verwaltungsgerichtsbarkeit auf die Einhaltung öffentlich-rechtlicher Eisenbahnzugangsnormen begrenzt.[16] Eine explizite Einschränkung der privatrechtsgestaltenden Befugnisse nimmt das Gericht zwar nicht vor, doch ergibt sie sich aus der restriktiven Rechtsprechung des BVerwG. Wenn der Behörde auf der einen Seite keine Prüfungskompetenz hinsichtlich der Vereinbarkeit mit Privatrecht eingeräumt wird, kann ihr nicht auf der anderen Seite -im Wege der Gestaltung- die Orientierung an zivilrechtlichen Maßstäben plötzlich offenstehen. Doch für eine solche Beschränkung der Gestaltungsmöglichkeit der Behörde findet sich im AEG keinerlei Anhaltspunkt. Das Verhältnis von Gestaltungsmöglichkeiten einerseits und Prüfungskompetenz andererseits ist asynchron.

Es fehlt im Eisenbahnrecht an einer dem § 25 Abs. 5 TKG vergleichbaren Regelung des Gestaltungsmaßstabs. Der Maßstab bei der Privatrechtsgestaltung im TKG korrespondiert durch die gesetzliche Vorgabe mit den der Behörde anvertrauten Befugnissen.[17] Eine Begrenzung der Behörde auf das vermeintlich „rein Öffentlich-Rechtliche“ ist nicht vorgesehen. Nur ein „Gleichschritt“ von Prüfungs- und Gestaltungsmaßstab auf Seiten der Behörde, welcher ihr auch eine umfassende privatrechtliche Kompetenz, angeleitet durch das dispositive Recht, einräumt, ist geeignet, die Unsicherheiten und die Unvollständigkeit der bisherigen Rechtslage zu beheben.

---

16 Siehe oben Teil 3. C. I.

17 Siehe oben Teil 4. C. III. 1.

b) Ein gesetzlicher Rahmen als Bedingung für die Privatrechtsgestaltung

Unabhängig vom Regulierungsrecht als speziellem Fachrecht sollte, sobald einer Behörde die Kompetenz zur eigenmächtigen Gestaltung von Vertragsverhältnissen anvertraut wird, auch eine gesetzliche Regelung vorhanden sein, die den Maßstab für die Privatrechtsgestaltung bestimmt. Dies entspräche dem Gedanken der Wesentlichkeitstheorie. Dieser Grundsatz besagt, dass die Gesetze umso detaillierter und differenzierter sein müssen, je intensiver der Eingriff ist.[18] Gerade in Rechtsgebieten, die sich durch eine besondere Verschränkung öffentlich-rechtlicher und privatrechtlicher Normen auszeichnen, muss der Gesetzgeber einen verbindlichen Rahmen für die Gestaltung von privaten Rechtsverhältnissen durch eine Behörde vorgeben. Die grundsätzliche Vermutung, die Gestaltung privater Rechtsverhältnisse an den (dispositiven) Vorgaben des Zivilrechts auszurichten und das Abweichen von diesen Regelungen einer besonderen Begründung zu unterwerfen, so wie es das TKG vorsieht[19], könnte auch anderen Rechtsbereichen, jedenfalls dem Eisenbahnrecht, als Vorbild dienen.

III. Rechtsschutzdefizit beim privatrechtsgestaltenden Verwaltungsakt?

Die Möglichkeit eines „doppelten Rechtsweges" im Regulierungsrecht wird bisweilen scharf kritisiert. In ihrer Existenz wird sogar ein „Systemfehler" ausgemacht.[20] Der privatrechtsgestaltende Verwaltungsakt vermag an diesem zweigleisigen Rechtsschutz nichts zu ändern.[21] Im Gegenteil wird diese Situation z.T. überhaupt erst ermöglicht und gefördert durch die Möglichkeit, vertragsgestaltende Maßnahmen zu ergreifen. Bevor eine behördliche

---

18 HELMRICH, NVwZ 2008, 162 (163); SOMMERMANN, in: V. MANGOLDT/KLEIN/STARCK, GG Kommentar, Bd. 2, Art. 20, Rn. 279, Fn. 171.

19 HÖLSCHER, in: SCHEURLE/MAYEN, TKG-Kommentar, § 25, Rn. 62 ff.

20 EHRICKE, N & R 2010, 157 (158), Fn. 7. Auch wenn man einen solchen Doppelrechtsweg nicht als verfassungswidrig erachtet, so soll zumindest die Vermutung bestehen, dass dieser im hohen Maße unzweckmäßig ist. SÄCKER, in: RONELLENFITSCH/SCHWEINSBERG/HENSELER-UNGER, Aktuelle Probleme des Eisenbahnrechts XIV, 159 (178). Lediglich das EnWG trifft in § 75 Abs. 4 EnWG diesbezüglich eine eindeutige Verfahrensregelung zugunsten der ordentlichen Gerichtsbarkeit, ohne dass dies allerdings Ausfluss besonderer regulierungsrechtlicher Erkenntnisse ist. SCHNEIDER, in: FEHLING/RUFFERT, Regulierungsrecht, § 22, Rn. 6; ANTWEILER/NIEBERDING, NJW 2005, 3676.

21 Siehe oben Teil 3. C. III.

Maßnahme ergangen ist, hat ein Unternehmen die Wahl, ob es zum Beispiel die Bundesnetzagentur „vorschaltet", indem es sie „auf Antrag" [22] zur Intervention veranlasst oder ob es eine Klage vor den ordentlichen Zivilgerichten unter Berufung auf einen Verstoß gegen das Zugangsrecht anstrengt. Diese Möglichkeit ist dem Umstand geschuldet, dass das materielle Recht, in für die deutsche Rechtsordnung ungewöhnlicher Weise, einem Unternehmen sowohl einen (privat) einklagbaren Anspruch auf Zugang zu den Netzen als auch ein subjektiv-öffentliches Recht auf (diskriminierungsfreien) Zugang einräumt. [23] Es stellt sich allerdings die Frage, ob der privatrechtsgestaltende Verwaltungsakt zu einem Rechtsschutzdefizit beiträgt.

1. Der Rechtsweg bei privatrechtsgestaltenden Verwaltungsakten

Der zweigleisige Rechtsschutz wird wegen der Gefahr divergierender Entscheidungen für mit der Garantie eines effektiven Rechtsschutzes unvereinbar gehalten. Darin steckt der Vorwurf, dass dadurch das austarierte System der Fachgerichtsbarkeiten mit dem jeweiligen Fachwissen und der besonderen Kompetenz der Gerichte untergraben würde. Die Einwände gegen einen doppelten Rechtsweg wurden in dieser Arbeit widerlegt.[24] Sie decken sich auch nicht mit der Kernaussage des § 17 Abs. 2 S. 1 GVG, wonach sofern der Rechtsweg zulässig ist, das Gericht den Rechtsstreit unter allen in Betracht kommenden rechtlichen Gesichtspunkten entscheidet. Bei privatrechtsgestaltenden Maßnahmen hängt der Rechtsweg vom Klägerbegehren ab. Wendet sich ein Adressat gegen den Inhalt einer vertragsersetzenden Maßnahme oder gegen eine vertragsändernde Entscheidung, muss er sich gegen den „Urheber" des Vertrages, also die Behörde, richten. Geht es hingegen um die Geltendmachung von Rechten und Pflichten aus diesem Vertrag und ihre Durchsetzung, ist der ordentliche Rechtsweg eröffnet. Die Anwendung privatrechtsgestaltender Verwaltungsakte hat keine Verkürzung des Rechtsschutzes zur Folge und fördert auch

---

22 Im TKG besteht die Möglichkeit, regulierungsrechtliche Verfahren auf Antrag in Gang zu setzen, z.B. im Rahmen des Verfahrens nach § 21 TKG oder § 42 Abs. 4 TKG. Im AEG besteht eine solche Möglichkeit durch die Regelung des § 14f Abs. 2 i.V.m. Abs. 3 AEG bzw. § 60 Abs. 3 i.V.m. Abs. 4 ERegG-E. BR-Drs. 559/12, S. 55 f.

23 Siehe oben Teil 2. B. I.

24 Siehe oben Teil 3. C. III. 1. Ausführlich dazu auch PFLUG, Eisenbahnregulierung zwischen öffR und PR, S. 151 ff. und 160 ff.

nicht die Gefahr divergierender Entscheidungen. Diese Gefahr ergibt sich nur aus den von der Rechtsprechung auferlegten Grenzen behördlicher und gerichtlicher Prüfungskompetenz.[25]

2. Stärkung des Informationsaustauschs zwischen den Gerichten

Im Übrigen könnte man der abstrakten Gefahr divergierender Entscheidungen dadurch begegnen, dass man den Informationsaustausch zwischen den Gerichten intensiviert. Die Realisierung dürfte im Falle der beiden untersuchten Sektoren tatsächlich nicht unmöglich sein, denn nach § 52 Nr. 2 VwGO ist in Abhängigkeit vom Sitz der Behörde für die verwaltungsgerichtliche Kontrolle der Entscheidungen der Bundesnetzagentur als Bundesbehörde erstinstanzlich grundsätzlich[26] das VG Köln örtlich zuständig.[27] Die „Zentralisierung" des verwaltungsgerichtlichen Rechtsschutzes hat den Vorteil, dass durch die Schaffung einer entsprechenden Stelle bei diesem Gericht die ordentlichen Gerichte bei Eingang eines regulierungsrechtlichen Verfahrens dieses dem Verwaltungsgericht anzeigen könnten.[28] So könnte eine aktualisierte Liste aller anhängigen regulierungs-

---

25 Siehe oben Teil 3. C. III. 2.

26 Eine Begründung der örtlichen Zuständigkeit über die vorrangigen Gerichtsstände der § 52 Nr. 2 und 4 VwGO wird bei Regulierungsentscheidungen der Bundesnetzagentur allenfalls in Ausnahmefällen in Betracht kommen. Zur Systematik des § 52 VwGO siehe BIER/SCHENK, in: SCHOCH/SCHNEIDER/BIER, VwGO Kommentar, § 52, Rn. 4 ff.

27 PFLUG, Eisenbahnregulierung zwischen öffR und PR, S. 151. Die Bundesnetzagentur hat ihren Sitz in Bonn. Es kommt nicht auf die Stellung der Behörde in der Verwaltungshierarchie an. BIER/SCHENK, in: SCHOCH/SCHNEIDER /BIER, VwGO Kommentar, § 52, Rn. 18 f.; P. SCHMIDT, in: EYERMANN, VwGO-Kommentar, § 52, Rn. 7. Keine eigene Behörde i.S.d. § 52 Nr. 2 VwGO sind unselbstständige Außenstellen, wie z. B. die Außenstellen des EBA. KOPP/ SCHENKE, VwGO, § 52, Rn. 9. Für Anfechtungsklagen gegen Maßnahmen des EBA, welches auch seinen Sitz in Bonn hat, ist ebenfalls nach § 52 Nr. 2 VwGO das VG Köln örtlich und nach § 45 VwGO sachlich zuständig. BVerwG NVwZ-RR 1996, 610.

28 Sollte es mit Erlass der Regelung des § 66 Abs. 4 ERegG-E zum Wegfall der ersten Instanz bei regulierungsrechtlichen Entscheidungen im Eisenbahnsektor kommen, müsste eine solche Stelle am OVG NRW eingerichtet werden. Siehe zur Änderung der Rechtsschutzmöglichkeiten SCHERER/MICHALCZYK, N & R 2013, 35 (43 f.); BR-Drs. 559/12, S. 60. Ob eine solche Regelung Eingang in das ERegG finden

rechtlichen Verfahren erstellt werden, die eine Übersicht über Stand und Streitgegenstand der Verfahren gäbe. Diese Liste könnte auf Anfrage den entsprechenden Gerichten ausgehändigt werden. Durch die Einrichtung einer solchen „regulierungsgerichtlichen Anlaufstelle“ könnte der Informationsaustausch gestärkt werden.

Einen anderen Weg geht der Gesetzesentwurf zum ERegG mit der Regelung des § 67 ERegG-E. Danach haben die Gerichte die Bundesnetzagentur über alle bürgerlichen Rechtsstreitigkeiten, die sich aus dem ERegG ergeben, zu unterrichten.[29] Die Regelung, die sich an der Regelung des § 139 TKG orientiert, soll gewährleisten, dass die Regulierungsbehörde an bürgerlich-rechtlichen eisenbahnrechtlichen Streitigkeiten beteiligt werden kann.[30] Diese Regelung ist jedenfalls der Beleg dafür, dass der Gesetzgeber auch weiterhin von einem doppelten Rechtsweg im Eisenbahnregulierungsrecht ausgeht. Der doppelte Rechtsweg ist damit kein „Systemfehler“, sondern die Entscheidung für ein duales Rechtsschutzsystem.

B. Der privatrechtsgestaltende Verwaltungsakt im System des Zivilrechts

Die Umsetzung des privatrechtsgestaltenden Verwaltungsakts in das System des Zivilrechts ist ambivalent. Zum einen bereitet die Einfügung eines gestaltenden Verwaltungsaktes in dieses System große Schwierigkeiten oder ist sogar unmöglich. Zum anderen kann der Verwaltungsakt aber auch ein

---

wird, ist fraglich. Der Bundesrat ist der Auffassung, dass erstinstanzlich das VG Köln zuständig bleiben sollte und stattdessen die Berufung und Beschwerde zum OVG NRW ausgeschlossen werden soll. Begründet wird dies mit der umfangreichen fachlichen Kontinuität dieses Gerichts im Bundesgebiet und mit den „Synergieeffekte[n]", die beim VG Köln dadurch entstehen, dass dieses auch für die vergleichbaren Problemlagen des TKG erstinstanzlich zuständig ist. BR-Drs. 559/12, S. 17 f.

29 Dies gilt auch, wenn die Entscheidung eines Rechtsstreits ganz oder teilweise von einer Entscheidung abhängt, die nach diesem Gesetz zu treffen ist. BR-Drs. 559/12, S. 60.

30 Hierunter fallen z.B. zivilgerichtliche Verfahren, in denen über die Vereinbarkeit von Infrastrukturnutzungsentgelten mit dem Zugangsrecht oder über das Zustandekommen von Infrastrukturnutzungsverträgen gestritten wird. So ausdrücklich die BR-Drs. 559/12, S. 226. Die Gefahr widersprüchlicher, verbindlicher Entscheidungen besteht jedoch im EnWG auch durch die z. T. parallelen Zuständigkeiten der Kartell- und Regulierungsbehörden. Siehe dazu SCHORKOPF, JZ 2008, 20 (23).

Mittel sein, eigentlich systemgerechte, aber ungewollte zivilrechtliche Rechtsfolgen abzumildern oder sogar gänzlich zu vermeiden.

I. Inkompatibilität des privatrechtsgestaltenden Verwaltungsakts

Als grundsätzlich ungeeignet hat sich der Verwaltungsakt im Zusammenspiel mit den Generalnormen des § 134 und § 823 Abs. 2 BGB dargestellt. Der Verwaltungsakt alleine scheidet als Verbots- oder Schutzgesetz mangels Rechtsnormqualität i.S.d. Art. 2 EGBGB bereits auf begrifflicher Ebene aus. Doch auch die Hinzuziehung der Ermächtigungsgrundlage im Zusammenspiel mit dem Verwaltungsakt hat die Kompatibilität von gestaltenden Verwaltungsakten und zivilrechtlicher Regelung nicht grundsätzlich herstellen können.

1. Der Verwaltungsakt und § 134 BGB

Das zentrale Problem ist die Möglichkeit der Ermessensbetätigung der Behörde, die zwar nicht immer ein Einschreitermessen besitzt, der jedoch regelmäßig ein Auswahlermessen zusteht. Wenn die Anordnung privatrechtsgestaltender Maßnahmen im (pflichtgemäßen) Ermessen der Bundesnetzagentur liegt, kann dies dazu führen, dass aus zivilrechtlicher Perspektive die Nichtigkeit eines Vertrages vom Willen der Behörde abhinge. Diese Situation ist unter dem Aspekt der Rechtssicherheit und –klarheit nicht hinnehmbar. Im Eisenbahnrecht kann ein Verbotsgesetz durch Verwaltungsakt und Ermächtigungsgrundlage nur im besonders gelagerten Falle des § 9a AEG angenommen werden. [31] Dort handelt es sich zum einen um ermessensgebundene Verwaltung und zum anderen findet sich dort eine Ermächtigungsgrundlage, die in der Weise mit dem materiellen Verhaltensverbot verschränkt ist, dass die Ermächtigungsgrundlage Bestandteil der Verbotsregelung ist. [32] Eine Nichtigkeitswirkung des gestaltenden Verwaltungsakt über § 134 BGB scheidet aber grundsätzlich aus.

2. Die exkludierende Konkurrenz von Verbotsgesetz und Verwaltungsakt

Die Regelung des § 42 TKG erweist sich als noch problematischer. Dort kann sich nach der Systematik der Norm eine Nichtigkeitswirkung nur aus der Norm als Verbotsgesetz selbst oder aber aus dem privatrechtsgestaltenden

31 Siehe oben Teil 3. C. I. 1 a).

32 Siehe oben Teil 3. C. I. 1 b).

Verwaltungsakt ergeben. Nicht nur ein gemeinsames Wirken von gestaltendem Verwaltungsakt und § 134 BGB ist ausgeschlossen, sondern sogar deren gleichzeitige Existenz. Dieses Dilemma kann nur unter Bemühung rechtstheoretischer Überlegungen gelöst werden, indem man eine „doppelte Nichtigkeitsfolge" von Verbotsgesetz und Verwaltungsakt zulässt.[33] Diese Lösung ist jedoch nicht im Interesse einer transparenten und bürgerfreundlichen Gesetzgebung. Verwaltungsakt und Privatrecht sind an dieser Stelle nicht aufeinander abgestimmt. Der Gesetzgeber ist dazu aufgerufen, im Interesse der Rechtsklarheit und Rechtssicherheit eine Regelung zu treffen, die diesen Widerspruch ausräumt.

II. Grundsatz für die Handhabung angeordneter Verträge

Dass Verwaltungsakt und Privatrecht nicht durchgängig unvereinbar oder gegenläufig sind, sondern dass sich der privatrechtsgestaltende Verwaltungsakt sehr wohl auch in das Gefüge des Zivilrechts einpassen lässt, zeigen zwei Beispiele aus den untersuchten Sektoren.[34] So konnte im Eisenbahnrecht nachgewiesen werden, dass eine vertragsgestaltende Maßnahme die „mildere" Maßnahme sein kann als die bloße Verpflichtung zur Vornahme eines Verwaltungsakts. Durch die Ersetzung wird die Gefahr ausgeschlossen, aufgrund behördlicher Anordnung vertragsbrüchig zu werden. Es können sich daran keine Schadensersatzansprüche anschließen. Im TKG kann der Verwaltungsakt zum einen den Rechtsgrund für den Austausch von Leistungen bilden. Zum anderen kann der vertragsersetzende Verwaltungsakt die rechtliche Grundlage und Begründung dafür sein, dass die zivilrechtlichen Regelungen im Zusammenhang mit der besonderen Anordnungs- und Entstehungssituation angewendet werden müssen. Der vom OLG Düsseldorf entwickelte Ansatz zum Umgang mit solchen Verträgen ähnelt dem Gestaltungsmaßstab des § 25 Abs. 5 TKG: Zunächst ist von der vollen zivilrechtlichen Wirksamkeit und der Orientierung an den gängigen zivilrechtlichen Vorschriften auszugehen. Erst wenn sich aus der einseitigen, staatlichen Anordnungssituation Besonderheiten für das Vertragsverhältnis ergeben, muss die Anwendbarkeit privatrechtlicher Rechtssätze überprüft, ggf. modifiziert oder von ihnen abgewichen werden.

---

33 Siehe oben Teil 4. C. III. 2. a).

34 Siehe oben Teil 3. C II. 3. für das AEG und Teil 4. C. III. 2. b) für das TKG.

Diese Rechtsprechung[35] sollte als Grundsatz für den Umgang mit durch Verwaltungsakt geschaffenen Vertragsverhältnissen gelten, denn sie ermöglicht einerseits die Berücksichtigung der Ausnahmesituation der behördlichen Vertragsanordnung. Andererseits wirkt sie rechtssichernd, da bei einem Ausschluss von anordnungsbedingten Besonderheiten die allgemeinen zivilen Rechtssätze gelten. Diese Besonderheiten zu ermitteln, ist dann die Aufgabe des Rechtsanwenders und letztlich des entscheidenden Gerichts.

C. Öffentliches Recht und Privatrecht im Lichte des Regulierungsrechts

Der privatrechtsgestaltende Verwaltungsakt gibt im Regulierungsrecht kein harmonisches Bild als Koordinationsinstrument zwischen den Teilrechtsordnungen ab. Dabei wird gerade den privatrechtsgestaltenden Verwaltungsakten die Eigenschaft zugeschrieben, dass sie sich besonders eignen, die Schnittstellen der Teilrechtsordnungen zu erfassen, indem sie zwingend und unmittelbar Privatrecht und Öffentliches Recht verkoppeln.[36] Diese Feststellung soll zum Anlass genommen werden, zu untersuchen, inwiefern der privatrechtsgestaltende Verwaltungsakt diese Verkopplungsfunktion zwischen Öffentlichem Recht und Privatrecht im Regulierungsrecht leistet und das Verhältnis dieser beiden Teilrechtsordnungen mitausgestaltet. Es soll vor allem aufgezeigt werden, dass die Probleme, die sich aus der Trennung der Teilrechtsordnung ergeben, „Wahrnehmungsprobleme“ der Rechtsanwender sind.

I. Ein Überblick über die Abgrenzungsdebatte

Die Vorstellung der kategorischen Trennung von Öffentlichem Recht und Privatrecht ist in der Wissenschaft und grundsätzlich auch in der Gesetzespraxis obsolet. Das Öffentliche Recht hat schon lange seinen Charakter als Zwangsrecht des Staates, dessen Ziel die Eindämmung bürgerlicher Freiheit war, verloren.[37] Ein Großteil der Freiheitsrechte des Einzelnen, die seine Rechts-

---

35 Siehe oben Teil 4. C. III. 2. b).

36 SCHMIDT-AßMANN, in: HOFFMANN-RIEM/SCHMIDT-AßMANN, Öffentliches Recht und Privatrecht als wechselseitige Auffangordnungen, S. 31, der den privatrechtsgestaltenden Verwaltungsakt zu den „Bauformen eines Rechts der Auffangvorgänge“ zählt.

37 Zu diesem Wandel, der bereits im 19. Jahrhundert einsetzt, sowie zur historischen Bedingtheit der Unterscheidung und ihrer Entwicklung siehe KEMPEN, Die

stellung als Privater betreffen, werden in der heutigen[38] Rechtsordnung durch Verfassungs- und Verwaltungsrecht garantiert.[39] Dadurch hat das Öffentliche Recht längst eine Zielrichtung erlangt, die traditionell dem Privatrecht als „Hort der Freiheit“[40] zugeschrieben wurde. Durch diese Zielgleichheit wurde die grundsätzliche Gegensätzlichkeit der Teilrechtsordnungen jedoch erschüttert und die Bedeutung ihrer Unterscheidung relativiert.[41]

In den vergangen Jahrzehnten wurde der Fokus wissenschaftlicher Betrachtung immer mehr auf die Gemeinsamkeiten, die Berührungspunkte und die Schnittmengen der Teilrechtsordnungen gelenkt und weniger auf die vermeintlich unüberbrückbaren Unterschiede. So wurde von HOFFMANN-RIEM und SCHMIDT-AẞMANN das Konzept der „wechselseitigen Auffangordnungen“ beider Teilrechtsordnungen geprägt. Dieses gelangt zu der Einsicht, dass die Teilrechtsordnungen durch Rückgriff und wechselseitigen Bezug aufeinander die jeweiligen Defizite abfangen und ihre Vorzüge besser zur Geltung bringen

---

Formwahlfreiheit der Verwaltung, S. 5 ff.; zusammenfassend S. 26 f. Ebenso bei DE WALL, Die Anwendbarkeit privatrechtlicher Vorschriften im Verwaltungsrecht, S. 7 ff.

38 Zur Geschichte der Unterscheidung von Öffentlichen Recht und Privatrecht und ihrer Rezeption im deutschen Recht siehe BULLINGER, in: HOFFMANN-RIEM/SCHMIDT-AẞMANN, Öffentliches Recht und Privatrecht als wechselseitige Auffangordnungen, S. 46 ff.

39 STORR, Der Staat als Unternehmer, S. 461.

40 STORR, Der Staat als Unternehmer, S. 462; HERMES, VVDStRL 61, 119 (125). Zudem ist das Privatrecht von der Dispositivität seiner Regelungen gekennzeichnet, so dass es oft nur die Bedingungen und den Rahmen der Handlungsmöglichkeiten der Privaten vorzeichnet. Dies stärkt den Eindruck des Privatrechts als freiheitliches Recht. SCHMIDT-AẞMANN, Das allgemeine Verwaltungsrecht als Ordnungsidee, S. 286.

41 STORR, Der Staat als Unternehmer, S. 461. Hier setzte BULLINGERs Vorschlag zur Etablierung eines „Gemeinrechts“ an, das als „allgemeiner Teil des Rechts“ verstanden werden sollte. BULLINGERs Vorschlag wurde in der Wissenschaft kaum rezipiert und später von ihm selbst nicht mehr mit demselben Nachdruck eingefordert. So SCHRÖDER, Verwaltungsrechtsdogmatik im Wandel, S. 213 f. Daher erkannten einige Autoren das Bedürfnis einer Unterscheidung nur noch dahingehend an, dass sie für die Bestimmung der Zuständigkeiten der Gerichte notwendig sei, sich aber hierin erschöpfe. Damit reduzierten sie die Teilung des Rechts in „öffentlich” und „privat” auf ein bloßes „Phänomen der Gerichtsorganisation“. So SCHMIDT, Die Unterscheidung von privatem und öffentlichem Recht, 45 f. mit einer ausführlichen Dar- und Gegenüberstellung der verschiedenen Meinungsführer.

können.[42] BURGI, der dieses Konzept für den gelungenen Ansatzpunkt hält, dem dies begrifflich aber zu eng erscheint, schlägt vor, Privatrecht und Öffentliches Recht als „Verbund“ eines einheitlichen Rechtsregimes zu sehen.[43] Er lehnt es ab, die wissenschaftliche Diskussion als eine „Art Sternlicht“ zu verstehen, „das auch dann noch unterwegs ist, wenn seine Quelle längst erloschen ist.“[44] Solange der Akteur Staat von dem Akteur Gesellschaft geschieden[45] und durch die Verfassung allein auf das Gemeinwohl hin orientiert werde, solange sei auch an der Aufteilung in zwei Teilrechtsordnungen festzuhalten. Eine solche Aufteilung verspricht ein „höheres Maß an Differenziertheit innerhalb der materialen Ordnung und größere Erfolge bei der Bereitstellungsfunktion[46] des Rechts.“[47]

II. Die Stellung des Regulierungsrechts in der Abgrenzungsdebatte

Dennoch hat die Abkehr von der kategorischen Trennung ein Vakuum hinterlassen, an dessen Stelle nur mühsam die neuen Konzeptionen treten. Die Idee des Privatrechts und Öffentlichen Rechts als wechselseitige Auffangordnungen bildet zwar die Grundlage für eine neue Beschreibung des Verhältnisses der Teilrechtsordnungen, jedoch hat sie es (noch) nicht leisten können, die die Trennung betonende Perspektive durch die den Kooperationsgedanken betonende Sichtweise zu ersetzen. Dies gilt selbst für das Regulierungsrecht, das sich als Rechtsgebiet auszeichnet, das von einem Zusammenspiel und -wirken von privat- und öffentlich-rechtlichen Vorschriften auf engem Raum geprägt ist. Es ist auch ein Rechtsgebiet, das erst

42 BURGI, in: HOFFMANN-RIEM/SCHMIDT-AßMANN/VOßKUHLE, Grundlagen des VerwR, Bd. I, § 18, Rn. 36.

43 BURGI, in: HOFFMANN-RIEM/SCHMIDT-AßMANN/VOßKUHLE, Grundlagen des VerwR, Bd. I, § 18, Rn. 34 ff.

44 BURGI, in: HOFFMANN-RIEM/SCHMIDT-AßMANN/VOßKUHLE, Grundlagen des VerwR, Bd. I, § 18, Rn. 43. Dieses Bild geht zurück auf STOLLEIS, in: HOFFMANN-RIEM/SCHMIDT-AßMANN, Öffentliches Recht und Privatrecht, S. 59.

45 Zu dieser Unterscheidung sowie ihrer Bedeutung siehe KEMPEN, Die Formenwahlfreiheit der Verwaltung, S. 29 ff.

46 Die Bereitstellungsfunktion meint die von der Rechtsordnung eingeräumte und dem einzelnen freigestellte Möglichkeit, „seinen“ Rechten Geltung zu verschaffen. Die zivile Gesellschaft soll „ihre Angelegenheiten in möglichst gemeinwohlverträglicher Weise selbstverantwortlich“ erledigen. So HOFFMANN-RIEM, DÖV 1997, 433 (441); UERPMANN, Das öffentliche Interesse, S. 71.

47 BURGI, in: HOFFMANN-RIEM/SCHMIDT-AßMANN/VOßKUHLE, Grundlagen des VerwR, Bd. I, § 18, Rn. 43.

zu einem Zeitpunkt entstanden ist, zu dem die kategorische Trennung beider Teilrechtsordnungen schon überwunden war. Deshalb könnte man vermuten, dass es von der Trennung der Teilrechtsordnungen eben nicht berührt werde.[48]

Auch der starke Einfluss des omnipräsenten Europarechts [49] im Regulierungsrecht hat trennende und sich gegenseitig ausschließende Elemente nicht verhindern können. Das ist deswegen bemerkenswert, weil dem Europarecht die Unterscheidung zwischen privatem und Öffentlichem Recht zwar bekannt ist, ihm dies jedoch als angewandtes Prinzip fremd bleibt. [50] Das Regulierungsrecht wurde und wird durch eine Vielzahl von Richtlinien geprägt. [51] Die sich aus dem Inhalt der Richtlinie ergebenden Rechtswirkungen müssen innerstaatlich hergestellt werden.[52] Maßgeblich ist die Effektivität ihrer Umsetzung und nicht ihre Form.[53] Die Forderung, dass wegen der Disponibilität des Privatrechts und der Gefahr des Entstehens einer undurchsichtigen Gemengelage von öffentlichen und privatrechtlichen Vorschriften, das Unionsrecht immer in die zwingende Form des Öffentlichen Rechts „gegossen“ werden müsse, hat sich nicht durchsetzen können.[54]

Durch diese grundsätzliche Ergebnisorientiertheit implementieren die Richtlinien zwar bestimmte Regulierungskonzepte in den Mitgliedstaaten, jedoch ohne dass dem nationalen Gesetzgeber angesichts der Umsetzungsfristen immer die Möglichkeit offensteht, diese bruchlos in das nationale Recht einzufügen. Eine solche Entwicklung trägt damit eigentlich dazu bei,

---

48 Zur Entstehung des Regulierungsrechts siehe oben Teil 1. A. II. und III.

49 Dies schon früh feststellend SCHOCH, JZ 1995, 109.

50 STELKENS, EuZW 2005, 299 (300).

51 Siehe oben Teil 1. A. III.

52 FUNKE, Umsetzungsrecht, S. 126; RUFFERT, in: CALLIESS/RUFFERT, EUV – AEUV, Art. 288 AEUV, Rn. 23.

53 SKOURIS, EuR 1998, 111 (127).

54 So aber BRENNER, Der Gestaltungsauftrag der Verwaltung in der Europäischen Union, S. 153 f., 421. Ein solch starres Konzept würde der Komplexität der durch Richtlinienrecht geregelten Rechtsbereiche nicht gerecht und würde dem Gesetzgeber ohne Notwendigkeit flexible Gestaltungsmöglichkeiten nehmen. So i.E. auch OPPERMANN /CLASSEN/ NETTESHEIM, Europarecht, § 9, Rn. 92; BURGI, in: HOFFMANN-RIEM/SCHMIDT-AßMANN/VOßKUHLE, Grundlagen des VerwR, Bd. I, § 18, Rn. 30. Zudem greift es die Idee des Öffentlichen Rechts als „Zwangsrecht“ auf.

dass die Unterscheidung an Bedeutung verliert, weil das Unionsrecht ihr indifferent gegenübersteht.[55]

III. Symptome einer abgrenzenden Konzeption von Öffentlichem Recht und Privatrecht

Der Befund, dass auch das Regulierungsrecht stark von einem durch Trennung geprägten Verhältnis von Privatrecht und Öffentlichem Recht durchdrungen ist, lässt sich an verschiedenen Punkten festmachen.

1. Ist das Zugangsrecht öffentlich-rechtlich oder privatrechtlich?

Zum einen zeigt sich das Bemühen um eine Trennung der Teilrechtsordnungen schon in der Tatsache, dass im juristischen Schrifttum die Frage unterschiedlich beurteilt wird, ob die Regulierungsvorschriften über den Netzzugang dem Privatrecht oder dem Öffentlichen Recht zuzuordnen seien. Die Befürworter für eine Zuordnung zum Privatrecht argumentieren, dass der regulatorische Ansatz das Ziel verfolge, wettbewerbsorientierte Märkte zu schaffen und zu erhalten, auf denen Dienstleistungen im öffentlichen Interesse sicher und zu wettbewerbsorientierten Preisen und Bedingungen erbracht werden. Diese Zielsetzung führe dazu, dass es sich bei den Zugangsregelungen um Wettbewerbsrecht handele, welches dem Marktordnungsrecht und mithin dem Privatrecht zuzuordnen sei. [56] Die Befürworter einer Zuordnung zum Öffentlichen Recht hingegen sehen den Schwerpunkt dieses Rechtsgebiets im Bestehen einer hoheitlich handelnden Regulierungsbehörde, die durch Verfügungen den Marktteilnehmern bestimmte Verhaltensweisen auferlegt.[57]

Auch die Vorstellung, dass es sich bei den Regelungen der EIBV zu den SNB, um eine öffentlich-rechtliche Überformung des Zivilrechts durch das

---

55 De Wall, Die Anwendbarkeit privatrechtlicher Vorschriften im Verwaltungsrecht, S. 41. Burgi, in: Hoffmann-Riem/Schmidt-Aßmann/Voßkuhle, Grundlagen des VerwR, Bd. I, § 18, Rn. 33 macht auch den „Aufgaben- und Komplexitätszuwachs", der mit einer zunehmend globalisierten und internationalisierten Weltordnung einhergeht, für eine solche Entwicklung aus, welche „an tradierten Trennlinien nicht Halt macht."

56 So Ehricke, N & R 2010, 157 (158) für das AEG und Säcker, AöR 130, 183 für das TKG.

57 Ruthig/Storr, Öffentliches Wirtschaftsrecht, Rn. 23.

öffentlich-rechtliche Eisenbahnrecht handle,[58] ist kaum Ausdruck eines harmonischen Zusammenwirkens. Sie beinhaltet vielmehr, dass das eigentlich anwendbare Privatrecht von der ranghöheren öffentlich-rechtlichen Norm verdrängt wird. Die Teilrechtsordnungen stehen in einem solchen Fall in einem Konkurrenz- und Verdrängungsverhältnis. Solche Vorstellungen sind Ausdruck einer trennenden, sich wechselseitig ausschließenden Konzeption beider Teilrechtsordnungen. Dies ist umso erstaunlicher, als das Zugangsrecht des AEG und auch dasjenige des TKG mit seinem Konzept des Primates der Vertragsverhandlungen und der teilweisen Subsidiarität regulierungsrechtlicher Verwaltung eigentlich wie eine Umsetzung des Konzepts der wechselseitigen Auffangordnungen erscheinen.[59] Paradoxerweise herrscht in diesen Rechtsgebieten der die Teilrechtsordnungen trennende Gedanke vor, obwohl bewusst der gemeinsame Einsatz privat und öffentlich-rechtlicher Instrumente zur Verwirklichung der Regulierungsziele als Regulierungsansatz gewählt wurde.

2. Die Trennung der Teilrechtsordnungen

Die Trennungsperspektive findet ihren deutlichsten Ausdruck in der Entscheidung des BVerwG zu den SNB.[60] Danach dürfen die „Bundesnetzagentur und die Verwaltungsgerichte [...] nur die öffentlich-rechtlichen Vorschriften über den Zugang zur Eisenbahninfrastruktur als Prüfungsmaßstab heranziehen. Dagegen ist es ihnen versagt, auf spezifisch zivilrechtliche Kontrollmaßstäbe abzustellen [...].“[61] Dieses Urteil ist Ausdruck des Bemühens, in einem Rechtsgebiet, das sich durch die enge Verzahnung privater und öffentlich-rechtlicher Vorschriften hervortut, eine Ordnung herzustellen, derer es gar nicht bedarf. Wenn der Gesetzgeber sich dafür entscheidet, die Teilrechtsordnungen in ein Kooperationsverhältnis zu setzen und der Behörde auch Befugnisse einräumt, in diesen beiden

---

58 STÜER/URBISCH, DVBl. 2012, 1484 (1485). Diese Vorstellung scheint auch der Gesetzgeber des ERegG-E zu teilen, wenn vom „öffentlich rechtlich überformten“ AGB spricht. Allerdings soll danach die Bundesnetzagentur gerade Regelungen auch am Maßstab der §§ 305 ff. BGB prüfen dürfen. BR-Drs. 559/12, S. 169.

59 Zu diesem Konzept siehe SCHMIDT-AßMANN, in: HOFFMANN-RIEM/SCHMIDT-AßMANN, Öffentliches Recht und Privatrecht, S. 31 ff. Eine übersichtliche Darstellung findet sich auch bei TSCHENTSCHER, DVBl. 2003, 1424 (1431 ff.).

60 Siehe oben Teil 3. C. I.

61 BVerwG NVwZ 2012, 307 (310), Rn 29.

Teilrechtsordnungen regulierend tätig zu werden, braucht es keiner angestrengten Trennung der sich vermeintlich gegenseitig ausschließenden Rechtsgebiete.

In dieses Bild passt die dogmatische Abgrenzung privat- und öffentlichrechtlicher Rechtsverhältnisse durch den Versuch, die Dauerwirkung des vertragsersetzenden Verwaltungsakts auf eine öffentlich-rechtliche Verbotswirkung zu begrenzen. Die Wirkungen des Verwaltungsakts mit Rücksicht auf das Privatrecht zurückzunehmen, wo eine solche Rücksichtnahme nicht nur nicht angezeigt ist, sondern sogar eine dogmatisch unfertige Rechtslage zurücklässt, ist wiederum Zeichen eines trennenden Bemühens. In diesen Kontext fügt sich schließlich auch die Rechtsprechung ein, welche die Auswirkungen privatrechtsgestaltender Maßnahmen für die privaten Rechtsverhältnisse dadurch ausblendet, dass man der Ermächtigungsgrundlage einen rein öffentlichen Interessen dienenden Charakter zuschreibt, mit der Folge, dass die Behörde die Folgen ihres Handelns für das Privatrecht nicht weiter beachten muss. Auch dies ist Ausdruck einer Vorstellung, welche die Teilrechtsordnungen als Gegensatzpaar erachtet.

IV. Die Herstellung eines Rechtsverbundes im Regulierungsrecht

1. Die Relationen nach der Verbundperspektive

Die Ergebnisse der vorliegenden Arbeit sind in der Verbundperspektive verhaftet und belegen ihre Stellung als führendes Konzept zur Deutung des derzeitigen[62] Verhältnisses von Privatrecht und Öffentlichem Recht. BURGI unterteilt die Relationen innerhalb des Verbundes vor allem in die Kategorien der „Komplementarität" und der „Dysfunktionalität".[63] Komplementarität meint die gegenseitige Ergänzung, wobei einerseits ein kumulatives Zusammenwirken möglich ist, d.h. sich eine Regelung erst im Zusammen-

---

62 Mit Blick auf die geschichtliche Entwicklung bemerkt BURGI zutreffend, dass es keine „zeitlos gültige Deutung der beiden Rechtsregime" gibt. BURGI, in: HOFFMANN-RIEM/SCHMIDT-AßMANN/VOßKUHLE, Grundlagen des VerwR, Bd. I, § 18, Rn. 43. Übereinstimmend mit RADBRUCH, in: KAUFMANN, Rechtsphilosophie II, S. [122/123], 359.

63 BURGI, in: HOFFMANN-RIEM/SCHMIDT-AßMANN/VOßKUHLE, Grundlagen des VerwR, Bd. I, § 18, Rn. 38. Die anderen Kategorien sind der Norm- und der Wertungswiderspruch.

wirken der jeweiligen Normen aus den beiden Rechtsordnungen realisiert.[64] Andererseits umfasst sie die wechselseitige Auffangfunktion, die es erlaubt, Defizite der einen Ordnung zu „überspielen“ und die Vorzüge der anderen „zur Geltung zu bringen“.[65] Dysfunktionalität hingegen ist in negativer Abgrenzung zur Komplementarität als diejenige Wirkungsweise zwischen den beiden Teilrechtsordnungen zu verstehen, die eine „aufeinander abgestimmte Zuordnung“ nicht ermöglicht.[66] Wird eine solche festgestellt, muss dies „Anlass zur Überprüfung, Rechtfertigung und ggf. Änderung“ der Rechtslage geben.[67]

2. Die Relationen in den untersuchten Rechtsgebieten

Beide Relationen sind in den hier untersuchten Sektoren vorzufinden. Eine komplementäre Beziehung zeigt sich schon in der Grundkonzeption des Zugangsrechts: Das Öffentliche Recht in Form der behördlichen Regulierung ist zunächst an ein Versagen der privatrechtlichen Einigung geknüpft. Sie zeigt sich aber auch darin, dass der privatrechtsgestaltende Verwaltungsakt ein Rechtsgrund im System des Zivilrechts sein kann oder darin, dass der privatrechtsgestaltende Verwaltungsakt systemwidrige Rechtsfolgen ausschließt, die bei einer reinen „beziehungslosen Koexistenz“[68] der Teilrechtsordnungen eben nicht vermieden werden könnten. Es finden sich auch Dysfunktionalitäten, wie die grundsätzliche Inkompatibilität von Verwaltungsakt und Verbotsgesetzen belegt. Doch auch das Fehlen eines verbindlichen gesetzlichen Rahmens für vertragsgestaltende Befugnisse der Bundesnetzagentur im Eisenbahnsektor, welcher die Ausübung der Befugnisse gleichermaßen orientiert wie reglementiert, bewirkt die fehlende Komplementarität von Öffentlichem Recht und Privatrecht. Dabei könnte

---

64 BURGI, in: HOFFMANN-RIEM/SCHMIDT-AßMANN/VOßKUHLE, Grundlagen des VerwR, Bd. I, § 18, Rn. 41.

65 BURGI, in: HOFFMANN-RIEM/SCHMIDT-AßMANN/VOßKUHLE, Grundlagen des VerwR, Bd. I, § 18, Rn. 36, 41.

66 BURGI, in: HOFFMANN-RIEM/SCHMIDT-AßMANN/VOßKUHLE, Grundlagen des VerwR, Bd. I, § 18, Rn. 37.

67 BURGI, in: HOFFMANN-RIEM/SCHMIDT-AßMANN/VOßKUHLE, Grundlagen des VerwR, Bd. I, § 18, Rn. 43.

68 Formulierung nach BURGI. BURGI, in: HOFFMANN-RIEM/SCHMIDT-AßMANN/VOßKUHLE, Grundlagen des VerwR, Bd. I, § 18, Rn. 36.

gerade eine Norm, die einen solchen Rahmen vorgibt, die Kompatibilität herstellen und als „Scharnier“ zwischen den Teilrechtsordnungen fungieren.

3. Die Trennung als „Wahrnehmungsdefizit“ der Rechtsanwender

Zudem gibt es auch „Schein“-Dysfunktionalitäten, d.h. vermeintlich nicht zusammenwirkende Rechtsakte, die allerdings auf einem verkürzten oder falschen dogmatischen Rechtsverständnis beruhen. Dies ist zum Beispiel der Fall, wenn man bei privatrechtsgestaltenden Maßnahmen im Rahmen der Ermessensprüfung die Berücksichtigung von privatrechtlichen Rechtswirkungen und Interessen ausspart oder wenn man die Zulässigkeit eines „doppelten Rechtsweges“ ablehnt. Dann beruht die gestörte Relation jedoch nicht auf einer unzureichenden Gesetzeslage, sondern auf der fehlgeleiteten Rechtsanwendung. Damit liegt zwar keine Situation vor, in der „es zur Herstellung einer bislang vielleicht gar nicht erkannten Komplementarität nur geringfügiger Anstrengungen bedürfte.“[69] Es besteht aber eine ähnliche Lage, nämlich die einer verkannten Komplementarität, die auf einer unzureichenden Wahrnehmung der Rechtsanwender basiert. Die scheinbaren Dysfunktionalitäten sind eigentlich nur missverstandene Fälle der Komplementarität.

Schon eine geringfügige Verschiebung der dogmatischen „Koordinaten“ reicht aus, um die Relation von Öffentlichem Recht und Privatrecht umzukehren, indem man z.B. gerade besondere Anforderungen an das Ermessen stellt, wenn privatrechtsgestaltend eingegriffen wird oder wenn man von der grundsätzlichen Anwendbarkeit von zivilrechtlichen Vorschriften auch bei angeordneten Verträgen ausgeht. Der privatrechtsgestaltende Verwaltungsakt ist kein „Fremdkörper“[70], sondern er besitzt - im Gegenteil - ein hohes symbiotisches Potential. Wenn dieses Potential ausgeschöpft wird, dann kann der Verbund von Öffentlichem Recht und Privatrecht im Regulierungsrecht als ein im Wesentlichen komplementärer Rechtsverbund angesehen werden, dessen Einheitlichkeit auch durch den privatrechtsgestaltenden Verwaltungsakt hergestellt wird. Der privatrechtsgestaltende Verwaltungsakt leistet auf diese Weise einen Beitrag zur Rechtseinheit und Rechtssicherheit.

---

69 BURGI, in: HOFFMANN-RIEM/SCHMIDT-AßMANN/VOßKUHLE, Grundlagen des VerwR, Bd. I, § 18, Rn. 41.

70 Siehe zu dieser Wahrnehmung TSCHENTSCHER, DVBl. 2003, 1424 (1430).

Zusammenfassung in Thesen

Teil 1

A. Zum Begriff des Regulierungsrechts

(1) Trotz der Verwendung des Begriffs der „Regulierung“ in den sektorspezifischen Gesetzen, gibt es keine allgemein anerkannte Definition von „Regulierung“. Auch wird auf eine Definition seitens des Gesetzgebers verzichtet.[1]

(2) Das aus der US-amerikanischen Rechtsordnung stammende Modell der „Regulierung“ hat über Großbritannien und das Unionsrecht Eingang in das kontinentaleuropäische Recht gefunden. Die europarechtlichen Vorgaben, insbesondere das Richtlinienrecht, treiben die Entwicklung des Regulierungsrechts maßgeblich voran. Das Regulierungsrecht unterliegt zudem volkswirtschaftlichen Einflüssen und besitzt eine besondere Nähe zum allgemeinen Wettbewerbsrecht.[2]

(3) Das Regulierungsrecht wird auch vom staatlichen Auftrag der ausreichenden Gewährleistung von Leistungen der Daseinsvorsorge bestimmt. Diese verfassungsrechtlich abgesicherte Aufgabe steht in einem Spannungsverhältnis zu den Liberalisierungsbemühungen, die sich v.a. aus dem europäischen Integrationsprozess ergeben. Diese beiden widerstreitenden, übergeordneten Ziele kommen in unterschiedlichen Einzelzielen zum Ausdruck. Dies bedingt eine besondere Zielkomplexität des Regulierungsrechts.[3]

(4) Eine exakte Bestimmung des Wesens des Regulierungsrechts ist nicht möglich. Für die Untersuchung der Möglichkeiten und Grenzen der Privatrechtsgestaltung durch die Regulierungsverwaltung ist die „Konfliktlage in mehrpoligen Rechtsverhältnissen“, d.h. die Fokussierung auf die Akteure und ihr Verhältnis, das entscheidende Element.[4]

1 Siehe oben Teil 1. A. I.
2 Siehe oben Teil 1. A. II - V.
3 Siehe oben Teil 1. A. VI.
4 Siehe oben Teil 1 A. VII.

B. Zum Wesen des privatrechtsgestaltenden Verwaltungsakts

(1) Eine einstimmige Definition dessen, was einen privatrechtsgestaltenden Verwaltungsakt ausmacht, besteht (noch) nicht. Die Schwierigkeit einer einheitlichen Begriffsbestimmung ist den zahlreichen unterschiedlichen Rechtsgebieten geschuldet, in denen der privatrechtsgestaltende Verwaltungsakt Anwendung findet. Auch der oftmals systematisch unabgestimmte Einsatz dieses Verwaltungsaktstyps in einheitlichen Regelungskomplexen trägt zu der schwierigen Begriffsbestimmung bei.[5]

(2) Der privatrechtsgestaltende Verwaltungsakt wirkt innerhalb der und zwischen den beiden Teilrechtsordnungen des Öffentlichen Rechts und Privatrechts, mit ihren jeweils unterschiedlichen dogmatischen Traditionen. Er birgt in besonderem Maße die Gefahr, Widersprüche in der Rechtsordnung zu produzieren. Zugleich obliegt ihm aber auch die Aufgabe, eine Balance zwischen Rechtssicherheit und Einzelfallgerechtigkeit herzustellen.[6]

(3) Trotz der strukturellen Probleme, die bei der Bestimmung des privatrechtsgestaltenden Verwaltungsakts bestehen, können seine zentralen Merkmale benannt werden. Ein solcher Verwaltungsakt bedarf zunächst immer einer gesetzlichen Grundlage, in der bereits die Möglichkeit, zur unmittelbaren und verbindlichen Gestaltung von privaten Rechtsverhältnissen angelegt sein muss. Die Gestaltung erfolgt durch die Begründung eines Rechts bzw. Rechtsverhältnisses, dessen Änderung oder Aufhebung.[7]

(4) Der privatrechtsgestaltende Verwaltungsakt ist ein Unterfall des gestaltenden Verwaltungsakts. Daher bedarf es für die Unmittelbarkeit des auf das Privatrecht abzielenden Regelungsgehalts des Verwaltungsakts keiner weiteren Erfüllungs- oder Vollzugshandlung. Die Wirkung des Verwaltungsakts ist zudem unbedingt, wobei es unerheblich ist, ob die zwingende Wirkung durch einen privatrechtsallein- oder privatrechtsmitgestaltenden Verwaltungsakt entsteht.[8]

---

5 Siehe oben Teil 1. B. I.

6 Siehe oben Teil 1. B. II.

7 Siehe oben Teil 1. B. III. 2.

8 Siehe oben Teil 1. B. III. 3. d).

(5) Der privatrechtsgestaltende Verwaltungsakt ist von einem gesetzlichen oder durch Verwaltungsakt auferlegten Kontrahierungszwang zu unterscheiden. Ein solcher Zwang ist lediglich eine Verpflichtung, einen Vertrag abzuschließen. Sowohl die Einigung als auch der Inhalt der Einigung obliegt grundsätzlich weiterhin den Parteien. Die Vertragsbeziehungen und deren Wirksamkeit bestimmen sich dann allein nach Privatrecht.[9]

(6) Der privatrechtsgestaltende Verwaltungsakt kann auch die Merkmale anderer Arten von Verwaltungsakten erfüllen.[10]

Teil 2

A und B. Zur Marktstruktur und zum Zugangsregime im Eisenbahnregulierungsrecht

(1) Der Eisenbahnsektor wird geprägt durch die DB AG bzw. die DB Netz AG, welche mit Abstand der größte Infrastrukturbetreiber in Deutschland ist. Trotz eines Umsatzes von ca. 17, 9 Mrd. € im Eisenbahnverkehrsmarkt ist der Wettbewerb in den unterschiedlichen Verkehrssparten noch unterentwickelt. Am höchsten ist der Anteil der Wettbewerber im Schienengüterverkehr mit ca. 25 % und am niedrigsten im Personenfernverkehr mit einem Anteil von unter 1%.[11]

(2) Die gesetzlichen Regelungen zur Zugangsregulierung sind v.a. auf die Schaffung von Wettbewerb ausgerichtet. Dafür unterwirft das AEG grundsätzlich alle Märkte in diesem Sektor der Zugangsregulierung. Die Überwachung der Einhaltung der Zugangsvorschriften erfolgt grundsätzlich durch die Bundesnetzagentur. Jedoch hat auch das EBA zugangsrelevante Aufgaben und Befugnisse.[12]

(3) Die Verpflichtung, Zugang zu der eigenen Infrastruktur zu gewähren, bestimmt sich danach, ob ein Unternehmen ein „Eisenbahninfrastrukturunternehmen" i.S.d. § 14 Abs. 1 S. 1 AEG ist. Die Begriffsdefinition und die Subsumtion der unterschiedlichen

9 Siehe oben Teil 1. B. III. 3. d) und e).

10 Siehe oben Teil 1. B. III. 3. g).

11 Siehe oben Teil 2. A. I. 2.

12 Siehe oben Teil 2. A. I. 1. und 3.

Einrichtungen unter diesen Begriff sind maßgeblich dafür, ob ein Unternehmen einer Pflicht zur Zugangsgewährung unterliegt.[13]

(4) Der Netzzugang nach §§ 14 ff. AEG i.V.m. der EIBV ist vom Netzanschluss nach § 13 AEG zu unterscheiden.[14] Nach § 14 Abs. 1 S. 1 AEG sind die EIU zum einen verpflichtet, Zugang zur Infrastruktur zu gewähren. Zum anderen sind sie auch verpflichtet, dies diskriminierungsfrei zu tun. § 14 Abs. 1 S. 1 AEG normiert sowohl einen zivilrechtlichen Zugangsanspruch als auch ein subjektiv-öffentliches Recht, welches er der nachgeordneten staatlichen Kontrolle unterwirft. Zentrales Instrument zur Verteilung von Infrastrukturkapazitäten ist der Infrastrukturnutzungsvertrag. Nach dem „Primat des Vertrages" soll eine Einigung zwischen EIU und Zugangspetenten immer erst mit den Mitteln des Zivilrechts erreicht werden.[15]

(5) Neben den Vorschriften über das Trassenvergabeverfahren[16] enthält v.a. die EIBV zahlreiche Vorschriften, die nur das Verhältnis von EIU und EVU betreffen und daher als „eisenbahnvertragsrechtliche" Vorschriften zu qualifizieren sind. Dies gilt z.B. für die Regelungen zu den SNB/NBfS. Die SNB sind einheitlich als AGB zu verstehen.[17]

C. Über die Regulierungsverwaltung im Eisenbahnsektor

(1) Über die Einhaltung dieser und der übrigen eisenbahnzugangsrechtlichen Bestimmungen wachen die Bundesnetzagentur und das EBA. Die Befugnisse der Bundesnetzagentur lassen sich in drei Kategorien unterteilen: Zu unterscheiden sind die Regulierungsbefugnisse ex ante und ex post sowie die Regulierungsmöglichkeiten mittels der Generalklausel.[18]

(2) Die Befugnisse der Regulierungsbehörde sind im Laufe der letzten Gesetzesänderungen immer weiter vertieft und ausgeweitet worden. Sollte den Aufsichtsbehörden zunächst nur eine Anweisungsbefugnis

13 Siehe oben Teil 2. A. III.
14 Siehe oben Teil 2. B. I.
15 Siehe oben Teil 2. B. I. 2.
16 Siehe oben Teil 2. B. II.
17 Siehe oben Teil 2. B. III.
18 Siehe oben Teil 2. C.

eingeräumt werden, so ist diese durch eine Anordnungsbefugnis ersetzt worden, die eine effektivere Regulierung ermöglicht.[19]

(3) Die Intensität der Befugnisse ist im Rahmen der ex ante-Regulierung weniger ausgeprägt als im Rahmen der ex post-Kontrolle. So kann die Behörde nach § 14e AEG i.d.R. Handlungen eines EIU nur widersprechen. Im Rahmen der nachträglichen Kontrolle nach § 14f AEG kann die Behörde hingegen auch Verträge bzw. Vertragsinhalte vorgeben oder gar selbst mit gestaltender Wirkung festlegen.[20]

(4) Die unterschiedlichen Regulierungsbefugnisse der Bundesnetzagentur setzen einheitlich eine Verletzung des Zugangsrechts als zu erfüllendes Tatbestandsmerkmal voraus. Die Regelungen der §§ 14e und 14f AEG sind grundsätzlich nebeneinander anwendbar. Sie sind leges speciales zur Generalklausel des § 14c AEG.[21]

Teil 3

A. Zu den privatrechtsgestaltenden Befugnissen im Eisenbahnzugangsrecht

(1) Die Regulierungsbehörden haben verschiedene Befugnisse, auf die privatrechtlichen Rechtsbeziehungen unmittelbar in verbindlicher Weise Einfluss zu nehmen. Im Rahmen der Vorab-Regulierung kann die Bundesnetzagentur privatrechtsgestaltend nur tätig werden, wenn sie einzelnen SNB bzw. NBfS widerspricht nach § 14e Abs. 1 Nr. 4 i.V.m. Abs. 3 Nr. 2 AEG. Der Widerspruch verhindert die wirksame Einbeziehung der widersprochenen AGB in neue Vertragsbeziehungen. Diese Rechtsfolge ist in der Ermächtigungsgrundlage explizit angelegt.[22]

(2) Der Widerspruch gegen ablehnende Trassenzuweisungsentscheidungen oder gegen den Abschluss eines Rahmenvertrages nach § 14e Abs. 1 i.V.m Abs. 3 Nr. 1 AEG ist hingegen nicht privatrechtsgestaltend. Beide haben zwar privatrechtliche Folgen, weil durch den Widerspruch eine Willenserklärung unwirksam wird. Dies sind jedoch bloße Reflexwirkungen, die sich aus der Systematik des § 14e AEG ergeben.

19 Siehe oben Teil 2. C. I. 2.
20 Siehe oben Teil 2. C. I. 3. und 4.
21 Siehe oben Teil 2. C. I. 5. und 6.
22 Siehe oben Teil 3. A. I. 1. c).

Ein Widerspruch nach § 14e Abs. 3 Nr. 1 AEG ergeht immer mit der Verpflichtung an das regulierte Unternehmen, eine neue Entscheidung unter Beachtung der Vorgaben vorzunehmen. Das Ziel des Widerspruchs, d.h. eine andere, eisenbahnzugangsrechtskonforme Entscheidung beim Abschluss eines Zugangsvertrages, kann durch die endgültige Unwirksamkeit einer Willenserklärung alleine nicht erreicht werden. Eine unmittelbare Befugnis zur Gestaltung privater Rechtsverhältnisse ist in § 14e Abs. 3 Nr. 1 AEG nicht angelegt.[23]

(3) Im Rahmen der nachträglichen Regulierung kann die Bundesnetzagentur nach § 14f Abs. 1 S. 2 Nr. 2 AEG SNB mit Wirkung für die Zukunft für ungültig erklären. Eine solche Erklärung ist im Interesse einer effektiven Regulierung bezüglich bereits bestehender Verträge möglich.[24]

(4) Das „Paradebeispiel" für das Vorliegen einer Ermächtigung zum Erlass eines privatrechtsgestaltenden Verwaltungsakts ist die Vorschrift des § 14f Abs. 2 i.V.m. § 14f Abs. 3 Nr. 2 AEG. Danach ist die Bundesnetzagentur in der Lage, die Vertragsbedingungen festzulegen, über die Gültigkeit eines Vertrages zu entscheiden und Verträge eines EIU mit Dritten für unwirksam zu erklären.[25] Eine privatrechtsgestaltende Maßnahme auf Grundlage der Generalklausel des § 14c Abs. 1 AEG ist nicht möglich.[26]

(5) Das EBA kann nach § 9a Abs. 2 S. 2 AEG vertragliche Bestimmungen eines konzernverbundenen BdS, die den Pflichten des § 9a Abs. 1 AEG nicht entsprechen, mit sofortiger Wirkung verbieten.[27] Gemäß § 9a Abs. 1 S. 2 Nr. 5 i.V.m. § 5a Abs. 2 AEG kann die Behörde unternehmensinterne Regelungen für Konzerne erlassen, wenn diese fehlen oder sich ein Unternehmen weigert, solche Regelungen zu erlassen.[28]

(6) Dem EBA obliegt nach § 13 Abs. 2 AEG die Entscheidung über das Recht auf physischen Anschluss zwischen zwei EIU, wenn diese keine Einigung bezüglich des Anschlussvertrages erzielen können. Es

23 Siehe oben Teil 3. A. I. 1. a) - b).
24 Siehe oben Teil 3. A. I. 2. b).
25 Siehe oben Teil 3. A. I. 2. c).
26 Siehe oben Teil 3. A. I. 3.
27 Siehe Teil 3. A. II. 1. a).
28 Siehe Teil 3. A. II. 1. b). cc).

entscheidet vertragsersetzend über die Bedingungen des Anschlusses sowie über die Angemessenheit der Kosten.[29]

B. Über die dogmatischen Besonderheiten des privatrechtsgestaltenden Verwaltungsakts im AEG

(1) Die generelle Unaufhebbarkeit eines privatrechtsgestaltenden Verwaltungsakts wird nicht mehr vertreten. Entscheidend für die Aufhebbarkeit eines privatrechtsgestaltenden Verwaltungsakts ist, ob der Verwaltungsakt ein Recht bzw. Rechtsverhältnis begründet oder ob er es punktuell gestaltet. Mit einer vertragsändernden oder vertragsvernichtenden Maßnahme tritt grundsätzlich eine endgültige Regelungswirkung ein, die die private Rechtslage so verändert, dass eine Wiederherstellung der alten Rechtslage durch Aufhebung ausscheidet. Daher lebt z.B. bei einer zurückgenommenen Entscheidung über die Nichtigkeit eines Vertrages das Vertragsverhältnis nicht wieder auf. Anders ist dies bei vertragsersetzenden Entscheidungen, die als Dauerverwaltungsakte zu qualifizieren sind.[30]

(2) Im Eisenbahnzugangsrecht ist die Aufhebbarkeit von Verwaltungsakten, die eine konkrete Trassennutzung für die Dauer einer Netzfahrplanperiode regeln, grundsätzlich ausgeschlossen. Auch bei Verwaltungsakten, die eine rahmenvertragliche Regelung ersetzen, ist angesichts der Bedeutung des Vertrages für die Planungs- und Investitionssicherheit des EIU sowie des EVU regelmäßig auf die Aufhebung zu verzichten. Allerdings kann im Hinblick auf die effektive Umsetzung der unionsrechtlichen Regelungen eine Aufhebung notwendig sein.[31]

(3) Art. 61 der RL 2012/34/EU räumt der Europäischen Kommission die Befugnis ein, bestimmte Einzelmaßnahmen rückgängig zu machen. Der Erlass eines privatrechtsgestaltenden Rechtsakts durch die Kommission ist dadurch allerdings nicht möglich. Auch scheidet eine dem

29 Siehe Teil 3. A. II. 2.

30 Siehe Teil 3. B. I. 1-3.

31 Siehe Teil 3. B. I. 3. c) und 4. a) - c).

Beihilfenrecht vergleichbare Bindungswirkung einer Rücknahmeentscheidung aus.[32]

(4) Im Eisenbahnzugangsrecht sind an das Ermessen im Rahmen privatrechtsgestaltender Entscheidungen besondere Anforderungen zu stellen. Die Behörde muss bei ihren Ermessenserwägungen auch die Konsequenzen berücksichtigen, die ihre Entscheidung im Privatrecht rechtlich auslöst sowie die tatsächlichen Folgen für das Verhältnis der Privaten zueinander. Dies gilt, sobald sie unmittelbar vertragsgestaltend tätig wird. Wenn eine Behörde die Auswirkungen ihrer privatrechtsgestaltenden Maßnahmen im Rahmen ihrer Ermessens- bzw. Verhältnismäßigkeitsprüfung nicht miteinbezieht, hat dies die Rechtswidrigkeit der Maßnahme zur Folge. Dies ergibt sich für das AEG schon aus den einfachgesetzlichen Regelungen. Doch gebietet dies auch die verfassungsrechtliche Garantie der Vertragsfreiheit.[33]

(5) Die DB AG ist Grundrechtsträger. Die entscheidende Erwägung für diese Annahme ist eine grundrechtstypischen Gefährdungslage, in die die DB AG durch Art. 87e Abs. 3 S. 1 GG versetzt wird. Dort wird ihr verfassungsrechtlich eine wirtschaftliche und unternehmerische Freiheit garantiert, die sie unter den für alle am Markt Beteiligten geltenden Bedingungen wahrnehmen muss.[34]

(6) Die Rechtsprechung zum Regulierungsermessen aus dem Telekommunikationssektor kann nicht auf den Eisenbahnsektor und die dortigen privatrechtsgestaltenden Befugnisse übertragen werden. Es fehlt dafür an einer vergleichbaren finalen Programmierung des Verwaltungshandelns in den entsprechenden Normen. Zudem mangelt es an der verfahrensrechtlichen Voraussetzung eines Beschlusskammerverfahrens, was das BVerwG im TKG dazu bewogen hat, der Bundesnetzagentur ein solches gerichtlich nur begrenzt überprüfbares Ermessen einzuräumen.[35]

32 Siehe Teil 3. B. I. 4. d).
33 Siehe Teil 3. B. III. 1.
34 Siehe Teil 3. B. III. 2.
35 Siehe Teil 3. B. III. 3.

C. Zum privatrechtsgestaltenden Verwaltungsakt im AEG und seinem Verhältnis zum Privatrecht

(1) Der Prüfungs- und Gestaltungsmaßstab der Bundesnetzagentur sollte das gesamte Zivilrecht umfassen, sofern ein Verstoß gegen das Eisenbahnzugangsrecht besteht. Dieser „anlassbezogene“ Maßstab ist notwendig, da die durch die Rechtsprechung des BVerwG eingeführte Begrenzung des Prüfungsmaßstabes der Bundesnetzagentur auf das Eisenbahnzugangsrecht zu eng ist und der umfassenden Kompetenz zur Vertragsgestaltung als „ultima ratio“ nach § 14f Abs. 3 Nr. 2 AEG widerspricht. Zudem ist diese Rechtsprechung nicht mit § 17 Abs. 2 GVG vereinbar.[36]

(2) Privatrechtsgestaltende Verwaltungsakte sind grundsätzlich keine Verbotsgesetze nach § 134 BGB. Ein Verwaltungsakt kann nur zusammen mit einem materiellen gesetzlichen Verbot und seiner Ermächtigungsgrundlage ein Verbotsgesetz bilden. Dies ist auch nur unter den Voraussetzungen möglich, dass eine Ermächtigungsgrundlage der Behörde kein Ermessen einräumt und sich eine besondere Rechtsfolge nur aus der Ermächtigungsgrundlage ergibt. Ein Beispiel für eine solche Verschränkung von Verwaltungsakt, Ermächtigungsgrundlage und Verbotsgesetz ist § 9a AEG.[37]

(3) Auch können die privatrechtsgestaltenden Verwaltungsakte im AEG i.V.m. mit ihrer gesetzlichen Grundlage keine Schutzgesetze nach § 823 Abs. 2 BGB bilden.[38]

(4) Eine vertragsersetzende Entscheidung kann sich im Einzelfall als „privatrechtsschonender“ herausstellen. Der privatrechtsgestaltende Verwaltungsakt nutzt dann sein Koordinationspotential zwischen den Teilrechtsordnungen, indem er die Grundlage dafür bildet, dass eigentlich systemgerechte Rechtsfolgen nicht eintreten.[39]

(5) Im Eisenbahnregulierungsrecht besteht grundsätzlich die Möglichkeit eines zweigleisigen Rechtsschutzes. Grundsätzliche Bedenken dagegen greifen nicht durch. Je nach Rechtsschutzbegehren ist entweder ein Verwaltungsgericht oder ein ordentliches Gericht zuständig. Dabei

36 Siehe Teil 3. C. I.
37 Siehe Teil 3. C. II. 1.
38 Siehe Teil 3. C. II. 2.
39 Siehe Teil 3. C. II. 3.

kann es grundsätzlich dazu kommen, dass die Gerichte zu fachgerichtsfremden Fragen als Vorfragen Stellung nehmen müssen. Dies ist notwendig, um eventuelle Rechtsschutzlücken zu vermeiden.[40]

Teil 4

A. und B. Zu den Grundlagen der Regulierung und den privatrechtsgestaltenden Verwaltungsakten im TKG

(1) Der Wettbewerb ist im Telekommunikationssektor deutlich ausgeprägter als auf dem Eisenbahnverkehrsmarkt. Daher unterwirft das TKG nicht alle abgrenzbaren Telekommunikationsmärkte den Regulierungsvorschriften. Die Regulierungsbedürftigkeit und die Geltung der besonderen Regulierungsvorschriften hängen grundsätzlich von einem abgeschlossenen Marktdefinitions- und Analyseverfahren ab, aus dem sich die Regulierungsnotwendigkeit eines Marktes ergeben muss. Ein solches Verfahren wird durch eine Regulierungsverfügung nach § 13 Abs. 1 TKG abgeschlossen.[41]

(2) Das Regulierungsrecht des TKG enthält sechs Ermächtigungen zum Erlass materiell privatrechtsgestaltender Verwaltungsakte. Die wichtigste Befugnis -neben der Entgeltgenehmigung- ist die Zusammenschaltungsanordnung nach § 25 TKG. Damit können abstrakte Zugangspflichten nach §§ 18 oder 21 TKG mittels eines vertragsbegründenden Verwaltungsakts durchgesetzt werden. Dieser ersetzt dann eine private Vereinbarung.[42]

(3) Die Befugnis, vertragsvernichtend tätig zu werden, hat die Bundesnetzagentur nach § 38 Abs. 4 S. 1 TKG bzw. nach § 42 Abs. 4 S. 2 TKG. Nach § 38 Abs. 4 S. 1 TKG kann sie Entgelte für unwirksam erklären. § 42 Abs. 4 S. 2 TKG erlaubt es der Bundesnetzagentur, im Verfahren der besonderen Missbrauchsaufsicht Verträge und einzelne Vereinbarungen, die eine marktmissbräuchliche Stellung ausnutzen, mit sofortiger Wirkung und sogar rückwirkend für unwirksam zu erklären.[43]

40 Siehe Teil 3. C. III.
41 Siehe oben Teil 4. A. I. und II.
42 Siehe oben Teil 4. B. II. 1. und 2.
43 Siehe oben Teil 4. B. II. 3.

C. Zu den dogmatischen Besonderheiten des privatrechtsgestaltenden Verwaltungsakts im TKG im Spiegel des AEG

(1) Von einer grundsätzlichen Unaufhebbarkeit einer Zusammenschaltungsanordnung nach § 25 TKG wird im TKG nicht ausgegangen. Vielmehr kann diese grundsätzlich nach den allgemeinen Regeln aufgehoben werden. Probleme im Bereich des Vertrauensschutzes ergeben sich im TKG nicht in derselben Intensität wie im Eisenbahnrecht. Dies liegt bei Entgeltgenehmigungen daran, dass sie in der Regel befristet erlassen werden. Zusammenschaltungsanordnungen ergehen regelmäßig mit einem Widerrufsvorbehalt.[44]

(2) Die vertragsersetzenden Entscheidungen der Bundesnetzagentur im TKG sind grundsätzlich auch als Dauerverwaltungsakte zu qualifizieren. Die dauerhafte Regelungswirkung ergibt sich im Falle einer Entgeltgenehmigung allerdings nicht nur aus dem Verbot, abweichende Entgelte zu vereinbaren, sondern auch aus der privatrechtlichen Regelungswirkung des Verwaltungsakts.[45]

(3) Ein Regulierungsermessen besteht nicht im Rahmen der privatrechtsgestaltenden Befugnisse der Bundesnetzagentur. Daher hat sie im Ermessen auch im TKG die Auswirkungen ihrer Entscheidungen auf ein privates Rechtsverhältnis zu berücksichtigen. Ihre Entscheidungen unterliegen grundsätzlich einer uneingeschränkten gerichtlichen Kontrolle.[46]

(4) Die Regelungen des § 42 Abs. 1 TKG als Verbotsgesetz i.S.d. § 134 BGB und die privatrechtsgestaltende Befugnis nach § 42 Abs. 4 S. 2 TKG führen zu einem dogmatischen Dilemma. Beide können eigentlich nebeneinander nicht existieren. Entweder ergibt sich eine vertragsvernichtende Wirkung bereits aus dem Verbotsgesetz oder erst aus dem Verwaltungsakt. Um diesen Widerspruch zu lösen, sollte in Anlehnung an den Grundgedanken der „Doppelwirkungslehre" die Rechtsfolge der Nichtigkeit eines Vertragsverhältnisses

44 Siehe oben Teil 4. C. I. 1. und 2.

45 Siehe oben Teil 4. C. I. 3.

46 Siehe oben Teil 4. C. II.

sowohl aus Gesetz als auch aus Verwaltungsakt zugelassen werden.[47]

(5) Das Privatrecht findet neben dem TKG grundsätzlich auch bei durch Verwaltungsakt begründeten Verträgen volle Anwendung. Jedoch gilt es immer zu berücksichtigen, ob die besondere Anordnungssituation nicht auf die Anwendung der Regelungen zurückwirkt und ggf. eine Anpassung erfordert.[48]

Teil 5

A. und B. Der privatrechtsgestaltende Verwaltungsakt als Baustein eines allgemeinen Regulierungsrechts und seine Erscheinung im System des Zivilrechts

(1) Der privatrechtsgestaltende Verwaltungsakt in Form des schuldrechtsgestaltenden Verwaltungsakts kann ein Baustein eines allgemeinen Regulierungsrechts sein. In den beiden untersuchten Sektoren ist für die dogmatische Behandlung die Unterscheidung von vertragsbegründenden und vertragsvernichtenden Verwaltungsakten maßgeblich. Die privatrechtsgestaltenden Verwaltungsakte sind in diesen Sektoren identisch.[49]

(2) Um die Rechtssicherheit im Umgang mit den privatrechtsgestaltenden Verwaltungsakten zu erhöhen, sollte eine eindeutige Kennzeichnung privatrechtsgestaltender Ermächtigungsnormen durch den Gesetzgeber erfolgen. Zwingend angezeigt ist die gesetzliche Regelung eines Gestaltungsmaßstabes für die Vornahme von privatrechtsgestaltenden Verwaltungsakten im Eisenbahnsektor, wie sie § 25 Abs. 4 TKG für das Telekommunikationsrecht kennt.[50]

(3) Privatrechtsgestaltende Verwaltungsakte tragen nicht zur einer Verkürzung des Rechts auf effektiven Rechtsschutz bei und fördern auch nicht die Gefahr divergierender Entscheidungen. Solche Gefahren

---

47 Siehe oben Teil 4. C. III. a).

48 Siehe oben Teil 4. C. III. b).

49 Siehe oben Teil 5. A. I.

50 Siehe oben Teil 5. A. II.

ergeben sich vielmehr aus den von der Rechtsprechung auferlegten Grenzen behördlicher und gerichtlicher Prüfungskompetenz.[51]

(4) Der privatrechtsgestaltende Verwaltungsakt lässt sich nicht immer als Koordinationsinstrument zwischen den Teilrechtsordnungen einsetzen. Vor allem das Verhältnis von § 134 BGB und Verwaltungsakt stellt sich als besonders problematisch dar. Der Verwaltungsakt kann jedoch gerade auch durch seine gestaltende Wirkung dazu beitragen, systemgerechte, aber auf Grund der staatlichen Intervention nicht hinnehmbare Rechtsfolgen zu vermeiden.[52]

(5) Bei durch Verwaltungsakt angeordneten Vertragsbeziehungen sollte zunächst von der vollen zivilrechtlichen Wirksamkeit des Vertrages ausgegangen werden. Zivilrechtliche Vorschriften müssen aber unter dem Vorbehalt angewandt werden, dass die besondere Situation staatlicher Anordnung zu einer modifizierten Anwendung oder sogar zu deren Ausschluss führen kann.[53]

C. Zum Verhältnis von Öffentlichem Recht und Privatrecht im Lichte des Regulierungsrechts

(1) Trotz der Überwindung der kategorialen Trennung und Wesensverschiedenheit von Öffentlichem Recht und Privatrecht ist die Unterscheidung auch im Regulierungsrecht noch von Bedeutung. Dies überrascht, da das Regulierungsrecht erst entstanden ist, nachdem die kategoriale Trennung aufgegeben wurde. Zudem wird es stark vom Unionsrecht geprägt, welches dieser Unterscheidung indifferent gegenübersteht.[54]

(2) Eine mit dem Stand der Wissenschaft eigentlich unvereinbare Konzeption des Verhältnisses der Teilrechtsordnungen, welche die Trennung und Unterschiedlichkeit betont, lässt sich an verschiedenen Punkten festmachen. Sie zeigt sich bereits an der streitigen Frage, welcher Teilrechtsordnung das Regulierungsrecht zuzuordnen sei. In besonderer Deutlichkeit zeigt sie sich allerdings an der Begrenzung des

---

51 Siehe oben Teil 5. A. III.

52 Siehe oben Teil 5. B. I.

53 Siehe oben Teil 5. B. II.

54 Siehe oben Teil 5. C. I. und II.

Prüfungsmaßstabes entlang der Teilrechtsordnungen, welche sogar die Prüfungskompetenz der Gerichte einschränken soll.[55]

(3) Das von BURGI entwickelte Konzept der Teilrechtsordnungen als einheitlicher Rechtsverbund, das im Wesentlichen von der Idee der „Komplementarität“ und des Zusammenwirkens gekennzeichnet ist, sollte auch in den untersuchten Sektoren zugrunde gelegt werden. Dafür bedarf es nur einer (geringfügigen) Verschiebung dogmatischer „Koordinaten", die zu einem abgestimmten Verhältnis von Öffentlichem Recht und Privatrecht führen können. Dann könnte auch das Koordinationspotential des privatrechtsgestaltenden Verwaltungsakts voll ausgeschöpft werden.[56]

55 Siehe oben Teil 5. C. III.

56 Siehe oben Teil 5. C. IV.

Literaturverzeichnis

ANTWEILER, CLEMENS/ NIEBERDING, FELIX: Rechtsschutz im neuen Energiewirtschaftsrecht, Neue Juristische Wochenschrift 2005, S. 3673 - 3676, (zitiert: ANTWEILER/NIEBERDING, NJW 2005, 3673).

ARNDT, HANS-WOLFGANG/ FETZER, THOMAS/ SCHERER, JOACHIM (Hrsg.): TKG: Telekommunikationsgesetz – Kommentar, Berlin 2008, (zitiert: Bearbeiter, in: ARNDT/FETZER/SCHERER, TKG-Kommentar).

ASCHEID, REINER/ PREIS, ULLRICH/ SCHMIDT, INGRID (Hrsg.): Kündigungsrecht: Großkommentar zum gesamten Recht der Beendigung von Arbeitsverhältnissen, 4. Auflage, München 2012, (zitiert: Bearbeiter, in: ASCHEID/PREIS/SCHMIDT, Kündigungsrecht).

ATTENDORN, THORSTEN: Die Regulierungsbehörde als freier Marktgestalter und Normsetzer?: Entscheidungsprogramm, Gestaltungsspielräume und Gerichtskontrolle der Zugangsanordnung nach § 21 TKG im Vergleich mit der Festlegung nach § 29 EnWG, Möhnesee 2008, (zitiert: ATTENDORN, Die Regulierungsbehörde als freier Marktgestalter und Normsetzer?).

BADER, JOHAN/ RONELLENFITSCH, MICHAEL (Hrsg.): BECK´scher Online-Kommentar VwVfG, München, Stand:1.1.2013, Edition: 18, (zitiert: Bearbeiter, in: BADER/RONELLENFITSCH, BECK´scher OK VwVfG).

BADURA, PETER/ HERDEGEN, MATHIAS/ SEDEMUND, JOACHIM/ STERN, KLAUS (Hrsg.): BECK´scher PostG-Kommentar, 2. Auflage, München 2004, (zitiert: Bearbeiter, in: BADURA/V. DANWITZ/HERDEGEN/SEDEMUND /STERN, BECK´scher PostG-Kommentar).

BAMBERGER, HEINZ GEORG/ ROTH, HERBERT (Hrsg.): BECK'scher Online Kommentar BGB, München, Stand:1.1.2013, Edition: 26, (zitiert: Bearbeiter, in: BAMBERGER/ROTH, BECK'scher OK BGB).

BASEDOW, JÜRGEN: Die Nutzung fremder Infrastrukturen im Privatrecht, Zeitschrift für das gesamte Handels- und Wirtschaftsrecht 170 (2006), S. 178 - 198, (zitiert: BASEDOW, ZHR 170 (2006), 178).

BATTIS, ULLRICH/ KERSTEN, JENS: Die Deutsche Bahn AG als staatliches Wirtschaftsunternehmen zwischen Grundrechtsverpflichtung, Gemeinwohlauftrag und Wettbewerb, Wirtschaft und Wettbewerb 2005, S. 493 - 501, (zitiert: BATTIS/KERSTEN, WuW 2005, 493).

BECHTOLD, RAINER (Hrsg.): Kartellrecht: Gesetz gegen Wettbewerbsbeschränkungen - Kommentar, 6. Auflage, München 2010, (zitiert: Bearbeiter, in: BECHTOLD, Kartellgesetz).

BENGEL, MANFRED: Der privatrechtsgestaltende Verwaltungsakt, 1968 Würzburg, (zitiert: BENGEL, Der privatrechtsgestaltende Verwaltungsakt).

BONHAGE, JAN/ ROBERTS, MARC: Eisenbahnrecht: Kommissionsvorschlag und Standpunkt des Europäischen Parlaments zur Neufassung des ersten Eisenbahnpakets, Kölner Schrift zum Wirtschaftsrecht 2012, S. 180 - 186, (zitiert: Bonhage/Roberts, KSzW 2012, 180).

BÖCKMANN, IRIS: Anmerkungen zum Urteil des BGH zur fehlenden Inhaltskontrolle der Klauseln bei genehmigten Tarifwerken durch die BNetzA, Multimedia & Recht: Zeitschrift für Informations-, Telekommunikations- und Medienrecht 2007, S. 586 - 588, (zitiert: BÖCKMANN, MMR 2007, 587).

BRANDENBERG, ALEXANDRA: Entwicklungen der Eisenbahnregulierung aus europäischer Sicht, Europäische Zeitung für Wirtschaftsrecht 2009, S. 359 - 363, (zitiert: BRANDENBERG, EuZW 2009, 359).

BREDT, STEPHAN: Das Verfahren der Regulierungsverwaltung zwischen Vertragsautonomie und Wettbewerbsförderung, Die Öffentliche Verwaltung 2010, S. 430 - 439, (zitiert: BREDT, DÖV 2010, 430).

BRENNER, MICHAEL: Der Gestaltungsauftrag der Verwaltung in der Europäischen Union, Tübingen 1996, (zitiert: BRENNER, Der Gestaltungsauftrag der Verwaltung in der Europäischen Union).

BROSIUS-GERSDORF, FRAUKE: Wettbewerb auf der Schiene? Zu den verfassungsrechtlichen Rahmenbedingungen für den Eisenbahnsektor im Vergleich zum Post- und Telekommunikationssektor, Die Öffentliche Verwaltung 2002, S. 275 - 283, (zitiert: BROSIUS-GERSDORF, DÖV 2002, 275).

BROX, HANS/ WALKER, WOLF-DIETRICH: Allgemeiner Teil des BGB, 36. Auflage, 2012 Köln, (zitiert: BROX/WALKER, BGB AT).

BÜHLMEIER, TOBIAS: Wunschlos glücklich?, Formale und materielle Anforderungen an eine Mitteilung über die beabsichtigte Ablehnung des Zugangs zu einer Serviceeinrichtung (§ 14d S. 1 Nr. 3AEG), Netzwirtschaften und Recht 2010, S. 27 - 31, (zitiert: BÜHLMEIER, N & R 2010, 27).

BULLINGER, MARTIN: Die behördliche Genehmigung privater Rechtsgeschäfte und ihre Versagung, Die Öffentliche Verwaltung 1957, S. 761 - 770, (zitiert: BULLINGER, DÖV 1957, 761).

Ders.: Öffentliches Recht und Privatrecht in Geschichte und Gegenwart, in: Beiträge zum Handels- und Wirtschaftsrecht, Festschrift für FRITZ RITTNER zum 70. Geburtstag, München 1991, (zitiert: BULLINGER, in: LÖWISCH/SCHMIDT-LEIHOFF/SCHMIEDEL (Hrsg.), FS für RITTNER).

BURGI, MARTIN: Übergreifende Regelung des Rechts der Regulierungsverwaltung - Realisierung der Kodifikationsidee?, Neue Juristische Wochenschrift 2006, S. 2439 - 2444, (zitiert: BURGI, NJW 2006, 2439).

Ders.: Das subjektive Recht im Energie-Regulierungsverwaltungsrecht, Deutsches Verwaltungsblatt 2006, S. 269 – 277, (zitiert: BURGI, DVBl. 2006, 269).

BÜRCKNER, HERMANN: Der privatrechtsgestaltende Staatsakt, Leipzig 1930, (zitiert: BÜRCKNER, Der privatrechtsgestaltende Staatsakt).

BYDLINSKI, FRANZ: Kriterien und Sinn der Unterscheidung von Privatrecht und öffentlichem Recht, Archiv für die civilistische Praxis 194 (1994) , S. 319 - 351, (zitiert: BYDLINSKI, AcP 194 (1994), 319).

CALLIESS, CHRISTIAN/ RUFFERT, MATTHIAS (HRSG.): EUV/AEUV: Das Verfassungsrecht der Europäischen Union mit Grundrechtecharta - Kommentar, 4. Auflage, München 2012, (zitiert: Bearbeiter, in: CALLIESS/RUFFERT, EUV – AEUV).

CANARIS, CLAUS-WILHELM: Wandlungen des Schuldvertragsrechts - Tendenzen zu seiner "Materialisierung", Archiv für die civilistische Praxis 200 (2000) S. 273 – 364, (zitiert: CANARIS, AcP 200 (2000), 273).

Ders.: Verstöße gegen das verfassungsrechtliche Übermaßverbot im Recht der Geschäftsfähigkeit und im Schadensersatzrecht, Juristische Zeitung 1987, S. 993 - 1004, (zitiert: CANARIS, JZ 1987, 993).

DANNER, WOLFGANG/ THEOBALD, CHRISTIAN (Hrsg.): Energierecht: Band 1, Energiewirtschaftsgesetz, Teile A und B, München, Stand: 74. Lieferung, April 2012, (zitiert: Bearbeiter, in: DANNER/THEOBALD, Energierecht, Bd. I).

DANWITZ, THOMAS VON: Was ist eigentlich Regulierung? Die Öffentliche Verwaltung 2004, S. 977 - 985, (zitiert: V. DANWITZ, DÖV 2004, 977).

EHLERS, DIRK/ FEHLING, MICHAEL/ PÜNDER, HERMANN (Hrsg.): Besonderes Verwaltungsrecht, Band I - Öffentliches Wirtschaftsrecht, 3. Auflage,

Heidelberg 2012, (zitiert: Bearbeiter, in: EHLERS/FEHLING/ PÜNDER, Bes. VwltgsRt, Bd. I, §).

EHRICKE, ULRICH: Die Entwicklung des Eisenbahnrechts in den Jahren 2009/2010, Netzwirtschaften & Recht 2010, S. 157 - 170, (zitiert: EHRICKE, N & R 2010, 157).

Ders.: Die Entwicklung des Eisenbahnrechts in den Jahren 2010/2011, Netzwirtschaften & Recht 2010, S. 184 - 190, (zitiert: EHRICKE, N & R 2011, 184).

EICHBERGER, MICHAEL: Investitionszulage - Klassifikation der Wirtschaftszweige - effektiver Rechtsschutz, in: Demokratie-Perspektiven, Festschrift für BRUN-OTTO BRYDE zum 70. Geburtstag, Tübingen 2013, (zitiert: EICHBERGER, in: BÄUERLE/DANN/WALLRABENSTEIN, FS für Bryde, 339).

ELLINGHAUS, ULLRICH: Regulierungsverfahren, gerichtlicher Rechtsschutz und richterliche Kontrolldichte im neuen TKG, Multimedia & Recht: Zeitschrift für Informations-, Telekommunikations- und Medienrecht 2004, S. 293 - 297, (zitiert: ELLINGHAUS, MMR 2004, 293).

EPPING, VOLKER/ HILLGRUBER, CHRISTIAN (Hrsg.): BECK'scher Online Kommentar Grundgesetz, München, Stand: 1.01.2013, 17. Edition, (zitiert: Bearbeiter, in: EPPING/HILLGRUBER, BeckOK GG).

ERBGUTH, WILFIRED: Allgemeines Verwaltungsrecht mit Verwaltungsprozess- und Staatshaftungsrecht, 5. Auflage, Baden-Baden 2013, (zitiert: ERBGUTH, Allg. VwltgsR).

ERICHSEN, HANS-UWE/ EHLERS, DIRK (Hrsg.): Allgemeines Verwaltungsrecht, 14. Auflage, Berlin/New York 2010, (zitiert: Bearbeiter, in: ERICHSEN/EHLERS, Allg. VwtlgsR).

ERNERT, ALEXANDER: Zugangs- und Entgeltregulierung in der Eisenbahnwirtschaft, Umsetzungsdefizite, Hamburg 2007, (zitiert: ERNERT, Umsetzungsdefizite).

Ders./LERCHE, CHRISTOPH: Die Reichweite des eisenbahnrechtlichen Zugangsanspruchs zu Instandhaltungseinrichtungen - ein sektorspezifischer Anwendungsfall der Doktrin von den wesentlichen Einrichtungen, Netzwirtschaften & Recht 2009, S. 166 - 172, (zitiert: ERNERT/LERCHE, N & R 2009, 166).

EYERMANN, ERICH/ GEIGER, HARALD (Hrsg.): Verwaltungsgerichtsordnung - Kommentar, 13. Auflage, München 2010, (zitiert: Bearbeiter, in: EYERMANN, VwGO-Kommentar).

FEHLING, MICHAEL/ RUFFERT, MATTHIAS (Hrsg.): Regulierungsrecht, Tübingen 2010, (zitiert: Bearbeiter, in: FEHLING/RUFFERT, Regulierungsrecht).

DERS./ KASTNER, BERTHOLD/ STÖRMER, RAINER (Hrsg.): Verwaltungsrecht: VwVfG, VwGO, Nebengesetze - Handkommentar, 3. Auflage, Baden-Baden 2013, (zitiert: Bearbeiter, in: FEHLING/KASTNER/STÖRMER, Hk VerwaltungsR).

FELIX, DAGMAR: Der Verwaltungsakt mit Dauerwirkung - eine sinnvolle Kategorie des Allgemeinen Verwaltungsrechts?, Neue Zeitschrift für Verwaltungsrecht 2003, S. 385 - 390, (zitiert: FELIX, NVwZ 2003, 385).

FLUME, WERNER: Allgemeiner Teil des Bürgerlichen Rechts: Zweiter Band – Das Rechtsgeschäft, 4. Auflage, Berlin 1992, (zitiert: FLUME, Allgemeiner Teil des Bürgerlichen Rechts).

FORSTHOFF, ERNST: Lehrbuch des Verwaltungsrechts - Band I: Allgemeiner Teil, 10. Auflage, München 1973, (zitiert: FORSTHOFF, Lehrbuch des Verwaltungsrecht, Bd. I).

FRENZEL, EIKE MICHAEL: Die Umsetzung von Rechtsakten der EG als Gesetzeszweck - Willensbekundung oder dynamische Verweisung?, Neue Zeitschrift für Verwaltungsrecht 2006, S. 1141 - 1143, (zitiert: FRENZEL, NVwZ 2006, 1141).

FUNKE, ANDREAS: Umsetzungsrecht: Zum Verhältnis von internationaler Sekundärrechtssetzung und deutscher Gesetzgebungsgewalt, Tübingen 2010, (zitiert: FUNKE, Umsetzungsrecht).

GÄRDITZ, KLAUS-FERDINAND: Europäisches Regulierungsverwaltungsrecht auf Abwegen, Archiv des Öffentliches Recht 135 (2010), S. 251 - 288, (zitiert: GÄRDITZ, AöR 135 (2010), 251).

Ders.: „Regulierungsermessen“ und verwaltungsgerichtliche Kontrolle, Neue Zeitschrift für Verwaltungsrecht 2009, S. 1005 - 1011, (zitiert: GÄRDITZ, NVwZ 2009, 1005).

Ders.: Gestaltungsspielräume und Gestaltungsverantwortung des nationalen Gesetzgebers, Zur Umsetzung der Richtlinie 2009/140/EG („Telekommunikation-Review“), Netzwirtschaften und Recht Beilage 2/2011, S. 1 - 40, (zitiert: GÄRDITZ, N & R Beilage 2/2011, 1).

GEHSE, OLIVER: Die Veräußerung von landwirtschaftlichem Grundbesitz unter besonderer Berücksichtigung öffentlicher Subventionen, Rheinische Notar-Zeitschrift 2007, S. 61 - 89, (zitiert: GEHSE, RNotZ 2007, 61).

GEPPERT, MARTIN/ HELMES, PATRICK: BGH: Neuerdings unzuständig für das Zivilrecht? Multimedia & Recht: Zeitschrift für Informations-, Telekommunikations- und Medienrecht 2007, S. 564 - 568, (zitiert: GEPPERT/HELMES, MMR 2007, 564).

GEPPERT, MARTIN/ PIEPENBROCK, HERMANN-JOSEF/ SCHÜTZ, RAIMUND/ SCHUSTER, FABIAN (Hrsg.): Beck`scher TKG Kommentar, München 2006, (zitiert: Bearbeiter, in: GEPPERT/PIEPENBROCK/SCHÜTZ/ SCHUSTER, BECK´scher TKG-Kommentar).

GERSDORF, HUBERTUS: Privatisierung öffentlicher Aufgaben – Gestaltungsmöglichkeiten, Grenzen, Regelungsbedarf, Juristenzeitung 2008, S. 831 - 840, (zitiert: GERSDORF, JZ 2008, 831).

GIERKE, OTTO VON: Die Soziale Aufgabe des Privatrechts, Herausgegeben von WOLF, ERIK, 2. Auflage, Frankfurt am Main 1948, (zitiert: V. GIERKE, Die Soziale Aufgabe des Privatrechts).

GRABITZ, EBERHARD/ HILF, MEINHARD/ NETTESHEIM, MARTIN (Hrsg.): Das Recht der Europäischen Union, Bände 1 - 3, München, 49. Lieferung, Stand: November 2012, (zitiert: Bearbeiter, in: GRABITZ/HILF/ NETTESHEIM, Das Recht der EU – Kommentar, Bd.).

GRIGOLEIT, KLAUS JOACHIM/ OTTO, CHRISTIAN W.: Verfassungsrecht vergeht - Fachplanungsrecht besteht?, Die Öffentliche Verwaltung 2000, S. 182 - 190, (zitiert: Grigoleit/Otto, DÖV 2000, 182).

GROß, THOMAS: Kriterien des Drittschutzes bei Tarifgenehmigungen, Die Öffentliche Verwaltung 1996, S. 52 – 60,(zitiert: GROß, DÖV 1996,52).

GRÜN, ANSELM/ BERSCHIN, FELIX: Vorschläge für eine Reform des Eisenbahnregulierungsrechts, Netzwirtschaften und Recht Beilage 1/2011, S. 2 - 40, (zitiert GRÜN/BERSCHIN,N & R Beilage 1/2011, 2).

GURLIT, ELKE: Grundrechtsbindung von Unternehmen, Neue Zeitschrift für Gesellschaftsrecht 2012, S. 249 - 255, (zitiert: GURLIT, NZG 2012, 249).

HAEDICKE, MAXIMILIAN: Der bürgerlich-rechtliche Verfügungsbegriff, Juristische Schulung 2001, S. 966 - 973, (zitiert: HAEDICKE, JuS 2001, 966).

HAFNER, PHILLIP: Entflechtung und Wettbewerb im Eisenbahnwesen: europarechtliche Vorgaben, nationale Umsetzung, tatsächliche Situation, Hamburg 2011, (zitiert: HAFNER, Entflechtung).

HAMMER, THOMAS: Die unternehmerische Freiheit der Eisenbahnen des Bundes, Die Öffentliche Verwaltung 2011, S. 761 - 769, (zitiert: HAMMER, DÖV 2011, 761)

HEIDEL, THOMAS / HÜßTEGE, RAINER / MANSEL, HEINZ-PETER/ NOACK, ULRICH (Hrsg.): Nomos Kommentar Bürgerliches Gesetzbuch, Band 1: Allgemeiner Teil und EGBGB, 2. Auflage, Baden Baden 2012, (zitiert: Bearbeiter, HEIDEL/HÜßTEGE/MANSEL/NOACK, BGB - Allgemeiner Teil/EGBGB).

HEISE, ELISABETH: Die Deutsche Bahn AG: Heute ein "Wirtschaftsunternehmen in privatrechtlicher Form", Deutsches Verwaltungsblatt 2012, S. 1290 - 1296, (zitiert: HEISE, DVBl. 2012, 1290).

HELLRIEGEL, MATHIAS/ TEICHMANN, LISA: Aktuelle Probleme des Eisenbahnrechts XVII – Tagung an der Eberhard Karls Universität in Tübingen, Neue Zeitschrift für Verwaltungsrecht 2012, S. 413 -416, (zitiert: HELLRIEGEL/TEICHMANN, NVwZ 2012, 413).

HELMRICH, JAN: Zulässigkeit zwangsweiser Blutentnahmen bei Infektionsgefahr für Polizeibeamte, Neue Zeitschrift für Verwaltungsrecht 2008, S. 162 - 165, (zitiert: HELMRICH, NVwZ 2008, 162).

HERBERT, MANFRED: 100 Jahre Doppelwirkungen im Recht, Juristische Zeitung 2011, S. 503 - 513, (zitiert: HERBERT, JZ 2011, 503).

HERMES, GEORG: Verfassungsrecht und einfaches Recht – Verfassungsgerichtsbarkeit und Fachgerichtsbarkeit, Veröffentlichung der Vereinigung der Deutschen Staatsrechtslehrer 61 (2002), S. 119 -154, (zitiert: HERMES, VVDStRL 61).

Ders./ SELLNER, DIETER (Hrsg.): BECK`scher AEG-Kommentar, München 2006, (zitiert: Bearbeiter, in: HERMES/SELLNER, AEG-Kommentar).

HOFFMANN-RIEM, WOLFGANG: Tendenzen in der Verwaltungsrechtsentwicklung, Die Öffentliche Verwaltung 1997, S. 433 - 442, (zitiert: HOFFMANN-RIEM, DÖV 1997, 433).

Ders./ SCHMIDT-AßMANN, EBERHARD (Hrsg.): Öffentliches Recht und Privatrecht als wechselseitige Auffangordnungen, Baden-Baden 1996, (zitiert: Bearbeiter, in: HOFFMANN-RIEM/SCHMIDT-AßMANN, Öffentliches Recht und Privatrecht als wechselseitige Auffangordnungen).

Ders./ SCHMIDT-AßMANN-EBERHARD/ VOßKUHLE, ANDREAS (Hrsg.): Grundlagen des Verwaltungsrechts, Band 1: Methoden-Maßstäbe-Aufgaben-

Organisation, 2. Auflage, München 2012, (zitiert: Bearbeiter, in: HOFFMANN-RIEM/SCHMIDT-AßMANN/VOßKUHLE, Grundlagen des Verwaltungsrechts, Bd. I,§, Rn.).

Dies.: Grundlagen des Verwaltungsrechts, Band 2: Informationsanordnung-Verwaltungsverfahren-Handlungsformen, 2. Auflage, München 2012, (zitiert: Bearbeiter, in: HOFFMANN-RIEM/SCHMIDT-AßMANN/VOßKUHLE, Grundlagen des Verwaltungsrechts, Bd. II).

HOLZNAGEL, BERND/ ENAUX, CHRISTOPH/ NIENHAUS, CHRISTIAN: Telekommunikationsrecht: Rahmenbedingungen – Regulierungspraxis, 2. Auflage, München 2006, (zitiert: HOLZNAGEL/ENAUX/NIENHAUS, Telekommunikationsrecht).

HOMMELHOFF, PETER/ SCHMIDT-AßMANN, EBERHARD: Die Deutsche Bahn als Wirtschaftsunternehmen – Zur Interpretation des Art. 87e Abs. 3 GG, Zeitschrift für das gesamte Handels- und Wirtschaftsrecht 160 (1996),S.521-559, (zitiert: HOMMELHOFF/SCHMIDT-AßMANN, ZHR 160 (1996), 521).

HUBERT, ERNST-RUDOLF: Wirtschaftsverwaltungsrecht Band 1, 2. Auflage, Tübingen 1953,(zitiert: HUBER, Wirtschaftsverwaltungsrecht, Bd. I).

IMMENGA, ULLRICH/ MESTMÄCKER, ERNST-JOACHIM (Hrsg.): Wettbewerbsrecht: Band 2. GWB - Kommentar zum Deutschen Kartellrecht, 4. Auflage, München 2007, (zitiert: Bearbeiter, in: IMMENGA/MESTMÄCKER, GWB Kommentar, Bd. 2).

IPSEN, JÖRN: Allgemeines Verwaltungsrecht, 8.Auflage, München 2012, (zitiert: IPSEN, Allg. VwltgsR).

ISENSEE, JOSEF/ KIRCHHOFF, PAUL (Hrsg.): Handbuch des Staatsrecht der Bundesrepublik Deutschland, Band IV: Aufgaben des Staates, Heidelberg 2006, Band VII: Freiheitsrechte, 3. Auflage, Heidelberg 2009, Band VIII: Grundrechte: Wirtschaft, Verfahren, Gleichheit, 3. Auflage, Heidelberg 2010, (zitiert: Bearbeiter, in: ISENSEE/KIRCHHOFF, Handbuch des Staatsrechts Bd.)

JESTAEDT, MATTHIAS: Reine Rechtslehre - Studienausgabe der 1. Auflage 1934, Einleitung in die rechtswissenschaftliche Problematik, Tübingen 2008, (zitiert: JESTAEDT, in: JESTAEDT (Hrsg.), HANS KELSEN – Reine Rechtslehre).

JARASS, HANS-DIETER: Verwaltungsrecht als Vorgabe für Zivil- und Strafrecht, Veröffentlichung der Vereinigung der Deutschen Staatsrechtslehrer 50 (1990), S. 238 - 270, (zitiert: JARASS, VVDstRL 50, 238).

Ders./ PIEROTH, BODO: Grundgesetz für die Bundesrepublik Deutschland - Kommentar, 12. Auflage, München 2012, (zitiert: JARASS, in: JARASS/PIEROTH, GG).

JUNG, CHRISTIAN: Anmerkungen zum Urteil des KG Berlins vom 29.10.2012 - 2 U10/09, InfrastrukturRecht: Energie, Verkehr, Abfall, Wasser 2013, S. 19- 21, (zitiert: JUNG, IR 2013, 19).

KAFKA, AXEL/KÖNIG, FRANK: Referentenentwurf zur Novellierung des TKG – Erster Schritt in die richtige Richtung?, InfrastrukturRecht: Energie,Verkehr,Abfall,Wasser 2011,S.7-11, (zitiert: KAFKA/KÖNIG, IR 2011, 7).

KARDETZKY, MARTIN: Vier Mitteilungspflichten und ein Todesfall – Zur Zuweisung von Zugtrassen nach AEG und EIBV, InfrastrukturRecht: Energie, Verkehr, Abfall, Wasser 2006, S. 273 - 278, (zitiert: KARDETZKY, IR 2006, 273).

KELSEN, HANS: Zur Lehre vom öffentlichen Rechtsgeschäft, Archiv des Öffentlichen Rechts 31 (1913), S. 190 - 249, (zitiert: KELSEN, AöR 31 (1913), 190).

KEMPEN, BERNHARD: Internationaler Kulturgüteraustausch: Die Bedeutung der „Rechtsverbindlichen Rückgabezusage“, in: Der Staat des Grundgesetzes-Kontinuität und Wandel-Festschrift für BADURA, Tübingen, 2004, (zitiert: KEMPEN, in: BRENNER/HUBER/MÖSTL, FS für BADURA, 1079).

Ders.: Die Formenwahlfreiheit der Verwaltung - Die öffentliche Verwaltung zwischen öffentlichem und privatem Recht, München 1989, (zitiert: KEMPEN, Die Formwahlfreiheit der Verwaltung).

KERSTEN, JENS: Herstellung von Wettbewerb als Verwaltungsaufgabe, Veröffentlichung der Vereinigung der Deutschen Staatsrechtslehrer 69 (2009), S. 283 - 334, (zitiert: KERSTEN, VVDStRL 69, 283).

KIEBS, KATJA: Staatliche Regulierung durch Privatrechtsgestaltung am Beispiel von Entgeltgenehmigungen im Telekommunikationsrecht, Online Veröffentlichung an der TU Chemnitz 2005, (zitiert: KIEBS, Regulierung durch Privatrechtsgestaltung

KNACK HANS-JOACHIM/ HENNEKE, HANS-GÜNTHER (Hrsg.): Verwaltungsverfahrensgesetz (VwVfG): Kommentar, 9.Auflage, Köln 2010, (zitiert: Bearbeiter, in: KNACK/HENNEKE, VwVfG Kommentar).

KNAUFF, MATTHIAS: Regulierungsverwaltungsrechtlicher Rechtsschutz, Verwaltungs-Archiv 2007 (Band 98), S. 382 - 409, (zitiert: KNAUFF, VerwArch 2007, 382).

KNIEPS, GÜNTER: Theorie und Praxis der Price-Cap-Regulierung, Netzwirtschaften und Recht 2010, S. 66 - 71, (zitiert: KNIEPS, N& R 2010, 66).

Ders./ BRUNEKREEFT, GERT (Hrsg.): Zwischen Regulierung und Wettbewerb: Netzsektoren in Deutschland, 2. Auflage, Heidelberg 2003, (zitiert: Bearbeiter, in: KNIEPS/BRUNEKREEFT, Zwischen Regulierung und Wettbewerb).

KOENIG, CHRISTIAN/ NEUMANN, ANDREAS: Ausübung von Leistungsverweigerungsrechten durch regulierte Netzbetreiber - Das Beispiel des eisenbahnrechtlichen Schienenzugangsanspruchs, Verwaltungs-Archiv 2008 (Band 99) , S. 1 - 29, (zitiert: KOENIG/NEUMANN, VerwArch 2008, 1).

Dies./ SCHELLBERG, MARGRET: Neue Spielregeln für den Zugang zur Eisenbahninfrastruktur als Voraussetzung für chancengleichen Wettbewerb auf der Schiene, Wirtschaft und Wettbewerb 2006, S. 139 - 149, (zitiert: KOENIG/NEUMANN/SCHELLBERG, WuW 2006, 139).

KOPP, FERDINAND/ RAMSAUER, ULRICH: Verwaltungsverfahrensgesetz, 13. Auflage, München 2012, (zitiert: KOPP/RAMSAUER, VwVfG Kommentar).

KROEBER, WILHELM: Das Problem des privatrechtsgestaltenden Staatsaktes - Tübinger Abhandlungen zum Öffentlichen Recht, Stuttgart 1931, (zitiert: KROEBER, Das Problem des privatrechtsgestaltenden Staatsaktes).

KUHLMANN, JENS/ AHNIS, ERIK: Konzern- und Umwandlungsrecht, 3. Auflage, Heidelberg 2010, (zitiert: KUHLMANN/AHNIS, Konzern- und Umwandlungsrecht).

KÜHLING, JÜRGEN: Regulierungskonzepte nach § 15a TKG-E - ein neuer Baustein im Regulierungsverwaltungsrecht?, Juristenzeitung 2012, S. 341 - 349, (zitiert: KÜHLING, JZ 2012, 341).

Ders.: Breitband jetzt - welche Regulierung bleibt erforderlich?, Wirtschaft und Verwaltung 2010, S. 135 - 143, (zitiert: KÜHLING, WiVerw 2010, 135).

Ders./ ELBRACHT, ALEXANDER: Telekommunikationsrecht, Heidelberg 2008, (zitiert: KÜHLING/ELBRACHT, Telekommunikationsrecht

Ders./ ERNERT, ALEXANDER: Das neue Eisenbahnwirtschaftsrecht – Hochgeschwindigkeitstrasse für den Wettbewerb?, Neue Zeitschrift für Verwaltungsrecht 2006, S. 33 - 39, (zitiert: KÜHLING/ERNERT, NVwZ 2006, 33).

Ders./ HERMEIER, GUDIO/ HEIMESHOFF, ULLRICH: Gutachten zur Klärung von Entgeltfragen von AEG und EIBV - Langfassung: im Auftrag der Bundesnetzagentur, Münster 2007, (zitiert: KÜHLING/HERMEIER/ HEIMESHOFF, Gutachten zur Klärung von Entgeltfragen von AEG und EIBV).

KRAMER, URS: Das Recht der Eisenbahninfrastruktur: von der Staatsbahn zu privatrechtlichen Wirtschaftsunternehmen, Stuttgart 2002, (zitiert: KRAMER, Das Recht der Eisenbahninfrastruktur).

Ders.: Die Zulässigkeit von "Shared Services" bei intergierten Netzbetreibern - Das Beispiel der sog. Konzernjuristen der Deutschen Bahn AG, Die Öffentliche Verwaltung 2008, S. 1036 - 1041, (zitiert: KRAMER, DÖV 2008, 1036).

Ders.: Nomos-Erläuterungen zum Deutschen Bundesrecht, Kommentar zum Allgemeinen Eisenbahngesetz (online Kommentar), Baden-Baden, Stand: September 2010, (zitiert: KRAMER, in: Online Kommentar Nomos-Erläuterungen zum deutschen Bundesrecht, AEG-Kommentar).

KUNZ, WOLFGANG (HRSG.): Erläuterungen der deutschen, europäischen und internationalen Vorschriften, Band 1: 34. Ergänzungslieferung, Stand: 22.10.2012, Band 2: 34. Ergänzungslieferung Stand: 22.10.2012, Loseblatt-Kommentar, Baden-Baden, (zitiert: Bearbeiter, in: KUNZ (Hrsg.), Eisenbahnrecht Bd.).

LANG, MARKUS: Die Grundrechtsberechtigung der Nachfolgeunternehmen im Eisenbahn-, Post- und Telekommunikationswesen, Neue Juristische Wochenzeitschrift 2004, S. 3601 - 3605, (zitiert: LANG, NJW 2004, 3601).

LEO, HUBERTUS, /SCHELLENBERG, MARTIN: Die Regulierungsbehörde für Telekommunikation und Post: Aufgaben und Bedürfnisse, Zeitschrift für Urheber- und Medienrecht 1997, S. 188 - 197, (zitiert: LEO/SCHELLENBERG, ZUM 1997, 188).

LERCHE, CHRISTOPH: Die Neufassung des europäischen Eisenbahnregulierungsrechts, Netzwirtschaften und Recht 2013, S. 27 - 35, (zitiert: LERCHE, N & R 2013, 27).

LETTL, TOBIAS: Kartellrecht, 2. Auflage, München 2007, (zitiert: LETTL, Kartellrecht).

LOEWENHEIM, ULRICH/ MEESSEN, KARL M./ RIESENKAMPFF, ALEXANDER (Hrsg.): Kartellrecht - Kommentar, 2. Auflage, München 2009, (zitiert: Bearbeiter, in: LOEWENHEIM/MEESSEN/RIESENKAMPFF, Kartellrecht).

LORENZ, STEPHAN: Grundsatz der Doppelwirkung und Verbraucherschutz bei der Vertragsanbahnung, Gedächtnisschrift für MANFRED WOLF: herausgegeben von JENS DAMMANN, München 2011, (zitiert: LORENZ, in: DAMMANN, GS für MANFRED WOLF).

LÜBKE, JULIA: Öffentliches Kapital und öffentliche Interessen, Europarecht - Beiheft 1 2011, S. 99 - 144, (zitiert: LÜBKE, EuR-Beih. 2011, 99).

LUDWIGS, MARKUS: Der Anspruch auf Rücknahme rechtswidriger belastender Verwaltungsakte, Deutsches Verwaltungsblatt 2008, S. 1164 - 1173, (zitiert: LUDWIGS, DVBl. 2008, 1164).

Ders.: Maßstäbe und Methoden der Entgeltregulierung im Spiegel europa- und verfassungsrechtlicher Vorgaben, Neue Zeitschrift für Verwaltungsrecht 2008, S. 954 - 960, (zitiert: LUDWIGS, NVwZ 2008, 954).

MALZER, ERICH: Die Abgrenzung des öffentlichen und privaten Rechts bei privatrechtsgestaltenden Verwaltungsakten, Köln 1952, (zitiert: MALZER, Die Abgrenzung von ÖffR und PR bei pg VA).

MANGOLD, HERMANN VON/ KLEIN, FRIEDRICH/ STARCK, CHRISTIAN: GG - Kommentar zum Grundgesetz, Band 2: Artikel 20 bis 82, Band 3: Artikel 83 bis 146, 6. Auflage, München 2010, (zitiert: Bearbeiter, in: v.MANGOLDT/KLEIN/STARCK, GG Kommentar Bd.).

MANSSEN, GERRIT: Privatrechtsgestaltung durch Hoheitsakt: Verfassungsrechtliche und verwaltungsrechtliche Grundfragen, Tübingen 1994, (zitiert: MANSSEN, Privatrechtsgestaltung).

MASING, JOHANNES: Verhandlungen des Deutschen Sechsundsechzigsten Juristentages in Stuttgart 2006. Bd. 1: Gutachten. Teil D: Soll das Recht der Regulierungsverwaltung übergreifend geregelt werden?, München 2006, (zitiert: MASING, Verhandlungen des 66. Deutschen Juristentages, Bd. I, Gutachten, Teil D).

Ders./ MARCOU, GÉRARD (Hrsg.): Unabhängige Regulierungsbehörden: Organisatorische Herausforderungen in Frankreich und Deutschland, Tübingen 2010, (zitiert: Bearbeiter, in: MASING/MARCOU, Unabhängige Regulierungsbehörden).

MAUNZ, THEODOR/ DÜRIG, GÜNTER (Hrsg.): Grundgesetz – Kommentar, Band III: Art. 16-22, Band VI Art. 86-106a, München, Stand: 67. Lieferung, November 2012, (zitiert: Bearbeiter, in: MAUNZ/DÜRIG, Grundgesetz).

MERTEN, DETLEF/ PAPIER, HANS-JÜRGEN (Hrsg.): Handbuch der Grundrechte in Deutschland und Europa, Band I: Entwicklungen und Grundlagen, Heidelberg 2004, Band II: Grundrechte in Deutschland-Allgemeine Lehren I, Heidelberg 2006, Band III: Grundrechte in Deutschland-Allgemeine Lehren II, Heidelberg 2009, (zitiert: Bearbeiter, in: MERTEN/PAPIER, Handbuch der Grundrechte, Bd.).

MEYER, WOLFGANG/ GRASSER, HARTMUT: Vorschläge für eine Reform des Eisenbahnregulierungsrechts und angrenzender Rechtsgebiete: vorgelegt von Netzwerk Privatbahnen e.V. und mofair e.V. - Vorwort, Netzwirtschaften und Recht 2011, Beilage 1, S. 1, (zitiert: MEYER/GRASSER, N&R 2011, Beilage 1,1).

MICHALSKI, LUTZ (HRSG.): Kommentar zum Gesetz betreffend die Gesellschaften mit beschränkter Haftung: Band 2, 2. Auflage, München 2010, (zitiert: Bearbeiter, in: MICHALSKI, GmbHG-Kommentar

MONOPOLKOMMISSION: Gutachten der Monopolkommission, Bahn 2009: Wettbewerb erfordert Weichenstellung: Sondergutachten gemäß § 36 AEG,55. Sondergutachten, Abrufbar unter: http://www.monopolkommission.de/sg_55/s55_volltext.pdf, (Abrufdatum: 21.05.2013), (zitiert: Gutachten der Monopolkommission, Bahn 2009: Wettbewerb erfordert Weichenstellung).

Dies.: Gutachten der Monopolkommission, Bahn 2011: Wettbewerbspolitik unter Zugzwang: Sondergutachten gemäß § 36 AEG, 60. Sondergutachten, Abrufbar unter: http://www.monopolkommission.de/sg_60/s60_volltext.pdf, (Abrufdatum: 21.05.2013), (zitiert: Gutachten der Monopolkommission, Bahn 2011: Wettbewerbspolitik unter Zugzwang).

Dies.: Telekommunikation 2011: Investitionsanreize stärken, Wettbewerb sichern, 61. Sondergutachten, Abrufbar unter: http://www.monopolkommission.de/aktuell_sg61.html_(Abrufdatum: 21.05.2013), (zitiert: Gutachten der Monopolkommission, Telekommunikation 2011: Investitionsanreize stärken, Wettbewerb sichern).

MÖSCHEL, WERNHARD: Der zukünftige Ordnungsrahmen für die Telekommunikation: Allgemeines Wettbewerbsgesetz statt sektorspezifischer Regulierung!, Multimedia & Recht: Zeitschrift für

Informations-, Telekommunikations- und Medienrecht 2008, S. 503 - 508, (zitiert: MÖSCHEL, MMR 2008, 503).

MÖSTL, MARKUS: Grundweichenstellung des deutschen Eisenbahnverfassungsrecht, in: Wege gelebter Verfassung in Recht und Politik, Festschrift für RUPERT SCHOLZ, BERLIN 2007, (zitiert: MÖSTL, in: PITSCHAS/UHLE, FS für Rupert SCHOLZ, 831).

MUßGENUG, REINHARD: Die Beiladung zum Rechtsstreit um janusköpfige und privatrechtsrelevante Verwaltungsakte, Neue Zeitschrift für Verwaltungsrecht 1988, S.33-37, (zitiert: MUßGENUG, NVwZ 1988, 33).

MUSIELAK, HANS-JOACHIM (Hrsg.): Kommentar zur Zivilprozessordnung: mit Gerichtsverfassungsgesetz, 9. Auflage, München 2012, (zitiert: Bearbeiter, in: MUSIELAK, ZPO-Kommentar).

MÜLLER, FRIEDRICH/ CHRISTENSEN, RALPH: Juristische Methodik, Band 2: Europarecht, 3. Auflage, Berlin 2012, (zitiert: MÜLLER/CHRISTENSEN, Juristische Methodik, Bd. II Europarecht).

OBERMAYER, KLAUS/ FRITZ, RONALD (Hrsg.): Kommentar zum Verwaltungsverfahrensgesetz, 3. Auflage, Neuwied 1999, (zitiert: Bearbeiter, in: OBERMAYER/FRITZ, VwVfG-Kommentar).

OPPERMANN, THOMAS/ CLASSEN, CLAUS DIETER/ NETTESHEIM, MARTIN: Europarecht: Ein Studienbuch, 5. Auflage, München 2011, (zitiert: OPPERMANN/CLASSEN/NETTESHEIM, Europarecht, §).

OSTENDORF, PATRICK: Anmerkung zum Urteil des BGH zur Festsetzung von Entgelten für Benutzung der Eisenbahninfrastruktur, Neue Zeitschrift für Verwaltungsrecht 2012, S. 192 - 193, (zitiert: OSTENDORF, NVwZ 2012, 192).

Ders./ GRÜN, ANSELM: Die eisenbahnrechtliche Entgeltregulierung für den Zugang zu Schienenwegen nach neuem Recht, InfrastrukturRecht: Energie, Verkehr, Abfall, Wasser 2006, S. 275 - 277, (zitiert: OSTENDORF/GRÜN, IR 2005, 275).

OSTER, JAN: Normative Ermächtigungen im Regulierungsrecht: eine vergleichende Untersuchung behördlicher Entscheidungsspielräume in der deutschen und amerikanischen Netzinfrastrukturregulierung, Baden-Baden 2010, (zitiert: OSTER, Normative Ermächtigungen im Regulierungsrecht).

OSSENBÜHL, FRITZ: Die Rücknahme fehlerhafter begünstigender Verwaltungsakte, Berlin 1964, (zitiert: OSSENBÜHL, Die Rücknahme fehlerhafter begünstigender Verwaltungsakte).

Ders.: Verwaltungsrecht als Vorgabe für das Zivil- und Strafrecht, Deutsches Verwaltungsblatt 1990, S. 963 - 973, (zitiert: OSSENBÜHL, DVBl. 1990, 963).

PALANDT, OTTO (Hrsg.): Bürgerliches Gesetzbuch: BGB – Kommentar, 71. Auflage, München 2012, (zitiert: Bearbeiter, in: PALANDT, BGB).

PASCHKE, MARIAN/ BERLIT, WOLFGANG/ MEYER, CLAUS (Hrsg.): Hamburger Kommentar: Gesamtes Medienrecht, 2. Auflage, Baden-Baden 2012, (zitiert: Bearbeiter, in: PASCHKE/BERLIT/MEYER, Gesamtes MedienR).

PEINE, FRANZ-JOSEPH: Allgemeines Verwaltungsrecht, 9. Auflage, Heidelberg 2008, (zitiert: PEINE, Allg. VwltgsR).

Ders.: Privatrechtsgestaltung durch Anlagengenehmigung, Neue Juristische Wochenschrift 1990, S. 2442 - 2448, (zitiert: PEINE, NJW 1990, 2442).

PFLUG, LUDGER: Eisenbahnregulierung zwischen öffentlichem Recht und Privatrecht, Frankfurt a.M. 2012, (zitiert: PFLUG, Eisenbahnregulierung zwischen öffR und PR).

PIEROTH, BODO/ SCHLINK, BERNHARD: Grundrechte – Staatsrecht II, 28. Auflage, Heidelberg 2012, (zitiert: PIEROTH/SCHLINK, Grundrechte - Staatsrecht II).

PLAGEMANN, HERMANN (HRSG.): Münchener Anwaltshandbuch Sozialrecht, 3. Auflage, München 2009, (zitiert: Bearbeiter, in: PLAGEMANN, Sozialrecht).

POTACS, MICHAEL: Herstellung von Wettbewerb als Verwaltungsaufgabe, Veröffentlichung der Vereinigung der Deutschen Staatsrechtslehrer 69 (2009), S. 255 - 282, (zitiert: POTACS, VVDStRL 69, 255).

POSSER, HERBERT/ WOLFF, HEINRICH AMADEUS (Hrsg.): BECK´scher Online-Kommentar VwGO, München, Stand: 01.01.2013, Edition: 24, (zitiert: Bearbeiter, in: POSSER/WOLFF, BECK´scher OK VwGO).

PREIßINGER, SANDRA: Die Entgeltgenehmigung im Telekommunikationsrecht, Frankfurt 2008, (zitiert: PREIßINGER, Die Entgeltgenehmigung im TK-Rt).

PROELß, ALEXANDER: Das Regulierungsermessen - eine Ausprägung des behördlichen Letztentscheidungsrechts?, Archiv des Öffentlichen Rechts 136 (2011), S. 402 - 427, (zitiert: PROELß, AöR 136 (2011), 402).

PÜTTNER, GÜNTER: Grundrechtsschutz für juristische Personen des öffentlichen Rechts - widersinnig? in: Der grundrechtsgeprägte

Verfassungsstaat, Festschrift für KLAUS STERN, Berlin 2012, (zitiert: PÜTTNER, in: SACHS/SIEKMANN (Hrsg.), FS für KLAUS STERN, 563).

RADBRUCH, GUSTAV: Rechtsphilosophie II, bearbeitet von Kaufmann, Arthur, Heidelberg 1993, (zitiert: RADBRUCH, in: KAUFMANN, Rechtsphilosophie II, S. 359).

RICHARDI, REINHARD (Hrsg.): Betriebsverfassungsgesetz mit Wahlordnung, 13. Auflage, München 2012, (zitiert: Bearbeiter, in: RICHARDI, Betriebsverfassungsgesetz).

RENNERT, KLAUS: Bestandskraft rechtswidriger Verwaltungsakte und Gemeinschaftsrecht, Deutsches Verwaltungsblatt 2007, S. 400 - 408, (zitiert: RENNERT, DVBl. 2007, 400).

RÖHL, KLAUS/ RÖHL, HANS CHRISTIAN: Allgemeine Rechtslehre - Ein Lehrbuch, 3. Auflage, Köln - München 2008, (zitiert: RÖHL/RÖHL, Allgemeine Rechtslehre).

RONELLENFITSCH, MICHAEL/ SCHWEINSBERG, RALF (Hrsg.): Aktuelle Probleme des Eisenbahnrechts XII: Vorträge im Rahmen der Tagung am 6.-7. September 2006 in Tübingen, Hamburg 2007, (zitiert: Bearbeiter, in: RONELLENFITSCH /SCHWEINSBERG, Aktuelle Probleme des Eisenbahnrechts XIV).

Dies.: Probleme des Eisenbahnrechts XII : Vorträge im Rahmen der Tagung am 6.-7. September 2006 in Tübingen Hamburg 2007,(zitiert: Bearbeiter, in: RONELLENFITSCH /SCHWEINSBERG, Aktuelle Probleme des Eisenbahnrechts XII).

Dies.: Aktuelle Probleme des Eisenbahnrechts XIV: Vorträge im Rahmen der Tagung am 3.-4. September 2008 in Tübingen, Hamburg 2009, (zitiert: Bearbeiter, in: RONELLENFITSCH /SCHWEINSBERG, Aktuelle Probleme des Eisenbahnrechts XIV).

Dies./ HENSELER-UNGER, IRIS (Hrsg.): Aktuelle Probleme des Eisenbahnrechts XVI: Vorträge im Rahmen der Tagung am 1.-2. September 2010 in Tübingen, Hamburg 2011, (zitiert: Bearbeiter, in: RONELLENFITSCH /SCHWEINSBERG/HENSELER-UNGER, Aktuelle Probleme des Eisenbahnrechts XVI).

ROßNAGEL, ALEXANDER/ JOHANNES PAUL/ KARTAL, ALIYE: Die TKG-Novelle 2012, Kommunikation und Recht 2012, S. 244 - 250, (zitiert: ROßNAGEL/JOHANNES/KARTAL, K & R 2012, 244).

RUFFERT, MATTHIAS: Vorrang der Verfassung und Eigenständigkeit des Privatrechts: eine verfassungsrechtliche Untersuchung zur Privatrechtswirkung des Grundgesetzes, Tübingen 2001, (zitiert: RUFFERT, Vorrang der Verfassung und Eigenständigkeit des Privatrechts).

RUGE, REINHARD: Diskriminierungsfreier Netzzugang im liberalisierten Eisenbahnmarkt in Deutschland, Archiv des Öffentlichen Rechts 131 (2006), S. 1 - 78, (zitiert: RUGE, AöR 131 (2006), 1).

Ders.: Kontinuität und Wandel im eisenbahnrechtlichen Netzzugang: Das 3. Gesetz zur Änderung eisenbahnrechtlicher Vorschriften, Deutsches Verwaltungsblatt 2005, S. 1405 - 1414, (zitiert: RUGE, DVBl. 2005, 1405).

RUTHIG, JOSEF/ STORR, STEFAN: Öffentliches Wirtschaftsrecht, 3. Auflage, Heidelberg 2011, (zitiert: RUTHIG/STORR, Öffentliches Wirtschaftsrecht).

SÄCKER, FRANZ-JÜRGEN: Das Regulierungsrecht im Spannungsfeld von öffentlichem und privatem Recht - Zur Reform des deutschen Energie- und Telekommunikationsrecht, Archiv des Öffentlichen Rechts 130 (2205), S. 180 - 224, (zitiert: SÄCKER, AöR 130 (2005), 180).

Ders.: (Hrsg.): Berliner Kommentar zum Telekommunikationsgesetz, 2. Auflage, Frankfurt a.M. 2009, (zitiert: Bearbeiter, in: SÄCKER, Berliner Kommentar zum TKG

Ders.: Verhältnis Ex post und Ex ante-Regulierung am Beispiel aktueller Debatten zum Entflechtungsregime, Wirtschaft und Verwaltung 2010, S. 101 - 110, (zitiert: SÄCKER, WiVerw 2010, 101).

Ders./ RIXECKER, ROLAND (Hrsg.): Münchener Kommentar zum Bürgerlichen Gesetzbuch, Band 1: §§ 1-241, ProstG, AGG, 6. Auflage, München 2012, Band 3: §§ 433-610, 6. Auflage, München 2012, Band 4: §§ 611-704, EFZG, TzBfG, KSchG, 6. Auflage, München 2012, Band 5:§§ 705-853, PartGG, ProdhaftG, 5.Auflage, München 2009, (zitiert: Bearbeiter, in: SÄCKER/RIXECKER, Münchener Kommentar zum BGB, Bd.).

SÄCKER, CHRISTOPHER: Der Einfluss der sektorspezifischen Regulierung auf die Anwendung des deutschen und gemeinschaftlichen Kartellrechts, Berlin 2006, (zitiert: SÄCKER, Der Einfluss der Regulierung auf das KartellRt).

SACHS, MICHAEL (Hrsg.): Grundgesetz Kommentar, 6. Auflage, München 2011, (zitiert: Bearbeiter, in: SACHS, GG).

Ders.: Anmerkung zur Rechtsprechung des BVerfG: Grundrechte: Effektiver Rechtsschutz, Juristische Schulung 2011, S. 187 - 189, (zitiert: SACHS, JuS 2011, 187).

Ders./ JASPER, CHRISTIAN: Regulierungsermessen und Beurteilungsspielräume – Verfassungsrechtliche Grundlagen, Neue Zeitschrift für Verwaltungsrecht 2012, S. 649 - 653, (zitiert: SACHS/JASPER, NVwZ 2012, 649).

SCHERER, JOACHIM: Neue Entwicklungen im Recht der regulierten Netzinfrastrukturen, Neue Zeitschrift für Verwaltungsrecht 2010, S. 1321 - 1327, (zitiert: SCHERER, NVwZ 2010, 1321).

Ders./ HEINICKEL, CAROLINE: Die TKG-Novelle 2012, Neue Zeitschrift für Verwaltungsrecht 2012, S. 585 - 592, (zitiert: SCHERER/HEINICKEL, NVwZ 2012, 585).

Ders./ MICHALCZYK, ROMAN: Die Eisenbahn auf neuen Gleisen? Der Regierungsentwurf zu einem Eisenbahnregulierungsgesetz, Netzwirtschaften und Recht 2013, S. 35 - 44, (zitiert: SCHERER/MICHALCZYK, N & R 2013, 35).

SCHEURLE, KLAUS-DIETER/ MAYEN, THOMAS (Hrsg.): Telekommunikationsgesetz: TKG, 2. Auflage, München 2008, (zitiert: Bearbeiter, in: SCHEURLE/MAYEN, TKG-Kommentar).

SCHMIDT, CHRISTIAN: Von der RegTP zur Bundesnetzagentur: Der organisationsrechtliche Rahmen der neuen Regulierungsbehörde, Die Öffentliche Verwaltung 2005, S. 1025 - 1032, (zitiert: SCHMIDT, DÖV 2005, 1025).

SCHMIDT, DETLEF: Die Unterscheidung von privatem und öffentlichem Recht, Baden-Baden 1985, (zitiert: SCHMIDT, Die Unterscheidung von privatem und öffentlichem Recht).

SCHMIDT, KARSTEN (Hrsg.): Münchener Kommentar zum Handelsgesetzbuch, Band 1: Erstes Buch. Handelsstand §§ 1 - 104a, 3.Auflage, München 2010, (zitiert: Bearbeiter, in: K. SCHMIDT, Münchener Kommentar zum HGB).

Ders.: Wirtschaftsrecht: Nagelprobe des Zivilrechts – Das Kartellrecht als Beispiel, Archiv für die civilistische Praxis, S. 169 - 204, (zitiert: SCHMIDT, AcP 206 (2006), 169).

Ders.: Kartellverfahrensrecht- Kartellverwaltungsrecht - Bürgerliches Recht: Kartellrechtspflege nach deutschem Recht, Köln 1977, (zitiert: SCHMIDT, Kartellverfahrensrecht).

SCHMIDT, LUTZ: Unmittelbare Privatrechtsgestaltung durch Verwaltungsakt, Bielefeld 1975, (zitiert: SCHMIDT, Unmittelbare Privatrechtsgestaltung durch Verwaltungsakt).

SCHMIDT, RAINER/ VOLLMÖLLER, THOMAS (Hrsg.): Kompendium öffentliches Wirtschaftsrecht, 3. Auflage, Berlin 2007, (zitiert: Bearbeiter, in SCHMIDT/VOLLMÖLLER, Kompendium Öff. WirtschfRt).

SCHMIDT-AßMANN, EBERHARD: Das allgemeine Verwaltungsrecht als Ordnungsidee - Grundlagen und Aufgaben der verwaltungsrechtlichen Systembildung, 2. Auflage, Heidelberg 2006, (zitiert: SCHMIDT-AßMANN, Das allgemeine Verwaltungsrecht als Ordnungsidee).

DERS./ SCHOCH, FRIEDRICH (Hrsg.): Besonderes Verwaltungsrecht, 14. Auflage, Berlin 2008, (zitiert: Bearbeiter, in: SCHMIDT-AßMANN/ SCHOCH, Bes. VwltgsR).

SCHMITT, THOMAS/ STAEBE, ERIK (Hrsg.): Einführung in das Eisenbahn-Regulierungsrecht, München 2010, (zitiert: Bearbeiter, in: SCHMITT/STAEBE, Einführung in das Eisenbahn-Regulierungsrecht).

SCHOCH, FRIEDRICH: Die Europäisierung des Allgemeinen Verwaltungsrechts, Juristenzeitung 1995, S. 109 - 123, (zitiert: SCHOCH, JZ 1995, 109).

Ders./ SCHNEIDER, JENS-PETER/ BIER, WOLFGANG (Hrsg.): Verwaltungsgerichtsordnung – Kommentar, 23. Auflage, München 2012, (zitiert: Bearbeiter, in: SCHOCH/SCHMIDT-AßMANN/BIER, VwGO Kommentar).

SCHORKOPF, FRANK: Regulierung nach den Grundsätzen des Rechtsstaates: Zielvorstellungen guter Ordnung im neueren Verwaltungsrecht, Juristenzeitung 2008, S. 20 - 29, (zitiert: SCHORKOPF, JZ 2008, 20).

SCHRÖDER, STEFAN: Die Abgrenzung der Anwendungsbereiche von EnWG und AEG bei der Versorgung von Eisenbahnen mit leitungsgebundener Energie, Baden-Baden 2008, (zitiert: SCHRÖDER, Die Abgrenzung der Anwendungsbereiche von EnWG und AEG).

SCHRÖDER, RAINER: Verwaltungsrechtsdogmatik im Wandel, Tübingen 2007, (zitiert: SCHRÖDER, Verwaltungsrechtsdogmatik im Wandel).

SCHWARZE, JÜRGEN (Hrsg.): EU-Kommentar, 3. Auflage, Baden-Baden 2012, (zitiert: Bearbeiter, in: SCHWARZE, EU-Kommentar

SERONG, SVEN: Die regulatorische Kontrolle der Benutzungsbedingungen für die Eisenbahninfrastruktur, Netzwirtschaften und Recht 2009, S. 108 - 113, (zitiert: SERONG, N & R 2009, 108).

SKOURIS, VASSILIOS: Der Einfluß des Europäischen Gemeinschaftsrechts auf die Unterscheidung zwischen Privatrecht und Öffentlichem Recht, Europarecht 1998, S. 111 - 129, (zitiert: SKOURIS, EuR 1998, 111).

SOLDNER, ANDRÉ: Liberalisierung des Eisenbahnwesens : Zwischen Wettbewerb und Regulierung, Frankfurt a.M. 2008, (zitiert: SOLDNER, Liberalisierung des Eisenbahnwesens).

SPINDLER, GERALD/ SCHUSTER, FABIAN (Hrsg.): Recht der elektronischen Medien - Kommentar, 2. Auflage, München 2011, (zitiert: Bearbeiter, in: SPINDLER/SCHUSTER, Recht der elektronischen Medien).

STAMM, BARBARA: Die Entgeltregulierung im Telekommunikationsgesetz, Berlin 2001, (zitiert: STAMM, Die Entgeltregulierung im Telekommunikationsgesetz).

STAUDINGER, JULIUS VON (Hrsg.): BGB: Kommentar zum Bürgerlichen Gesetzbuch mit Einführungsgesetz und Nebengesetzen, Erstes Buch. Allgemeiner Teil, §§ 134-163, Berlin 2011, Erstes Buch. Allgemeiner Teil, §§ 164-240, Berlin 2009, Buch 2 - Recht der Schuldverhältnisse, §§ 823 E-I, 824, 825, (Unerlaubte Handlungen 1 - Teilband 2), Berlin 2009, Buch 3 - Sachenrecht, §§ 905 - 924 (Privates Nachbarrecht), Berlin 2009, Eckpfeiler des Zivilrechts – Neubearbeitung 2012/2013, Berlin 2012, (zitiert: Bearbeiter, in: STAUDINGER (Hrsg.), Kommentar zum BGB, Rn.).

STEINER, UDO: Bindungswirkung und Bestandskraft der fingierten Bodenverkehrsenehmigung, Deutsches Verwaltungsblatt 1970, S. 34 - 39, (zitiert: STEINER, DVBl. 1970, 34).

STELKENS, PAUL/ BONK, HEINZ JOACHIM/ SACHS, MICHAEL: Verwaltungsverfahrensgesetz Kommentar, 7. Auflage, München 2008, (zitiert: Bearbeiter, in: STELKENS/BONK/SACHS, VwVfG Kommentar).

STELKENS, ULLRICH: Probleme des Europäischen Verwaltungsvertrags nach dem Vertrag zur Gründung einer Europäischen Gemeinschaft und dem Vertrag über eine Verfassung für Europa, Europäische Zeitung für Wirtschaftsrecht 2005, S. 299 - 304, (zitiert: STELKENS, EuZW 2005, 299).

STORR, STEFAN: Der Staat als Unternehmer - öffentliche Unternehmen in der Freiheits- und Gleichheitsdogmatik des nationalen Rechts und des Gemeinschaftsrechts, Tübingen 2001, (zitiert: STORR, Der Staat als Unternehmer).

STREINZ, RUDOLF (HRSG.): EUV/AEUV – Kommentar, 2. Auflage, München 2012, (zitiert: Bearbeiter, in: STREINZ, EUV-AEUV).

STÜER, BERNHARD/ URBISCH, KIRSTEN: Aktuelle Probleme des Eisenbahnrechts XVIII, Deutsches Verwaltungsblatt 2012, S. 1484 - 1487, (STÜER/URBISCH, DVBl. 2012, 1484).

TERHECHTE, JÖRG PHILLIP (Hrsg.): Verwaltungsrecht der Europäischen Union, Baden-Baden 2011, (zitiert: Bearbeiter, in: TERHECHTE, Verwaltungsrecht der EU).

TONNER, KLAUS/ WILLINGMANN, ARMIN/ TAMM, MARINA (Hrsg.): Vertragsrecht -Kommentar, Köln 2010, (zitiert: Bearbeiter, in: TONNER/WILLINGMANN /TAMM, Vertragsrecht-Kommentar).

TRIANTAFYLLOU, DIMITRIS: Europäisierte Privatrechtsgestaltung im Bereich der Beihilfenaufsicht, Die Öffentliche Verwaltung 1999, S. 51 - 58, (zitiert: TRIANTAFYLLOU, DÖV 1999, 51).

TSCHENTSCHER, AXEL: Der privatrechtsgestaltende Verwaltungsakt als Koordinationsinstrument zwischen öffentlichem Recht und Privatrecht, Deutsches Verwaltungsblatt 2003, S. 1424 - 1437, (zitiert: TSCHENTSCHER, DVBl. 2003, 1424).

UERPMANN, ROBERT: Das öffentliche Interesse: seine Bedeutung als Tatbestandsmerkmal und als dogmatischer Begriff, Tübingen 1999, (zitiert: UERPMANN, Das öffentliche Interesse).

VORWERK, VOLKERT/ WOLF, CHRISTIAN (Hrsg.): Beck´scher Online-Kommentar ZPO, München, Stand:15.01.2013, Edition: 8, (zitiert: Bearbeiter, in: VORWERK/WOLF, BECK'scher OK ZPO, §).

WACHINGER, LORENZ: Tätigkeit der „Konzernjuristen" für Betreiber der Schienenwege verstößt gegen § 9a AEG, Neue Zeitschrift für Verwaltungsrecht 2010, S. 1343 - 1346, (zitiert: WACHINGER, NVwZ 2010, 1343).

WALL, DE HEINRICH: Die Anwendbarkeit privatrechtlicher Vorschriften im Verwaltungsrecht: dargestellt anhand der privatrechtlichen Regeln über Rechtsgeschäfte und anhand des allgemeinen Schuldrechts, Tübingen 1999, (zitiert: DE WALL, Die Anwendbarkeit privatrechtlicher Vorschriften im Verwaltungsrecht).

WALLERATH, ACHIM: Allgemeines Verwaltungsrecht, 6. Auflage, Berlin 2009, (zitiert: WALLERATH, Allg. VwltgsR).

WERTENBRUCH, WILHELM: Zum privatrechtsgestaltenden Verwaltungsakt, in: Gedächtnisschrift für RUDOLF SCHMIDT: Aktuelle Fragen aus modernem Recht und Rechtsgeschichte, Berlin 1966, (zitiert: WERTENBRUCH, in: SEIDL, Aktuelle Fragen aus modernem Recht und Rechtsgeschichte).

WESTERMANN, HARM PETER: Drittinteressen und öffentliches Wohl als Elemente der Bewertung privater Rechtsverhältnisse, Archiv für die civilistische Praxis 208 (2008), S.141-181, (zitiert: WESTERMANN, AcP 208 (2008), 141).

WEYERS, ULRIKE: Der Anwendungsbereich des Werkbahnprivilegs, Muss jedes Eisenbahninfrastrukturunternehmen Zugang zu seiner Eisenbahninfrastruktur gewähren?, Netzwirtschaften und Recht 2009, S. 241 - 247, (zitiert: WEYERS, N & R 2009, 241).

WIELAND, JOACHIM: Regulierungsermessen im Spannungsverhältnis zwischen deutschem und Unionsrecht, Die Öffentliche Verwaltung 2011, S. 705 - 714, (zitiert: WIELAND, DÖV 2011, 705).

WINDTHORST, KAY: Zur Grundrechtsfähigkeit der Deutschen Telekom AG, Verwaltungs-Archiv 2004 (Band 95), S. 377 - 399, (zitiert: WINDTHORST, VerwArch 2004, 377).

WINKLER, VIKTOR: Bundesnetzagentur und Beurteilungsspielraum, Deutsches Verwaltungsblatt 2013, S. 156 - 160, (zitiert: WINKLER, DVBl. 2013, 156).

WILKENS, SARAH: Wettbewerbsprinzip und Gemeinwohlorientierung bei der Erbringung von Eisenbahndienstleistungen: zum Verhältnis von Art. 87e III und IV GG, Berlin 2006, (zitiert: WILKENS, Wettbewerbsprinzip und Gemeinwohlorientierung).

WILL, MARTIN: Allgemeines Verwaltungsrecht, München 2012, (zitiert: WILL, Allg. VwltgsRt).

WOLFF, HANS/ BACHOF, OTTO/ STOBER, ROLF/ KLUTH, WINFRIED: Verwaltungsrecht I - Ein Studienbuch, 12. Auflage, München 2007, (zitiert: WOLFF/BACHOF/STOBER/KLUTH, Verwaltungsrecht I).

WOESLER, WOLFGANG: Verantwortung und Kontrolle im europäischen Regulierungsverbund der Telekommunikation, Netzwirtschaften und Recht 2011, S. 75 - 82, (zitiert: WOESLER, N & R 2011, 75).

WOLNICKI, BORIS: Zum Akzessorietätsprinzip bei der Systemfeststellung nach § 6 III VerpackV - zugleich zur Nebenbestimmungsfeindlichkeit von rechtsgestaltenden Verwaltungsakten, Neue Zeitschrift für Verwaltungsrecht 1994, S. 872 - 875, (zitiert: WOLNICKI, NVwZ 1994, 872).

ZACHARIAS, DIANA: Rücknahme und Widerruf von Vertragsgenehmigungen, Neue Zeitschrift für Verwaltungsrecht 2002, S. 1306 - 1310, (zitiert: ZACHARIAS, NVwZ 2002, 1306).

ZIEKOW, JAN: Verwaltungsverfahrensgesetz - Kommentar, Stuttgart 2006, (zitiert: ZIEKOW, VwVfG-Kommentar).

Ders.: Öffentliches Wirtschaftsrecht: ein Studienbuch, 2. Auflage, München 2010, (zitiert: ZIEKOW, Öff. WirtschaftsR).

Kölner Schriften zu Recht und Staat

Herausgegeben von
Hartmut Schiedermair und Bernhard Kempen

Band 1 Bernhard Kempen: Die deutsch-polnische Grenze nach der Friedensregelung des Zwei-plus-Vier-Vertrages. 1997.

Band 2 Hans-Georg Maaßen: Die Rechtsstellung des Asylbewerbers im Völkerrecht. Überlegungen zu den völkerrechtlichen Rahmenbedingungen einer europäischen Asylrechtsharmonisierung. 1997.

Band 3 Udo Fink: Kollektive Friedenssicherung. Kapitel VII UN-Charta in der Praxis des Sicherheitsrats der Vereinten Nationen. 1999.

Band 4 Stephan Grigolli: Sprachliche Minderheiten in Italien, insbesondere Südtirol, und in Europa. Der Gebrauch der Sprache vor Behörden und Gerichten und die Vergabe öffentlicher Stellen. 1997.

Band 5 Uta Stoy-Schnell: Das Bundesverfassungsgericht und die Corte costituzionale. Ein Vergleich der Verfassungsgerichtsbarkeiten in Deutschland und Italien. 1998.

Band 6 Christian Hillgruber: Die Aufnahme neuer Staaten in die Völkerrechtsgemeinschaft. Das völkerrechtliche Institut der Anerkennung von Neustaaten in der Praxis des 19. und 20. Jahrhunderts. 1998.

Band 7 Jochen Seitz: Planungshoheit und Grundeigentum. Die verfassungsrechtlichen Schranken der städtebaulichen Entwicklungsmaßnahmen. 1999.

Band 8 Jochen Herbst: Rechtskontrolle des UN-Sicherheitsrates. 1999.

Band 9 Kristin Möller: Die Beschaffung naturschutzrechtlicher Ausgleichsflächen im Baurecht. 1999.

Band 10 Klaus Löffelbein: Genehmigungsfreies Bauen und Nachbarrechtsschutz. Die baurechtlichen Anzeige- und Freistellungsverfahren der Länder aus nachbarlicher Sicht. 2000.

Band 11 Patrick Mittmann: Die Rechtsfortbildung durch den Gerichtshof der Europäischen Gemeinschaften und die Rechtsstellung der Mitgliedstaaten der Europäischen Union. 2000.

Band 12 Martin R. Albus: Zur Notwendigkeit eines Internationalen Umweltgerichtshofs. Zugleich eine Analyse der Staatenpraxis zum Internationalen Umwelthaftungsrecht und der Rechtsschutzmöglichkeiten bei grenzüberschreitenden Umweltbeeinträchtigungen. 2000.

Band 13 Irene Baur: Die Haftung der Europäischen Zentralbank. 2001.

Band 14 Tobias R. Ehlen: Zentralisierungsmöglichkeiten der deutschen Börsenaufsicht. 2003.

Band 15 Ulrich Steiner: Wertsicherungsklauseln. Zur Europarechtskonformität des neuen § 2 PaPkG. 2003.

Band 16 Stephanie Vogel: Der Prüfungsumfang des Bundesverfassungsgerichts bei Verfassungsbeschwerden am Beispiel der Kunstfreiheitsrechtsprechung. 2004.

Band 17 Thomas Schmidt: Deutsche Hochschulräte. Begriff, Darstellung und rechtliche Analyse. 2004.

Band 18 Kirsten Schmalenbach: Die Haftung Internationaler Organisationen im Rahmen von Militäreinsätzen und Territorialverwaltungen. 2004.

Band 19 Gunter Warg: Von Verteidigung zu kollektiver Sicherheit. Der Nato-Vertrag *auf Rädern*. 2004.

Band 20 Bernhard Kempen / Yvonne Dorf: Bodenreform 1945–1949. Eine verfassungsrechtliche Neubewertung. 2004.

Band 21 Jeanette Nolte: Die völkerrechtliche Vertragspraxis der EG und die Haftung der Mitgliedstaaten am Beispiel der Fischereipolitik. 2004.

Band 22 Rüdiger Schmid-Kühnhöfer: Die Staatlichkeit von Beihilfen. Mittel- und Transferzurechnung nach Art. 87 Abs. 1 EG-Vertrag. 2004.

Band 23 Florian Schöler: Die Reform des Europäischen Kartellverfahrensrechts durch die Verordnung (EG) Nr. 1/2003. 2004.

Band 24 Christina Maria Pelzer: Die Kompetenzen der EG im Bereich Forschung. Eine Analyse ihrer Reichweite und Grenzen vor dem Hintergrund des Art. 5 Abs. 3 GG. Dargestellt am Beispiel der Gentechnologie. 2004.

Band 25 Nikolaus Vieten: Die verfassungsrechtliche Zulässigkeit der Wiedereinführung einer Vermögensteuer. Zugleich eine Untersuchung des Halbteilungsbeschlusses des Bundesverfassungsgerichts. 2005.

Band 26 Bernhard Kempen (Hrsg.): Die rechtsstaatliche Bewältigung der demokratischen Bodenreform. 2005.

Band 27 Erik Hansalek: Die parlamentarische Kontrolle der Bundesregierung im Bereich der Nachrichtendienste. 2006.

Band 28 Thomas Günther: Zur Zulässigkeit der Errichtung privater Volksschulen als Bekenntnisschulen religiös-ethnischer Minderheiten nach Art. 7 Abs. 5 GG. Am Beispiel einer islamischen Grundschule. 2006.

Band 29 Christian Hoppe: Staatshaftung und Rechtsschutz bei Verletzung grundfreiheitlicher Schutzpflichten. 2006.

Band 30 Julia Schäfer: Die Entscheidung des ECOFIN-Rats über das Vorliegen eines übermäßigen Defizits. Eine Entscheidung zwischen Politik und Recht. 2007.

Band 31 Erika Elisabeth Orth: Ein Grundrecht auf Umweltschutz in Europa? Eine rechtsdogmatische Einordnung des Art. 37 GRC. 2007.

Band 32 Cécile Günther: Die Auslegung des Rechts auf Bildung in der europäischen Grundrechtsordnung. Eine Analyse von Schutzbereich und Reichweite – dargestellt am Beispiel des Art. 14 EU-GRCh (Art. II-74 EuVerf). 2007.

Band 33 Muna A. Yousif: Die extraterritoriale Geltung der Grundrechte bei der Ausübung deutscher Staatsgewalt im Ausland. 2007.

Band 34 Stefanie von Hoff: Die Rolle des US-Supreme Court im Prozess der Verfassungsänderung in den Vereinigten Staaten von Amerika. 2008.

Band 35 Alexander Metz: Das Recht Prominenter am eigenen Bild in Kollision mit Drittinteressen. Insbesondere vor dem Hintergrund des Falles Caroline von Hannover. 2008.

Band 36 Susanne Dyrchs: Das hybride Khmer Rouge-Tribunal. Entstehung, Entwicklung und rechtliche Grundlagen. 2008.

Band 37 Heiko F. Schmitz-Elvenich: Targeted Killing. Die völkerrechtliche Zulässigkeit der gezielten Tötung von Terroristen im Ausland. 2008.

Band 38 Stefania Slavu: Die Osterweiterung der Europäischen Union. Eine Analyse des EU-Beitritts Rumäniens. 2008.

Band 39 Thomas Krings: Der Grundrechtsberechtigte des Grundrechts aus Art. 13 GG. 2009.

Band 40 Zan He: The ICJ´s Practice on Provisional Measures. 2010.

Band 41 Anna Köhler: Private Sicherheits- und Militärunternehmen im bewaffneten Konflikt. Eine völkerrechtliche Bewertung. 2010.

Band 42 Jens Beynio: Die völkerrechtliche Zulässigkeit der Aufrüstung mit Kernwaffen. 2010.

Band 43 Johannes Maria Baumann: Die Rechtsprechung des EuGH zum Vorrang von Gemeinschaftsrecht vor mitgliedstaatlichen Verwaltungsakten und Gerichtsurteilen. 2010.

Band 44 Susanne Koch: Die grenzüberschreitende Wirkung von nationalen Genehmigungen für umweltbeeinträchtigende industrielle Anlagen. 2010.

Band 45 Sebastian Gerlach: Innere Konfliktregelungsmechanismen der Afrikanischen Union vor dem Hintergrund der entsprechenden Bestimmungen der Europäischen Union. 2010.

Band 46 Anne Rausch: *Responsibility to Protect*. Eine juristische Betrachtung. 2011.

Band 47 Bernhard Kempen / Kolja Naumann: Demokratie und Religion. Tagungsband zum Kolloquium der Wissenschaftlichen Arbeitsgruppe für weltkirchliche Aufgaben der Deutschen Bischofskonferenz und der Demokratie Stiftung an der Universität zu Köln am 23.11.2009 in Köln. 2011.

Band 48 Clemens David Comans: Ein „modernes" europäisches Datenschutzrecht. Bestandsaufnahme und Analyse praktischer Probleme des europäischen Datenschutzes unter besonderer Berücksichtigung der Richtlinie zur Vorratsdatenspeicherung. 2012.

Band 49 Christian Peter Kokew: Der Auslandsschutz deutscher Staatsangehöriger bei Entführungen. 2012.

Band 50 Julia Pullen: Die Immunität von Staatsunternehmen im zivilrechtlichen Erkenntnis- und Vollstreckungsverfahren. 2012.

Band 51 Leonard Koops: Seeräubereibekämpfung durch die Bundeswehr im Einklang mit dem Grundgesetz. Verfassungsrechtliche Anforderungen an einen Einsatz der Streitkräfte zur Bekämpfung der Seepiraterie außerhalb deutscher Seegebiete. 2013.

Band 52 Gesine Anna Eva Krohne: Die Ausbürgerung illoyaler Staatsangehöriger. Geltendes Verfassungsrecht, internationaler Rechtsvergleich und rechtspolitische Reformperspektiven. 2013.

Band 53 Vincent Brenner: Der privatrechtsgestaltende Verwaltungsakt im Regulierungsrecht. Zu den Möglichkeiten und Grenzen der Privatrechtsgestaltung mittels Verwaltungsakt am Beispiel des Eisenbahn- und Telekommunikationszugangsrechts. 2014.

www.peterlang.com

www.ingramcontent.com/pod-product-compliance
Ingram Content Group UK Ltd.
Pitfield, Milton Keynes, MK11 3LW, UK
UKHW041823031026
15587UKWH00002B/514

9 783631 646601